경제학 입문서

알기쉬운 경제학 ③

-국제경제 및 산업·통상정책-

이 종 호 저

도서출판 상 학 당

欲爲大者 當爲人役

크고자 하거든 남을 섬기라

머리말

오늘날 우리 삶의 환경은 치열한 경쟁구도로 변모한 지 오래다. 이미 1997년 말 외환위기를 경험한 이후 경제적 위기 상황이 삶의 방식 전체를 바꿔 놓았던 경험을 갖고 있는 우리로서는 그때의 상황이 생활 속에서 경제의 중요성을 깨닫게 하기에 충분하고도 남음이 있었다.

세계화와 정보화의 흐름 속에서 경제의 중요성, 아니 경제현상에 대한 이해와 안목이 이제는 더 이상 전문가나 관련 분야 종사자만의 몫이 아님을 우리는 잘 알고 있다. 쉽게 접하는 대중 언론매체에서도 경제뉴스와 경제정보의 비중이 높아지고 있으며, 신문과 방송에서 비중 있게 다루는 경제관련 뉴스는 이제 톱뉴스로서 굳건히 자리 잡게 되었다. 일례로 2007년과 2012년 말에 치러진 대선에서도 최대 이슈는 경제문제였으며, 경제문제의 해결이 국민의 최대 관심사였음을 우리는 기억하고 있다. 이렇듯 경제문제는 국가정책의 우선순위일 뿐만 아니라 국민의 최대 관심분야가 돼 버렸다.

위기에 처했을 때 그것의 중요성을 깨닫게 마련인 것처럼 우리도 외환위기 이후 경제의 중요성을 이미 인식한 바 있다. 이제 2008년 9월 우리에게 닥쳐온 글로벌 금융위기는 또 다시 경제, 특히 금융의 중요성을 뼈저리게 인식시켜 주었다.

이러한 시대적 환경 속에서 연일 대중 언론매체에서는 경제정보와 뉴스를 쏟아내고 있으며 일반인을 대상으로 알기 쉽게 경제현상을 설명해 주는 코너가 대폭 확대되었다. 또한 일반인을 대상으로 한 경제서적도 시중에 많이 출판되고 있다.

이미 필자는 2009년도 말에 총 3권의 기초경제학 시리즈를 집필한 바 있다. 제1권에서는 미시경제 부문을, 제2권에서는 거시경제 부문을, 제3권에서는 국제경제 및 산업정책 부문을 다루었는바 각각 해당 분야 가운데 핵심적 내용들을 기초수준에서 논의하였다.

이제 5년의 시간이 흘렀고, 새로운 경제상황 및 이슈의 출현 등 많은 부분에서 내용을 수정·보완해야 할 필요성을 느껴 이번에 새롭게 집필하게 되었다.

이 책 역시 일반인 및 처음 경제학을 접하는 독자들을 위한 입문서로서 《알기쉬운 경제학》이란 타이틀로 총 3권으로 구성·집필하였다. 우선 기존에 출판된 경제입문서 혹은 생활경제서의 장점을 동시에 제공해 주기 위해 핵심 기초이론과 주요 시사경제

부문을 각 장별로 본문과 필요시 부록을 통해 제시하였다. 두 번째 특징은 이 책을 읽는 독자들로 하여금 스스로 찾아서 필요한 부분을 보충할 수 있도록 유도한 강의용 교재라는 점이다. 핵심 기초이론에 제시된 내용 가운데 설명이 부족한 부분 내지 생략된 부분은 관련 교재 혹은 인터넷을 활용하여 필요한 내용을 보충해서 확인해 보길 바란다. 세 번째 특징은 세계화의 진전에 따라 국제경제 부문을 한층 강화하였다는 점이다. 대외경제 상황의 변화가 국내경제에 미치는 영향이 과거에 비해 강력해졌다는 점을 고려하여 기존의 국제경제 및 산업정책 부문을 국제경제 부문과 산업·통상정책 부문으로 나누어 재구성하였다.

이 책의 집필을 위해 저자는 지금까지 강의해 온 강의내용, 기존의 경제입문서, 그리고 한국개발연구원·한국은행·민간경제연구소 등 경제관련 기관들의 자료를 활용하였다. 이밖에도 현실경제의 흐름을 따라잡기 위한 의도에서 신문기사 및 칼럼 등 정기간행물의 내용이 다수 인용된 점은 불가피한 선택이었음을 밝힌다.

또한 경제입문서에 반드시 포함돼 있는 그래프 혹은 수식 표현을 최소화한 가운데 책을 집필하였다. 논의과정에서 포함될 수밖에 없는 사항임에도 과감하게 최소화함으로써 독자들 입장에서 이해하기 불편할 수도 있지만, 다른 시각에서 보면 입문과정에서 반드시 짚고 넘어가지 않아도 현실경제의 흐름을 이해하는 데 큰 어려움이 없다고 판단하여 이 부분을 최소화하였음을 밝혀둔다. 사실 우리가 현실경제 내지 기초경제이론을 일반인을 상대로 설명할 경우, 그래프나 수식을 이용하기보다는 서술적 표현을 통해 설명하는 것이 보다 현실적임을 고려할 때 필자의 이런 의도가 오히려 독자들의 공감을 얻을 수 있는 측면도 있다고 생각한다.

일반인 혹은 경제학을 처음 접하는 독자들에게 경제현상에 대한 이해와 관심, 더 나아가 기초경제이론의 개괄적 내용을 습득하게 하는 것이 이 책의 목표인 만큼 저자로서는 이것만 달성된다면 더 이상 바랄 것이 없다.

아무쪼록 이 책이 경제학을 처음 접하는 모든 독자들에게 경제에 대한 흥미와 관심을 촉발케 하여 경제학을 본격적으로 공부하는 계기로 작용했으면 하는 바람을 가져본다. 앞으로 관심 있는 많은 분들의 훌륭한 평을 겸허히 받아들여 좀 더 나은 책을 쓰려고 한다. 아낌없는 성원과 많은 지도편달을 부탁드리는 바이다.

끝으로 이 책의 출판을 흔쾌하게 허락해 주신 도서출판 상학당의 남승우 사장님 이하 출판사 관계자분들에게 깊은 감사를 드린다.

2015년 5월

저자 올림

차 례

제 I 편

국제경제 부문

제Ⅱ편

산업 · 통상 정책 부문

● 제 14 장 ● 통상정책의 방향과 과제 / 417

제 I 편

국제경제 부문

CHAPTER 01

국제무역의 의의

1. 국제무역의 역할과 중요성
2. 변화하는 국제무역
3. 국제통상의 개념과 범위
4. 통상정책의 기본 개념

부록 [1-1] 아웃소싱
부록 [1-2] 해외직접투자(FDI)

한국 수출이 중국에 밀리고 세계시장에서의 입지도 줄어들 것이란 우려가 나오고 있다. 우리나라 주요 수출품에 대한 중국의 자급률이 증가하고 있기 때문이다. 중국이 수입에 의지했던 핵심산업의 육성에 팔을 걷어붙이면서 중국뿐 아니라 세계시장에서 한국의 입지가 줄어들 것이라는 우려도 커지고 있다. 2014년 8월 3일 산업통상자원부와 한국무역협회, 코트라에 따르면 1~7월 우리나라의 대 중국 수출액은 814억 달러로 작년 동기보다 1.2% 줄었다. 월별로는 5월 -9.4%, 6월 -1.0%, 7월 -7.0%로 3개월 연속 감소했다. 이처럼 수출이 내리 줄어든 것은 2012년 6개월(3~8월) 연속 감소한 이후 처음이다. 석유화학제품, 선박, 일반기계, 액정 디바이스 등 일부 주력 품목의 수출이 부진했기 때문이다. 근본적인 이유로는 중국이 이들 주요 산업의 육성에 나서 생산설비를 대폭 확충, 수입대체효과를 거둔 점이 꼽힌다. 중국 내수시장이 가파르게 성장하고 있지만 우리나라가 중국을 제3국 수출용 가공무역 기지로 활용하며 원부자재 위주의 수출에 의존하는 것도 영향을 미쳤다. 2013년 기준 대 중국 수출액 가운데 가공무역 비중은 47.6%로 절반 가까이 된다. 무역협회의 조사 결과 중국의 소비재 수입액은 2009년 798억 달러에서 2013년 1903억 달러로 불어났다. 그러나 이 기간에 한국의 중국 수입소비재 시장 점유율은 5.6%에서 3.8%로 떨어졌다. 2013년 기준 한국은 중국의 제1위 수입국에 올랐지만 소비재 수입에서는 6위에 그쳤다. 2014년 상반기 한국의 대 중국 수출액 694억 달러 가운데 소비재 비중은 5.5%에 불과했다. 전문가들은 대 중국 수출에서 가공무역 비중을 줄이고 소비재시장 진출에 적극적으로 나설 것을 주문했다. 중국이 세계의 공장과 소비시장 역할을 동시에 하는 만큼 중국기업이나 현지 진출 글로벌 기업과의 합작 등 동반 공략 방안을 모색해야 한다고 지적했다. 이봉걸 국제무역연구원 연구위원은 “대 중국 수출감소는 일시적이 아닌 구조적인 문제에서 비롯된 것”이라며 “단순 납품이 아닌 중국 소비시장을 공략할 수 있는 현지 거래처를 확보하고 자유무역협정(FTA)과 같은 통상정책으로 관세를 낮추면 도움이 될 것”이라고 말했다. 더욱이 중국이 한국 주력 품목의 수요처가 아닌 경쟁자로 탈바꿈하는 데 주목하고 대응책을 마련해야 한다는 의견이 나온다. 자동차, 조선, 정보기술(IT), 철강, 가전 등 과거 한국의 경쟁력이 월등했던 주요 산업에서 중국이 맹추격하고 있기 때문이다. (중략) 최근 중국은 2020년까지 자국 반도체산업을 세계 최고수준으로 끌어올리겠다는 중장기발전계획을 발표했다. 2013년 중국의 반도체 수입액은 2천313억 달러에 이른다. 이원교 산업연구원 연구원은 “자체 공급 부족으로 해외 의존도가 큰 중국은 한국의 최대 반도체 수출시장”이라며 “중국이 설비 확대와 기술 개발에 적극 나서면 다른 산업과 마찬가지로 우리나라의 수출감소가 예상되기 때문에 경쟁력 제고 등 대응이 필요하다”고 말했다. 정부는 중국 진출 길을 넓힐 수 있도록 코트라 등 수출유관기관 주관으로 한국 상품전과 수출상담회를 수시로 열고 한중 FTA의 조기 타결, 비관세 장벽 해소 등 정책적 노력을 강화할 계획이다. 제조업 혁신을 비롯해 지능형 반도체, 스마트 자동차 등 미래 핵심산업의 육성으로 경쟁력을 키운다는 구상이다.

– 헤럴드경제 기사 –

출처 : “중국에 밀리고 세계시장에 쫓기는 한국 무역”, 《헤럴드경제》, 2014. 08. 03.

1 국제무역의 역할과 중요성

1.1 | 세계무역 현황

- 오늘날 세계경제는 정보통신기술의 비약적 발전과 운송수단의 발달, 그리고 지역주의의 확산 등을 통하여 빠르게 개방화, 글로벌화되고 있음.

- 이에 따라 진 세계의 무역은 해가 길수록 가파르게 증가하여 왔음.
  - 특히 1990년대 이후에 접어들어 기존의 유럽 및 북미 선진국의 비중은 감소하고 중국을 비롯한 브라질, 인도 등 소위 신흥 성장국가들이 국제무역에서 큰 비중을 차지해 가고 있음.

- 이러한 국제무역의 증가는 단순한 무역량에서뿐만 아니라 각국의 경제에서 차지하는 무역량의 비중에서도 확연히 드러나고 있음.
  - 각국의 경제가 무역에 얼마나 의존하는지를 나타내는 GDP 대비 무역의 비중은 자원이 풍부하고 거대한 규모의 국내시장을 가진 미국 및 유럽의 선진국에 있어서도 크게 증가하였음.
  - 특히 한국을 비롯한 소규모 국가에서 무역의존도는 더욱 큰 폭으로 증가하여 왔음.

- 지난 30여 년간 무역의존도의 변화에서 특히 중국의 변화는 경제적으로 시사하는 바가 매우 큼.
  - 전 세계에서 가장 급격하게 성장해 세계경제의 주요한 축으로 자리 잡은 중국의 경제에서 국제무역의 비중이 크게 증가하였다는 것은 그만큼 경제성장에 있어서 무역이 중요한 역할을 차지한다는 것을 간접적으로 의미하는 것임.

1.2 | 한국의 무역

- 한국의 무역은 그 어느 나라보다 더 큰 폭으로 증가하여 왔음.
  - 1962년부터 2008년까지 한국의 수출증가율은 연평균 21.5%를 기록하였는데 같은 기간 동안 높은 증가율을 보였다고 알려진 홍콩(14.0%), 태국(13.8%), 멕시코(12.8%) 등과 비교해 볼 때 한국의 무역이 어느 정도로 급속하게 성장했는지를 한눈에 알 수 있음.

- 그러나 중국이 수출 · 입을 합쳐 세계 1위의 무역대국에 처음 오른 2013년, 한국의 세계 무역 점유율 순위가 외환위기 때인 1998년 이후 처음으로 뒷걸음질 친 것으로 확인됐음.[1)]
  - 2014년 5월 20일 한국은행과 무역협회에 따르면 한국의 세계 무역 점유율 순위는 세계 무역기구(WTO) 회원국 가운데 중국, 미국, 독일, 일본, 프랑스, 네덜란드, 영국, 홍콩에 이어 9번째를 차지했음.
  - 한국은 1997년 12위에서 외환위기를 겪으며 1998년 14위로 떨어지고서는 그 이후 꾸준히 상승세를 보여 왔음. ⇒ 캐나다, 이탈리아, 멕시코, 스페인 등을 하나씩 제치면서 13위(1999～2002년), 12위(2003～2006년), 11위(2007～2008년), 10위(2009년), 9위(2010～2011년)를 거쳐 2012년 8위까지 올랐음.
  - 2013년의 순위하락은 무엇보다 불황형 흑자라는 말을 낳은 수입 실적의 부진 영향이 컸음.
  - 2013년 수입액은 5천156억 달러로 2012년보다 0.7%가량 감소했음. ⇒ 다만 수출액 순위는 7위, 수입액 순위도 9위로 제자리를 지켰음.
  - 그러나 점유율을 놓고 보면 수출도 성장세가 이미 꺾였음. ⇒ 한은이 입수한 유엔무역개발회의(UNCTAD) 통계를 보면 세계시장에서 한국의 수출 점유율은 2010년 3.05%로 정점을 찍고서 2011년 3.03%를 거쳐 2012년 2.98%, 2013년 2.98% 등 2년 연속 3%를 넘지 못했음.
  - 이준협 현대경제연구원 연구위원은 "2013년 경상수지 흑자가 큰 이유도 수입이 저조했기 때문"이라며 "2013년 부진한 수입은 내수 침체형 흑자를 반영하는 것"이라고 설명했음.
- 이러한 무역량의 급속한 확대는 한국의 무역상대국 및 무역상품 또한 크게 변화시켰음.
  - 한국의 수출과 수입은 전통적으로 미국과 일본에 크게 의존하고 있었으나, 점차 무역상대국의 다변화가 뚜렷해지고 있음.
  - 미국과 일본, 양국에 대한 수출의존도와 수입의존도는 점차 감소하여 수출 비중의 경우 1990년에는 39.2%, 2000년에는 33.7%, 그리고 2008년에는 17.7%로 낮아졌으며, 수입의 편중성 역시 이후 점차 완화되어 미국과 일본에 대한 수입 비중은 1990년 50.7%, 2000년 38%, 그리고 2008년에는 22.8%로 낮아졌음.
- 한국의 무역상대국으로서 미국과 일본의 상대적 중요성이 감소한 대신 유럽과 개도국에 대한 수출입은 증가하였음.

---

1) 이하 내용은 연합뉴스(2014.05.20) 참조.

• 유럽이 한국의 수출에서 차지하는 비중은 1971년 8.2%에서 2008년 18.2%로 증가하였으며, ASEAN을 중심으로 한 개도국에 대한 수출 또한 크게 증가하였음.
• 특히 중국은 한국의 가장 중요한 무역대상국으로 등장하였음. ⇒ ㉠ 1995년 한국 총 수출의 7.3%를 차지하던 중국으로의 수출은 2008년에는 21.7%로 증가하였으며, 수입 역시 2008년 중국으로부터의 수입이 약 18%를 차지함으로써 중국은 이제 한국의 제1위 교역상대국으로 자리 잡았음.[2)] ㉡ 또한 중국은 우리나라의 최대 대외생산기지(건수기준으로 한국 해외직접투자의 약 50% 이상이 중국에 집중되어 있음)로서 중요한 의미를 가지게 되었음.

- 한편 1960년대 이전까지 1차 산업이 주를 이루었던 한국의 무역은 대외 지향적 수출정책에 힘입어 1972년에는 전체 수출의 88.9%를 공산품이 차지하게 되었음.
  • 그러나 이 시기에는 공산품 중에서도 경공업이 수출의 주종을 이루고 있어 전체 수출의 67.4%를 차지하였음.

- 이후 1970년대에 이르러 한국의 공산품 수출은 점차 중화학공업 중심으로 변모하였으며, 1980년이 되면서 중화학공업과 경공업이 전체 수출에서 대등한 비중을 차지하게 되었고, 1980년대 중반에 이르러서는 중화학공업이 우리나라의 대표적인 수출산업으로서 위상을 확고히 하였음.

- 2000년에는 중화학공업이 전체 수출에서 차지하는 비중이 81%, 2008년에는 91.8%에 달하였음.
  • 반면 경공업의 비중은 2000년 16.2%, 2008년 6.4%로 점차 위축되었음.

- 이처럼 한국의 무역구조가 변화함에 따라 한국의 주력 수출품목의 구성 또한 극적인 변화를 겪었음.
  • 한국의 주요 수출품목은 1960년대 광물류와 수산물에서 1970~1980년대의 섬유와 철강, 전자제품으로, 그리고 현재는 선박, 반도체 및 자동차 등이 주력 수출산업으로 자리 잡고 있음.

---

2) 이와 관련하여 최근 보도에 따르면 한국경제의 대(對)중국 의존도가 지나치게 높다는 우려의 목소리가 높아지고 있음. 우리 경제 전반에서 중국에 예속되는 현상이 점점 빨라지고 있는 것임. 무역은 이미 전체 무역수지 흑자 가운데 70%는 중국을 빼놓고 거론할 수 없는 처지임. 최근에는 내수시장과 금융·부동산 등 거의 모든 분야에서 중국의 영향력은 절대적인 수준이 됐음. 2014년 7월 3일 시진핑 중국 국가주석 방한으로 원/위안화 직거래시장이 급진전하는 등 '달러화 중심'의 한국경제가 '위안화 중심'으로 개편될 수 있다는 관측도 나옴. 2014년 7월 23일 한은 등에 따르면 2013년 한국 총 수출액 6171억 달러 가운데 1349억 달러(21.9%)는 중국 수출이 차지하고 있음. 같은 해 한국의 총 수입액 5366억 달러 중 중국에서 수입한 금액은 876억 달러(16.3%)임. 수출과 수입에서 중국이 차지하는 비중은 단연 1위임. 수출에서 수입을 뺀 상품수지 흑자규모로 따지면 1998년 7.7%에 불과하던 중국의 비중은 2013년 58.8%로 커졌음. 한국으로선 중국 없이는 수출도 수입도 제대로 돌아가지 않는 경제구조가 심각한 수준에 달했음. 이와 관련하여 아주경제(2014.07.23) 참조.

- 2012년 우리나라의 세계 수출시장 점유율 1위 품목 수[3]는 2011년의 61개에서 소폭 증가한 64개로 집계된 가운데 세계 순위도 2011년 15위에서 한 계단 상승한 14위로 조사됐음.[4] ⇒ ㉠ 2012년 기준 중국이 1,485개의 세계 수출시장 점유율 1위 품목을 보유하며 세계 1위를 차지한 가운데 뒤를 이어 독일(2위, 703개), 미국(3위, 603개), 일본(4위, 231개) 등이 상위에 랭크된 것으로 분석, ㉡ 2011년에 이어 2012년에도 우리나라가 세계 수출시장 점유율 1위를 유지하고 있는 품목은 메모리 반도체, 자동차 부품, 탱커 등 48개로 조사됐으며 2012년에 신규로 진입한 품목은 프로필렌 공중합체 등 화학제품을 중심으로 16개인 것으로 나타났음. ㉢ 반면 2011년에 세계 수출시장 점유율 1위였으나 2012년 탈락한 품목은 철강제품, 섬유제품을 중심으로 13개 품목인 것으로 분석됐음. ㉣ 품목별로 우리나라는 화학제품(20개), 철강(10개), 전자기계(7개) 등에서 세계 수출시장 점유율 1위 품목을 다수 배출한 가운데 최근 5년간 추세에서도 화학제품의 세계 수출시장 점유율 1위 품목 수가 증가세를 기록한 반면 수송기계, 섬유제품, 철강 등은 감소세를 나타낸 것으로 조사됐음. ㉤ 국별 경쟁에서 2012년 우리나라가 세계 수출시장 점유율 1위를 기록하고 있는 품목 64개 중 세계 수출시장 점유율 2위를 차지하고 있는 국가는 중국(12개), 미국(8개), 독일(6개), 일본(6개) 등으로 1위 품목의 절반인 32개 품목에서 상위 4개국이 우리와 경쟁하고 있는 것으로 나타난 반면, 우리나라도 동 4개국이 세계 수출시장 점유율 1위를 기록하고 있는 품목 172개에서 점유율 2~3위를 차지하며 추격하고 있는 것으로 조사됐음. ㉥ 무협 국제무역연구원 오세환 수석연구원은 "우리나라는 수출규모 면에서 세계 7위임에도 불구하고 세계 수출시장 점유율 1위 품목 수에서 14위에 그쳐 수출경쟁력 확보를 위한 분발이 요구된다"고 언급하며 "경쟁국과의 가격 위주 경쟁에서 탈피하여 혁신을 통한 기술 및 품질 경쟁력을 확보할 수 있도록 우리 기업들의 노력과 더불어 정부 차원의 세계 수출시장 점유율 1위 품목 육성을 위한 지원책이 요구된다"고 강조했음.

- 이상과 같이 한국은 단순히 무역량뿐만 아니라 무역구조에서도 괄목할 만한 성과를 달성함으로써 한국경제는 대외의존도[5]가 매우 높은 특성을 보이고 있음.

---

3) '세계 수출시장 점유율 1위 품목'은 HS 6단위 기준으로 세계 수출시장에서 각국의 품목별 수출 순위를 집계, 산업통상자원부가 우리 수출상품의 세계시장 점유율, 기술력, 시장성 등을 종합 평가하여 선정한 '세계일류상품'과는 다른 개념임.

4) 이하 내용은 한국무역협회(2014.01.23) 참조.

5) 대외의존도는 총공급(=총수요) 중 수입과 수출 등 대외부문이 차지하는 비중을 말함. 즉 대외의존도 = [(수출+수입)/총공급(=총수요)]×100임. 대외의존도가 높다는 것은 경제구조상 불안정요인이 크다는 것을 의미할 수도 있음. 대외의존도가 높으면 국제경제에 의해 국내경제가 크게 좌우되기 때문임.

- 수출진흥정책이 본격화되던 1970년 한국의 GDP 대비 무역규모는 34.8%였으나, 1980년에는 65.8%로 2배 가까이 높아졌으며, 2009년 현재 한국의 GDP 대비 무역규모는 95.8%로서 네덜란드, 아일랜드, 싱가포르 등 완전개방 국가들을 제외하면 세계적으로 매우 높은 수준임.
- 또 다른 한국경제의 대외의존도 심화 사례[6] ⇒ ㉠ 2014년 6월 26일 한국은행의 '2012년 산업연관표'에 따르면 지난 2012년 중 우리나라의 재화 및 서비스 총공급(총수요)은 4215조4000억 원이었는데, 이는 2011년보다 2.9%(119조2000억 원) 증가한 것이고, 2010년보다는 15.8% 늘었음. ㉡ 이 중 수출(781조8000억 원)과 수입(743조3000억 원)을 합한 대외거래의 비중은 36.2%를 차지했는데, 대외거래 비중은 2010년 33.6%, 2011년 36.1%로 상승세를 보이고 있음. ㉢ 이는 한국의 경세활동에서 대외의존도가 높아지고 있다는 얘기임.
- 더욱이 FTA협상, DDA다자협상 등 무역자유화 협상이 적극적으로 추진되는 현재의 진행상황을 감안할 때 향후 한국의 대외의존도는 더욱 높은 수준으로 유지될 것으로 예상할 수 있음.
- 이러한 높은 대외의존도는 대외적인 요인에 한국경제가 쉽게 영향을 받는다는 것을 의미함.

1.3 무역과 경제성장

- 무역은 자원의 제약에서 벗어날 기회를 제공하며, 세계시장을 통해 기업이 규모의 경제를 수립하는 것을 가능하게 할 뿐만 아니라 개방을 통해 경쟁적 기업환경을 제공함으로써 경제활동에 있어서 효율성 증가를 가능하게 함.

- 한국뿐만 아니라 1950년대 이후 경제의 급성장을 경험한 대부분의 국가에서 무역은 경제성장의 가장 중요한 요소로 작용해 왔음.
  - 일찍이 한국은 국제무역을 통해 무역의 이익들을 적극 활용해 왔고, 이를 통해 괄목할 만한 성과를 이루어냈음.

- 한편 한국에서 수출의 급속한 확대는 경제성장을 선도하였을 뿐 아니라 경제의 여러 분야에서 변화를 가져왔음.
  - 특히 지난 45년 동안 산업구조에도 큰 변화를 가져왔는데, 1965년 한국 GDP에서 제조업이 차지하는 비중이 14%에 불과하였던 데 비해, 2010년에는 30.6%로 확대되었고, 같은 기간에 1차 산업의 비중은 43%에서 2.6%로 축소되었음.

---

6) 이하 내용은 파이낸셜뉴스(2014.06.26) 참조.

- 이는 무역의 확대가 한국의 경제성장은 물론 공업화의 촉진에도 크게 기여하여 왔음을 간접적으로 말해 주는 것이라 하겠음.
- 최근의 추이와 관련하여 부가가치 기준 산업구조의 변화를 살펴보면 다음과 같음.[7] ⇒ ㉠ 우리나라의 구조 변화 : 금융위기(2009년) 이전의 경우 제조업의 비중은 횡보, 서비스업 비중은 지속 상승, 반면 금융위기 이후의 경우는 제조업 비중은 상승, 서비스 비중은 하락 ㉡ 국제 비교 : 동일시점(2010년) 기준으로 한국이 제조업 비중이 높고, 서비스 비중은 낮은 편임.[8]

2 변화하는 국제무역

2.1 직접투자

- 국가 간 자원 이동이 활성화되고 국제분업구조가 확대됨에 따라 과거 수출입을 통한 상품교역 위주에서 점차 직접투자 등을 매개로 한 국제분업구조가 빠르게 확대되고 있음.

- 그 결과 현재 전 세계 교역량의 약 1/3 정도가 투자 모기업과 자회사 간의 기업 내 무역(intra-firm trade)으로 추정됨.
  - 다시 말해 과거와는 달리 기업들은 한 국가에 머물지 않고 전 세계에 걸쳐 효율적인 생산체계를 구축하고 상품을 판매함.
  - 실례로 현대자동차는 한국의 기업이지만 미국과 동유럽에서 자동차를 생산하여 전 세계를 대상으로 판매함.
  - 또한 미국의 애플사를 비롯하여 전 세계의 많은 기업들이 중국에서 생산함으로써 제조기업의 국적과는 다르게 'Made in China'라는 문구를 보는 것은 이제 우리에게 일상적인 일이 되었음.

- 이와 같이 최근 들어 기업들은 최적의 생산입지를 찾아 자국이 아닌 해외에서 생산하여 현지판매, 제3국 판매 혹은 자국으로 다시 수입하는 전략을 취하여 이익을 극대화하고 있음.

---

7) 이하 내용은 김도훈(2013.10) 참조.

8) 제조업과 서비스업의 비중 비교(2010, %) ⇒ ▲제조업 비중 : 한국(29.1), 일본(19.5), 독일(21.1), 미국(12.5) ▲서비스 비중 : 한국(60.0), 일본(70.0), 독일(71.0), 미국(79.8)

- 특히 1990년대 들어 해외직접투자(foreign direct investment)의 지속적인 증가는 세계경제의 통합을 가속화하는 한편, 통합의 질적인 내용을 근본적으로 변화시키고 있음.

- 직접투자는 생산물을 국제적으로 교환하는 무역과 달리 생산기능을 해외로 확산하는 것으로서 이를 기반으로 다국적기업은 세계 각 지역을 하나의 기업네트워크로 통합해 가고 있음.

- 이러한 직접투자는 필연적으로 무역과 긴밀한 연관을 가지게 됨.
  - 예를 들어 현대자동차가 한국에서 자동차를 제조해서 유럽지역에 수출하는 대신 해외 직접투자를 통해 체코와 슬로바키아에서 자동차를 생산하여 유럽지역에 판매할 경우 직접투자로 인하여 한국으로부터 유럽으로의 무역은 감소하게 되는 반면, 한국의 기업인 현대자동차가 유럽 내 무역을 증가시키는 결과를 가져온 것임.
  - 이렇듯 직접투자는 각국의 무역과 경제 전반에 걸쳐 상당한 영향을 끼치기 때문에 최근의 국제무역학에서 중요하게 다루어지고 있음.

2.2 | 국제분업구조의 확대 : 아웃소싱

- 최근 FTA 등을 통하여 세계경제가 개방화, 글로벌화 됨에 따라 생산네트워크 또한 빠르게 글로벌화되어 가고 있음.

- 한국을 비롯한 동아시아 국가들 간의 글로벌 아웃소싱은 그 어느 지역보다 더 긴밀하게 연결되어 있음.
  - 실제로 국가 간 교역자료를 생산공정별로 분류하여 중간재인 부(분)품의 교역 추이를 분석해 보면 글로벌 아웃소싱으로 인해 1990년대 이후 한국의 주요 교역품목은 중간재임을 알 수 있음.
  - 최근 중국을 비롯하여 베트남 등 동아시아에 활발한 투자가 이루어지고 있는 노동집약적인 산업인 의복·모피(62.5%), 섬유(43.9%) 및 가죽신발(36.4%) 산업에서 높은 아웃소싱 비중을 보여주고 있음.
  - 또한 전자부품(37.3%)을 비롯한 기계장비(34.1%), 그리고 자동차(34.1%) 등 최근 들어 부품과 중간재에 대한 동아시아와의 생산네트워크를 활발히 형성하고 있는 산업에서 높은 아웃소싱 비율을 보여주고 있음.

- 섬유, 의복 등 한국의 전통적인 노동집약적인 산업과 최근 한국의 주력 수출산업인 전자·기계·자동차 산업 등에 있어서 한국과 동아시아 국가 간의 중간투입의 흐름이 다른 어떤 산업에서보다 많음.

- 한국의 기업들도 해외 아웃소싱을 통하여 국경을 초월하여 최적의 입지에서 생산 및 경영을 영위함으로써 경쟁력을 개선하고 있음.
  • 한국의 기업들은 해외 아웃소싱을 이용하여 비교우위가 약화되는 부문을 해외로 이전함으로써 국제시장에서 경쟁력을 유지하면서 동시에 국내에서 경쟁력이 있는 부문에 집중함으로써 기업경쟁력을 유지하고 있음.

- 아웃소싱을 통한 중간재 무역은 주로 국가 간 임금격차를 생산비용 절감에 활용하기 위해 해외위탁생산이나 구매, 혹은 다국적기업의 해외 생산기지의 활용 등의 결과로 발생하게 됨. ⇒ 이는 필연적으로 각 국가 내의 임금과 생산성에 상당한 영향을 미치게 됨.
  • 실제로 한국의 아웃소싱은 아웃소싱 상대국에 따라 다른 영향을 미치는 것으로 나타났는데, 선진국으로의 아웃소싱은 숙련노동의 상대적인 임금에 부정적인 영향을 미치는 반면, 저개발국으로의 아웃소싱은 비숙련노동자의 상대적인 임금에 부정적인 영향을 미치는 것으로 나타났음.

2.3 | 산업 내 무역

- 최근 들어 직접투자와 아웃소싱을 통한 국제간 생산네트워크가 형성됨으로써 과거의 무역형태와는 전혀 다른 무역이 활발히 전개되고 있음.

- 고전적 무역이론에 의하면 각 국가는 특정 산업에서 비교우위를 가지며 이에 따라 산업의 수출 및 수입이 결정됨. ⇒ 따라서 고전적 무역이론의 가정 하에서는 동일 산업 내에서 수출과 수입은 동시에 일어나지 않음.

- 그러나 최근에는 동일 산업 내에서의 무역이 훨씬 더 높은 비중을 차지하고 있음. ⇒ 이러한 현상을 전통적인 산업 간 무역과 비교하여 산업 내 무역(intra-industry trade)이라고 정의함.
  • 예를 들어 한국과 독일은 양국 모두 자동차를 생산하여 서로 수출과 수입을 동시에 하게 됨.

2.4 | 지역 내 무역의 확대

- 최근 국제무역의 또 다른 변화는 FTA 등을 통한 지역주의의 확산임. ⇒ 활발한 무역의 증가와 더불어 각 지역별 블록화가 가속화됨에 따라 지역 간 무역에 비해 지역 내 무역(intra-regional trade)의 비중이 점차 증가하고 있음.
  • 전통적으로 지역 내 무역이 큰 비중을 차지하던 유럽 이외에 북미를 비롯한 아시

아 지역에서도 그 비중이 증가하여 2010년 현재 아시아의 경우 지역 내 무역의 비중이 50%를 상회하고 있음.

2.5 | 서비스 무역의 증가

- 최근 국제무역에서의 두드러진 변화 중 하나는 서비스 무역의 증가임.
  - 특히 북유럽 국가를 중심으로 전체 무역에서 서비스 무역이 차지하는 비중이 크게 증가하고 있음.
- 서비스 무역의 대상 또한 매우 다양화되어 가고 있는데, 이는 금융서비스에서 의료서비스에 이르기까지 서비스산업에 대한 개방이 활발히 이루어지고 있기 때문임.
- 한국도 1990년대 이후 서비스산업에 대한 전면적인 개방이 이루어짐과 동시에 경쟁력의 제고를 통해 서비스 수출의 비중을 늘려가는 추세에 있음.

3 국제통상의 개념과 범위

3.1 | 국제통상의 개념

- 국제통상은 국가 간의 상품 및 서비스 교역활동으로 무역과 근본적으로 동일한 개념이지만, 무역의 경우는 일반적으로 유형재인 상품(상품과 불가분의 관계가 있는 기술, 용역의 유상 제공도 포함시킴)의 국제적 이동을 전제로 하는 수출과 수입을 지칭하는 데 반해, 국제통상은 상품의 수출입은 물론 서비스의 교역, 자본과 노동, 기술 및 투자, 기타 지적재산권의 이전과 이들 생산요소의 결합체 이동 등 각종의 유형재 및 무형재를 포함하는 모든 국제간의 교역활동을 뜻함.
- 특히 WTO체제의 출범을 계기로 국제통상은 국제무역에서 다루는 분야를 초월하는 국가 간의 모든 경제교류와 협상 및 협력의 전 부문을 포괄하는 광의의 무역과 동등한 개념으로 받아들여지고 있음.
- 결국 국제통상은 국가 간 상품의 이동인 국제무역뿐만 아니라 화폐 및 금융자산의 이동, 자본과 노동의 이동, 기술 및 경영능력의 이동, 그리고 이들 생산요소의 결합체의 이동 등과 같은 국가 간에 발생되는 무역거래, 금융거래, 투자거래 등의 모든 국제경제거래를 의미함.

- 아울러 국제통상은 경제주체의 합리적인 의사결정과 이러한 의사결정에 따른 상거래에 대한 제약요인을 완화해 나가는 과정 및 활동을 포함하고 있음.
  - 즉 국가라는 주권 단위가 국가 간의 경제교류에 작용하는 제약요인을 제거하고 국가 간의 상거래를 원활하게 하기 위한 상호간 또는 다자간 협상과 협력을 통하여 국가 간 상거래 또는 경제거래를 통하게 하는 여러 가지 활동 및 과정을 의미함.
- 이러한 점에서 국제통상이라는 학문은 국가 사이에서 발생하고 있는 제반 경제활동의 특징적인 양상과 이슈를 이해하고, 이 같은 활동을 뒷받침하기 위한 국가 간의 협상과 전략 및 해결방식(양자간 · 다자간 협상 및 지역 간 협정체결 등), 규범제정과정, 그리고 국제경제규범의 배경이 되는 경제적 현상과 논리를 체계적으로 이해하여야 함.

3.2 국제통상의 범위

- 국가 간의 경제활동이 단순한 상품거래에 머물렀던 시절과 오늘날처럼 서비스교역의 비중이 급격히 증가하고 해외직접투자의 확대, 그리고 생산 및 판매의 글로벌화가 일반화되고 있는 시점에 있어서 국제통상의 개념과 범위는 과거와 상당한 차이가 존재할 수밖에 없음. ⇒ 즉 국제적 경제활동의 내용 및 구조상의 변화가 국제통상의 개념에 포함되는 것으로 이해해야 하는데, 그렇지 않고 국가 간의 갈등을 해소하는 과정으로만 국제통상을 이해하는 것은 절름발이의 결과만을 도출하게 될 것임.
- 국제통상은 제도적인 변화를 요구하는 경제활동, 즉 상거래 내용의 변화와 이에 대응하기 위하여 이루어지는 국가 간의 상호작용을 모두 다 포함하는 개념인 것임.
- 이상과 같은 논의를 바탕으로 국제통상 분야에서 다루게 되는 대상과 범위는 다음과 같음.
- 첫째, 국가 간의 모든 경제활동이 국제통상의 대상과 범위에 포함되고 있음.
  - 즉 국제통상은 일반상품의 수출입은 물론 무역 관련 해외직접투자 분야, 서비스 분야, 지적재산권 분야까지도 포함함.
- 둘째, 글로벌 경제와 무한경쟁에 따라 국제통상의 분야에 있어서도 그 내용이 각 국가의 의무를 더욱 증대시키는 방향으로 변화하고 있음.
  - 세계 각국이 점차 단일시장으로 통합되어 감에 따라 국가나 기업, 개인 모두가 무엇이든 세계 어디서나 만들 수 있고, 세계 어디서나 팔 수 있는 글로벌 경제와 무한경쟁의 시대를 맞이하게 되었음.

- 이러한 변화에 따라 과거에는 통상의 목표가 각국이 실시하고 있는 국경 장벽의 완화 내지 철폐를 위한 것이었다면, 최근에는 전통적인 무역 분야에 있어서도 국내정책의 변화를 요구하는 방향으로 바뀌고 있음.
- 이른바 '자유무역'에서 '공정무역'(公正貿易, fair trade)으로 통상활동의 초점이 바뀌어 가고 있음.

- 셋째, 새로운 통상과제와 다자간의 규범화가 넓은 분야에서 추진될 것임.
  - WTO의 탄생으로 전통적으로 국제무역의 협상대상이었던 관세나 수입제한과 같은 국경에서의 조치에 관한 협상은 대체로 마무리되었음.
  - 그러나 세계경제가 통합화되어 가는 상황에서는 이러한 국경에서의 조치보다는 국내에서의 조치가 더 중요한 무역장벽으로 인식됨에 따라 국경 내에서의 조치에 해당하는 경쟁정책, 환경, 노동, 투자 등의 문제가 새로운 통상의제로서 제기되어 왔음.
  - 이미 WTO에서 많은 분야가 규범화되었지만, 당장 현안이 되고 있는 환경, 노동, 경쟁, 부패, 투자 등을 필두로 다양한 분야에 대한 규범화가 추진되고 국제통상질서는 이러한 제도화된 규범을 바탕으로 움직이게 될 것임.

- 넷째, 국제통상활동에 있어서 협상 분야가 갖는 중요성임. ⇒ 국제통상활동의 과정은 기본적으로 협상임.
  - 특히 개별통상현안 해결방식으로는 당사국 간의 마찰이 심화되고, 전반적인 통상문제의 해결이 어려우면 포괄적 협상방식으로 전환하여, 전략적으로 제휴하거나 종합적인 이해득실을 고려하는 등의 방식이 요구됨.
  - 따라서 국제통상과 그 결과로 나타나는 통상규범에 대한 이해를 위해서는 협상의 방식, 협상당사자의 협상력이 규범에 미치는 영향, 그리고 협상의 규범화과정에 대한 전반적인 이해가 필수적임.

- 이처럼 통상의 범위가 확장되면서 기업들은 통상기회와 국제사업활동의 범위가 더욱 증대되는 새로운 환경을 맞게 되었지만, 이러한 환경변화는 이중적 성격을 지니고 있음.
  - 우선 그동안 국내시장에 국한해서 영업활동을 해오던 기업들이 시야를 해외로 넓힘으로써 수익성을 더욱 높일 수 있는 기회를 갖게 됨.
  - 반대로 이러한 기회를 적극적으로 활용하지 못한 채 안일한 자세로 국내시장에만 계속 치중하는 기업들은 외국기업들의 시장침투로 인하여 수익감소와 더 나아가 생존 위협까지 받게 됨.

- 결국 통상범위의 확대는 기업들의 국제적인 활동에 새로운 지평을 열어주는 한편, 그것을 불가피하게 만드는 도전적인 성격을 띠고 있는 것임.

4 통상정책의 기본 개념

4.1 | 통상정책의 의의

- 통상정책이란 일국의 대외경제정책의 하나로 국제무역의 흐름과 대외통상관계에 영향을 미치는 정부의 정책임.
  - 이때 무역과 통상이라는 용어의 차이 때문에 무역정책과 통상정책을 구별하는 경우도 있으나 번역상의 차이 이상으로 큰 의미는 없음.
  - 다만 무역정책이라고 할 때는 무역과 관련한 국내제도와 관행을 변경시키거나 수출과 수입을 장려 혹은 억제하는 정책적 조치를 의미하고, 통상정책은 국가 간 통상문제 및 대외협상과 관련 전략적 차원의 입장수립을 포함한 보다 넓은 의미로 사용되고 있음.

- 일국의 통상정책은 수출입을 포함한 대외통상에 관한 정책이라는 점에서 대외정책에 속하지만 국내 이해관계자들 간의 이해조정을 수반한다는 점에서 대내정책이기도 함.
  - 오늘날 국제무역과 관련된 경제활동의 영역이 확대됨에 따라 통상의 개념과 통상정책의 범위가 넓어지고 있으며, 외교정책과 여타 경제정책과의 경계도 점차 모호해지고 있음.

- 통상정책이란 일국이 특정 경제목적을 추구하기 위하여 양국 간 혹은 다국 간 무역관계의 이해조정을 통해 자국의 무역이익을 극대화하기 위한 정책을 말함.
  - 즉 자국의 산업정책과 비교우위체제를 토대로 교역 상대국의 특수성 및 여건변화와 세계경제 여건 및 환경변화를 고려하여, 특정 경제목적을 달성하기 위해 양국 간 또는 다국 간 통상관계의 이해조정을 통해 자국의 이익을 극대화하기 위한 정책을 말함.

- 세계화의 진전에 따라 개방이 가속화되면서 이에 대한 반작용으로 자국 산업의 이익과 피해계층을 최우선적으로 고려한 통상정책들이 등장하게 되었는데, 이처럼 상반된 두 흐름이 상호간에 작용과 반작용을 거듭하면서 각국의 통상정책이 결정되고 있음.
  - 즉 보편성의 강화라는 큰 흐름 가운데 각 국가가 자국의 주체성을 지키기 위한 노력을 강화하고 있기 때문에 통상정책은 대내외적인 이해갈등을 조정하는 역할

도 담당해야 하는 복잡한 성격을 가지게 되었음.

- 특히 통상정책은 경제발전목표와의 부합, 통상 관련 제반 국내경제정책과의 긴밀한 연계, 자국경제의 세계적 위상변화에 따른 번영에도 기여함으로써 자국경제와 세계경제체제를 상호의존적인 관계로 연결시키게 됨.

- WTO출범 이후 국제경제환경이 급격히 변화하면서 세계시장이 확대되고 지구촌시장에서 전 세계 기업들이 치열한 경쟁을 전개함에 따라 기업차원의 세계화전략이 확산되고 있음.
  - 생산, 마케팅, 인사, 연구개발 등 기업활동과 관련된 모든 요소들을 전 세계적 차원에서 최적화하려는 '글로벌 소싱' 경영전략이 구사됨에 따라 시장의 개념도 달라지고 있음. ⇒ 즉 통상정책의 전개와 관련하여 과거의 개별국가를 독립적인 시장으로 보던 것과는 달리 국가시장 사이의 유사성을 중시하고 국경을 초월하는 초국적 시장세분화(globalization)를 중시하게 되었음.

4.2 | 통상정책의 특징

- 과거의 통상정책이 주로 재화의 자유무역 확대를 위한 시장개방, 수입규제완화, 수출촉진 등과 관련된 무역정책 중심이었다면, 지금의 통상정책은 무역에 영향을 주는 산업정책을 비롯한 제반 국내경제정책뿐만 아니라 인류의 보편적인 공동의 관심사(예컨대 환경보존문제 등)를 해결하기 위한 정책까지도 포괄하게 되었음.

- 복합성(interface)
  - 통상정책은 대외정책이면서 동시에 대내정책으로서의 성격을 지니고 있기 때문에, 타국과의 관계조정뿐만 아니라 국내 이해관계자들 사이의 이해조정도 수반됨.
  - 따라서 산업정책과 같은 국내경제정책과 상호보완적이면서 때로는 상호갈등적인 면을 지닐 수도 있는 유기적 관계를 형성하고 있음.

- 포괄성(comprehensiveness)
  - 과거 통상정책이 주로 유형재의 교역과 관련된 무역정책을 의미했던 것과는 달리 최근의 통상정책은 서비스 교역, 자본이동과 노동기준, 기술 및 투자 관련 조치, 지적재산권 등 무형재를 포괄하는 국제교역과 관련된 정책을 의미하는 것으로 범위가 확대되었음.
  - 또한 경제정책으로서의 성격만을 지닌 것으로 국한되지 않고 국제협상과 관련된 외교정책으로서의 성격도 지닌 것으로 해석되고 있음.

- 상호성(interactiveness)
  - 각국의 통상정책은 기본적으로 독립적으로 결정되지만, 정책의 대상이 되는 통상이 상대국과의 관계에서 이루어지는 것이기 때문에 상대국과의 의사조정은 물론 상대방 국가의 경제적·정치적 상태를 고려해야 하는 상대성이 존재한다는 특성이 있음.
  - 두 국가 간 쌍무적인 통상관계의 경우 상대성이 더 크게 작용하는 것이 사실이긴 하지만, 많은 국가가 참여하는 다자간 통상관계의 경우에도 선진국과 후진국 간, 또는 선진국과 선진국 간 상대성이 집단적으로 혹은 개별적으로 작용한다는 사실을 간과해서는 안 됨.

- 다중성(multiplicity)
  - WTO체제 출범 이후 경제활동의 범세계화가 확산되는 가운데 한편으로는 경제블록화가 진행되고 있는 것이 현재의 상황이기 때문에 한 국가가 참여하고 있는 국제기구나 협상이 여러 갈래로 동시에 진행되고 있음.
  - 예컨대 우리나라의 경우에도 WTO와 APEC에 주도적으로 참여해 왔음은 물론이고, OECD에까지 가입하게 됨으로써 통상정책의 내용이 한층 다층적이면서 동시에 다면적인 성격을 지니게 되었음. ⇒ 즉 동일한 국제통상규범의 경우에도 어떤 기구에서 협의되고 있는가, 또는 어떤 국가와 협의하고 있는가에 따라 규범의 강도가 달라지고, 양허 내용 자체가 차이가 날 수 있다는 특성이 있음.

4.3 | 통상정책의 범위

- 통상정책은 양국 간 혹은 다국 간 무역관계에 영향을 주는 시장개방, 수입규제완화를 위한 관세 및 비관세장벽 완화 등 제반 정책을 망라하고 있음.
  - 종래는 주로 관세인하 및 시장개방이 주된 통상정책의 수단이었으나 지금은 환율, 내수확대 등 무역에 영향을 주는 국내경제정책까지 포함되고 있음.

- 이에 따라 통상정책의 의사결정 요소에는 대내외적 여건변화, 사회·경제적 배경, 정책결정기구, 무역·산업 정책과의 관계, 국민적 합의 등이 그 변수가 됨.

- 또한 경제·무역 규모가 왜소한 상태에서는 대외적 여건변화에 대응하는 무역정책 위주의 통상정책결정이 중심이 되나 경제·무역 규모가 확대될수록 대내외적 여건변화, 내생변수화, 사회적·경제적 배경의 투영, 정책결정기구의 체계성, 민주성, 국민적 합의도출 등의 요인들이 중시됨.

- 그런데 정책의 효율성을 위해서 통상정책은 경제발전목표와의 부합, 즉 합목적성이 있어야 함.

- 한편 무역 · 산업 정책과의 관계를 보면 양 정책은 통상정책의 대내적인 기반을 이루고 있음.
  - 무역정책과는 무역의 대내외적 관계로서 밀접하며 산업정책의 목표인 산업의 국제경쟁력 강화, 산업구조의 고도화, 자립적 산업구조조정이 통상정책의 수단을 강화하고 시장개방 등 통상정책의 내부수용력을 높여 줌으로써 산업정책과도 상호 밀접한 관련성이 있음.
  - 자칫 이들 정책 간의 일방적 · 무원칙적 · 수동적 관계는 외부 압력과 내부 장력 간의 불균형을 초래하게 됨. ⇒ 즉 대내적으로는 무역정책과 산업정책의 왜곡을 초래하고, 대외적으로는 통상마찰을 야기하게 되는 것임.

참고자료

(1) 남종현 · 이홍식(2012), 《국제무역론》, 경문사.
(2) 박종수(2010), 《국제통상론》, 박영사.
(3) 2014. 07. 23., 《아주경제》
(4) 2014. 06. 26., 《파이낸셜뉴스》
(5) 한국무역협회 보도자료(2014), "우리나라 세계 수출시장 점유율 1위 품목 64개", 2014. 01. 23.
(6) 2014. 05. 20., 《연합뉴스》
(7) 김도훈(2013), "한국 산업구조의 변화와 창조경제", 산업연구원, 2013. 10.

부록 [1-1] 아웃소싱

1. 의미

- 비용절감 혹은 생산성 향상 등의 이유로 부품의 생산이나 서비스의 공급과 같은 기업의 일부 기능이나 활동을 해외에 위탁하여 처리하는 것을 일컬어 해외 아웃소싱(foreign outsourcing) 또는 줄여서 아웃소싱[9]이라고 함.
  - 아웃소싱을 통해 해외 각지에서 생산된 부품 및 서비스는 국경을 넘나들며 최종재화를 생산하는 데 사용됨.
  - 예를 들어 한국 기업이 해외 기업에 부품의 생산을 위탁(아웃소싱)했다면, 해외에서 생산된 부품을 회수하기 위해서 그 부품을 해외로부터 '수입'하는 과정을 거쳐야 할 것이므로 아웃소싱 역시 국제무역을 통해 이루어짐.
- 아웃소싱에서의 국제무역은 리카도(Ricardo)모형이나 헥셔-올린(Heckscher-Ohlin)모형에서 이야기하는 국제무역과는 그 성격이 다름.
  - 리카도모형과 헥셔-올린모형에서는 이미 다 만들어진 최종재 무역에 대해 설명하고 있는 반면, 아웃소싱에서의 무역은 최종재를 만들기 위한 부품이나 서비스를 교역하는 것으로, 곧 중간재 무역이라고 할 수 있음.
- 아웃소싱은 기업활동의 일부를 해외로 이전시키는 것이기 때문에 일부 노동자(일반적으로 비숙련노동자)들은 고용이나 임금에 있어서 상대적인 불이익을 당할 가능성이 있음.
  - 아웃소싱 모형에서는 숙련노동자의 상대적인 임금은 두 나라에서 모두 상승하고, 비숙련 노동자의 상대적인 임금은 두 나라에서 모두 하락하는 결과를 초래하게 됨.
- 아웃소싱과 함께 종종 사용되는 용어로 오프쇼링(offshoring)이라는 것이 있는데, 이는 일반적으로 기업이 일부 활동을 해외로 이전시키더라도 그 소유권을 유지하이고 있는 경우를 의미함.
  - 아웃소싱이 일부 기업활동을 소유권이 없는 제3자에게 위탁하는 데 반해, 오프쇼링은 기업활동의 일부를 이전하더라도 자신이 소유권을 갖고 있는 경우로써 아웃소싱과는 약간 다른 의미를 갖고 있음.
  - 오프쇼링 중에서도 특히 해외에 공장이나 자회사를 설립하여 중간재를 조달하거나

9) 아웃소싱(outsourcing)은 기업의 내부 프로젝트나 제품의 생산, 유통, 용역 등을 외부의 제3자에게 위탁, 처리하는 것을 말함. 원래는 미국 기업이 제조업 분야에서 활용하기 시작했으며 경리, 인사, 신제품 개발, 영업 등 모든 분야로 확대되고 있음. 기업은 핵심 사업에만 집중하고 나머지 부수적인 부문은 외주에 의존함으로써 생산성 향상을 극대화할 수 있음. 한국어 위키백과 참조.

또는 현지에서 생산된 재화를 현지에서 판매하는 해외직접투자가 최근 들어 경제학자들에게 큰 관심을 끌고 있음.

2. 아웃소싱 모형

- 한 재화를 생산하기 위해서는 조립, 부품생산, 마케팅 및 판매 등 여러 가지 기업활동을 필요로 하는데, 아웃소싱을 모형화하기 위해서는 이렇게 다양한 기업활동이 서로 분리가 가능하다는 조건이 전제되어야 함.
  - 왜냐하면 이 전제가 성립되어야 한 기업이 자신들의 기업활동 중 일부를 떼어내어 다른 기업에게 아웃소싱을 맡길 수 있기 때문임.
- 모형을 통한 분석에서 발견할 수 있는 중요한 점은 아웃소싱의 확대로 인해 자국과 외국 모두에서 숙련노동자에 대한 상대적인 임금이 증가한다는 사실임.
- 즉 아웃소싱이 확대되면 자국과 외국 모두에서 숙련노동자와 비숙련노동자의 임금 격차가 커지게 됨. ⇒ 다시 말해 아웃소싱으로 인해 숙련노동자와 비숙련노동자의 임금 불평등이 확대되는 것임.

3. 한국 기업의 아웃소싱

3.1 유형 및 파급효과

- 우선 한국 기업의 경우 아웃소싱은 생산성 향상에 상당한 기여를 하고 있는 것으로 나타났음.
- 일반적으로 선진국은 자국의 비숙련노동 집약적인 기업활동을 개도국에 아웃소싱으로 맡기게 되는데, 한국과 같은 중진국에서는 개도국에 대한 아웃소싱뿐만 아니라 선진국에 대한 아웃소싱 역시 존재함.
- 즉 한국 기업은 미국이나 일본, 독일 기업에 정밀기기나 핵심부품, 혹은 서비스와 같이 기술집약적인 재화의 생산을 위탁하는 경우를 흔히 볼 수 있음.
  - 기술적인 측면에서 선진국보다는 약간 뒤처져 있는 중진국이 기술집약적 재화를 직접 생산하려면 시간과 비용이 너무 많이 들기 때문에 선진국으로부터 수입을 하는 것이 유리하기 때문임.
  - 예를 들어 한국의 삼성 스마트 폰에서 부품의 절반 정도가 일본산인 것은 이미 널리 알려져 있는 사실임.
- 이와 동시에 한국 기업은 중국, 베트남과 같은 개도국에 하급부품이나 조립과 같은 노동집약적인 재화의 생산을 의뢰함. ⇒ 이는 비숙련노동 집약적인 기업활동을 아웃소싱하는 것임.

- 이와 같이 한국에는 선진국에 대한 아웃소싱과 개도국에 대한 아웃소싱이 공존하고 있음.
- 이러한 상반된 형태의 아웃소싱이 한국의 노동시장에 미치는 영향 또한 각각 다를 것임. ⇒ 즉 개도국에 대한 아웃소싱은 앞서 언급한 바와 같이 숙련노동자의 상대적 임금을 상승시키는 반면, 선진국에 대한 아웃소싱은 숙련노동자의 상대적 임금을 하락시키게 됨.
  - 선진국에 대한 아웃소싱으로 인해 숙련집약적 기업활동이 해외로 이전됨으로써 숙련노동자의 상대적 수요가 감소하여 그들의 상대적 임금이 하락하기 때문임.
  - 한국의 아웃소싱 현황을 살펴보면, 선진국에 대한 아웃소싱은 감소하고 있는 반면, 개도국에 대한 아웃소싱은 점점 증가하고 있음.
  - 선진국에 대한 아웃소싱이 감소한다는 것은 핵심부품과 정밀기기를 비롯한 기술집약적인 재화의 생산을 자체적으로 수행하는 빈도가 늘어난다는 의미로서 이는 곧 선진국에 대한 기술의존도가 줄어들고 있다는 것을 의미함.
  - 해외로 이전되던 숙련집약적 기업활동이 국내에서 이루어진다면 숙련노동자에 대한 상대적 수요는 늘어나게 될 것이며 따라서 숙련노동자의 상대적 임금 역시 상승할 것임.
  - 한편 개도국에 대한 아웃소싱이 늘어나는 현상은 비숙련노동자에 대한 상대적 수요를 감소시켜 숙련노동자의 상대적 임금은 상승하게 될 것임.
  - 그러므로 선진국에 대한 아웃소싱의 감소와 개도국에 대한 아웃소싱의 증가는 결국 숙련노동자의 상대적 임금을 상승시키는 동일한 효과를 갖게 됨.

3.2 내재화 전략으로의 선회 : 최근의 스마트폰 사례[10)]

- 급속히 커지던 스마트폰 시장이 정체되고 가격경쟁이 치열해지자 제조사들은 수익성을 유지하기 위해 다양한 노력을 기울이고 있음.
- 세계 스마트폰 1위인 삼성전자와 LG전자 등 국내기업들은 공장규모를 키우는 동시에 부품을 자체 생산하는 '내재화'를 적극 추진 중인 반면, 애플과 중국 샤오미는 생산을 외부에 맡기는 아웃소싱 전략을 고수하고 있음.
- 삼성전자는 베트남 공장의 휴대폰 생산능력을 확충하면서 그동안 외주를 주던 금형, 사출 공정 등을 직접 하고 있는 것으로 알려졌음. ⇒ LG전자도 2년 전부터 경기 평택에 자체 금형센터를 짓고 스마트폰 외관 등을 직접 만들고 있음.
- 초기 투자비는 들지만 일단 내재화를 하면 품질을 높이고 생산단가를 낮출 수 있는 이점이 있음. ⇒ 전자업계 관계자는 "스마트폰 디자인이 갈수록 정교해지고, 정식 출시 전에 디자인 계획도 수시로 바뀌는 상황에서 금형 같은 공정을 더 이상 협력사에 맡기기 어려운 측면이 있다"고 설명했음.

---

10) 한국경제(2014.08.13) 참조.

- 하지만 다품종 소량생산이 어렵다는 점 등 단점도 있음.
- 애플과 샤오미가 철저하게 아웃소싱을 고집하는 이유가 바로 이것인데, 아웃소싱은 투자에 대한 부담이 적고 시장상황에 따라 탄력적으로 물량을 조절하기 용이함. ⇒ 다만 협력업체를 관리하는 데 따른 어려움이 있음.
  - 애플이 아이폰 제조를 맡기고 있는 대만 기업 폭스콘의 중국공장에선 근로자들이 잇따라 자살하는 등 잡음이 끊이지 않고 있음.
  - 수탁업체의 생산기술이 첨단 디자인을 뒷받침하기 어려운 경우도 있기 때문에 애플은 초고급 밀링머신(공작기계의 일종)을 직접 사서 수탁업체에 주기도 했음.
- 삼성의 내재화 전략과 애플의 아웃소싱 고수가 양사의 경쟁력에 어떤 영향을 미칠지 주목됨.

4. 서비스 아웃소싱

- 아웃소싱은 1980년대와 1990년대에는 주로 제조업을 중심으로 이루어졌으나 최근 미국을 비롯한 선진국을 중심으로 IT 및 비즈니스 부문 등 서비스산업에서의 아웃소싱이 급속히 확산되고 있음.
- 특히 최근의 서비스 아웃소싱은 단순히 양적인 팽창뿐만 아니라 내용 면에서도 상당한 변화를 보이고 있음.
- 1980년대와 1990년대의 서비스 아웃소싱은 데이터 및 신용카드 처리 등 비용절감을 위하여 저임금 국가에서 생산을 담당케 하는 단순 서비스업이 대부분이었으며 전체 아웃소싱에서 차지하는 비중 또한 미미하였음.
- 그러나 최근의 서비스 아웃소싱은 시장조사, 회계, 세무, 고객관리 등 보다 다양한 영역으로 확장되고 있으며 향후 엔지니어링, 관리, 출판, 금융서비스, 교육 등 수요자와 공급자 사이의 많은 접촉이 요구되는 복잡한 서비스 영역으로까지 확대될 것으로 전망됨.
  - 실제로 미국의 Dell, 모토롤라, HP 등의 기업들은 거의 모든 하이테크 제품에 대한 디자인을 아웃소싱에 의존하고 있으며 보잉사는 인도의 HCL 테크놀로지와 함께 최신 기종에 사용될 소프트웨어를 개발하고 있는 실정임.
- 서비스부문에서의 글로벌 아웃소싱이 확산되고 있는 이유
  - 첫째, 예전과 같이 직접적인 인력의 이동 없이도 서비스가 국경을 넘나들며 교역이 가능해졌음.
  - 둘째, 일부 개도국은 교육에 많이 투자하여 이들 지역에서 다수의 숙련노동자가 양성되었으나 고용기회는 상대적으로 적어 임금이 저렴함.
  - 셋째, 최근 경영기법의 혁신으로 서비스 업무의 사외 배치가 가능해졌다는 점 등을 들 수 있음.

- 한국의 기업 역시 서비스산업에서의 일부 기업활동을 해외로 아웃소싱하고 있는데, 부품의 생산이나 조립과 같은 기업활동이 아웃소싱에서 큰 비중을 차지하고 있긴 하지만, 연구·개발이나 회계 같은 서비스산업에서도 아웃소싱이 활발히 이루어지고 있음.
  - 연구·개발이나 회계, 정보서비스 등 서비스산업 내 기업활동의 상당수는 부품생산이나 조립 등에 비해 기술집약적이기 때문에 기술수준이 높고 숙련노동자의 부존도가 높은 선진국에 아웃소싱을 하게 됨.

참고자료

(1) 남종현·이홍식(2012),《국제무역론》, 경문사.
(2) 2014. 08. 13.,《한국경제》

부록 [1-2] 해외직접투자(FDI)

1. 해외(외국인)투자촉진법

1.1 의의

- 해외직접투자(FDI : Foreign Direct Investment)에 관한 국내 법률로 '해외투자촉진법'이 있는데, 이는 외국인 투자에 지원과 편의를 제공하고 외국인 투자를 촉진해서 경제발전에 이바지하기 위해 만든 법임.

1.2 동 법에 규정된 해외직접투자

- 외국인 직접투자의 유형들이 이 법에 구체적으로 규정돼 있는데, 우선 외국인이 경영에 참여해 지속적인 경제관계를 가질 목적으로 국내기업에 5000만 원 이상을 투자, 그 기업 전체 지분의 10% 이상을 소유하는 경우가 대표적
- 또 국내기업의 지분을 가지면서 해당 기업의 임원을 선임할 권한을 갖거나 기간이 1년 이상인 납품·구매 계약이나 기술 제공, 공동 연구·개발 계약을 체결한 경우에도 외국인 직접투자로 보고 있는데, 실질적으로 기업 경영에 영향력을 미칠 수 있는 경우에 해당
- 한편 국내기업에 5년 이상 차관을 제공하는 경우에도 역시 외국인 직접투자로 취급

1.3 해외직접투자 유치를 위한 인센티브

- 세계 각국은 외국인 직접투자를 유치하기 위해 보조금이나 세제 감면과 같은 인센티브(유인)를 제공하고 있음.
- 우리나라도 외국인 직접투자에 대해서는 국내에서 발생한 주식매각대금, 차관에 대한 이자, 기술 도입에 따른 대가 등을 해외로 송금할 수 있도록 해줌.
- 법률 적용에 있어서도 외국인 직접투자 기업은 국내기업과 원칙적으로 똑같은 대우를 받도록 돼 있음.
- 외국인 투자를 위한 지역을 국가에서 별도로 지정해 개발해 줄 수도 있음.
- 물론 외국인 직접투자를 외화도피 등으로 악용하는 경우에는 제재를 가하는 조항도 법에 포함되어 있음.

2. 해외 직접투자 vs 간접투자

2.1 해외 '직접' 투자는 해외 '간접' 투자와 구분되는 개념

- 간접투자란 외국인이 단기적인 이익을 목적으로 국내기업에 돈을 빌려주거나 국내기업

의 주식을 사는 것을 말하는 반면, 직접투자는 외국인이 장기적인 이익을 목적으로 경영참가나 기술제휴를 통해 국내기업과 지속적인 관계를 맺는 것을 말함.

- 해외직접투자는 간접투자에 비해 장기적이고 안정적인 투자라고 말할 수 있음.
  • 간접투자한 외국인은 대출한 돈을 회수하거나 주식을 팔아 손쉽게 우리나라를 떠날 수 있지만, 직접투자한 외국인은 국내에서 직접적으로 기업활동을 하고 있기 때문에 투자액을 회수해 떠나기가 어렵기 때문임.

2.2 해외직접투자의 유형

- ▲외국인이 직접 회사를 세우는 방식 ▲이미 있는 국내 회사의 주식을 충분히 사들여 경영에 참여하는 방식 ▲국내 회사에 기술개발 목적으로 장기간에 걸쳐 돈을 꿔주는 방식 등 다양하게 이뤄질 수 있음.
- 기업의 해외진출 유형[11)]은 크게 FDI와 전략적 제휴(Strategic Alliance)로 구분
- FDI는 기업이 현지에 법인을 설립하거나(단독 혹은 합작), 현지의 기존 기업을 인수하는 방식을 의미 ⇒ 현지 기업의 10% 이상 지분을 보유하고 경영에 참여하는 경우도 FDI의 범주에 포함

3. 해외직접투자의 의미

- 기업이 자신에게 소유권이 없는 제3자의 기업에게 생산의 일부를 위탁하는 아웃소싱과는 달리, 오프쇼링은 자신이 소유한 해외의 기업에 생산의 일부를 이전하는 것을 말하는데, 그중에서도 특히 기업이 해외에 자회사를 설립하여 기업활동의 일부를 수행하는 투자형태를 일컬어 해외직접투자라고 함.
- 여기서 해외직접투자를 하는 기업의 모회사는 자국에 있고 자회사는 해외에 있으므로 그 기업이 소유한 생산시설은 자국과 외국 양쪽에 모두 존재함.
  • 이와 같이 해외의 여러 나라에 위치한 생산시설들을 소유하고 이를 경영·통제하는 기업을 일컬어 다국적기업(multinational corporation)이라고 함.
  • 현대자동차가 미국의 앨라배마주에 현대자동차 공장을 설립하여 생산의 일부를 담당하고 있는 것이나 미국의 인텔사가 코스타리카에 현지공장을 설립한 것 등이 다국적기업의 좋은 예임.

4. 발생 이유

- 더닝(J. H. Dunning)은 해외직접투자가 가능하려면 다음과 같은 세 가지 종류의 우위를 갖추어야 함을 지적하고 있음.

---

11) 수출, 프랜차이징, 라이선싱 등 단순계약에 의한 해외진출 방식은 제외

4.1 소유의 우위

- 먼저 '소유의 우위'의 경우 다국적기업이 현지 기업에 비해 생산성이 더 높아야 한다는 것을 의미함.
- 현지에 자회사를 설립하고 공장을 운영하기 위해서는 많은 고정비용이 소요되는데, 이를 만회하기 위해서는 다국적기업의 생산성이 그만큼 더 높아야 함.
  - 이것은 바꿔 말하면 애초에 생산성이 높은 기업이 해외직접투자를 통해 현지로 진출한다는 것과 같음.

4.2 입지의 우위

- 둘째, '입지의 우위'는 특성 지역이 다른 지역에 비해 투자대상으로서 갖는 이점을 말함.
  - 예를 들어 많은 다국적기업들이 중국에 해외직접투자를 하는 이유는 중국의 임금이 저렴할 뿐만 아니라 현지 인구가 매우 많아 생산품의 판매로 거둘 수 있는 수익이 높기 때문임.
- 각국의 정부가 해외직접투자를 유치하기 위하여 규제를 완화하고 기업 친화적 환경을 조성하기 위해 노력하는 것도 입지 특유의 우위를 높이기 위해서임.

4.3 내부화의 우위

- 마지막으로 '내부화의 우위'는 정보의 비대칭과 관련이 높음.
- 아웃소싱을 맡긴 기업에 대한 정보가 불완전할 경우 정보의 비대칭으로 인해 여러 문제에 직면할 수 있음.
  - 예를 들어 생산을 맡은 기업 내부의 사정으로 인해 중간재의 공급이 지연된다든가 기업이 갑자기 도산하여 중간재의 공급이 중단되는 경우 등이 그것임.
  - 아웃소싱을 맡은 기업에 대해 잘 알고 있다면 이와 같은 문제가 발생하지 않겠지만 만약 그 기업에 대한 정보가 없다면 잠재적 위험의 비용은 다국적기업이 모두 감당해야 함.
- 이와 같은 정보의 비대칭으로 인한 비용을 지불하는 대신 차라리 현지에 자회사를 설립하여 중간재를 안정적으로 공급받는 쪽이 더 유리할 경우 내부화의 우위에 있는 것임.

5. 종류

- 다국적기업의 해외직접투자는 모기업과 자회사의 관계에 따라 크게 세 가지로 분류될 수 있음.
- 현실의 경제에 있어서는 아래 세 유형의 해외직접투자가 서로 혼재되어 있는 것이 사실임.

5.1 수평적 해외직접투자

- 수평적 해외직접투자(horizontal FDI)는 모회사가 생산하는 것과 동일한 재화를 해외에서 생산하고 공급하기 위하여 자회사를 설립하는 투자형태를 말함.
  - 해외 생산공장에 의해 생산된 제품을 현지시장에 판매하는 것이 주목적임.

5.2 수직적 해외직접투자

- 수직적 해외직접투자(vertical FDI)는 모회사의 생산물을 자회사가 중간재로 사용하거나 자회사의 생산물을 모회사가 중간재로 사용하는 투자형태를 말함.
  - 해외 생산공장에서 생산된 제품이 주로 제3국으로 수출되거나 본국으로 역수출됨.

5.3 수출경유형 해외직접투자

- 수출경유형 해외직접투자(export-platform FDI)는 제3국으로의 수출을 목적으로 한 소위 수출전진기지의 역할을 수행하기 위한 투자를 말함.
  - 즉 해외 생산공장에서 생산된 제품이 주로 제3국으로 수출되거나 본국으로 역수출되는 것 중에서 현지에서 생산된 제품이 제3국으로 수출되는 경우를 말함.
- 수출경유형 해외직접투자는 제3국에 대한 수출을 겨냥하여 현지에 자회사를 설립하는 투자형태인데, 유럽의 기업이 미국에 수출을 하고자 할 때 멕시코에 자회사를 설립하는 것은 수출경유형 해외직접투자의 좋은 예임.

6. FDI의 경제적 효과(장점)

- 미국에서 발생한 금융위기로 글로벌 경기가 침체하면서 심한 몸살을 앓고 있는 우리 경제상황에서 해외직접투자는 추가적인 외채부담 없이 해외자본을 안정적으로 유치할 수 있음.
  - 실제로 1997년 외환위기 이후 우리나라는 외국인 직접투자를 통해 위기를 극복하는 동시에 경제의 체질을 강화할 수 있었음.
- 해외직접투자는 국내 경제의 구조조정에 필요한 자금을 마련하는 방법이 되기도 함.
  - 기업 인수·합병(M&A)을 위한 국내자본이 부족하다면 외국인 직접투자 유치가 해법이 될 수 있음.
- 선진국 기업들의 투자자금뿐만 아니라 경영기법·핵심기술도 함께 국내에 들어오게 됨.
  - 예를 들어 외국 유통업체가 제조업체들이 생산한 각종 상품을 소비자의 요구에 맞도록 정확하고 신속하게 배달하는 첨단물류시스템을 갖고 국내에 진출했다고 할 경우에 이 기업을 통해 유통되는 상품들에 대한 소비자의 수요가 늘어날 수 있을 것이며 또한 해당 상품을 만드는 국내 제조업체들의 생산량도 이에 따라 많아질 수 있을 것임.
  - 한편 외국인 직접투자는 외국의 모(母)기업이 국내에 설립한 자(子)회사에 첨단기술

을 직접 제공하는 기술이전 효과도 가지고 있는데, 이렇게 도입된 해외기술은 국내에 있는 부품업체·설비조달업체·하청기업으로 전파되며 또한 이 기술을 활용해 생산한 제품이 중간재 형태로 다른 완제품 생산에 사용되면서 다른 분야에도 파급 효과를 미칠 수 있음.

- 이와 함께 외국인 직접투자는 현지에서 연구개발활동이나 기술연수 프로그램을 통해 현지의 기술 인력을 양성하는 효과도 있는데, 이렇게 현지 인력들의 생산능력이 향상되면 경제성장률이 높아질 수 있음.

- 해외직접투자는 투자대상 국가에 설립되는 제조업 공장과 서비스업 영업장에 현지 인력을 채용해 고용을 증가시키는 효과가 있음.
  - 이 같은 직접적인 고용창출 효과 이외에도 외국인 직접투자가 이뤄진 기업을 위해 원자재·중간재를 납품하는 기업들과 완제품의 유통·판매에 관여하는 기업들의 고용까지 늘리는 간접적인 고용창출 효과도 일어나게 됨.

- 국내시장에서 경쟁을 촉진하는 효과도 외국인 직접투자에 의해 일어날 수 있음.
  - 국내기업이 독과점 형태로 장악하고 있는 시장에 외국인 직접투자 기업이 품질 좋고 값싼 상품을 앞세우며 새로 진출했다고 할 경우, 이제 시장은 경쟁구조로 바뀌게 되어 국내기업은 과거와 같이 높은 수준의 독과점 가격을 더 이상 유지할 수 없게 될 것임.
  - 시장가격이 떨어지면 소비자후생이 커짐.
  - 독과점이 깨지면 기업들은 경영의 효율을 높일 수밖에 없어 경제 전반의 효율성이 향상됨.

- 해외직접투자는 글로벌 생산네트워크를 강화하는 측면도 있음.
  - 특정 국가나 지역에 국한돼 있던 생산망들이 범세계적인 생산망에 연계됨.

7. FDI 유입 증대 방안[12)]

7.1 글로벌 FDI 현황 및 특징

- 글로벌 FDI 총유입액은 지속적으로 증가하다 금융위기 이후 대폭 감소 ⇒ 2009년에도 큰 폭의 하락세를 이어갔으나 2010년에는 전년 대비 5% 증가한 1조2440억 달러를 기록하며 금융위기 이전 수준까지는 아니지만 점차 회복 기미를 보이고 있음.
  - FDI 증가는 주로 세계 각지에서 자회사·지사·합병회사·공장 등을 확보하고 생산 및 판매를 하는 초국적기업의 해외투자 확대에 기인
  - 2010년 초국적기업의 글로벌 GDP 기여도는 25%에 달하며, 이들의 해외법인은 글로벌 GDP에 10% 이상 기여

12) 이하 내용은 주로 KB금융지주 경영연구소(2012.03.14) 참조.

- 특히 선진국에 대한 FDI는 점차 감소하는 반면, 신흥국에 대한 FDI는 증가해 2010년에는 신흥국에 대한 FDI 비중이 52%에 이르러 사상 처음으로 50%를 초과
- 선진국에서 신흥국으로의 FDI 무게 중심 이동 추세는 FDI 상위 20개국의 변화에도 반영 ⇒ 2009년에는 상위 20개국에 7개 신흥국이 포함됐으나 2010년에 10개로 증가
- 산업별로는 제조업 분야의 FDI가 증가한 반면, 서비스업 및 1차 산업[13]의 FDI은 지속 감소

7.2 글로벌 FDI 전망

- 향후 글로벌 FDI는 증가세를 지속해 2013년에는 금융위기 이전 수준인 약 1조9000억 달러로 회복하고, 신흥국에 대한 FDI 비중도 계속 확대될 것으로 전망
- FDI 신뢰도[14] 순위를 통해 국가별 FDI 전망을 살펴보면, 향후 3년간 중국 · 인도 · 브라질에 대한 FDI 확대규모가 가장 높을 것으로 예상되는 등 신흥국의 강세가 이어지고 유럽위기에 따른 경제 불안정으로 선진국에 대한 FDI는 주춤할 것으로 보임.

7.3 투자유치 확대방안

- 국내 투자환경을 전반적으로 개선하는 조치를 지속적으로 추진
  - 금융 · 외환 · 세제 · 지적재산권 분야에서 글로벌 기준에 맞지 않는 부분은 합리적으로 개선
  - 외국인들을 위한 교육 · 교통 · 의료와 같은 생활환경도 경쟁국에 비해 뒤떨어지지 않도록 해야 함.
  - 특히 '외국인 투자는 결국 국부(國富) 유출을 낳는다'고 생각하는 반(反) 외국자본 정서는 반드시 극복해야 할 문제임.

참고자료

(1) 남종현 · 이홍식(2012), 《국제무역론》, 경문사.
(2) 김준동(2009), "외국인 직접투자가 가져오는 경제적 효과는…", 《조선경제》, 2009. 03. 20.
(3) KB금융지주 경영연구소(2012), "글로벌 FDI 현황 및 전망", 《KB daily 지식 비타민》, 2012-30호, 2012. 03. 14.

---

13) 목축업, 어업, 농업, 임업, 광업 등
14) FDI 신뢰도(FDI Confidence)는 연매출 1조 달러 이상 초국적기업(27개국, 17개 산업)의 임원들을 대상으로 향후 3년간 직접투자 계획이 있는 국가와 투자규모에 대해 설문조사한 결과를 가중 합산해 산출

CHAPTER 02

국제무역의 이론

1. 중상주의와 고전무역이론의 전개
2. 절대우위와 국제무역
3. 비교우위와 교역의 이득
4. 비교우위와 국제무역
5. 헥셔-올린정리와 레온티에프 역설
6. 제품사이클이론
7. 신무역이론
8. 중력모형
9. 덤핑모형

홍명보 감독이 대표팀에 부임하면서 밝힌 선수 선발의 원칙은 '소속팀 경기에 나서지 못하는 선수는 선발하지 않겠다' 는 것이었다. 이 원칙은 그동안 잘 지켜졌고, 덕분에 홍 감독은 '소신의 아이콘' 으로 불리며 한국축구의 미래를 짊어질 지도자로 각광받았다. 그런데 박주영 선수를 선발하면서 상황이 180도 바뀌었다. 소속팀 주전 경쟁에서 밀리고 부상당해 경기에 나서지 못한 선수를 선발했기 때문이다. 한편 그동안 대표팀의 주전으로 급부상했던 김신욱 선수는 졸지에 후보로 전락했다. 소속팀에서 매 경기 주전으로 나섰고, 골 감각도 물이 올라 최근 1년간 뛴 리그 44경기에서 24골을 기록한 선수가 벤치만 달구던 선수에게 밀려난 셈이다. 이때부터 언론과 인터넷을 중심으로 논쟁이 일기 시작했고, '소신의 아이콘' 이었던 홍 감독은 일순간 '타협의 대명사' 로 전락해 버렸다. 그렇다면 홍명보 감독이 자신이 세운 원칙을 스스로 깨뜨리면서까지 박주영 선수를 선발한 이유는 무엇일까? 홍 감독은 골키퍼를 제외한 10명의 선수를 '4-2-3-1' 형태로 배치하는 포메이션을 주로 사용한다. 수비에 4명이 서고, 그 위로 수비형과 공격형 미드필더를 각 2명과 3명 배치하는 형태다. 그리고 1명의 공격수로 하여금 최전방에서 상대 골문을 노리게 한다. 따라서 포지션 1에 해당하는 박주영과 김신욱 선수는 시스템 상 한 자리를 두고 경쟁해야 하는 처지다. 그렇다면 풀어야 할 숙제는 간단하다. 팀 전력을 극대화하는 동시에 골을 넣을 가능성이 높은 선수를 주전으로 삼는 것이다. 즉 두 선수 중 상대적으로 우수한, 다시 말해 비교우위에 있는 선수가 포지션 1의 위치에 서는 것이 합리적이다. 여기서 비교우위란 무엇인가? 비교우위는 한 경제주체가 특정 행위를 다른 주체보다 상대적으로 잘하는 상황을 의미한다. 달리 말해 특정 행위를 할 때 포기해야 하는 기회비용이 낮은 경우 비교우위에 있다고 표현한다. 경제학에서는 무역이 발생하는 원인을 비교우위의 개념에서 찾는다. 축구 얘기로 돌아오면, 홍 감독이 박주영 선수를 선발한 이유도 비교우위의 관점에서 살펴볼 수 있다. (중략) 결론적으로 현재의 컨디션과 신체조건이 좋은 김신욱은 골 감각과 몸싸움, 그리고 헤딩에서 우월할 것으로 예상된다. 반면 경험과 조직력, 공수전환과 침투능력에서는 박주영 선수가 비교우위에 있을 것으로 기대된다. 하지만 결코 누가 더 낫다고 속단하기 어려운 상황이다. 그렇다면 판가름은 잠재력의 측면에서 내리는 것이 바람직하다. 월드컵에서 만날 상대팀의 전력을 감안하여 주전으로 나설 선수를 결정해야 한다. 그런 점에서 보면 박주영 선수가 조금 유리한 입장에 있는 것으로 보인다. (중략) 즉 서로가 가진 비교열위의 측면을 보완할 잠재력 면에서 박주영 선수가 우위에 있다고 볼 수 있다. 홍 감독도 이러한 점을 고려하여 박주영 선수를 선발한 것은 아닌지 생각된다. 지금까지 박주영 선수의 선발을 비교우위의 관점에서 바라보았다. 비교우위는 경제학에서 태동했지만 선수 선발과 관련하여 여러 스포츠 종목에서 활용되고 있는 개념이다. 야구에서 왼손잡이 1번 타자가 많은 것도 비교우위에 입각한 것이고, 1루수를 제외한 내야수들이 오른팔로 공을 던지는 이유도 비교우위로 설명할 수 있다. 이상에서 살펴본 바와 같이 홍 감독도 일부에서 주장하는 학연이나 사제 간의 정에 이끌려 박주영 선수를 선발한 것은 아닐 것이다. 비교우위에 근거해 판단하고 결정했을 것임에 분명하다. 그런 점에서 축구대표팀의 선수 선발과 관련한 불필요한 논란은 잠시 접어두는 것이 좋을 듯하다. 이에 대한 비판과 비난은 월드컵이 끝난 후에 해도 충분하기 때문이다. 모든 스포츠가 그러하듯 축구 역시 결과에 대한 책임은 감독에게 있다. 홍명보 감독의 선택을 존중하고 결과를 기다려보자.

– 정원식(KDI 전문연구원) –

출처 : 정원식(2014), "'비교우위' 따른 축구 감독의 선수 선발", 《한국경제》, 2014. 04. 18.

1 중상주의와 고전무역이론[15]의 전개

역사적으로 볼 때 국제무역에 대한 이론의 전개는 경제이론 자체의 발전과 거의 시기를 같이 하고 있는바, 즉 아담 스미스(A. Smith)가 한 나라 안에서의 분업의 원리를 국제적으로 확대 적용함으로써 국제무역의 현상을 설명하려던 시도를 우리는 체계적인 국제무역이론의 시발점으로 볼 수 있음.

1.1 | 중상주의

- 리카도(D. Ricardo)모형이 출현하기 이전에는 국가 간의 무역현상을 파악하는 데 있어서 중상주의라는 일종의 경제사상이 자주 인용되었을 뿐 어떤 체계적인 이론이 존재하였던 것은 아님.
- 중상주의(mercantilism)란 유럽에서 소위 근대적 개념을 가진 국가가 형성되기 시작하였던 16세기 이후 약 2세기 이상에 걸쳐 실천되었던 일련의 사상으로서 근대적이고 강력한 통일국가를 실현하기 위해서는 무엇보다도 국부의 축적이 최우선과제로 간주되었고, 이는 다시 국제무역에서 흑자를 냄으로써 가능하다고 믿었던 사상임.
  - 그 당시 국부의 척도는 국제적 화폐로 통용되었던 금, 은 등 귀금속의 축적량으로 가늠되었는데, 이러한 귀금속을 획득하는 방법으로서는 물론 국내생산에 의존할 수도 있지만 그것은 어디까지나 국내 자연조건에 제약을 받게 되고, 따라서 궁극적으로 해외로부터의 유입에 의존할 수밖에 없는데, 이를 위해서는 금, 은뿐만 아니라 그 이외의 상품무역에서 흑자를 냄으로써 그 대가로 금, 은과 같은 귀금속을 들여올 수 있다고 믿었던 것임.
  - 국제무역은 국부를 증대시키는 하나의 수단으로 간주되었으며, 따라서 중상주의 하에서의 무역정책은 무역수지 흑자를 실현하기 위하여 각종의 정부개입을 통해서 수출을 장려하고 수입을 억제하는 일종의 보호주의 형태를 취하지 않을 수 없었음.

15) 고전무역이론이라고 하는 것은 19세기 초반 영국의 토렌스(R. Torrence), 리카도(D. Ricardo), 밀(J. S. Mill) 등에 의해서 완성된 하나의 체계적 무역이론을 뜻하는데, 이들은 그 때까지 매우 불분명하게 이해되었던 무역이론의 기본 과제인 무역의 발생동기와 그 효과에 대해서 처음으로 체계적이고 과학적인 분석을 통하여 좀 더 명확한 해답을 얻는 데 성공하였음.

1.2 중상주의에 대한 두 가지 반론

- 그러나 18세기 후반 영국에서는 이와 같은 중상주의의 무역정책에 대해서 두 가지 측면에서 강한 반론이 제기되었음.
- 하나는 흄(D. Hume)에 의해서 제시된 소위 '가격－정화－이동의 원리'(price-specie-flow mechanism)인데, 그는 중상주의가 추구하던 무역흑자정책은 비록 일시적으로는 가능할지 모르지만 장기적으로는 불가능하다는 것을 설명하였음.
  - 즉 그의 이론에 의하면 한 나라가 무역흑자를 낸다는 것은 곧 그 나라에로의 금의 유입을 의미하고, 반대로 무역적자를 실현하는 무역상대국에서는 금의 유출을 의미하는데, 이는 곧 금본위제도 하에서 무역흑자국에서는 통화량의 증가를, 또 무역적자국에서는 통화량의 감소를 초래하게 될 것이며 그 결과로 무역흑자국에서는 물가의 상승을, 그리고 무역적자국에서는 물가의 하락을 가져와 결국 어느 시점을 지나게 되면 두 국가 간에 국제경쟁력이 반전되지 않을 수 없으며 무역수지 또한 역전되지 않을 수 없다는 것임.
- 또 하나의 반론은 아담 스미스에 의해서 제기된 것인데, 그는 보호무역보다는 자유무역이 국부를 증대시키는 데 훨씬 더 능률적인 정책임을 강조하고 있음.
  - 즉 국제무역도 한 나라 안에서와 같이 분업 혹은 생산전문화[16]를 통해서 각국은 생산 능률을 향상시킬 수 있을 뿐만 아니라 생산물의 국제적 교환을 통해서 각국은 더 많은 양의 생산물을 소비할 수 있다는 것임.[17]

---

16) 생산특화(specialization)라고도 하는데, 한마디로 개인이나 기업이 각자 소질을 가지고 있는 생산분야에 전념하는 것을 의미함. 생산전문화를 통해서 주어진 인력과 자원을 좀 더 효율적으로 활용할 수 있고 그 결과로 더 많은 양의 산출물을 만들어 낼 수 있음. 한 나라 안에서 생산전문화와 교환이 이루어질 경우 그 나라에 주어진 인력과 자원으로 최대의 생산과 소비를 할 수 있게 되고, 사회 전체적으로 볼 때 생활수준이 향상될 수 있다는 것은 자명한 일임. 비슷한 원리가 한 나라의 경우를 국제적으로 확대했을 때에도 적용될 수 있을 것임.

17) 또 이와 같은 국제적 분업은 정부의 개입 하에서보다는 자유무역 하에서, 즉 자유로운 시장기능에 의해서 가장 효과적으로 실현될 수 있다는 것을 주장함으로써 아담 스미스는 중상주의 이후 최초의 자유무역 옹호자가 되었음. 여기서 주목할 만한 사실은 아담 스미스는 국부의 원천을 금, 은과 같은 귀금속의 보유량에 있다기보다는 주어진 자원의 제약 하에서 재화의 생산 가능성(production possibility)이나 소비 가능성(consumption possibility)의 확대에 있다고 본 것임. 그러나 스미스의 국제적 분업이론도 국제무역의 원리를 명확히 설명해 주지는 못하였으며, 그 후 19세기 초 리카도에 의해서 비로소 명확하게 해결되었음.

2 절대우위와 국제무역

2.1 절대우위의 원리

- 국제무역을 설명하는 데 있어서 원래 아담 스미스는 한 나라 안에서 자연적으로 발생하는 분업 혹은 전문화의 원리가 국제적으로도 그대로 연장되어 적용될 수 있을 것이라고 믿었음.
  - 가령 한 나라 안에서 어떤 소비자가 어떤 상품을 구매하고자 할 때 그 소비자는 그 상품을 가장 저렴한 가격으로 구입할 수 있는 공급자를 찾게 될 것이며, 이러한 과정을 통해서 비능률적인 생산자들은 자연스레 도태될 것이고, 결국 그 상품은 가장 저렴한 비용으로 생산할 수 있는 개인이나 기업만이 최종공급자로 남게 된다는 것임.
- 따라서 모든 상품은 각기 그것을 가장 저렴한 비용으로 생산할 수 있는 생산자, 즉 생산에 있어서 절대우위(absolute advantage)를 갖고 있는 생산자들에 의해서 그 생산이 담당될 것이고 그것은 곧 주어진 생산자원을 가장 효율적으로 활용하는 결과를 가져온다는 것이 한 나라 안에서의 분업의 원리임.
- 아담 스미스는 국제무역도 이러한 절대우위의 원리에 의해서 발생한다고 믿었음.
  - 즉 국가 간에 자유로운 무역기회가 허용될 경우 그것은 마치 시장이 국내에서 국제적으로 확대된 것과 다름이 없으므로 소비자들은 역시 국경에 관계없이 가장 싼 값에 원하는 상품을 구매하려 할 것이고, 그 결과 각국은 결국 생산비 면에서 절대우위에 있는 상품들에 생산전문화를 해서 그것을 수출하고 절대열위(absolute disadvantage)에 있는 상품들을 수입함으로써 자연적으로 생산에 있어서 국제적 분업이 이루어질 것으로 보았음.

2.2 간단한 사례

- 우선 〈표 2-1〉에서 볼 수 있는 바와 같이 양국(A국과 B국)에서 모두 X재와 Y재를 생산하는 데 있어서 노동이 유일한 생산요소라고 하자.

〈표 2-1〉 절대우위 : 단위생산에 필요한 노동량

	A국	B국
X재	2	4
Y재	4	2

- 만약에 A국에서 X재 1단위를 생산하는데 2단위의 노동이, 또 Y재 1단위를 생산하는데 4단위의 노동이 각각 필요하고 B국에서는 X재 1단위를 생산하는데 4단위의 노동이, 그리고 Y재 1단위를 생산하는데 2단위의 노동이 필요하다면 우리는 곧 A국은 X재 생산에, 또 B국은 Y재 생산에 각각 절대우위를 갖고 있음을 알 수 있음.
  • 이는 A국의 입장에서 X재 생산비(혹은 가격)가 B국에 비해 절반에 불과하고 B국에서는 Y재 생산비가 A국에서의 그것에 비해 절반에 불과하기 때문임.

- 이때에 만약 두 나라 간에 자유무역이 허용된다면 각국의 소비자들은 당연히 가장 싼 값에 원하는 상품을 구매하고자 할 것이므로 A국은 X재에, B국은 Y재에 각각 생산전문화를 하게 되어 그것을 수출하고 다른 재화를 수입하게 될 것임.

- 이러한 과정을 통해서 X, Y재의 세계총생산량(혹은 세계총소비량)은 무역이 일어나기 전에 비해서 모두 증가하게 됨.
  • 즉 만약에 A국에서 4단위의 노동을 절대열위에 있는 Y재 산업으로부터 빼내어 절대우위에 있는 X재 산업에 투입하면 Y재 생산은 1단위 감소하는 반면에 X재 생산은 2단위가 증가하게 될 것이고, 또 B국에서는 4단위의 노동을 X재 산업으로부터 Y재 산업으로 이동시키면 X재 생산은 1단위 감소하는 데 비해 Y재 생산은 2단위가 증가할 것임.
  • 그 결과 세계 전체적으로 볼 때 X, Y재의 생산은 각각 1단위씩의 순증가를 기록하게 되는 것임.

3 비교우위와 교역의 이득

3.1 | 교역의 이득

- 무역이 이루어지면 각 나라 국민이 소비할 수 있는 상품의 양이 더 커질 수 있는데, 이를 교역의 이득(gains from trade)이라고 부름.

- 교환은 각자 소질을 가지고 있는 분야에 전념한다는 의미에서의 전문화 혹은 특화(specialization)를 가능하게 해줌.
  - 특화는 경제 전반의 생산성을 높여주는 역할을 하는데, 바로 이것이 교환에서 나오는 이득의 근본적인 원천이라고 말할 수 있음.
- 나라와 나라 사이의 자유로운 교역은 각 나라가 다른 나라에 비해 더 효율적으로 생산할 수 있는 상품의 생산에 특화할 수 있게 만들어 줌으로써 전반적인 생산성의 향상을 가져옴.
- 무역은 각 나라가 한정된 자원을 효율적으로 활용할 수 있는 길을 열어줌으로써 이에 참여하는 모든 나라 사람들이 더욱 풍부한 소비생활을 누릴 수 있게 만들어 줌.

3.2 비교우위론의 의의

- 영국의 경제학자 리카도(D. Ricardo)는 나라와 나라사이의 무역에도 비교우위의 원칙이 적용될 수 있다고 설명했음.
  - 즉 각 나라가 비교우위를 갖고 있는 상품의 생산에 특화하는 국제분업체제가 전반적 효율성을 향상시키는 결과를 가져다준다는 것임.
  - 비교우위론에 따르면 전반적으로 산업의 생산성이 낮은 수준에 있는 나라라 해도 최소한 하나 이상의 산업에서 비교우위를 갖게 됨.
  - 절대적 차원에서 보면 한 나라가 다른 나라보다 모든 상품을 생산하는데서 더욱 효율적일 수 있다고 해서 한 나라가 모든 산업에서 비교우위를 가질 수는 없다는 것이 그의 지적임.
- 비교우위론은 자유로운 무역이 이루어질 때 각 나라가 비교우위를 갖는 상품에 특화해 수출하고, 비교우위가 없는 상품은 해외로부터 수입하게 될 것이라고 예측함.
- 이와 같은 국제분업체제가 힘 있는 소수의 나라에게만 이득을 가져다주고 다른 나라들은 손해를 보게 만든다고 주장하기도 하지만 어떤 나라가 강압에 의해서가 아니라 자발적으로 무역에 참여하는 것이라면 무역이 그 나라에게 손해를 가져다주는 일은 결코 일어나지 않음.
  - 국제분업체제에 참여하는 나라는 아무리 작은 몫이라 할지라도 거기에서 나오는 이득의 일부분을 차지하게 됨.[18)]

18) 현실적으로 보아 경제가 발전되어 있고 힘이 센 나라가 좀 더 큰 몫의 이득을 가져갈 가능성이 큼. 그렇다고 해서 국제분업체제가 발전이 덜 되고 힘이 약한 나라에서 손실을 강요하는 것은 아니라는 점이 중요함.

4 비교우위와 국제무역

4.1 | 절대우위론의 한계

- 절대우위론에 입각한 아담 스미스의 국제분업이론은 얼핏 보아 상당한 설득력이 있는 것같이 보이나 그것은 국제무역현상을 설명하는 데는 극히 불완전한 이론에 불과한 것이었음.

4.2 | 간단한 사례

- 〈표 2-2〉에서와 같이 X, Y재 1단위를 생산하는 데 필요한 노동의 양이 A국에서는 각각 2단위와 4단위인 데 비해 B국에서는 각각 1단위와 3단위가 필요하다고 하자.

〈표 2-2〉 비교우위 : 단위생산에 필요한 노동량

	A국	B국
X재	2	1
Y재	4	3

- 이 경우 B국은 A국에 비해서 X, Y재 생산 모두에 있어서 절대우위를 갖고 있음을 알 수 있음.

- 이러한 경우 두 나라 사이에 분업과 무역이 발생할까?

- 물론 아담 스미스의 절대우위론에 의하면 그 대답은 부정적일 것임.
  - 왜냐하면 B국은 A국에서보다 X, Y재 모두를 더 적은 생산비로 생산할 수 있으므로 A국으로부터 수입의 필요성을 느끼지 않을 것이고, 또한 A국은 두 상품 모두에서 절대열위에 있으므로 B국에 수출할 상품이 없을 것이기 때문임.

- 그러나 이러한 결론이 잘못된 것이라는 것은 후에 리카도 등에 의해서 자세히 밝혀졌음.
  - 즉 리카도에 의하면 한 나라 안에서와 같이 산업 간 노동의 이동이 자유롭게 허용되는 경우 분업 및 생산전문화는 절대우위론에 의해서 그 설명이 가능하지만 노동의 이동이 전혀 허용되지 않는[19] 국가 간에 발생하는 분업 및 무역은 절대우

위가 아니라 비교우 위에 의해서 결정된다는 것임.

- 리카도는 한 나라가 다른 나라에 비해서 비록 X, Y재 생산 모두에서 절대열위(혹은 절대우위)에 있다고 하더라도 각국은 상대적으로 더 싸게 생산할 수 있는 상품, 즉 비교우위를 가진 상품에 전문화를 함으로써 국가 간의 분업과 무역은 발생할 수 있으며, 이때 두 나라 모두 이로부터 경제적 이득을 볼 수 있다는 것을 분명하게 밝혔던 것임.

4.3 리카도의 비교우위론

- 앞서 예로 든 〈표 2-2〉를 계속 인용하기로 하자.
- 우선 무역이 발생하기 전에 각국의 X재와 Y재의 생산가격 혹은 국내가격은 각 재화를 1단위 생산하는 데 투입된 노동의 양에 의해서 결정될 것이므로 두 재화의 국내가격비율은 A국에서 $\left(\frac{P_x}{P_y}\right)^A = (2/4) = (1/2)$, B국에서는 $\left(\frac{P_x}{P_y}\right)^B = (1/3)$이 됨.[20)]
  - 이를 다시 말하면 A국에서는 Y재 1단위가 X재 2단위(혹은 X재 1단위는 Y재 1/2단위)와 교환되고, B국에서는 Y재 1단위가 X재 3단위(혹은 X재 1단위가 Y재 1/3단위)와 교환됨을 뜻함.
- 이 경우 만약 두 나라 간에 무역이 허용된다면 A국은 Y재 1단위를 B국에 수출하면 무역 전 자국에서 교환을 통해 얻을 수 있었던 X재 2단위보다 1단위 더 많은 3단위를 얻을 수 있고, B국은 X재 1단위를 A국에 수출하면 무역 전 자국에서 교환을 통해 얻을 수 있었던 Y재 1/3단위보다 1/6단위가 더 많은 1/2단위의 Y재를 얻을 수 있게 됨.
- 따라서 두 나라는 무역을 함으로써 모두 경제적 이득을 누릴 수 있게 되는 것임.
  - 즉 이 경우 비록 A국이 B국에 비해서 X, Y재 생산 모두에서 절대열위에 있지만 각국은 서로 상대적으로 더 싸게 생산할 수 있는 상품, 즉 비교우위를 갖는 상품을 생산해서 수출하고 비교열위에 있는 상품을 수입함으로써 결국 각국은 무역 전보다 더 많은 양의 X, Y재를 소비할 수 있게 됨.

---

19) 가정의 현실화가 필요함. 단 언어장벽 등이 걸림돌임.

20) $\left(\frac{P_x}{P_y}\right)^A = (2/4) = (1/2) > \left(\frac{P_x}{P_y}\right)^B = (1/3)$이 뜻하는 경제적 의미는 우선 (P_x/P_y)는 Y재로 측정한 X재의 상대가격을 말하기 때문에 이 값이 A국이 B국보다 크다는 것은 곧 A국이 상대적으로 X재를 더 비싸게 생산하고 있음을 의미함.

- 이러한 의미에서 리카도의 비교우위론은 결국 누가 무엇을 상대적으로 더 싸게 생산할 수 있는가 하는 소위 비교생산비설(theory of comparative cost)에 그 바탕을 두고 있다고 하겠음.

4.4 | 비교우위론의 평가

- 리카도 등 고전무역학자들이 본 국제무역이론의 특징
  - 생산요소가 한 나라 안에서는 산업 간에 이동이 완전히 자유로우나 국가 간에는 그 이동이 전혀 불가능하다는 점
  - 산업 간의 연관성을 완전히 무시하고 노동을 유일한 생산요소로 가정
  - 무역 전 각국에서 거래되는 재화들의 가치는 곧 재화를 생산하는 데 투입되는 노동의 양에 의해서 결정된다는 소위 노동가치설(labor theory of value)에 의존해서 이론을 전개
- 노동가치설의 비현실성
  - 노동가치설은 현실을 너무 단순화시킨 것으로 볼 수 있는데, 가령 토지, 자본 등 중요한 생산요소들이 전혀 고려되지 않은 것임.
- 무역이론의 시발점
  - 그럼에도 불구하고 노동가치설에 근거를 둔 리카도의 비교우위론은 무역이론을 전개하는 시발점으로서 그 중요성이 충분히 인정된다고 하겠음.
  - 국가 간의 무역이 왜, 또 어떤 패턴으로 발생할 것인가에 대해서 충분한 설명능력을 갖고 있음.
- 한계
  - 궁극적으로 어떠한 교환비율(혹은 교역조건)에서 균형에 도달할 것인지, 또 그때에 각 국은 무역으로부터 어느 정도의 경제적 이득을 얻게 될 것인가에 대해서는 충분한 설명능력을 갖고 있지 못함.[21]

4.5 | 비교우위의 주요 결정요인

- 상이한 부존자원
  - 쿠웨이트가 석유를 수출하고 칠레가 구리를 수출하는 것은 이 나라들이 그와 같은 자원을 풍부하게 갖고 있기 때문이며, 브라질이 커피를 수출하고 말레이시아

21) 이러한 문제들은 그 후 밀(J. S. Mill)에 의해서 풀렸음.

가 생고무를 수출하는 것도 이 나라들의 기후가 그런 상품들을 생산하기에 적합하기 때문임.

- 부존자원의 차이가 비교우위의 분포를 결정하는 또 다른 예로 중국이나 방글라데시 같은 나라는 다른 생산요소에 비해 노동을 풍부하게 갖고 있으므로 노동을 집약적으로 사용해 생산하는 상품(가령 의류나 운동화 등)에 비교우위를 가질 수 있는 것임.
- 각 나라가 원래부터 갖고 있는 부존자원의 차이가 비교우위의 한 주요 결정요인이 된다고 볼 수 있음.

－상이한 기술

- 기술을 갖고 있는지의 여부가 자원의 부존 못지않게 중요한 역할을 함.
- 미국이 컴퓨터 소프트웨어나 오락산업에서 다른 나라가 감히 넘볼 수 없는 우위를 점하고 있는 것은 오랜 기간에 걸친 기술축적 때문이라고 말할 수 있음.
- 오늘날 제3세계 국가들이 경제적 종속 상태를 벗어나려고 몸부림치지만 쉽게 그 꿈을 실현시키지 못하는 결정적인 이유도 역시 기술의 낙후에서 찾을 수 있는데, 그들은 기술의 부족 때문에 자원을 미가공 상태로 수출하고 완제품을 수입하는 종속 상태를 아직도 청산하지 못하고 있는 것임.

－특화의 역사

- 어떤 나라가 한 상품에 오랫동안 특화해 온 역사 때문에 비교우위가 생기는 경우도 있음.
- 예를 들어 스위스가 시계산업에 비교우위를 갖는 것은 이 나라에서 오랜 기간에 걸쳐 시계제조에 특화해 온 역사와 무관하지 않음.
- 프랑스나 이탈리아의 패션산업이 세계를 지배하는 것 역시 오랜 기간 이 방면으로 특화해 온 결과라고 말할 수 있음.
- 특화의 역사가 길기 때문에 비교우위를 갖게 되는 이유 중 가장 중요한 것으로 학습효과(learning by doing)를 들 수 있는데, 학습효과란 생산의 경험이 쌓이면서 효율적으로 생산하는 방법을 배우게 되고 이에 따라 생산비용이 점차 낮아지는 현상이 나타난다는 것을 뜻함. ⇒ 생산 경험의 축적을 통해 비용이 절감될 수 있다면 오랜 생산 경험을 갖고 있는 기업일수록 더 큰 가격경쟁력을 갖게 될 뿐만 아니라 겉으로 드러나지 않는 여러 가지 요령을 터득해 효율적인 생산·유통체계를 갖출 수 있는 이점도 생김.
- 하지만 오늘날 오랜 생산 경험만으로는 비교우위를 유지하기가 쉽지 않은데, 치열한 경쟁구도 속에서 이루어지고 있는 지속적인 기술혁신의 여부가 관건이 되고 있음. ⇒ 기술혁신 및 원천기술의 중요성 대두

4.6 | 무역에서 나오는 이득

- 무역을 통한 소비 가능성의 증대
  - 각 나라가 갖고 있는 생산자원과 생산기술에 아무런 변화가 없어도 무역을 통해 종전에 비해 더 많은 상품을 소비할 수 있게 됨.
  - 이는 무역이 각 나라 국민의 경제적 복지를 향상시켜 주는 역할을 한다는 것을 뜻함.
  - 바로 이것이 무역에서 나오는 이득인데, 두 나라 모두가 이런 이득을 얻을 수 있다는 사실이 중요함.

- 무역에서 나오는 추가적 이득
  - 한마디로 교역의 이득은 각 나라가 비교적 효율적으로 생산할 수 있는 상품에 특화한다는 데서 나오고 있는데, 현실에서는 특화하는 과정 그 자체에서 생산성이 증대될 가능성이 있고, 바로 이것이 무역에서 나오는 추가적 이득이 될 수 있음.
  - 그렇다면 특화하는 과정에서 생산성 증대를 기대할 수 있는 중요한 두 가지 이유로 규모의 경제와 학습효과를 들 수 있음.
  - 무역이 이루어지면 아무리 작은 나라라 하더라도 세계시장을 상대로 대규모 생산을 할 수 있기 때문에 국내시장의 협소함에 제약을 받지 않게 됨. ⇒ 시장 확대를 통한 대량 생산이 가능해짐으로써 규모의 경제 실현 가능성이 있음.
  - 또한 한 나라가 어떤 산업에 특화해 생산의 경험을 축적해 가는 과정에서 학습효과에 의해 추가적인 생산성 향상을 기대할 수 있는데, 만약 어떤 산업에 이 학습효과가 현저히 존재한다면 비록 현재의 상태로는 비교우위가 없더라도 그 산업을 적극적으로 육성할 필요가 있음. ⇒ 학습효과를 통해 앞으로 그 산업에 비교우위를 갖게 될 가능성이 있기 때문임.
  - 현재 우리가 보고 있는 비교우위의 분포는 영구불변의 성격을 갖는 것이 아니고, 시간이 흐름에 따라 바뀌어 나갈 수 있는 여지가 충분히 있음. ⇒ 동태적 비교우위(dynamic comparative advantage)

5 헥셔-올린정리와 레온티에프 역설

5.1 | 헥셔-올린정리의 등장

- 비교우위론은 비교우위의 원인이 생산비의 차이에 있다는 것을 보이는데, 생산비의 차이가 왜 발생하는가에 관하여는 아무런 설명을 하지 않고 있는바, 1930년대에 스웨덴의 경제학자 헥셔(E. Heckscher)와 그의 제자 올린(B. Ohlin)이 이러한 미비점을 보완하였음.
  - 두 나라 간의 생산비에 차이가 나는 것은 생산의 자연적 · 기술적 조건(생산함수)이 서로 다르기 때문이지만, 생산함수가 똑같다 하더라도 생산요소의 부존량에 차이가 나면 상품생산에 투입된 요소집약도, 예컨대 자본-노동비율에 차이가 나기 때문에 생산비에 차이가 발생함.
- 비교우위의 원인이 생산요소 부존량의 차이와 요소집약도의 차이에 있다고 보는 무역이론이 헥셔-올린정리임.

5.2 | 헥셔-올린정리에서 제시된 두 가지 명제

- 첫 번째 명제는 무역당사국 각각이 상대적으로 풍부한 생산요소를 많이 사용하여 생산되는 상품에 비교우위가 있다는 것임.
  - 가령 한국은 노동이 상대적으로 풍부하기 때문에 임금이 낮아서 노동을 집약적으로 사용하는 옷 생산에 비교우위를 갖고, 미국은 토지가 상대적으로 풍부하기 때문에 지대가 낮아서 토지를 많이 필요로 하는 밀 생산에 비교우위를 갖게 되므로 한국은 옷 생산에 특화하고 미국은 밀 생산에 특화하여 서로 무역을 하면 두 나라 모두에게 이익이 된다는 것임.
- 두 번째 명제는 생산요소가 한 나라에서 다른 나라로 이동하지 않더라도 그 생산요소를 사용해서 만든 상품의 무역에 의해 생산요소의 상대가격이 국제간에 같게 되는 경향이 있다는 것인데, 이를 요소가격균등화정리(factor price equalization theorem)라 부름.
  - 앞의 예에서 보듯이 한국은 노동집약적인 옷 생산에 특화함으로써 노동에 대한 수요가 상대적으로 증가하여 임금이 오를 것이고, 미국은 토지집약적인 밀 생산

에 특화함으로써 토지에 대한 수요가 증가하여 지대가 오를 것이기 때문에 한국에서는 임금이 상승하여 미국의 임금과 점차 같게 되고, 미국에서는 지대가 상승하여 한국의 지대와 점차 같게 된다는 것임.

5.3 | 레온티에프 역설

- 미국의 경제학자 레온티에프(W. Leontief)는 미국의 자료를 분석한 결과 헥셔-올린 정리의 첫 번째 명제와는 정반대의 사실을 발견하였음.
  - 그는 1947년의 미국 산업연관표를 이용하여 100만 달러의 수출상품을 생산하는데 필요한 노동량과 자본량을 계산하고, 동시에 100만 달러의 수입상품을 수입하지 않고 국내에서 생산할 경우에 필요한 노동량과 자본량을 계산한 결과 100만 달러의 수입상품을 국내에서 생산하는 것이 100만 달러의 수출상품을 생산하는 것보다 자본량을 상대적으로 더 필요로 한다는 것을 발견하였음.
- 즉 다른 나라에 비해 상대적으로 자본이 풍부한 나라로 생각되는 미국이 헥셔-올린 정리의 첫 번째 명제와는 반대로 자본집약적 상품을 수입하고 노동집약적 상품을 수출한다는 결론을 얻은 것인데, 이를 레온티에프 역설(Leontief paradox)이라고 함.
- 이런 역설적 결과에 대한 원인 규명 시도
  - 레온티에프의 원인 규명 : 미국 노동자의 높은 생산성에서 찾고 있는바, 미국의 노동자는 다른 나라의 노동자보다 우수하며 또한 조직화되어 있기 때문에 미국의 한 사람의 노동자는 다른 나라의 3~5인의 노동자와 동등한 일을 할 수 있다는 것임. ⇒ 따라서 미국이 양적으로 볼 때는 자본집약적 국가이지만 생산성으로 볼 때는 노동집약적 국가 (즉 효율성의 단위로 노동 부존량을 측정할 때 미국이 다른 나라보다 노동을 상대적으로 더 풍부하게 갖고 있는 것으로 드러날 가능성이 높음)라는 것이기 때문에 이런 결과는 역설이 아니며, 상대적으로 풍부한 요소를 사용하여 생산할 수 있는 상품에 비교 우위를 갖는다는 헥셔-올린의 제1명제가 타당하다는 것을 뜻함.
  - 또한 미국은 각종 자원들을 주로 수입하고 있는데, 이들이 자본집약적인 방법으로 생산될 경우가 많기 때문에 그와 같은 실증연구 결과가 나왔다고 말하는 경제학자들도 있음. ⇒ 예컨대 석유나 철광석 같은 자원은 매우 자본집약적인 방법으로 생산되는 것이 사실인데, 미국이 그 자원들을 수입해야 할 처지에 있기 때문에 결과적으로 수입품의 자본집약도가 높게 나타날 수 있다는 것임.
  - 미국의 경제학자 존스(R. Jones)의 원인 규명 : 레온티에프가 역설적인 결과를 얻은 것은 요소풍부성(factor abundance)에 대한 기준을 헥셔-올린과 다르게 설정했

기 때문인데, 헥셔-올린은 요소가격을 기준으로, 이를테면 이자율이 낮은 나라를 자본풍부국이라 한 데 반하여 레온티에프는 요소부존량을 기준으로, 예컨대 자본부존량이 상대적으로 큰 나라를 자본풍부국이라 하였음.[22] ⇒ 요소가격과 요소부존량 중 어느 것을 기준으로 하느냐에 따라 상품생산의 비교우위가 다르게 나타날 수 있음.[23]

- 레온티에프 역설은 비교우위를 판정함에 있어서 요소가격만을 기준으로 할 수 없다는 것을 노출시켜, 헥셔-올린정리의 단점과 한계가 명확히 부각되게 하였음.
  - 또한 각 나라의 요소부존량에 따라 비교우위가 결정된다는 말에 일리가 있기는 하지만, 그것 말고도 많은 요인들이 현실의 무역패턴을 결정하는 것이 사실이므로 요소부존의 차이 하나로 무역패턴을 설명하려는 시도는 명백한 한계를 가질 수밖에 없음.
- 레온티에프 역설이 발표된 이래 헥셔-올린정리에 대한 검토가 끊임없이 이루어졌으며 그 결과 국제분업에 관한 여러 가지 다른 이론들이 나타나게 되었음.

6 제품사이클이론

6.1 제품사이클이론이란

- 미국의 경제학자 버논(R. Vernon)에 의해 주창된 이론으로서 신제품은 생물의 경우와 마찬가지로 출생하여 성장기를 거쳐 노쇠기에 이르며 이로 인하여 국제적으로 분업이 이루어지고 무역이 성립하게 된다는 것이 제품사이클이론(product cycle theory)임.
- 버논에 의하면 첨단산업의 신제품은 최초에 선진국에서 주로 생산되는데, 일반적으로 선진국에서는 상대적으로 임금이 높고 이자율이 낮기 때문에 자본집약적일 수밖에 없는 첨단산업의 신제품 개발이 용이함.
  - 이러한 신생기를 지나면 제품에 대한 수요가 확대되어 성장기로 들어가는데, 이

22) 레온티에프는 미국은 효율성 단위로 부존량을 측정할 때 노동풍부국임. 반면에 H-O에 따르면 미국은 임금이 높아 노동부족국이고, 이자율이 낮아 자본풍부국이라는 것임.

23) 요소간의 대체가 용이하며 생산이 최적 상태에 있을 때 이자율이 상승하면 자본집약적 상품생산이 노동집약적 상품생산으로 전환될 수도 있는데, 이를 요소집약도의 역전(factor intensity reversal)이라 함.

때 판매고는 급격히 신장하며 생산시설의 확대로 인한 규모의 경제가 가능하게 되고, 대량 생산 및 대량판매방법이 도입됨.

- 한편 외부로부터 이 산업으로 참가하려는 기업이 생겨 경쟁이 격화되기 때문에 성장기에 기업경영능력은 매우 중요한 역할을 함.
- 성장기를 지나면 마지막 단계인 성숙기 또는 노쇠기에 들어가게 되는데, 이때에는 제품의 판매고는 주춤하며 제품은 더 이상의 기술개발이 필요 없는, 즉 기술적으로 일정한 방향으로 굳어진 표준상품(standardized goods)이 됨.
- 이 시기에는 신생기와 성숙기에서 연구개발활동과 기업경영능력이 결정적 역할을 담당한 것과는 달리 단순한 저임금노동이 중요한 역할을 맡게 됨.

- 이와 같이 첨단산업의 상품은 신생기 → 성장기 → 성숙기라는 3단계의 사이클을 거치는데 각 단계에 대하여 선진국 · 신흥공업국 · 저개발국이 대응하는 바가 다르기 때문에 국제무역이 이루어진다고 보는 것이 제품사이클이론임.
  - 가령 미국과 같은 선진국에서 개발한 신제품은 생산능력이 확대됨에 따라 상품생산은 미국의 국내소비를 상회하기 시작하여 한국과 같은 신흥공업국으로 수출이 시작됨.
  - 시간이 지남에 따라 상품이 표준화되면 한국에서도 생산이 가능하게 되어 생산비면에서 한국과 미국의 경쟁이 치열해지는데, 제품이 표준화되었기 때문에 노동력이 풍부하여 임금이 싼 한국이 경쟁에서 이겨 비교우위를 확보하게 됨.
  - 따라서 성숙기에 이르면 생산비가 싼 한국과 같은 신흥공업국이 주로 생산하여 수출을 하게 되고 거꾸로 미국은 수입을 하게 되는 무역패턴의 역전이 일어나게 됨.

6.2 평가

- 모든 상품이 제품사이클을 가지지만 제품사이클이론이 특히 잘 설명하는 것은 첨단산업제품의 무역패턴이기 때문에 헥셔-올린정리로는 제대로 설명할 수 없는 첨단산업에 있어서의 무역패턴을 설명할 수 있다는 점에서 그 의의를 찾을 수 있음.
- 그러나 세계무역총량 중에서 첨단산업제품이 차지하는 비중이 적기 때문에 무역에 관한 일반적인 이론으로서는 설득력이 부족하다고 할 수 있음.

7 신무역이론

7.1 산업 간 무역과 산업 내 무역

- 비교우위의 이론은 국가 간에 비교우위가 뚜렷이 드러나는 농산물과 공산품 간, 경공업제품과 중공업제품 간 등의 산업 간 무역(inter-industry trade)을 잘 설명함.
  - 산업 간 무역은 선진국과 개도국 간에 주로 일어남.
- 그러나 현실세계에서는 같은 산업 안에서 일어나는 무역, 즉 산업 내 무역(intra-industry trade)이 산업 간 무역보다 훨씬 큼.
  - 예컨대 섬유제품과 자동차 간의 무역보다 자동차산업 안에서 중형차와 대형차, 특수목적차 등 다양한 차종 간의 무역이 훨씬 큰 것임.
  - 선진국 간 무역의 대부분은 이런 산업 내 무역임.

7.2 신무역이론의 등장

- 미국의 경제학자 폴 크루그먼(Paul Krugman)은 이런 현실을 비교우위가 아닌 규모의 경제로 설명했는데, 이를 신무역이론(new trade theory)이라 부름.
  - 대형차를 생산하든 소형차를 생산하든 각각의 경우에 규모의 경제가 크게 작용한다고 해보면, 생산이 늘어날수록 평균비용이 감소하기 때문에 일본과 독일이 대형차와 소형차 두 차종을 같이 생산하는 것보다 예컨대 일본이 대형차 생산, 독일이 소형차 생산에 특화하여 무역하는 것이 두 나라 모두에게 이득이 됨.
  - 크게는 같은 반도체이지만 우리나라가 메모리 반도체에, 미국이 비(非)메모리 반도체에 특화하여 서로 무역을 하는 것도 두 나라 모두에게 이득임.

7.3 신무역이론의 특징

- 비교우위이론이 수확체감의 법칙과 완전경쟁시장을 가정하는 데 비해 신무역이론은 규모의 경제와 불완전경쟁시장(주로 독점적경쟁시장)을 가정하고 있음.[24)]

---

24) 규모의 경제와 독점적경쟁모형은 산업 내 무역을 설명할 수 있는 이론적 근거가 될 수 있음. 산업 내 무역은 단위당 생산비용과 요소부존도의 차이에 의해 좌우되지 않음. 비록 단위당 생산비용과 요소부존도가 동일한 국가라고 할지라도 소비자의 다양한 선호를 겨냥한 차별화된 제품의 생산을 통해 산업 내 무역을 할 수 있기 때문임. 이와 관련하여 남종현·이홍식(2012) 참조.

- 현실의 무역을 보면 같은 산업 안에서 차별화된 상품들이 다양하게 거래되고 있는데 많은 공산품, 특히 첨단산업제품의 생산자는 소수의 독과점이므로 이런 현실을 신무역이론은 잘 설명해 줌.

- 신무역이론은 비교우위라는 개념에 의존하지 않기 때문에 어느 나라가 어느 품목에 특화할지 사전에 예측할 수 없음.
  • 앞서의 예에서 일본이 소형차, 독일이 대형차 생산에 특화해도 규모의 경제를 누리기는 마찬가지임.
  • 첨단산업제품의 경우 기술수준이 떨어지는 나라는 고부가가치제품을 생산하고 싶어도 생산할 수 없어 저부가가치제품 생산에 고착되기 쉬운데, 고부가가치제품을 생산하는 나라와 저부가가치제품을 생산하는 나라 간에 무역을 할 때 둘 다 이득을 보지만 전자가 더 많은 이득을 보게 되고 이에 따라 무역마찰이 발생

8 중력모형

- 중력모형(gravity model)은 국가 간 무역이 당사국들의 경제력과 거리에 크게 의존한다고 보는 모형인데, 구체적으로 양국의 경제력이 커질수록, 그리고 양국 간 거리가 가까울수록 양국 간 무역이 증가한다는 것임.
  • 경제력을 나타내는 변수로는 실질GDP, 인구 1인당 소득 등이 사용됨.

- 이 모형은 이론적 깊이는 없지만 현실세계에서 쉽게 확인할 수 있는 사실을 포착하기 때문에 근래에 국제무역의 실증분석모형으로 활용되고 있음.[25)]
  • 한국의 주요 교역국을 대상으로 경제규모와 무역량 사이의 상관관계를 살펴보면, 전 세계의 GDP에서 차지하는 비중이 높을수록, 즉 경제규모가 클수록 대체적으로 무역량이 많은 것을 확인할 수 있음.
  • 또한 중국과 일본의 경우 경제규모에 비해서 한국과의 무역량이 많은 것을 알 수 있는데, 이것은 중력모형에서의 예측과 일치하는 것으로 중국과 일본은 한국과의 지리적 거리가 매우 가깝기 때문에 경제규모에 비해 무역량이 많은 것임.

---

25) 남종현 · 이홍식(2012, pp.203~204) 참조.

9 덤핑모형

- 산업 내 무역에서 보았듯이 주로 각 기업이 차별화된 상품을 생산하여 서로 교환하는 것이 아니라 독과점과 같은 불완전경쟁시장의 형태 하에서 동질적 상품이 생산, 판매되는 불완전경쟁시장과 국제무역 간의 관계를 설명해 주는 또 다른 무역패턴이 덤핑모형임.
  - 일반적으로 덤핑(dumping)이라 함은 국제무역에서 기업들이 국내시장과 국제시장에 동일한 상품의 가격을 달리 책정하는 행위를 말함.
- 자국의 독점기업이 해외시장에 덤핑을 하는 경우와 마찬가지로 외국의 독점기업역시 국내시장에 덤핑을 할 수도 있는데, 이것이 서로 가능하다면 두 국가의 기업들이 동일한 상품에 대해 상대 국가에 서로 덤핑을 하는 식으로 무역이 발생할 수 있을 것임. ⇒ 이것을 일컬어 상호덤핑(reciprocal dumping)이라고 함.
  - 중국은 1999년 자국의 철강산업을 보호하기 위하여 한국산 철강재에 대해 반덤핑 제소를 신청하였음. ⇒ 당시에 수출물량은 전년 대비 52.3%의 증가율을 기록한 반면, 수출액은 전년 대비 12.1%의 증가율을 기록하여 덤핑의 의혹을 사기에 충분하였음.
  - 13년이 지난 2012년 현재 국내 철강업체 8곳이 중국산 철강재에 대한 반덤핑 제소를 고려하고 있음. ⇒ 중국 철강산업의 발전으로 저가와 저질의 중국산 철강재가 한국으로 많이 수출되어 위기를 느낀 한국 철강업체의 대응이 반덤핑 제소로 나타난 것임.
  - 이러한 철강재의 상호덤핑은 비단 한국과 중국에 국한된 것이 아님. ⇒ 한국은 일본의 철강업체 대한 반덤핑 제소를 고려하고 있으며(동일본 대지진의 여파로 재고 처분에 부담을 느낀 일본의 철강업체들이 저가 공세로 한국 시장을 공략하고 있기 때문), 한국의 철강업체 역시 반덤핑 제소를 당하는 입장이기도 함(2007년 EU는 한국, 중국, 대만산 철강업체에 대해 반덤핑 제소를 신청하였음).
- 실제로 국제무역 현장에서 상호덤핑이 활발히 일어나고 있는 철강재의 경우, 어떠한 이유가 되었든(즉 자국의 철강산업을 보호하기 위한 조치이거나 혹은 불황타개를 위해 각국의 철강업체가 실제로 자국 내수시장보다 저렴한 가격으로 해외시장에 덤핑을 하고 있거나) 최근 세계의 철강시장은 반덤핑 제소를 비롯한 각종보호조치의 난무로 인해 한 치 앞도 내다볼 수 없는, 이른바 '글로벌 철강전쟁'의 시대로 접어들고 있음.

참고자료

(1) 남종현(2008), 《국제무역론》, 경문사.
(2) 남종현 · 이홍식(2012), 《국제무역론》, 경문사.
(3) 김대식 외(2012), 《현대 경제학원론》, 박영사.
(4) 이준구 · 이창용(2012), 《경제학 들어가기》, 법문사.

CHAPTER 03

무역정책의 사적 구조

1. 중상주의
2. 자유무역론
3. 보호무역론
4. 신보호무역주의
5. 무역자유화와 우루과이라운드(UR)

삼성과 애플 간 특허전쟁, 그리고 코오롱과 듀폰 간 영업비밀 전쟁을 지켜보면서 글로벌 시대에 바야흐로 지적재산권 분쟁으로 쓰나미와 같은 신보호무역주의가 휘몰아치지 않을까 하는 우려를 떨쳐버릴 수가 없다. 과거에는 노동집약산업에 대한 관세와 비관세장벽, 그리고 식량안보론에 근거한 과도한 농업보호가 주요 무역장벽이 되었지만 우루과이라운드까지의 다자간 협상을 통해 이 같은 무역장벽들이 제거돼 세계화 시대를 열었다. 그런데 지적재산권 보호가 새로운 주된 무역장벽으로 등장하는 형국이다. 특허권, 상표권, 의장권, 실용신안권, 저작권, 그리고 영업비밀 같은 지적재산권 보호는 당연한 것이긴 한데, 그것들이 과잉보호될 때 상거래에 심대한 부정적 영향을 미치게 된다. 필자가 1980년대 말 우루과이 라운드 실무대표단의 일원으로 협상에 참여했을 때 지적재산권이나 환경에 대한 보호가 미흡하다는 명분으로 과잉보호의 문제를 소홀히 다루고 있지는 않은지 의구심을 품었던 기억이 새롭다. 선진국 대표들이 앞장서 보호강화를 주장한 명분은 타당한 것이었다. 1억 달러 이상의 연구개발비가 투입된 반도체칩 설계가 불과 100만 달러 투입만으로 복제가 가능해지고, 상표권 침해로 유럽에서 연간 수십만 명의 실업자가 발생하고 있다는 문제에 대해 어느 누구도 보호에 반대할 자는 없었다. 지적재산권에 대한 미흡한 보호가 국제무역상 합법적 생산물품의 교역을 특허나 상표권 침해와 저작권 침해 혹은 영업비밀 도용 등의 복제상품으로 대체함은 장차 정상적인 무역자체를 와해시킬 위험이 크다는 주장에는 자유무역 옹호만큼의 명분이 있었다. 특허권과 상표권을 무용지물로 만들며 복제상품으로 돈을 벌고자 하는 상인이 시장에서 추방돼야 하고, 그런 상인을 방조하는 국가는 당연히 응징돼야 한다는 게 우루과이라운드 협상 정신이고, 그것이 세계화의 근간이다. 허나 행여 거인 미국이 자국 기업인 애플과 듀폰의 이익을 지키기 위해 과잉보호하는 것이라면 문제가 심각해질 수밖에 없다. 지적재산권 보호 명분으로 힘 있는 국가들이 자국기업과 산업을 앞 다투어 보호하기로 들면 기존 무역에 대한 관세와 비관세장벽의 효과와는 비교되지 않을 만큼의 파괴력이 있다. 지적재산권 과잉보호는 태산 같은 무역규제의 장벽이 될 수 있다. 그것은 1930년대와 같은 무역전쟁을 유발하여 세계경제를 파탄에 빠뜨릴 수도 있다는 점을 주요국 정부들은 유념해야 한다. 삼성과 애플 간 분쟁은 미국에서는 삼성이 패소했지만 일본에서는 승소했다. 일본에서의 승소가 미국 사법부의 최종결정에 어떤 영향을 미칠지 한 가닥 희망을 품는다. 전문가 집단이 아닌 배심원의 평결에 대한 재판부의 결정이 어떻게 날지 불안하기는 하다. 다른 한편으로 강철보다 5배 강하고 불에 타지 않는 코오롱의 첨단섬유사 헤라크론에 대한 미 사법부의 1차 판결은 황당하기만 하다. 듀폰에서 근무하다가 2008년 퇴사한 직원을 코오롱이 컨설턴트로 고용해 영업 비밀을 빼냈다는 이유로 듀폰이 제기한 소송에서 미 법원은 향후 20년 간 전 세계 판매를 금지하고 1조 원의 배상판결을 내렸다. 과잉 응징인지 아닌지를 가릴 국가 간 또한 세계무역기구 내 절차 도입이 시급한 과제다.

– 안영환 편집위원 –

출처 : 안영환(2014), "지적재산권 전쟁", 《경북일보》, 2012. 09. 04.

1 중상주의

1.1 | 중상주의의 기원과 본질

- 중상주의(mercantilism)는 근대민족국가 및 국민경제의 성립과 더불어 생성되었으며, 15~18세기경 서구 각지의 통일국가들이 자국의 번영을 유지하고 국민경제의 확립을 위하여 실시하였던 경제정책인.
  - 근세에 있어서의 경제학의 역사는 중상주의에서 시작되었다고 하는 것이 일반적인 견해인데, 중상주의가 발전한 시대는 경제사적으로는 근대자본제 사회의 성립기이며 정치적으로는 중앙집권적 절대군주국가 시대였음.
  - 중상주의는 일반적으로 15세기 말부터 18세기 중엽에 이르는 300년간에 걸쳐 유럽제국에서 근대국민국가의 건설과 함께 근대적 산업체제를 확립하기 위하여 채택된 국가본위의 간섭정책 또는 이를 기초로 한 이론에 대해 총체적으로 붙인 명칭임.
  - 중상주의의 본질을 정확하게 규정하기는 어렵지만 중상주의는 중세에서부터 근대로의 이행기인, 즉 초기자본주의 시대에 나타났으며 이것은 하나의 통상정책인 동시에 경제 학설이며 시대개념이라는 것은 명확한 사실임.
- 중상주의 정책의 주체는 초기근대국가이며, 정책의 목표는 국가의 번영과 국력을 튼튼히 하여 국부를 증대시키는데 두고 있음.
  - 여기서 국부라는 것은 국가적 견지에서 볼 때 필요한 재화를 의미하며, 귀금속(금 · 은)은 확실히 이러한 필요를 충족시킬 수 있는 재화였음.
  - 특히 국민국가건설 당초에 있어서 중앙집권적인 국가제도의 확립 · 유지를 위해 많은 군인과 관리를 두어야 하므로 이를 위해 다액(多額)의 국고지출이 필요하였으며 화폐에 대한 국가의 수요가 급증하였음.
  - 한편 봉건도시경제에서 국민경제로 이행됨에 따라 거래유통범위가 확대되어 이로 인해 화폐에 대한 수요가 급진적으로 증가하게 되었음.
- 화폐가 정치적 · 경제적 중요성을 띠게 됨으로써 화폐소재로서의 귀금속을 가지고 국부와 동일시하는 경향이 나타나게 되었는바, 통상정책의 목표는 단적으로 이러한 귀금속 획득을 위한 상권 확장에 두어 그 방법으로서 수입을 억제하고 수출을 장려하는 일련의 보호간섭정책인 중상주의가 나타나게 되었음.

1.2 | 중상주의의 일반적 특성

- 중금주의
  - 중금주의(bullionism)란 중상주의 시대에 있어서 금·은(귀금속)을 부(富)라고 여기고, 이러한 귀금속의 상실은 국가의 손실로, 귀금속의 획득은 국가의 이익으로 생각하여 국가가 직접적으로 귀금속의 유출을 금지하고 그 유입을 장려해서 귀금속의 국내보유량을 증대해야 한다고 하는 주장임.
- 무역차액론
  - 무역차액론(balance of trade theory)의 경우 전기에서 후기로 옮겨감에 따라 내용상의 발전이 있었는바, 즉 중금적 무역차액론[26]에서 중상적 무역차액론으로 진전을 보게 되었음.
  - 당시 영국의 동인도회사의 중역이었던 토마스 먼(Thomas Mun)에 의해 수립된 중상적 무역차액론의 핵심은 일국의 부의 증대가 생산 면에서 생기지 않고 거래 및 유통 면에서 생긴다고 생각한 후 부(富), 즉 재보(財寶)의 증가는 무역차액의 흑자에 의하여 생긴다고 주장하였음.
- 산업보호정책
  - 중상주의 체제는 중금주의에서 무역차액주의로 전개되었고 이는 다시 산업보호주의로 발전되었음.
  - 중상주의 체제의 제3단계로서의 산업보호정책 하에서도 그 정책은 통상 면에 집중되었고, 그 중심적 과제는 국가적 강제력에 입각하여 대외통상을 관리하고 이를 확대하는 데 있었음.
  - 이와 동시에 산업보호단계 하의 중상주의 체제에서는 대외통상에만 그 정책이 집중되지 않고 국내산업 및 노동문제에도 집중되었는바, 즉 이 단계의 보호주의는 결코 유치산업을 보호하기 위한 것이 아니고 성숙된 영국공업을 후진국의 저임금 노동경쟁으로부터 보호하는 것이었기 때문에 보호주의의 배후에는 단순한 무역차액의 획득이란 문제만이 아니라 국내의 고용증대와 임금문제 등 여러 가지가 포함되어 있었음.
  - 그리고 보호를 필요로 하는 것은 제조업뿐만 아니라 농업도 같은 이유에서 보호를 필요로 하였는데, 이와 같이 정책의 목표가 산업 및 노동에 집중된 것은 국내

---

26) 최초의 중금주의 단계에서는 무엇보다도 금과 은의 국내유치 및 축적이라는 형태로, 더욱이 금과 은의 직접적 통제에 의한 획득형태로 차액론이 고려되었음. 즉 당장의 목적은 금과 은 자체의 획득만을 문제 삼아 개개의 거래마다 금과 은 자체를 확보할 것을 의도하여 상공업과의 관계는 고려되지 않았기 때문에 이 단계의 차액을 중금적 무역차액론이라고 함.

산업을 보호함으로써 고용을 증대시키고 이와 동시에 수출을 증대시킬 수 있다는 점과 이는 유리한 무역차액의 기초가 된다고 생각했기 때문임.

• 후기 중상주의 시대에 있어서의 산업보호정책의 중요한 수단은 관세였으며, 이러한 관세를 통하여 외국상품의 수입과 소비를 억제하는 동시에 국내산업을 보호하려고 하였음.

- 식민지정책
  • 중상주의 시대에 있어서는 국내시장이 협소하다고 하는 문제 해결을 위해 해외시장의 확대가 끊임없이 요청되었음.
  • 식민지가 중요시된 것은 후기중상주의의 단계인데 거기에는 여러 가지 이유가 있었는바, 첫째로 국내제조업이 발전하여 그 제품을 판매할 시장이 필요했다는 점, 둘째로 이 시기에는 다른 유럽제국에서도 다소간에 중상주의 정책이 실시되었으므로 이로 인해영국의 입장에서 볼 때 유럽시장이 협소하게 되었다는 점, 셋째로 이 시기에는 식민지 개발이 추진되어 식민지에서의 수요가 증대되어 시장으로서 식민지의 중요성이 인식되었다는 점, 넷째로 국내제조업의 발전은 보다 넓은 원료공급처를 필요로 하게 되었다는 점을 들 수 있음.
  • 이처럼 식민지는 본국제품의 시장뿐만 아니라 그 원료공급처로서 본국의 이익을 위해 본국의 독점물이 되어야 한다고 생각되었음.

- 화폐우위론
  • 중상주의자들의 공통된 주장이 화폐를 중요시하는 화폐우위설이었다는 것이 지금까지 통설로 되어 있는데, 근세의 국민국가에서 필요한 막대한 재정적 지출을 위해서 화폐를 중요시한 것은 당연한 것이었음.
  • 따라서 당시 중상주의 국가들은 화폐의 소재인 금과 은을 중시하고 이를 획득하고자 많은 노력을 경주해 왔음.

- 인구증가정책
  • 인구의 증가는 생산력 및 군사력의 증가와 직결되는 것으로 생각되어 장려되었음.

- 해운장려정책
  • 해운업과 해상권의 지배는 세계상권의 쟁탈뿐만 아니라 정치적 · 군사적으로도 중요한 문제로서 당시에는 국가의 흥망을 좌우하는 것으로 생각되었음.

1.3 | 중상주의에 대한 비판

- 중상주의 정책은 자본주의의 발전과 더불어 점차 쇠퇴하기 시작하였음.

• 약 300년간 유럽제국에 있어서 지배적이었던 경제정책 및 그에 관련된 경제사상은 국가의 지원과 보호가 필요했던 유치한 상태의 경제단계가 지나자 점차 그 필요성이 상실되게 되었음.

- 원래 중상주의 정책은 근대국가가 긴급히 부국강병을 달성하려고 하는 정치적인 목적에서 실시되었던 극단적인 국가 간섭정책인 만큼 경제상의 자연법칙을 무시한 인위적인 간섭을 행함으로써 많은 부작용이 발생하여 오랫동안 지속될 수는 없었음.
  • 왜냐하면 각국은 서로 자국시장은 폐쇄한 채 다른 나라의 시장에 대해서는 경쟁적으로 자국 상품의 판매를 강요하려고 노력했기 때문인데, 그러나 이러한 노력은 자승자박이 되었으며, 그 가운데에서도 식민지의 쟁탈과 상권 획득의 경쟁은 가끔 전쟁의 원인이 되기도 하였음.
  • 또한 국제통상을 통한 부를 획득하기 위해 수출산업을 발전시켜 무역을 융성하게 하고 보다 많은 자국제품을 외국으로 수출할 목적으로 상공업 보호에 역점을 두고 농업은 상대적으로 소홀히 하였기 때문에 농민의 불만을 자아냄과 동시에 북미에서 볼 수 있는 바와 같이 식민지의 착취는 본국에 대한 독립운동을 불러일으키게 되었음.

- 그 후 중상주의에 대한 반성이 일기 시작하였는바, 그 대표적인 사람이 케네(F. Quesnay)와 스미스(A. Smith)였는데, 특히 스미스는 중상주의에 대하여 최초로 체계적인 비판을 가하였음.
  • 그는 상인의 이해관계를 중심으로 하여 전개된 중상주의는 그것만으로는 국가사회의 발전이라는 이해와 반드시 일치되지 않는다고 생각하였음.

- 원래 중상주의는 국가형성과정에 있어서 필요에 의해서 생겨났기 때문에 일단 국가가 형성된 후에는 그 역할이 끝났다고 볼 수 있지만, 오늘날 중상주의는 이 지구상에서 영원히 사라진 것은 아님.
  • 근래에 있어서도 과도한 수출확대정책과 더불어 엄격한 수입제한정책인 중상주의적인 정책이 실제로 나타나고 있음을 볼 수 있어 이를 신중상주의라고 칭하기도 함.

2 자유무역론

- 자유무역론이란 리카도의 비교생산비원리에 입각한 국제분업의 원리에 의해 국가의 보호·간섭·통제가 없는 자유로운 국제통상이 모든 국가에게 이익이 된다고

하는 이론으로서 17~18세기 중상주의의 보호정책에 반대하여 대두되었으며 19세기에 구체화되었음.

2.1 | 자유무역의 이익

- 자유무역론에 의하면 자유무역을 실시할 경우에 일국 또는 전 세계의 자원이 최적 배분될 뿐만 아니라 일국 또는 전 세계의 경제적 후생수준이 향상되어 무역이익이 발생한다고 함.
- 요약
  - 다양한 자유무역정책의 경제적 논거를 요약하면 〈표 3-1〉과 같음.

〈표 3-1〉 자유무역의 경제적 효과와 자유무역정책론

<table>
<tr><th colspan="2">구분</th><th>자유무역의 경제적 효과</th><th>자유무역정책론</th></tr>
<tr><td rowspan="3">정태적 효과</td><td>자원의 효율적 배분효과</td><td>■ 비교생산비 차이에 따른 자원의 효율적 배분(생산특화 효과, 소비확장 효과)</td><td>■ 자원의 효율적 배분론</td></tr>
<tr><td>후생증대 효과</td><td>■ 자유교환에 의한 소비자이익 및 사회적 후생의 증대</td><td>■ 후생증대론</td></tr>
<tr><td>소득재분배 효과</td><td>■ 요소가격 변화로 인한 소득배분의 변화(생산자-소비자, 수출산업-수입대체산업)</td><td>■ 소득분배개선론</td></tr>
<tr><td colspan="2">자유경쟁의 효과</td><td>■ 경쟁을 통한 효율증대 및 경쟁력 향상</td><td>■ 자유경쟁론</td></tr>
<tr><td rowspan="2">동태적 효과</td><td>수출의 동태적 효과</td><td>■ 필요외화 조달
■ 국민소득 증대
■ 시장규모 확대
■ 생산성증대효과
■ 국내저축증대 및 자본축적효과</td><td rowspan="2">■ 대외무역을 통한 경제발전론</td></tr>
<tr><td>수입의 동태적 효과</td><td>■ 경제발전을 위한 필요물자의 조달
■ 새로운 수요·투자·개발의지의 확대</td></tr>
<tr><td colspan="2">비경제적·대외적 효과</td><td>■ 자유무역을 통한 국제협력증진 및 세계평화에의 기여</td><td>■ 세계평화론/국제협력론</td></tr>
</table>

2.2 | 자유무역론에 대한 비판

- 자유무역에 의하여 무역이익이 발생되고 이에 따라 국민의 소득수준이 향상되고 자본축적이 실현된다면 자유무역의 동태적 이익도 발생하게 되지만 자유무역론의 타당성은 고전학파의 견해처럼 보편적일 수 없는바, 그 주된 이유는 다음과 같음.

- 첫째, 자유무역론의 중요한 이론적 근거가 되는 비교생산비원리의 전개에 필요한 여러 가지 가정이 비현실적임.[27)]
- 둘째, 자유무역에 따르는 특화에 의하여 각국의 산업구조 및 무역패턴이 고정화되고 이에 따라 후진농업국의 공업화가 불가능함.[28)]
- 셋째, 자유무역에 의하여 선진공업국의 교역조건은 점차 개선되고 이와 반대로 후진농업국의 교역조건은 점차 악화됨에 따라 무역이익이 개발도상국에서 선진국으로 이전됨.[29)]

- 자유무역론의 보편타당성이 결여되고 이와 동시에 자유무역론에 대한 비판이 일자 차선책으로 보호무역론이 대두되게 되었음.

3 보호무역론

- 보호주의 통상정책이 초기에는 자국 산업을 보호하기 위해서 주장되었으나, 근래에는 이러한 단순한 목적에 그치지 않고 교역조건개선론, 국제수지개선론, 소득분배론 등 여러 가지 이론적 근거 하에서 다양하게 주장되고 있음.

3.1 | 보호무역의 이론적 근거

- 유치산업보호론

---

27) 비교생산비원리는 2국 2재 1생산요소의 가정뿐만 아니라 완전고용, 완전경쟁, 수확불변 등의 여러 가지 가정 하에 정립된 이론이기 때문에 이러한 조건이 충족되지 않는 현실경제에 비교생산비원리가 타당할 수 있는지에 대해 의문이 제기될 수 있음.

28) 특화가 이루어지게 되면 선진국에서는 개도국으로 공산품을 수출하고 개도국으로부터 농산물을 수입하며, 이와 반대로 개도국은 선진국으로 농산품을 수출하고 공산품을 수입할 것임. 이에 따라 선진국과 개도국은 모두 무역이익을 얻을 수 있게 됨. 그 결과 선진공업국은 공업부문에 집중적인 특화로 고도의 공업화를 이룩함으로써 무역의 동태적 효과를 극대화할 수 있음. 이에 비하여 후진농업국은 농업부문의 집중적인 특화로 공업화의 기회를 상실하게 됨. 따라서 선진국과 개도국 간에 경제적 격차가 점점 확대됨.

29) 자유무역이 이루어진다면, 공산품의 교역조건은 유리해지고 농산품의 교역조건은 불리해짐에 따라 선진국은 유리하고 개도국은 불리하게 됨. 제2차 세계대전 이후 일정기간을 제외하면 개도국의 특화품인 1차 산품의 수출이 정체되고 장기적으로 교역조건이 악화되었기 때문에 1차 산품에 특화하고 있는 나라는 생산이 증가하더라도 교역조건의 악화에 의해 결과적으로 실질소득이 감소하게 되는 경향이 있을 수 있다는 것인데, 이러한 현상을 궁핍화성장(immiserizing growth)이라고 하여 바그와티(J. Bhagwati)에 의해서 주장되었음. 또한 개도국에 있어서 1차 산품의 교역조건이 악화된다는 사실은 프레비쉬(R. Prebisch)와 싱거(H. W. Singer)에 의해서도 명백하게 밝혀졌음.

- 리스트(F. List)에 의하면 자유주의 통상정책은 선진공업국에는 적합한 통상정책이 될 수 있을지 모르나, 개도국에는 오히려 보호주의 통상정책이 더 적합한 통상정책이 된다고 하였음.
- 유치산업은 규모가 작고 자본과 기술이 부족하기 때문에 타국의 대기업과 경쟁할 수 없으므로 그 산업이 성장하여 생산에 있어서 규모의 경제가 발생하여 어느 정도 경쟁력이 갖추어질 때까지 일정기간 외국과 경쟁하지 않고 성장할 수 있도록 보호해야 하며, 그 후 이 산업이 충분히 발전하였을 때 무역장벽을 제거하여 자유무역을 실시해야 한다는 것임.
- 리스트의 유치산업보호론은 그 이론적 근거로서 다음의 두 가지를 들고 있는데, 첫째는 전통적 무역이론인 비교우위의 개념에 대한 회의적 견해이며,[30] 둘째는 공업부문인 수입대체산업의 보호를 통해 경제발전을 도모할 수 있다는 것임.[31]
- 보호무역의 또 다른 주요한 경제발전효과는 애로우(K. J. Arrow)의 '경험을 통한 기술 습득'(learning by doing)인데, 실제로 생산경험이 없을 때는 생산성이 낮았지만 공업부문에서의 생산경험이 축적됨에 따라 미숙련공의 기술수준이 향상되고 생산성이 높아지므로 경제가 발전하게 된다는 것임.

- 교역조건개선론
  - 교역조건개선론은 보호무역의 이론적 근거로서 오래 전부터 인정되어 왔는데, 특히 마샬(A. Marshall)과 에즈워드(F. Edgeworth)는 수입품에 적당한 관세를 부과하면 관세 부과국은 자유무역 때보다 교역조건이 개선된다는 점을 인정하였음.
  - 따라서 관세는 교역조건을 개선시키기 때문에 각국은 자국의 교역조건을 개선하기 위하여 보호주의 통상정책을 실시하기도 함.
  - 프레비쉬(R. Prebisch)는 보호무역주의의 기본적인 전제를 공산품과 농산품에 대한 소득탄력성의 차이에 두고 있는데, 즉 공산품에 대한 소득탄력성이 농산품에 대한 소득탄력성보다 크므로 경제의 발전, 다시 말해 소득의 증가에 따라 농산품에 대한 수요는 상대적으로 감소된다고 하였음.

---

30) 여기서 비교우위의 개념은 정태적인 개념으로서 비교우위론에 의하면 요소부존도와 기술수준 및 소비패턴이 변하지 않는 이상 비교우위가 있는 산업에의 생산특화가 고정되게 됨. 그러나 유치산업보호론은 이러한 정태적인 비교우위의 개념에 대하여, 현재는 공업부문의 생산이 비교열위에 있지만 성공적인 경제발전에 의해서 비교우위로 역전될 수 있다는 점을 강조하고 있음.

31) 개도국의 수입대체산업부문은 일반적으로 규모의 경제가 존재하는 공업부문이며 아직 성숙단계에 이르지 못한 유치산업이라 할 때, 자유무역을 실시하게 되면 유치산업은 성숙된 외국 산업에 압도되어 성장의 기회를 잃고 맘. 그러나 보호무역을 실시하여 유치산업을 일정기간 보호하게 되면 성장의 기회를 가지게 됨. 수입대체산업인 공업부문에 규모의 경제가 존재하고 있다고 하면, 보호무역에 의해 국내생산량이 증가됨에 따라 규모의 경제가 실현되므로 자본축적이 증가되고 기술진보가 촉진되어 경제가 발전되게 됨.

• 그러므로 자유무역이 이루어짐으로써 선진국과 개도국 간의 교역조건은 개도국에 불리하게 됨.
• 따라서 농산품 생산에 비교우위를 갖고 있는 개도국은 교역조건의 악화를 통한 소득의 감소를 방지하기 위하여 자유무역으로부터 탈피하여 공업화를 지향한 보호주의 통상정책을 실시해야 한다는 주장임.[32)]

- 소득분배론
  • 국제무역은 생산요소의 가격을 변동시키고 생산요소 간에 소득분배를 변동시키는 경향이 있음.
  • 예컨대 국제무역은 노동자의 실질임금에 영향을 미치게 된다는 것인데, 스톨퍼(W. F. Stolper)와 사무엘슨(P. A. Samuelson)은 1941년 "보호무역과 실질임금"(Protection and Real Wages)[33)]이라는 논문에서 높은 임금을 받고 있는 미국 노동자의 실질임금 수준은 임금이 낮은 국가와의 자유무역을 통하여 점진적으로 하락되기 때문에 이를 방지하기 위한 정책적 수단으로 보호관세제도가 필요하다는 점을 주장하였음. ⇒ 이러한 스톨퍼-사무엘슨(Stolper-Samuelson)정리는 보호무역주의의 유력한 이론적 근거로 인정받고 있음.
  • 결국 보호무역은 그 국가의 희소한 생산요소 소유자의 실질소득의 감소를 방지하고 풍부한 생산요소 소유자의 실질소득의 증대를 방지함으로써 자유무역의 경우와 정반대의 소득분배가 이루어지도록 함.

- 국제수지개선론
  • 보호무역론은 국제수지의 악화와 실업을 해소하기 위해 주장되고 있음.

- 산업조정의 곤란에 의한 보호무역론
  • 자유무역이 이루어지고 있는 경우에 생산요소는 비교열위산업에서 비교우위산업으로 원활하게 이동하게 되는데, 이러한 현상을 산업조정이라고 할 수 있음.
  • 그러나 이러한 가정은 현실적으로 충족되기가 용이하지 않음.
  • 자유무역이 이루어진다면 노동의 실업이나 자본설비의 유휴화가 발생할 가능성이 있는바, 만약 노동의 실업이나 자본설비의 유휴화에 의한 손실이 자유무역의 이익보다도 큰 경우에는 자유무역을 부정하고 이들 산업을 보호하는 것이 유리하게 됨.
  • 이러한 근거 하에 보호무역을 주장하는 것을 산업조정 곤란에 의한 보호무역론

---

32) 일반적으로 소국(small country)은 세계시장(world market)에서 영향력을 행사할 수 없어 교역조건이 불리해지기 십상임.

33) W. F. Stolper and P. A. Samuelson, "Protection and Real Wages", Review of Economic Studies, Nov. 1941, pp.58~73.

또는 유치산업보호론과 대비하여 정체(사양)산업보호론이라고도 함. ⇒ ㉠ 한마디로 국내외경제여건과 환경의 변화에 따라 비교우위를 상실하고 외국과의 경쟁에서 쇠퇴하고 있는 국내기업이나 산업에 종사하고 있는 계층의 고용안정과 소득을 보호하기 위하여 보호무역정책이 필요하다는 주장, ㉡ 주로 후발국에 의해 주장되는 유치산업보호론과 달리 선진국들에 의해 주장되는 보호무역정책론임. ㉢ 따라서 비교우위를 상실해 가는 산업의 보호를 위하여 진행되고 있는 동태적 변화를 저지하거나 연장시키기 위한 보호무역정책론이기 때문에 유치산업보호론이 일정한 기간 동안의 잠정적·교육적 보호를 전제로 하는 것이라면, 이 정책은 그러한 보호가 시작되면 영구적이어야 하는 점이 유치산업보호론과 다름.[34]

- 특정산업의 진흥과 자급자족론
  - 어떤 경제외적인 요인에 의하여 특정산업을 보호·육성하고 그 산업의 생산규모를 확대시키거나 혹은 이를 적어도 일정한 수준으로 유지시키기 위하여 보호주의 통상정책을 실시해야 한다는 주장을 '경제외적인 요인에 의한 산업보호론'이라고 하며, 그 대표적 예는 원자력산업, 우주산업, 항공기산업, 방위산업 등에 대한 보호조치임.
  - 또한 특정의 재화에 대하여는 국내생산량을 증가시켜 자급자족을 실현하기 위하여 보호주의 통상정책을 실시해야 한다는 주장이 있는데, 이를 '자급자족론'이라고 함. ⇒ 특정산업의 진흥과 자급자족론은 일국의 정치 및 국방과 밀접한 관련을 맺고 있음. ⇒ 자원민족주의(식량 및 에너지안보 등)
- 소비목표론/생산목표론
  - 불요불급품목이나 사치성 품목의 수입을 억제하고, 이로 인해 이들 품목에 대한 소비를 억제하기 위하여 보호주의 통상정책을 실시해야 한다는 주장 ⇒ 이러한 소비목표론은 주로 개도국이 국제수지 방어를 위하여 채택하는 경향이 있음.
  - 나라에 따라서는 자원의 효율적 배분이라는 경제적 차원보다는 국가안보·사회·문화·보건 등 비경제적 차원에서 특정산업의 국내생산을 일정수준 이상으로 촉진하거나 일정수준 이하로 억제하는 정책목표를 세우는 경우가 있는데, 이러한 목표를 위하여 보호무역정책이 필요하다는 주장이 생산목표론임. ⇒ 대표적인 경우가 국가안보론이나 집단선호론임.[35]

---

34) 노택환(2008, p.66) 참조.

35) 국방상의 이유 또는 안보상의 이유 때문에 특정산업제품에 대한 일정량의 국내생산이 유지되도록 하기 위하여 보호무역정책이 필요하다는 주장이 국가안보론 또는 국방론임. 한편 국민이나 정부가 어떤 특정산업을 선택하여 이 산업의 보호와 육성을 위하여 보호무역정책이 필요하다는 주장이 산업선택론이고 사람에 따라서 이를 '집단선호산업보호론' 내지는 '가치산업보호론'이라고도 함.

- 재정수입과 관세교섭
  - 보호주의 통상정책은 관세수입을 증대시키기 위하여 실시되는바, 관세수입은 일국 재정의 주요한 원천이며 커다란 비중을 차지하고 있음.
  - 개도국일수록 재정수입을 목적으로 한 관세가 일국의 총조세 수입 중에서 차지하는 비중이 높고 선진국일수록 낮음.
  - 보호주의 통상정책은 교역상대국의 관세 및 비관세장벽을 완화하기 위하여도 실시되는데, 자국이 교역상대국의 무역제한조치에 대항하기 위하여 보호주의 통상정책을 실시하면 보복과 역보복의 악순환에 의하여 교역량이 현저히 감소되지만, 새로운 관세협정이나 통상협상을 통하여 이를 개선시킬 수 있는 전기를 마련할 수 있음. ⇒ 그러나 이는 극히 제한적인 이유에 지나지 않음.

- 요약
  - 다양한 보호무역정책의 경제적 논거를 요약하면 〈표 3-2〉와 같음.

〈표 3-2〉 보호무역정책론과 주요 논거

보호목적	보호무역정책론	보호의 구체적 목표
거시경제적 목표	■ 고용증대(보호)론	• 보호를 통한 국내산업의 고용증대 및 고용안정
	■ 재정수입증대론	• 관세부과 등을 통한 정부 재정수입의 증대
	■ 국제수지개선론	• 외국으로부터의 수입제한을 통한 국제수지의 개선
	■ 경제성장론/물가안정론	• 보호무역을 통한 경제성장 또는 물가안정의 달성
산업보호 목표	■ 유치산업보호론	• 현재는 비교우위를 확보하지 못하였지만 보호를 통해 비교우위를 가질 수 있는 개도국 유망산업의 육성
	■ 정체산업보호론 (사양산업보호론)	• 국제경쟁력이 약화되어 도산위기(정체)에 있는 산업과 그러한 산업의 종사자 보호
	■ 첨단기술산업보호론/산업분화(고도화)론	• 신생기에 있는 선진국 첨단기술산업의 보호 · 육성, 산업의 균형발전 또는 구조고도화를 위한 보호 · 육성
후생증진/소득분배 개선 목표	■ 시장왜곡개선론	• 생산물시장과 요소시장의 파레토 최적조건을 저해하는 시장왜곡의 개선을 통한 후생의 증대
	■ 교역조건개선론	• 관세부과 등을 통한 교역조건의 개선과 후생의 증대
	■ 소득분배개선론	• 자유무역에 의한 소득배분의 왜곡과 피해의 방지 (저임금노동보호론, 선진국의 생활수준유지론)

보호목적	보호무역정책론	보호의 구체적 목표
신보호주의 이념적 목표	■ 공정무역론	• 상대국 불공정 무역행위(덤핑 · 보조금)에 대한 제재, 공정경쟁을 위한 수입제재 또는 상대국의 시장 개방요구
	■ 전략적 무역정책론	• 과점적 전략산업에 대한 전략적 지원 통한 경쟁기업의 진입저지, 시장점유율 및 초과이윤 확보, 후생 증대
비경제적 (정치경제적) 목표	■ 국민경제자립론 (자급자족론)	• 국민경제의 과도한 해외의존도의 경감, 국민경제의 안정과 건전한 자급자족체제의 구축
	■ 생산/소비 목표론	• 일정한 생산량(증대) / 소비량(억제) 목표의 달성
	■ 국가안보론(국방론)	• 안보 · 국방과 관련되는 산업의 육성과 보호
	■ 산업선택론	• 국민이나 정부가 중요하다고 생각하는 특정산업의 보호 · 육성(집단선호산업 · 가치산업보호론)
	■ 협상전략적 보호론	• 상대국과의 무역협상에서 유리한 조건을 확보하기 위해 수입제한조치를 높여두기 위한 보호론

3.2 | 보호무역론의 한계성

- 유치산업보호의 경우

- 일국의 경제적 후생의 향상을 위해서는 유치산업이 국제시장에서 경쟁할 수 있을 때까지 보호무역에 의해 보호 · 성장되어야 한다는 논리는 타당한 것이라고 볼 수 있지만 실제로 적용범위는 협소한 편인바, 그 이유는 일반적으로 관세를 부과하면 자원이 관세 부과에 의해 보호되는 특정산업으로 이동되지만, 이 산업이 초기에 필요로 하는 자본이나 기술을 창출할 수 없을 뿐만 아니라 특정산업, 즉 유치산업이 보호무역에 의해기술과 경험을 습득해야 한다는 밀(J. S. Mill)의 기준[36]을 만족시켜야 하며, 아울러 경험과 기술의 습득기간중의 높은 비용을 보상할 만큼 습득기간이 끝난 후에 생산비절감이 충분히 이루어져야 한다는 바스테이블(C. F. Bastable)의 기준[37]도 충족되어야 하기 때문임.

---

36) 그는 일정한 기간 동안 보호를 받은 다음에 성장이 되어서 더 이상의 보호를 받을 필요성이 없는 산업을 보호대상 산업으로 선정해야 한다고 주장하였음. 이것은 일정기간의 보호 후에는 보호대상 산업이 적어도 국내시장에서 수입품과 경쟁할 수 있을 정도로 발전되어야 한다는 것을 의미함. 즉 보호는 외국의 비교우위산업과 기술을 이식 또는 습득하는 과정에 한정되어야 한다는 것임. 그리고 이러한 이식 또는 습득 과정이 지난 후에는 보호가 철폐되어야 하는 일시적인 것이어야 한다는 것임.

37) 그는 Mill의 기준을 더 엄격히 하여 장래에 비교우위를 누리게 된다는 것만으로 보호를 정당화할 수 없다고 하였음. 그는 일정한 기간 동안 보호를 받은 후에는 더 이상의 보호를 받지 않고 자립해

• 이와 같은 근거에서 장래에 규모의 경제가 실현되어 습득기간 중에 투자된 금액이 충분히 보상될 수 있다면 비록 초기에 손실이 발생하더라도 민간 기업이 투자를 감당할 수 있지만, 이러한 투자사업의 수익성이 실현되기 이전에 기간이 너무 길어서 위험요소가 개발투자가에게 과중하게 된다면 보호무역이 정당화될 수 없음.
• 위와 같은 제약조건 하에서 유치산업보호론을 검토할 경우에 유치산업의 선정, 보호의 정도 및 기간 등 유치산업에 대해 정부가 집중적으로 지원한다는 것은 행정능력 면에서 막중한 부담이 될 것이기 때문에 특정산업, 즉 유치산업을 육성하기 위하여 관세율을 선택적으로 부과하는 것보다는 공산품 전반에 대하여 일률적으로 관세를 부과하고 유치산업 선정과정을 시장요인에 일임하는 것이 타당할 것임.
• 이렇게 함으로써 수입대체의 여지가 있을 수 있고, 또한 공산품 간의 비교우위에 따라 특화가 이루어질 수 있는 계기가 마련될 수 있다는 것임.
• 개도국들이 유치산업을 보호하고 육성시켜 나가는 과정에서 나타나는 문제점은 일반적으로 다음의 세 가지로 요약할 수 있는데, 첫째 어떤 산업이 진정한 유치산업인가에 대한 판단, 즉 유치산업의 선정기준에 관한 논의가 용이하지 않다는 점, 둘째 유치산업을 일단 보호하게 되면 반영구화되는 경향이 있다는 점, 셋째 개도국에 있어서 국내산업의 보호혜택을 외국투자기업들이 향유하게 될 수도 있다는 점을 들 수 있음. ⇒ 이상의 문제점들은 산업정책 운용의 잘못에서 비롯되는 것이지 그 자체에 결함이 있는 것은 아니므로 정부의 합리적인 산업투자정책에 의하여 최소화될 수 있는 문제점들이기 때문에 공업화단계에 있는 개도국에 있어서 유치산업을 보호·육성하는 유치산업보호론은 장기적으로 볼 때 수입대체를 가능하게 하고, 국내 여타산업에 대한 파급효과를 통하여 공업화를 촉진시킬 수 있는 유용한 이론임에는 틀림없음.

- 국제수지개선의 경우
  • 실제로 국제수지 불균형을 시정하기 위해 관세를 부과하게 되면 관세의 보호효과와 소비효과에 의해 수입이 감소되므로 국제수지는 그만큼 개선되게 되지만, 이때 수출은 아무런 변동이 없다는 것이 전제되어야 함.
  • 즉 일국이 관세를 부과하여 국제수지를 개선하려고 할 경우에는 교역상대국의 보복이 없어야 하고, 또한 이 나라의 수출에는 아무런 변동이 없어야 국제수지개선이 가능해짐.
  • 만약 일국이 관세를 부과하여 수입이 감소됨으로써 일차적인 국제수지개선이 이

야 하며, 더 나아가 보호 기간 중에 발생된 경제적 손실이 장래 그 산업이 발전함에 따라 발생되는 경제적 이익으로 충분히 보상될 수 있는 여지가 있는 산업을 보호대상 산업으로 선정해야 한다고 주장하였음.

루어졌다 하더라도 이차적인 소득변동과정(국제수지개선 → 수출의 상대적 및 절대적 증가→ 국민소득증대 → 수입증가)에서 국제수지는 다시 악화되게 됨.

- 그러므로 일반적으로 개도국에서는 국제수지 그 자체를 개선시키기 위해서는 관세를 부과하기보다 조세를 부과하여 수입품 소비를 줄이고 저축을 증가시켜 간접적인 개선이 이루어지도록 하는 것이 보다 합리적일 수 있음.

- 교역조건(즉 수출입재의 국제가격 비율)개선의 경우
  - 보호무역에 의해 교역조건이 개선될 수 있는 경우는 일국의 교역량이 세계 총교역량 중에서 차지하는 비중이 상당히 큰 경우, 즉 대국(large country)인 경우임.
  - 다시 말해 공급 또는 수요의 독점력을 행사할 수 있는 국가의 경우에는 수출관세 또는 수입관세를 적절하게 부과함으로써 보다 유리한 조건으로 교역할 수 있음.
  - 그러나 개도국의 경우에는 세계교역에서 차지하는 비중이 비교적 작은 소국(small country)이므로 교역조건개선을 통하여 실질소득을 국제적으로 이전할 수 있을 만큼 충분한 공급 또는 수요의 독점력을 행사할 수 없기 때문에 이 이론이 적용될 가능성은 희박함.[38]
  - 한편 보호무역에 의해 초기에는 교역조건이 개선되어 이익을 얻을 수 있지만, 그 후 교역상대국의 보복행위로 인하여 그 이익이 상쇄되거나, 또는 관세수입을 정부가 지출하거나 관세수입의 국내 소득재분배에 의해 유발되는 수입수요의 증가로 인하여 교역조건의 개선이익이 상쇄될 수도 있다는 것임.

4 신보호무역주의

4.1 신보호무역주의의 의의

- 1970년대 초 석유파동과 그에 뒤따른 자원파동, 세계적인 경제성장의 정체, 국제수지의 불균형, 실업자의 격증, 인플레이션의 심화, 수요부진 등 세계경기가 침체국면으로 접어들자 자국의 방어책으로서 각국은 여러 가지 무역제한수단으로 수입을 규제하기 시작했는바, 즉 자유무역주의가 후퇴하고 선진국이 주도하는 보호무역주의가 강화되기 시작하였음.

---

38) 개도국의 경우 수입품에 관세부과 시 세계시장에서 수입수요 감소 → 수입품의 국제가격 하락, 그러나 그 영향력은 미미함. 다시 말해 관세부과 시 수입재의 국내가격 상승 → 수입량 감소 → 수입재의 국제가격에 영향을 주어야 하나, 소국일 경우 그 영향력이 거의 없음.

- 1970년대 초 이후에 나타난 세계적인 보호무역주의 현상을 신보호무역주의(neo-protectionism)라고 부르는데, 이 당시의 보호무역을 신보호무역주의라고 부르는 데는 과거의 보호무역과 구별되는 특징이 있기 때문임.
  - 보호무역주의는 원래 공업화단계가 뒤떨어진 개도국이 선진공업국의 수출 공세로부터 자국의 유치산업을 보호하려는 의도에서 대두되었으나 1970년대 초 이후에 나타난 보호무역주의는 선진국 상호간의 수입규제와 개도국 수출에 대한 선진국의 수입규제가 중심을 이루고 있다는 점에서 전통적 의미의 보호무역주의와는 그 성격을 달리하고 있음.

4.2 신보호무역주의의 등장배경

신보호무역주의의 등장배경을 통상마찰을 중심으로 하여 구조적 요인과 직접적 요인으로 나누어 살펴보면 다음과 같음.

- 구조적 요인
  - 첫째로 미국경제의 후퇴와 국제경제의 다극화를 들 수 있는데, 국제경제관계의 다극화와 신흥공업국의 등장으로 선진국 간의 이해관계가 첨예하게 대립되었을 뿐만 아니라 선진공업국이 자국시장을 신흥공업국으로부터 방어하기 위하여 선진국을 중심으로 신보호무역주의를 채택하지 않을 수 없게 되었음.[39)]
  - 둘째로 세계경제불황의 지속을 들 수 있는데, 1970년대 이후 세계경제의 성장률이 급격히 둔화됨으로써 장기침체에 빠져 선진제국의 실업률은 전후 최고수준에 이르게 되었는바, 실업률이 높아지자 이의 방지를 위한 노동조합의 활동과 기업체의 집단행동은 수입규제를 강화하라는 대정부압력으로 나타났으며 이에 각국 정부는 수입상품에 대한 규제를 강화하는 보호주의 통상정책을 일반화하는 경향을 보이게 되었음.
  - 셋째로 신보호무역주의가 세계적으로 확대되고 있는 가장 근원적 요인으로 세계경제상 산업구조의 조정이 이루어지는 과정에서 선진국 상호간 또는 선진국과 개도국 사이에서 산업구조조정이 바람직한 방향으로 이루어지고 있지 않았다는 점을 들 수 있는 바,[40)] 산업구조조정의 지연으로 제조업 분야에서는 선진국 간의

---

39) 미국경제는 1960년대까지 압도적인 위치를 차지하였으나 그 후 EC와 일본이 부상함에 따라 1970년대에 들어서는 미국의 세계경제 주도권은 상실되고 미국 · EC · 일본 등에 의한 다극화 시대로 돌입하였음. 이러한 다극화에 추가하여 한국 · 대만 · 홍콩 · 싱가포르 등의 신흥공업국이라는 중진국이 등장하여 미국을 비롯한 선진공업국의 수출에 큰 타격을 입히게 되었음.

40) 세계경제는 1970년대를 전후로 하여 산업구조의 재편성이 급속하게 이루어지고 있었음. 예컨대 1960년대에는 섬유, 의류, 신발 등 단순 노동집약적 제품이, 그 후에는 자동차, 기계류 등 자본 및 기술집약적 제품이 비교우위를 누렸으며, 이러한 비교우위가 미국에서 서구 · 일본으로 다시 신흥공

산업구조가 유사하게 되었고, 다른 한편에서는 개도국의 공업화로 선진국과 동일한 유형의 산업구조로 변화하였기 때문에 공산품의 공급과잉이 초래되어 각국 간에 통상마찰이 빈발하게 됨에 따라 신보호무역주의가 정착되는 계기가 되었음.

- 직접적 요인
  - 첫째로 집중호우식 수출에 의한 수입국시장의 교란을 들 수 있는데, 특정상품이 특정국으로 일시에 대량 수출될 경우 수입국의 관련 산업이 심각한 타격을 받게 되어 생산 감소와 실업증대 등 여러 가지 사회적·경제적인 문제를 일으켜 통상마찰의 직접적인 요인으로 작용함으로써 신보호무역주의가 강화되게 되었음.
  - 둘째, 국제수지 불균형의 심화를 들 수 있는데, 미국, 영국 및 프랑스 등의 선진국에서는 섬유, 철강 및 조선부문에서 이미 국제경쟁력을 상실하였을 뿐만 아니라 국제수지가 수년간에 걸쳐 적자를 보여 왔는바, 결국 이러한 국제수지의 불균형이 무역마찰의 직접적인 요인으로 작용하였음.[41)]
  - 셋째, 관세장벽의 무용화를 들 수 있는데, GATT(관세 및 무역에 관한 일반협정)가 35년간에 걸쳐 관세율 인하에 노력한 결과 관세율은 급격히 인하되어 관세장벽이 무의미하게 되자 여러 가지 형태의 비관세장벽이 그 중요성을 더해 가게 되었는데, 비관세장벽은 대부분 GATT 규범을 우회하든가 사문화시키는 형태로 운영되었으며 이러한 비관세장벽 위주의 보호무역이 신보호무역주의였음.

4.3 신보호무역주의의 특성과 유형

- 신보호무역주의의 특성
  - 1970년대 초 이후 증가일로에 있는 무역제한조치를 총괄하여 신보호무역주의라고 부르는데, 이는 전통적인 보호무역주의에 비해 다음과 같은 특성이 있음.
  - 우선 종래의 보호무역은 후진국을 중심으로 그들의 공업화를 위해 실시되었으며, 또한 독점자본주의 단계에서는 독점시장의 확보라는 관점에서 공격적인 성격을 띠고 있었으나 신보호무역주의는 시장교란의 방지라는 측면에서 수동적으로 산

업국으로 단계적으로 이전되었음. 이로써 경공업제품을 전략상품으로 하여 세계시장에 진출한 신흥공업국은 중화학부문에까지 수출을 확대하고 있어 선진국의 수출에 큰 타격을 주게 되었음. 이에 대하여 미국 등 주요 선진국의 산업구조조정은 적극적 산업조정(비교우위의 구조변화에 대응하여 단기적으로 국제경쟁시장에서의 자원배분 메커니즘에 따라 사양산업의 자본 및 노동을 성장산업으로 과감하게 이전시키고, 장기적으로 기술혁신을 기초로 하여 세계의 생산과 무역의 확대에 기여하는 새로운 성장산업을 발전시키는 것을 목표로 하는 산업조정정책을 말함)이 되지 못하고 이미 비교우위를 상실한 국내 사양산업을 보호하여 고용안정을 도모하려는 방위적 산업조정에 역점을 두게 됨으로써 세계경제 전체 면에서 볼 때 바람직한 구조조정이 지연된 실정이었음.

41) 국제수지의 적자국은 그들의 적자폭을 축소하기 위하여 대외적으로 외국상품에 대하여 수입규제를 강화하는 조치, 즉 신보호무역주의를 취하지 않을 수 없게 되었음.

업구조 변화를 지연시키려는 데 목적을 두고 선진국에 의해 주도되었음.[42)]

- 두 번째로 보호무역의 수단으로 관세보다는 비관세장벽을 이용하였다는 점을 들 수 있는데, 고전적 보호무역주의, 특히 독점자본주의 단계에서의 보호무역은 관세가 주요한 수입규제수단이었으나 GATT에 의한 7차에 걸친 관세인하교섭으로 관세율이 크게 낮아져 더 이상 관세를 이용하기 어렵게 되자 선진국을 중심으로 보호무역의 새로운 수단으로 비관세장벽, 즉 반덤핑제도 · 상계관세의 발동 · 긴급수입제한조치 등을 사용함으로써 그 수단이 다양화되었음.[43)]
- 마지막으로 보호의 대상이 국제경쟁력을 상실한 선진국의 사양산업이라는 점인데, 종래 산업자본주의와 그 이전 단계에서는 보호의 대상이 후진국의 유치산업이었고, 독점 자본주의 단계에서는 독과점산업이 그 대상이었던 반면에 1970년대 이후 확산되었던 신보호무역주의는 선진국에서 비교우위를 상실한 사양산업을 보호하여 자국의 고용수준을 유지하려고 하였음. ⇒ ㉠ 더욱이 근래에는 신보호무역주의가 일부 정체(사양)산업을 대상으로 한 한계적 산업보호정책에서 첨단산업 및 기술집약산업 등 전략산업을 보호하는 중추적 산업보호정책으로 전환되는 경향이 있음. ㉡ 1970년대 중반 이후 미국 등 선진국을 중심으로 첨단기술산업보호론이 제기되었는데, 이것은 신생기에 있는 컴퓨터 · 유전공학 · 신소재 등과 같은 첨단기술산업을 정부가 강력히 보호하여 육성하여야 한다는 보호정책론임.[44)]

- 신보호무역주의의 유형
  - 신보호무역주의는 미국통상정책의 기본 방향과 행태를 바꾸어 놓았고, 이러한 과정에서 종전에는 찾아볼 수 없었던 이데올로기적 보호무역정책론들이 새로이 나타나게 되었는데, 대표적 사례가 1980년대 이후 주로 미국의 통상정책 전개과정에서 나타난 공정무역론과 전략적 산업정책론을 들 수 있음. ⇒ ㉠ 공정무역론은 외국의 불공정무역행위나 산업정책을 통한 수출증대행위에 대하여 수입을 제한

---

42) 따라서 보호조치는 대개 고전적 보호무역주의가 무차별적이었던데 비해 신보호무역주의는 차별적이고 선별적인 성격을 띠고 있음.

43) 비관세장벽이 신보호무역주의의 주요한 정책수단으로 이용되는 이유는 다음과 같음. 첫째 관세율을 변경하는 경우에 입법절차를 거쳐야 하지만, 비관세장벽은 행정조치만으로 가능하다고 하는 편의성이 있음. 둘째 품목에 따라 선별적으로 발동되기 때문에 국제적 여론을 회피할 수 있음. 셋째 관세보다 국내물가에 미치는 파급효과가 작은 대신에 수입억제효과는 관세보다 커 비관세장벽이 빈번히 이용되게 되었음.

44) 개도국 역시 자국의 산업발전이나 산업구조변화를 위한 보호정책론을 주장하였음. 일찍이 19C 농업 위주의 산업구조를 가진 미국이 공업도 함께 발전시켜 균형적인 산업구조를 이룩하기 위하여 국내제조업의 육성을 위하여 보호무역이 필요하다는 주장이나 최근에 이르러 전통산업과 신산업 간의 균형적인 발전을 위하여 신산업 분야에 대한 보호가 필요하다는 산업분화론, 또한 비교우위의 동태적 변화과정에서 일국의 산업구조를 고도화하기 위하여 보다 부가가치가 높고 기술집약적인 산업들을 지원 · 육성하기 위하여 보호무역이 필요하다는 산업고도화론 등이 그러한 보호무역정책론들임. 노택환(2008, pp.68~69) 참조.

하거나 상대국의 시장개방을 요구하는 형태의 무역정책론을 말함. ⓛ 전략적 산업정책론은 산업정책의 한 형태로서 특정 산업·특정 기업에 대한 보조와 지원을 함으로써 자국의 경쟁력향상과 수출증대를 이룩하려는 정책임.

- 신보호무역주의라고 해서 무역제한조치들이 보호무역주의와 완전히 다른 것은 아니었는바, 보호무역주의의 무역제한조치는 관세와 비관세장벽을 통하여 실시되고 있었고, 다만 신보호무역주의에서는 무역제한조치로서 관세장벽보다 비관세장벽을 더욱 선호하였음.
- 관세장벽과 관련하여 전후 GATT 창설 이후 7차에 걸친 관세인하협상, 특히 케네디라운드(Kennedy Round) 협상이 성공하여 약 30,000개 품목에 대하여 관세율을 평균 35% 인하시킴으로써 선진국의 공산품에 대한 관세율은 10% 내외가 되어 관세의 보호장벽 기능은 크게 약화되었으며, 또한 도쿄라운드(Tokyo Round)에서는 1980년부터 8년간 단계적으로 관세율을 인하시키기로 합의함으로써 관세장벽은 더욱 낮아졌음.
- 비관세장벽은 일반적으로 비공개적이고 위장되기 때문에 정확히 파악하기는 어렵지만 1981년 GATT 자료에 의하면 그 유형이 무려 5백여 종에 달하는 것으로 알려졌음.[45)]

5 무역자유화와 우루과이라운드(UR)

5.1 UR의 대두배경과 의의

- UR의 대두배경
  - 우선 GATT의 기능약화를 들 수 있는데, GATT는 1948년 발족 이후 1970년대까지 7차례의 포괄적인 다자간무역협상을 통해 무역자유화를 지속적으로 추진해 왔으나 이러한 협상에도 불구하고 국제통상질서는 여전히 수출자율규제, 시장질서유

---

45) 비관세장벽의 유형과 관련하여 다음의 다섯 가지로 대별할 수 있음. 첫째 수량규제에 의한 방식(다자간 섬유협정 등에 의한 쿼터제, 수출자율규제, 시장질서유지협정 등), 둘째 가격통제에 의한 방식(최저수입가격제, 각종 과징금, 반덤핑 및 상계관세 등), 셋째 정부간여에 의한 규제방식(보조금 지급, 정부의 국산품 우선구매 등), 넷째 제도 및 행정절차에 의한 방식(수입허가제를 통한 각종 증빙서류의 과다청구와 통관절차의 복잡화 등), 다섯째 표준 및 품질규격에 의한 방식(다른 나라와 상이한 여러 가지 표준을 설정하여 수입규제수단으로 활용하는 이 부류에는 제조기준, 보건 및 안전기준, 계량기준, 함량기준, 원산지규정, 포장규정 등이 있었음)

지협정 등과 같은 보호무역조치의 만연으로 GATT의 가장 중요한 원칙인 무차별 적용의무가 지켜지지 않음으로써 GATT기능이 약화되고 있다는 지적이 있었으며, 이와 동시에 GATT의 기능을 보완하는 새로운 국제규범 정립을 위한 다자간무역 협상 추진의 필요성이 제기되게 되었음.

- 1980년대에 접어들면서 고도의 기술상품에 대한 교역이 급속도로 증가하게 됨은 물론 이에 따른 금융, 운송, 통신 등 서비스교역도 급증하게 됨으로써 이들 분야에 대한 새로운 국제적 규범의 필요성이 거론되기 시작하였으며, 또한 농산품 교역에 관한 국제 규율이 확립되지 못한 채 공산품 위주의 무역규범체계로 된 GATT기능을 개편할 필요성이 대두되게 된 것임.
- 선진국 간, 그리고 선진국과 개도국 간의 무역불균형 등 각국 간의 무역불균형 해소가 국제경제의 지속적인 발전을 위한 선결과제라는 데 인식을 같이함으로써 UR출범을 위한 분위기가 조성된 것임.

- UR의 의의

- 첫째, UR은 보호무역주의가 만연된 변화된 세계통상환경 속에서 진행되었기 때문에 자유무역주의를 기조로 하는 새로운 세계통상질서를 창출하고 보호무역주의의 확산을 저지할 수 있는 차선책으로서 중요한 의의를 지니고 있음.
- 둘째, UR은 신보호무역주의, 즉 비관세장벽의 만연이라는 국제통상환경 하에서 추진되었는바, GATT는 이러한 비관세정책의 만연을 우려하였으며 아울러 여기에 대한 적절한 대응책을 모색해야 할 필요성을 절감하였기 때문에 UR에서는 이 문제를 중요한 의제로 삼았음.
- 셋째, UR은 주요 경제권 간의 상대적 위치가 급격하게 변화하는 과정에서 추진되었는바, 특히 개도국권의 부상이 매우 두드러져 과거와 같이 선진국 중심의 다자간 통상질서를 새로운 주요 경제권과 새로운 통상환경을 수용하는 다자간 통상질서로 정립할 필요성이 대두되게 되었음.
- 넷째, UR은 국제통상에서 새로이 부각되고 있는 분야에 대해 다자간 규범을 제정해야 된다는 의무에서 추진되었는바, 즉 UR에서는 그때까지 GATT가 취급하지 않았던 서비스, 무역관련투자, 지적재산권 등에 대한 새로운 규범의 정립이 필요하였음.
- 다섯째, GATT에서 오랫동안 그 해결책을 모색하여 왔으나 그때까지 타결을 보지 못한 문제들이 있었는바, 이 문제들의 해결을 위해 관세, 비관세조치, 열대산품, 천연자원 산품, 섬유 및 의류, 농산물, 긴급수입제한조치, 다자간무역협정, 보조금 및 상계관세, GATT규정 등 대부분이 UR의 주요 의제들에 해당되었음.

5.2 | UR의 개요

- UR의 목표
  - UR의 기본 목표는 국제통상에 있어서 시장개방확대, GATT체제 및 규율 강화와 새로운 분야에 대한 다자간 규범을 정립하여 1990년대 및 2000년대의 세계통상질서를 강화하는 데 있음.
- UR의 협상체계와 과제
  - UR협상은 GATT체제 하의 다자간무역협상 중 가장 포괄적이고 복잡한 협상으로 상품 교역에 관한 14개의 의제와 서비스교역 등 총 15개의 협상의제를 채택하였음.[46)]
  - 여기서 상품협상그룹은 크게 시장개방 분야, GATT규율 분야, 신분야 등으로 분류되었으며 서비스교역에 관한 문제는 상품협상그룹과는 별도로 서비스협상그룹에서 다루어지고 있으며 서비스교역에 관한 국제적인 규범을 정립하는 데 주력하고 있음.

5.3 | UR협상의 타결경위

- 1986년 9월 UR이 공식 출범하면서 1990년 말까지 협상타결을 목표로 하여 총괄적

46) 구체적으로 각 분야별 협상대상 내용을 살펴보면 대체로 다음과 같음. ▲관세 : 관세율의 인하, 가공도별 세율격차의 완화 내지 폐지 및 관세양허 범위의 확대추진, ▲비관세장벽 : 보호무역주의 철폐약속의 이행과정에서 취해지는 모든 조치와는 별도로 수량제한을 포함한 비관세조치의 완화 내지 철폐, ▲농산물 : 농산물의 수출입에 영향을 미치는 모든 조치들이 일반협정규정 및 원칙에 따라 이루어지도록 추진, 즉 국내생산보조금과 수출보조금의 감축, ▲섬유 : MFA(다자간 섬유협정) 등 국제섬유무역협정을 일반협정에 통합시켜 이 분야의 무역을 보다 자유화, ▲열대산품 : 가공 · 반가공 등의 형태 여부를 불문하고 열대산품 무역의 완전한 자유화, ▲천연자원 : 가공 · 반가공 등의 형태 여부를 불문하고 천연자원산품의 완전한 무역자유화 추진, ▲MTN(Multilateral Trade Negotiation : 다자간무역협상)협정 : 도쿄라운드에서 타결된 각종 협정을 적절히 개선 확장, ▲보조금 · 상계관세 : 국제무역에 영향을 미치는 모든 보조금 및 상계관세조치와 관련된 일반협정규정 개선, ▲긴급수입제한조치 : 산업구조조정 방안의 의무적 제시, 수출자율규제의 전면금지, 그리고 산업피해기준, 보복 및 배상조항 수정, ▲GATT기능 강화 : 각국의 통상정책이 서로 조화되도록 이를 주기적으로 검토, ▲GATT조문 개선 : GATT조문을 검토하여 적절하지 않다고 판단될 경우, 이에 대한 협상을 통해 GATT조문 개선, ▲분쟁해결 절차 : 신속하고도 효과적인 분쟁해결을 위하여 일반협정의 분쟁해결을 위한 절차 및 규정의 개선 강화, ▲지적재산권 : 지적재산권의 교역을 왜곡 또는 저해하는 요인을 완화하는 동시에 지적재산권 보호 그 자체가 무역에 대한 장애요인으로 작용하지 않도록 일반협정규정을 명료화하는 동시에 필요한 경우 새로운 규정 및 원칙 마련, ▲무역관련투자 : 무역을 제한하거나 왜곡시키는 효과를 초래하는 각종 투자조치에 대하여 일반협정규정의 적용을 검토하고 그러한 무역제한 또는 왜곡효과를 방지하는데 필요한 규정 제정, ▲서비스무역 : 서비스무역을 다룰 원칙 및 규정에 관한 다자간 프레임워크를 설정하여 서비스무역을 위한 서비스협상그룹(GNS) 설치

인 감독기구로서 무역협상위원회(TNC : Trade Negotiations Committee)를 두고 그 산하에 상품협상그룹(GNG : Group of Negotiations on Goods)과 서비스협상그룹(GNS : Group of Negotiations on Services) 그리고 보호주의조치의 동결/철폐(Standstill/Rollback)라는 감시기구를 두었으며, 또한 상품협상그룹(GNG) 산하에 지적재산권 등 14개의 협상그룹을 두어 협상을 시작하였음.

- UR협상은 당초 예상대로 협상 초반부터 선진국과 개도국 간, 그리고 수출입국 간의 의견대립으로 난항을 거듭하였음.
  - 1990년 12월 브뤼셀(Brussel)에서 개최된 각료회의에서 미국과 EU 간의 농산물보조금의 감축문제와 서비스시장의 개방문제에 대해 입장 차이를 좁히지 못함으로써 협상타결이 어렵게 되어 당초의 타결 시한을 넘기게 되었음.

- 그러나 1991년 2월 무역협상위원회는 협상재개를 위한 작업계획을 채택한 후 동년 4월에는 15개의 협상그룹을 7개로 통합·조정하였으며, 동년 12월에는 던켈초안(Dunkel draft)이라고 하는 'UR최종의정서안'이 마련되었으며, 각국이 이 안을 협상의 기초로서 수용할 의사를 보임에 따라 UR협상이 크게 진전되었음.

- 또한 1993년 7월 던켈(Dunkel)에 이어 GATT 사무총장에 취임한 서덜랜드(W. Sutherland)가 무역협상위원회의 의장이 되었으며, 1993년 7월 도쿄에서 열린 4개국(미국, EU, 일본, 캐나다) 통상장관회의와 G-7 정상회의에서 시장접근일괄타결에 관해 불완전하나마 실질적인 합의가 이루어졌고, 동년 12월 15일까지 UR을 타결짓기 위한 집중적인 작업계획을 동년 8월 31일에 채택하여 추진하였음.

- 특히 1993년 11월 19일부터 서덜랜드 의장이 미국과 EU 양측에 대해 협상의 타결을 위해 집중적으로 노력한 결과 양측이 합의함으로써 마침내 1993년 12월 15일에는 "UR다자간무역협상 결과를 구현하는 최종의정서"(Final Act Embodying the Results of the Uruguay Round of Multilateral Trade Negotiations : UR최종의정서〈UR Final Act〉로 약칭)에 합의하게 되어 7년여에 걸친 UR협상이 타결되었음.

- UR협상이 타결된 이후 무역협상위원회는 UR에서 채택된 UR최종의정서의 서명을 위하여 1994년 4월로 예정된 마라케시(Marrakesh) 각료회의의 준비에 착수하였으며, 동년 4월 모로코에서 마라케시 각료회의가 개최되어 WTO출범에 있어 다음의 네 건의 결정이 채택되었음.
  - WTO협정의 수락 및 가입에 관한 결정
  - 무역과 환경에 관한 결정
  - WTO협정의 이행에서 파생되는 기구 및 재정적 결과에 관한 결정
  - WTO준비위원회의 설립에 관한 결정 등

- 그 후 1994년 4월 15일에는 UR협상에 참여한 123개국 정부 및 EU를 대표하는 각료들이 마라케시선언(Marrakesh Declaration)을 채택하였고, 111개국 대표가 UR최종의정서에 서명하였음.
  - UR최종의정서에는 '세계무역기구 설립을 위한 마라케시협정'[(Marrakesh Agreement Establishing the World Trade Organization) 또는 'WTO(설립)협정'(WTO Agreement)으로 약칭)]과 각료결정 및 선언이 부속문서로 첨부되었음.

〈표 3-3〉 UR협상타결 경위

일시	내용
1986년 9월	우루과이 푼타 델 에스테 각료선언(UR출범)
1988년 12월	몬트리올 중간평가
1990년 4월	멕시코 중간평가
1990년 12월	브뤼셀 각료회의(당초 협상타결을 목표로 하였으나 실패)
1991년 2월	무역협상위원회의 작업계획 채택
1991년 4월	15개 협상그룹 7개로 통합조정
1991년 12월	던켈 최종협정문안(Draft Final Act) 제시
1992년 1월	향후 협상결과 협의를 위한 TNC(무역협상위원회)회의 개최
1992년 12월	미국과 EU와의 농업보조금 문제에 대한 의견조정
1993년 12월 15일	117개국이 UR 최종의정서에 조인(UR협상 종결)
1994년 4월 15일	모로코 마라케시에서 123개국이 참가하여 UR협상 최종종결선언 및 WTO설립협정 채택
1995년 1월 1일	WTO협정 발효

5.4 UR협상과 우리의 대응방안

- 기본 방향
  - 국제적으로 UR협상의 타결로 국내기업의 경쟁여건은 더욱 악화될 전망이므로 이러한 여건에 대응하면서 대외경쟁력을 강화하기 위해서는 기술개발과 산업구조개선 등 국내산업의 체질개선이 이루어져야 할 것임.
  - 아울러 세계경제에 부응하는 책임과 역할수행이 선행되어야 할 것임.
  - 우리나라는 경제력의 증대로 국제적으로 우리의 경제력에 상응하는 책임분담 요구를 받고 있으며, UR협상타결 등을 통하여 무역자유화 조류에 부응하기 위해서 수출확대와 시장개방을 동시에 추구해야 할 것임.

- 대응 방향
  - 첫째, 국내기업들은 제품의 고부가가치화를 이룩하기 위해 노력해야 할 것임.
  - 둘째, 기업활동을 지원하는 서비스산업의 확충과 함께 경쟁력이 미약한 산업에 대한 지원방안이 강구되어야 할 것임. ⇒ 금융, 정보, 통신 등의 서비스산업에 대

한 지원이 확충되어야 함과 동시에 농업을 포함하여 경쟁력이 취약한 부문에 대해서는 개방영향을 최소화하기 위한 방안이 강구되어야 하며, 또 피해를 입게 될 농가를 비롯한 국내산업부문에 대한 지원책도 함께 모색되어야 할 것임.

- 셋째, 대외경쟁력의 강화를 위해 ASEAN과 아시아 NICs 등과의 경제협력강화, 미국 · 일본 · EU와의 기존 협력관계 공고화, 신흥개도국 및 동구권과의 협력, BRICs 등과의 실질적이고 실리적인 협력관계의 구축이 요구됨.
- 넷째, 금융의 자유화 및 국제화가 추진되어야 함.[47]

참고자료

(1) 김정수(2003), 《국제통상정책론》, 박영사.
(2) 노택환 외(2004), 《국제통상의 이해》, 박영사.
(3) 노택환(2008), 《국제통상정책론》, 박영사.
(4) 김정수 외(2013), 《국제무역론》, 피앤씨미디어.

47) UR협상타결에 따라 우리 경제의 취약부문인 서비스시장도 개방하여야 하는데, 특히 금융시장의 자유화는 실물부문과의 상호관계를 감안하여 단계적으로 추진되어야 함. 또한 이러한 개방에 대응하기 위해서는 무엇보다도 금융기관의 경쟁력이 강화되어야 할 것임. 이를 위해서는 금융기관의 국제금융업무 수행능력을 제고하고, 또한 금융산업 재편을 통하여 금융기관별 경쟁력이 강화될 수 있도록 유도해야 할 것임.

CHAPTER 04

무역규제의 구체적 방식

1. 관세정책
2. 비관세장벽의 특성과 유형
3. 수입할당제와 관세할당제
4. 보조금정책
5. 덤 핑
6. 관리무역정책수단

글로벌 경기침체 터널이 예상보다 길어지자 각국이 보호무역 장벽을 갈수록 높이고 있다. 이 때문에 해외시장 의존도가 높은 우리나라는 주요 수출국과의 통상마찰, 반덤핑 분쟁대상으로 부각되는 양상이다. 전문가들은 "가뜩이나 원고 영향으로 대외경쟁력이 약화되고 있는데, 교역 상대국의 무역장벽마저 갈수록 높아지고 있어 보다 정교한 해외시장 접근전략이 필요하다"고 조언했다. 2014년 7월 10일 한국무역협회가 발간한 '2014 대한(對韓) 수입규제 총람'에 따르면 2013년 말 기준 수입규제조치를 당하고 있는 품목은 테레프탈산, 풍력타워, 열·냉연코일 등 94개 품목으로, 이 품목의 총 수출액은 2011년 110억 달러, 2012년 90억 달러, 2013년 76억 달러로 연평균 약 17%씩 감소한 것으로 조사됐다. 현재 반덤핑(상계관세 포함)이나 세이프가드(safeguard) 조사를 받고 있는 품목의 수출규모는 반덤핑이 20억3200만 달러, 세이프가드가 4억6515만 달러에 달하는 것으로 파악됐다. 반덤핑은 덤핑상품에 고율의 세금을 부과하는 무역규제조치를 뜻하고, 세이프가드는 특정 품목의 수입이 급증해 국내 업체에 심각한 피해가 발생할 우려가 있을 경우, 수입국이 관세인상이나 수입량 제한 등을 통해 수입품에 대한 규제를 할 수 있는 무역장벽의 하나를 말한다. 김춘식 무협 무역진흥본부장은 "우리 수출대상국들의 수입규제조치가 우리기업들의 수출감소에 큰 영향을 미치는 것으로 분석됐다"며 "반덤핑 및 상계관세로 피소를 당한 기업이 규제국의 조사과정에 적극 참여하고 대응하지 않을 경우 높은 마진율로 규제를 받게 될 뿐만 아니라 규제에서 벗어나기 어렵다는 점에서 외국의 수입규제에 대한 우리 기업들의 적극적인 대응이 필수적"이라고 말했다.

– 김용갑 기자 –

출처 : 김용갑(2014), "보호무역주의↑… 수입규제 대상품목 수출액 연평균 17%감소", 《뉴시스》, 2014. 07. 10.

1 관세정책

1.1 관세의 의의

- 관세(tariff, customs, customs duties)란 법정의 관세구역을 통과하는 수출입화물에 부과되는 일종의 조세를 의미함.
  - 관세구역은 정치적인 국가영역과 반드시 일치하는 것은 아니므로 관세경계와 국경이 동일한 것은 아님.[48]

- 관세는 일종의 조세이므로 다음과 같은 특성을 지니고 있음.
  - 관세는 국가에 의하여 징수되는 국세로서 법률이나 조약에 의하여 강제적으로 징수됨.
  - 관세는 물품세이고 수시세이며 관세의 궁극적인 대상은 소비행위이므로 일종의 소비세임.
  - 관세에는 반대급부가 없으며 관세의 부담은 다른 경제주체에 전가되는 특성을 지님.[49]

- 관세는 역사적으로 여러 가지 형태를 거치며 변천되어 왔음.
  - 오늘날에는 보통 국가영역을 단일관세영역으로 하지만 이전에는 일국 내에서도 여러 관세영역이 설정되는 국내관세가 일반적 관례였음.

1.2 관세의 종류

- 무역정책수단으로서의 관세는 다음과 같은 기준에 따라 여러 가지로 분류되는데 주요 내용은 〈표 4-1〉과 같음.

---

48) 예컨대 관세동맹의 경우 독자적인 국경이 설정되어 있으나 단일관세구역이 되는 반면, 자유항의 경우 일국의 국경 내에 있으나 관세가 부과되지 않음.
49) 이밖에 관세는 일반내국세에 대하여 ▲관세영역을 전제로 하여 이러한 영역을 넘는 수출입화물에 대하여 부과됨. ▲필수품에 대하여는 낮고 불요불급품과 사치품에 대해서는 높게 부과되며, 또한 원자재와 중간재에 대하여는 낮고 완제품과 최종재에 대해서는 높게 부과됨. ▲정부의 재정수입 증대 및 국내산업의 보호 등 여러 가지 경제적 효과를 지님.

〈표 4-1〉 관세의 종류

분류기준	관세의 종류
과세대상	• 수출관세 • 수입관세 • 통과관세
과세목적	• 재정관세 • 보호관세(육성관세, 금지관세, 방위관세 등)
과세방법	• 종가세 • 종량세 • 선택관세 • 복합관세
과세율 수	• 단일관세 • 복수관세
제정방법	• 국정관세 • 협정관세
차별 여부	• 차별관세(특혜관세, 공통관세, 탄력관세 등)

- 관세의 일반적 종류
  - 수출관세 · 수입관세 · 통과관세 : 수출품에 대한 수출관세(export duties), 수입품에 대한 수입관세(import duties), 수출입화물이 운송되는 과정에서 자국의 영토를 통과할 경우에 부과되는 통과관세(transit duties)로 구분되지만, 오늘날 관세라고 할 경우 수입관세를 지칭함이 일반적임.[50)]
  - 재정관세 · 보호관세 : 정부재정수입을 목적으로 부과되는 재정관세(financial duties)와 국내산업보호를 목적으로 하는 보호관세(protective duties)로 구분되는바, 역사적으로 고대의 관세는 재정관세적 성격이 강하였으나 오늘날에 있어서는 더 이상 보호가 필요 없는 산업이나 커피 · 차 · 향료 등 기호품에 대한 관세의 경우에만 재정관세적 성격을 가지고 있음.[51)]
  - 종가세 · 종량세 · 선택관세 · 복합관세 : 과세기준이 금액인 종가세(ad valorem duties), 수량인 종량세(specific duties), 양자 중 어느 하나를 선택하는 선택관세(alternative duties), 양자를 동시에 복합적으로 적용하는 복합관세(compound duties)로 구분되는데, 과세기준으로서의 종가세는 과세의 형평성을 기할 수 있다는 장점이 있는 반면 과세대상이 되는 적정가격을 결정하기 어려워 분쟁이 따르고 이로 인한 절차와 비용이 소요된다는 단점이 있으며, 종량세는 이와 반대되는 장단점을 나타내므로 이러한 장단점을 잘 고려하여 과세하려는 노력을 행하게 됨.[52)]

---

50) 관세(關稅)는 보통 수입관세(import duties)를 말하는데, 외국상품이 국내로 수입될 때 부과되는 세금을 말함.

51) 한편 보호관세는 다시 구체적인 보호목적에 따라 국내의 유치산업보호를 위한 육성관세, 외국상품의 수입을 완전히 금시키기 위한 금지관세, 외국으로부터 국내산업의 압박을 방지하기 위한 방위관세 등으로 구분하기도 함.

52) 무엇을 기준으로 관세를 매기는지에 따라 종가세(從價稅 : ad valorem duties)와 종량세(從量稅 : specific duties)로 나눌 수 있음. 종가세는 수입상품의 가격을 기준으로 일정비율을 관세로 부과하는 것임. 예컨대 일본 자동차의 수입 가격이 3000만 원이고 관세율이 8%라면 관세는 240만 원(3000만

- 단일관세 · 복수관세 : 동일상품에 대하여 동일세율을 적용하는 단일관세(single tariff)와 동일한 제품에 대해서도 국가에 따라 다른 세율을 적용하는 복수관세(double tariff)로 구분되는데, 이러한 복수관세는 결국 차별관세적 성격을 지니게 됨.
- 국정관세 · 협정관세 : 과세가 국가의 자주적 결정에 의해서 이루어지는 국정관세(national duties)와 국제적 협정에 의해 이루어지는 협정관세(conventional duties)로 구분되는데, 이러한 협정관세에도 두 국가 간의 쌍무적 협정에 의해 이루어지는 경우도 있고 다수국 간의 협정에 의해 이루어지는 경우도 있음.

- 차별관세(differential duties)[53]의 종류
  - 특혜관세(preferential duties)[54] : 특별한 관계에 있는 상대국과의 통상관계를 강화하기 위하여 낮은 관세율을 적용하는 관세제도로서 국제특혜관세 · 식민지특혜관세 · 일반특혜관세 제도가 있는바, 역사적으로 국제특혜관세가 스칸디나비아국가들 간 또는 스페인 · 포르투갈 간에 적용된 적이 있었고 식민지특혜관세도 영연방국가 · 프랑스연방 · 미국과 필리핀 간에 시행된 바 있었지만, GATT는 이러한 특혜관세제도가 차별적 성격을 지니는 만큼 이의 확대나 신설을 금지하였음.[55]
  - 공통관세(common duties) : 관세동맹형태의 경제통합이 이루어지는 경우 역내국 상호간에는 관세의 철폐 또는 감면과 같은 특혜를 공여하는 반면, 역외국에게는 공통적으로 설정한 관세를 부과하게 되는데, 이를 공통관세라고 함.[56]

원×8%)이 되는 방식임. 반면 종량세는 수입상품의 물량을 기준으로 관세를 매기는 것임. 설탕 1kg 당 관세를 100원으로 정하고, 설탕 10kg이 수입되면 관세 1000원(100원×10kg)을 부과하는 방식임. 우리나라는 대부분의 상품에 대해 종가세 방식의 관세를 적용하고 있음.

53) 차별관세란 관세부과에 있어 차별을 두지 않는 일반 관세와 달리 어떤 특정국으로부터의 수입품에 대하여 타국의 제품보다 더 높은 관세율을 적용하거나 더 낮은 관세율을 적용하는 관세제도임. 이러한 차별관세는 중상주의 시대나 2차 세계대전 이전의 무역정책에서는 빈번히 적용되어 주요한 보호무역수단으로 채택되었지만, 상호주의 · 무차별주의 · 최혜국조항 등이 채택된 GATT체제 이후 빈번하게 채택되지는 않았지만 여전히 여러 가지 형태로 잔존하고 있음.

54) 관세는 모든 국가에 같은 세율을 적용하느냐, 특정 국가에 낮은 세율을 적용하느냐에 따라 구분할 수도 있음. 예를 들어 현재 우리나라는 미국산 자동차이든, 일본산 자동차이든 똑같이 8%의 관세율을 적용하고 있음. 수입국에 따라 차별하지 않고 동일한 대우를 한다고 해서 최혜국 대우(MFN〈Most Favored Nation〉 : 가장 좋은 대우를 해주는 나라에 적용하는 기준을 다른 나라에도 똑같이 적용하는 것) 관세라고 함. 그런데 한미 FTA(자유무역협정)가 발효되면 상황이 달라지게 됨. FTA협정을 체결한 두 나라가 서로의 상품에 대해서만 다른 나라의 상품에 비해 낮은 관세를 부과하는 특혜를 주기 때문임. 2007년 4월에 타결된 한미 FTA에서는 3000cc 이하 승용차에 대한 관세를 즉시 철폐하기로 합의했음. 따라서 한미 FTA가 발효된다면 일본산 차가 한국에 수입될 때 8%의 관세를 물어야 하지만, 미국산 차는 관세를 물지 않게 되는 것임. 이렇게 특정 국가의 상품에 대해 낮은 세율의 관세를 부과하는 것을 특혜관세(preferential tariff)라고 부름.

55) 일반특혜관세제도(GSP : Generalized System of Preference)는 남북문제의 해결을 위한 방안으로서 개도국으로부터 수입되는 제품에 대하여 선진국들이 관세 상의 특혜를 부여하는 제도로서 1970년 UNCTAD의 합의에 따라 1971년 7월부터 시행되어 왔음.

• 탄력관세(flexible duties) : 조세법률주의에 따라 관세 역시 본래는 입법부에 의한 관세율의 제정 · 조정에 의해 실행되어야 하지만 급변하는 국제통상환경에 대하여 신속하고 탄력적으로 대응하기 위해서는 일정한 범위 내에서의 관세율조정권을 행정부에 위임하는 것이 바람직하기 때문에 입법부로부터 일정한 범위 내에서의 관세조정권을 위임받아 행정부가 신축적이고 탄력적으로 운영하는 관세제도가 바로 탄력관세인데, 그 종류와 내용은 〈표 4-2〉와 같음.

〈표 4-2〉 탄력관세의 종류와 내용

종류	내용	국제협약
■ 보복관세 (retaliatory duties)	■ 자국 상품에 대한 상대국의 불이익조치에 대한 보복으로 부과되는 관세	
■ 덤핑방지관세 (anti-dumping duties)	■ 외국의 덤핑에 의한 수출행위를 제재하기 위하여 부과되는 할증관세	■ 덤핑방지 관세협정
■ 상계관세 (compensation duties)	■ 보조금 등 정부지원을 통해 이루어진 외국수출품에 대해 부과되는 관세	■ 보조금 및 상계관세협정
■ 긴급관세 (emergency duties)	■ 특정 제품수입이 급격히 증가되어 국내산업에 심각한 타격을 주거나 줄 우려가 있은 경우 수입증가를 긴급히 억제하기 위해 부과되는 할증관세	■ 세이프가드 협정
■ 편익관세(convenient/ beneficial duties)	■ 조약 · 협정에 의한 관세 상의 혜택을 약속하지 않은 나라이지만 어떤 정치 · 외교 · 경제적 우호관계를 고려해 관세상 특전을 부여하는 제도	
■ 수입할당관세 (import quota duties)	■ 일정범위 내에서는 낮은 관세율을 적용하지만 그것을 초과하는 부분에 대해서는 더 높은 관세율을 적용하는 일종의 이중적 관세율 제도	
■ 조정관세 (adjustment duties)	■ 수입자유화조치로 일부 품목의 수입이 일시에 너무 급격히 증대되어 국내산업의 피해 또는 국민소비생활 교란 발생 시 피해 제거를 위한 관세율 조정관세	
■ 물가평형관세 (price stabilization duties)	■ 국내물가안정, 특정 물품의 원활한 수급, 특정 물품 가격등귀 방지 등을 위해 관세율을 조정하거나 계절에 따라 수시로 변동시키는 관세제도	

56) 관세동맹의 경우에는 관세를 통한 역내외 차별화를 이룩하지만, 자유무역협정 등과 같은 경제통합의 경우에는 역내국가 상호간에는 관세의 철폐나 감면 같은 조치를 취하지만 역외국에 대한 차별적인 공통관세를 부과하지 않고 회원국별로 독자적인 관세자주권을 행사함.

1.3 관세의 경제적 효과

- 관세의 경제적 효과는 관세부과국의 경제에 어떠한 효과를 미치는가라는 국민경제적 관점에서 논의될 수 있는데, 이러한 관점에서 논의되는 관세의 경제적 효과는 일반적으로 다음과 같이 요약될 수 있음.

- 가격효과 · 소비효과
  - 일국이 관세를 부과하면(수입관세를 의미) 그 재화의 국내가격이 상승되는 가격효과(price effect)가 발생됨.
  - 이러한 가격효과로 인하여 이 재화에 대한 총수요, 즉 국내소비가 감소되는 소비효과(consumption effect)가 발생되고, 이에 따라 소비자의 후생이 감소되는 후생효과가 발생함.

- 보호효과 · 경쟁효과
  - 가격효과로 인하여 수입경쟁(대체)재의 국내생산이 증대되는 생산효과(production effect)가 발생됨.
  - 이러한 생산효과는 결국 관세를 통한 국내산업보호를 의미하므로 보호효과(protection effect)라고 하며 관세의 경제적 타당성을 인정하는 가장 강력한 논거가 됨.
  - 이러한 보호효과를 통하여 관세는 국내산업의 경쟁효과(competition effect)를 갖게 되는바, 즉 관세를 부과하면 외국과의 자유경쟁을 제한 또는 차단함으로써 대내적으로는 외국 수입품과의 경쟁에서 유리한 경쟁효과를 갖게 됨.

- 재정수입효과 · 후생효과
  - 관세부과는 정부의 재정수입을 증가시키는 재정수입효과(revenue effect)를 발생시킴.
  - 따라서 관세의 부과는 소비자의 후생감소, 생산자의 후생증대, 정부의 재정수입 증대를 동시에 가져오는데 이러한 후생의 전체 변화를 보면 관세의 부과는 관세부과국의 경제적 후생을 전체적으로 감소시키는 후생효과를 발생시킴.

- 소득재분배효과
  - 관세부과는 국내소득집단 간의 소득을 재분배시키는 소득재분배효과(income redistribution effect)를 발생시킴.
  - 관세부과로 인한 이러한 소득재분배효과는 두 가지 측면에서 고찰할 수 있는데, 하나는 관세의 소비효과와 생산효과를 통하여 소비자잉여의 일부가 생산자잉여로 전환됨으로써 생산자의 실질소득을 증가시키고 소비자의 실질소득을 감소시

키는 측면이고, 다른 하나는 생산요소의 상대가격변화를 통하여 수입대체산업에 집약적으로 투입되는 생산요소에 유리하고 보호를 받지 못하는 수출산업에 집약적으로 투입되는 생산요소에 불리하게 소득이 재분배되는 측면임.[57)]

- 거시경제효과
  - 관세가 부과되면 관세의 보호효과를 통하여 국내산업의 생산량이 증가함으로써 고용이 증대되고 소득이 증대되는 고용효과(employment effect)와 소득효과(income effect)가 발생되는데, 이것은 보호효과의 거시적 표현이라고 할 수 있음.
  - 또한 관세가 부과되면 국내생산증대와 국내소비감소를 통하여 수입이 감소되는 무역효과(trade effect)가 발생되고 이를 통하여 일국의 국제수지를 개선시키는 국제수지효과(balance of payment effect)가 발생됨.

- 교역조건개선효과
  - 관세가 부과되면 가격효과를 통하여 수입수요가 줄어들어 상대방 수출국의 수출업자는 수출량의 감소를 막기 위하여 수출가격을 인하시키는 경향이 있으므로 관세의 부과는 관세부과국의 교역조건을 개선시키는 교역조건효과(terms of trade effect)를 발생시킴.[58)]
  - 그러나 이러한 관세의 교역조건효과는 관세부과국이 국제시장에서의 가격지배력·독점력을 지닌 대국이라는 가정이 전제되어야 하고 상대국이 보복관세로 대항하지 않아야 함.

- 평가
  - 이같이 관세의 부과는 여러 가지의 경제적 효과를 발생시키지만 이러한 효과들 중에서 가장 기대되는 관세의 경제적 효과는 보호효과(생산효과)라고 할 수 있음. ⇒ ㉠ 왜냐하면 소비효과·후생효과 등은 관세부과로 인한 마이너스(−)적인 효과들이고 보호효과 이외의 기타효과들은 플러스(+)적 효과들이기는 하지만 그 효과가 별로 크지 않거나 일정한 조건 하에서만 나타날 수 있는 효과이기 때문임. ㉡ 예컨대 관세부과로 인한 소비감소효과의 경우 수입수요의 가격탄력성이 충분히 큰 사치품 등의 경우에만 그 억제효과를 기대할 수 있으며 또한 국제수지효과는 모든 수입상품에 대해 관세인상을 행하지 않는 한 뚜렷한 개선효과를 기대하기 어려우며, 또한 재정수입효과가 현저히 발생하기 위해서는 수입품과 유사한 상품이 국내에서는 생산되지 않아 관세가 부과되더라도 수입량이 감소되지 않아야 함. ㉢ 소득재분배효과의 경우에도 엄밀한 가정이 충족되는 경우에만 성립

---

57) 이 가운데 후자의 측면이 이른바 '스톨퍼-사무엘슨의 정리'(Stolper-Samuelson Theorem)임.
58) 수출업자의 수출가격 인하는 곧 관세부과국의 수입재 가격 인하를 의미하므로 세계시장에서 수출입재의 국제가격 비율인 국제적인 교역조건은 개선됨.

되는 만큼 현실적이지 못하며 교역조건효과의 경우 관세부과국이 국제시장에서 어느 정도의 독점력을 행사할 수 있는 대국이라는 전제와 상대국이 보복관세로 대항하지 않는다는 전제가 있어야만 함.

• 따라서 관세를 부과하는 가장 중요한 목적은 결국 관세부과를 통한 국내산업보호라고 할 수 있음.[59)]

2 비관세장벽의 특성과 유형

2.1 비관세장벽의 의의

- 일반적으로 비관세장벽(NTB : Non-Tariff Barrier)이란 외국의 수출업자와 국내수입업자에게 어떤 비용을 증가시키거나, 수입량을 양적으로 제한시키거나, 외국의 수출업자와 국내수입업자에게 고도의 위험을 부담시킴으로써 국내의 수입가격을 올리고 수입량을 감소시킬 목적으로 실시되는 관세 이외의 모든 무역장벽이라고 할 수 있음.

---

59) 한마디로 관세는 두 얼굴을 가진 존재임. 자국 산업을 보호하는 측면도 있지만, 자유무역을 방해하는 측면도 있음. 어느 나라에서든 1만 원의 가격이면 똑같은 품질을 즐길 수 있는 A라는 상품이 있다고 하자. 만약 이 상품이 우리나라에 수입돼 관세율 10%를 적용받으면 시장에서는 1만1000원에 팔리게 됨. 소비자는 같은 품질의 국산상품을 1만 원에 살 수 있으니 수입상품에 대한 수요가 적게 될 것임. 그만큼 국산상품에 대한 수요는 커지고 국내생산도 늘게 될 것임. 이렇게 관세가 해당 상품의 국내 생산을 증가시키는 효과를 국내산업보호 효과라고 함. 물론 관세만큼 국가수입이 늘어나는 효과도 있음. 그러나 관세에는 부정적인 측면도 있음. 똑같은 품질의 B라는 상품이 국내에서는 1만1000원에 생산되고, 다른 나라에서는 1만 원에 생산되는 경우를 생각해 보자. 이 상품이 수입될 때 관세율 20%를 적용하면 국내가격은 1만2000원이 됨. 국내 소비자는 같은 상품을 국산보다 1000원 싸게 살 수 있는 기회를 잃는 셈임. 소비자 부담은 커지고 소비자후생(welfare)은 줄어든 상황이 생기는 것임. 지나치게 높은 관세 부과는 국내산업보호와 관세 수입이라는 이득보다, 소비자후생 감소에서 비롯되는 손실이 더 클 수 있음. 또한 관세는 상품의 가격 구조를 변화시켜 자원배분의 효율성을 떨어뜨리는 측면도 있음. 관세 장벽으로 대표되는 보호무역조치가 해당 국가뿐만 아니라 세계 차원에서 이익이 되지 못한다는 것임. ▲소비자후생 : 소비자후생은 특정 상품에 대해 소비자가 '최대한 지불해도 좋다고 생각하는 가격'과 '실제로 지불하는 가격'의 차이를 말함. 최대한 지불해도 좋다고 생각하는 가격을 '지불의향가격(willingness to pay)', 실제로 지불하는 가격을 '시장가격(market price)'이라고 부름. 지불의향가격과 시장가격의 차이가 커질수록 소비자의 만족도인 소비자후생도 커짐. 만약에 어떤 소비자가 "A상품이라면 최고 1만1000원까지는 값을 치르겠다"고 생각한다면 지불의향가격은 1만1000원이 됨. 이때 시장가격이 9000원이라면 소비자후생은 2000원이 됨. 만약 지나치게 높은 관세가 부과돼 시장가격이 높아지면 소비자후생은 줄어듦. 예컨대 같은 품질의 국산 상품이 1만1000원인데 다른 나라에서 1만 원에 생산돼 수입된 상품에 관세율 20%가 적용돼 시장가격이 1만2000원이 돼 버린 경우임. 이런 의미에서 관세가 소비자후생을 떨어뜨릴 수 있다고 말할 수 있음. 이와 관련하여 조선일보(2009.02.27) 참조.

- 관세는 수세기 동안 무역정책의 중심적 역할을 담당하여 20세기 초까지만 하여도 거의 유일한 수단이었다고 할 수 있는데, 양차대전 기에 접어들면서 전시경제의 수행을 위하여 수량제한효과를 비롯한 다양한 형태의 비관세장벽이 실시되기 시작하여 국제무역에 있어서 제한적이며 차별적인 요인으로 작용하였음.
- 그러나 비관세장벽이 하나의 세계적 현상으로서 본격적으로 채택되고 이에 따른 경제적 영향이 보편화된 것은 1970년대 이후의 신보호무역주의의 대두와 함께였는바, 이렇게 비관세장벽이 신보호무역주의의 중요한 정책수단으로 채택된 주요 이유는 다음과 같음.
  • 첫째, 전후 GATT에 의한 무역자유화의 추진으로 케네디라운드(Kennedy roundg)를 비롯한 7차에 걸친 관세의 일괄인하가 이루어졌고 개도국에 대한 선진국의 일반특혜관세제도가 실시됨으로써 무역장벽으로서의 관세의 비중이 크게 약화되었기 때문에 각국은 관세장벽을 대체한 비관세장벽을 주요한 무역정책수단으로 채택하게 되었음.
  • 둘째, GATT는 발족 당시부터 관세 이외의 일체의 무역제한조치를 불법화하고 있으나 구체적인 GATT규정 자체에는 각종의 비관세장벽을 합법화시키는 예외규정들이 너무 많아 그 실행 면에서 관세에 관한 규정에 비하여 엄격한 구속력을 가지지 못하였기 때문에 많은 비관세장벽들이 GATT의 규율밖에 존재하였음.
  • 셋째, 비관세장벽은 관세장벽보다 신속하고 강력하며 탄력적으로 운용될 수 있는 특성을 지녔으며 또한 그 속성상 개발도상국에 대하여 보다 차별적이므로 최근에 이르러 선진국들이 개도국의 농산품이나 노동집약적 상품에 이를 강화시키는 사례가 증가되었음.

2.2 | 비관세장벽의 특성

- 비관세장벽은 관세와는 달리 극히 다양한 내용과 다양한 성격을 갖고 있어 그 특성을 통일적으로 논의하기 곤란하지만 대체로 다음과 같은 일반적 특성을 지니고 있는 것으로 요약할 수 있음.
- 복잡성과 다양성
  • 1980년대 초 GATT의 자료에 따르면 비관세장벽의 유형은 무려 500여 종에 달하여 그 내용이 다양하며 또한 관세 이외의 모든 정책수단들을 통칭하는 것이므로 그 내용이 매우 이질적이고 복합적이며 그 적용 및 운영도 매우 복잡함.
  • 따라서 이러한 비관세장벽의 경우 적절한 형태와 운영의 방법을 마음대로 선택하여 본래의 목적을 달성하기가 쉽고 또한 이의 부과에 따른 논란과 엄격한 조사들을 피할 수 있는 이점을 가짐.

- 불확실성과 융통성
  - 관련 정보가 불충분한 상태에서 수출업자는 수입국의 여러 가지 비관세장벽이 자신의 수출에 어떻게 어느 정도 제한적인가를 확실히 판단할 수 없게 되는 불확실성을 지님.
  - 또한 수입국의 정책은 어느 시점에서나 아무런 통고 없이 변경될 소지를 갖고 있으므로 고도의 융통성을 가짐.
  - 따라서 수출업자는 이러한 불확실성과 융통성 때문에 더 큰 위험부담을 받게 됨.
- 효과측정의 곤란성
  - 비관세장벽의 이와 같은 복잡성 · 불확실성 · 융통성 때문에 그러한 무역정책수단의 효과를 종합적으로나 개별품목별로 측정하는 것이 매우 곤란
  - 더욱이 비관세장벽의 어떤 것은 아주 유동적이어서 그 실시가 관계당국의 전적인 재량에 의존하거나 은밀히 적용되어 이러한 효과측정의 곤란성은 더욱 커짐.
- 협상의 곤란성
  - 이와 같은 비관세장벽의 특성 때문에 관세와는 달리 비관세장벽의 완화 및 철폐를 위한 협상이 매우 곤란해짐.
  - 왜냐하면 비관세장벽의 경우 그것의 복잡성 · 불확실성 · 효과측정의 곤란성 때문에 상호간의 정도를 비교하여 이를 균일화할 어떤 지표의 설정이 불가능하며 또한 설사 정부 간에 어떤 협상이 성립되었다 하더라도 그것이 바로 비관세장벽의 철폐를 보장해 줄 수 없기 때문임.
- 선별성 및 차별성
  - 비관세장벽은 어떤 수출국에 대하여 선별적 · 차별적으로 부과될 수 있는바, 예컨대 수입할당제나 수출자율규제와 같은 조치들은 어떤 특정국에 대하여 부과될 수 있기 때문임.
  - 또한 비관세장벽은 명목상으로는 선진국과 개발도상국 모두에 무차별적인 것 같지만 실제로는 개도국에 대하여 차별적인 성격을 지니고 있는데, 그 이유는 대체로 다음과 같음. ⇒ ㉠ 첫째 비관세장벽의 대상품목이 주로 개도국이 비교우위를 가지고 있거나 또는 미래에 이를 가질 전망이 있는 품목이고, ㉡ 둘째 선진국의 경우보다 개도국에 대하여 특히 까다로운 실시를 하고 있다는 점, ㉢ 셋째 개도국의 경제가 체질적으로 그에 대한 적응능력이 약하고 대체생산의 가능성도 적으며, ㉣ 넷째 정보수집능력 및 국제협상능력이 약하다는 점에서 동일한 비관세장벽이라도 그것이 개도국의 무역에 미치는 효과가 보다 커지기 때문임.

2.3 비관세장벽의 유형

- 비관세장벽의 복잡성 때문에 이러한 정책수단의 유형과 내용의 분류 역시 용이하지 않지만 대표적인 비관세장벽의 유형만을 정리한 것이 〈표 4-3〉임.

〈표 4-3〉 비관세장벽의 유형

<table>
<tr><th colspan="3">구분</th><th>대표적 무역정책수단</th></tr>
<tr><td rowspan="5">직접적 수단</td><td rowspan="3">수입</td><td>수량규제</td><td>수입할당제(수입쿼터제), 관세할당제, 수입금지제, 수입승인제 등</td></tr>
<tr><td>가격규제</td><td>최저 · 최고가격제, 가변부과금, 반덤핑조치, 상계조치 등</td></tr>
<tr><td>기타규제</td><td>수입과징금, 수입예치금, 수입업허가, 기타행정규제 등</td></tr>
<tr><td rowspan="2">수출</td><td>장려수단</td><td>보조금정책, 수출금융, 수출신용제도, 수출보험제도</td></tr>
<tr><td>규제수단</td><td>수출세, 수출금지제도</td></tr>
<tr><td rowspan="2">간접적 수단</td><td colspan="2">수입규제수단[60]</td><td>내국소비세, 외환관리, 행정규제조치(광고규제, 운송규제, 영업규제, 규격 · 안전 · 위생 · 환경기준, 원산지규정, 차별적 정부조달 등)</td></tr>
<tr><td colspan="2">수출장려수단</td><td>공기업보호, 특정 산업지원, 환율정책 등</td></tr>
<tr><td colspan="3">관리무역정책수단</td><td>수출자율규제(VERs), 시장질서협정(OMA),
수입자율확대조치(VIEs)</td></tr>
</table>

- 여기서 '직접적 수단'이란 수입을 제한하거나 수출을 장려하기 위한 목적으로 부과되는 무역정책수단을 말하고 '간접적 수단'이란 다른 경제적 목표를 위한 정책이 결과적으로 대외무역에 반사적 · 파생적 영향을 주는 무역정책수단을 말함.

- 또한 '관리무역정책수단'이란 관련 국가들의 공식적 · 비공식적 합의와 조정을 통하여 관리되는 정책수단을 뜻함.

- 이하에서는 여러 가지 비관세장벽들 중 수입규제정책수단으로서 수입할당제, 수출촉진정책수단으로서 보조금정책 등을 살펴보고, 끝으로 관리무역정책수단에 대해 설명하고자 함.

---

60) 비관세장벽 중에는 기술적 또는 행정적 규제, 복잡한 유통구조, 그리고 심지어는 상행위에 대한 관습 및 법적 제도 등이 포함됨. 이 중 특히 중요한 정책수단은 기술적 및 행정적 규제라고 볼 수 있음. 정부의 기술 및 행정규정이 자국상품과 타국상품 간에 차별적으로 사용될 때 무역장벽이 됨. 예를 들어 수입허가 및 통관절차를 복잡하고 비용이 많이 들게 함으로써 수입비용을 상승시켜 무역을 제한시키는 행정적 규제라든가, 정부가 수입품에 대한 안전규제, 보건규제, 그리고 표시규제 등을 까다롭게 만들어 수입을 저해하는 각종 기술적 규제, 또는 정부가 재화 및 서비스를 민간부문으로부터 조달할 때 국내공급자에게 상대적으로 유리한 혜택을 주는 정부구매제도 등이 있음. 이와 관련하여 남종현 · 이홍식(2012, pp.394~395) 참조.

3 수입할당제와 관세할당제

3.1 | 수입할당제의 의의

- 수입할당제 또는 수입쿼터제(import quota system)란 일정한 기간 동안 수입되는 특정 제품의 수입을 양적으로 제한하여 통제하는 수입규제수단임. ⇒ 상품수입은 원칙적으로 인정하되 수입상품의 총수량이나 총금액을 지역별 · 국가별 · 업자별로 할당하고 할당량 이내에서는 자유롭게 수입되지만 그 이상의 수입을 금지시키는 규제수단임.
- 따라서 수입할당제는 아주 강력한 수입억제수단으로서, 역사적으로 관세 못지않게 중요한 무역정책수단으로 활용되어 왔고 오늘날에 있어서도 여러 가지 비관세장벽 중 가장 강력하고도 대표적인 정책수단으로 간주되고 있음.[61)]
- 수입할당제는 시대에 따라 그 방법과 내용 등도 다양하게 이루어졌지만, 수입할당제를 수입국 자신이 독자적으로 부과하느냐 아니면 상대국과의 협정을 통하여 부과하느냐에 따라 다음과 같이 구분함.

3.2 | 수입할당제의 구분

- 자주적 할당제(unilateral import)
  - 수입국이 상대수출국과 아무런 사전협의나 사전교섭 없이 일방적으로 일정기간 내에 자국에 수입되는 제품들의 수입량을 규제하는 제도임.
  - 자주적 할당제는 할당방식에 따라 수입허가총량만을 정해두고 상대수출국은 지정하지 않는 일괄할당제(global quota)와 일정기간 내의 수입총량을 특정국에게 사전에 분할할당하는 배정할당제(allocated quota) 또는 국별할당제가 있음.
  - 자주적 할당제는 자국의 목표에 따라 독자적인 정책주권을 행사할 수 있다는 장점이 있지만, 외국과의 사전협의 없이 일방적으로 결정되므로 국제적 비난과 보복을 받기 쉽고 또한 수출입국을 막론하고 이로 인한 독점적 지위가 발생된다는 문제점을 안고 있으며 할당과 관련되는 국가행정행위가 커진다는 단점도 지니고 있음.

61) 선진공업국들이 채택하고 있는 비관세장벽의 유형 중 수입할당제가 50~60%를 차지하고 있음.

- 협정할당제(bilateral import quota)
  - 상대수출국의 정부나 유관단체와의 협의를 통해 할당량의 배분을 결정하는 제도임.
  - 협약을 통해 수출독점을 배제하고 수입할당을 전 기간에 균분함으로써 급격한 가격변동을 피할 수 있으며 할당과 관련되는 국가행정행위가 최소화됨으로써 이와 관련되는 문제점을 극소화시킬 수 있다는 장점을 가짐.
  - 그러나 할당사무가 수출국에 의해 이루어져 수입국은 불리해질 수 있으며 수출업자가 자기들의 지점 등을 수입국에 설치하는 경우 수입국의 수입업자는 그들의 지위마저 상실될 우려가 있다는 단점을 가짐.
  - 역사적으로 볼 때 초기에는 주로 자주적 할당제가 실시되었으나 점차 국가 간 협정할당제가 나타나게 되었고 1960년대부터는 이러한 협정할당제가 다자간협정(multilateral agreement)의 형태로 발전되었는바, 가장 대표적인 형태로는 1961년 제네바에서 체결된 단기면직물협정(STA)을 들 수 있는데 이는 그 후 장기면직물협정(LTA) · 다섬유협정(MFA)으로 연장 확대되어 왔음.[62]

3.3 | 수입할당제의 경제적 효과

- 수입할당제는 수입억제를 목적으로 한다는 점에서 관세와 유사한 경제적 효과를 나타내지만 양자 간에는 그 본질적 성격의 차이에 따라 몇 가지의 주요한 차이점을 나타냄.

- 정책효과의 메커니즘
  - 양자 모두 수입규제를 위한 정책수단이지만, 관세는 관세부과 → 국내소비자가격 상승 → 수요 감소 → 수입 감소라는 가격메커니즘을 통한 간접적인 규제수단임에 대하여, 수입할당제는 직접적으로 수입량을 할당하여 일정량 이상의 수입이 이루어지지 못하도록 규제하는 비관세장벽임.
  - 따라서 수입량을 규제하는 효과는 관세의 경우보다 수입할당제의 경우가 더 강력함.

- 정책운용의 신축성
  - 관세는 원칙적으로 조세법률주의에 따라 입법부에 의한 관세율결정이 이루어져

62) 장기면직물무역협정(LTA : Long-Term Arrangement on Cotton Textiles)은 종전의 단기면직물협정(STA : Short-Term Arrangement on Cotton Textiles)을 대신하여 1962년에 체결된 다자간 쿼터협약이었고, 1974년부터는 면직물뿐만 아니라 인조섬유 · 모직물까지를 포함하는 다섬유협정(MFA : Multi-Fiber Arrangement)으로 대체되었음. 이후 WTO의 섬유 및 의류무역협정에서 이러한 MFA쿼터를 10년간에 걸쳐 단계적으로 폐지하기로 하였음.

야 하므로 그 신축성이 약하고[63] 국제기구나 국제협약 등에 의해 독자적이고 즉각적인 조치를 행하기가 어려운 경우가 많음.

- 반면 수입할당제는 행정부의 재량에 의해 결정되어지기 때문에 정책운용의 자의성 · 신축성 · 탄력성이라는 점에서 수입할당제가 관세보다 강력함.

- 정책의 실효성
  - 관세는 수입 상태가 안정적이며 가격메커니즘을 통한 수입억제가 가능한 경우에 실효성이 있는 반면, 수입할당제는 외국의 공급탄력성이 비탄력적이고 불확실하거나 국제물가 폭락 및 덤핑 등으로 가격메커니즘을 통한 수입억제가 효과를 갖지 못하거나 일국의 관세주권의 자주성이 약한 경우에 실효성이 있게 됨.

- 정책의 차별성
  - 관세는 무차별적임에 대하여 수입할당제는 차별적으로 운용할 수 있기 때문에 대외적으로는 최저비용공급자에 의해 공급되지 않을 수 있으며 대내적으로는 수입할당에 따른 부당이윤이나 부패와 같은 부작용을 초래할 수 있어 할당의 관리방식이 중요한 의의를 갖게 됨.
  - 또한 수입할당제는 주로 과거실적에 따라 쿼터가 배정되므로 기존의 수출업자(수출국가)가 신규수출업자(신규수출국가)에 비하여 상대적으로 유리하다는 차별성도 존재함.

- 비효율적 자원배분
  - 동태적으로 볼 때 관세는 상대적으로 효율적인 생산지(해외)에서 공급을 하는 데 반해 수입할당제는 상대적으로 비효율적인 생산지(국내)에서 생산하게 되는 만큼 수입할당제가 자원배분을 더욱 악화시킴.

- 경제적 지대발생
  - 관세는 정부의 세입을 증대시키는 재정수입효과를 가지지만 수입할당제는 이러한 세입 증대는 없고 오히려 허가된 수입업자(quota holder)들에게 독점적 이윤을 보장해 주는 비합리성을 가짐.
  - 따라서 수입할당제의 경우 국내시장에서의 경쟁을 감소시키는 동시에 수입재의 희소가치를 높여 일종의 경제적 지대(economic rent)를 발생시킴으로써 관세정책과는 상이한 소득분배를 야기할 수 있게 됨.

- 국내가격변동효과
  - 국내가격의 변동은 수입할당제가 관세의 경우보다 불안정적인 것이 일반적인데,

63) 어느 정도의 범위 내에서 그것을 조정할 수 있는 권한을 행정부에 위임하고 있는 제도가 탄력관세제도(flexible tariff system)이며, 우리나라는 관세법상 덤핑방지관세 · 보복관세 · 긴급관세 · 조정관세 · 상계관세 · 편익관세 · 물가평형관세 · 할당관세 등이 있음을 앞서 설명하였음.

그 이유는 관세를 부과하면 국제가격에 관세를 가산한 수준에서 가격이 안정되지만, 수입할당제의 경우 그러한 할당으로 어느 정도의 독점가격이 실현됨으로써 관세부과의 경우보다 가격변동 정도가 클 수 있으며 또한 할당기간의 초기에 수입이 쇄도할 경우 국내 가격이 폭락하는 등 가격변동이 심할 수 있기 때문임.

- 또한 국내수요증가가 있을 때 관세의 경우는 국내가격의 변화가 없으므로 더 이상의 추가적인 손실이 발생되지 않지만 수입할당제의 경우 국내가격이 관세부과 경우보다 더욱 인상됨으로써 추가적인 손실이 발생됨.

3.4 | 관세할당제

- 의미
  - 수입할당제와 유사하면서 빈번히 채택되는 비관세장벽의 하나가 관세할당제(TQ : Tariff Quota)인데, 이것은 수입되는 상품의 일정량까지는 특별히 낮은 관세를 부과하고 이것을 초과하는 수입에 대해서는 보다 높은 관세를 부과함으로써 결국 수입규제의 효과를 얻는 무역제한조치제도임.
  - 따라서 관세할당제는 관세와 수입할당제의 기술적인 특성을 혼합하여 이 두 가지 정책 수단이 개별적으로 실시될 때의 결함을 보완하려는 제도임.
- 단점
  - 이를 운용함에 있어 한층 더 복잡하여 행정비용이 많이 듦.
  - 할당량 이내에서의 낮은 관세로 생긴 이득이 모두 해외의 공급자의 손에 들어가게 됨.
  - 관세할당량이 결정된 초기에 수입이 쇄도함으로써 가격폭락이 유발될 수 있음.
- 선호 이유
  - 이러한 단점에도 불구하고 오늘날 선진국에서 많이 채택되는 주요한 이유는 개도국에 대한 일반특혜관세제도(GSP : Generalized System of Preference)에 대한 대응 때문임. ⇒ 즉 개도국으로부터 수입되는 일정량에 대해서는 특혜관세를 적용해 주되 그 이상의 수입에 대해서는 보다 높은 관세를 부과함으로써 이 상품이 무한정 수입되어 국내시장을 교란시키지는 못하게 할 필요성이 있기 때문임.
  - 또한 관세할당제는 다른 정책수단에 비하여 덜 제한적이어서 상대국의 보복우려가 크지 않음.

4 보조금정책

4.1 | 보조금정책의 의의

- 보조금정책은 정부나 공공단체가 국내생산자에게 일정한 재정적 · 금융적 지원을 통하여 수출촉진 · 수입경쟁촉진 · 수입억제를 도모하는 무역정책수단임.
  - 따라서 이 정책은 직접적으로 수입을 억제하는 여타의 비관세장벽과는 다소 성격이 다르지만 결과적으로 국제적인 교역량에 영향을 미친다는 점에서 하나의 중요한 보호무역정책수단이 되고 있음.

- 보조금정책은 경제 전체를 대상으로 하는 '일반보조금'과 특정 산업 · 특정 지역 · 특정 기업 · 특정 행위(예컨대 R&D보조금)를 대상으로 하는 '특정 보조금'으로 구분될 수 있음.
  - 이들 중 후자가 더 큰 비중을 차지하고 있고 국제무역에서 주로 논란의 대상이 되는 것도 특정 산업(부문)보조금임.

- GATT협약에서의 구분
  - 생산보조금(production subsidy) : 수입경쟁(대체)산업의 생산비 중 일부를 지원하여 국내생산을 촉진함으로써 수입을 제한하는 무역정책수단인데, 일반적으로 생산보조금은 독립된 정책수단으로서보다 관세에 대한 보완적 정책수단으로 이용되어 정부가 수입관세에서 얻어진 재정수입을 다시 생산보조금으로 지급함으로써 산업의 보호효과를 한층 더 강화시키기도 함.[64]
  - 수출보조금(export subsidy) : 수출을 촉진시키기 위한 목적으로 수출산업에 지급되는 보조금을 말하는데, 예컨대 우리나라에서 수출용원자재에 대해 관세를 환급해 준다든지 수출금융을 저금리로 제공한다든지 하는 것도 간접적인 수출보조금정책의 일종이라고 할 수 있는바, 이러한 수출보조금정책은 1차적으로 생산비 인하를 통한 국내산업보호 효과가 나타나지만 2차적으로 수출품의 국제경쟁력을 강화시켜 수출을 증가시키는 효과를 발생시킴.

---

64) 그러나 현실적으로 이러한 생산보조금은 직접적으로 생산비를 보조해 주는 방식보다는 조세감면 혜택을 부여하거나 낮은 금리로 기술개발자금을 제공하는 등 생산비를 간접적으로 보조해 주는 방식을 취함.

4.2 | 보조금과 상계관세조치

- 보조금지급은 보조금을 지급하는 수출국입장에서 여러 가지 비효율성과 부작용이 나타날 수 있음은 물론, 보조금지급을 통한 국제경쟁력의 인위적 개선이 수입국 또는 교역경쟁국의 입장에서 불공정무역(unfair trade)이라는 비난의 대상이 되기 때문에 이렇게 보조금을 지급받은 상품의 수입을 억제하고 보조금지급효과를 상쇄시키기 위한 보호무역정책이 나타나게 되었는데, 그 대표적인 형태가 상계관세임.
- 상계관세(countervailing duties)란 제품의 제조 · 생산 · 수출에 직간접적으로 제공한 보조금으로 인해 수입국산업에 피해가 발생되는 경우 이러한 보조금지급의 효과를 봉쇄하고 상쇄시키기 위하여 부과되는 특별관세임.[65]
  - 상계관세의 경제적 논거는 보조금지급으로 인한 수입국 경쟁산업이 받게 되는 악영향을 배제하고 상쇄함으로써 공정경쟁을 확보한다는 것과 이를 통하여 외국정부로 하여금 보조금정책을 자제하도록 유도한다는 것임.
  - 상계관세에 대한 국제협약은 GATT체제 하의 도쿄라운드(TR)에서 처음 체결된 이후 우루과이라운드(UR)의 '보조금 및 상계관세협약'(Subsidiaries-Countervailing Duties Code)을 통하여 일층 강화되었음.

4.3 | WTO보조금협정과 수출보조금[66]

- 종래 GATT체제 하에서는 보조금을 수출보조금과 생산보조금(=국내보조금)으로 구분하고 수출보조금은 다시 1차 산품에 대한 것과 비1차 산품에 대한 것으로 나누어 규제하였음.
  - 즉 비1차 산품에 대한 수출보조금은 전면 금지되고 1차 산품에 대한 수출보조금의 경우에는 이러한 수출보조금으로 인해 국제시장에서의 점유율(과거 3년간 평균시장점유율)이 부당하게 높아지거나 특정 시장에서 다른 국가보다 수출가격을 인하하기 위해 수출보조금을 지급하는 경우를 제외하고는 허용되었음.
  - 그러나 생산보조금은 다른 국가의 이익을 무효화 내지 침해하지 않는 범위 내에서 허용되었음.

---

65) 관련 조치로는 그 물품과 수출자 또는 수출국을 지정하여 당해 물품에 대하여 관세 외에 당해 보조금 등의 금액 이하의 관세를 추가하여 부과할 수 있음. 한편 뒤에서 설명하게 될 반덤핑관세는 수출기업의 덤핑행위에 대한 규제임에 대하여 상계관세는 정부의 보조행위에 대한 규제이므로 전자를 '사적인 덤핑행위규제법'이라 하고 후자를 '공적인 덤핑행위규제법'이라고 부르기도 함. 노택환(2008, p.239) 참조.

66) 이와 관련하여 김정수 외(2013, pp.344~348)) 참조.

- 한편 WTO보조금협정에서는 보조금의 성격이나 피해의 구제방법에 따라 금지보조금,[67] 조치가능보조금(=상계가능보조금),[68] 허용보조금[69]으로 구분하고 있음.
  - 종래 GATT협정에 의한 금지보조금에 있어서는 비1차 산품과 1차 산품에 대한 구분을 없애고 농산물에 대한 보조금은 농업협정에서 별도로 규제를 하였음.
- WTO보조금협정을 종래의 규정과 비교해 볼 때 전반적으로 보조금에 대한 규율을 크게 강화하였다고 볼 수 있음.
  - 예컨대 수출보조금의 전면 금지와 금지 여부 위반 시의 보복조치 강화라든가, 그동안 비교적 광범위하게 허용되어 온 국내보조금의 허용범위의 대폭적인 축소, 그리고 금지보조금의 지급은 상대국 산업의 피해 여부와 관계없이 그 자체로서 보복조치의 대상이 되고 있음.
  - 또한 조치가능보조금의 경우에도 상대국 산업에 대한 객관적인 피해뿐만 아니라 광범위하게 적용될 수 있는 불리한 영향이 있을 때에도 보복조치가 가능하도록 하고 있음.
  - 그러나 종래 수출보조금과 생산보조금으로 구분하여 상이한 규정을 적용하였으나 이번에는 각 보조금에 대한 법적 효과를 중시하면서 균형적 접근을 취하고 있음.

5 덤 핑

5.1 덤핑의 경제적 의의

- 덤핑(dumping)의 의미
  - 자국시장에서 통상적으로 거래되는 정상가격(fair/normal price)보다 낮은 가격으

67) 수출성과에 따라 지급되는 보조금은 물론 수입상품 대신 국내상품 사용에 대해 지급되는 수입대체보조금을 의미함. 이러한 유형의 보조금은 그 본질상 무역의 흐름을 왜곡하여 합리적인 자원배분을 저해하기 때문에 금지되는 것임.

68) 상계조치가 가능한 보조금으로 WTO보조금협정에서도 이에 대한 정의를 내리지 않고 있지만 일반적으로 어떠한 보조금이 조치 가능한지 여부의 결정은 수출국에서의 보조금지급으로 인해 수입국의 국내산업이 피해를 입었는가, 양허 혜택의 무효화 또는 침해 등 교역에 대한 부정적 효과가 있는가에 초점을 맞추는 입장을 취하고 있음. 즉 보조금을 지급함으로써 다른 나라의 이익에 유해한 효과를 초래하는 경우를 의미함.

69) 보조금지급이 허용되는 보조금을 의미하는데, 이러한 보조금으로는 연구개발지원보조금, 지역개발지원보조금 및 환경보조금 등이 있음.

로 해외시장에 판매하는 행위로서, 내국시장과 해외시장에 대한 가격차별화 전략의 일환이라고 할 수 있음.

- 덤핑의 실행 이유
  - 해외덤핑 역시 국내에서의 덤핑과 마찬가지로 과잉생산품의 처분, 국내의 조업 및 가격 유지, 특정 시장의 신규개척 및 확보, 경쟁의 배제, 타 업자의 기존시장 탈취, 시장의 독점적 지배와 독점이윤의 확보, 타 업자의 덤핑행위에 대한 보복 등과 같은 이유로 실행됨.

- 덤핑의 구분[70)]
  - 동기와 목적에 의한 분류 ⇒ ㉠ 우연적 덤핑, 방어적 덤핑 및 공격적 덤핑으로 구분할 수 있음. ㉡ 우연적 덤핑(unintentional dumping)이란 수출부진 등과 같은 예기치 않은 돌발적인 사고에 대해 자본회전 및 기타 경영상의 이유로 인하여 해외시장에서 저렴한 가격으로 수출하는 경우를 말함. ㉢ 방어적 덤핑(defensive dumping)이란 해외시장에서 외국경쟁기업의 침투에 대항하기 위하여 덤핑을 행하는 것을 의미하고 보복덤핑(retaliatory dumping)이라고도 함. ㉣ 공격적 덤핑(offensive dumping)은 해외시장에서 적극적으로 경쟁기업을 제거하고 시장을 확보할 목적으로 행하는 덤핑으로 이것이 더욱 격화되면 약탈적 덤핑[71)]이 됨.
  - 기간에 의한 분류 ⇒ ㉠ 덤핑은 그것이 계속되는 기간에 따라 산발적 덤핑, 단기적 또는 간헐적 덤핑, 조직적 · 지속적 또는 장기적 덤핑으로 구분됨. ㉡ 산발적 덤핑(sporadic dumping)이란 국내가격은 인하하지 않고 예기치 않은 일시적인 상품의 초과량을 처분하기 위해서 때때로 국내보다 외국에서 더 싼 가격으로 판매하는 것을 말함.[72)] ㉢ 단기적 또는 간헐적 덤핑(short-run or intermittent dumping)은 일시적인 것도 항구적인 것도 아니며 상황에 따라 덤핑을 행하는 공격적 · 방어적 덤핑이 이에 속한다고 볼 수 있음. ㉣ 조직적 · 장기적 덤핑(systematic or long-run dumping)이란 독점기업이 독점이윤을 확보하기 위하여 행하는 덤핑임.[73)]
  - 기타의 유사덤핑 ⇒ ㉠ 덤핑의 요건을 구비하지 않아 엄밀한 의미에서는 덤핑이

70) 김정수 외(2013, pp.186～187) 참조.

71) 약탈적 덤핑(predatory dumping)이란 해외시장에서 경쟁자를 도태시킨 후 보다 독점적 지위를 누리기 위하여 일시적으로 행하는 덤핑행위로서 이렇게 경쟁자를 도태시킨 이후에는 더 높은 판매가격을 적용하여 독점적 이익을 누리려고 함.

72) 산발적 덤핑(sporadic dumpimg)이란 계절적 요인에 따른 수급의 불일치, 일시적인 경기 침체나 과잉생산 등의 문제 때문에 일어나는 덤핑으로서 기업이 자신의 정상적 시장을 교란시키지 않으면서 해외시장에 산발적으로 행하는 덤핑임.

73) 지속적 덤핑(persistent dumping)이란 수출기업이 이윤극대화를 위하여 국내시장 판매가격과 해외수출가격의 차별화를 시도하는 덤핑으로서 국내시장과 해외시장이 격리되어 있고 수요의 탄력성이 서로 다를 경우 시도되는 전형적인 가격차별화(price discrimination)행위임.

라고 할 수 없지만 덤핑과 동일한 효과를 가지는 것으로 환덤핑과 사회적 덤핑이 있음. ㉡ 환덤핑(exchange dumping)이란 평가절하 또는 환율의 상승으로 그 나라의 수출이 증가하게 되면 수입국 측에서는 매우 낮은 가격으로 투매하는 것과 같은 효과가 발생하게 되어 마치 덤핑현상이 나타나는 결과가 됨. ㉢ 사회적 덤핑(social dumping)이란 낮은 임금, 긴 노동시간 등 불리한 노동조건 하에서 생산된 상품의 가격이 이와 반대의 노동환경 하에서 생산된 상품의 가격에 비하여 현저하게 저렴한데, 이러한 불리한 환경 하에서 생산된 상품이 외국으로 수출될 때 나타나는 현상을 말함. → 이러한 사회적 덤핑은 개발도상국에서 생산된 상품이 선진국으로 수출될 때 가끔 나타나는 현상임.

- 덤핑의 폐해
  - 덤핑은 독점적 지위에 있는 수출기업에게는 추가적인 독점적 이윤을 가져다주지만 모두에게 바람직하지 못한 결과를 초래함.
  - 우선 수출국의 귀중한 자원을 낭비시키는 결과를 가져오게 되고, 수입국의 수입경쟁산업의 발전을 저해하거나 파괴하고 시장 질서를 교란시킬 뿐만 아니라 세계적으로도 비교우위에 입각한 자유무역 및 자원의 효율적 배분을 왜곡시킴.
  - 이 같은 덤핑의 폐해로 인해 수출국에서나 수입국에서 이를 규제하여 왔고, GATT나 WTO협정에서도 이를 제재하기 위한 반덤핑관세의 부과를 규정하고 있음.

5.2 | 덤핑과 반덤핑조치

- 반덤핑조치의 허용
  - 덤핑행위는 수출국 · 수입국 · 세계 전체의 입장에서 모두 바람직하지 않은 행위인 만큼 GATT에서도 이러한 덤핑행위를 불공정무역으로 간주하여 그에 대한 제재로서 반덤핑조치를 허용하였음.
- 반덤핑관세(Anti-Dumping Duties)의 부과
  - 수출국기업의 덤핑으로 인하여 경쟁관계에 있는 수입국의 국내산업이 실질적인 피해를 입거나 그럴 위험이 존재할 경우, 덤핑 마진(dumping margin)의 상당부분을 상쇄시키는 반덤핑관세를 부과할 수 있도록 규정하였음.
  - 그 후 1967년에 타결된 케네디라운드에서는 이의 실행을 위한 덤핑방지협약(Anti-Dumping Code)을 마련하였음.
  - 반덤핑관세는 상계관세와 그 효과는 같지만 다른 점은 상계관세가 정상적인 가격으로 수출을 하지만 보조금이 없었더라면 그 가격으로 수출할 수도 없는 상태이고, 또 도태됐어야 할 기업이기 때문에 세계시장의 물량공급 과잉 등을 유발해

상대적으로 자국기업들이 피해를 보는데 대한 방어책이고, 반덤핑관세는 직접적인 시장교란에서 오는 자국 기업의 피해를 막자는 것이라고 보아야 할 것임. ⇒ 최근에는 국제무역시장에서 가장 남발되고 있는 조치라고 할 수 있음.

- 반덤핑조치의 추진상황
  - 이러한 GATT의 반덤핑규정은 원칙적인 규칙을 정하고 있었을 뿐 원인이나 합법적 기준 등을 명확히 하지 못하여 실제로는 불공정무역을 시정한다는 그럴듯한 미명 하에 보호주의적 수단으로 남용되는 사례가 많았음.
  - 실제로 1980년대 이후 반덤핑조치가 다른 정책수단에 비하여 급격히 증대되어 가장 선호되는 보호정책수단으로서 자리 잡게 되었음.
  - 우루과이라운드(UR)협상을 통하여 이루어진 WTO의 반덤핑협정은 반덤핑조치를 취함에 있어 보다 높은 투명성을 요구하는 동시에 방법론적 · 절차적 규칙을 새로이 수립하여 그동안 보호주의적으로 악용되던 종전의 관행이나 절차를 다소 시정한 것으로 평가되고 있음.
  - 그러나 여전히 이러한 반덤핑조치가 부당한 보호주의적 수단으로 악용될 여지를 지니고 있어 이에 대한 비판과 논쟁이 계속되고 있는바,[74] 특히 반덤핑조치의 주요 대상국이 되고 있는 한국 · 일본 및 일부 개도국들이 반덤핑조치의 남용을 방지하기 위한 반덤핑협정의 개정필요성을 지속적으로 제기하여 새로운 무역협상의 의제가 되고 있음.

6 관리무역정책수단

6.1 관리무역정책의 개념

- 등장배경
  - 1970년대 후반의 신보호주의 이후 미국은 쌍무적 통상협상에서 수출자율규제(VERs)나 시장질서협정(OMAs) 등 GATT 테두리 밖의 수입규제조치를 취하거나 수량적 목표치 또는 시장점유율 목표치를 설정하여 이에 따라 상대국의 시장개방

74) 반덤핑관세의 실제 명분과 다르게 선진국들이 개발도상국의 수입을 규제하기 위한 정책으로 남발하고 있어 문제가 되고 있음. 우리나라는 관세법에서 외국의 물품이 정상가격 이하로 수입되어 국내산업이 실질적인 피해를 받거나, 받을 우려가 있거나 또는 국내산업의 확립이 실질적으로 지연되었음이 조사를 통하여 확인되고 당해 국내산업을 보호할 필요가 있다고 인정될 때에는 산업통상자원부령(구 지식경제부령)으로 반덤핑관세가 부과됨. 반덤핑조치로는 수량제한, 가격약속, 수출중지 등이 있음.

과 확대를 요구하는 방식을 취하였음.

- 이러한 새로운 접근방식들은 당사자 간의 합의에 의해 비제도적 · 비공식적으로 시행되어 정치적 · 행정적 조정과정에 따라 결정되므로 결국 행정적 재량권에 의하여 지배되게 되었는데 이러한 무역체제를 관리무역이라고 칭하게 되었음.

- 관리무역의 의미
  - 관리무역(managed trade)이라는 새로운 용어가 대두되었지만 그 구체적인 정의와 특성 등이 학문적으로 완전히 정립되어 있지 못한 채 사용되어 왔음.
  - 일반적으로 관리무역이란 '관련 국가들 간의 쌍무적 · 다자적인 합의에 의해 국제 간의 교역이 관리되는 형태' 또는 '어느 정도의 정부개입(통제 · 지시 · 관리)이 이루어진 가운데서 이루어지는 무역의 상태'를 의미함.
  - 따라서 관리무역 그 형태는 다양하지만 정부가 어떤 정책목표에 따라 무역흐름을 의식적으로 조정하고 통제함으로써 무역결과에 직접적인 영향을 미치는 무역형태라고 할 수 있음.

- 관리무역의 대표적 정책수단
  - 관리무역의 개념을 넓게 해석하면 다양한 협정 내용들이 이러한 관리무역수단으로 포함되지만, 가장 대표적인 정책수단으로서는 수출자율규제(VERs)조치와 수입자율확대(VIEs)조치를 들 수 있음.

6.2 | 수출자율규제(VERs)

- 의미
  - 수출자율규제(VERs : Voluntary Export Restraints)란 외국으로부터의 수입에 의하여 국내산업이 위협을 받거나 시장교란의 우려가 있을 때 무역장벽을 강화시키겠다고 위협하면서 상대수출국으로 하여금 수출을 자율적으로 규제하도록 하는 협정을 체결하는 무역규제조치를 말함.
  - 상대국이 일방적으로 수입규제조치를 취할 위험이 있는 경우에 그 회피책으로서 수출국이 자율적으로 수출수량이나 가격을 규제하는 것을 말함. ⇒ ㉠ 이것은 GATT 제19조에 의거하지 않는 긴급수입제한조치(세이프가드)로서 수입국의 요청 또는 2국간의 협정으로 약정됨. ㉡ WTO는 수출자율규제 등의 회색지대조치[75]를 취하지 않도록 규정하고 있음.

75) 회색지대조치(Grey Area Measure)란 GATT의 규제를 회피하기 위해 GATT규정에 없는 조치를 원용하여 긴급수입제한조치와 동일한 목적을 달성하는 것을 말함. 여기에는 시장질서유지협정과 수출자율규제 등이 포함됨.

- 등장배경과 추진상황
  - GATT체제 하에서 세계무역은 1950년대와 1960년대 전반에 걸쳐 급속하게 성장하게 되었는데, 이와 같은 세계무역의 급성장 속에서 일부 선진국들의 특정 산업부문이 개도국들의 저가제품의 대량수입에 의해 국내시장이 교란되는 현상에 직면하게 되었음.
  - 선진국들은 이러한 국내시장교란현상을 제거할 목적으로 새로운 형태의 보호조치를 취하게 되었는데, 이것이 바로 1956년 미국과 일본 간에 맺어진 면제품부문에서의 수출 자율규제였고 바로 이 조치가 관리무역수단의 시발이 되었음.
  - 그 후 이러한 수출자율규제는 섬유·철강 등과 같은 특정 부문에 국한된 국제수지적자문제 또는 시장교란문제를 해결하기 위해 종종 사용되었고, 가장 잘 알려진 사례로는 1980년대 초 미국이 자국의 자동차산업을 보호하기 위하여 일본에 압력을 가해 일본의 자동차업계가 대미수출을 자발적으로 규제하였던 경우임.[76]

- 특성
  - 타율적으로 강요된 자율 : 수입국의 정부나 업계의 강한 요청이나 강요에 의해서 이루어지는 만큼 진정한 의미에서 자율적으로 이루어지는 것은 아니기 때문에 '자율'이라는 용어는 어디까지나 형식적이고 외교적인 표현일 뿐 실제로는 '타율적'으로 규제되는 것 인바, 수출국 자신의 정치경제적 이익을 위하여 전통적으로 실시되어 온 수출국 스스로의 수출자율규제와는 그 성격이 다른 사실상의 비관세장벽임.
  - 차별성과 선별성 : 모든 수출국의 모든 수출품에 일률적으로 요구하는 것이 아니라 비교적 단기간에 특정 상품의 수출을 증가시켰거나 그 때문에 국내시장의 교란이 우려되는 특정국·특정 상품에 대하여 요구하는 것인 만큼 사실상 차별적이고 선별적인 성격을 지님.
  - 합의에 의한 운영 : 그 성격상 양국 간의 협정이나 교섭 등 합의에 의하여 이루어지기 때문에 수입국이 일방적으로 조치하는 수입할당제 등의 경우보다는 덜 제한적인 측면을 가지며 또한 수입국은 최소한 자유무역원칙을 계속 지지하는 듯한 외양을 갖추게 되는데, 이때 합의는 기본적으로는 수입국과 수출국 간의 쌍무적 협정에 의해 이루어지지만 때로는 관계되는 여러 국가와 동일한 협정을 다각적으

---

76) 한 마디로 수출자율규제는 수출국이 알아서 수출을 자제하도록 수입국이 요구하는 것임. 따라서 고도의 정치적 결단을 요구하는 정책이기 때문에 일례로 한국정부가 미국을 상대로 함부로 이 정책의 실행 여부를 언급하기는 쉽지 않음. WTO출범 이후 수출자율규제는 법에 저촉되는 일로 간주되어 왔음. 수출자율규제는 강한 국가가 더 약한 국가에게 요구해서 성공한 것이지, 더 약한 국가가 강한 국가를 상대로 요구해서 성공할 수는 없는 게 현실이며, 아직 그런 사례도 없음.

로 체결하는 경우도 있음.[77)]

- 효과
  - 수출자율규제가 실시되면 수출하는 나라의 기업들이 가격을 올려 받을 수 있는 길이 열리게 되어 조금만 수출하는 대신에 상품의 가격을 올릴 수 있어 경우에 따라 이들은 짭짤한 재미를 볼 수도 있음.
  - 일본의 자동차회사들이 수출자율규제를 실시한 결과 수출물량은 줄었으나 수익성은 오히려 호전된 경험을 갖고 있다는 말도 들리는데, 수출자율규제로 인해 상품의 수입가격이 상승하면 국내의 생산자도 이득을 얻게 되기 때문에 이 점에서는 관세를 부과하거나 수입할당제를 실시하는 경우와 비슷하다고 할 수 있음.

6.3 시장질서유지협정(OMAs)

- 등장배경 및 의미
  - 수출자율규제협정과 유사한 관리무역정책수단으로서 시장질서유지협정(OMAs : Orderly Marketing Agreements)이란 수출자율규제보다 더 온건한 표현을 사용한 것으로 1974년 미국의 통상개혁법(Trade Reform Act of 1974)에서 처음으로 사용하였으며 기본적으로는 수출자율규제와 동일함. ⇒ ㉠ 1974년에 제정된 미국통상법 제201조에 의거하여 미국이 수출상대국과 체결하는 수입수량의 규제에 관한 협정을 말함. ㉡ 미국 내의 시장 질서를 유지하기 위하여 질서 있게 수입을 결정하는 것이 목적임. ㉢ 수입규제방법에는 관세율인상, 관세할당제 등이 있음.
  - 즉 수출자율규제와 마찬가지로 수입증가로 인한 시장교란을 방지하기 위하여 상호간협정에 따라 일정량의 수출만 이루어지도록 하는 것인데, 다만 일정한 제한물량을 초과하는 경우 수출자율규제는 수출국의 자율에 의해 수출을 자제토록 하는 데 비하여 시장질서협정은 수입국이 자동적으로 수량제한조치를 취한다는 점에서 수출자율규제보다는 시장질서협정이 보다 엄격한 수입제한조치라고 볼 수 있지만 두 제도의 경제적 효과는 거의 같다고 볼 수 있음.

- 추진사례
  - 주로 신발 · 가전제품의 경우에 이러한 정책수단이 활용되었음.

---

77) 예를 들면 1977년 미국은 일본산 컬러TV에 대한 수출자율규제협정을 체결하였는데, 또 다른 컬러TV 수출국인 대만과 한국으로부터의 수입이 급증하자 이들과도 협정을 체결하였음.

6.4 | 수입자율확대조치(VIEs)

- 의미
  - 1970년대 후반 미국은 또 다른 새로운 관리무역수단인 수입자율확대(VIEs : Voluntary Import Expansions)조치를 도입하였는데, 이것은 수출국이 자국의 수출을 증대시킬 목적으로 수입국으로 하여금 당해 제품의 목표수입량 또는 목표시장점유율을 설정하여 이 수준까지 수입을 자율적으로 확대시키게 하는 무역정책수단임.
  - 이 역시 협상을 통한 합의를 조건으로 하는 자율적 정책수단의 하나로서 대표적 관리무역정책수단이라고 할 수 있음.

- 등장배경
  - 이러한 조치는 1978년 미 · 일 정부 간에 쇠고기 · 오렌지의 수입량에 대한 합의가 이루어지면서 하나의 관리무역수단으로 등장된 이후, 1986년에 체결된 '미 · 일간 반도체협정'에서부터 본격적으로 활용되기 시작하였고, 그 후 자동차부품부문에 있어서 미 · 일간수입자율확대를 위한 협상이 전개된 바 있음.

- 수출자율규제와의 비교
  - 수출자율규제가 수입규제형 관리무역수단이라면 수입자율확대조치는 상대국으로 하여금 자국제품에 대한 수입수요를 자율적으로 증대시켜 자국의 수출을 증대시키고 나아가 무역수지를 개선시킬 목적으로 하는 수출증대형 관리무역수단이라고 할 수 있음.
  - 따라서 수입자율확대조치는 '수입제한'이 아닌 '수입확대'를 지향하고 있다는 점에서 보호무역과는 거리가 있다고 볼 수 있으나 이를 비판하는 자유무역론자들은 수입자율확대조치 역시 또 다른 보호무역수단일 뿐이라고 비판함. ⇒ ㉠ 즉 특정국으로부터의 수입확대를 강요하는 것이어서 GATT의 무차별원칙에 위배될 뿐만 아니라 이러한 강요는 결국 제3의 수출국에게 피해를 주는 것이므로 결코 자유무역적이라고 할 수 없다는 것임. ㉡ 이에 바그와티(J. Bhagwati)도 '수출자율규제조치가 수입보호주의(import protectionism)라고 한다면 수입자율확대조치는 수출보호주의(export protectionism)일 뿐'이라고 비판하였음.

6.5 | WTO체제 하의 관리무역정책수단[78)]

- GATT체제 하에서 어떤 외국상품이 수입이 급격히 증가함에 따라 국내 관련 산업이 심각한 피해를 입거나 입을 우려가 있은 경우에 그 수입을 제한하는 조치가 긴

78) 김정수 외(2013, pp.351~352) 참조.

급수입제한조치 또는 세이프가드조치(Safeguard Measures)임.[79]

- 다시 말해 세이프가드(Safeguard)란 특정 품목의 수입이 급증하여 국내업체에 심각한 피해 발생 우려가 있을 경우, 수입국이 관세인상과 수입량 제한 등을 통하여 수입품에 대한 규제를 할 수 있는 무역정책의 하나임.
- 관련 조치로는 수입물품의 수량 제한, 관세율조정, 국내산업의 구조조정을 촉진시키기 위한 금융 등의 지원이 있음.
- 단 세이프가드는 심각한 피해를 방지하고 치유하기 위한 정도로만 취해져야 하며, 또한 수입국은 수출국에게 협의할 기회 제공 및 보상이 필요함. ⇒ 그렇지 않을 경우 수입국이 수출국에게 보복조치를 허용함.
- 이와 같은 수입제한조치는 GATT의 자유무역원칙에 배치되는 것이지만, GATT상의 의무로부터 도피하도록 허용하고 있음. ⇒ 이러한 의미에서 GATT 제19조를 도피조항(escape clause)이라고도 함.

- 그런데 GATT 제19조의 규제를 우회하면서 자국 산업을 보호하기 위한 방법으로 회색지대조치가 이용되고 있음. ⇒ ㉠ 긴급수입제한은 수출국의 공정한 무역관행

---

79) 이와 관련된 구체적인 사례로서 '태국의 세이프가드 발동과 시사점'이란 제목으로 스틸앤메탈뉴스에 게재된 내용을 제시해 보고자 함. 태국 정부가 수입 열연강판에 대해 최장 200일 동안 긴급수입제한조치를 발동한다고 코트라 방콕무역관이 전했음. 이번 세이프가드는 수입 열연강판에 대해 34.01%의 잠정관세율을 부과하는 것으로 최종판정은 2015년 1월 말까지나 번복될 가능성은 적어 보임. 태국 정부는 2011년 이후 열연강판 수입이 폭증해 자국 철강사들의 생산량과 가동률이 줄고 수입재 비중이 커지는 등 해당 산업이 크게 피해를 입었다고 밝혔음. 특히 국내 생산자들이 적자를 보고 있으며 고용마저 크게 줄었다고 주장했음. 이에 2014년 연초부터 기본적인 조사를 거쳐 우선 예비판정을 내리고 긴급수입제한조치를 발효하기로 한 것임. 우리는 여기서 두 가지 사안을 점검해 보지 않을 수 없음. 첫 번째는 미국, 유럽 등 선진국뿐만 아니라 동남아, 중남미 등 신흥국들도 철강 수입규제에 적극 나서고 있음을 확인할 수 있음. 또 이들 역시 반덤핑뿐만 아니라 긴급조치인 세이프가드까지 활용하기에 이르렀음. 한 마디로 전 세계적인 철강 통상마찰은 이제 점입가경의 양상으로 전개되고 있음. 그야말로 철강무역 전쟁이 현실화 됐다고 볼 수 있음. 그런데 우리의 경우에는 이러한 WTO 기준 상의 불공정 수입에 대한 각종 제재조치, 다시 말해 반덤핑(AD)이나 상계관세(CVD), 긴급수입제한조치(Safeguard) 등을 너무 활용하지 못하고 있음. 특히 철강의 경우에는 더욱 그렇다고 볼 수 있음. 물론 그 근저에는 비교적 철강산업이 여타 산업에 비해 여유가 있다는 판단이 도사리고 있지만, 이제 이는 과거의 일일뿐임. 우리 철강산업도 수입재로 인해 엄청난 피해를 보고 있음. 이를 적극적으로 막지 않으면 미래는 그야말로 불투명함. 적극적으로 중국이나 일본산 철강재의 불공정 수입에 대해 합법적이고 가능한 모든 수입규제조치를 적극 실행해야 할 때임. 두 번째는 태국의 적극적인 철강재 수입규제조치에도 불구하고 일본은 거의 영향을 받지 않거나 거론조차 되지 않고 있다는 사실임. 동남아 특히 태국에서 일본의 영향력은 익히 알려진 일임. 철강의 경우에도 직접투자와 진출이 적지 않음. 현지화에도 아주 성공적인 것으로 파악되고 있음. 또 자동차, 가전 등 수요산업의 진출로 자국 철강재 사용이 적지 않음. 태국 정부는 이들 자동차, 전기전자 산업용 철강재에 대해서는 수입규제 적용에서 배제하고 있음. 이런 이유로 일본은 생산량의 40% 정도를 세계 각국에 수출함에도 불구하고 규제는 상대적으로 많지 않음. 또 OECD 등에서도 이를 논리적으로 내세워 공급 과잉 주도자에서 예외를 인정받고 있음. 세계적 철강재 공급과잉 상황을 극복하기 위해 수출 확대와 수입 방어는 이제 철강산업의 사활이 걸린 문제임. 태국의 이번 세이프가드가 시사하는 바가 적지 않은 이유임. 스틸앤메탈뉴스(2014.08.11) 참조.

에 대한 수입제한조치이므로 발동요건이 까다로운 편임. ㉡ 이에 따라 미국, EU 등 선진국들은 발동요건이 까다로운 긴급수입제한조치를 회피하기 위한 수단으로 수출자율규제, 시장질서유지협정 등의 선별적인 수입제한조치를 빈번히 사용해 왔는데, 이를 회색지대조치라 함. ㉢ 이 회색지대조치에는 규제국 정부가 협정에 적극적으로 개입하는 시장질서유지협정(OMAs)과 정부의 개입 없이 국제거래의 당사자인 기업 간에 자유롭게 체결하는 수출자율규제협정(VERs)이 있음. ㉣ 이러한 회색지대조치를 이용하여 수출량을 규제할 때에는 일반적으로 기존의 수출량과 시장점유율을 기준으로 함.

- WTO 세이프가드협정에서는 그동안 선진국들의 보호조치로 남용되어 왔던 회색지대조치의 금지와 철폐를 규정하고 있음.
  • 즉 각국은 수출 또는 수입 측면에서 수출자율규제, 시장질서유지협정 또는 다른 유사한 어떤 조치를 모색하여 취하거나 유지해서는 안 되고, WTO협정 발효일 현재 유효한 모든 조치는 세이프가드협정에 합치시키든가 아니면 폐지하여야 함.

- 그리고 회색지대조치는 WTO협정 발효일로부터 180일 이내에 관련국에 의해 세이프가드위원회에 제시된 일정표에 따라 철폐되어야 하고, 그 철폐는 WTO협정 발효일 이후 4년 내에 단계적으로 이루어져야 함.
  • 다만 EU와 일본 간의 자동차 수출자율규제협정에 대하여는 1999년 말까지 철폐시한이 연장되었음.

참고자료

(1) 남종현 · 이홍식(2012), 《국제무역론》, 경문사.
(2) 노택환 외(2004), 《국제통상의 이해》, 박영사.
(3) 노택환(2008), 《국제통상정책론》, 박영사.
(4) 이준구 · 이창용(2012), 《경제학 들어가기》, 법문사.
(5) 2009. 02. 27., 《조선일보》
(6) 김정수 외(2013), 《국제무역론》, 피앤씨미디어.
(7) 2014. 08. 11., 《스틸앤메탈뉴스》

CHAPTER 05

자유무역을 추구하는 움직임

1. 지역적 차원에서의 자유무역
2. 범세계적 차원에서의 자유무역 : GATT체제
3. 범세계적 차원에서의 자유무역 : WTO체제

부록 [5-1] 원산지 기준

세계무역기구(WTO)가 인도 등의 반대로 무역원활화협정(TFA) 채택에 실패했다고 최석영 주 제네바 대표부 대사가 2014년 7월 31일(현지시간) 밝혔다. 2013년 12월 인도네시아 발리에서 회원국들이 합의한 TFA의 협상 마감시한은 7월 말까지였다. 최 대사는 "호베르토 아제베도 WTO 사무총장이 오후 9시까지 WTO 일반이사회 개최를 기다렸으나 별다른 진전이 없자 별도의 비공식회의에서 TFA협상결렬을 선언했다"고 전했다. TFA채택이 무산됨에 따라 연말까지 매듭져야 하는 도하개발어젠다(DDA) 협상 등도 차질을 빚게 될 것으로 보인다. 최 대사는 "아제베도 총장은 지난주 미국과 인도 등 주요국과 계속 절충협상을 벌여왔으나 더는 간격을 줄일 수 없다고 판단하게 됐다고 밝혔다"면서 "7월 말까지 TFA협상을 마무리 지으려는 일정이 차질을 빚게 됨에 따라 앞으로 DDA협상에 큰 영향을 미칠 것으로 보인다"고 말했다. 다자간 무역체제 감시기구인 WTO는 2013년 12월 인도네시아 발리에서 회원국들이 그동안 별다른 진전이 없던 DDA협상의 돌파구마련을 위해 작은 틀인 TFA에 합의함으로써 다자 무역협상의 불씨를 살릴 수 있을 것으로 기대해 왔다. 2013년 12월 합의된 '발리 패키지'는 관료주의적 무역 장벽을 낮추고 농업보조금을 줄이되 저개발 최빈국 지원을 늘리는 내용이 주요 골자이며, 협정문 채택 시한을 2014년 7월 31일로 정했다. 그러나 지난 5월 새로 출범한 나렌드라 모디 인도 정부가 식량안보를 위한 정부 식품 비축과 식품보조금 지급에 더 큰 국가 재량을 요구하며 TFA협정문 채택 시한을 2014년 말까지 연기하자고 이의를 제기하면서 그동안 TFA채택을 둘러싸고 난항이 계속돼왔다.

-김현진 기자-

출처 : 김현진(2014), "WTO, 무역원활화협정 채택 무산…다자 무역체제 위기", 《서울경제》, 2014. 08. 01.

1 지역적 차원에서의 자유무역

자유무역을 추구하는 움직임에는 지역적 차원에서 자유무역을 실현하려는 움직임과 범세계적 차원에서 자유무역을 실현하려는 움직임의 두 유형이 있음.

1.1 | 지역주의

- 지역주의(regionalism)란 정치적으로 독립되어 있으면서도 지리적 인접성, 문화적 공통성, 역사적 동질성, 경제적 상호의존성이 높은 지역의 국가들이 무역·통화·산업·금융·재정 등에 관한 통합을 체결하여 하나의 경제권을 형성하고, 역내 우선주의를 취하여 상호간의 이익을 도모하는 동시에 역외국들에게는 차별적 조치를 공동으로 행하는 지역적 경제공동체를 형성하려는 노력이나 경향들을 지칭함.
- 지역주의는 1960년대에도 활발히 나타난 바 있지만, 1980년대 후반 이후 다시 활발히 나타나게 되었음.
- 그런데 일반적으로 다자주의적 무역체제 하에서 지역주의는 예외적이고 지엽적인 것이었지만 오늘날의 세계적 지역주의는 다자주의와 함께 병행하면서 때로는 이에 대한 위협이 되기도 하고 때로는 이를 보완하기도 하는 특성을 보여주고 있어 특이하다고 할 수 있음.[80)]

1.2 | 지역경제통합의 유형

- 지역주의를 추구하는 지역경제통합(economic integration)에 대해서는 학자들마다 각각 조금씩 달리 유형화하고 있는데, 발라사(B. Balassa)는 경제통합의 발전단계를 자유무역지역, 관세동맹, 공동시장, 경제동맹, 완전한 경제통합으로 구분하였음.[81)]

---

80) 인접한 나라들 사이에서 무역장벽을 철폐해 나가려는 움직임, 즉 지역주의의 움직임이 세계적인 차원에서의 자유무역에 반드시 도움이 된다는 보장은 없음. 이들이 자기들끼리 주고받는 자유무역의 혜택을 다른 나라들에게는 제공하지 않기 때문임. 따라서 지역주의를 추구하는 나라들이 세계적 차원에서의 무역자유화에 적극적으로 협력하지 않는 한, 지역 밖의 나라에 아무런 혜택을 가져다주지 못함.

81) B. Balassa(1969), 《The Theory of Economic Integration》 (G. Allen & Unwin) ⇒ 한마디로 지역적 차원에서 자유무역을 추진하려는 협정에는 이에 참여하는 나라들 상호간의 무역을 어느 정도로 자유롭게 만들 것이며, 참여하고 있지 않은 나라와의 무역에 대해 어느 선까지 공동보조를 취할 것인지에 따라 여러 가지 구체적 유형이 존재함.

- 이에 대한 기본적 내용을 〈표 5-1〉이 보여주고 있음.

〈표 5-1〉 지역경제통합의 단계별 형태와 내용

	역내국 간 무역자유화	역외국에 공통관세	무역자유화+투자자유화	역내공동 경제정책	초국가적 기구창설
자유무역지역(FTA)	○	×	×	×	×
관세동맹(CU)	○	○	×	×	×
공동시장(CM)	○	○	○	×	×
경제동맹(EU)	○	○	○	○	×
완전한 경제통합	○	○	○	○	○

- 이러한 5가지 유형 이외에 가장 낮은 단계의 통합 형태로서 부문별 특혜무역협정(sectoral preferential trade arrangements)을 포함하기도 하는데, 이는 회원국 간의 무역에 대해 비회원국과의 무역보다 더 낮은 무역장벽을 설치하여 특혜를 제공해 주는 협정임.[82)]
  - 예컨대 1932년 영국이 대영제국의 회원국들과 협정한 영연방특혜제도(British Commonwealth Preference Scheme)가 이러한 전형적인 형태임.
  - 이외에 1952년에 설립된 유럽석탄·철강공동체(European Coal and Steel Community : ECSC)를 들 수 있으며, 1965년에 미국과 캐나다 사이에 체결되었던 자동차무역협정(U.S.-Canada Trade Agreement)도 이에 해당한다고 볼 수 있음.

1.3 | 자유무역지역

- 자유무역지역(FTA : Free Trade Area, Free Trade Agreement)은 참가국 사이의 결속력이 가장 약한 형태라고 할 수 있는데, 여러 나라가 모여 자유무역지역을 결성하게 되면 참가국들 사이에는 모든 관세가 철폐되어 자유로운 무역이 이루어지게 되지만 이에 참가하지 않은 다른 나라들과의 무역에 대해서는 각 나라가 원하는 대로 관세나 기타의 무역규제를 가할 수 있음.
  - 다시 말해 정치적·경제적으로 밀접한 관계에 있는 2개국 이상의 국가가 상호간의 관세를 인하 또는 철폐하고 무역의 수량적 제한조치를 제거함으로써 역내에서는 무역자유화를 실현하지만 역외국에 대해서는 가맹국의 독자적 관세 및 수량제한이 실시되는 경제통합의 가장 초보적인 단계임.

---

82) 다시 말해 특정 부문에 있어서 협정국 간의 무역에는 관세를 비롯한 무역장벽을 낮추는 반면, 나머지 비협정국에 대해서는 예전과 똑같은 수준의 관세 및 무역장벽을 그대로 적용하는 것임.

- 이와 같이 역내에서는 자유무역이 이루어지지만 역외에 대하여는 회원국의 독립적인 무역정책이 허용되는 경우 흔히 무역의 굴절현상(trade deflection)이라고 불리는 문제점이 발생함. ⇒ 이는 가장 낮은 관세를 부과하는 회원국을 통해서 들어온 비회원국의 수입품이 역내의 높은 관세를 부과하는 국가로 재수출되는 현상을 말함.[83)]

- 이러한 문제점을 방지하기 위하여 소위 원산지규정(rules of origin)이란 제도적 장치가 이용되는데, 이는 역내에서 생산된 상품과 역외에서 생산되어 수입된 상품을 구별하여 비록 역내무역이라 하더라도 역외생산품에 대해서는 적절한 수입규제조치를 적용하는 것임.
  - 그러나 이러한 제도를 실제로 운용한다는 것은 매우 어렵고 번거로운 일이라 하겠음.

- 자유무역지역의 대표적 사례로 1992년 미국 · 캐나다 · 멕시코 3개국 사이에 협정이 체결된 북미자유무역지역(NAFTA : North American Free Trade Area)을 들 수 있음.[84)]

- 최근 우리나라도 여러 나라들과 자유무역협정을 체결했거나 협상 중에 있어 이 문제에 대한 사회적 관심이 부쩍 높아진 상황인데, 우리나라가 맺은 자유무역협정 중 가장 앞선 것은 칠레와의 협정으로 2004년 4월 1일부터 이미 효력을 발휘하고 있으며, 그 외에 싱가포르, 유럽자유무역연합(EFTA), 아세안, 캐나다, 멕시코, 일본, 미국 등의 국가들과 협상이 타결됐거나 진행 중에 있음.
  - 한국과 캐나다의 FTA가 협상을 시작한지 8년 8개월만인 2014년 3월 11일에 타결되었음. ⇒ 캐나다와 FTA협상을 타결한 것은 아시아 지역에서 한국이 최초이며, 캐나다는 우리나라의 12번째 FTA협정국이 되었음.[85)]

---

83) 예를 들어 A, B, C 세 국가가 있는데, A, B 양국은 서로 자유무역협정을 체결하여 무역이 자유롭게 이루어지고, C국은 비회원국이라고 하자. 또 A, B 국가 중 A국은 C국의 수입품에 대하여 높은 관세를 부과하고 B국은 낮은 관세를 부과한다고 하자. 그러면 C국의 생산자들은 높은 관세를 부과하는 A국으로 직접 수출하지 않고 낮은 관세를 부과하는 B국을 통해서 A국으로 수출하게 될 것임. 이것은 A, B 두 국가 사이에 무역이 자유롭기 때문에 가능함. 이와 관련하여 남종현 · 이홍식(2012, p.402) 참조.

84) 이밖에 유럽자유무역연합(EFTA : European Free Trade Association), 미국-캐나다 자유무역지역(U.S.-Canada Free Trade Area), 미국-이스라엘 자유무역지역(U.S.-Israel Free Trade Area) 등이 있음.

85) 참고로 2014년 4월 시점으로 FTA체결 현황을 살펴보면 다음과 같음. ▲발효된 FTA : 한-칠레 FTA, 한-싱가포르 FTA, 한-EFTA FTA, 한-ASEAN FTA, 한-인도 CEPA, 한-EU FTA, 한-페루 FTA, 한-미 FTA, 한-터키 FTA ▲서명/타결된 FTA : 한-캐나다 FTA, 한-콜롬비아 FTA, 한-호주 FTA ▲협상 중인 FTA : 한-GCC FTA, 한-뉴질랜드 FTA, 한-멕시코 FTA, 한-베트남 FTA, 한-인도네시아 CEPA, 한-일 FTA, 한-중 FTA, 한중일 FTA ▲협상 준비/검토 중인 FTA : 한-MERCOSUR FTA, 한-SACU FTA, 한-러시아 BEPA, 한-말레이시아 FTA, 한-몽골 FTA, 한-이스라엘 FTA, 한-중미 FTA

- 2004년 한국의 첫 번째 FTA 발효 이후 만 10년이 흐른 2014년 시점에서 FTA 효과를 판단하기에는 기간이 아직 짧고 데이터가 많이 부족하지만, 각 FTA 발효 전후의 주요 지표 추이를 관측한 결과, 교역 면에서는 FTA가 비교적 긍정적 기여를 한 것으로 보임. ⇒ 반면 투자 효과는 아직 나타나지 않았고, 생산성에는 제한적이나마 긍정적인 기여를 한 것으로 관찰되었음.[86]

- 한편 정부는 저개발 신흥국들과의 자유무역협정(FTA)도 본격 추진할 계획임. ⇒ 특히 우리나라에 경제원조나 경제협력을 요구하는 국가들과 FTA를 추진함으로써 경제영토를 넓힌다는 복안임.[87]
  - 2014년 5월 1일 정부는 세종청사에서 대외경제장관회의를 열고 '통상 연계형 경협의 추진 현황 및 계획'에 대해 논의하였음.
  - 현오석 부총리는 이날 "다양한 산업협력 수단과 통상정책을 긴밀히 연계해 신흥국들에 FTA를 통한 성장 기회를 제공하고 우리 기업의 해외 진출과 투자에도 도움이 되게 할 것"이라고 말했음. ⇒ 이는 한국이 제공하고 있는 공적개발원조(ODA) 국가들에 대한 FTA체결을 촉진함으로써 우리 경제영토를 넓히는 전략임.
  - ODA란 우리나라가 개발도상국 경제개발과 복지 향상을 위해 해당국이나 국제기구를 통해 원조를 제공하는 프로그램을 말하는데, 2014년 4월 말 현재 우리나라는 베트남, 인도네시아, 캄보디아, 라오스, 스리랑카, 네팔, 필리핀, 방글라데시, 몽골, 파키스탄, 동 티모르 등의 국가에 ODA를 제공하고 있음.
  - 정부 관계자는 "현재 베트남과 인도네시아는 우리 정부가 FTA를 추진 중"이라며 "앞으로 여타 신흥국들까지 FTA를 늘려나간다는 계획"이라고 설명했음.
  - 한국은 현재 아세안 국가들과 FTA를 체결하고 있지만, 한 · 아세안 FTA 무역자유화 정도는 여타 FTA에 크게 못 미침. ⇒ 특히 아세안 국가들은 일본과 FTA를 체결하고 있어 한국이 수출할 때 여러 가지 불이익을 받아왔음.
  - 정부는 신흥국들에 대해서는 우리가 경제 원조를 제공하는 위치에 있는 만큼 이런 원조 프로그램과 FTA협상을 연계하는 전략을 추진한다면 보다 효과적으로 시장을 개방할 수 있을 것으로 보고 있음.

1.4 | 관세동맹

- 관세동맹(CU : Customs Union)은 참가국들 사이에서 모든 관세가 철폐되는 것은 물론, 다른 데서 들어오는 상품에 대해 똑같은 관세를 부과한다는 점에서 자유무역

86) 이와 관련하여 김형주(2014.03.25) 참조.
87) 매일경제(2014.05.03) 참조.

지역보다 한층 더 강한 결속력을 보이는 조직임. ⇒ 즉 역내국 간 거래에 관세부과 및 수량제한조치를 철폐하고 대외적으로는 공동 관세를 설정하여 역외국에 공동으로 대응하는 경제통합을 의미하는데, 대외적인 관세까지도 공동보조를 취한다는 점에서 자유무역지역보다 다소 강화된 형태라고 볼 수 있음.

- 이러한 관세동맹은 역사적으로 오래전부터 존재하여 왔는데, 1834년 독일 관세동맹(Zolleverein), 1947년 설립되었다가 1958년에 유럽공동체(EC)에 흡수된 베네룩스 관세동맹(Benelux : 벨기에, 네덜란드, 룩셈부르크)과 1960년대의 유럽경제공동체(EEC : European Economic Communities)가 그 대표적인 예임.
- 과거 유럽 국가들이 관세동맹을 이룰 수 있었던 것은 경제발전수준이나 문화적 환경이 비슷하고, 또 전후 구소련의 위협에 직면하여 역내단결이 필요하였기 때문에 가능하였다는 평가가 있음.
- 이에 비해 지난 1994년 미국 · 캐나다 · 멕시코가 관세동맹보다 자유무역지역을 선택한 것은 경제발전수준이 상이한 국가들 간에 관세동맹을 맺는다는 것이 얼마나 어려운 일인가를 잘 말해 주고 있다고 하겠음.

1.5 | 공동시장

- 공동시장(CM : Common Market)은 관세동맹의 다음 단계로서 역내에 있어서 무역자유화뿐만 아니라 역내의 노동 · 자본을 비롯한 생산요소들의 자유이동, 즉 국제투자의 자유화를 보장하는 경제통합의 형태임. ⇒ 즉 공동시장이란 역내의 생산물, 생산요소의 자유이동, 역외의 공동통상정책의 실시로 거의 동일 국가와 같은 상태에 놓여 있다고 볼 수 있음.
- 이러한 공동시장의 형태로는 유럽공동체(EC : European Community)를 비롯하여 중앙아메리카 공동시장(CACM : Central American Common Market), 안데안 공동시장(ANCOM : Andean Common Market), 카리브 공동시장(CCM : Caribbean Common Market) 등이 있음.

1.6 | 경제동맹

- 경제동맹(Economic Union)은 공동시장의 형태에서 더욱 발전하여 회원국 상호간에 재정 · 금융 · 사회복지 등 모든 경제정책을 상호 조정하여 운영하는 경제통합의 형태를 의미함.

- 이러한 경제동맹의 결성은 역내 각국의 독자적인 대내외 경제정책의 실시로 인한 역내 타국과의 마찰을 방지하기 위해 경제정책 전반에 관하여 협정을 체결하여 각 부분의 경제정책을 상호 조정함으로써 공동보조를 취하고자 하는 데 그 목적이 있음.
- 이에 대한 예가 베네룩스인데, 이것은 1960년에 형성된 벨기에, 네덜란드, 그리고 룩셈부르크의 경제동맹을 말함.
- 한편 유럽연합(EU)은 현재 경제동맹을 강력하게 추진하고 있으나 궁극적으로 경제동맹의 상태에 이르게 될 것인지 아닌지는 매우 흥미로운 관심사항임.

1.7 | 완전한 경제통합

- 완전한 경제통합(Complete Economic Integration)은 가맹국 상호간에 초국가적 기구를 설치하여 그 기구로 하여금 각 가맹국의 모든 사회경제정책을 조정 · 통합 · 관리하는 형태의 경제통합임.
- 경제통합의 형태 중 가장 완벽한 형태의 통합유형으로 재정 · 통화정책을 위시한 공통의 경제정책을 수행하기 위해서는 국가 고유의 경제적 주권을 초국가적인 기구로 이양해야 함. ⇒ 이는 곧 각국의 경제주권 포기로 연결되기 때문에 커다란 반발이 예상됨.
- 사실상 새로운 국가를 형성하는 형태로서 경제적인 통합뿐만 아니라 정치적 통합이 수반되는 형태임.

1.8 | 지역적 경제통합을 추구하는 이유

- 가장 보편적이고 공통적인 이유는 참가국 상호간에 무역장벽을 제거하여 시장접근을 용이하게 함으로써 무역창출효과를 얻을 수 있고, 시장규모가 확대됨으로써 생산 측면에서 규모의 경제 및 기술개발의 촉진 등 동태적인 경제효과를 얻을 수 있기 때문임. ⇒ 그러나 이러한 전통적 동기는 과거에 비해 그 중요성이 크게 약화되고 있는 것이 현실임.
- 그렇다면 최근 지역적 경제통합의 시도가 세계 도처에서 폭발적으로 일어나고 있는 이유는 무엇일까?
  - 먼저 WTO 차원에서 진행되는 다자간 협상은 어디까지나 그 범위 및 속도 면에서 한계성을 가질 수밖에 없다는 점을 들 수 있음.

- 또 하나의 이유로 소위 '투자전환효과(investment diversion effect)'를 들 수 있을 것임.[88)]
- 다른 하나의 이유로 국가에 따라서는 경제통합을 국내정책의 개혁수단으로 활용하거나 또는 특정 국가의 시장접근에 대한 일종의 보험수단으로 사용하는 경우를 들 수 있음.[89)]
- 마지막으로 특정 국가 간의 경제통합을 통해서 그 밖의 역외국가나 다른 경제통합에 대한 협상력을 증대시키거나, 역내국가 간에 안보유대를 강화하는 등의 경제외적 목적으로 사용하려는 경우도 있음.

2 범세계적 차원에서의 자유무역 : GATT체제

2.1 | GATT의 등장

- 제2차 세계대전이 끝난 후 국제간의 협력을 통해 세계의 경제질서를 바람직한 방향으로 이끌어가기 위해 몇 개의 국제기구가 설립되기에 이르렀는데, 그중 하나가 관세 및 무역에 관한 일반협정(GATT : General Agreement on Tariffsand Trade)으로 1947년에 창설되어 1995년 발전적 해체를 통해 세계무역기구(WTO : World Trade Organization)라는 공식기구로 변신할 때까지 각종 무역장벽 제거를 통한 국제교역 증진에 커다란 기여를 해왔음.

---

88) 특정 국가들 간의 경제통합으로 시장접근이 상대적으로 어려워진 역외국가들은 이를 극복하는 하나의 방법으로 역내국가들에 대한 직접투자를 강화하는 길이 있음. 자본이 상대적으로 희소한 한국 같은 나라가 거대한 EU시장을 겨냥하여 영국, 아일랜드와 같은 EU국가에 투자를 확대하는 것도 바로 그러한 예라고 볼 수 있음. 또 역내국가들도 해외직접투자를 고려할 때 역외국가보다는 역내국가들을 선호하게 될 가능성도 높음. 그 결과 국제적으로 볼 때 경제통합은 역외국가로 흘러들어갈 해외투자를 역내국가로 전환하는 투자전환효과를 유발할 가능성이 있으며 이것이 경제통합을 추구하는 하나의 동기가 될 수 있는 것임.

89) 어떤 국가는 독자적으로 국내정책을 개혁하기가 어렵고 또 하더라도 그것이 상황변화에 따라서 쉽게 원상복귀하여 정책개혁이 실패로 돌아갈 우려가 있는 경우, 외국 또는 국제기구와의 협정을 통해서 그것을 미연에 방지하고자 하는 경우가 있음. 한편 캐나다와 멕시코 등은 미국과 자유무역협정을 맺을 당시 이미 수출의 70% 이상을 미국시장에 의존하고 있었기 때문에 이미 확보된 시장을 안정적으로 유지하고, 또 미국으로부터 반덤핑 또는 상계관세조치와 같은 보호무역조치의 압력을 피해보려는 의도도 상당히 작용하였다고 볼 수 있음. 그러나 이와 같은 보험효과 주장은 이미 WTO를 통한 분쟁해결능력이 크게 향상된 현 시점에서 볼 때 설득력이 크게 약화된 실정이라 할 수 있음.

2.2 다자주의

- GATT는 세계적 무역자유화를 위하여 자유주의 및 무차별주의와 더불어 기본적 절차규범으로서 다자주의를 표방하여 왔음.
- 다자주의(multilateralism)란 국제외교 · 안보 · 무역 분야에서 널리 사용되고 있으나 이에 대한 통일된 정의가 확립되어 있지는 않지만, 대체로 어떤 일반화된 행동원리에 기초하여 셋 이상의 국가 간의 관계를 규율하고 조정하는 제도적 형태라고 할 수 있음.
  - 이러한 관점에서 보면 GATT는 무차별주의라는 행동원리에 기초하여 회원국들 간의 무역을 규율하고 조정하는 다자적 협정임.
- 한편 GATT는 이러한 다자주의 하에서 그 설립목적을 달성하기 위하여 몇 차례의 다자간무역협상을 추진하여 왔음.
  - 다자간무역협상(MTN : Multilateral Trade Negotiation)이란 GATT회원국들이 국제무역 전반에 관한 현안을 해결하기 위하여 일정한 기간 동안 국제무역기구의 주재 하에서 관세율인하와 철폐 또는 기타 무역정책 등에 대해 결정하는 다국 간 베이스로 추진되는 무역협상을 말하는데, GATT는 이러한 다자간무역협상 방식을 통하여 세계무역의 양적확대와 자유화에 크게 기여하였음.

2.3 GATT의 성과와 한계

- GATT의 다자간 협상
  - 1948년 이후 1994년 종말을 고할 때까지 45년간의 GATT활동을 대표하는 성과는 8차례의 다자간무역협상으로 대변됨.
  - 제4차 라운드까지는 별도의 명칭이 부여되지 않았으나 5차 라운드부터는 주창자(딜론라운드, 케네디라운드)와 첫 개최지(도쿄라운드, 우루과이라운드)의 이름을 따서 명명하게 되었음.
  - 이와 같은 8차례의 다자간 협상 내용을 〈표 5-2〉에 요약하고 있는데, 이러한 8차례의 협상 가운데서도 특히 1960년대의 케네디라운드, 1970년의 도쿄라운드, 그리고 1986년 9월에 시작하여 1994년 4월 15일까지 7년 7개월의 시간이 소요된 우루과이라운드가 상당한 성과를 거두었음.

〈표 5-2〉 GATT에 의한 다자간무역협상의 주요 내용

라운드	연도(참가국)	협상방식과 주요 의제	주요 결과 및 특성
1차(제네바)	1947(23국)	• 관세(품목별 삭감)	• 45,000품목 인하
2차(아네시)	1949(29국)	〃	• 5,000품목 소폭 인하
3치(토케이)	1950～51(32국)	〃	• 8,700품목 양허
4차(제네바)	1955～56(33국)	〃	• 3,700품목 소폭 인하
5차(딜론)	1960～61(39국)	〃	• 4,400품목 양허(평균 7% 인하)
6차 (케네디라운드)	1963～67(74국)	• 관세(품목별+선형삭감[90]) • NTB(반덤핑, 관세평가)	• 30,000품목 양허 (평균 35% 인하) • NTB 최초 논의[91]
7차 (도쿄라운드 : TR)	1973～79(99국)	• 관세(품목별+선형삭감) • NTB(반덤핑, 보조금, 관세평가, 정부조달, 수입허가, 기술장벽, 세이프가드)	• 250,000품목 관세양허 (평균 33% 인하) • 9개 NTB 규약 제정[92]
8차 (우루과이라운드 : UR)	1986～93 (116국→125국)	• 관세(품목별+선형삭감) • NTB(TR의 9개 이슈+선적전 검사, 무역관련투자) • 뉴이슈(서비스무역, 지적재산권, 분쟁절차, 무역정책 검토제도)	• 253,735품목 양허 (평균 33% 인하) • TR협정내용 강화+무역관련투자협정 등 • 뉴이슈관련 협정 • WTO창설 합의

- GATT의 성과
  - 당초 새로운 국제무역기구(ITO)의 설립을 전제로 이를 담보하기 위한 잠정적 협정이었던 GATT가 ITO의 무산으로 인해 이를 대체하게 된 1948년부터 새로운 세계무역기구(WTO)가 출범함으로써 해체되게 된 1994년까지 약 45년 동안 GATT는 사실상의 국제무역기구로서의 기능과 역할을 수행하였음.
  - 그동안 GATT는 관세장벽의 대폭적 경감, 비관세장벽에 대한 규범제정, 개도국에 대한 우대조치의 합법화 등을 통하여 자유롭고 공정한 세계무역의 획기적인 확대와 발전에 기여하였음.

---

90) 제5차 딜론라운드까지는 국별·품목별 관세인하방식을 채택하였으나 케네디라운드에서는 관세를 일괄적으로 인하하는 선형삭감방식(linear tariff reduction)을 채택하여 더 큰 성과를 거두게 되었음.

91) 케네디라운드는 복수국간협정으로서 반덤핑규약(Anti-dumping Code)을 체결함으로써 비관세장벽(NTB)을 의제로 다룬 최초의 협상이 되었음.

92) 도쿄라운드는 케네디라운드보다 적극적으로 보조금·기술장벽·수출허가절차·반덤핑절차 등과 같은 비관세장벽의 철폐를 위한 9개의 협정을 체결하여 비관세장벽철폐에 있어서 최초로 많은 성과를 거두었음. 그러나 당초 의도와는 달리 선진국들의 이해관계가 중심이 되어 개도국의 이해관계를 폭넓게 반영하지 못하였을 뿐만 아니라 새로이 나타나게 된 선진국들의 신보호주의 추세를 막지 못하였다는 평가를 남겼음.

- 이에 따라 GATT가 설립된 1948년 이후 1990년까지 세계무역량은 평균 8.2%라는 괄목할 만한 성장을 기록할 수 있었음.
- 2차대전 이전까지의 무역이 각종 수입규제의 남발과 차별적인 조치 및 그에 대한 보복조치로 인해 극도로 위축되었던 것과 비교할 때 GATT에 의해 주도되어 온 전후의 이러한 자유무역의 확산과 양적성장은 괄목할 만한 것이었음.
- 또한 당초 22개의 GATT회원국이 1994년 123개국으로 확대되어 세계무역의 90% 이상을 GATT체제로 편입시킴으로써 사실상 전 세계를 대상으로 하는 최초의 다자간 무역기구로서 기능하였음.
- 이에 따라 GATT는 국제적 협조를 바탕으로 하여 세계의 통상질서를 규율함으로써 전후 각국 경제의 성장과 국제경제의 안정 및 균형발전에도 크게 기여하였다고 할 수 있는데, 특히 수차례에 걸쳐 GATT가 주도한 다자간무역협상은 오늘날의 무역자유화에 결정적인 공헌을 하였음.

－GATT의 기본 성격과 한계

- GATT가 국제무역의 성장과 자유화에 커다란 기여와 괄목할 만한 성과를 나타내긴 하였지만 다음과 같은 내부적·구조적 한계점 때문에 출발시점부터 태생적 한계를 지니고 있었음.[93)]
- 법적 구속력 미약 : GATT규정은 최혜국대우·관세인하와 관세교섭·가맹 및 탈퇴 등의 절차에는 어느 정도 구속력을 가지고 있었으나 수량제한금지 등 무역확대규정이나 개도국문제 등의 경우에는 가맹시점에서 국내범위 내에서만 그 행위의무가 부여되었기 때문에 이에 대한 법적 구속력이 미약하였음.
- 통일성과 체계성의 미비 : GATT규정은 관세인하와 기타의 무역장벽을 제거하기 위한 협정이며 하바나헌장의 조항 중에서 각국의 합의가 이루어진 부분을 발췌하여 집대성한 것이기 때문에 각국의 주장이 복잡하게 반영되어 있어 통일성과 체계성이 미비하고 그 해석에 있어서도 많은 어려움이 있었으며, 또한 기본 원칙에 대한 너무 많은 예외조항과 비현실적인 조항들이 규범의 효력을 약화시켰음.
- 국제협정으로서의 조건 부족 : GATT규정은 가맹국의 대표들이 서명한 후 국내법에 따라 국내비준 절차를 거쳐야 정식 발효되도록 되어 있었으나, 미국을 위시한 각국 의회는 그 협정문에 대하여 비준을 하지 않았기 때문에 국제협정으로서의 조건이 충족되지 못하였음.
- 국제경제기구의 성격 미비 : 국제무역의 원칙을 규정한 협정인 GATT는 관세인하와 비관세장벽의 철폐를 통한 무역자유화를 추구하기 위해 각국의 합의를 규정한

93) GATT라는 이름이 시사하듯 그것은 여러 나라 사이에 맺어진 '일반협정'에 불과했으며, 사무국을 제외하고는 상설기구조차 제대로 갖추지 못한 조직이었음.

하나의 잠정적 협정에 그쳤기 때문에 국제경제기구로서의 성격을 갖추지 못해 의사결정권한 · 집행력 · 분쟁해결능력 등이 없었음.

- WTO체제의 출범
  - 1990년대에 이르러 세계경제의 흐름은 급격히 변화하기에 이르렀고, 이제 GATT 체제로는 더 이상 국제무역의 문제를 만족스럽게 해결할 수 없다는 데 모든 나라의 의견이 모아졌음.
  - 나라와 나라 사이의 상호의존관계가 더욱 커짐에 따라 모든 나라가 국제무역과 관련한 게임의 규칙을 확립해야 할 필요를 강하게 느꼈기 때문임.
  - 1995년 정식으로 출범한 WTO는 자유무역을 위한 파수꾼의 역할을 점차 강화해 나갈 것으로 기대되고 있음.

3 범세계적 차원에서의 자유무역 : WTO체제

3.1 WTO설립의 배경

- 세계 123개 회원국이 참가한 UR각료회의는 GATT의 한계를 극복하고 향후의 새로운 국제무역질서를 효과적으로 규율하기 위한 세계무역기구 WTO(World Trade Organization)의 신설에 합의함으로써 1948년 이후 45년간 유지되어온 GATT체제는 막을 내리고 1995년 1월 1일부터 WTO체제가 새로이 출범하게 되었는바, UR협상의 배경인 동시에 WTO설립 배경의 요인들은 다음과 같음.

- 신보호무역주의와 GATT기능의 약화
  - 1970년대 세계적 경기침체에 따른 실업문제를 극복하고 자국의 사양산업을 보호하고자 하는 선진국들의 이기적 무역정책에 따라 세계무역이 위축되고 보호주의가 만연되는 이른바 신보호무역주의가 나타나게 되었는데, 1980년대 이후에도 이러한 보호무역주의 경향은 더욱 강화되었고 새로운 지역주의마저 탄생되었음.
  - 이러한 과정에서 GATT의 기본 정신과 배치되는 보호조치 및 GATT 밖의 보호무역수단들이 남용되었고 국제무역협상에 있어서도 GATT를 통한 다자주의적 협상보다 쌍무주의적 · 지역주의적 협상을 통한 무역규제조치가 남발되었음.
  - 또한 지금까지 GATT를 통한 무역자유화의 리더였던 미국의 경제력약화로 GATT체제의 지위 역시 동반 하락하였음.

- 이에 따라 위축된 세계무역의 활성화를 위한 새로운 다자주의적 노력이 필요하게 되었음.

- 무역자유화대상의 확대 필요성
  - GATT의 규율대상은 주로 상품(제조품)이었고 상품의 경우에도 농산품교역이나 석유 등 1차 산품은 GATT 밖의 예외로서 거래되고 있었고 2차 산품의 경우에도 섬유류교역은 별도의 다자간 협정에 의해 규율되고 있었음.
  - 또한 과학기술발전과 소득수준향상으로 인해 서비스·지적재산권·국제투자 등과 관련된 새로운 무역이 증대되고 있음에도 이러한 새로운 부문을 규율하는 국제규범이 존재하지 않았음.
  - 따라서 이러한 모든 무역거래를 포괄하는 무역자유화규범이 새로이 필요하였음.

- 새로운 무역자유화규범의 필요성
  - GATT는 일괄적 관세인하를 목표로 하고 수량적 제한조치의 금지를 선언적으로 규정하였으나 이에 대한 규정의 비통일성, 너무 많은 예외조치, 비현실적 규정들로 인하여 실효성이 없었음.
  - 따라서 관세보다는 비관세장벽이 더 중요한 무역정책수단으로 기능하였으며 또한 새로운 관리무역수단(VERs·OMAs) 등 GATT 밖의 회색지대조치(gray area measures)들이 범람하였음.
  - 뿐만 아니라 GATT의 반덤핑조치(AD)나 상계관세조치(CVD) 등에 대한 남용으로 인한 보호무역이 심화되어 있었음.
  - 이러한 비관세장벽, GATT 밖의 회색지대조치, GATT규정의 남용을 규제하고 규율할 수 있는 새로운 무역자유화규범의 제정이나 기존규범의 강화를 위한 필요성이 증대되었음.

- 개도국의 불만과 욕구증대
  - 개도국들의 수출증대와 경제성장의 욕구는 여러 가지 국제적 노력에도 불구하고 오랫동안 충족되지 못하였음.
  - 또한 GATT체제는 그동안 미국을 비롯한 선진국들에 의해 주도되고 그들의 이해관계를 반영하는 규범을 운용하여 왔다는 불만도 높아졌음.
  - 따라서 개도국들의 대선진국시장의 접근을 확대하고 개도국의 자조적 노력을 지원하며 그들의 이해관계를 반영하는 어떤 다자적 기구가 필요하다는 목소리가 높아졌음.

- 새로운 국제기구의 필요성
  - 이러한 여러 가지 환경변화와 새로운 욕구에 따라 새로운 무역자유화를 주도할

메커니즘이 필요하였지만, GATT는 하나의 국제협정으로서의 법적 구속력이 약한 태생적 한계를 지니고 있어 GATT의 기능적 한계가 노출되었고 GATT에 대한 가맹국들의 신뢰도도 저하되었음.

- 따라서 단순히 GATT의 기능을 강화하는 것만으로는 부족하고 그 기능을 강화하는 동시에 신뢰도도 높일 수 있는 어떤 새로운 다자간 기구를 설립하는 것이 더 바람직하다는 인식이 증대되었음.

3.2 | WTO의 목적과 기본 원칙

-WTO는 GATT체제의 한계를 극복하기 위하여 새로이 설립된 체제이지만 기존의 GATT나 다자간무역체제를 전면적으로 부정하는 협정이 아니라 과거 GATT체제의 기존원칙을 유지하면서 그 내용을 보완·발전시킨 협정이기 때문에 WTO은 GATT 체제의 기본 원칙을 계승하면서 몇 가지 추가적인 원칙과 목표를 전제로 하고 있는데, UR최종협정문과 WTO협정 내용에서 나타나고 있는 WTO의 목적과 기본 원칙을 정리하면 다음과 같음.

-차별 없는 무역(무차별주의)

- 무차별주의(혹은 비차별주의)는 최혜국대우원칙과 내국민대우원칙으로 대표됨.
- 최혜국대우(MFN : Most Favored Nation Treatment)는 특정 국가에 대해 다른 국가보다 불리한 교역상의 조건을 부여해서는 안 된다는 원칙으로서 WTO 역시 이를 기초로 하고 있는데, 다만 서비스교역에 관한 일반협정은 각국이 이 원칙에 대한 예외를 최혜국대우 일탈목록에 기재토록 함으로써 이에 대한 예외를 추가하고 있음.
- 내국민대우(NT : National Treatment)는 외국인과 내국인을 똑같이 대우해야 한다는 의미로서 수입국 내에서의 수입품과 국산품 간의 공정한 경쟁을 할 수 있도록 보장함으로써 자유무역을 실현하고자 하는 데 있는바, WTO의 경우 서비스무역이나 무역관련투자에 대한 협정을 새로이 제정함으로써 이러한 내국민대우원칙의 의미가 더 커졌다고 할 수 있음.

-보다 더 자유로운 무역

- GATT나 WTO 모두 자유로운 세계무역의 실현을 목표로 하고 있지만 WTO체제는 GATT에서보다 더 넓은 분야의 무역거래를 대상으로 하여 보다 더 투명하고 예측 가능한 자유무역을 목표로 하고 있다고 할 수 있음.
- 우선 WTO 역시 GATT와 마찬가지로 관세나 조세를 제외한 일체의 수입제한을 철폐하여야 함을 기본 원칙으로 하는데, 관세나 조세는 수입가격변동을 통하여 국내시장에서의 수요와 공급에 영향을 미치는 간접적인 제한수단이지만 기타 수

입쿼터와 같은 각종 비관세장벽은 수입품의 국내반입 자체를 제한하기 때문임.

- 따라서 WTO체제 역시 시장접근을 보장하기 위하여 이러한 수량제한을 철폐한다는 것임.
- UR은 이러한 원칙을 관철하기 위하여 농산물 분야의 수많은 비관세장벽을 거의 모두 관세화시켰음.
- 그러나 관세를 부과하는 경우에도 엄격한 규율이 따르는데, 예컨대 관세가 수입물품 간에 차별적으로 부과될 수 없음은 물론, 관세의 수준도 WTO에 약속한 양허수준 이상으로 인상할 수 없으며 또한 서비스무역 및 투자 관련 무역에 대하여 WTO에 미리 약속한 규제조치 이상의 규제를 행할 수 없도록 하였음.
- 이러한 WTO의 기본 원칙은 '예측 가능한 무역'(predictable trade)을 통하여 회원국들의 안정적인 시장접근을 보장한다는 것임.
- 한편 WTO는 새로운 협상 분야로 떠오른 서비스무역이나 지적재산권 등에 대한 시장개방을 추가로 포함시킴으로써 세계무역기구가 규율하는 자유무역의 범위를 더욱 확장시켰음.
- 이러한 분야는 시장개방이 장기적으로는 이익이 되지만 단기적으로는 개방에 따르는 충격이 크므로 개방일정에 대한 조정이 필요함.
- 따라서 WTO는 회원국들로 하여금 '점진적 자유화'(progressive liberalization)를 도입하도록 허용하고 있음.
- 이러한 전제에서 특히 개도국들에게는 무역자유화에 대한 의무이행의 유예기간을 더 길게 허용하였음.

－보다 투명하고 공정한 무역

- WTO는 각국의 행정기관이나 사법기관의 의사결정 또는 법령적용, 제도운용은 합리적이며 예측 가능하여야 하고 그러한 결정에 대한 이유를 고지하고 그러한 결정의 기초가 되는 모든 법령 및 자료들이 공개되어야 한다는 '투명성(transparency)의 원칙'을 전제로 함.
- 이를 위하여 WTO는 자신이 생산되는 모든 문서와 정보를 공개·발표하도록 하고 있고, 서비스무역이나 투자 관련 무역의 경우 회원국들의 모든 무역관계법과 규제사항을 공표토록 하고 있으며, WTO의 부속협정이나 복수국간협정에서는 다수의 통보의무를 부과하고 있음.
- WTO는 또한 무역정책검토제도(TPRM)를 통한 정기적 감시를 두어 회원국들의 무역정책과 관행에 대한 좀 더 높은 수준의 투명성을 확보하도록 하였음.
- 한편 WTO는 기본적으로 자유로운 무역을 목표로 하지만 관세를 허용하고 있고 제한된 조건 하에서 기타의 보호무역정책수단도 허용하고 있기 때문에 엄밀하게 말한다면 '자유무역을 실현시키는 기구'라는 표현보다는 오히려 더 정확하게 말한

다면 WTO체제는 '보다 개방적이고 공정하며 왜곡되지 않은 국제경쟁에 기여하는 규칙체계'라고 할 수 있음.

- 앞서 설명한 최혜국대우나 내국민대우 등과 같은 차별 없는 무역의 원칙 역시 이러한 공정무역을 위한 전제조건이 된다는 점에서 GATT체제 역시 공정무역을 그 기본 목표로 하고 있었지만, 특별히 WTO체제의 기본 목표로서 '보다 공정한 무역'을 추가하고 있는 것은 1980년대 이후부터 새로이 제기된 공정무역(fair trade)의 개념이 WTO협정에서 더욱 강조되고 강화되었기 때문임.

- 경제개발과 경제개혁의 촉진
  - UR 최종협정문의 전문에서 WTO는 상품과 서비스의 생산 및 교역의 증진과 이를 통한 회원국들의 생활수준향상, 완전고용달성, 실질소득과 유효수요의 지속적이고 양적인 확대를 목표로 함을 명시하고 있음.
  - 또한 최빈개도국은 자신의 경제를 발전시키는 데 필요한 만큼의 국제무역증대의 몫을 확보하기 위하여 적극적인 노력을 기울여야 할 필요성이 있다는 점을 인식한다는 점도 명시하고 있음.
  - WTO회원국 중에는 개도국 또는 비시장경제체제로서 경제개혁을 추진 중인 국가들이 전체의 3/4 이상을 차지하고 있는데, 이들 국가들 역시 선진국과 같이 UR협상에 따른 무역자유화를 이행하고 있지만 WTO는 그들에게 새로운 WTO규정에 적응할 수 있는 유예기간을 허용함으로써 경제개발과 경제개혁이 촉진될 수 있도록 하였음.
  - 또한 선진국들은 최빈개도국들의 수출품에 대한 시장접근약속을 신속히 이행하였고 선진공업국들로 하여금 개도국에 대한 각종 경제지원과 특혜조치들을 규정하였음.
  - 이러한 일련의 조치들은 UR협상의 배경과 관련하여 설명하였듯이 그동안의 GATT체제에 대한 개도국들의 불만이 높아지자 새로운 무역체제에서 이를 고려한 대응인 동시에 개도국들의 경제개발 및 경제개혁을 촉진하고자 하는 WTO의 기본 목표와 원칙을 반영하고 있는 것임.

3.3 WTO체제의 특성

- WTO체제의 특성은 GATT체제와의 비교를 통하여 더욱 명확해질 수 있는데 그 주요 내용은 다음과 같음.

- 기본 목표
  - GATT와 WTO 모두 무차별주의와 다자주의에 입각한 자유무역을 추구하고 있지

만 WTO는 자유무역의 이념 위에 공정무역이라는 새로운 개념을 추가하고 있다고 할 수 있음.

- 규율대상
  - GATT는 주로 상품(제조품)을 대상으로 하는 자유화를 추구하여 농산품이나 서비스상품에 대한 자유화를 목표로 하지 못하였을 뿐만 아니라 제조품 중에서도 섬유류교역은 GATT 밖에서 규율되었음.
  - 반면 WTO는 GATT 밖에 있던 농산품이나 섬유류 교역을 자유화대상으로 편입하였을 뿐만 아니라 서비스무역, 무역 관련 지적재산권 거래, 무역 관련 투자까지를 그 대상으로 확대하여 거의 모든 거래를 자유화대상으로 확대하였음.
- 시장개방
  - GATT는 관세인하에 주력하고 도쿄라운드(TR)에서 비관세장벽의 금지에 대한 선언적 규정만을 행함으로써 실효성을 가지지 못하였음.
  - 반면 WTO는 관세인하뿐만 아니라 특정 부문의 무관세화까지를 선언하고 있으며 또한 비관세장벽의 철폐에 대한 규정을 보다 실질적으로 강화하였음.
- 규범 관련
  - GATT체제 하에서는 보조금과 관련된 규정이 불명확하고 반덤핑에 대한 규정이 있었지만 불명확한 점이 많아 상계관세나 반덤핑방지관세가 남용될 여지가 많아 개도국들의 불만이 높았음. ⇒ 또한 세이프가드(safeguard)에 대한 GATT규정이 있었으나 이를 다자간협정으로 체결하는 데는 실패하였음.
  - 그러나 WTO는 보조금의 정의, 반덤핑조치의 기준 및 절차의 명료화를 통하여 규범을 강화시켰으며 세이프가드에 대한 독립된 협정을 체결함으로써 이와 관련되는 규범을 더욱 강화시켰음.
- 조직의 형태와 권한
  - GATT는 단순한 국제협정으로서 법적 권한을 지닌 국제기구로서의 역할을 수행하지 못하고 회원국에 대한 강제력을 행사할 수 없었음.
  - 따라서 GATT 참여국은 협정의 체약국(contracting parties)[94]으로서 지위를 누리게 되며 GATT의 결정 역시 권유적 성격을 지녔을 뿐 국제법상 구속력을 갖지 못하였음.
  - 반면 WTO는 법인격을 지닌 국제기구로서 가맹국들은 국제기구의 회원국으로서의 자격을 지니게 되며 만약 이들이 WTO규정을 준수하지 않을 경우 사법적 권능을 가지고 제재조치를 취할 수 있게 되었음.

---

94) 조약을 맺은 나라

- 분쟁 관련
  - GATT의 경우 분쟁해결을 위한 구체적인 제도와 절차를 결여하고 있었고 분쟁해결조항이 불명확하였을 뿐만 아니라 관련 규정들이 분산되어 있었고 감시기능 역시 취약하였음.
  - 반면 WTO는 분쟁해결기구(DSB) 및 절차규정을 신설하고 분쟁해결조항의 명료화 및 통합을 이룩함으로써 신속하고 효율적인 분쟁해결절차가 진행되도록 하였음.
  - 또한 회원국들의 무역정책과 관행을 감시할 수 있는 기능을 제고시키기 위한 무역정책 검토기구(TPRM)를 신설하였음.
- 의사결정
  - GATT는 합의에 의한 의사결정관행으로 비효율적 의사결정이 이루어졌으나 WTO는 합의에 의한 의사결정관행을 존중하면서도 합의가 불가능할 경우 투표를 통하여 의사결정을 할 수 있는 요건과 절차를 명확히 함으로써 신속하고 효율적인 의사결정이 이루어질 수 있도록 하였음.

3.4 | WTO협정의 주요 내용

- 관세에 관한 협정
  - UR협상에서의 기본 원칙은 1986년 관세율을 기준으로 수입액을 가중 평균하여 협상타결 후 5년에 걸쳐 세계평균 33% 이상 인하하여야 한다는 1998년 몬트리올 각료회의에 기초하였는바, 이로써 선진국의 평균관세율이 GATT 설립 당시 약 40%였는데 UR 이전 6.5%로 인하되었고 UR 이후 2000년에는 3.9% 수준으로 인하되어 협상과정에서의 관세인하폭이 38% 수준이었으며 개도국의 경우도 UR 이전 15.3%에서 UR 이후 2000년에 12.3%로 인하되어 관세인하폭이 20% 수준이었음.
  - 한편 일정관세율 이상으로 관세부과하지 않겠다는 국제적 약속이라고 할 수 있는 관세양허품목의 범위를 대폭 확대함으로써 선진국의 경우 관세양허범위는 거의 100%에 이르게 되었음.
  - 그리고 국가별 관심품목에 대한 쌍무적 관세인하조치를 취하도록 하였으며 특정 산업 분야, 예컨대 철강 · 건설장비 · 의약품 · 의료기기 · 가구 · 농업장비 · 맥주 · 증류수 등 8개 분야 의무관세화를 목표로 하였음.
- 주요 비관세협정
  - WTO협정은 무역에 대한 비관세장벽으로 작용할 수 있는 다양한 기술적 · 행정적 · 법적 문제들에 대한 협정을 체결하였는데, 이들 중 중요한 몇 가지 대표적인 협정 내용을 살펴보면 다음과 같음.

- 무역에 대한 기술장벽협정(TBT협정 : Agreement on Technical Barriers to Trade) : 국가 간 기술장벽이 국제무역에 대한 보호정책수단으로 작용하지 않도록 하기 위하여 도쿄라운드(TR)에서 합의된 복수국간협정을 다자적 협정으로 체결하였음.
- 관세평가이행협정(Agreement on Article Ⅶ of GATT 1947) : 수입업자에게 관세(종가세) 부과 시 상품의 가치를 측정하는 절차인 관세평가제도가 공평하고 통일적이며 중립적으로 이루어지도록 구체적이고 정확한 일련의 관세평가규칙을 제공한 협정임.
- 수입허가절차협정(Agreement on Import Licensing Procedures) : 수입허가절차의 중립성, 공평성, 공정성을 위한 것으로 도쿄라운드(TR)의 복수국간협정을 다자화하였음.
- 선적 전 검사협정(Agreement on Preshipment Inspections) : WTO에서 새로이 도입된 협정으로서 선적 전 검사의 시행과정에서 무차별원칙을 적용하여 선적 전 검사절차와 기준은 객관적인 동시에 모든 수출업자에게 동등하게 적용하도록 하였음.
- 위생 및 동식물검역기준협정(SPS협정 : Agreement on Sanitary and Phyto-Sanitary Measures) : 국제무역에 직간접으로 영향을 미치는 상품기준, 생산공정, 절차, 검역처리, 포장 및 표시 등 모든 위생 및 검역 관련 조치에 대하여 적용되는 협정으로서 이 협정에 의하여 종래 관련 국제기구가 관할해 오던 위생 및 검역문제가 WTO에 편입되었고, 이제는 위생·검역 문제가 관련 전문가의 영역을 넘어서 국제통상문제의 영역으로 넘어오게 되었음.
- 원산지규정협정(Agreement on Rules of Origin) : 자국의 원산지규정을 투명하게 운용하여 이것이 국제무역에 대한 왜곡을 가져오지 않고 통일적이고 공정하며 합리적으로 운영되어야 함을 규정하고 있는바, 본 협정은 특혜무역과 같은 경우를 제외하고는 모든 WTO회원국들에게 공통의 원산지규정이 적용될 수 있도록 원산지규정의 조화작업이 추구되었음.
- 정부조달협정(GPA : Agreement on Government Procurement) : 중앙정부기관, 지방정부기관, 공기업이 행하는 일정규모 이상의 조달에 대하여 최혜국대우와 내국민대우원칙을 적용하도록 하였고 상품만이 아닌 서비스·건설계약에도 적용토록 하여 GATT체제 하에서의 정부조달협정에 비하여 조달기관 및 조달 분야 면에서 그 내용이 대폭 확대되었고 입찰과정에 대해서도 보다 상세히 규정되었음.

- 새로운 상품협정

- WTO에서는 종래 GATT 밖에서 규율되어 왔던 농산물교역, 섬유 및 의류교역을 새로이 체제 내로 끌어들임으로써 상품교역의 자유화 범위를 확장하였는데, 이들

농산물 및 섬유류는 국제무역에서 차지하는 비중이 매우 높음에도 불구하고 GATT 밖에 존재함으로써 그동안 세계교역질서의 왜곡을 초래하여 왔음.

- 농산물협정 : 초창기의 GATT도 농산물교역에 적용되었으나 수입할당제(쿼터)나 보조금정책 등과 같은 비관세장벽의 사용을 허용함으로써 사실상 GATT-1947 밖에서 운영되고 있었던 반면에 WTO는 농산물교역의 자유화를 이룩하기 위하여 이 영역에 대한 새로운 신설협정을 체결하였는데, 이러한 농산물협정은 UR과정에서 가장 첨예하게 의견이 대립되었던 분야로서 협정체결에 어려움이 많았음.[95)]
- 섬유 및 의류협정(Agreement on Textile and Clothing) : 섬유 및 의류산업은 대표적인 전통산업으로서 (미숙련)노동집약적 · 지역집중적 성격을 띠고 있어 개도국들이 비교우위를 누려온 전형적인 산업인 동시에 일찍부터 보호무역의 주된 대상이 되어 왔던 산업이기 때문에 동 분야는 GATT-1947 밖의 다자간섬유협정(MFA : Multilateral Fiber Arrangement)으로 규율되어 왔는바, 본 협정은 이러한 MFA체제를 다자간체제로 복귀시켜 섬유 및 의류제품의 교역자유화를 이룩함으로써 교역량증대, 시장교란방지, 균형적 발전을 도모하자는 것으로 농산물 분야와 마찬가지로 이 분야 역시 UR협상 과정에서 최대 논쟁점의 하나가 되었고 WTO체제에서 처음으로 다자간협정으로 탄생되었음.[96)]

- 새로운 분야에 대한 협정
  - 과학기술발전과 소득수준향상으로 인해 새로운 무역형태가 증대되고 있음에도 이러한 새로운 부문의 무역을 규율하는 국제적 규범이 존재하지 않았기 때문에 이러한 모든 무역거래를 포괄하는 광범위한 무역자유화를 위한 새로운 규범이 필요하였는바, 이에 WTO는 서비스무역, 무역 관련 지적재산권, 무역 관련 국제투자와 관련된 새로운 협정을 추가하였음.
  - 서비스무역 일반협정(GATs) : 서비스무역이 크게 증가함에 따라 이를 규율하는 새

---

95) 본 협정의 주요 내용은 시장개방 및 국내보조와 관련됨. ▲시장개방 분야 : 본 협정은 관세 이외의 방법(비관세장벽)에 의한 수입규제조치를 금지하는 새로운 규칙으로서 예외 없는 관세화(tariff only)를 규정하였음. 또한 관세 및 수입가와 국내가격의 차이를 의미하는 관세상당치(tariff-rate equivalent)의 단계적 인하를 규정하였으며 동시에 관세유예기간 중에도 국내소비량의 일정수준을 의무적으로 수입하는 최소시장접근원칙(minimum market access)을 채택하였음. ▲국내보조 : 농산물교역은 전통적으로 농산물에 대한 보조금지급에 의하여 자유로운 국제무역이 왜곡된다는 비판을 받아 왔음. 이에 WTO농산물협정은 무역에 대한 왜곡을 발생시키거나 생산에 직접적인 영향을 미치는 국내보조정책을 제거함에 목적을 두고 있었음. 동 협정은 국내지원총액으로 합산한 금액의 상한선을 설정하고 매년 그 금액을 일정한 비율로 감축할 것을 합의하였음. 또한 농업 분야에 대한 각종 보조금 중 허용보조금의 범위를 명백히 설정하여 무역왜곡이 없거나 생산에 미치는 효과가 미미한 공공지출보조금은 허용하고 이러한 허용보조금 이외의 모든 보조금의 철폐 내지 감축을 결정하였음.

96) 중요한 내용은 섬유쿼터를 10년간 3단계에 걸쳐 점진적으로 철폐하여 2005년에는 완전 자유화한다는 것과 과도기간 중의 세이프가드를 인정한다는 것임.

로운 규범의 필요성이 증대되어 WTO에서 최초로 체결된 협정이 본 협정인데, 서비스무역 일반협정(GATs : General Agreement on Trade in Services)은 여러 가지 관점에서 여전히 미흡하고 불완전하여 본 협정의 체결이 곧 서비스무역의 자유화를 뜻하는 것은 아니나 사상 처음으로 서비스무역에 대한 다자간협정이 마련되었다는 것은 서비스무역에 대한 정책과 제도가 다자간 협상 의제로 자리 잡았음을 의미하여 이를 통한 서비스무역의 자유화가 보다 확대될 수 있다는 것을 의미함.

- 무역 관련 지적재산권협정(TRIPs) : 지적재산권(intellectual property rights)의 보호는 그동안 각국의 법제에 의해 규율되어 왔으나 최근 들어 지적재산권과 관련되는 상품의 무역이 크게 증가하였고 또한 복제기술의 발달로 지적재산권의 재생산이 더욱 쉬워졌기 때문에 이에 대한 다자간규칙의 제정과 이에 대한 보호제도의 강력한 시행이 요구되었는바, 이러한 배경 위에서 체결된 무역 관련 지적재산권협정(TRIPs : Agreement on Trade Related Intellectual Property Rights)은 세계 전역에서의 지적재산권에 대한 보호방법의 차이를 줄이고 공통적인 국제규범 하에서 이를 논의하고 이와 관련된 무역분쟁이 있는 경우 WTO분쟁해결제도를 이용할 수 있도록 하였음.
- 무역 관련 투자조치협정(TRIMs) : 최종합의된 무역 관련 투자협정(TRIMs : Agreement on Trade Related Investment Measures)은 그 적용범위를 무역과 관련된 투자에 국한하여 상품무역에만 적용되고 서비스부문에 대한 투자의 경우 적용되지 않도록 하였으며 또한 그 내용도 내국민대우와 수량적 제한의 철폐와 관련된 이슈만을 논의하게 되었고 동시에 개도국의 경우 국제수지방어목적의 규정에 합치되는 경우 일시적인 예외를 인정하였으며 점진적 자유화와 추후 계속적인 논의를 규정하였는바, 본 협정은 궁극적으로 시현하게 될 다자간 투자협정을 향한 잠정적이고 초보적 성격의 협정으로 볼 수 있기 때문에 다양한 무역 관련 투자조치의 일부분만을 규정하고 있고 그것도 상품무역의 경우에만 적용하고 있는 한계가 있음에도 불구하고 무역을 제한하거나 왜곡시키는 무역 관련 투자조치를 제거하기 위하여 제정된 사상최초의 다자간협정이라는 데 의의가 있고 많은 개도국들이 이러한 투자조치를 활용하고자 하는 유인을 감소시키는 계기로 작용하게 될 것임.

－국제무역규범에 대한 협정

- GATT의 규정들은 통일성부족, 너무 많은 예외조치, 비현실적 규정들로 인하여 실효성이 없었기 때문에 비관세장벽, GATT 밖의 회색지대조치, GATT규정의 남용을 규제하고 규율할 수 있는 새로운 무역자유화규범의 제정이나 기존규범의 강화를 위하여 국제무역규범에 대한 협정의 제정·개정을 이룩하였음.

- 반덤핑협정 : 반덤핑조치(Anti-dumping Measures)란 수출국기업의 덤핑으로 인하여 수입국의 국내산업이 피해를 입거나 입을 우려가 있는 경우 덤핑마진의 상당분을 관세로 상쇄시키는 조치로서 GATT 제6조에 규정하고 있으나 이에 대한 GATT규정은 미흡하여 반덤핑조치는 불공정무역을 제재한다는 그럴듯한 명분으로 사실상 위장된 보호주의적 수단으로 남용되는 사례가 빈번하게 되었는데, 이후 GATT의 다자간무역협상에서 반덤핑협약이 체결되었지만 미국 · EC 등 주요 선진국들이 자국의 반덤핑관련법을 개정하여 덤핑의 개념을 확대하고 각국의 덤핑조사기관들이 국내산업에 유리한 방향으로 법 규정을 해석함으로써 오히려 보호주의적 수단으로 활용되게 되었던 반면 수출국들은 일단 반덤핑조사가 개시되면 큰 불확실성에 빠지게 되어 수출이 급격히 위축되는 피해를 입게 되어 주요 수출국들은 반덤핑협정의 내용을 보다 엄격히 하여 반덤핑조치의 남용방지를 요구하게 되었는바, 이러한 배경으로 이루어진 WTO의 반덤핑협정(Anti-Dumping Agreement)은 도쿄라운드에서의 반덤핑협약을 기초로 투명성을 제고시키는 동시에 방법론적 · 절차적 규칙을 새로 수립함으로써 덤핑규제의 남발을 억제토록 하여 1980년대 범람하였던 반덤핑조치(AD)의 보호주의적 편향성을 다소 시정한 것으로 평가되었으나 보호주의적 수단으로 악용되는 경향이 강한 조사절차나 방법상의 관행들을 대부분 존치시킴으로써 여전히 미흡하고 불완전하다는 평가를 받기도 하였음.
- 보조금 및 상계관세협정 : 기존협정은 보조금에 대한 명확한 정의가 없고 보조금을 국내보조금과 수출보조금으로만 단순 구분하여 왔으며 상계관세절차의 불명료성으로 인해 자의적 운용의 소지가 매우 높았는데, 보조금 및 상계관세협정(Agreement on Subsidies and Countervailing Measures)은 도쿄라운드의 협약을 기초로 하여 보조금의 정의를 명확히 하는 동시에 보조금의 종류를 금지보조금 · 조치가능(상계대상)보조금 · 조치불능(허용)보조금으로 나누어 규율하였으며 또한 개도국에 대한 일정한 우대조항을 두고 있는바, 본 협정은 반덤핑협약과는 달리 도쿄라운드(TR)의 협약보다는 현저히 개선되어 훨씬 명료해진 동시에 이를 통한 남용의 여지를 크게 감소시켰다는 긍정적인 평가를 받았음.[97]
- 세이프가드협정 혹은 긴급수입제한조치협정 : WTO의 세이프가드협정(Agreement on Safeguard)[98]은 무차별원칙을 적용하되 예외적으로 선별적용이 가능하도록 하

97) 특기해 둘 것은 농산물의 경우 농산물협정에서 따로 정하고 있기 때문에 본 협정은 농산물에 대한 보조금의 경우에는 적용되지 않는다는 것임.

98) 세이프가드(Safeguard)란 특정 품목의 수입급증이 있고 그러한 수입급증이 다자간협정에 따른 무역자유화의 결과이거나 예견치 못한 사태발생의 결과이며 수입국에 대해 심각한 피해가 있거나 있을 우려가 있을 경우 자국의 국내산업을 보호하기 위하여 실시하는 긴급한 수입제한조치를 말하기 때문에 세이프가드는 긴급수입제한조치(emerging action) 또는 일반적 이탈조항(general escape

였고, 세이프가드의 발동요건이 되는 심각한 피해의 기준을 보다 엄격히 하였으며, 기대이익을 상실하게 되는 수출국이나 제3국과 협의하고 적절한 보상을 제공할 것을 규정하였으며 또한 수출자율규제·시장질서협정 등과 유사한 회색지대조치의 금지와 함께 현행 실시제도 4년 이내에 철폐하도록 하였고 수입비중 3% 미만의 개도국에 대해서는 발동을 금지시켰는바, 본 협정은 세이프가드에 대한 종전의 규정을 상당히 개선하여 회색지대조치들이 비록 제한적이기는 하나 다자간 감시와 규율을 받게 함으로써 이러한 협정의 강화가 없었더라면 더욱 확대되었을 가능성을 봉쇄하였다는 평가를 받고 있는데, 다만 선별적 적용을 허용함으로써 이러한 조치들을 오히려 합법화시켰다는 비판도 받고 있음.

3.5 | WTO의 새로운 다자간 협상

- 새로운 다자간 협상의 논의 배경
  - 1995년 WTO의 출범으로 무역자유화의 폭이 넓어졌을 뿐만 아니라 무역규범의 투명성 강화로 공정무역질서가 확립됨으로써 국제무역질서는 커다란 전환의 계기를 맞이하였으나 WTO출범만으로 국가 간 통상마찰의 소지가 완전히 해소되거나 국제무역의 자유화가 완성된 것은 아니었음.
  - 우선 UR협상과정에서 타결이 미진한 분야에 대한 추가협상이 필요하였는바, WTO회원국들은 1993년 UR협정을 타결하면서 농산물과 서비스 분야에 대한 시장개방이 미흡하다고 판단하여 2000년 이후부터 추가적인 후속협상을 설정의제(BIA : Built-in Agenda)로 미리 정하여 두고 있었으나 많은 회원국들은 이러한 분야 이외의 공산품분야에 있어서도 상당한 무역장벽이 남아 있고 또한 UR협상결과를 이행하는 과정에서도 여러 가지 문제점이 있다고 인식하였음.
  - 뿐만 아니라 세계화의 진전에 따른 국제무역환경변화를 반영하기 위해서는 새로운 무역규범이 필요하다고 생각하여 새로운 협상의제들이 계속 대두되었는바, 예컨대 환경[99]·노동·국제투자·경쟁정책 등과 관련된 국내정책을 무역정책과 연

---

clause) 등으로도 불림. 이에 대해서는 GATT 제19조에서 규정하고 있었으나 규정의 불명료성, 지나치게 엄격한 발동요건 등으로 인하여 실제로는 이러한 조치 대신에 기타의 관리무역수단들이 활용되어 왔음. 이러한 점을 시정하기 위하여 제7차 다자간 협상인 도쿄라운드(TR)에서 위원회를 설치하여 논의하였으나 합의에 이르지 못하였음. UR협상과정에서 개도국들은 선진국들의 대개도국 세이프가드를 금지하여야 한다고 주장하는 반면 선진국들은 이러한 세이프가드를 선별적으로 적용할 수 있도록 하여야 한다는 주장이 서로 대립되었음. 이러한 요구를 절충한 것이 WTO의 세이프가드 협정임.

99) 최근 사례로 중국이 환경오염을 막기 위해 무역규제 등을 늘릴 것이라는 주장이 제기됐음. 이에 정부와 한국 기업들은 환경규제 강화에 대한 대응이 필요하다는 지적임. 대외경제정책연구원(KIEP)이 2014년 7월 14일 발표한 '중국의 녹색성장 전략과 한중무역에 대한 시사점' 보고서에 따르면 중

계시켜 이들을 새로운 다자간 협상으로 논의하려는 인식과 시도가 그것임.[100)]

- 이들은 지금까지 논의되지 못한 뉴이슈(new issue)라고 하여 이들을 다룰 새로운 협상을 뉴라운드(new round)라고 부르기도 하였고, 21C 최초로 이루어지는 라운드라고 하여 밀레니엄라운드(millenium round)라고 부르기도 하였는바, 이러한 상황을 배경으로 하여 1994년 이후 WTO각료회의를 통하여 이에 대한 논의가 계속 되다가[101)] 1999년 말 시애틀각료회의를 통하여 뉴라운드출범을 공식적으로 선언하기도 하였으나 개도국·NGO들의 반발과 주요 선진국 간의 합의도출 실패로 새로운 라운드의 출범이 무산되었음.[102)]
- 이후 2001년 11월 카타르 도하에서 열린 WTO 제4차 각료회의에서 도하개발어젠다(DDA : Doha Development Agenda)를 출범시키게 되었는데, 이러한 DDA협상은 GATT 이후 9번째, WTO출범 이후 1번째, 21C 최초의 다자간무역협상으로서 과거 라운드들이 주로 선진국의 이익을 대변하였다고 보는 개도국의 저항을 감안하여 '라운드'라는 명칭 대신 '개발어젠다'라는 명칭을 사용하였으나 언론에서는 여전히 '도하라운드'라고 부르기도 함.

- DDA출범의 의의
  - WTO출범 이후 계속된 논의와 첨예한 의견대립 끝에 드디어 새로운 라운드가 출범하게 되었는데, 이러한 DDA출범에 대해서는 다음과 같은 평가와 전망이 내려졌음.
  - WTO위상의 재정립 : WTO가 당초 목표로 하였던 1999년 시애틀각료회의에서의

국이 최근 녹색성장 전략을 추구하면서 환경오염을 막으려고 무역에 관한 규제를 쓰고 있다는 것임. 중국은 과거 개혁개방 정책과 WTO(세계무역기구) 가입 등을 계기로 무역장벽을 줄이면서 환경정책도 느슨하게 해 외국기업을 유치하고 자국 기업의 성장을 도왔음. 그러나 그 결과로 환경오염이 심각해지자 최근에는 반대로 무역규제를 통해 환경오염을 완화하려 하고 있다는 것임. 또 계량모형을 통해 분석한 결과 중국의 환경규제 정책에 따른 환경개선이 중국 수출량 증가에 긍정적인 영향을 미치는 것으로 나타났음. 이에 따라 앞으로 중국이 보조금 등 환경과 관련된 수출입 교역 금지와 제한 정책들을 늘릴 것으로 전망되며 녹색산업 보조금 등 분쟁 소지가 생길 것이라고 보고서는 지적했음. 이에 대비하려면 한국 기업들은 중장기적 관점에서 경쟁력을 강화시키고 환경규제 강화에 대한 대응을 준비해야 하며, 정부는 앞으로 환경사업 입찰방식 다양화 등을 한중 FTA협정문에 반영할 필요가 있다고 강조했음. 보고서는 또 정부는 녹색산업 보조금 관련 분쟁에 철저히 대비하고 한국 기업이 높은 경쟁력과 강점을 가진 환경 분야 틈새시장을 발굴하도록 유도해야 한다고 덧붙였음. 이와 관련하여 아주경제(2014.07.15) 참조.

100) 이러한 주제들을 GR(환경라운드), BR(근로조건과 노사관계), TR(기술라운드), CR(경쟁라운드), DR(디자인라운드) 등으로 불리기도 하였음.

101) 각료회의는 적어도 2년마다 한 번씩은 열리도록 정해져 있음.

102) 역대 각료회의는 다음과 같음. ▲제1차 WTO각료회의(1996.12.9~13, 싱가포르) ▲제2차 WTO각료회의(1998.5.18~20, 제네바) ▲제3차 WTO각료회의(1999.11.30~12.3, 시애틀) ▲제4차 WTO각료회의(2001.11.9~11.3, 도하) : 뉴라운드 협상 출범 ▲제5차 WTO각료회의(2003.9.10~14, 멕시코 칸쿤) ▲제6차 WTO각료회의(2005.12.13~18, 홍콩)

뉴라운드 출범이 실패함으로써 WTO체제에 대한 신뢰성에 타격을 입은 바 있으나 DDA협상이 출범함에 따라 세계무역의 중심축임을 자임하는 WTO로서는 통상마찰 심화, 지역주의 확산이라는 도전에 맞서 다자주의적 자유화를 더욱 강화시키는 세계무역기구로서의 위상을 더욱 높이게 되었으며, 동시에 자유무역체제가 세계경제의 유일한 대안임을 재확인한 셈이 되었음.

- 보호주의의 예방 및 무역자유화의 확대계기 : 세계경기침체에 따라 각국이 수입규제조치를 남발하고 보호주의로 회귀할 조짐을 보여 왔고 이에 따라 세계무역이 급격한 위축세를 나타내고 있는 시점에서 이루어진 DDA협상은 보호주의 경향을 예방하고 세계교역의 활성화에 기여하는 동시에 그 자체로서 무역자유화의 모멘텀(momentum)을 유지하고 강화하는 데 기여하게 될 것임.
- 세계경제회복 및 통합의 가속화 : DDA협상이 보호주의경향을 예방하고 추가적인 시장개방은 물론 새로운 무역규범의 제정과 강화를 통하여 다자주의적 자유화를 안정적으로 정착시키게 되면 침체된 세계경제의 회복과 성장에 견인차 역할을 하게 되는 동시에 이를 통한 세계경제의 상호의존성 증대와 통합을 가속화시킬 것임.
- 개방적 지역협력의 유도 : WTO에 의한 다자주의적 자유화와 병행하여 지역주의(regionalism)를 바탕으로 하는 자유무역협정(FTA)의 결성이 전 세계적인 추세로 정착되어 가고 있으나 DDA의 출범과 이로 인한 다자주의적 자유화의 강화는 지역주의 그 자체의 경향을 예방하고 완화시키는 동시에 배타적 지역주의 대신 개방적 지역협력을 유도함으로써 지역주의가 다자주의체제를 보완하는 방향으로 작용할 수 있게 될 것임.
- WTO 내 통상 분쟁의 증대 가능성 : DDA협상은 그 명칭이 말해 주듯이 개도국의 경제발전에 대한 본격적인 검토가 이루어지는 계기가 마련될 수 있다는 긍정적 측면을 지니는 반면, 새로운 시장접근과 투자 · 경쟁 등과 같은 새로운 이슈에 적극적인 선진국그룹과 특별우대 및 WTO규범개정문제에 적극적인 개도국그룹과의 첨예한 의견 대립으로 단기적으로 WTO 내 국가 간 통상마찰이 더욱 증대될 가능성도 없지 않으며 또한 개도국문제를 충분히 고려한다는 DDA협상원칙에도 불구하고 무역자유화로 인한 혜택이 과연 선진국과 개도국 간에 골고루 배분될 수 있을까에 대한 근본적인 의문이 여전히 도사리고 있는 것도 사실임.

- DDA협상의 주요 의제
  - DDA협상의 주요 의제는 크게 ▲추가적인 시장개방 협상의제(농업 · 서비스 · 공산품 등) ▲WTO 규범 관련 협상의제(반덤핑 · 보조금 · 지역협정 · DSU규정 · TRIPs 등) ▲이른바 '싱가포르 의제'라고 하는 새로운 무역의제(환경 · 투자 · 경쟁정책 ·

정부조달투명성 · 무역원활화 등)로 나눌 수 있음.[103)]

• 이러한 협상의제를 협상의 성격에 따라 분류해 보면 〈표 5-3〉과 같음.

〈표 5-3〉 DDA협상의 주요 의제

구분		의제
시장개방 관련		농산물교역 · 서비스교역 · 비농산물(공산품 및 임수산물)교역
규범 관련	기존규범	반덤핑협정 · 보조금협정 · 지역협정, 분쟁해결절차(DSU) 규정
	신규범	싱가포르 이슈(무역과 투자, 무역원활화, 무역과 경쟁정책, 정부조달투명성)*
기 타		지적재산권협정(TRIPs) · 무역과 환경
개발 관련		UR협상결과의 이행, 개도국 우대 관련 조항 및 무역과 개발 등

* 싱가포르 이슈 중 무역원활화를 제외한 나머지 3개 분야는 의제에서 제외(2004.08)

- DDA협상의 의제에 담긴 함의

• 우선 광범위한 의제가 설정되어 DDA협상은 UR협상보다도 더 광범위하고 과감한 논의를 예정하였는데, UR협상결과가 불완전하였다고 평가되는 농업 및 서비스 분야의 추가적인 시장개방은 물론, 환경 · 투자 · 경쟁정책 · 정부조달투명성 · 무역원활화 등과 같은 새로운 의제를 포함하였고 WTO규범과 관련된 의제들을 망라하였음.

• 협상의제설정과 관련된 회원국 간의 첨예한 의견대립이 있었으나 이같이 광범위한 의제를 설정한 것은 특정 분야만을 다루는 협상에서는 각국 간의 이익과 손실의 균형을 맞추기가 어렵기 때문에 가능한 많은 회원국들이 관심을 가지는 모든 분야를 망라함으로써 무역자유화의 혜택이 회원국 간에 균형 있게 배분되도록 가급적 의제의 범위를 넓히는 것이 바람직하였기 때문임.

• 다음으로 DDA협상에서는 선진국들의 추가적인 시장개방요구와 함께 자신들에 대한 특별배려를 요구하는 개도국의 주장들이 모든 협상 분야에서 주요한 고려사항이 되었다는 점에서 나름대로 균형된 의제설정이 이루어졌다고 할 수 있음.[104)]

- DDA협상의 추진계획

• DDA협상은 이같이 폭넓고 균형된(broad and balanced) 의제설정 하에 당초 2002

103) 싱가포르 이슈 : 1996년 12월 싱가포르에서 개최된 제1차 WTO 각료회의에서 제기된 새로운 통상 이슈들로 투자(investment), 경쟁(competition), 정부조달 투명성(transparency in government procurement), 무역원활화(trade facilitation) 포함

104) 예컨대 새로운 무역협상의 명칭을 '라운드' 대신 '개발어젠다'로 한 상징적 조치는 물론, 그동안 개도국들이 줄기차게 제기해 온 반덤핑규정 등의 개정문제를 주요 의제로 삼았고, 개도국의 요구에 따라 공중보건강화를 위한 지적재산권 관련 특별선언을 채택하였으며 결과적으로 WTO협정이행과 관련되는 개도국의 요구(약 100여 개)들 중 절반에 대한 해결방안을 의제로 포괄한 것 등이 그것임.

년 1월부터 2005년 1월 1일까지 3년이라는 기간 내에 협상을 조속히 종료할 것을 목표로 하였는데, 이것은 7년 이상이나 걸렸던 지난번 UR협상이 전철을 밟지 않고 가급적 빠른 기간 내에 협상을 종결하여야 한다는데 WTO회원국들이 인식을 같이하였기 때문임.

- 또한 DDA협상을 총괄하기 위한 협상감독기구로서 무역협상위원회(TNC : Negotiations Committee)가 설치되었으며 그 아래 각 분야의 협상그룹이 설치되어 협상을 실제적으로 진행하기로 하였음.
- 그러나 협상의제가 광범위하고 회원국 간의 이해관계 역시 복잡하기 때문에 사실상 3년이라는 짧은 기간 내에 이러한 타결이 가능할 것인가에 대한 우려도 없지 않았음.
- DDA의 협상방식에 대해서는 UR에서와 마찬가지로 모든 의제에 대한 논의를 동시에 진행하고 동시에 종결하여 전체 협상결과를 하나의 패키지(package)로 하여 분야별 양보와 타협이 가능하도록 하는 일괄타결방식(single undertaking, package deal)을 채택하였음.
- 특정 분야의 협상을 미리 끝내게 하거나 일부 분야의 협상결과만을 선별적으로 받아들이게 한다면 협상타결에 필수불가결한 '주고받기'(give and take)가 어렵기 때문인데, 다만 특정 사안에 대한 조기합의가 이루어지고 모든 회원국들이 동의하는 경우 합의결과를 조기에 시행함이 가능하도록 하였음.

3.6 | DDA협상의 진행과정과 전망

- DDA협상의 진행과정
  - 1999. 11. : 제3차 각료회의(시애틀)에서 뉴라운드 출범 실패
    (환경운동가, 반세계화주의자의 시위로 무산)
  - 2001. 11. : 카타르 도하(제4차 WTO각료회의)에서 뉴라운드 출범 합의
    (▲비농산물, 농산물, 서비스 분야 무역자유화 ▲반덤핑 및 보조금협정 등 기존 협정 개정)
  - 2003. 09. : 제5차 멕시코 칸쿤 WTO각료회의 협상방식 합의 실패[105)]
    (▲싱가포르 이슈에 대한 선 · 후진국 이견 ▲농산물 분야 이견)
  - 2004. 07. : DDA 세부원칙 기본 골격 합의안 채택[106)]

---

105) 시애틀각료회의(1999년 제3차 WTO각료회의로서 뉴라운드를 출범시킬 예정이었으나 반세계화주의자들의 반발로 무산)와 마찬가지로 칸쿤각료회의가 결렬(애초에 2002년부터 뉴라운드를 진행하여 2005년 1월 1일까지 종료하기로 합의)됨으로써 WTO의 신뢰도는 상당한 손상을 입었다고 할 수 있으며 따라서 앞으로의 전망도 불투명하다는 부정적인 견해가 제기되었음.

- 2005. 12. : 제6차 홍콩각료회의 (일부 분야 합의했으나 진전 없이 종료)
- 2006. 07. : 스위스 제네바 주요국(G6) 각료회담 결렬
- 2007. 01. : 부시 미 대통령과 EU 집행위원장 DDA협상 재개 위한 회담
- 2007. 07. : 농업·비농산물 분야 세부원칙 초안 배포
- 2008. 07. : 스위스 제네바에서 잠정타협안 도출했으나 최종합의에 실패, 협상결렬

- DDA협상의 결렬
  - DDA협상이 또다시 결렬되었는데, 파스칼 라미 WTO 사무총장은 2008년 7월 29일 스위스 제네바에서 153개국 회원국 대표가 참가하는 무역협상위원회 회의를 소집하고 협상결렬 사실을 공식 발표하였음.
  - 7년째 진행되고 있는 DDA협상의 성패를 가를 분수령으로 여겨진 이번 협상이 결렬됨에 따라 앞으로 통상 주도권이 다자간 협상에서 FTA 등 양자 간 협상으로 이동할 것으로 전망됨.
  - WTO체제 하에서의 첫 번째 다자간 협상인 DDA협상이 지연되면 될수록, 그래서 WTO체제가 약화된다면, 세계경제는 좀 더 배타적인 지역주의의 확산과 보호무역주의의 강화로 어려움에 빠질 수도 있음.

- DDA협상결렬의 원인이 된 주요 쟁점
  - 이번 협상결렬의 원인이 된 주요 쟁점들을 살펴보면 다음과 같음.
  - 개도국 긴급수입관세(SSM) 발동 조건 완화 : 개도국 긴급수입관세는 농산물 수입량이 급증할 경우 개도국이 관세를 올려 자국 농업을 보호할 수 있도록 하는 제도인데, 잠정타협안에서 수입량이 기준물량의 140%를 초과할 때 SSM을 발동 가능하도록 한 규정에 대해 인도는 수입량이 110%만 초과해도 SSM이 발동되도록 해야 한다고 주장하였고, 중국이 인도에 동조하고 미국이 이에 반대하면서 합의를 이루지 못했음.
  - 미국의 면화 보조금 감축 : 면화를 주로 생산하고 있는 서아프리카의 최빈국들은 미국이 면화 보조금을 80% 이상 감축해야 한다고 주장한 데 대하여 미국 측은 세계최대면화수입국인 중국이 면화를 관세감축 면제 품목으로 지정한다면 면화

106) 2003년 9월의 칸쿤각료회의에서 협상세부원칙에 관한 기본 골격수립에 실패하면서 교착 상태에 빠진 이후 2004년 7월 WTO회원국들은 제네바의 WTO본부에서 일반이사회를 소집하여 DDA협상의 기본 골격초안을 승인하였음. 147개 회원국이 만장일치로 초안을 승인함으로써 교착 상태에 빠져있던 DDA협상이 다시 재개되게 되었음. 다만 이번 골격합의는 '원칙의 원칙' 정도에 대한 공감대를 마련한 것으로서 구체적인 시장접근확대 및 관세감축방법에 대해서는 '추후논의를 통해 해결한다'는 식의 합의여서 향후 국가 간 이해관계가 첨예한 사안의 조율과정에서 진통이 불가피할 전망. DDA협상은 당초 2004년 말까지를 시한으로 설정하였지만 이번 합의에서 제6차 각료회의(2005년 홍콩개최)까지로 협상시한을 연장하였음.

보조금을 감축하지 않겠다며 중국의 면화 수입관세와 자국의 면화 보조금 삭감을 연계시켰으며 중국 역시 면화에 대한 수입관세를 감축하라는 미국의 주장을 받아들이지 않았음.

- 개도국의 분야별 자유화협상 참여 : 분야별 자유화(sectoral liberalization)는 공식에 의한 일반 관세감축에 추가해 특정 공산품 분야를 설정해 관세를 철폐하는 협상을 말하는데, 중국은 분야별 자유화 참여는 자발적이어야 한다는 입장인 반면, 미국 등 선진국은 주요국의 분야별 자유화 참여가 필요하다는 입장을 고수해 타협에 실패하였음.
- 이외에도 공산품 분야에서 WTO 최근가입국대우, 농업 분야의 자율관세 의무수입량(TRQ) 신설, 관세 단순화, 미국의 무역왜곡보조총액(OTDS), 블루박스(생산제한계획하 보조), 품목별 AMS(우루과이라운드 감축대상 보조) 상한 등의 쟁점이 있었음.

- DDA협상결렬의 평가
  - 이번 DDA 소규모 각료회의는 '농업 및 비농산물 시장접근(NAMA : Non-Agricultural Market Access) 세부원칙(modalities)'에 대한 합의를 목표로 2008년 7월 21일부터 우리나라를 포함한 30여 개 WTO 주요 회원국들이 참여한 가운데 스위스 제네바에서 개최되었음.
  - 전문가들이 최대 난제로 본 농업 분야의 관세와 정부 보조금 감축 문제들이 예상보다 쉽게 타결되고 농업과 비농산물 분야 자유화 세부원칙에 관한 잠정티협안이 마련되면서 협상타결 가능성에 대한 기대가 한껏 높았으나 농업 분야의 개도국 긴급수입관세(SSM) 발동요건 완화를 비롯한 남은 쟁점을 놓고, 미국과 인도 · 중국이 팽팽히 맞서면서 아무런 합의도 도출하지 못했음.
  - SSM(Special Safeguard Mechanism)에 대한 인도의 집착 : 이번 주요국 각료회의 합의 도출 실패의 핵심 원인으로 언급되고 있는 미국과 인도의 개도국 농산물 특별긴급관세에 대한 대립을 평가할 때 SSM에 대한 인도의 지나친 집착을 지적하지 않을 수 없음.
  - 처음부터 무리한 각료회의 소집 : 당초 DDA협상의 진전상황을 감안할 때 이번 소규모 각료회의를 통하여 농업과 NAMA에서 완전한 형태의 세부원칙 합의도출은 처음부터 어려웠다는 평가도 가능함.
  - WTO 중심의 다자무역체제에 대한 신뢰 저하 : 핵심 쟁점에 대한 G7 잠정 합의안 도출에도 불구하고 주요국 각료회의에서의 최종합의도출 실패는 그만큼 다자협상에서의 합의도출이 어렵다는 점을 회원국에게 각인시켰다는 점 이외에 기존의 WTO 중심의 다자무역체제에 대한 회원국의 불신을 더욱 가중시킬 것으로 예상됨.

• 우리나라 입장에서는 아쉬움이 남는 잠정 타협안 : G7 잠정 타협안은 우리나라가 개도국 지위를 유지하는 한 DDA 이행으로 인해 예상되는 우리 농업부문의 피해를 상당히 완화시킬 수 있는 보호장치 획득이 가능했다는 점에서 우리로서는 아쉬움이 남는 타협안임.

- 향후 전망 및 우리 경제에의 영향
  • 전문가들은 이번 협상결렬로 다자간 통상 체제가 위축되고 WTO도 역할이 무역분쟁조정에 그치는 등 힘이 약화될 것으로 전망했음.
  • 또한 협상결렬의 가장 큰 원인이 선진국-신흥개도국을 불문하고 자기 국익에만 집착하는 주요 무역대국들의 '이기적 자세'에 있는 만큼 보호무역이 강화될 수 있다는 시각도 있음.
  • 한편 이번 협상결렬의 가장 큰 피해자는 최빈개도국들인 것으로 나타났는데, 이는 협상성공 시 기대할 수 있었던 선진국들의 농업보조금 삭감, 선진국 시장에서의 무관세 및 무쿼터 특혜, 무역 원활화 지원 등 많은 기회가 상실되었기 때문임.
  • 우리나라도 좋은 기회를 잃은 셈이 됐는데, 잠정 타협안대로 합의가 이뤄졌다면 농업에서 타격이 있기는 하겠지만, 개도국 지위를 유지하면서 쌀, 고추, 마늘 등 주요 품목에 대한 보호장치를 확보할 수 있었고, 공산품 분야에서 개도국으로의 수출확대가 가능했기 때문임.
  • 지금까지 우리나라는 대외통상에서 다자주의와 양자주의 전략을 병행해 왔지만 앞으로는 양자주의 쪽에 무게가 실릴 전망임.
  • 정부는 향후 EU, 멕시코, 캐나다, 인도 등과 동시다발적 협상에 더욱 주력할 방침임.

3.7 | 글로벌 금융위기 하에서의 WTO체제의 위기

- 최근 상황
  • 보호무역주의의 파고(波高)가 세계를 휩쓸면서 WTO(세계무역기구) 체제가 사실상 붕괴하고 있는데, 수출이 GDP(국내총생산)의 40% 이상을 차지하는 한국으로서는 자유무역의 상징인 WTO체제가 무너지고 보호주의 장벽이 높아지면 치명적 타격을 입을 전망임.[107]

107) 보호무역주의의 주장을 인정하면서도 외국의 보복을 고려한다면 그러한 것은 타당성을 갖지 못함. 각국이 금융위기를 해결하기 위해 보호무역 장벽을 높이고 있는데, 자유무역 신봉자인 미국에서마저 '되도록이면 국산을 애용하자'는 목소리가 드높다고 함. 한국을 상대로 정부의 국산품 애용 캠페인은 WTO(세계무역기구) 협정에 위반된다고 일침을 가했던 나라가 바로 미국이었음. 보호무역

• WTO체제는 최근 미국과 중국 · 일본 · EU 등 각국이 금융 · 자동차 · 가전 산업에 엄청난 규모의 보조금을 지급하면서 뿌리째 흔들리고 있는데, 이미 미국은 GM 등에 대한 174억 달러 구제금융안과 자동차 구매 시 1500달러의 세금 감면안을 마련했고, 프랑스 · 독일 · 영국 등도 자국 자동차 업체 지원책을 내놓았으며 대만은 자국 반도체 업체들에 대규모 M&A(인수 · 합병)자금 지원을 결정했음.

- 전문가 시각
  • 무역연구원 신승관 박사는 "정부의 대규모 금융 지원은 WTO규정에 어긋난다"고 지적[108)]
  • 파스칼 라미 WTO 사무총장은 2009년 2월 23일 '글로벌 코리아 2009'에서 "잘못된 보호주의는 누구도 보호할 수 없고 고립주의는 절대 효과가 없다"고 경고[109)]
  • 서도원 한화증권 애널리스트는 "세계 대다수 기업이 어려워 일단 살고 보자는 분위기 탓이 크다"고 언급[110)]
  • 박태호 서울대 국제대학원장은 "지금 WTO는 보호무역 감시와 조정기능을 상실해 뿌리가 흔들리고 있다"며 "WTO체제는 이미 무너졌다"고 언급[111)]
  • 지식경제부 고위 관계자는 "WTO 취지에 어긋나는 우회적 보호장벽이지만 특정

경쟁은 어떤 결과를 초래할까. 국제무역론에 따르면 통화가치 절하 등 수출 촉진책은 경기 회복에 도움이 되는바, 일본이 2002년 장기불황 터널에서 빠져나올 수 있었던 것도 바로 수출 촉진에 힘입은 바 컸음. 여기에 수입규제조치가 곁들여지면 효과는 더욱 배가될 것임. 수출기업 경기 호전에 경상수지 흑자까지 더해지기 때문임. 하지만 상대국에는 부담이 되는데, 수입이 늘어 소득이 바깥으로 유출되기 때문임. 이처럼 수출 촉진을 통한 경기 회복은 상대국 희생을 기반으로 함. 국제무역론은 이 같은 전략을 '인근궁핍화정책'(beggar-my-neighbor policy)이라 함. 상대방을 궁핍하게 만들면서 경기를 회복시킨다는 의미임. 따라서 이 같은 전략은 성공하기 힘든데, 이는 상대국도 가만히 있지 않기 때문임. 종국에는 보호무역 경쟁이 벌어짐. 비슷한 일이 1930년대 세계대공황 때 있었는데, 당시 각 나라는 자국 산업을 보호한다는 미명 아래 강력한 보호무역정책을 폈음. 이는 결과적으로 불황의 골을 더 깊게 만드는 결과를 가져왔음. 세계교역이 축소되면서 서로가 서로를 궁핍화시키는 '반향효과'를 불러왔기 때문임. 경제학은 이 같은 상황을 막기 위해 '견인 기관차'가 필요하다고 말함. 보호무역을 하기보다 '서로 수입을 늘려 상대방 수출을 촉진함으로써 세계 경기를 함께 끌어올리자'는 협정을 맺으라는 조언임. 이는 1979년 오일쇼크, 1985년 플라자합의, 1987년 루브르협정 때 경상수지 적자에 시달리던 미국이 독일과 일본에 제안한 바 있음. 얼핏 괜찮은 아이디어로 보이지만 그 누구도 먼저 나서길 원하지 않음. 수입이 늘면 당장 큰 충격이 오기 때문임. 결국 협력은 쉽지 않고 경기는 더욱 침체되는 것이 대체적인 세계경제 위기의 모습임. 이와 관련하여 매일경제(2009.02.28) 참조.

108) 특정 산업 · 기업에 대한 정부 지원으로 피해가 발생하면 규정에 따라 제재를 당할 수 있음. 2000년 초 한국 반도체업체인 하이닉스는 은행에서 6조 원대의 자금지원을 받았다가 미국 · 일본 · EU로부터 상계관세를 맞았음. 그런데 이번엔 미국 · EU 등이 자국 기업들에 대규모 자금을 지원하고 나선 것임.

109) 그러나 WTO는 물론 어느 나라도 보조금지급을 문제 삼기는커녕 공개 비판도 못하는 실정임.

110) 미국 · EU 등에 이의를 제기했다가 시장을 잃거나 보복당할 수 있다는 우려도 작용하고 있음.

111) 중국 정부는 가전제품을 사는 농민에게 보조금을 주고 있고, 일본도 디지털TV 구입자에게 2만 엔씩을 보조한다는 방침이지만 주 혜택은 모두 자국 업체 몫이고 한국 기업들엔 '그림의 떡'임.

기업지원이 아닌 데다 우리 측 피해 입증도 어려워 대응이 쉽지 않다"고 언급

- 수출기업에 미치는 영향
  - 문제는 WTO체제[112] 무력화로 인한 국내 수출기업들의 피해인데, 이는 일본·중국 정부의 지원금이 자국 기업에 들어가면 한국 기업들의 피해가 불을 보듯 뻔하기 때문임.

3.8 여전히 의문시되고 있는 DDA협상의 타결 가능성[113]

- 2001년 카타르 DDA를 채택한 이래 WTO 회원국들은 수차례 협상타결 기회가 있었지만, 각국 간 이해관계 등으로 인해 타결에 번번이 실패했음. ⇒ 13년간 아무런 합의를 도출하지 못한 DDA를 두고 무역 전문가들은 '형식적 절차' 정도로 간주하고 있음.
  - 주간지 이코노미스트도 '출발선 앞에 모여든 수백 개 국가 장관들이 출발 신호를 듣고서도 자전거 페달을 밟지 못하고 있는 모습'을 그린 만평을 통해 DDA에 대한 회의적인 시각을 드러냈음.
- 월스트리트저널은 그간 DDA협상실패에 대해 시대에 뒤떨어진 구조와 협상 역학관계(파워게임) 때문이라고 진단했음.
  - 미국과 신흥개도국(중국·인도·브라질 등) 간 갈등 구도가 남아 있는 한 DDA가 원만히 이뤄질 수 없다는 것임. ⇒ ㉠ 미국은 신흥 개발도상국에 대해 농산물 범위를 넘어선 비농산물, 서비스 분야에서 잠정타협안(2008년)에 비해 더 수준 높은 시장 접근을 요구하고 있음. ㉡ 미국은 위상이 높아진 신흥 개도국이 이에 걸맞은 책임을 져야 하고, 이것이 비농산물 분야에 대한 시장개방으로 이어져야 한다고 주장함.
  - 하지만 개도국들은 2002년 중국의 WTO 가입을 계기로 선진국과 대등한 협상을 원하고 있음.
- 처음 DDA가 채택될 당시만 해도 선진국이 리더십을 발휘해 합의한 사항을 전체 회원국에 다자화하는 '일괄타결방식'이 유효할 것이라 믿었지만, 현재의 협상구도는 개도국 동의 없이는 자그마한 합의 하나 도출하기 힘든 구조로 변모한 것임. ⇒

---

112) 세계무역기구(WTO)는 1995년 국가 간 자유로운 상품거래를 통해 교역을 늘리고 경제성장을 이끈다는 취지에서 출범했음. 국가 간 경제 분쟁에 대한 판결권과 강제집행권을 통해 자유무역질서를 세워왔음. WTO는 수출기업에 대한 정부의 지원을 금지하며 특정 산업·기업에 대한 정부의 보조금 지급으로 외국에 피해가 발생할 경우 상계관세 부과나 수입금지조치 등을 할 수 있음.

113) 이하 내용은 주로 매일경제(2013.12.03)와 머니투데이(2014.05.16) 참조.

아울러 10여 년 시간이 흐르면서 나라별로 양자 · 지역 간 무역협정을 맺으면서 보다 간단히 '무역 자유화'를 추구할 수 있게 된 점도 DDA협상타결을 지체시키는 요인으로 지적됨.

- 한편 2014년 5월 16일 내한한 호베르토 아제베도 세계무역기구(WTO) 사무총장은 서울 장충동 신라호텔에서 열린 세계경제연구원 · 한국무역협회 초청 강연에서 "2014년과 2015년의 세계 교역 규모가 4.7%, 5.3% 각각 증가할 전망"이라고 밝히면서, "현 시점에서 낙관적인 신호가 부정적인 신호보다 더 많다"며 "각국의 경제성장률이 높아지면서 교역량도 증가할 것으로 전망하고 있다"고 설명했음. ⇒ ㉠ 다만 그는 "지정학적 위험 등 여러 위험 요소도 상존하고 있다"며 "특히 중요한 것은 전체 교역량의 3분의 1을 차지하는 유럽연합(EU)의 회복 여부"라고 지적했음. ㉡ 이어 "세계 교역 증가를 위해 모니터링을 통해 보호무역주의 등 무역제한조치를 조기에 발견해서 해소할 수 있도록 노력할 것"이라고 덧붙였음.
- 아제베도 사무총장은 이와 함께 다자교역체계의 중요성을 강조했음.
  - 최근 환태평양경제동반자협정(TPP) 등 지역교역체계와 자유무역협정(FTA)으로 대변되는 양자교역체계가 크게 활성화되고 있으나 진정한 의미의 무역자유화를 위해서는 다자교역체계가 필요하다는 설명임.
  - 그는 "지역 및 양자교역체계에서는 신흥경제국과 저개발국가가 소외된다"며 "보조금문제, 반덤핑, 세이프가드 등은 모두 다자교역체계를 통해 (해결방법을) 접근할 수밖에 없다"고 지적했음.
  - 그러면서 "무역자유화를 위해서는 다자교역체계를 활성화하면서 지역 및 양자교역체계를 (보완적으로) 활성화하는 것이 바람직하다"고 주장했음.
- 아제베도 사무총장은 2013년 12월 '발리패키지' 합의[114]로 탄력을 받고 있는 DDA (도하개발어젠다) 협상에 대해서도 자신감을 나타냈는데, 2001년 11월 시작된 DDA 협상은 2008년 합의 직전 무산된 뒤 논의가 사실상 멈춘 상태임.
  - 그는 "'발리패키지'는 더 많은 것을 하기 위한 모멘텀"이라며 "2014년 말까지 (DDA와 관련한) 작업계획을 마련해 본격적 논의를 시작할 것"이라고 말했음. ⇒ 특히 "농업과 서비스, 공산품 등 NAMA(농업 및 비농업시장접근) 문제 해결을 위

114) 9차 WTO 각료회의에서 '발리패키지' 최종타결(2013년 12월 7일). DDA협상의제 중 무역원활화, 농업 일부, 개발 · 최빈개도국 우대 등에 관한 합의문 채택. ⇒ ㉠ (무역원활화) 통관절차 간소화, 무역규정 공표, 세관 협력 등을 담은 새로운 WTO 무역원활화 협정 작성, ㉡ (농업) 저율관세할당 (TRQ : Tariff Rate Quota) 관리 개선, 개도국 식량 안보, 수출보조 자제 등, ㉢ (개발 · 최빈개도국) 모니터링 메커니즘 설치, 최빈개도국의 시장 접근을 위한 우대 패키지 마련 등임. 2015년 7월 31일까지 WTO 회원국의 동의를 구하는 절차가 진행되며, 2/3 이상 수락할 경우 수락한 회원국에 한하여 발효될 예정임. 민병길 · 김군수(2013) 참조.

해 노력할 것"이라며 "미국, EU 등 최근 여러 지도자들을 만났는데 긍정적 반응을 보였다"고 전했음.

• 이번 '발리패키지' 타결은 1995년 WTO출범과 2001년 DDA출범 이후, 최초의 다자간 협상성과임. ⇒ 그동안 협상의 성과 없이 긴 시간을 보내왔기에 이번 합의를 계기로 신뢰를 회복할 수 있을 것 같음.

• 앞으로 협상의 진전이 기대되지만, 역시 현실적 어려움으로 당분간은 지역무역협정(RTA) 중심으로 국제통상협상이 이루어질 것임.

- 아제베도 사무총장은 DDA협상타결 과정에서 한국의 역할도 강조했음.

• 그는 "DDA의 성공을 위해서는 한국의 지원이 굉장히 중요하다"며 "선진국과 개발도상국의 교량 역할을 할 수 있기 때문"이라고 설명했음.

• 또 "한국은 교역의 혜택으로 단기간에 눈부신 성장을 해 그 중요성을 너무 잘 알고 있다"며 "많은 신흥국과 개발도상국에 영감과 따라할 수 있는 모델을 줄 수 있다"고 강조했음.

참고자료

(1) 남종현 · 이홍식(2012), 《국제무역론》, 경문사.

(2) 노택환 외(2004), 《국제통상의 이해》, 박영사.

(3) 노택환(2008), 《국제통상정책론》, 박영사.

(4) 이준구 · 이창용(2012), 《경제학 들어가기》, 법문사.

(5) 유성임(2008), "DDA협상 어떻게 됐나?", 《"click" 경제교육》, KDI경제정보센터, 2008. 09.

(6) 서진교(2008), "WTO의 DDA협상결렬의 평가와 향후 전망", 《KIEP 오늘의 세계경제》, 대외경제정책연구원, 2008. 08.

(7) 2009. 02. 24., 《조선일보》

(8) 2009. 02. 28., 《매일경제》

(9) 2014. 05. 03., 《매일경제》

(10) 김형주(2014), "한국의 FTA 10년, 교역 늘고 투자효과는 아직 불확실", LG경제연구원, 2014. 03. 25.

(11) 2014. 07. 15., 《아주경제》

(12) 2013. 12. 03., 《매일경제》

(13) 2014. 05. 16., 《머니투데이》

(14) 민병길 · 김군수(2013), "WTO '발리패키지' 최종합의의 시사점", 《GRI 현안분석》, 경기개발연구원, 2013. 12. 23.

부록 [5-1] 원산지 기준

1. 정의

- 원산지(country of origin)란 생산된 물품의 국적을 의미하며 동식물의 경우 성장한 국가를, 공산품의 경우 제조 가공이 이루어진 국가를 말함.
- 일반적으로 동식물 및 광물 등 천연상품 위주의 완전 생산품은 원산지 결정에 큰 어려움이 없지만, 공산품은 제조 가공 과정이 2개국 이상에서 이뤄지는 경우가 많아 원산지 판정에 곤란을 겪게 되는 경우가 많음.
- 농산물 역시 원산지가 비교적 명확하나 공산품은 앞서 언급한 바와 같이 원재료부터 최종제품까지의 생산과정이 여러 나라에 걸쳐 진행되는 경우가 많아 최종제품의 원산지를 판단하는 것이 쉽지 않음.
- 이에 각국은 수입되는 공산품의 원산지를 정하기 위한 기준으로서 원산지 기준을 가지고 있음.

2. 원산지 결정 기준이 중요한 이유

- 한마디로 관세혜택의 무임승차가 발생하기 때문에 원산지 결정 기준은 양자(兩者) 간 협정인 FTA(자유무역협정)를 체결하는 두 나라 사이에서 특히 중요한 문제가 됨.
  - FTA는 체결 당사국인 두 나라의 상품에만 다른 나라 상품보다 낮은 관세를 부과해서 서로 이익을 보자는 것임.
  - 그런데 FTA체결 당사국이 아닌 제3국의 상품이 체결 당사국의 상품으로 둔갑할 수 있다면 어떻게 될까? ⇒ ㉠ 가령 한·칠레 FTA를 통해 한국이 칠레산 가구에 대해 관세를 매기지 않을 경우, 칠레 주변 국가(예컨대 아르헨티나)의 가구 생산업자가 자신이 만든 가구를 반제품 상태로 칠레에 수출하고 다시 칠레에서 완제품으로 조립·가공한 뒤에 한국에 칠레산 가구로 수출하는 방법으로 한·칠레 FTA에 따른 무(無)관세 혜택을 받으려고 할 수 있음. ㉡ 이런 편법이 허용된다면 어느 나라든 FTA체결을 위한 노력은 하지 않고 다른 나라들이 맺어 놓은 FTA의 혜택에 '무임승차'만 하려고 할 것임.
  - 이런 문제를 막기 위해 FTA 체결국은 협정문에 원산지 결정 기준을 엄격하게 규정하게 됨.

3. 원산지 결정 기준

- FTA를 체결하는 당사국은 상대방 국가에서 수출된 상품 중에 그 나라가 원산지로 인정

되는 경우에만 무(無)관세 또는 저(低)관세 혜택을 주게 됨.

- 당연히 원산지를 결정하는 기준을 미리 정해둬야 하는데, 이렇게 국가 간에 교역되는 상품의 국적을 판정하고 확인하는 법령이나 규칙을 '원산지규정'(rules of origin)이라고 부름.

3.1 원칙

- 원산지를 결정하는 기준은 과연 상품의 '실질적인 변형'이 어느 국가에서 일어났는가에 따르는 것이 일반적임.
  - 즉 원산지 결정의 기본 원칙은 제품의 본질적 특성을 부여하기에 충분한 실질적인 변형이 수행된 국가에 원산지 자격을 부여하는 것임.
  - 그런데 실질적인 변형이라는 추상적인 개념만으로 원산지를 결정한다면 국가마다 해석이 다를 수 있기 때문에 수많은 분쟁을 불러올 수 있음.
  - 따라서 FTA체결 당사국은 실질적인 변형의 구체적인 의미와 기준을 확실하게 합의하고 개별품목마다 원산지 결정 기준을 규정하는 방법을 택하고 있음.

3.2 크게 3가지로 구분

- 먼저 외국산 재료를 전혀 사용하지 않고 순수하게 국내에서 생산한 경우, 한국산으로 인정되며 이를 '완전 생산 기준'이라고 하는데, 농수산물이 이에 해당
- 둘째, 외국산 재료를 사용하더라도 수출 물품의 본질적 특성이 국내 생산 과정에서 부여되면 한국산으로 인정되는데, 이는 본질적 특성의 부여 여부를 어디에다 둘 것인가에 따라 다시 세번 변경 기준·부가가치 기준·특정 공정 기준 등 3가지 기준으로 분류됨.[115)]
- 마지막으로 협정에서 지정한 요건을 충족하는 경우 생산의 일부 공정이 FTA 체결국 영역 밖에서 이뤄진 물품이라도 한국산으로 인정되는데, 이를 '역외가공 기준'이라고 함.
  - 한미 FTA협정에서 개성공단 물품이 이에 해당

4. 협상의 쟁점사항 중 하나

- 원산지 기준은 자유무역협정(FTA)을 체결할 때 큰 마찰요인이 되는데, 이는 자유무역협정의 경우 체결한 당사국끼리만 특혜관세를 부여하는 것이므로 어느 상품을 당사국 원산지로 인정하느냐 안하느냐에 따라 특혜관세의 적용 여부가 좌우되므로 협상 당사국들 간의 이해관계가 크게 다르게 됨.

---

115) ▲세번(稅番 : 관세를 매기는 품목 단위) 변경 기준(원재료가 최종상품으로 가공되는 과정에서 관세부과품목의 단위가 변경된 경우 최종상품 생산국을 원산지로 삼음) ▲부가가치 기준(최종상품의 가치 중에 일정비율 이상의 부가가치가 창출된 국가를 원산지로 삼음) ▲특정 공정 기준(주요 공정이 수행된 국가를 원산지로 삼음)

- 또한 원산지 기준은 세계적으로 통일된 기준이 없고 각국이 자국의 사정과 기업요구에 따라 독자적으로 제도를 운용하기 때문에 자유무역협정을 협상할 때 원산이지 기준에 대해 서로 첨예하게 이해가 대립되고 협상 막바지까지 쟁점으로 남게 됨.

5. 실례

- 최근 타결된 한·미 자유무역협정(FTA)에서도 섬유부문에서 중국산 원사를 사용하는 우리나라의 섬유업체 제품의 원산지를 인정하는 여부를 놓고 협상 막판까지 양측이 첨예하게 대립하였음.116)
- 섬유 분야에서 미국 측은 수입액 기준으로 61%를 즉시 철폐하고, 우리나라의 주력 수출품목에 대해 원사기준 적용 예외를 부여117)키로 하였음.
- 아울러 미국 측의 우려를 반영하여 우회수출 방지를 위한 양국 간 협력을 강화하기로 하였음.
- 공급이 부족하다고 인정되는 투입재에 대하여 의류 및 직물 각 1억m^2씩 발효일로부터 5년간 원산지예외쿼터(TPL : Tariff Preference Levels)를 인정받을 수 있는 근거를 마련하였음(동 기간은 연장 가능).

6. 원산지 증명 못하면 벌금

- 원산지 확인을 소홀히 하면 FTA(자유무역협정)에 따른 관세 절감은커녕 엄청난 손실을 초래할 수 있음.
- 더글라스 브라우닝 전 미국 관세청 차장은 "무엇보다도 한국 기업들은 FTA체결에 앞서 원산지를 인정받을 각종 서류를 지금부터 철저히 갖추어 나가야 한다"고 언급했음.
  - 부품 하나하나 한국에서 만들어졌음을 증명하는 기록을 갖추지 못하면 FTA체결에도 불구하고 면제받은 세금을 토해내는 것은 물론 벌금까지 징수당할 수 있다는 것임.

---

116) 섬유 분야 원산지 기준과 관련하여 얀포워드(Yarn Forward) 규정(rules)이라고 하는 것이 있음. [정의] 얀포워드에서 얀은 영어로 y.a.r.n 즉 실을 뜻함. 즉 직물이나 의류 등 섬유의 완제품에 들어가는 기초 원자재인 '실'의 생산지에 따라서 원산지를 규정하는 제도임. 풀네임은 얀포워드 규정, 즉 원사기준 원산지 판정방식으로 미국의 대표적인 비관세장벽 중 하나임. 즉 섬유 완제품에 이르는 모든 공정을 한 국가에서 만든 경우에만 관세 기준을 낮춰주는 제도임. [현황] 우리나라의 경우 실을 비롯한 섬유 원자재를 중국 등에서 수입해 완제품으로 수출하는 경우가 많기 때문에 얀포워드가 완화되지 않을 경우 한미 자유무역협정에 따른 관세 철폐 효과를 누리지 못할 수도 있음. 다시 말해 한국이나 미국에서 생산된 원사로 제품을 만들어 미국으로 수출해야 미국과 협의한 관세율 혜택을 받을 수 있게 된다는 것임. [규정] 섬유산업의 경우 품목마다 규정이 모두 달리 적용됨. 원사는 역내에서 방적공정을 수행해야 원산지로 인정이 되고, 직물은 역내산 원사를 사용해 제직 또는 편직공정을 역내에서 수행해야 원산지로 취급받을 수 있음. [전망] 한·미 자유무역협정의 타결로 인해 향후 양국 간 교역에 대한 관심도 높아지고 있는데, 미국은 지금껏 섬유산업을 그 어떤 산업보다 강력히 보호해왔기 때문에 얀포워드를 거둬들일 가능성은 그다지 많지는 않아 보인다는 의견도 많음. 하지만 협상에 대한 조율은 현재도 진행이 되고 있기 때문에 향후 정책에 대해선 좀 더 지켜봐야 할 것 같음.

117) 원사기준 적용 예외 품목 : 린넨, 리오셀, 레이온, 여성 재킷, 남성 셔츠 등

7. 원산지규정의 부정적 측면

7.1 무역장벽으로 작용

- 원산지 결정 기준은 눈에 보이지 않는 무역장벽으로 작용할 수도 있음.
  - FTA협정에서 그 기준을 지나치게 엄격하게 규정할 경우, 가령 한국이 특정 국가와 FTA를 체결하면서 '철강제품'에 대한 원산지를 '자국 내에서 생산된 원재료나 중간재만을 이용할 경우'로 정했다고 하면 철강 생산을 위한 원재료인 철광석 등을 거의 대부분 수입에 의존하는 한국이 이 같은 원산지규정을 충족하기는 매우 어려울 것임.
  - FTA를 통해 상대국이 한국산 철강제품에 대한 관세를 철폐했다 하더라도, 한국산 제품은 사실상 그 혜택을 받을 수 없게 될 것임.
  - 그래서 원산지규정을 '숨겨진 비(非)관세장벽'이라고 부르기도 함.

7.2 FTA에 걸림돌로 작용

- FTA마다 원산지규정이 달라지면 각국 기업에 지나친 부담이 되기 때문에 FTA활성화에 걸림돌이 될 수 있다는 분석도 있음.
  - 같은 상품인데도 상대 국가와 체결한 FTA의 내용에 따라 서로 다른 원산지 결정 기준이 적용될 경우, 생산자는 어느 국가로 수출하느냐에 따라 원재료 조달이나 생산방식을 다르게 해야 하는 추가적인 부담이 생기기 때문임.
  - FTA체결 건수가 많아질수록 이런 부담들이 늘어날 가능성이 있는데, 마치 스파게티 그릇 속에 스파게티 가락이 많아질수록 서로 뒤엉켜 먹기가 어려워지는 것과 비슷하다고 해서 이런 상황을 '스파게티 볼 효과'(spaghetti bowl effect)라고 부르기도 함.

8. 시사점

- FTA의 원산지규정은 긍정적인 측면도 있고 부정적인 측면도 있음.
  - 우리나라도 현재 진행하고 있거나 향후 추진하게 될 FTA협상에서 원산지규정의 부작용을 최소화하기 위한 충분한 연구와 준비를 할 필요가 있음.

참고자료

(1) 한경Business(2008), "FTA시대 '원산지 기준' 알고 활용하자", 2008년 1-631호, 한국경제신문, 2008. 01.

(2) 외교통상부(2008), "한 · 미 자유무역협정 협상타결", 외교통상부 보도자료, 2008. 6. 30.

(3) 2008. 12. 10., 《조선일보》

(4) 2009. 02. 06., 《조선경제》

CHAPTER 06

무역정책의 정치경제학

1. 문제 제기
2. 외부효과와 무역정책
3. 소득분배와 무역정책
4. 무역정책과 로비
5. 국제협상과 무역정책
6. 전략적 무역정책

필자는 지난 학기 워싱턴 DC에 소재한 미국의 대표적 싱크탱크인 브루킹스연구소에 방문학자로 초청돼 미국 전문가들과 여러 차례 동아시아 정세를 논의할 기회를 가졌다. 내가 느낀 것은 우선 정부의 입장을 떠나 미국의 한 · 중 · 일 3국과의 관계와 3국간의 갈등문제 인식은 우리 생각보다 자기중심적이고 국익 중심적이었다. 미국의 이런 인식은 미국이 가장 신뢰하는 동아시아 국가는 일본이고 이 지역의 정책 역시 일본 중심이 될 수밖에 없는 논리에 기인한다. 미국의 일본에 대한 무한 신뢰는 2차대전 이후 미국의 요청을 한 번도 거절하지 않은 사실에 기반하고 있다. 그리고 일본은 현재 미국의 동아시아 '재균형전략'에서 부족분을 충족시켜주기 위해 모든 비판을 감수하고 군사적 정상국가화를 적극 추진하고 있다. 미국의 기본적인 대중국 인식은 전후 변한 것이 없다. 중국 역시 마찬가지다. 미 · 중 양국은 상대방을 전략이익의 최대 위협 요소로 간주한다. 미국의 대중정책 핵심은 부상하는 중국을 '관리'하는 것이다. 관리방법에서 미국이 과거에 물리적 · 군사적 억지력에 의존했다면 지금은 미국의 대중 경제의존도가 높은 상황에서 합리적인 외교적 억지력에 의존해야 한다는 차이점이 있다. 현재 미국이 독자적 군사억지력을 행사하는 것이 어려운 상황에서 일본과 호주에 의존하겠다는 전략도 1950년대와 마찬가지다. 미국은 한국의 전략적 가치를 여전히 두 가지 맥락에서 인식하고 있다. 하나는 한국이 미국의 동아시아 군사전략에 기여하는 동맹국으로 성장하길 바란다. 즉 우리에게 더 많은 분담금을 희망한다. 1990년대부터 미국과 분담금 문제를 협상하기 시작한 이래 미국의 요구가 상승세라는 사실에서도 방증된다. 다른 하나는 한반도에 미군을 영구적으로 주둔시킬 수 있기를 희망한다. 한반도의 통일 후에도 중국 때문에 미국의 입장은 불변할 것이다. 이런 두 가지 염원을 극대화하기 위해 미국은 우리가 한 · 미 · 일 동맹체제에 편입하고 보다 강성한 동맹국으로 성장할 수 있는 우리의 전략적 선택을 반대하지 않을 것이다. 그러므로 우리와 중국이 경제무역 분야에서 긴밀해지는 것에 대해서도 특별히 반대하지 않는다. 한 · 중 · 일 간의 역사문제와 영토분쟁에 대한 미국의 기본 인식은 '당사국 간에 알아서 해결하라'이다. 역사문제 중 유독 위안부문제에 미국이 민감한 이유는 '인권'과 '여성' 문제이기 때문이다. 미국은 영토분쟁에 대해선 한 · 일 동맹국에 힘을 실어주기 위한 정치적 제스처만 보일 것이다. 미국의 직접적인 개입은 경제적인 제약으로 상당기간 어려울 것이다. 지금 아세안(동남아국가연합) 회원국 10개국과 한 · 일을 포함한 동아시아국가 12개국 중 미국의 개입을 경제적으로나 군사적으로 지원할 수 있는 나라가 없다. 일본은 헌법 개정이 미완 상태이며 한 · 미 동맹도 내재적 제약이 있고 아세안 10개국은 여력이 없는 나라들이다. 종합적으로 볼 때 한국과 일본에 대한 미국의 동맹정책은 불변할 것이고 우리 입장도 불변할 것이기 때문에 대중관계에서 한 · 미 동맹을 과도하게 의식할 필요가 없다고 본다. 미국은 우리가 미국의 재균형전략에 보다 적극 기여할 수 있는 동반자로 하루속히 성장하길 희망하기에 이를 위한 수단과 방법에 대해서는 별다른 이견이 없다고 해도 과언이 아닐 것이다.

– 주재우 경희대 교수 –

출처 : 주재우(2014), "[기고] 워싱턴에서 보는 한 · 중 · 일 관계", 《세계일보》, 2014. 07. 29.

1 문제 제기

- 보호무역정책은 왜 존재하는가? ⇒ 보호무역은 경우에 따라서 후생을 증가시킬 가능성이 없는 것은 아니지만, 일반적으로 그러한 효과를 기대하기는 매우 곤란
- 일례로 수입품에 대한 관세 부과는 생산과 소비 면에서 비효율을 초래하여 한 경제의 후생을 감소시키지만, 대부분의 국가가 보호무역정책을 실시하고 있는 것도 엄연한 현실임.
- 그러므로 우리는 이론적 당위성과 보호무역정책이 실시되는 현실간의 괴리가 왜 존재하는지에 대한 설명이 필요 ⇒ 보호무역정책은 많은 경우 정치적 이해관계의 산물이므로 정치경제학적 접근이 필요함.

2 외부효과와 무역정책

- 시장의 실패가 존재하는 경우 정부개입의 당위성은 규범적 관점에서 파악해야 함. ⇒ 이 경우 정부의 개입은 효율적인 자원의 분배와 국민후생의 증대라는 규범적 관점에서 정당화되며, 무역정책은 그 중요한 수단의 하나로 간주되고 있음.
- 무역정책의 효과를 논의할 때 우리는 소비자와 생산자의 잉여를 기준으로 평가해 왔는데, 이러한 평가방식은 이른바 외부효과로 인한 시장의 실패가 있을 때에는 적절하지 않을 수도 있음. ⇒ 만일 수입규제를 통하여 특정 산업을 보호할 경우 생산부문의 비효율성을 감안한다 할지라도 이 산업이 발전함으로써 여타 산업에 여러 가지 긍정적인 외부효과를 갖는다면 결과적으로 국가경제에 이득을 가져올 수 있음.
- 예를 들어 자동차산업의 경우, 자동차 수입에 대한 규제는 국내 생산자의 잉여를 증가시키는 반면, 생산부문의 비효율성을 가져온다고 볼 수 있는데, 그렇게 단순하게만 평가할 일이 아님. ⇒ 자동차산업은 그 성격상 매우 광범위한 외부효과를 갖고 있음.

- 우선 자동차의 생산 및 수출국이 된다는 것은 선진적인 산업구조와 높은 기술력을 지닌 국가로서의 이미지를 갖게 하는 효과를 가져옴. ⇒ 여타 제품의 수출에도 긍정적으로 작용하게 됨.
- 또한 자동차산업은 많은 연구개발 노력을 통한 기술적 뒷받침을 필요로 하는데, 자동차산업이 갖고 있는 매우 큰 전후방 연계효과[118] 때문에 자동차산업의 발전은 산업 전반에 걸쳐서 기술적 파급효과를 가져올 가능성이 매우 높음. ⇒ 물론 자동차 생산의 증가는 대기오염과 같이 별로 바람직하지 않은 결과를 동반하는 것도 사실임.
- 여기서 중요한 점은 한 국가가 자동차산업을 보유한다는 것은 당초 자동차의 생산자가 고려하지 않는 여러 가지 외부효과를 창출한다는 사실이며, 대체로 자동차산업이 갖는 긍정적 효과가 큰 것으로 간주되고 있음.

- 그러므로 수입규제를 통한 국내 자동차 생산증가가 자동차산업의 보호에서 발생하는 비효율성을 상쇄하고 남는다면, 수입규제에 대한 당위성을 인정할 수 있어 보임. ⇒ 실제로 이와 같은 논리에서 우리나라는 자동차, 철강, 석유화학 등의 중화학공업을 보호 육성해 왔음.

- 그러나 이러한 성과에도 불구하고 보호무역정책이 과연 적절한 것인가에 대해서는 비판의 여지가 있음.
  - 첫째, 특정의 국내산업을 육성하고자 한다면 수입규제를 통해서가 아니라 생산보조금이 더 우월한 정책임. ⇒ 생산보조금의 지급은 비록 생산측면에서의 비효율성을 초래하겠지만 상품의 가격을 올리지는 않으므로 소비측면의 비효율성을 초래하지는 않음.
  - 둘째, 비록 시장의 실패가 있다 할지라도 과연 특정 산업의 보호를 통하여 얻을 수 있는 사회적 이득이 얼마나 되는지 정확하게 측정하기 힘들며, 따라서 보호로 초래되는 비효율성과 직접적인 비교는 거의 불가능함.

---

118) 전후방 연계효과 : 모든 산업은 여타 산업과 직·간접적인 연관을 갖고 있음. 특정 산업의 생산수준이 변할 경우, 이에 투입되는 자원 및 부품을 생산하는 산업과 이 산업 제품을 사용하는 여타 산업의 생산에도 영향을 미치게 될 것임. 이를 연계효과라고 부르는데 전방연계효과와 후방연계효과로 구분함. 자동차산업의 경우 자동차는 2만 개 이상의 부품으로 구성되어 있는데, 이 중 많은 부분을 직접 생산하기보다는 부품업체로부터 조달하는 것이 보통임. 예를 들어 자동차 회사는 타이어나 에어컨, 그리고 오디오 등을 직접 생산하기보다는 협력업체로부터 구입하여 장착함. 따라서 자동차 생산의 증감은 직접적으로 이러한 협력업체에 영향을 미치게 되며 이를 후방연계효과라고 부름. 한편 전방연계효과는 자동차를 사용하는 산업에 미치는 영향임. 예를 들어 자동차 생산의 증가는 택시, 렌트카 등 운수교통산업에 영향을 미치는데, 이를 전방연계효과라고 부름. 이와 관련하여 강인수 외(2010, p.226) 참조.

3 소득분배와 무역정책

3.1 계층 간 소득분배와 무역정책

- 무역의 결과로 상품가격이 변화할 경우 생산요소 간 소득재분배효과를 가져온다는 사실은 이미 스톨퍼-사뮤엘슨의 정리[119]에 의해 밝혀진 바 있음. ⇒ 따라서 수입의 규제는 필연적으로 소득분배문제를 야기함.

- 이러한 점에서 정부는 수입의 규제를 소득재분배를 위한 수단으로 활용할 여지가 있음. ⇒ 그렇지만 생산보조금의 경우에서 알 수 있었듯이 수입규제는 직접적인 소득이전 수단과 비교했을 때 훨씬 더 열등한 수단임.

- 그럼에도 불구하고 이를 소득재분배의 수단으로 활용한다면 이는 단순한 경제적 효율성이 아니라 정치적 논리에서 그 근거를 찾아야 할 것임.

- 예를 들어 우리나라가 쌀 수입에 매우 엄격한 수입규제를 하는 것에 대하여 경제학적 타당성을 부여하기는 힘들지만 농업부문이 갖는 정치적 중요성을 생각하면 쉽게 이해할 수 있음. ⇒ ㉠ 농촌지역은 인구가 도시에 비하여 상당히 적음에도 불구하고 상대적으로 많은 국회의석이 배정되어 있음. ㉡ 이들 지역 출신의 국회의원이 경제적 타당성을 우선 고려할 것인가, 아니면 자신의 재선을 더욱 염려할 것인가. ㉢ 어차피 정치인도 결국은 자신의 이해관계에 입각해서 결정을 내리므로 경제적 효율성의 관점에서 볼 때는 열등한 무역정책이 정치경제학적 관점에서는

119) 스톨퍼-사뮤엘슨 정리 : 무역은 생산요소의 가격을 변동시키고 생산요소 간에 소득배분을 변동시키는 경향이 있어 국가 간의 임금수준이 같아진다는 볼프강 스톨퍼(Wolfgang F. Stolper)와 폴 사무엘슨(Paul A. Samuelson)이 주장한 이론임. 헥셔-올린정리의 제2명제, 즉 요소가격의 국제적 균등화 명제에 입각하여 높은 임금을 지불하는 미국이 낮은 임금밖에 지불하지 못하는 나라와 자유무역을 실시함에 따라 미국 노동자의 실질임금수준이 저하되는 경향을 파악하고, 이를 방지하기 위하여 그 나라로부터 수입되는 상품에 대해 보호관세를 부과해야 할 필요가 있다고 주장한 이론을 말함. 다시 말해 한 재화의 상대가격의 인상은 그 재화에 집약적으로 사용되는 생산요소의 가격을 재화가격 인상에 비해 더 높게 인상시키며 다른 생산요소의 가격은 절대적으로 하락시킨다는 이론을 말함. 즉 관세부과는 일국의 희소한 생산요소 가격을 인상시켜 그 생산요소를 보유한 사람의 소득을 증가시킨다는 것임. 또한 자유무역의 순이익을 소비효과와 생산효과에 의한 사회후생증가로만 파악할 수 없고, 이로 인해 초래되는 소득재분배 효과까지 감안해야 한다는 것임. 이와 대칭되는 개념으로 메츨러의 역설(Metzler's Paradox)이 있는데, 이는 관세부과 시 그 제품의 국내가격이 하락하는 현상을 설명하는 이론임. 동 이론에 따르면, 수입수요가 매우 비탄력적이고 수입제품에 대한 한계소비성향이 매우 낮을 때에는 관세부과로 인한 수입가격 하락폭이 아주 커서 자유무역을 할 때보다 관세를 포함한 국내소비가격이 더 낮아질 가능성이 있음.

효율적인 수단이 될 수 있음.

- 무역정책은 소득분배정책의 관점에서 얼마나 효과적인가? ⇒ 일례로 관세의 소득재분배효과는 교역의 형태(산업 내 무역 혹은 산업 간 무역) 또는 국제분업[120]의 형태에 따라 달라짐.
  - 일례로 국가 간에 요소부존비율의 차이가 큰 나라들 사이의 무역에서는 산업 내 무역의 비중이 상대적으로 작고 산업 간 무역의 비중이 큰데, 이 경우 무역의 소득분배 효과가 상대적으로 크게 마련임.
  - 이런 상황에서는 비록 경제적으로 비효율적인 수단이라고 하더라도 소득재분배 수단으로서 관세정책의 역할이 복원될 수 있음(즉 무역을 제한하는 관세정책이 정당화될 수 있음).

3.2 | 세계화와 빈곤

- 국제분업의 형태뿐만 아니라 산업 간 생산요소의 이동 가능성 역시 무역의 소득분배효과에 영향을 미침.
  - 산업 간 생산요소의 이동이 자유로운 경우 계층별(노동자, 자본가 등 생산요소별) 소득분배효과가 현저하게 나타남.
  - 반면에 산업 간 생산요소의 이동이 불가능한 경우 요소소득의 변화는 산업별로 같게 나타남. ⇒ 이 경우 같은 산업에 투입되는 생산요소들은 서로 다른 계층에 속한다 하더라도 같은 이해관계를 갖게 마련임.
- 무역의 소득분배효과가 산업생산방식, 생산요소의 산업 간 이동 가능성 및 대체 가능성 등에 따라 달라지는 경우, 경제적 이해관계와 무역정책에 대한 입장(찬반 여부)도 산업별·계층별로 달라지게 마련임.
- 1999년 시애틀에서 개최된 WTO 각료회의에서는 자유무역에 반대하는 수많은 비정부기구(NGO)들의 시위가 있었음. ⇒ 이들은 환경이나 노동조건과 같은 특정 사안에 대한 의견을 개진하기 위하여 모인 경우도 있지만, 전반적으로 자유무역이 선진국이나 후진국을 막론하고 빈곤층에게 폐해를 주고 있다는 인식을 공유하고 있었다고 보임.

---

120) 국제분업(international specialization)이란 한마디로 국가와 국가 사이에 일어나는 국제적인 수준에서의 분업을 말함. 즉 각국은 자기 나라에 유리하거나 비교우위에 있는 재화를 집중적으로 생산해 무역을 통해 서로 교환함으로써 상호이익을 얻을 수 있음. 이렇게 국가별로 특정한 재화의 생산에 특화시키는 현상이나 그런 관계를 국제분업이라고 함. 국제분업이 생겨나는 것은 나라마다 자원보유 상태, 노동력 공급 상태, 생산 기술 발달 상태 등이 다르기 때문에 생기는 생산비용의 차이가 가장 큰 원인임. 국제분업은 상품생산 영역에만 그치지 않고 서비스 분야에까지 확대되고 있음.

- 세계화는 경제 · 사회 · 정치적으로 광범위한 영향을 미치는 중요한 현상이라고 할 수 있음. ⇒ 전통적으로 기득권을 가진 계층에서는 질서변화에 반대하는 경향이 있음.

- 문제는 선진국의 경우 보호무역에 대한 지지계층이 소위 '블루 컬러(blue collar)'라는 데 있음. ⇒ ㉠ 이들은 후진국으로부터의 값싼 노동집약적 제품이나 노동력의 유입으로 일자리를 잃을 위험에 놓여 있다고 느낄 수 있으나 이들이 후진국의 비교우위산업이나 직종에 근무한다는 것은 국제분업의 원리에 어긋남. ㉡ 이들에 대한 배려는 무역정책이 아니라, 사회안전망의 구축 및 평생교육체제의 정비 등 사회정책의 몫이라고 할 수 있음.

4 무역정책과 로비

4.1 | 정책결정과 이익집단

- 시장실패를 교정하는 수단으로 정부의 역할을 국한하면 정부개입의 당위성에 대한 분석 또는 '규범적 분석'만이 관심의 대상이 됨. ⇒ 어떻게 무역정책이 결정되고 집행되는가 하는 '정치적 결정과정'에 대한 분석은 불가능하게 됨.

- 그러나 실제로 경제정책이 결정되기까지는 여러 가지 제도적 · 법적 장치가 작용함. ⇒ 국회와 정부, 그리고 법원이 공식적인 정책결정의 주체이지만 이들의 정책결정에는 다양한 이익단체와 언론이 영향력을 행사함.

- 이러한 제도적 · 법적 장치들은 규범적 관점에서 정책결정을 하기도 하지만, 여러 가지 형태의 '압력'을 받는 과정에서 정책당국자의 결정에 변화가 발생하며 또한 '정책공급'의 양상도 바뀌게 됨.

- 문제는 이러한 제도적 · 법적 장치들이 경제정책이 지향하는 최종목표를 달성하는 데 장애요인이 될 가능성이 크다는 것임. ⇒ 그렇게 되면 경제정책이 '시장실패'를 교정하기보다는 새로운 '정책실패'를 유발할 가능성이 커짐.

- 이러한 문제가 가장 심각한 분야 중의 하나가 바로 무역정책 분야임.

- 현실적으로 정책의 결정과정에서 특정 계층의 이해관계를 대변하는 로비나 청원이 집중적으로 이뤄질 경우 아무래도 이들에 편향된 정책이 채택될 가능성이 큼.

• 왜냐하면 정부 또는 국회라 할지라도 반드시 객관적인 기준에 따라 의사결정을 내리는 존재라고 보기 힘들기 때문임.

4.2 보호무역정책에 대한 수요(이익단체들의 요구)와 공급(정책담당자의 결정)

- 특정 무역정책에 대한 개별적 선호가 정책결정에 영향을 미치기 위해서는 개별적 선호를 이에 대한 집단적 수요로 집약해야 함.
  • 개별적 선호를 집단적 선호로 집성하는 과정에는 개별경제주체들 간의 이해관계 및 역학관계를 조정하여 하나로 집약시키기 위한 여러 가지 수단(예를 들면 투표 행위, 압력 단체 활동, 로비행위 등)들이 동원됨.

- 많은 개인이나 사업체가 결집하여 정치적 압력단체를 형성하면 자신들에게 유리한 정보를 효율적으로 정책담당자에게 제공할 수 있으며, 자신들에게 유리한 정책을 채택하는 대가로 특정 정당이나 후보에 대한 지지약속이나 정치자금 제공을 약속하기도 함.

- 보호무역정책은 정부관료, 정치가, 기업가 및 단체, 그리고 유권자 등 다양한 이해관계자들이 각자 자신의 이익을 극대화하려는 과정에서 발생하는 상호작용의 산물임.
  • 이들은 각기 자신의 이해관계를 추구하기 위하여 어떠한 형태로든 개인적·집단적으로 로비활동을 벌임.

- 정책담당자는 자신의 정책목표에 따라 정책에 대한 선호를 결정함. ⇒ 정책목표이 사회후생을 극대화하는 것이 될 수도 있고, 단순히 정치적 지지나 정권을 유지하는 것이 될 수도 있으며, 유착관계에 있는 특정 집단에게 혜택을 주는 것일 수도 있음.

- 정책담당자는 실제로 정책을 결정(공급)하는 과정에서 의회와 행정부와의 관계, 국제협정준수에 대한 의무 또는 국제기구의 압력 등 여러 가지 제도적 장치에 의해 영향을 받지 않을 수 없음.

- 정부는 자국의 정책을 결정하기도 하지만 다른 나라의 정책을 변화시키기 위해서도 노력함. ⇒ 소득, 인구, 지리적 위치 등이 유리한 국가는 다른 나라의 국제경제 정책결정에 상대적으로 큰 영향력을 행사할 수 있으나, 그렇지 않은 나라는 다른 나라에게 거의 영향력을 행사할 수 없는 것임.

- 무역정책은 행정부와 입법부의 협의를 거쳐 결정됨. ⇒ 행정부의 정책 기조에 따라 무역정책이 영향을 받지만, 최종결정이 내려지기까지는 많은 절차와 이해관계자의 상호작용이 영향을 미침.

- 뿐만 아니라 특정의 정책을 수행하기 위해서는 예산이나 국제수지와 같은 여타 경제변수를 고려해야만 함. ⇒ 다만 보호무역정책으로 이득을 보는 생산자 그룹의 정부에 대한 로비활동이 효과적으로 이루어질 수 있다는 점을 감안하면, 정부는 상대적으로 이러한 목소리에 더 귀를 기울일 가능성이 있음.

5 국제협상과 무역정책

5.1 | 무역정책에 있어서 국제협상의 중요성

- 일국의 일방적인 무역정책보다는 국가 간의 협상을 통해 무역장벽을 낮추어 자유무역을 확대하고 통상마찰의 결과 극단적인 수단 중의 하나인 무역전쟁(trade war)을 방지하게 할 수 있음.

- 1990년대 들어 경제적인 의미의 국경이 무의미하게 되는 세계화 추세에 따라 상품교역은 물론 서비스교역과 국제투자가 국제무역에서 그 중요성이 확대되어 감으로써 이들 교역에 대한 자국의 무역정책을 정립하기 위한 국제협상이 더욱 활발하게 진행되고 있어 국제협상에 대한 중요성이 커져 가고 있음.

- 국제협상의 중요성 증대 이유
  - 첫째, 일반적으로 국제적인 거래는 협상의 결과로 이루어지며 국제무역을 규율하고 이에 영향을 주는 국제무역질서와 무역정책 내용은 국제협상의 산물이기 때문임. ⇒ 또한 국제무역에 있어서 전쟁 등 물리적인 힘을 통한 문제의 해결보다는 협상을 통해 해결하는 것이 필요하다는 데에 모든 이해관계자들이 공감하고 있기 때문에 협상의 중요성이 커져가고 있음.
  - 둘째, 국제협상에 있어서 협상기술이 부족한 기업이나 국가는 협상에서 불리한 결과를 감수할 수밖에 없음. ⇒ 협상에서의 이러한 불리한 결과는 외부적으로 주어진 낮은 협상력 또는 외교력 때문이기도 하지만 때로는 협상에 대한 준비가 부족하거나 협상의 내용을 제대로 이해하지 못하는 데서 비롯되기도 함.

- 그러므로 외국과의 무역에서 자국의 이익을 극대화하기 위해서는 먼저 무역정책과 관련된 협상에 적극 참여하여 자국의 의사가 적극 반영될 수 있도록 협상을 위한 사전준비에 만전을 기하는 것은 물론 협상력 또는 외교력 제고에 힘써야함.

5.2 무역정책의 딜레마

- 각국은 소위 '죄수들의 딜레마'[121]에서 보듯이 무역정책의 선택에 있어서도 딜레마에 휩싸이게 됨.
  - 일례로 양국이 통상협상의 결과 협조적으로 자유무역을 선택할 것인지, 아니면 협상의 실패로 양국이 각각 비협조적으로 무역정책을 선택할 것인지 등 어느 정책을 선택할 것인지에 관해 고민을 하게 된다는 것임.
- 결과적으로는 교역당사자들이 독립적인 무역정책을 비협조적으로 선택함으로써 상호협조적인 정책을 수행할 때보다 무역이익은 감소하게 됨.
- 따라서 각국은 그들의 무역이익을 증가시키기 위하여 국제협상이 필요하게 됨.

6 전략적 무역정책

6.1 전략적 무역정책의 의의

- 전통적인 무역정책에 대한 논의는 재화시장이 완전경쟁적이라는 가정 하에서 전개되었으나 국내시장 혹은 세계시장이 불완전경쟁시장이라면 정부의 무역정책은 완전경쟁시장에서의 무역정책에 관한 분석과 매우 다름.
- 가령 재화시장이 과점 상태라면 기업들의 행위는 상호의존관계에 있으므로 한 생산자의 가격이나 생산량 결정에 따라 다른 기업들의 대응이 변경됨. ⇒ 즉 기업들 사이의 전략선택은 상호의존적이 됨.
- 이러한 상황에서 정부가 개입하여 이들 기업들 간의 전략적 관계에 영향을 미칠 수 있음.

121) '죄수들의 딜레마'란 게임이론의 일례로서 게임의 참가자 각자가 자신에게 주어진 인센티브에 따라 의사결정을 할 경우 최적이 아닌 비협조적 결과에 도달하게 되는 게임임. 그러나 만일 게임 참가자들이 서로 협력하기로 한 약속을 지킨다면 그것은 최적의 결과를 얻게 된다는 것임.

- 이와 같이 본국기업과 외국기업 사이의 전략적 관계에 대해 정부가 적극 개입하여 본국에 유리한 방향으로 변경시키는 정책을 실시할 수 있는데, 이러한 정책을 전략적 무역정책(strategic trade policy)이라고 함.[122]

6.2 전략적 무역정책의 효과

- 전략적 무역정책이 본국기업의 보호는 물론, 본국기업에 이익을 얻게 해줄 수 있다는 이론적 근거는 존재한다고 볼 수 있음.
  - 국내기업과 외국기업이 과점적인 국제시장에서 경쟁하는 경우, 해당 국가는 전략적 무역정책을 통해 자국기업에게 유리한 결과가 나타나도록 유도할 수 있다는 것임.
  - 일례로 정부가 전략적인 보조금정책을 추구하는 경우, 자국기업은 보조금 이상의 이득을 보게 됨.[123]
- 이처럼 전략적 무역정책이 이론적으로는 설득력이 있어 많은 관심을 불러일으키고 있으나 현실적인 적용 가능성에 대해서는 의문의 여지가 있음.
- 현실적용 시 문제점
  - 첫째, 전략적 무역정책의 효과를 정확히 파악하기 위해서는 본국기업과 외국기업의 손익 관계를 구체적인 숫자로 표시하여야 하는데, 이를 위한 정보입수와 분석이 용이하지 않음.
  - 둘째, 일국 내에서 한 산업에 대한 보조금지급은 여타 산업에서 보조금을 지급받은 산업으로의 자원이동을 초래하여 일국 전체적으로 볼 때 자원의 합리적 배분을 그르치게 할 가능성이 있음.
  - 셋째, 전략적 무역정책은 다른 국가의 희생 하에 자국이익의 극대화를 추구하는 근린궁핍화정책(beggar-my-neighbor policies)이므로 외국으로부터 보복문제에 직면하게 되어 종국에는 관련 당사국 모두의 후생을 감소시킬 가능성도 있음.

참고자료

(1) 김정수 외(2013), 《국제무역론》, 피앤씨미디어.
(2) 강인수 외(2010), 《국제경제학원론》, 박영사.

---

122) 전략적 무역정책의 한 수단으로 보조금지급 등을 들 수 있음. 무역정책에 게임에서의 전략(국내기업과 외국기업이 전략적인 경쟁 또는 게임이 벌어지고 있는 상황)을 결합한 전략적 무역정책이란 그 자체로는 바람직한 정책이 아닐 수 있지만, 다른 국가 또는 다른 국가의 기업의 선택(또는 행동)에 영향을 주어 바람직한 결과를 가져오도록 하는 정책을 의미한다고 할 수 있음.

123) 이와 관련하여 강인수 외(2010) 참조.

CHAPTER 07

국제수지

한국은행이 7월 29일 발표한 '2014년 6월 국제수지(잠정)'에 따르면 2014년 상반기 경상흑자는 392억 달러로 2013년 같은 기간보다 79억4천만 달러 증가했다. 이는 역대 최대치 수준이다. 한은은 상반기와 하반기 경상흑자가 각각 400억 달러와 440억 달러를 나타낼 것으로 예상한 바 있다. 6월 경상흑자는 79억2천만 달러로 전월대비 11억6천만 달러 감소했지만, 전년 동기와 비교하면 14억2천만 달러 증가했다. 경상수지는 지난 2012년 38억1천만 달러 흑자로 전환한 이후 28개월째 흑자 행진을 이어갔다. 경상수지 중 상품수지 흑자는 66억5천만 달러로 전월의 91억3천만 달러에서 축소됐다. 통관기준 수출에서 수입을 뺀 무역수지 흑자폭이 전월의 50억9천만 달러에서 54억5천만 달러로 확대된 데 비해 상품수지 흑자폭은 감소했다. 이에 대해 한은 노충식 국제수지팀 팀장은 "국제수지에서 상품 수출입은 국제수지매뉴얼(BPM6)에 따라 선박 영수기준을 계상하므로 통관기준과는 다르다. 이번에는 통관기준보다 대금을 적게 받은 것"이라고 설명했다. 서비스수지 적자는 기타 사업서비스 수지 등이 악화하면서 전월의 3억4천만 달러에서 5억8천만 달러로 확대됐다. 본원소득수지 흑자는 해외 직접투자기업의 배당수지가 큰 폭으로 개선되면서 전월의 7억3천만 달러에서 22억3천만 달러로 대폭 증가했다. 이는 사상최대치다. (중략) 이전소득수지는 3억8천만 달러 적자를 기록했다. 상반기 수출은 3천120억7천만 달러를, 6월 수출은 502억8천만 달러를 기록해 전년 동기대비 각각 3.7%와 2.9% 증가했다. 통관기준 상반기 수출은 2천833억2천만 달러로 전년대비 2.5% 늘어났고 6월 수출은 2.5% 증가한 478억5천만 달러를 기록했다. (중략) 상반기 수입은 2천679억 달러로 전년대비 0.3% 감소했고 6월 수입은 0.2% 증가한 436억3천만 달러를 나타냈다. 통관기준 상반기 수입은 2천631억1천만 달러로 전년 동기대비 2.6% 증가했다. 6월 수입은 4.1% 증가한 424억 달러로 집계됐다. (중략) 금융계정에서 유출초[124] 규모는 상반기 413억9천만 달러로 전년 동기의 277억5천만 달러에서 확대됐다. 6월 금융계정에서 유출초 규모는 98억4천만 달러로 전월의 81억3천만 달러에서 증가했다. 직접투자의 유출초 규모는 외국인직접투자가 순유입으로 전환하면서 전월의 33억4천만 달러에서 20억6천만 달러로 축소됐다. 증권투자는 외국인주식투자가 감소하면서 전월의 33억1천만 달러 유출초에서 42억2천만 달러 유출초로 확대됐다. 기타투자의 유입초 규모는 금융기관의 대출이 확대되면서 전월의 39억5천만 달러에서 2억8천만 달러로 대폭 축소됐다. 파생금융상품은 6억9천만 달러 유입초를 시현했고, 준비자산은 45억4천만 달러 증가했다. 정 국장은 경상흑자 기조가 당분간 유지될 것으로 전망하면서 "현재 수출입 동향으로 볼 때 큰 추세 변화는 보이지 않는다"고 말했다. 정 국장은 현재의 경상흑자 기조가 불황형 흑자라는 일각의 주장을 강하게 부인했다. 그는 "불황형이라는 말은 언론에서 만든 것"이라며 "내수가 침체해 경상흑자가 늘어났지만, 제조업 기반으로 늘어나는 수출을 간과해서는 안 된다"고 강조했다. 그는 "현재 내수가 부진해 정부에서 다양한 대책을 검토하고 있다. 이 영향으로 2분기에 좋지 않았던 내수가 회복된다면 수입은 늘어날 것"으로 예상했다.

– 이재헌 · 태문영 기자 –

출처 : "상반기 경상흑자 사상최대…한은 전망치 육박", 《연합인포맥스》, 2014. 07. 29.

---

124) 유출초라는 것은 그만큼 달러가 나갔다는 의미임. 외국인이 증권투자를 하려면 달러를 원화로 바꿔야 하니 외국인이 증권투자를 할 경우 달러가 유입됨. 하지만 은행권이 해외차입을 대규모로 상환했음, 이것은 국내은행들이 외국에서 빌렸던 돈을 갚았다는 의미임. 결국 달러로 갚게 되므로 그만큼 달러가 나가게 됨, 결국 (국내에 증권투자로 들어온 돈) − (외국에 갚아서 나간 돈) = −32억 달러라고 보시면 됨.

1 국제수지표

1.1 국제수지표란

- 국제수지표(balance of payment accounts)는 일정한 기간 동안에 일어난 한 나라의 모든 대외거래를 요약해 놓은 통계표 ⇒ 다시 말해 국제수지표는 일정기간 동안 거주자와 비거주자 간에 이루어진, 모든 경제적 거래를 체계적으로 분류 및 정리하여 기록한 표임.
  - 일정기간 동안 ⇒ 일정기간 중에 발생한 거래를 집계한 유량(flow) 통계
  - 거주자와 비거주자의 거래 ⇒ ㉠ 거주자와 비거주자는 법률상의 국적·지리적 영역보다는 경제활동에 있어 주된 경제적 이익의 중심이 어디에 있느냐를 기준으로 구분 ㉡ 1년 이상 경제활동을 국내에서 하게 되면 거주자, 1년 이하 경제활동을 국내에서 하게 되면 비거주자
  - 모든 경제적 거래 ⇒ 거주자와 비거주자 간에 일어나는 모든 교환거래와 대가없이 이루어지는 이전거래도 포함
  - 체계적 분류 및 정리 ⇒ 복식부기를 원칙으로 국제수지 매뉴얼에 의해 작성

1.2 국제수지표 작성의 두 가지 원칙[125)]

- 첫째 국제수지표는 상·하단으로 구분되어, 상단에는 나라와 나라 사이에서 재화나 서비스를 사고팔거나 임금, 이자, 배당 등을 지급하는 경상거래를 기록하고, 하단에는 나라와 나라 사이에서 자본이 오고 가는 자본·금융거래를 기록

- 둘째 국제수지표는 좌우로 나누어져 왼쪽은 지급란(대차기장방법에 의하면 차변에 해당)이 되는 한편, 오른쪽은 수취란(대변에 해당)이 됨.[126)]
  - 경상거래든 자본·금융거래든 외국으로부터의 수취(receipt)를 일으키는 모든 거래는 수취란에 기록 ⇒ "수취를 일으킨다"는 표현을 쉬운 말로 바꾸면 "외환을 받

125) 한편 국제수지통계의 작성 원칙은 다음과 같음. ▲수출·수입 상품은 본선 인도 기준(FOB)으로 평가 ▲경상수지와 자본수지는 총액, 금융계정은 순액으로 기록 ▲회계원칙은 복식부기 원칙 ▲거래의 계상시점은 발생주의 원칙 ▲하나의 기준 통화로 환산 ▲거래에 의한 변동분만 포함(환율변동 등의 비거래요인 제외) 이와 관련하여 김지은(2014.07.11) 참조.

126) 수취는 수입이라고도 하는데, 대차기장방법에 의하면 대변(credit)거래이고 지급은 대차기장방법에 의하면 차변(debit)거래임.

는다"가 되는데, 예를 들어 상품을 수출하면 외화로 수출대금을 받게 되므로 이런 거래는 경상계정의 수취란에 기록되며, 또한 외국 사람이 우리나라 주식을 살 경우 역시 외환으로 그 구입대금을 받게 되므로 자본계정의 수취란에 기록됨.

• 반면에 외환을 지불해야 하는 거래, 즉 지급(payment)을 일으키는 모든 거래는 지급란에 기록되는데, 예컨대 외국으로부터 상품을 수입하면 외화로 수입대금을 지불하게 되므로 이런 거래는 경상계정의 지급란에 기록되며, 또한 우리나라 사람이 외국의 채권을 구입하는 경우에도 이를 자본·금융계정의 지급란에 기록해야 함.

〈표 7-1〉 변경 전 국제수지표의 작성 원칙

	차변(지급)	대변(수입)
경상계정	■ 재화 및 서비스의 수입 ■ 급료 및 임금과 해외부채에 대한 이자 및 배당금 지급 ■ 해외에 대한 이전지출	■ 재화 및 서비스의 수출 ■ 급료 및 임금과 해외자산에 대한 이자 및 배당금 수입 ■ 해외에 대한 이전수입
자본계정	■ 장단기 자본유출과 금융기관의 대외지급 ■ 해외이주비 및 특허권에 대한 지급	■ 장단기 자본유입과 금융기관의 대외수입 ■ 해외이주비 및 특허권에 대한 수입
준비자산증감	■ 통화당국의 준비자산 증가	■ 통화당국의 준비자산 감소

- 국제수지의 사후적 항등성
  • 국제수지표상의 대변의 총합과 차변의 총합은 사후적으로 항상 일치 ⇒ 복식부기원리에 따라 모든 거래는 대변과 차변에 동시에 한 번씩 기재되기 때문
  • 그러나 이는 국제수지표상의 모든 계정을 합한 경우에 해당 ⇒ 각각의 계정 혹은 일부 계정만 합하면 대변과 차변의 크기가 달라질 수 있음(일례로 경상수지 흑자 혹은 적자).

2 국제수지의 의미

2.1 국제수지란

- 국제수지(balance of payments)란 대외거래의 결과 발생하는 적자와 흑자를 측정하기 위해 고안된 개념

- 상품 수출입과 서비스의 국제거래는 외화유출입의 주요 원인임.
- 외국인이 국내에 투자하거나 한국인이 해외에 투자하면 투자 금액만큼의 외화가 국경 너머로 이동함.

- 외환보유액127)의 현황과 동향을 정확하게 파악하려면 외화유출입을 거래 유형별로 정리해 둘 필요가 있음. ⇒ 일정기간 동안 발생한 항목별 외화유출입 현황을 정리한 것을 국제수지(balance of payment)라고 함.
  - 그 기간 동안 국내에 들어온 외화가 유출된 외화보다 많거나 적으면 국내 외환보유액은 그만큼 늘거나 줆.

- 외화유출입을 유발하는 국제거래의 유형은 다양하지만, 결국 수출입 등 실물거래와 외화자금의 금융거래로 크게 양분됨.

- 만약 대외거래의 수취가 지급을 초과하면 국제수지 흑자(surplus), 그리고 지급이 수취를 초과하면 국제수지 적자(deficit)가 발생했다고 함.

2.2 | 국제수지(표)의 흑자와 적자128)

- 국제수지표는 경상수지, 자본 · 금융계정과 오차 및 누락을 합하면 항상 0이 되도록 작성됨. ⇒ 오차 및 누락 항을 무시한다면 국제수지표에서 경상수지와 자본 · 금융계정의 합계가 항상 0이 되어 국제수지가 균형을 이룬다는 것임.

- 가계부의 경우에도 월별로 한 치의 오차도 없다면 이번 달에 들어온 금액은 나간 금액과 일치하게 됨.
  - 이번 달에 들어온 금액을 말하는 가계의 수입에는 소득뿐만 아니라 자산을 매각하여 받은 돈, 다른 데서 빌린 돈 등을 의미하는 기타수입도 포함됨. ⇒ 지난달에 쓰지 않고 남은 돈이 있다면 전월 이월금이라는 수입항목으로 분류함.

---

127) 일반적 국제거래에서 결제수단으로 사용되는 외화를 외환(foreign exchanges) 또는 경화(hard currency)라고 함. 미국의 달러화, EU의 유로화, 영국의 파운드화, 그리고 일본의 엔화 등이 대표적 경화로 유통됨. 보통 세계인들이 지속적으로 많이 사주는 상품이나 서비스를 생산하는 나라의 화폐는 외환으로 대접받음. 여러 외환 가운데에서도 제2차 세계대전 이후 세계의 기축통화로서 자리를 확고히 유지해온 미국의 달러화는 가장 널리 유통되는 외화임. 세계 각국의 무역 거래액은 물론이고, GDP 등 중요 경제통계도 모두 달러로 정리됨. 외화로 대금을 결제하는 국제 상품무역이나 서비스교역은 국경을 넘나드는 외화의 이동을 유발함. 상거래뿐 아니라 국제금융거래도 외화자금의 국제이동을 불러옴. 그러므로 각국은 국제거래의 대금결제 등 각종 대외지불을 감당할 수 있을 정도의 외화를 항상 보유하고 있어야 함. 일반 가계가 일상생활에 필요한 지출을 감당할 수 있도록 어느 정도의 현금을 항상 보유하고 있어야 하는 것과 같음. 2012년 4월 말 현재 우리나라의 외환보유액은 3168억4천만 달러임. 이와 관련하여 이승훈(2012. 06) 참조.

128) 이하 내용은 장경호(2012. 11) 참조.

- 반면 나간 금액을 말하는 가계의 지출에는 생계유지에 필요한 재화와 서비스의 구입을 위한 소비지출뿐만 아니라 세금 · 연금 · 보험료 · 대출이자 등의 비소비지출과 저축 · 자산매입 · 대출상환 등의 기타지출도 포함됨. ⇒ 이번 달에 쓰지 않고 남은 돈이 있다면 월말 현금잔고라는 지출항목으로 분류함.
- 이를 수식으로 나타낸다면 '수입(소득+기타수입+전월 이월금)=지출(소비지출+비소비지출+기타지출+월말 현금잔고)'의 관계가 항상 성립함.

- 수입과 지출이 일치한다고 해서 가계수지가 실제로 균형을 이루고 있는 것은 아님. ⇒ ㉠ 가계의 입장에서는 이번 달에 벌어들인 소득이 소비지출과 비소비지출을 합한 것보다 많으면 흑자이고, 반대로 작으면 적자일 것임. ㉡ 기타수입이나 기타지출 등은 흑자 여부를 판단하는 데 고려하지 않기 때문임. ㉢ 가계의 수입과 지출의 차이인 '수지' 개념을 이용하여 '소득−소비지출−비소비지출=(기타지출−기타수입)+(월말 현금잔고−전월 이월금)'의 관계로 정리하면 흑자 상태에 있는 가계는 자산매입 또는 대출상환을 위해 지출하든지 현금 보유를 늘린다는 것을 쉽게 이해할 수 있음.

- 이를 국제거래로 확장하면 우선, 소득과 소비 및 비소비지출의 차이는 경상수지와 관련이 있다는 것을 알 수 있음.
  - 재화와 서비스의 수출과 수입의 차이인 상품수지와 서비스수지, 근로 또는 투자에 따른 소득과 지출의 차이인 본원소득수지, 대가없이 주고받은 소득과 지출의 차이인 이전소득수지는 모두 경상수지에 포함됨.

- 다음으로 기타지출과 기타수입의 차이는 자본 · 금융계정과 관련이 있음.
  - 해외이주비와 같은 자본의 이전, 특허권 · 저작권 · 상표권 등 비생산 · 비금융 자산의 취득에 따른 지출과 수입의 차이는 자본수지에 해당함.
  - 한편 생산 · 금융 자산의 취득과 관련된 직접투자나 증권투자, 대출 등 기타투자에 따른 지출과 수입의 차이는 금융계정에 해당함.
  - 마지막으로 월말 현금잔고와 전월 이월금의 차이는 가계가 보유하고 있는 현금의 증감을 나타내는 것으로, 국제수지표에서는 금융계정 항목 중의 하나인 준비자산 증감을 의미함.

- 따라서 국제수지표는 가계부를 수입과 지출로 구분하여 작성하는 것과 크게 다르지 않음.

- 다만 국제수지표에서는 수입과 지출 대신 그 차이인 수지를 이용하여 경상수지와 자본 · 금융계정을 작성하며, 또한 국제수지표에서는 '수입=지출'보다는 '수입−지출=0', 즉 '수지=0'의 형식으로 작성함. ⇒ 이 때문에 국제수지표에서는 '경상수지+

자본 · 금융계정=0'이 되고 자본 · 금융계정의 수입은 양(+)의 부호를, 지출은 음(−)의 부호를 갖게 됨.

- 국가의 입장에서 보면 소득이 소비 또는 비소비지출보다 많은 경우 경상수지가 흑자가 되지만, 남는 소득을 이용하여 해외의 자산을 구입하든지 대출을 상환하든지 아니면 외환 보유를 늘리게 되기 때문에 자본 · 금융계정은 적자가 됨.

- 흔히 국제수지가 흑자라고 할 때는 가계와 마찬가지로 소득이 소비 또는 비소비지출보다 많은 경우, 즉 경상수지가 흑자인 경우를 의미함. ⇒ 국제수지와 경상수지를 혼용하여 쓰게 되는 것도 이 때문임.

2.3 국제수지의 다양한 개념

- 국제수지표는 복식부기의 원리에 의해 기록되기 때문에 수취란의 총합과 지급란의 총합은 언제나 사후적으로 일치하게끔 되어 있기 때문에[129] 실질적인 의미를 갖는 국제수지를 측정하기 위해서는 국제수지표의 중간 부분에 가상적인 선을 긋고 그 위쪽 거래만의 수지를 따져야 함.
  - 예를 들어 경상계정과 자본계정 사이에 가상적인 선을 긋고 그 윗부분에 있는 경상거래만의 수지를 따지는 방식으로 국제수지를 측정할 수 있는데, 이것을 경상수지(current account balance)[130]라고 부름.

- 그런데 오늘날처럼 국제적으로 자본이 활발하게 교류되고 있는 상황에서 차관, 직접투자, 증권투자 같은 자본거래도 나름대로 목적을 갖고 행해지는 거래라고 볼 수 있기 때문에 국제수지표의 어디에 가상적인 선을 그어야 한다고 잘라 말하는 것은 어려운 일임.
  - 바로 이 때문에 과거 현실에서는 경상수지 말고도 무역수지라든가 기초수지 같은 다양한 국제수지의 개념이 활용되었음.[131]

---

129) 국제수지는 외환보유액의 증감 항목을 함께 포함하여 최종수지가 항상 0이 되도록 작성됨.

130) 간단하게 말하면 재화와 서비스의 수출액과 수입액을 비교한 결과라고 할 수 있으나, 좀 더 정확하게 살펴보면 다음과 같음. 경상수지(balance of current account)란 한 국가의 대외거래 상태를 나타내는 지표 중의 하나인데, 과거에는 무역수지, 무역외수지, 이전수지를 합한 것으로 표시하였으나 1997년 말부터는 국제적 분류체계에 맞추기 위하여 IMF 편제기준에 따라 상품수지, 서비스수지, 소득수지, 경상이전수지를 합하여 집계하고 있음. 보통 국제수지 적자 또는 흑자를 말할 때 대개 경상수지를 기준으로 하고 있음.

131) 과거에는 경상수지에 자본수지를 합한 종합수지와 자본수지 중의 장기자본수지와 경상수지를 합한 기초수지를 산출했으나 현재는 집계하지 않고 있음.

3 국제수지(표)의 구성

- 국제수지는 크게 경상수지, 자본·금융계정[132](구 자본수지와 준비자산증감 포함) 등으로 구성

3.1 | 경상수지 : 손익계산서적 성격

- 경상수지는 상품이나 서비스를 사고파는 대외거래의 결과 벌어들인 외화와 지급한 외화의 차이를 말하며 이는 상품수지,[133] 서비스수지, 본원소득수지(구 소득수지), 그리고 이전소득수지(구 경상이전수지)로 구성
- 경상수지는 한 나라가 해당 기간 동안 국제거래로부터 벌어들인 순외화수입을 나타냄.[134]
- 경상수지가 계속 흑자를 기록하는 나라는 해외에서 벌어들인 외화가 해외에 지급한 외화보다 많으므로 보유하는 외화가 점점 늘어나 외국에 돈을 빌려줄 수 있는 반면에 경상수지가 계속 적자인 나라는 벌어들인 외화보다 지급해야 할 외화가 많기 때문에 보유하는 외화가 점점 줄어들거나 부족한 만큼을 메우기 위해서는 외국으로부터 빚(외채)을 얻어 와야 할 것임.

① 상품수지

- 상품의 수출액과 수입액의 차이 기록 ⇒ 상품을 수출해서 벌어들인 외화와 상품을 수입하는 데 지출한 외화의 차이를 나타냄.[135]

---

132) 자본·금융계정은 다시 자본계정(자본수지)과 금융계정으로 구분됨.

133) 상품수지는 무역수지로, 서비스수지와 소득수지의 합은 무역외수지로 부르기도 함. 그런데 무역수지와 상품수지의 경우 발표기관이 다르기 때문에 발표 수치가 동일하지 않음에 주의하기 바람. 즉 산업통상자원부(구 지식경제부)가 발표하는 무역수지와 한국은행에서 발표하는 상품수지가 서로 다름. 그 이유는 통계계상기준 및 포괄 범위가 달라 차이가 발생함. 즉 무역수지는 우리나라의 관세선을 통과하면 수출입으로 계상되는 통관기준으로 작성되며 상품수지는 상품의 소유권이 이전되어야 수출입으로 계상되는 소유권이전 기준을 적용함. 그리고 무역수지는 수출을 본선인도가격, 수입은 보험 및 운송가격을 포함한 가격을 기준으로 하지만 상품수지는 수출입 모두 본선인도가격을 적용함. 결국 무역수지와 상품수지는 발표기관이 달라짐으로 인해 그 정의가 달라 같은 뜻을 가지고 있지만 수치가 다르게 나오는 것임.

134) 우리나라의 경상수지는 2010년에 293억9천만 달러의 흑자였는데, 상품수지와 서비스수지는 각각 400억8천만 달러의 흑자와 86억3천만 달러의 적자를 기록하였음. 우리나라의 서비스수지는 과도한 해외여행 수요 때문에 그동안 지속적으로 적자를 면치 못하는 상태임.

② 서비스수지

- 외국과의 서비스거래로 발생한 수입과 지급의 차이를 기록, 즉 다른 나라와의 서비스거래에서 벌어들인 외화와 지급한 외화와의 차이를 말함. ⇒ 서비스수지(service account)가 흑자이면 한국인의 외국 서비스 구입액이 외국인의 한국 서비스 구입액보다 더 적다는 뜻이고, 반대로 적자이면 한국인의 외국 서비스 구입액이 더 많다는 의미임.[136)]

③ 본원소득수지

- 거주자와 비거주자 사이에 발생하는 급료 및 임금(1년 미만),[137)] 투자소득[138)] 차이 ⇒ 우리 근로자가 해외에서 일하거나 국내자본을 해외에 투자하여 벌어들인 외화와 국내에서 일하는 외국인 근로자에게 임금으로 지급하거나 외국자본에 대해 이자나 배당금으로 지급한 외화와의 차이를 나타냄.[139)]

④ 이전소득수지

- 거주자와 비거주자 사이에 대가없이 이루어진 이전거래 내역을 기록 ⇒ 아무런 대가없이 주고받는 거래인 정부 간 무상원조(식량 등), 송금, 국제기구 출연금 등 무상거래 내역을 기록[140)]

---

135) 모든 상품무역은 반드시 세관을 거치기 때문에 그 금액도 통관 당시의 금액으로 집계됨. 즉 수출액은 국내 출발 항구에서 선박에 선적한 상태의 가치, 그리고 수입액은 국내 항구에 도착한 상태의 가치로 평가함. 따라서 운송과정에 소요되는 운임과 보험료는 수출액에는 포함되지 않지만 수입액에는 포함됨. 한국과 미국이 각각 꼭 같은 100만 달러어치 상품을 수출하더라도 양국 간 상품수지는 수입액에 운임 등이 포함되기 때문에 둘 다 적자로 계산됨.

136) 상품거래와 달리 서비스 거래는 세관을 거치지 않음. 한국인이 일본에 가면서 미국의 UA항공을 이용하면 항공료만큼의 외화가 미국으로 유출되고 일본의 하꼬네에서 온천을 이용하면 온천요금만큼의 외화가 일본으로 유출됨. 외국 관광객들이 한국을 찾으면 이들이 한국에서 사용하는 외화는 그대로 국내로 반입됨. 서비스에는 관광 이외에도 운송 · 통신 · 보험 · 숙박 · 영화 · 교육 · 의료 · 컨설팅 · 지식재산권 사용료 및 각종 사업서비스 등이 있음.

137) 급료 및 임금 : 거주자와 외국에 1년 이내 단기로 머물면서 일한 대가와 비거주자에게 지급한 돈의 차이

138) 투자소득 ⇒ ㉠ 직접투자소득 : 경영참여 등 영속적인 이해관계를 목적으로 한 대외투자(배당과 대부투자에 따른 이자), ㉡ 증권투자소득 : 투자자본의 가치증가, 이윤획득을 목적으로 한 주식 및 채권투자(주식 및 채권투자의 배당과 이자), ㉢ 기타투자소득 : 직접투자와 증권투자에 속하지 않는 대출 및 차입, 무역신용 등에 대한 이자의 수취 및 지급

139) 해외 금융기관에 지불하는 이자, 외국인 주주에게 지급하는 배당금, 그리고 외국 노동자의 본국 가족에게 지급하는 임금 등과 같은 유형의 외화유출입을 집계한 것이 본원소득수지임.

140) 무상원조나 해외유학 중인 자녀에게 보내는 송금 등 일방적 증여 성격의 외화유출입은 이전소득수지로 집계됨.

3.2 자본 · 금융계정

- 국경을 넘는 투자와 대출에 의한 외화유출입을 집계한 것이 자본 · 금융계정 (capital and financial account)임.
  - 해외차입, 국내 외국인투자, 그리고 내국인의 해외투자 회수는 외화를 유입시키고 반대의 경우에는 유출시킴.
  - 외환보유고를 현재대로 유지해야 하는 상태에서 발생한 경상수지 적자는 자본 · 금융계정 흑자로 메꾸게 됨.
  - 특허권과 같은 무형자산의 판매와 해외 이주자의 재산 반출은 구입자와 이주자의 해외 투자로 처리되어 자본 · 금융계정에 잡힘.
- 자본 · 금융계정은 장기투자를 집계한 직접투자수지, 단기투자를 집계한 증권투자수지, 그리고 은행의 단기차입 및 상환을 집계한 기타투자수지 등으로 구성되고, 최종 국제수지가 항상 0이 되도록 외환보유고 변화분의 마이너스 값을 준비자산증감의 항목으로 포함함.
  - 2010년도 자본 · 금융계정은 직접투자수지가 221억8천만 달러 적자, 증권투자수지가 424억8천만 달러 흑자, 그리고 준비자산증감이 −269억7천만 달러로서 274억8천만 달러의 적자를 기록하여 같은 해 경상수지 흑자 293억9천만 달러보다 작음.
  - '오차 및 누락'으로 정리하는 이 차이는 은행에 기록된 외화유출입 자료가 어떤 거래로 발생했는지를 완벽하게 파악하지 못하기 때문에 발생함.

① 자본계정(자본수지)

- 과거 계정의 기타자본수지 항목을 의미하는 것으로 자본이전과 비생산 · 비금융자산으로 구분됨.
- 자본이전 : 자산 소유권의 무상이전, 채권자에 의한 채무변제 등을 기록
- 비생산 · 비금융자산 : 브랜드네임, 상표 등 마케팅 자산과 기타 양도 가능한 무형자산의 취득과 처분을 기록[141)]

② 금융계정 : 대차대조표적 성격

- 정부, 중앙은행, 금융기관, 민간기업 등 모든 거주자의 대외금융자산 및 부채의 변

141) 또 다른 설명으로는 토지, 지하자원 등 비생산유형자산과 특허권, 저작권, 상표권 등의 비생산무형자산의 취득 및 처분 거래를 기록(자료 : KDI경제정보센터 편, 《경제, 이것이 궁금해요》, 교보문고, 2009).

동을 기록 ⇒ 직접투자, 증권투자, 파생금융상품, 기타투자, 준비자산 등을 대상으로 함.

- 직접투자 : 기업에 대한 경영참여 등을 목적으로 하는 직접투자에 따른 거래(10%룰에 따른 일차적 직접투자관계, 연쇄출자 등을 통한 간접적 직접투자 및 동료기업 간 직접투자를 포함하는 포괄적 직접투자관계까지 포함)
- 증권투자 : 거주자와 비거주자 간에 일어나는 주식 및 채권거래를 계상
- 파생금융상품 : 파생금융상품 거래로 실현된 손익 및 옵션 프리미엄의 지급과 수취 기록
- 기타투자 : 이외 모든 대외금융거래 계상
- 준비자산 : 통화당국이 외환시장 안정을 위해 언제든 사용 가능하며 통제가 가능한 외화표시 대외자산을 의미 ⇒ 이는 구 준비자산증(−)감에 해당하는데, 한마디로 통화당국(한국은행)의 외환보유액 증감으로 나타나게 됨.[142)]

4 국제수지표 작성의 예[143)]

- 실제 국제수지표를 작성할 때는 단순히 외화의 유출입뿐만 아니라 외화에 대한 반대급부도 동시에 기록함.
- 국제수지표는 복식부기(複式簿記)원리에 의해 작성됨. ⇒ 용돈기입장이나 주부가 쓰는 가계부에 기록하는 내용은 간단하기 때문에 돈이 들어오고 나가는 것을 한쪽에 적어 나타내기 충분하지만, 기업이나 국제거래의 내용은 돈의 흐름이 복잡하고 분량도 방대하기 때문에 복식부기원리를 사용함.

142) ▲준비자산증감은 중앙은행이 국제수지 불균형을 바로잡기 위해 사용할 수 있는 준비자산의 변동을 기록 ▲준비자산은 금, 외화자산(현금, 예금 및 증권) 등의 형태로 보유함. ▲이 항목은 모든 대외거래활동의 결과로 발생한 외화자금의 과부족을 중앙은행이 어떻게 메우고 운용하는가를 나타냄. ▲준비자산이 증가한 경우는 정부와 민간이 해외로부터 받은 외화가 지급한 외화보다 많아 국내로 외화가 들어온 상황을 의미하며, 반대로 준비자산이 감소한 경우는 국내의 외화가 해외로 유출되었음을 의미 ⇒ 만약 적자가 나는 경우 자국 중앙은행의 외화보유고로부터 적자분을 메우게 되면 자국 중앙은행의 외환자산인 외환리저브는 감소하지만 국제수지표의 복식부기 원리에 따라 플러스(+)로 기록됨. 이와 관련하여 김대식 외(2012) 참조.

143) 허균(2012.11) 참조.

- 복식부기에서 부기란 '장부기입'의 약칭이고, 복식이란 하나의 거래를 왼쪽(차변)과 오른쪽(대변)에 이중으로 기록하는 방식을 말함.

- 일반적으로 복식부기에서 왼쪽 차변 항목에는 자산의 증가, 부채의 감소, 자본의 감소, 비용의 발생과 관련된 사항을 적고, 오른쪽 대변에는 자산의 감소, 부채의 증가, 자본의 증가, 수익을 발생시키는 항목을 기입함.

- 사례를 통해 복식부기원리를 국제거래에 적용해 보자.
  - ㉠ 국내에서 해외로 100억 달러어치의 제품을 수출한 경우, 100억 달러어치의 실물 자산이 해외로 나갔으므로 대변의 상품수지에 100억 달러를 적고, 이를 통해 외화 자산 100억 달러가 국내로 유입되므로 차변 중에서 기타투자에 100억 달러를 기록함. ⇒ 여기서 기타투자는 직접투자 · 증권투자 등에 포함되지 않는 모든 금융거래를 기록함.[144)]
  - ㉡ 해외여행을 하면서 50억 달러를 지출한 경우, 외화 자산 50억 달러어치가 감소하므로 해외여행 서비스를 이용한 비용을 차변의 서비스수지에 50억 달러, 대변 기타투자에 50억 달러를 동시에 작성함.
  - ㉢ 외국인이 국내 증권시장에서 주식 2억 달러를 매입한 경우, 국내에서는 2억 달러어치의 주식 자산이 감소하므로 대변의 증권투자, 외화 2억 달러만큼 금융자산이 증가하므로 차변 기타투자에 계상하게 됨.
  - ㉣ 마지막으로 한국은행이 5억 달러를 국내 외환시장에서 매입한 경우, 외화 금융자산이 증가하므로 차변 준비자산에 5억 달러, 5억 달러를 매입하기 위해 부채가 5억 달러 증가해야 하므로 대변 기타투자에 5억 달러를 적음.

- 이상의 ㉠~㉣ 사례를 국제수지표로 작성해 보면 〈표 7-2〉와 같음.

- 국제수지표는 모든 대변 항목의 합계와 차변항목의 합계가 일치하게 되어 국제수지표 전체의 순수지(net balance)는 원칙적으로 0이 됨.

- 흔히 100억 달러어치의 물품을 수출하면 외화 100억 달러가 들어와서 경상수지 중 상품수지가 100억 달러 흑자가 된다고 설명함.
  - 결과적으로 틀린 설명방법은 아니지만 국제수지표의 기입방식대로 설명하자면, 100억 달러 수출대금이 상품수지에 기록되는 것이 아니라, 100억 달러어치의 수출품이 기록되는 것임.
  - 물론 수출품의 반대급부인 수출대금 100억 달러는 자본 · 금융계정 중 기타투자에 포함됨.

---

144) 수출입 · 서비스 · 생산요소 등 대외거래의 반대급부인 각종 외화의 유출입을 기록한다고 생각하면 됨.

〈표 7-2〉 국제수지표 작성 예

(단위 : 억 달러)

구분		차변(−)	대변(+)	수지
경상수지	상품수지		㉠ 100	+100
	서비스수지	㉡ 50		−50
	본원소득수지			
	이전소득수지			
	경상수지소계	50	100	+50
자본 · 금융계정	직접투자			
	증권투자		㉢ 2	+2
	기타투자	㉠ 100 ㉢ 2	㉡ 50 ㉣ 5	−47
	준비자산	㉣ 5		−5
	자본 · 금융계정 소계	107	57	−50
순수지		157	157	0

5 국제수지 균형의 중요성[145)]

- 어떤 한 나라가 대폭적인 흑자를 지속하게 되면, 반드시 다른 나라에 상당한 적자가 야기되어 어려움을 주게 되는 한편, 대내적으로도 통화량이 팽창되어 물가수준에 악영향을 미치게 됨.
- 반대로 국제수지의 대폭적인 적자가 지속되게 되면 수입대금 등의 지급 때문에 외환준비가 감소하거나 외국으로부터 단기적인 차입조달에 의하여 보전하지 않으면 안 됨.
  - 그렇게 하지 않는 경우에는 외국환관리나 수입억제 등의 조치를 취하여야 함.
  - 그러나 이러한 경우에는 국내경제활동이 침체되고 국민의 생활수준이나 후생수준의 향상이 이루어지지 않아 국내외적으로 여러 가지 부작용이 나타나게 됨.
- 따라서 일반적으로 국제수지의 적자 또는 흑자가 급격히 확대된다든지 혹은 국제수지의 불균형 상태가 장기간에 걸쳐 계속되는 경우에 통화당국은 국제수지의 균형을 위해서 조정정책을 실시하지 않을 수 없음.

145) 이와 관련하여 김정수(2009, pp.286~288) 참조.

6 국제수지 불균형에 대한 해석[146)]

- 일반적으로 상품수지가 흑자인 것을 선호하는 경향이 있음.
  - 그것은 상품수지가 흑자이면 수출이 수입을 초과하여 우리나라에서 생산된 상품이 세계시장에서 팔린 금액이 외국에서 생산되어 국내시장에서 팔린 금액보다 많다는 것을 의미함.
- 이는 우리나라 상품의 국제경쟁력이 상대적으로 높다는 것을 나타낸다는 점에서 환영할 만한 일임.
- 그러나 우리나라 상품의 국제경쟁력이 상대적으로 높다는 것은 환영할 일이지만 반드시 상품수지의 흑자가 좋은 것은 아님.
  - 우선 상품수지의 흑자는 상대국의 적자를 의미하므로 그것이 과도할 경우 상대국의 무역보복을 유발할 수 있음.
  - 그리고 상품수지의 흑자가 국내경기의 어떠한 상태에서 나타나고 있는가에 따라 다름. ⇒ 즉 국내경제가 불황에 직면하여 소비, 투자 등 국내의 지출이 줄어들어 수입이 감소하여 상품수지가 흑자를 보인다면 이는 축소균형으로 이행하고 있는 것을 나타내는 만큼 좋은 일이 아님.
- 반대로 상품수지가 적자를 보이고 있다 하더라도 기계설비 등 투자재의 수입이 증가하여 적자를 나타내고 있다고 한다면 이는 오히려 좋은 현상으로 볼 수 있음.
  - 즉, 기계 등 투자설비의 수입 증가는 당장에는 상품수지의 적자를 일으키지만 그러한 투자설비가 자본스톡의 증가 및 생산시설의 확충을 가져와 국민경제의 잠재적 성장 여력을 늘리는 데 기여한다고 하면 이러한 수입 증가는 미래의 성장을 담보하는 것이므로 오히려 좋은 일이라고 할 수 있음.
- 그러므로 상품수지의 흑자 또는 적자 중 어느 것이 좋은 것인가는 일의적으로 판단할 수 없으며 어떠한 상황에서 흑자 또는 적자가 나타나고 있는가를 분석하는 것이 중요[147)]

---

146) 이와 관련하여 곽태운(2013, pp.25~26) 참조.

147) 이와 관련하여 기사를 통해 부연설명해 보기로 하자. 비록 흑자폭이 감소하고 있다고는 하나 어려운 여건 속에서도 7개월째 경상수지가 흑자를 기록하고 있음에도 불구하고 기사의 논조가 부정적인 이유는 바로 흑자의 내용 때문임. 즉 흑자라 해도 그것이 수입을 상회하는 큰 폭의 수출증가에 의한 흑자가 아니라 수출이 감소하고 있음에도 불구하고 수입이 더 큰 폭으로 감소해서 나타나는

참고자료

(1) 이준구 외(2012), 《경제학 들어가기》, 법문사.
(2) 김대식 외(2012), 《현대 경제학원론》, 박영사.
(3) 곽태운(2013), 《현대 국제금융론》, 박영사.
(4) 김정수(2009), 《무역정책론》, 박영사.
(5) 이승훈(2012), "국제수지 올바로 이해하기", 《"click" 경제교육》, KDI경제정보센터, 2012. 06.
(6) 장경호(2012), "국제수지표의 흑자와 적자", 《"click" 경제교육》, KDI경제정보센터, 2012. 11.
(7) 허균(2012), "복식부기원리로 작성되는 국제수지표", 《"click" 경제교육》, KDI경제정보센터, 2012. 11.
(8) 정원석(2012), "경상수지 적자는 항상 부적정인가?", 《"click" 경제교육》, KDI경제정보센터, 2012. 11.
(9) 김지은(2014), "국제수지통계의 이해와 새로운 국제기준 이행 결과", 《한은 금요강좌》, 한국은행 커뮤니케이션국, 2014. 07. 11.

이른바 '불황형 흑자'라면 문제상황이라고 볼 수 있는 것임. 특히 소비재뿐만 아니라 향후 생산에 직접적인 영향을 주는 원자재와 자본재의 수입이 큰 폭으로 감소한 것은 성장에 대한 전망을 더욱 어둡게 할 수 있음. 경제성장을 위해서는 필수적으로 투자가 선행되어야 함. 예를 들어 장기적 성장을 위한 투자로 자본재를 수입하는 경우 비록 경상수지상에서는 마이너스 요인으로 기록되겠지만, 이것을 부정적으로 판단해서는 안 됨. 신제품 개발을 위한 핵심 기술에 대한 특허권 사용료나 해외에서 유입된 고급 인력에게 임금을 지불하는 일 등은 외화의 유출 요인으로 경상수지를 적자로 만들 수 있지만, 장기적인 관점에서 본다면 더 큰 성장을 위해 필수적인 투자에 해당하므로 이 역시 긍정적인 시각으로 바라봐야 함. 이것은 우리나라 경제가 한창 성장하던 시기에는 자주 경상수지 적자를 기록하다가 외환위기 이후에 투자가 감소하고 성장의 속도가 둔화되면서 경상수지가 대규모 흑자로 전환된 사실을 통해서도 확인할 수 있음. 또한 우리나라가 국제사회로부터 도움을 받던 입장(경상이전수지〈+〉 요인)에서 경제성장 등을 통해 국격이 높아지면서 각종 국제기구의 활동에 활발히 참여하며 분담금을 이전보다 많이 지출하게 된 것(경상이전수지〈−〉 요인)도 단순히 경상수지 항목에서 외화의 유입과 유출만으로 좋고 나쁨을 판단할 수 없다는 근거가 됨. 적자에 대해 무조건 거부감을 갖기보다는 적자 그 자체가 아니라 적자의 내용에 대해 따져볼 줄 아는 안목을 갖출 필요가 있음. 정원석(2012.11) 참조.

부록 [7-1] 국제수지표의 변경[148)]

1. 개편 배경

- 한국은행은 2010년 12월 국제수지 통계의 일부 항목에 대한 계상방식 중 명칭과 분류체계 등을 변경하였음. ⇒ 이는 2010년 1월 국제통화기금(IMF)이 세계화의 진전, 국제금융시장에서의 새로운 금융상품의 출현 등 최근의 변화된 금융환경을 반영하기 위해 새로운 국제수지매뉴얼(Balance of Payments Manual 6th : BPM6)을 공표하고 그 이행을 각국에 권고한 것과 일차적인 관련이 있음.
- BPM6는 해외생산 확대, 금융상품의 혁신 등 환경변화를 반영하고, 국민계정통계, 통화금융통계 등 거시경제통계와의 정합성을 제고하는 데 주된 목적이 있음.
- 이에 따라 한국은행은 2014년 3월 새로운 국제수지매뉴얼의 이행을 완료[149)]

2. 주요 변경 내용

2.1 1단계 주요 이행 내용(2010년 12월)[150)]

- 첫째, 선박수출 계상방식 변경 : 인도 기준 → 건조 진행 기준[151)]
- 둘째, 본사직영에 의한 해외건설공사 계상방식 변경 : 금융계정의 직접투자 → 건설서비스[152)]

---

148) 기본 골격은 양호석(2012.11) 참조.

149) 김지은(2014.07.11) 참조.

150) 노충식 외(2010.12) 참조.

151) 선박수출 계상방식을 인도 기준에서 건조 진행 기준으로 바꾸었음. 여기서 인도 기준이란 선박수출을 경상수지에 계상할 때 건조된 선박을 발주자에게 인도하는 시점에 수출로 인식하는 것이며, 건조 진행 기준이란 선박의 완공과 관계없이 선박수주 이후 건조과정에 걸쳐 공사 진행에 따라 수출을 인식하는 것을 말함. 이전까지는 선박수출을 인도 기준으로 계상함에 따라 ㉠ 조선업체들의 기업 회계상 매출 인식 기준(건조 진행 기준)과의 불일치, ㉡ 조선업체들이 선박수출대금의 50~80%를 선박 인도전에 수령한다는 점에서 실제 외화 흐름과의 차이, ㉢ 선박 관련 선수금은 선박수출(인도) 시점까지 무역신용(대외채무)으로 계상되므로 대외채무가 실제 지급부담보다 과다 계상되는 점 등의 문제점을 안고 있었음. 선박수출을 건조 진행 기준으로 인식함에 따라 이런 문제점을 동시에 해결할 수 있게 되었음.

152) 본사직영에 의한 해외 장기건설공사의 계상방식을 이전의 직접투자에서 서비스수지로 변경하였음. 그동안 해외건설공사 관련 대외거래에 대해 공사기간이 1년 이하인 경우는 건설서비스로, 1년을 초과하는 경우에는 해외직접투자로 인식해 왔음. ⇒ 이에 따라 우리나라는 다른 나라에 비해 해외건설 수주액 대비 건설서비스 수입(收入)액이 지나치게 작게 계상되어 있었음. 예를 들어 2009년 기준으로 일본 23.6%, 독일 12.4%, 미국 4.6% 등에 비해 우리나라는 0.4%로 매우 낮은 수준을 보였음. 그러나 새로운 국제수지매뉴얼(BPM6)에서는 1년을 초과하는 본사 직영에 의한 해외건설공사는

- 셋째, 명칭 및 분류체계 변경[153]
  - 명칭 변경 : ㉠ 소득계정 → 본원소득계정 ㉡ 경상이전계정 → 이전소득계정 등
  - 분류체계 변경 : 재화수리(상품수지) → 유지보수서비스(서비스수지) 등
- 넷째, 국제수지표 체계도 새로운 기준에 따라 재편 ⇒ 〈표 부7-1〉

2.2 1단계 이행 결과(2010년 12월)

- 2000~2008년 중 경상수지가 개선되었으나 2009년 경상수지 흑자는 상당 폭 축소 ⇒ 선박수출에 따른 외화흐름이 제대로 반영된 데 주로 기인
- 본사직영 해외건설공사의 건설서비스 계상으로 서비스수지가 전반적으로 개선 ⇒ 특히 해외건설수주가 크게 늘어난 2007년 이후의 서비스수지 개선효과가 크게 나타남.
- 선박수출 선수금이 수출로 계상되면서 무역신용[154]이 크게 줄어들어 대외채무가 대폭 축소 ⇒ 2010년 9월 말 대외채무는 3660억 달러로서 종전방식에 비해 494억 달러 축소

2.3 이행 완료(2014년 03월)[155]

- 일반 대외거래와 마찬가지로 가공무역[156] 또한 소유권 변동 원칙에 따라 기록
  - 위탁 가공의 해외조달 원재료와 가공 후 해외 판매 가공품은 각각 수입 및 수출로 계상
  - 소유권 변동 없는 가공용 원재료 국내 반출과 가공 후 가공품의 국내반입은 수출입에서 제외
- 중계무역 마진을 서비스수지에서 상품수지(중계무역 순수출)로 재분류
- 직접투자기업의 순영업잉여 가운데 내부유보액을 재투자수익(본원소득수지)과 수익재투자(직접투자)로 반영

직접투자가 아닌 건설서비스로 계상토록 하였음. 그런데 우리나라 해외건설공사의 경우 상당 부분이 장기 플랜트공사로서 대부분 본사 직영체제로 운영되고 있어 장기해외건설공사(해외현지법인 형태로 수행되는 해외건설공사는 해외직접투자로서 변경대상이 아님)를 일괄하여 서비스수지에 계상하게 되었음.

153) 명칭이 변경된 항목은 소득수지 → 본원소득수지, 경상이전수지 → 이전소득수지, 자본계정 → 자본 · 금융계정(Capital and Financial Accounts), 투자계정 → 금융계정(Financial Account), 기타자본수지 → 자본수지(Capital Account), 특허권 등 사용료 → 지식재산권 등 사용료, 운수 → 운송 등임. 한편 분류체계는 상품수지에 속하던 '재화수리'를 서비스수지의 하위항목인 '유지보수서비스'로, '준비자산증감'을 독립항목에서 금융계정의 하위항목으로 변경하였으며, 경상수지의 하위항목이던 '상품 및 서비스수지'는 삭제하고 '상품수지'와 '서비스수지'를 각각 경상수지의 하위항목으로 배치하였음.

154) 수입업자가 물품을 인수한 후 일정기간이 지난 다음에 대금을 결제하는 일종의 외상거래를 말함.

155) 김지은(2014.07) 참조.

156) 가공무역이란 '외국에서 원재료 또는 반제품을 수입하여 이를 국내에서 가공 · 제품화하여 수출하는 무역'을 말함.

〈표 부7-1〉 BPM6 1차 이행에 따른 국제수지표 체계 변경

현행	변경	비고
경상수지	**경상수지**	
상품 및 서비스수지 →		• 삭제(분류체계 단순화)
상품수지	상품수지	
• 수출〈fob〉	• 수출〈fob〉	• 단, 선박수출의 경우 인도 기준에서 건조 진행 기준으로 변경
• 수입〈fob〉	• 수입〈fob〉	
(재화수리수지) → 유지보수서비스		
서비스수지	서비스수지	
• 운수 →	• 운송	• 명칭 변경
• 여행	• 여행	
• 통신서비스	• 통신서비스	
• 건설서비스	• 건설서비스	• 직접투자로 분류되던 본사직영에 의한 해외건설공사를 건설서비스에 계상
• 보험서비스	• 보험서비스	
• 금융서비스	• 금융서비스	
• 컴퓨터 및 정보서비스	• 컴퓨터 및 정보서비스	
• 특허권 등 사용료 →	• 지적 재산권 등 사용료	• 명칭 변경
	• 유지보수서비스	• 신설(상품수지 중 재화수리를 유지보수서비스로 계상)
• 사업서비스	• 사업서비스	
• 개인, 문화, 오락서비스	• 개인, 문화, 오락서비스	
• 정부서비스	• 정부서비스	
소득수지 →	본원소득수지	• 명칭 변경
경상이전수지 →	이전소득수지	• 명칭 변경
자본계정 →	**자본·금융계정**	• 명칭 변경
투자수지 → 금융계정	자본계정	• 명칭 및 위치 변경
• 직접투자	금융계정	• 명칭 및 위치 변경
(해외건설공사) → 건설서비스	• 직접투자	
• 증권투자	• 증권투자	
• 파생금융상품	• 파생금융상품	
• 기타투자	• 기타투자	
기타자본수지 → 자본계정	• 준비자산	• 분류 변경(IIP 기준체계와 일치)
준비자산증(−)감 → 준비자산		
오차 및 누락	**오차 및 누락**	

- 포괄범위 변경
  - 금융중개서비스 : 본원소득 → 금융서비스
  - 위탁가공수수료 : 사업서비스 → 가공서비스
  - 특허권/저작권 매매거래 : 자본수지 → 기타 사업서비스
  - 거주성 변경에 따른 이민자들의 재산 반출입 : 자본수지 → 국제수지표상 거래가 아니므로 제외

3. BPM6 이행에 따른 기대효과

- 통계의 현실반영도 제고
- 통계분석 자료의 정확성과 유용성 제고

참고자료

(1) 양호석(2012), "국제수지표의 변경 이유", 《"click" 경제교육》, KDI경제정보센터, 2012. 11.
(2) 김지은(2014), "국제수지통계의 이해와 새로운 국제기준 이행 결과", 《한은 금요강좌》, 한국은행 커뮤니케이션국, 2014. 07. 11.
(3) 노충식 외(2010), "새로운 국제수지매뉴얼(BPM6) 1단계 이행 결과", 한국은행 보도자료, 2010. 12. 08.

부록 [7-2] 외환보유고를 어떻게 볼 것인가

1. 외환보유고란

- 일정시점에서 한 나라의 외화규모가 얼마인지를 따져 보는 것이 외환보유고이며, 나라마다 적정 외환보유고를 유지하려고 노력하고 있음.
  - 외환은 어떤 나라 또는 경제주체와 무역 또는 자본 거래를 하면서 들고 나가는 과정을 거치면서 쌓이는데, 수입보다 수출이 많거나 자본의 유출보다 유입이 많을 경우 외화는 늘어날 것임.
- 외환투기 및 경제적 충격으로부터 환율이 급변하는 것을 막기 위해 정부 및 중앙은행이 보유하는 대외지급준비자산임.
  - 비상금의 성격이기 때문에 현금성 자산으로 보유하거나 안정성과 환금성이 높은 선진국의 국채에 주로 투자[157]
- 우리나라의 외환보유고 수준은 2008년 6월 말 기준 세계 6위[158]에서 꾸준히 증가하여 2014년 6월 말 기준으로 3665억5000만 달러를 기록
  - 중국이 1위, 그리고 일본, 러시아, 인도, 대만 순임.
  - 대외무역 의존도나 국제거래 시 달러결제 의존도가 높은 아시아 국가들은 환투기세력의 타깃이 되기 싫고 급격한 환율변동이 경제에 미치는 영향도 커 외환보유고를 많이 보유하여 유사시를 대비하려 함.[159]

---

157) 미국 달러화나 유로화 또는 일본 엔화나 영국 파운드화 등 선진국 통화표시 자산을 대상으로 운용함. 신용이 양호하지 않은 투자부적격채권이나 해외부동산 등 실물자산은 투자대상에서 제외. 그런데 최근에는 우리나라의 외환보유액이 크게 증가하면서 수익성을 보다 높이는 일도 중요시되고 있음.

158) 외환보유액을 국가의 비상금이라고 본다면 1997년 말의 외환위기도 결국은 국가의 비상금이 부족해서 일어난 일이라 할 수 있음. 과거 우리나라의 외환보유액 추이와 관련하여 외환위기 직전인 1997년 11월 말 우리나라의 외환보유액은 73억 달러에 불과. 이로 인해 우리나라는 IMF 등으로부터 200억 달러 내외의 자금을 차입해야 하는 외환위기를 겪게 되었음. 이후 우리나라는 2001년 8월에 IMF로부터의 차입금을 모두 상환한 데 이어 2005년 2월 말에 2000억 달러를 돌파하고 2007년 4월 말에는 2472억 달러에 이르게 되었음. 이는 중국(3월 말 기준, 1조2020억 달러), 일본(9090억 달러), 러시아(3388억 달러), 대만(2675억 달러)에 이어 세계 제5위에 해당하는 규모였음.

159) 외환보유액을 국가의 비상금에 비유할 수 있는데, 국가경제의 변동성이 크지 않고 항상 안정적이라면 많은 비상금이 필요 없을 것임. 실제로 서구 선진국들은 국가신인도가 높고 자국통화가 국제적으로 널리 사용되므로 외환보유액 규모가 크지 않음. 반면 아시아 국가의 경우 국가안전 차원 이외에도 환율을 적정수준으로 유지하기 위해서도 외환보유액 규모가 서구 선진국에 비해 매우 큼. 우리나라의 경우도 외환보유액 규모가 상당히 커 그 운용 내역이 크게 변동될 경우 국제금융시장에 충격을 줄 정도라 할 수 있음. 지난 2005년 2월 우리나라의 중앙은행인 한국은행 총재가 국회에서 미국 달러화 보유비중을 줄이고 유로화 비중을 확대할 필요가 있다는 요지의 발언을 한 적이 있는

2. 외환보유액의 보유 목적

- 이는 크게 세 가지로 요약할 수 있는데, 첫째 국가의 비상금으로 활용하기 위해, 둘째 환율을 안정시키기 위해, 셋째 국가신인도를 높일 수 있기 때문
  - 외환보유액을 충분히 보유하면 만일의 외환부족 사태를 사전에 방지하는 완충장치 역할을 함으로써 외환위기의 발생 가능성을 크게 줄일 수 있음.
  - 외환보유액은 외환시장에 외화가 부족하여 환율이 가파르게 상승할 경우 시장 안정을 위해서도 사용할 수 있음.
  - 또한 외환보유액이 충분하면 국가의 대외신인도가 높아져 민간기업 및 금융기관이 해외로부터 자금을 조달할 때 보다 유리한 조건으로 할 수 있게 해줌.
  - 그 외에도 외국인투자를 촉진하는 효과를 기대할 수 있음.

3. 적정 외환보유고

- 외환보유고가 무조건 많아 넘쳐나는 것이 좋은 것만은 아님.
- 적정 외환보유액의 추정 기준[160)]
  - 통상 세 가지 기준에 의해 추정하는데, 첫째 평균 3개월 수입금액(경상거래 기준), 둘째 1년 안에 만기가 도래하는 외채의 합(자본거래 기준), 셋째 3개월 수입금액과 유동 외채의 합, 또는 여기에 자본도피 가능성까지 포함

데, 이 사실이 알려지자 국제금융시장에서는 우리나라가 달러표시 자산을 점차 매각할 것으로 예상하여 달러화 가치가 크게 하락한 바 있음(이를 'BOK 쇼크'라고도 함). 한편 아시아 국가들의 외환보유액이 지속적으로 증가하는 것은 수출 중심의 경제구조 때문이기도 함. 미국과의 무역 거래가 많은 아시아 국가 입장에서 미국이 대규모 경상수지 적자(2006년 중 약 7600억 달러)로 인해 미국 달러화의 가치가 떨어지면(예를 들어 1달러당 원화환율이 1000원에서 900원으로 하락) 수출에 차질이 발생하게 됨. 따라서 아시아 국가들은 수출로 번 외화(외환보유액 증가)로 미국 국채 등의 금융상품에 투자하여 미국 달러화 가치가 너무 떨어지지 않도록(즉 환율이 적정수준에서 균형을 이루도록) 노력하는 것임.

160) 외환보유액을 어느 정도 가지고 있는 것이 바람직한지는 각 나라의 환율제도, 자본자유화 정도 및 외채규모 등 경제여건에 따라 달라질 수 있음. 따라서 일률적으로 적용할 수 있는 기준을 제시하기는 곤란. 그러나 이론적으로는 여러 방법이 이용되는데 일반적으로는 외환수급과 관련된 주요 지표를 토대로 산출하는 방법(지표접근법)이 가장 많이 이용되고 있음. 지표접근법 중에서 많이 이용되는 방법으로는 ㉠ 연간 경상지급액(수입+서비스)의 25% 또는 ㉡ 유동외채+거주자 자본도피 예상액을 들 수 있음. 이들 방법은 IMF가 제시(각각 1953년 및 2001년)한 기준이나 최근과 같이 국가 간 거래가 활발한 시대에는 적절한 기준으로 보기 어려운 점이 있음. 한편 2004년에 국제결제은행(BIS)이 제시한 기준으로 ㉢ 3~6개월 수입액+유동외채+외국인 주식투자자금 유출액+국내은행 외화예금 인출액+현지금융을 들 수 있음. 한편 우리나라가 가지고 있는 외환보유액이 적정수준인지 여부는 BIS가 제시한 기준을 토대로 경상적인 외환지급 규모나 위기발생 시 유출 가능한 외화규모 등을 고려할 때 충분한 것으로 평가되고 있음(2007년 4월 말 기준 2472억 달러임). 그러나 남북 분단이라는 우리나라의 특수성과 충분한 외환보유액은 대외신인도 제고에 도움이 된다는 점 등을 고려할 때 여유 있게 보유하는 것이 바람직하다고 하겠음.

- 2008년 7월 말 기준 외환보유고가 약 2475억 달러로 한 달 새 약 106억 달러 감소
  - 이에 대해 현대경제연구원은 첫째나 둘째 기준으로는 아직 여유가 있으나, 경상거래와 자본거래를 모두 포함한 셋째 기준으로는 568억 달러 부족하고 자본도피상황까지 가정하면 부족분이 2천억 달러에 이를 수 있다고 진단
- 한편 현대경제연구원은 2014년 4월 말 기준 우리나라의 외환보유액(3558억5000만 달러)이 국제거래 기준에 따르면 245억 달러, 국제결제은행(BIS) 기준에 따르면 1906억 달러 부족하다고 분석하였음.[161]
  - 우선 국제거래 기준으로는 3개월 평균의 경상거래 지출규모와 1년 이내 만기가 돌아오는 장·단기 외채를 상환할 수 있는 외환보유액을 적정수준으로 분석함. ⇒ 이 기준으로 집계한 적정 외환보유액은 3804억 달러임.
  - BIS 기준으로는 국제거래 기준에 더해 유출 가능성이 높은 해외 투자자금에 대해서도 범위를 넓혔음. ⇒ ㉠ 갑작스러운 위기가 발생했을 때 외국인 포트폴리오 투자자금이 보유하고 있는 국내 주식과 채권의 33% 정도가 빠져나갈 수 있다고 가정한 것임. ㉡ 이 기준으로 집계한 적정 외환보유액은 5465억 달러로 추산됨.
- 결과적으로 적정 외환보유액이 어떤 수준인가에 대해 일의적으로 정의된 것은 없는데, 다만 그 규모는 그 나라의 여러 사정을 총체적으로 반영한 것이라 할 수 있음.
  - 우리나라와 같이 높은 무역의존도, 금융위기를 겪었던 경험, 북한 핵 등과 같은 지정학적 요인들까지 고려한다면 적정 외환보유고 수준은 달라질 수 있음.
- 2000년대 이후 최근까지는 세계 금융시장의 통합 정도가 강화되면서 경상거래와 자본거래, 외국인 투자자금 유출까시 모두 고려하는 BIS 기준 적정 외환보유액이주로 통용되고 있음.

4. 외환보유고가 많을 때의 장점

4.1 빚 걱정에서 자유로워

- 마치 개인이 적정 예금을 은행에 넣어 두고 있어 예측치 못한 위험에 대비하여 저축한 돈을 헐어서 쓸 수 있는 이치와 같다고 보면 됨.
- 외국과의 금전적 결제가 안 된다면, 당장 우리에게 필요한 물건을 사서 쓸 수가 없음.
- 석유 수입을 결제할 돈이 없다면 자동차 운행은 물론 공장까지도 가동할 수 없는 사태가 발생할 것임.

4.2 국제거래에서 신용도 향상

- 외환보유고가 많다는 것은 그만큼 외화를 융통할 능력이 있기 때문에 국제거래에서의 신용도를 높일 수 있음.

161) 이와 관련하여 매일경제(2014.05.10) 참조.

4.3 안전성 도모

- 외환보유고가 많으면 예상치 못한 외국자본의 유출에 대비할 수 있어 안전성을 도모할 수 있음.
  - 특히 우리나라의 경우는 IMF 외환위기를 겪었기 때문에 경제위기 재발 방지를 위해서 더 많은 외환보유액을 보유하는 것이 안전하다는 인식이 내재하고 있을지 모름.

5. 외환보유고가 많을 때의 단점

5.1 이자수입 등의 기회 소멸

- 우선 외화를 다른 곳에 투자해서 벌어들일 수 있는 이자수입 등의 기회가 없어짐.
  - 물론 수익이 나는 투자처를 찾아 나설 수 있으나 투자의 위험성이 있으며, 특성상 저위험 상품에 주로 투자되기 때문에 수익도 높지 않아 자금운용의 효율성이 떨어짐.

5.2 외환의 가치하락 시 부작용 발생

- 보유하고 있는 외환(주로 달러화)의 가치가 하락하는 경우인데, 이는 환리스크에 해당하며 또한 외환당국이 달러를 사들이면서 원화가 시중에 많이 풀리면 물가가 상승(인플레이션 리스크)할 수 있는데, 이 경우 시중통화를 흡수하기 위해 발행한 통화안정증권 이자 등 관리비용도 만만치 않음.

6. 외환보유고가 급감했던 상황

- 기획재정부와 한국은행은 고유가로 인한 수입물가 상승을 고물가의 주범으로 지목하고 달러가치를 끌어내려서라도 물가를 안정시키겠다는 취지에서 달러를 시장에 내다팔기 시작했음.
  - 2008년 7월 8일 이후 한 달 동안 약 150억 달러가 시장에 풀린 것으로 추측되고 있음.
  - 애초에 환율이 오른 이유는 정부가 경제운용 기조를 물가보다는 성장률에 무게 중심을 두고 수출을 늘리기 위해 원화약세를 유도했기 때문인데, 이로 인해 환율이 오르자 경제운용 기조를 물가관리 쪽으로 전환하면서 이제는 환율 끌어내리기가 필요해진 것임.
- 환율 방어 수단으로서의 외환보유고 활용의 한계
  - 달러당 1,050.40원(2008년 7월 4일 종가)까지 올랐던 환율은 1,020원대 미만(2008년 8월 7일 종가 1,016.50원)으로 안정되면서 단기적으로는 효과를 봤다는 게 일반적 평가이나 환율이 다시 상승세를 보이면서 앞으로도 계속 올라갈 것이라는 의견이 지배적
  - 환율시장 개입의 한계를 인식한 듯 한국은행은 환율개입에서 손을 떼려는 모습을 보

이는 반면, 기획재정부는 고환율을 용인할 수 없어 환율시장 개입은 불가피하다는 입장을 고수

7. 최근 외환보유고가 증가추세를 보이는 이유[162)]

- 외환보유액은 2013년 6월 165억5000만 달러가 감소한 이후 반등세로 돌아서 13개월째 증가세를 이어가고 있음. ⇒ 2013년 7월(3297억1000만 달러) 이후 매달 사상최대 기록을 경신하고 있음.
- 2014년 8월 5일 한국은행에 따르면, 외환보유액이 7월 말 현재 3680억3000만 달러(약 380조 원)로 집계됐음.
  - 외환보유액은 2013년 7월 이후 매달 신기록을 갈아치우고 있는데, 2014년 6월 말 기준으로 보면 세계 7위에 해당함. ⇒ ㉠ 중국이 3조9932억 달러로 가장 많고, 일본(1조2839억 달러)이 2위이며 스위스, 러시아, 대만, 브라질 등의 순임. ㉡ 브라질과의 격차가 70억 달러에 불과한데, 우리나라의 증가 속도가 빨라 연내 6위로 올라설 가능성도 있음.
- 일부에서는 적정수준을 넘었다는 주장도 제기
  - 외환위기 등 대외충격을 막는 방파제 역할을 하지만, 유지비용(달러 매입비용) 문제와 함께 달러 과잉으로 인한 원화강세(환율하락)로 수출경쟁력 약화로 이어질 수 있다는 것임.
  - 국제통화기금(IMF)은 지난 4월 공개한 '2013년 한국경제 연례 협의보고서'에서 "한국의 외환보유액 유지비용이 연간 약 7조3000억 원으로 추산됐다"면서 "이는 2014년 보육 예산의 2배에 달하는 규모"라고 발표했음.
- 외환보유액이 급증하는 것은 경상수지가 2014년 6월까지 28개월 연속 흑자 행진을 지속한 것이 주된 원인
  - 수출금액보다 수입금액 증가율이 낮아 경제 전반이 쪼그라드는 불황형 흑자의 모습을 보이고 있어 외환보유액 확대가 경제의 건전성을 보여주는 지표가 아니라는 지적도 나옴.
- 또한 한국은행은 정부의 외화표시 외국환평형기금채권(외평채) 발행과 외화자산운용 수익 증가를 외환보유액 증가의 이유로 꼽았음.
  - 정부는 2014년 6월 4일 달러화표시 채권 10억 달러어치와 유로화표시 채권 7500만 유로(약 10억 달러)어치를 발행했음.
  - 2014년 4월 15억 달러어치 외평채가 이미 만기 상환됐고, 2014년 9월 10억 달러어치 외평채 만기가 도래하는 점을 감안하면 전체 외평채 규모는 5억 달러가 순감하는 셈이지만, 월 단위로 집계되는 외환보유액에서는 증가요인으로 작용했음.

---

162) 이와 관련하여 매일경제(2014.07.04)와 조선경제(2014.08.06) 참조.

- 안전자산에 투자해야 하는 외환보유액 운용의 특성상 수익률이 낮을 수밖에 없다는 점을 감안하면 외환보유액 증가폭의 상당 부분은 외환당국의 외환시장 개입이 반영된 것으로 해석됨.
  - 최근 변동폭이 큰 원화값(원화강세 기조의 지속)을 방어하는 과정에서 외환당국이 사들인 달러가 외환보유액에 쌓이기 때문임.

8. 마무리 : 과거사례로 바라본 시사점

- 과거사례
  - 2008년 12월에 접어들어 기획재정부 안팎에서는 외환보유액 2000억 달러를 유지하는 것이 사실상 어렵다는 시각이 지배적이었음. ⇒ ㉠ 은행 외자 조달이 막힌 상황에서 유동성 지원을 계속해야 하는 만큼 보유액 사용이 불가피, ㉡ 결국 근본적인 대책은 경상수지가 흑자로 돌아서서 달러를 더 많이 벌어 와야 한다는 것뿐이었음. ⇒ 글로벌 경기침체 상황에서 수출을 늘리는 것이 쉽지는 않겠지만 다른 나라와 통화스왑 증대를 통해 외환보유액을 지키는 것 또한 미봉책이기 때문
  - 이와 관련하여 당시 금융 전문가들은 정책 당국이 가장 유념해야 할 변수가 금리나 유동성이 아니라 환율임을 강조 ⇒ ㉠ 2008년 12월 초 환율이 비정상적인 시장상황을 감안해도 단기적으로 '오버슈팅'[163]이라는 시각은 어느 정도 공감대가 있었음. ㉡ 비정상적인 원화약세가 지속되면서 달러가 시장에 나오지 않는 악순환이 이어지고 있다는 분석이었음.
- 시사점
  - 외환보유고의 고유기능은 환율방어이기 때문에 외환당국의 환율시장 개입은 불가피

163) 경제변수에는 여러 가지가 있지만 그중에서도 상대적으로 빠르게 변하는 변수와 느리게 변하는 변수로 나누어 볼 수가 있음. 물가는 상대적으로 느리게 변하는 변수(이를 저속변수)의 대표적인 예이고 환율이나 주가는 상대적으로 빠르게 변하는 변수들임(이를 고속변수). 경제학자 돈부시는 그의 논문에서 고속변수인 환율과 저속변수인 물가의 움직임을 분석하면서 저속변수의 변화가 매우 느리기 때문에 고속변수가 오버 슈팅할 수 있다는 분석을 제시하였음. 예를 들어 현재 환율의 수준과 물가수준이 각각 100이라 하자. 그런데 정부가 통화량을 증가시키는 등 확장정책이 나오면서 환율과 물가수준의 새로운 균형이 각각 200이 되어야 하는 상황이 도래했다고 하자. 그런데 물가는 저속으로 변하고 환율은 고속으로 변하기 때문에 새로운 균형으로 가는 과정에서 특이한 상황이 발생함. 물가가 100 근처에서 서서히 오를 준비를 하는 과정에서 환율은 예를 들어 300까지 올라간다는 것임. 그러고 나서 시간이 지나면서 물가는 서서히 오르게 되고 환율은 오히려 떨어지면서 200 수준을 찾아가는 것임. 환율이 100에서 200까지 가는 것이 정상인데 200을 넘어 300까지 갔다가 200으로 떨어지는 모습이 나타나는 것처럼 고속변수가 균형을 찾는 과정에서 균형수준을 넘어 급등하거나 급락하는 현상을 오버 슈팅이라 함. 거꾸로 200에서 100까지 조정되어야 할 상황에서는 50까지 내려갔다가 100으로 올라오는 과정에서 균형수준을 지나치면서 떨어져 버리는 현상을 언더 슈팅이라고 부르기도 함(물론 균형을 초과하여 오르거나 떨어지는 현상을 오버 슈팅이라는 용어로 총괄해 부르는 것이 일반적임). 결국 돈부시는 환율의 오버슈팅 현상이 나타나는 이유 중 하나로 환율은 고속변수이고 물가는 저속변수이므로 저속변수가 상대적으로 천천히 움직이는 과정에서 고속변수에 오버슈팅 현상이 발생함을 지적한 것임.

하나 이러한 개입은 제때 제대로 행해지지 않는다면 부작용만 낳게 됨.

- 어떠한 이유에서든 국민들의 불안감을 야기하는 정책은 비판에서 자유로울 수 없음. ⇒ 전문가들은 '환율수준 자체는 시장에 맡기고 정부는 미세조정 차원에 머무를 것'을 주문하였음.

참고자료

(1) 안선경(2007), "외환보유고가 많으면 좋지 않나요?", 《"click" 경제교육》, KDI경제정보센터, 2007. 04.

(2) 안형순(2007), "국가경제의 비상금이라 할 수 있는 외환보유액", 한국은행 경제교육(풀어 쓴 생활경제), 2007. 06. 04.

(3) 이지은(2008), "외환보유고가 급감했다고?", 《"click" 경제교육》, KDI경제정보센터, 2008. 09.

(4) 박덕배(2008), "순채무국 전환의 파장과 대응 : 외환보유고 적정관리 필요하다", 《한국 경제주평》, 통권 304호, 현대경제연구원, 2008. 07.

(5) 2008. 12. 04., 《매일경제》

(6) 2014. 05. 10., 《매일경제》

(7) 2014. 07. 04., 《매일경제》

CHAPTER 08

외환시장과 환율

1. 환율과 환율제도
2. 환율의 움직임을 바라보는 기본 시각
3. 외환시장의 구조와 특징
4. 외환시장 개입
5. 환율의 변동요인
6. 환율변동의 영향

부록 [8-1] 환율의 이해
부록 [8-2] 글로벌 환율전쟁
부록 [8-3] 미국발 금융위기
부록 [8-4] 기축통화 논쟁
부록 [8-5] 핫머니
부록 [8-6] 파생금융상품
부록 [8-7] 금리 · 주가 · 환율의 상호관계

중국 위안화가 빠르면 3년 내 '3대 국제화폐' 가 될 것이라는 중국 연구기관의 분석이 나왔다. 2014년 7월 21일 중국신문망(中國新聞網)에 따르면 중국 인민(人民)대학 국제화폐연구소는 전날 발표한 '위안화 국제화 보고서' 를 통해 위안화의 국제화가 빠르게 진행되고 있다며 이같이 전망했다. 보고서는 위안화 국제화 지수(RII)가 2012년 0.87에서 2013년 4분기 1.69로 83.8% 높아져 최고 기록을 경신했다고 전했다. 또 2014년 1분기와 2분기 지수는 각각 1.74와 1.96까지 오르면서 위안화가 세계 지불화폐 8위를 기록했다고 설명했다. 아울러 2013년 국가간 위안화 무역 결제규모는 전년대비 57.5% 증가한 4조6300억 위안을 기록했고, 같은 기간 위안화 직접투자도 5337억 위안으로 1.9배로 늘었다고 밝혔다. 특히 보고서는 중국 정부가 상하이 자유무역구에서 위안화 관련 제도 혁신에 나서고 있고 홍콩, 싱가포르, 런던, 룩셈부르크, 프랑크푸르트 등에 역외시장이 형성되면서 위안화 사용이 크게 증가한 것으로 분석했다. 보고서 편집을 맡은 천위러우(陳雨露) 인민대 총장은 "중국은 직접투자유입 규모 2위, 직접투자유출 규모 3위의의 세계 최대 무역대국"이라면서 "중국 국내 제도개혁과 정책적 지원에 힘입어 국제시장에서 위안화의 직접투자액과 신용대출액이 큰 폭으로 늘어났다"고 설명했다. 이어 "브릭스(BRICS) 개발은행 건설 등이 순조롭게 진행된다면 2014년 RII는 2.4에 달할 것이며 최소 3년, 최대 5년 내 위안화가 영국 파운드화나 일본 엔화를 뛰어넘어 달러와 유로화에 이은 세계 3대 화폐가 될 것"이라고 전망했다. 앞서 국제은행간통신협회(SWIFT)가 집계한 지난 4월 기준 결제통화 비중에 따르면 위안화(1.4%)는 달러(42.5%), 유로(31.0%), 파운드(8.6%), 엔(2.4%), 캐나다 달러(1.8%), 호주 달러(1.7%)에 이어 7위를 기록한 것으로 나타났다.

– 배상희 기자 –

출처 : 배상희(2014), "중국 보고서 〈위안화 3년 내 '3대 국제화폐' 등극〉 전망", 《아주경제》, 2014. 07. 21.

1 환율과 환율제도

1.1 | 환율이란

- 환율이란 이종통화 간의 교환비율 혹은 외환, 즉 외국화폐의 가격임.[164)]

1.2 | 환율제도

- 고정환율제도
  - 각 나라 화폐 간의 교환비율이 고정되어 있음.
  - 제2차 세계대전 이후 성립되었던 브레튼우즈 체제는 세계 각국이 미국 달러화에 대한 자국 화폐의 환율을 고정시킨(pegged) 고정환율제도였음.
  - 그러나 1960년대 후반부터 달러의 국제적 신뢰성이 흔들리면서 결국 1970년대 초에 브레튼우즈 체제가 붕괴됨에 따라 대부분의 나라는 변동환율제도로 변경
- 변동환율제도
  - 외환에 대한 수요와 공급에 따라 그 가격인 환율이 달라지는 제도를 말함.
  - 따라서 외환에 대한 수요와 공급이 무엇에 의해 결정되는가를 알면 환율의 움직임도 알 수 있음.

---

164) 환율표시방법과 관련하여 먼저 외국 돈을 기준으로 하여 환율을 나타내는 방법이 있는데, 이는 우리나라 원화와 미국 달러화의 환율을 U$1=₩1,000 또는 ₩/U$=1,000으로 표시하는 방법임. 즉 외국 돈 1단위를 받기 위해서 우리 돈을 얼마나 지급하여야 하는가를 나타내는 방법으로 이러한 표시환율을 자국통화표시환율 또는 지급환율이라고 함. 다음으로 우리 돈을 기준으로 하여 우리 돈 1단위로 외국 돈을 얼마나 받을 수 있는가를 표시하는 방법을 외국통화표시환율 또는 수취환율이라고 함. 우리나라의 경우 원화의 대미달러화 환율을 ₩1=U$0.001 또는 U$/₩=0.001로 표시하였다면 이는 외국통화표시환율이 됨. 그러나 외환시장에서는 여러 나라의 돈이 거래되므로 우리 돈과 외국 돈의 비교뿐만 아니라 외국 돈 상호간의 교환비율도 나타낼 수 있는데, 일반적으로 외국통화 1단위에 대한 미 달러화의 교환비율을 나타내는 방법을 미국식(American terms)이라 하며 미 달러 1단위에 대한 외국통화의 교환비율로 표시하는 방법을 유럽식(European terms)이라고 함. 미 달러화가 기축통화의 역할을 담당하면서부터 국제외환거래의 대부분은 미 달러화와의 매매거래를 통하여 이루어짐에 따라 국제외환시장에서의 환율고시는 대부분 미 달러화 1단위에 대한 외국통화의 비율인 유럽식(European terms)으로 표시하고 있음. 그러나 유로화와 호주 달러화 등 몇몇 통화는 미국식(American terms)으로 표시되고 있음.

2 환율의 움직임을 바라보는 기본 시각

2.1 환율은 기본적으로 외환의 수요와 공급에 의해 결정

- 환율은 기본적으로 외환에 대한 수요와 공급에 의해 결정되는바, 그 각각의 결정요인은 다음과 같음.

- 외환에 대한 수요
  - 우리나라가 외국으로부터 물건을 수입하고 그 대금을 지불하기 위해서는 원화를 외국 화폐로 바꾸어야 하는데, 이것은 곧 외환에 대한 수요가 생겼음을 뜻함.
  - 우리나라 사람이 외국기업의 주식을 사는 등 해외투자를 하는 경우에도 외환에 대한 수요가 발생
  - 따라서 수입과 해외투자가 외환에 대한 수요를 결정하는 기본 요인임.

- 외환의 공급
  - 수출과 외국인의 국내투자(해외자금의 유입)는 외환의 공급을 결정하는 기본 요인

- 우리나라의 수입이나 해외투자가 늘어나면 외환에 대한 수요도 증가하여 외환의 가격, 즉 원화의 환율이 올라감.
  - 원화의 환율이 상승하면(e↑) 같은 1달러를 사더라도 더 많은 원화를 지불하여야 하는데, 이것은 원화의 가치가 그만큼 떨어졌다는 것으로 '원화가 평가절하되었다'라고 말하기도 함.

- 반대로 우리나라의 수출이나 외자도입이 늘어나면 외환의 공급이 증가하여 환율이 떨어지는데, 이것은 원화의 가치가 그만큼 올라간 것으로 '원화가 평가절상되었다' 라고 말하기도 함.[165)]

2.2 환율의 실제 움직임

- 과거 원화의 환율은 1980년대 후반 3저 호황 때를 제외하면 줄곧 상승하였는데, 이

165) 평가절상과 관련하여 가령 우리나라 원화의 대미달러화 환율이 1달러당 1,000원에서 800원으로 변동하였다면, 이때 원화의 절상률은 원화 1원의 가치가 1/1,000달러에서 1/800달러로 변동하였으므로 25%[={(1/800)/(1/1,000)−1}×100]가 됨.

는 우리나라가 무역적자를 계속 내고 있기 때문(외환수요↑ ⇒ e↑)이었음.

- 환율이 변동한다고는 하지만 말 그대로 외환시장의 수급상황을 반영하여 자유롭게 변동하는, 순수한 변동환율제도는 존재하지 않음.
  - 환율이 하루에 변동하는 폭을 제한하거나 중앙은행이 외환시장에 개입하는 등의 방법으로 정부가 환율을 관리하는 관리변동환율제도가 현실의 모습임. ⇒ 이를 managed floating system or dirty system이라고도 부름.
- 우리나라는 1980년대 들어 복수통화바스켓제도를 시행하다가[166] 1990년 3월부터 시장평균환율제도로 이행하였으며,[167] 그 후 1997년 12월 16일, 국제통화기금의 권고를 받이들여 환율의 하루 변동폭을 제한하지 않는 자유변동환율제도로 이행(1998년부터)하였음.[168]

3 외환시장의 구조와 특징

3.1 외환시장 구조

- 외환시장은 크게 외국환은행이 여행자나 수출입업자 등과 거래하는 대고객시장과 외국환은행 간에 거래하는 은행간시장으로 구분[169]

---

166) 복수통화바스켓제도란 자국통화의 환율결정을 미 달러화의 가치에만 연결시키지 않고 5개국(미국, 서독, 프랑스, 일본, 영국)의 통화를 가중 평균하여 환율을 결정하는 제도를 말함.

167) 시장평균환율제도는 전날 은행 간에 이루어진 매매율을 가중 평균하여 오늘의 원/달러 기준 환율을 산출하고, 이를 중심으로 환율이 변동할 수 있도록 하되 하루 동안의 변동폭을 일정범위(가령 상하 10%) 내로 제한하였음.

168) 이에 따라 원화의 대미달러 환율은 은행간시장에서 외환수급에 따라 자유로이 결정됨. 그러나 일본 엔화, 영국 파운드화 등 미 달러화 이외의 기타통화에 대한 우리나라 원화의 환율은 원화의 대미달러 환율을 국제금융시장에서 형성되는 기타통화의 대미달러 환율로 재정(裁定)하여 간접적으로 산출하고 있음. 예를 들어 우리나라 원화와 미 달러화 환율이 U$1=₩992.10이고, 동경외환시장에서 미 달러화와 일본 엔화 간의 환율이 U$1=¥115.60이라면 원화와 엔화의 환율은 연쇄방식에 의해 100¥=₩858.22이 됨. 이때 우리나라의 대미달러 환율을 기준으로 간접적으로 계산된 원화의 엔화에 대한 환율을 재정환율(arbitraged rate)이라고 하며 이러한 재정환율을 계산하기 위하여 사용된 미 달러화와 일본 엔화의 환율을 크로스레이트(cross rate)라고 함. ⇒ ₩/100¥={매매기준율(₩/U$)} / {미 달러화와 일본 엔화와의 환율(¥/U$)}×100=(992.10/115.60)×100= 858.22

169) 최근에 외환시장의 종류는 일반적으로 다음과 같이 구분함. 현물환시장(은행간시장, 대고객시장), 선물환시장(은행간, 대고객), 스왑시장(은행간, 대고객), 선물시장(futures, 장내 거래소[부산, CME]), 옵션시장(은행간, 대고객, 장내 거래소), 전통적 외환시장(현물환, 선물환, 외환스왑)과 파생적 외환시장(통화선물, 통화옵션, 통화스왑)

• 대부분의 외국환거래는 은행간시장에서 이루어지기 때문에 대고객 거래나 회계 처리 등에 기준이 되는 매매기준율은 은행간시장의 거래에 의하여 결정됨. ⇒ 2010년 전후의 데이터를 보면 국내 외환시장거래 중 80% 이상은 은행간거래이고, 대고객거래의 비중은 20%를 밑도는 정도임.

• 은행간시장은 다시 은행간 직접거래인 장외시장과 브로커를 통한 거래인 장내시장으로 구분

• 일반적으로 우리나라에서 외환시장이라 하면 좁은 의미로 은행간 장내시장을 주로 지칭

- 우리나라 외환시장에서 거래되는 상품은 현재 원/달러 및 원/엔의 두 종류임.[170)]

• 원/달러 거래가 전체 외환매매에서 80% 이상 차지

• 1996년 10월부터 국내에 원/엔 은행간 장내시장이 개설되었으나 당시 은행간 장내 원/엔 시장은 유동성 부족으로 3개월여 만인 1997년 1월 이후 거래가 중단됐음.[171)] ⇒ ㉠ 거래에 적용되는 환율은 원/달러와 같이 국내시장거래에 의해 결정되는 것이 아니고, 국내시장의 시장 평균 환율인 원/달러 환율과 국제외환시장에서의 엔/달러 환율을 이용한 재정환율로 결정됨. ㉡ 이와 같은 환율결정방식은 원/엔 거래규모가 일정수준에 달할 때까지의 잠정적인 조치임. ㉢ 그러나 국내기업들은 일본과의 거래에서도 대부분 달러로 결제를 하고 있어, 이 시장은 개장

---

170) 한편 위안화 청산 결제은행으로 지정된 교통은행이 이르면 2014년 9월 말부터 청산 결제 업무를 시작함. 9월 초에는 시중은행들과 청산 결제 업무에 대한 설명회를 개최하고 본격적인 업무 태세를 갖출 계획임. 2014년 8월 10일 금융권에 따르면 중국 교통은행은 위안화 청산 결제 시스템에 대한 보안성 심사를 이번 주 금융감독원에 요청할 계획임. 청산 결제은행은 말 그대로 중국 역외 시장에서 위안화 대금에 대해 청산·결제 업무를 담당하게 됨. 위안화로 이뤄지는 결제대금을 최종정산하면서 위안화 유동성 공급에 직접 나서는 일을 담당하게 되는데, 간단히 말하면 중국 중앙은행인 인민은행 국외 지점과 같은 기능을 수행하는 것임. 국내 금융회사들 위안화 예금도 이 은행을 통해 가능해짐. 교통은행 관계자는 "청산 결제은행으로 지정된 이후 업무를 빠르게 시작할 수 있도록 준비하고 있다"며 "금감원 심사가 마무리되면 9월 말이나 늦어도 10월 초에는 업무를 시작할 수 있을 것"이라고 말했음. 보안성 심사는 보통 3개월가량 걸리지만 최근 한·중 양국 정상이 2014년 내에 위안화 직거래 시장을 개설하기로 합의한 만큼 심사가 신속하게 이뤄질 것으로 예상됨. 금감원 관계자는 "보안성에 대해서는 철저히 검사해야 할 것"이라면서도 "원/위안화 직거래 시장 개설에 차질이 없도록 신속하게 심사할 계획"이라고 했음. 정부는 민관 합동으로 2014년 7월부터 태스크포스(TF)를 구성해 '위안화 직거래 시장 개설'을 준비하고 있음. 또한 '위안화 금융 서비스 활성화'를 위한 작업도 추진하고 있음. 금융권 관계자는 "달러를 배제하고 원/위안화 환율 시스템을 어떤 식으로 구축하는지가 중요하다"며 "과거 원/엔 직거래 시장을 개설했다가 거래량 부족으로 몇 개월 만에 폐쇄됐던 경험이 있는 만큼 원/위안화 직거래 시장을 활성화할 수 있는 방안을 강구해야 한다"고 말했음. 이와 관련하여 매일경제(2014.08.11) 참조.

171) 은행과 고객 사이의 원/엔 거래규모가 많지 않고 시장구조상 투기적 거래도 부진, 시장 형성 자체에 실패한 것임. 당시 원/엔 시장의 거래량은 원/달러 시장의 0.3% 수준에 불과했음. 이와 관련하여 연합뉴스(2007.1.4) 참조. 한편 2005년 이후에도 원/엔 직거래 시장 개설이 검토됐으나 보류된 상태임. 원화의 국제화, 거래 통화의 다변화 차원에서 이종통화 직거래 시장을 중장기적으로 육성해야 한다는 시각이 고개를 들고 있기는 함. 이와 관련하여 정영식(2010.01.24) 참조.

초 미미한 거래 실적을 보인 후 거래가 전무한 실정임.[172)]

- 대고객 및 은행간 장외시장의 경우는 상품의 종류 및 거래조건이 정형화되어 있지 않으나 은행간 장내시장의 경우는 거래의 원활화를 위해 거래조건 등이 표준화되어 있음.

3.2 과거 외환시장의 특징

- 외환시장 하부구조 취약
  - 외국환은행만이 은행간 외환시장에 참가할 수 있어 참가자수가 극히 제한
- 높은 실수요거래 비중
  - 외환시장에서의 실수요거래 비중이 주요 선진 외환시장과 비교해 볼 때 상당히 높은 수준으로 경상거래액 대비 외환거래액이 1배 내외의 수준을 보이고 있어 동 비율이 5배에서 50배 정도까지 이르는 선진국과 큰 차이를 보이고 있음.
  - 이같이 실수요거래 비중이 높음에 따라 외환거래 규모는 선진국에 비해 매우 작음.
- 현물환 중심의 거래
  - 외환거래의 종류는 크게 현물환, 선물환 및 외환스왑으로 나눌 수 있는데, 우리나라의 경우 종전에는 현물환 거래가 대부분을 차지하였으나 최근 들어 외환스왑 거래규모가 크게 증가
- 브로커 중심의 거래
  - 대부분의 은행간거래가 브로커를 통한 거래(장내거래)이며, 은행간직거래(Over the Counter : OTC) 비중은 낮은 수준
  - 우리나라 총 외환거래 중 브로커 경유 거래 비중은 90% 이상에 달함.
  - 선진국의 경우 주요 은행들이 외환가격을 끊임없이 고시하는 등 브로커 기능을

172) 원과 엔이 직접 거래되는 외환시장은 없음. 현재 원/엔 환율은 국내 외환시장의 원/달러 환율과 도쿄 외환시장의 엔/달러 환율을 기준으로 자동으로 환산해서 정해짐. 이를 '재정환율(arbitraged rate)'이라고 함. 예를 들어 국내 외환시장에서 원화와 미국 달러화 환율이 달러당 1100원이고 도쿄 외환시장에서 미국 달러화와 일본 엔화 간 환율이 달러당 100엔이라면 원화와 엔화의 환율은 자동적으로 100엔당 1100원이 됨. 원화 대비 달러가 약세로 돌아서는 상황에서 달러 대비 엔화마저 약세가 될 경우, 재정환율 계산에 의한 원화 대비 엔화는 큰 폭으로 떨어지게 됨. 통화 간 직거래 시장이 성공하려면 유동성 확보가 핵심인데 일본과의 무역규모에 비해 엔화 통화 결제 비율은 절반수준에 불과해 현물 거래의 수요와 공급이 지속될 가능성이 매우 낮음. 2013년 상반기에도 전체 통화 가운데 엔화의 수출부문 결제 통화 비중은 3.4%, 수입에서는 5.8%에 그쳤음. 반면 달러 비중은 수출에서 85.1%, 수입에서 84.7%로 압도적임. 이와 관련하여 매경이코노미 제1736호(2013.12.11~12.17일자) 참조.

적극적으로 수행하는 데다 전자거래체결시스템[173] 발달 등으로 브로커를 통한 거래 비중이 30% 내외에 불과

- 이처럼 우리나라의 은행간 직접거래 비중이 낮은 것은 ㉠ 외환거래가 대부분 거래조건이 단순한 현물환을 중심으로 이루어지고 있을 뿐만 아니라 부도위험이 없고, ㉡ 국내 주요 은행들이 적극적으로 가격을 고시하는 브로커 기능을 수행하지 않고 있는 데다, ㉢ 외환시장 참가자들이 몇몇 대규모 은행을 제외하고는 거래규모가 작기 때문에 탐색비용을 포함한 거래비용을 줄이기 위해 브로커를 선호하는 데 기인

- 시장의 자율조정기능 미약
  - 상대적으로 작은 외환시장 거래규모, 선물환시장 기능 취약, 환율연계 파생상품 미발달 등으로 외환의 초과수요 및 공급이 외환시장 자체 내에서 소화되지 못함에 따라 외환 수급 불균형 발생 시 환율이 과도하게 변동할 가능성이 있음.
  - 수급조정을 통해 원활한 외환거래를 형성하기 위한 중앙은행의 시장참여 필요

3.3 | 최근 외환시장의 특징

- 외환거래 규모가 큰 폭 증가 후 변동성 보이다가 최근 다시 증가세로 전환
  - 2008년 들어 일평균 외환거래 규모(은행간 현물환거래)가 대외거래 규모 증가, 역외 거래자들의 시장참여 확대 등에 힘입어 큰 폭으로 증가
  - 총외환거래 규모도 2008년 1분기 중 일평균 595억 달러로 전년대비 28% 급증[174] ⇒ 이후 변동성을 보이다가 최근 증가세로 돌아섰음.[175]

---

173) 1992년경부터 이용되기 시작한 것으로 추정(동경의 경우 1992년 9월부터)

174) 2005년(223억 달러), 2006년(302억 달러), 2007년(465억 달러), 2008년 1사분기(611억 달러), 2008년 2사분기(595억 달러)

175) 2014년 1분기 외환거래 규모가 증가세로 돌아섰음. 미국 연방준비제도(Fed)의 테이퍼링(양적완화 축소), 신흥국 금융 불안 및 중국 경기둔화 우려 등으로 환율변동성이 확대된 영향임. 한국은행이 2014년 5월 30일 발표한 '외국환은행의 외환거래 동향'에 따르면 2014년 1분기 외국환은행의 하루 평균 외환거래 규모는 450억9000만 달러로 전분기(423억 달러) 대비 27억9000만 달러 증가했음. 일평균 외환거래 규모는 2013년 2분기(−0.1%) 감소세로 전환한 뒤 3분기(−11.7%), 4분기(−2.5%) 등 계속 줄어들다가, 2014년 1분기 다시 증가세로 돌아선 것임. 정진우 한은 자본이동분석팀 과장은 "외환거래가 2013년 하반기 시장 변동성이 축소되면서 크게 가라앉았다가, 2014년 1분기엔 다소 회복되는 모습을 보였다"며 "미국 출구전략 논의 및 신흥국 불안 등 대외요인으로 변동성이 확대됐기 때문"이라고 말했음. 은행별로는 국내은행이 202억1000만 달러로 전분기 대비 6억9000만 달러(3.3%) 줄어든 반면, 외은지점은 248억8000만 달러로 34억8000만 달러(16.3%) 급증했음. 외은지점들이 시장변동성 확대에 적극적으로 대응한 영향으로 풀이됨. 정 과장은 "외은지점들이 환율변동성이 확대되자 2013년 대폭 축소했던 포지션을 다시 늘렸고, 이 과정에서 단기차입을 통해 적극적으로 대응하는 모습을 보이는 등 전반적으로 전체 거래를 주도했다"고 말했음. 외은지점의 2014년 1분기 단기 차입액은 총 85억9690만 달러임. 상품별로는 현물환 거래규모가 179억6000만 달러로 전분기보

- 원/달러 환율변동성 추이
  - 2007년 중 원/달러 환율의 일중 변동성 ⇒ 전년 수준보다 축소
  - 그러나 2008년 들어 변동성 크게 확대[176] ⇒ 국제금융시장 불안(9월 위기설 등), 역내외 시장참가자들의 활발한 포지션 플레이 등이 원인
  - 그 후 달러화의 하루 중 변동폭은 다시 축소 움직임을 보이고 있음. ⇒ 기간 중 평균치를 살펴보면, 2010년(9.5원), 2011년(7.2원), 2012년 1분기(5.0원), 2012년 2분기(4.6원), 2012년 3분기(4.1원), 2012년 4분기(2.9원) 등임.[177]
  - 최근 들어서도 증가세로 전환될 조짐은 뚜렷하게 보이지 않고 있음.[178]

다 21억2000만 달러(13.4%) 증가했음. 외환상품 거래규모는 271억3000만 달러로 6억7000만 달러(2.5%) 늘었음. 특히 선물환 거래규모가 비거주자와의 차액결제선물환(NDF) 거래 확대로 10억6000만 달러(15.8%) 늘어 77억6000만 달러를 기록했음. 정 과장은 "통상 선물환 거래는 국내기업들의 거래량에 영향을 많이 받는데, 2014년 1분기엔 NDF 거래가 확대된 영향을 많이 받았다"며 "글로벌 금융시장 불안이 이어지면서 환율상승 가능성이 커졌기 때문이다"라고 설명했음. 비거주자 거래규모는 2014년 1분기 8억9000만 달러 증가한 150억8000만 달러를 기록했음. 대부분이 NDF 거래로, 비거주자의 일평균 NDF 거래규모는 63억1000만 달러로 전분기 대비 11억6000만 달러 증가했음. 이는 2012년 2분기(61억3000만 달러) 이후 7분기 만에 최대 거래규모임. 비거주자 이외에도 고객대상 거래가 88억2000만 달러로 전분기보다 2억3000만 달러(2.7%) 증가했음. 은행간거래는 현물환거래가(17억4000만 달러) 늘어난 데 힘입어 16억7000만 달러(8.6%) 증가한 211억9000만 달러를 기록했음. 통화종류별로는 원화와 외국통화 간 거래규모가 377억6000만 달러로 전분기 대비 27억6000만 달러(7.9%) 증가했음. 거래 대부분을 차지하는 원화와 미국 달러화 간 거래가 28억6000만 달러 늘어난 영향임. 외국통화 간 거래규모는 73억3000만 달러로 3000만 달러(0.4%) 늘어나는데 그쳤음. 다만 기타통화 간 거래가 29억4000만 달러로 2억9000만 달러(10.9%) 크게 증가했음. 이는 중국이 2014년 3월 위안화 환율변동폭을 종전 1%에서 2%로 두 배 늘리면서, 위안화 환율변동성이 대폭 확대된 영향으로 풀이됨. 이데일리(2014.05.30) 참조.

176) 일중변동폭이 8.4원(9월1일～16일중 24.4원)이었음. 당시 환율변동성 추이는 아래 표와 같음.

〈원/달러 환율변동성 추이〉

(일평균 기준) (원)

	2005년	2006년	2007년	2008년			
				연중	7월	8월	9.1～16일
일중변동폭	4.7	4.6	3.0	8.4	8.0	6.9	24.4
전일대비변동폭	3.1	3.2	2.1	5.5	5.1	4.8	19.8

177) 뉴시스(2013.01.21) 참조.

178) 달러화의 하루 중 변동폭은 2014년 들어 꾸준히 축소되는 모습을 보여 왔음. 2014년 초 중국의 그림자 금융(은행과 비슷한 기능을 하면서도 은행과 같은 엄격한 건전성 규제를 받지 않는 금융기관과 그러한 금융기관들 사이의 거래를 이르는 말)에 대한 우려와 북한 관련 불안 등으로 달러화의 장중변동폭 평균은 5원대를 유지했지만, 이후 대내외 모멘텀 약화 등으로 4원대 초반으로 떨어졌음. 달러화의 변동폭 축소는 5월 들어 가속화됐음. 달러화의 하락세가 지속되며 외환 당국의 개입이 여러모로 나타났고, 상·하단이 점차 좁혀지며 환시 참가자들의 포지션 플레이가 둔화됐기 때문임. 6월 들어서는 실물량 거래도 동반 감소하며 달러화의 장중변동폭은 바닥수준으로 떨어졌음. 현재 달러화의 움직임은 극심한 거래 부진이 지속되던 지난 4분기보다도 둔화된 상태임. 한국은행이 2014년 1월 내놓은 '2013년 중 외환시장 동향'에 따르면 2013년 4분기 달러화의 하루 중 변동폭 평균은 약 3.40원을 나타냈음. 특히 외은지점들의 북클로징(회계연도 장부의 마감, 결산을 뜻하는데, 보통 11월 말부터 북클로징이 시작되며 이 시기 기관은 장부상 수익이나 손실이 변하는 것을 원하

- 역외 선물환시장의 영향력 증대
  - 원화는 전 세계 NDF 시장에서 가장 활발히 거래되는 통화[179)]
  - 국내은행들의 NDF 참여, 대규모 외국인 주식투자 헤지 수요 등으로 유동성이 풍부하고 안정적
  - 24시간 거래 ⇒ 현물환 시장에 직접적으로 큰 영향을 미침.
- 금리차익거래 유인 지속
  - 주된 이유로 선물환시장의 수급 불균형, 스왑시장의 불균형, 외화자금차입의 제약 등을 들 수 있음.

3.4 | 평가[180)]

- 외환규제의 완화와 국제무역거래의 활성화에 힘입어 한국 외환시장의 내용과 규모는 꾸준히 성장

지 않기 때문에 북클로징이 가까울수록 주식이나 채권의 거래량이 줄고, 변동성도 적어짐) 등으로 거래가 극도로 둔화됐던 2013년 12월에도 달러화의 하루 중 변동폭 평균은 3.30원을 나타냈음. 2014년 6월 현재까지의 달러화 스팟 변동폭이 북클로징 시즌에도 못 미친 셈임. 달러화의 거래량도 지속적인 감소세를 나타내고 있음. 2014년 6월 23일까지 달러화의 이번 달 일중 거래량 평균은 56억4천600만 달러를 나타냈음. 2013년 같은 기간의 95억4천만 달러의 59.1% 수준이며, 2014년 들어 월간 평균으로도 최저 수치임. 변동성 위축이 거래량 감소로 이어지는 악순환이 반복된 것임. 서울환시에서 달러화의 변동성과 거래량이 동반 위축되며 원화의 투자 매력도도 떨어지고 있음. 실제 한 외국계 자금중개사는 최근 싱가포르에서 차액결제선물환(NDF) 등 원화 관련 상품을 담당하던 데스크를 없앴음. 변동성과 거래량이 모두 위축되며 수익을 내기 어렵게 되자 원화 관련 사업을 축소하는 쪽으로 가닥을 잡은 셈임. 이에 대해 한 외국환중개사 관계자는 "전반적으로 해외 소재 자금중개업체들이 원화 관련 비즈니스 비중을 점차 줄이는 것으로 보인다"며 "물론 외국환 거래 자체가 전산화가 되는 등 기술 발전의 영향도 있지만, 가장 큰 요인은 원화 관련 사업으로 수익을 내기 어려워졌다는 것"이라고 설명했음. 그는 "원화가 트레이딩 통화로서의 매력을 점차 잃어가는 것 같다"며 "원화 국제화 측면에서 현재 움직임은 분명히 좋지 않은 상황"이라고 덧붙였음. 서울환시 참가자들도 원화의 투자 매력도가 점차 떨어지고 있다고 진단했음. 역외 NDF 시장 참가자들의 거래도 뜸한 만큼 달러화의 변동성 축소 장세가 상당기간 지속될 것이라는 분석도 이어졌음. A은행의 외환딜러는 "역외 NDF 시장에서 달러-원 거래도 이전보다 상당히 뜸해진 것 같다"며 "역외의 저가와 고가 스프레드가 예전보다 좁아졌고, 최근에는 거래가 한두 건 정도만 체결된 경우도 관측되는 중"이라고 말했음. B은행의 외환딜러도 "원화의 변동성이 줄어들며 역외 NDF 시장 참가자로서는 수익률이 좋은 다른 통화로 옮겨갈 수밖에 없었을 것"이라며 "역내 거래도 뜸하고, 역외 참가자들의 움직임도 둔화되며 달러화의 변동성이 앞으로 더 위축될 수 있다"고 설명했음. 이와 관련하여 연합인포맥스(2014.06.24) 참조.

179) NDF(Non-Deliverable Forward) 거래란 만기에 차액만을 지정통화(통상 미 달러화)로 정산하는 선물환거래를 말함. 여기서 차액=선물환 계약금액×[(계약 시 선물환율−만기 시 현물환율)/만기 시 현물환율]을 의미. 주로 비거주자들이 국제화되지 않은 통화를 대상으로 환위험을 헤지하거나, 환차익을 획득할 목적으로 이용(역외시장 형성). 만기 차액결제로 결제위험이 상대적으로 낮음. 결제금액이 적게 소요되므로 투기적 거래에 자주 이용.

180) 최생림(2012) 참조.

- 그러나 오랜 기간에 걸친 실수요자 거래 위주의 정부정책과 국내은행 간 시장의 발달 부진, 그리고 원화의 국제화 미비 등의 이유 때문에 경제규모에 비해 국내외환시장의 규모나 다양성은 아직도 크게 부진한 실정

- 앞으로 원화국제화가 지속적으로 추진되고,[181] 자본거래와 외환거래에 대한 규제가 크게 완화되며, 동시에 기업들의 외환위험에 대한 인식이 제고되어 외환시장의 발달에 장애가 되는 요인들이 개선되면 이 시장은 빠르게 발달하여 거래기반을 확충해 나갈 수 있을 것임.

4 외환시장 개입

4.1 외환시장 개입이란

- 변동환율제도 하에서 환율은 기본적으로 외환시장에서의 외환에 대한 수요와 공급에 의해 결정되지만, 이를 시장에만 맡겨둘 경우 국제간 단기자본이동 등에 의해 환율이 매우 불안정한 움직임을 보일 수 있을 뿐 아니라 기초경제여건을 크게 벗어남으로써 경제에 심각한 부작용을 초래할 위험이 있음.

- 이에 따라 각국 중앙은행은 급격한 환율변동 완화 및 적정 환율수준 유지 등을 목적으로 외환시장에 참여하여 외환을 매매하는 경우가 있는데, 이를 외환시장 개입이라고 함.
  - 일반적으로 외환시장의 규모가 큰 선진국의 경우 중앙은행의 외환시장 개입의 영향이 상대적으로 적은 데 비해 외환시장의 규모가 작은 개발도상국의 경우 중앙은행의 시장개입 영향력은 매우 크다고 할 수 있음.

4.2 직접개입과 구두개입

- 외환당국의 시장개입은 직접개입과 구두개입의 두 가지 형태로 이뤄짐.

181) '원화의 국제화'란 국제간 거래에서 원화에 대한 대외교환성을 부여하여 외국인에게도 원화의 자유로운 취득, 사용 또는 보유를 허용함으로써 국제통화로서의 기능을 부여하는 것을 말함. 우리나라는 경상수지가 흑자를 보인 지난 1986년부터 원화의 국제화를 추진해 왔으나, 아직까지는 원화거래의 제한적 허용수준에 머물러 왔음. 원화의 국제화는 꾸준히 추진해야 할 문제이기는 하나, 단기적으로는 국제화의 이점을 적극 활용할 수 있고 부작용은 최소화할 수 있는 방향으로 점진적으로 추진하는 것이 바람직할 것임. 이와 관련하여 최생림(2012, pp.55~60) 참조.

- 직접개입
  - 이는 외환보유고를 이용, 환율을 의도한 방향으로 끌고 가는 정책수단임.
- 구두개입
  - 이는 환율정책 방향이나 외환당국의 입장을 피력함으로써 환율에 영향을 미치는 간접 개입임.
- 대부분 국가들은 외환당국의 신뢰성과 실제 시장개입 비용 등을 고려해 일상적으로는 구두개입 방식을 활용함.
  - 급박한 상황에서만 직접 개입에 나선다는 얘기
  - 눈에 띄는 것은 미국을 비롯한 선진국들은 구두개입에 실패, 한계를 느꼈을 때만 직접 개입하는 이른바 'cheap talk' 원칙을 가능한 한 지키려고 노력

4.3 | 역풍적 개입과 순풍적 개입

- 개입 형태에 있어서는 최근 환율추세를 역전시키는 역풍적 개입과 최근 추세를 지속할 수 있도록 유도하는 순풍적 개입으로 구분
- 엄격히 따진다면 환율이 급등락할 때 이를 안정시키는 '스무딩 오퍼레이션'과 중국 위안화 평가절상 문제가 불거진 이후 세계 각국들이 앞을 다투어 추진하는 시장개입은 대부분 역풍적 개입에 속함.

4.4 | 외환시장 개입의 효과

- 연립방정식 모델, 시차분석 모델 등이 시장개입 효과를 분석하기 위해 많이 활용되고 있는데, 개입의 효과는 분석방법에 따라 다소 차이가 있음.
- 그러나 직접개입이든 구두개입이든 당국의 시장개입은 효과가 있는 것으로 평가
  - 특히 한국과 같이 시장규모가 작고 중층적 발전이 안 된 국가일수록 개입효과는 커지는 것으로 추정됨.
- 개입에 따른 문제점
  - 직접개입은 환율의 움직임을 외환당국의 의도대로 끌고 갈 수는 있지만, 개입과정에서 불확실성을 유발시켜 환율변동성이 커지는 문제가 발생할 수 있음. ⇒ 즉 급격한 환율변동을 완화시키려는 직접개입의 성공 가능성은 높지만, 원래 예상했던 환율변화가 이뤄지지 않음에 따라 시장참여자의 기대가 어긋날 수 있기 때문임.
  - 반면 구두개입의 경우 당국의 의도대로 환율 움직임을 바꾸지는 못하지만 변동성

을 줄이는 효과는 있음. ⇒ 구두로 외환당국의 입장과 환율정책 방향을 시장에 알림으로써 불확실성을 제거할 수 있는 이른바 '고시효과(announcement effect)'가 있기 때문임.

- 실증결과를 놓고 본다면 어떤 형태든 개별국가 차원에서 이뤄지는 외환 당국의 시장개입은 나름대로 의미를 가짐.
  - 구체적으로 시장개입의 정책 방향을 제시한다면 직접개입은 시장 환율이 일시적 충격으로 인해 경제여건과 괴리됐을 때만 제한적으로 실시하는 것이 바람직함.
  - 구두개입도 시장이 불안정할 때 환율을 안정시키는 효과가 있으나 잦은 구두개입은 시장자율조정기능과 외환시장의 중층적 발전을 저해함.

4.5 | 동시다발적 시장개입의 효과

- 세계 각국이 시장개입을 동시다발적으로 추진하고 있는 점에 주목할 필요가 있는바, 국제금융시장에서는 금리인하와 함께 외환시장 개입도 도미노 현상이 벌어지고 있는 셈임.
- 동시다발적으로 이뤄지는 시장개입의 효과를 어떻게 볼 것인가.
  - 이론적으로 한 나라가 통화가치를 어떻게 운용하느냐의 문제는 대표적인 '인근(혹은 근린) 궁핍화(窮乏化)정책'의 관점에서 해석되는데, 이는 다시 말해 어느 한 나라가 통화가치를 인위적으로 낮게 유지해 얻어지는 수출과 경제성장 측면의 이득은 인접국 또는 경쟁국들의 희생에 다름 아니라는 견해임.
  - 최근처럼 글로벌 시대에 있어서는 가장 경계하는 정책수단임.
  - 결국 최근에 벌어지는 세계 각국의 시장개입은 통화전쟁의 성격을 강하게 띠고 있는바, 외환당국이 시장개입을 통해 의도한 효과를 기대할 수 없지만 다른 나라들이 시장개입을 할 때 따라가지 못할 경우 그 피해는 더 커지기 때문에 자국의 이익을 보호하기 위해서는 불가피하게 시장에 개입하는 상황임.

5 환율의 변동요인

5.1 | 장기적 관점

- 장기적으로 보면 환율은 전통적 이론이 제시하듯이 양국의 물가상승률의 차이를

반영하여 결정되는 것으로 볼 수 있으며, 또 실제적으로는 외환의 수급에 영향을 주는 국제수지 상황이 가장 중요한 변수라고 볼 수 있음.

- 우리나라의 물가가 외국보다 많이 오르게 되면 우리나라의 물건가격이 상승하여 수출경쟁력이 약화되는 반면, 수입수요는 증대됨.
  - 따라서 외환의 수요가 많아져 우리나라 돈의 가치도 떨어지게 됨.
  - 역사적으로 보아도 인플레이션이 지속되는 국가의 통화가치는 하락하는 반면, 물가가 안정된 국가의 통화가치는 상승하였음.

- 우리나라의 경우 환율은 1980년대까지는 대체로 경상수지, 1990년 이후에는 종합수지[182)]와 밀접한 움직임을 보여 온 것으로 분석되었음.

5.2 | 단기적 관점

- 그러나 단기적으로는 다음과 같은 여러 가지 요인이 외환시장에서 외환딜러의 매입과 매도 결정에 영향을 미치게 되고, 그 결과로 환율이 변동함.

- 첫째, 대고객 외환수급 상황이 영향을 미침.
  - 외국환은행이 기업, 개인 등 고객과의 외환거래 결과 매입초과(또는 매도초과)를 나타낸 경우 은행간시장에서 외환공급(또는 수요) 증대로 환율이 하락(또는 상승)하는 경향이 있음.

- 둘째, 외환거래자의 예상이나 기대심리가 중요
  - 국제 외환시장 동향, 국제수지 등 거시경제 전망, 당국의 정책 방향 등 장래 환율에 영향을 미칠 수 있는 요인들에 대한 시장참가자들의 기대가 현재의 포지션 보유를 변화시킴으로써 환율이 변동함.
  - 가령 외환거래자는 우리 경제의 통화량 증가율이 다른 나라 경제보다 높을 경우 물가상승으로 우리 돈의 가치가 외국 돈보다 떨어져 환율이 높아질 것으로 예상하고, 또 우리나라의 경제성장률이 다른 나라보다 높을 경우에는 생산물량이 확대되고 우리 경제의 신뢰도가 높아질 것이므로 우리 돈의 가치가 높아져 환율이 떨어질 것으로 예상함.
  - 이때 통화량의 증가나 경제성장이 장기에 걸쳐 서서히 나타나는 것이라 하더라도 이러한 변화가 상당한 확신을 갖고 예상되는 한 환율은 이러한 예상을 바로 반영함.

---

182) 현재 개정된 한국은행 국제수지표에는 종합수지라는 항이 없음. 개정되기 이전의 종합수지는 중앙은행과 예금은행을 제외한 국민경제의 모든 부문이 일정기간 중 대외거래를 통해 외화가 얼마나 모자라거나 남았는가를 표시하였음.

- 따라서 환율은 장기에 걸쳐 서서히 변화하는 여러 가지 요인들이 구체화되기 전에 외환거래자에 의하여 먼저 변동하게 됨.
- 여기서 주목할 사실은 특히 시장참가자들의 환율상승(또는 하락) 기대심리가 같은 방향으로 집중될 경우에는 동반효과(bandwagon effect)를 통해 환율이 급변동하는 경향이 발생

- 셋째, 중앙은행의 외환시장 개입도 중요한 요인
  - 어느 나라의 중앙은행이 외환시장에서 그 나라 통화를 대가로 하여 다른 나라의 통화를 매입하게 되면 외환시장에서 그 나라의 통화는 공급이 늘어나고 상대국의 통화는 수요가 증대되어 단기적으로 그 나라 통화의 약세를 유도할 수 있게 됨.

- 넷째, 국제금융시장의 동향도 중요한 영향을 미침.
  - 주요 교역국의 통화가치가 미 달러화에 대해 변동할 경우 이는 우리나라의 수출경쟁력 또는 해당 통화의 대외자산·부채의 가치변동을 통해 결국 우리경제에 영향을 미치게 되므로 외환시장에서 이런 사정을 반영하여 원/달러 환율이 변동함.
  - 한편 외국의 금리 또는 주식가격의 변동은 국내금리 및 주식가격과의 상대적 수익률을 변동시킴으로써 국제간 단기자본이동을 촉진하여 환율에 영향을 줌.[183)]
  - 미국의 금리인상 또는 주가상승 시 고수익을 노린 단기자본의 이동으로 미 달러화를 제외한 다른 통화는 대체적으로 약세를 보이는 경향이 있는 것은 이러한 사실을 반영함.
  - 반면 인접효과(neighborhood effect)로 인해 일국의 주가가 폭락하는 경우 인접국 또는 관련 국가의 주식도 동반 하락함에 따라 그 국가의 환율이 약세를 보일 수도 있음.

- 다섯째, 외화보유의 소지비용(carrying cost)도 중요
  - 예컨대 원화자금사정이 악화될 경우 외환보유에 따른 소지비용이 상대적으로 높아지게 되므로 외국환은행은 외환을 매도하게 되고, 그에 따라 환율이 하락하는 경향이 있음.

---

183) 내외금리차를 환율변동의 장기적 요인으로 설명하기도 함. 만일 우리나라의 이자율이 상승하면 우리 돈으로 표시된 은행예금, 채권 등 금융자산의 예상수익률도 높아지게 됨. 우리나라에서 금융자산에 대한 예상수익률은 높아진 데 반해 외국에서의 금융자산에 대한 예상수익률은 변함이 없다고 하면 우리 돈으로 표시된 금융자산을 더 선호하게 됨. 이에 따라 우리 금융자산을 사기 위해 외국 돈이 들어오게 되고, 그 결과 많아진 외국 돈에 의해 우리 돈의 가치가 상대적으로 올라가게 되어 환율은 떨어짐. 그러나 이때 유의할 것은 환율에 영향을 주는 이자율은 실질(예상)수익률이라는 점임. 즉 우리나라의 명목이자율이 외국에 비해 높더라도 (기대)인플레이션율이 더 높아 실질(예상) 수익률이 낮다면 오히려 우리나라 돈의 가치는 상대적으로 떨어지게 된다는 것임.

- 여섯째, 금융기관의 외화자금사정도 중요한 요소
  - 외국환은행들의 외화자금사정이 악화되어 차입이 어려운 경우 필요 외화를 외환시장에서 매입하려고 할 것이므로 환율상승 초래
  - 1997년 말과 1998년에 우리나라에 대한 해외 신용평가기관들의 신용등급 하향조정으로 인해 종합금융회사를 비롯한 일부 외국환은행들의 외화차입여건이 악화되어 이들이 외환시장에서 달러 매입에 나섬에 따라 환율상승 압력이 증가한 바 있음.

5.3 | 종합적 견해

- 이와 같이 환율은 국제수지, 물가, 내외금리차, 외환거래자의 예상 및 중앙은행의 외환시장 개입 등 경제적 요인에 의해 수시로 변동될 뿐만 아니라 설명하기 어려운 매우 다양한 요인들, 즉 전쟁이나 천재지변, 정치상황 변동 등 비경제적 요인에도 영향을 받아 변동함.

6 환율변동의 영향

- 환율이 변화하는 요인은 무수히 많으며, 이러한 환율의 변화가 있게 되면 또 이것이 경제에 영향을 미치게 됨.
  - 환율변동은 각종 가격변수의 조정과정을 거쳐 국제수지, 물가, 외채부담 등 거시경제적인 면에 영향을 미칠 뿐만 아니라 기업의 환위험 노출로 인한 채산성 변동 등 미시적인 면에도 영향을 미치게 됨.

6.1 | 환율상승 시

① 경상수지에 미치는 영향

- 환율상승 시 일반적으로 수출은 단가하락에 의한 수출물량 증대로 증가하는 한편, 수입은 수입가격의 상대적 상승에 따라 감소함으로써 전체적으로 상품수지(무역수지)가 개선됨.
  - 대미달러 환율이 올라가면 해외여행도 줄이게 되고 미국유학, 해외출장도 줄이게

되며 수입품의 소비도 줄어듦.[184)]

• 반면 외국인들의 국내관광은 늘어나게 되고 우리나라 물건의 가격이 싸지게 되므로 수출은 늘어남.

- 그런데 환율변동 시 수출입가격의 변화가 수요의 변화를 일으키는 데에는 시차가 발생할 수 있으므로 환율상승 초기에는 수출입의 양은 변화하지 않고 가격만 악화되어 오히려 무역수지가 악화될 수 있는데, 이러한 효과를 J-커브효과(J-curve effect)라고 함.[185)]

② 국내물가 상승

- 수입상품의 원화가격이 상승하고 이에 따른 생산원가 상승으로 국내물가가 상승할 수 있음.

- 물가상승에 따라 임금이 상승하고 이것이 다시 물가상승으로 이어질 경우 환율상승에 따른 물가상승효과는 증폭됨.

  • 특히 수입비중이 높거나 수입원자재의 사용 비중이 높은 석유화학제품, 나무 · 종이제품, 정밀기기 등의 가격상승 압력이 클 것으로 예상됨.

- 또한 환율상승 시 대외부채가 높은 기업은 환차손을 입을 가능성이 크므로 이들이 생산하는 제품의 가격상승에 대한 압력이 증대함.

③ 외채상환부담 증가

- 미 달러화 표시 대외채무의 원리금(원화기준) 상환부담이 증가

- 우리나라의 경우 외화표시채권은 대부분 중앙은행 등 금융기관이 가지고 있는 반면, 외화표시채무는 대부분 기업들이 보유하고 있어 환율상승 시 특히 기업들의 채무상환부담이 증가함으로써 해당기업 채산성 악화요인으로 작용함.

- 또한 경상거래에 있어서도 환율상승 시 수출기업은 기계약에 대해 환차익이 발생하는 반면, 수입기업은 환차손에 직면함.

---

184) 하지만 원자재 및 부품의 해외의존도가 높은 나라의 경우 원자재 및 부품을 높은 가격을 주고서라도 수입할 수밖에 없어 수입 감소는 제한적일 수밖에 없는 측면도 있음.

185) 환율상승 시 가격경쟁력의 변화가 실제 수출량을 줄이고 수입량을 늘리는 데에는 상당한 시간이 필요하기 때문에 환율이 상승하였을 때 오히려 무역수지가 악화되다가 어느 정도 시간이 흐른 뒤에야 비로소 무역수지 개선 효과가 나타나게 되는데, 이를 J-커브 효과라고 부름. 물량변화는 시간을 두고 서서히 나타나는 반면, 가격변화는 즉각 나타나므로, 그리고 평가절하 시 시간의 경과에 따른 국제수지 개선효과를 보면 알파벳 J자 형태를 보이기 때문에 붙여진 이름임.

• 한편 이와 같은 환차손을 축소하기 위하여 수출대금 수령시기는 미루고 수입대금 결제는 앞당기는 현상이 발생할 경우, 이는 다시 환율의 추가상승을 초래할 수 있음.

④ 주식시장에 미치는 영향

- 환율상승 시 환차손 우려로 인해 외국인 주식투자자금 등 해외자본이 유출됨에 따라 주식시장에 영향을 줄 수 있음.
- 1997년 말 이래 외국인 주식투자자금의 대규모 순유출은 국내주식시장의 침체, 미래경기에 대한 비관 등에 따른 것이기는 하나 환율급등으로 인한 외국인들의 환차손 우려도 큰 요인의 하나인 것으로 판단됨.
- 이에 따라 이후 우리나라 주가는 환율상승 시 하락하고 환율안정 시 상승하는 등 주가와 환율 간의 상관관계가 크게 증가하고 있음.

⑤ 기업 및 산업 부문에 미치는 영향

- 기업들이 원화 저평가에 기반한 가격경쟁력에만 의존함으로써 품질개선 · 기술개발 등 비가격경쟁력 개선노력이 미흡해지거나 경쟁력이 약한 산업부문의 구조조정이 지연될 우려가 있음.
- 따라서 장기적으로 산업전반의 체질약화에 따른 대외경쟁력 저하 가능성이 생김.

6.2 환율하락 시

- 원화의 평가절상은 수출을 줄이고 수입을 늘림으로써 무역수지를 악화시킴.
  • 원화가치가 절상되면 달러화로 표시한 수출상품의 가격이 상승하여 경쟁국 제품에 비해 가격이 비싸지게 되므로 외국으로부터 수출주문량이 줄어들게 됨. ⇒ 수출이 줄어들면 경제성장이 둔화되고 실업자가 늘어나게 되어 고용사정이 어렵게 됨.
  • 반면에 상품수입에 있어서는 환율하락분만큼 수입상품가격이 하락하게 되므로 수입품의 소비가 늘게 되어 수입이 증가하는 것이 일반적임.
- 대신 외채부담을 줄이고 물가안정에 기여
  • 환율이 내려가면 수입상품의 가격이 하락할 뿐만 아니라 외국으로부터 원료를 수입하여 생산하는 상품의 제조원가를 하락시키게 되므로 결과적으로 국내물가가

내려가는 긍정적 측면도 있는데, 우리나라의 경우 제조업부문은 원유, 철강재, 비철금속 등 수입 원자재의 투입비율이 크기 때문에 환율이 물가에 미치는 영향은 매우 크다고 할 수 있음.

- 또한 외환자유화의 진전과 대외거래 증가에 따라 우리나라의 기업과 금융회사들은 많은 자본을 외국으로부터 빌려오고 있는데 환율이 하락하면 외국 빚을 지고 있는 기업에게는 그만큼 원금상환부담이 줄어들고, 이는 결국 원가를 절감시켜 일반소비자에게 싼 가격으로 물건을 제공할 수 있게 됨.

6.3 환율의 간접효과

- 원화와는 직접 관련이 없는 외국화폐들 사이의 환율변화도 우리나라 경제에 영향을 미칠 수 있는데, 이를 환율의 간접효과(indirect effect 혹은 third effect)라고 부름.

- 미국 달러화와 일본 엔화 사이의 환율변화 시
  - 가령 엔화강세 시(엔화의 환율하락 시) 일본 제품에 대한 우리나라 제품의 가격경쟁력이 상대적으로 높아져 수출이 폭발적으로 늘고, 반대로 엔화가 약세를 보이면 우리나라의 수출은 침체를 벗어나지 못함.
  - 일례로 엔화가 10% 평가절하되면 우리나라 자동차 수출이 16%가량 줄어든다는 연구보고서도 있음. ⇒ 이는 엔화강세 시 세계시장(world market)에서 $표시 가격으로 우리 제품이 상대적으로 싸졌기 때문임.

- 엔화의 환율이 1980년대 후반 1달러당 260엔에서 130엔 선으로 급속히 떨어졌던 것(엔화강세를 의미)이 이른바 3저 호황을 가져왔던 중요한 요인 중 하나였음.
  - 1990년대 들어서도 엔화의 대달러 환율이 1달러당 120엔 선을 유지하다가 1995년 7월 한때 80엔 선까지 하락하면서 우리나라는 1994~1995년 사이 급속한 수출증가와 경제성장을 기록하였음.
  - 그러나 이후 엔화의 환율이 다시 1달러당 120엔 이상으로 급상승하면서 1996년 하반기부터 우리나라는 심각한 경기침체를 경험하였는데, 이러한 현상은 우리나라의 수출이 품질경쟁력보다는 가격경쟁력에 의존하고 있음을 보여주는 예임.

6.4 마무리

- 이와 같이 환율변동은 경제 여러 분야에 이해가 상반되는 영향을 미치게 되므로 환율은 가능한 한 실세를 반영하여 안정되도록 하는 것이 바람직함.

관련 사항

▣ 한국의 환율제도 변천과정

- 우리나라는 정부수립 이후, 사실상 미 달러에 환율을 고정시키는 고정환율제도를 고수하다가 1980년 2월 복수통화바스켓제도를 채택하면서 변동환율제도로 이행되었음.
  - 이것은 1970년대 두 차례의 석유파동에 이은 경상수지 적자의 폭이 깊어지고 종전의 미 달러에 고정된 연동 환율이 국제수지조정 수단으로 기능을 못하였으며 시장상황을 반영하지 못하고 국내 물가상승률이 교역 상대국의 물가상승률보다 훨씬 높아 원화가 과대평가되는 결과를 가져왔기 때문임.
- 그러나 이 환율제도는 통화당국의 시장실세 반영 장치라는 정책조정변수 때문에 의도적으로 환율을 조작하고 있다는 의혹이 있어 결국 1990년에 전일 총시장거래금액을 총거래량으로 나눠 환율을 산출하는 시장평균환율제도로 이행하게 되었음.
- 이후 환율변동폭을 점차 확대하다가 1997년 말 자유변동환율제도가 전격적으로 시행되었음.
  - 1997년 외환위기 이후 IMF가 한국의 환율제도에 제한 폭을 두는 것이 외환시장의 안정보다는 왜곡을 초래하기 때문에 환율결정을 시장기능에 맡기는 것이 바람직하다는 의견을 수용하였기 때문임.

▣ 환율의 종류

- 환율은 가격의 인식시점이나 거래성격 등에 따라 현물환율과 선물환율, 매입환율과 매도환율, 은행간환율과 대고객환율 등 다양한 개념으로 구분해 볼 수 있음.

1. 크로스레이트와 재정환율

- 크로스레이트(cross rate)란 자국통화가 개입되지 않은 환율을 말함.
  - 예를 들면 미국뉴욕 외환시장의 경우 영국 파운드 대 유로화 환율, 영국 파운드 대 일본 엔화 환율 등을 말함.
  - 우리나라 외환시장의 경우 미 달러 대 엔화 환율, 미 달러 대 영국 파운드화 환율 등을 말함.
- 재정환율(arbitrated exchange rate)이란 일본 엔이나 EU의 유로와 같이 외환시장에서 직접 거래되지 않는 통화의 환율을 결정할 때 우리나라 외환시장에서 결정된 원 대 달러 환율과 국제금융시장에서 결정된 엔/달러 환율 또는 유로/달러 환율을 이용하여 산출한 환율을 말함.
  - 다음의 예를 보면 원/엔 재정환율은 ¥1=₩10임.

① 우리나라 외환시장 원/달러 환율 : US$1=₩1,000
② 미국 뉴욕외환시장 엔/달러 환율 : US$1=₩100
③ 원/엔 재정환율 : ¥1=₩10

2. 현물환율과 선물환율

- 현물환율(spot exchange rate)이란 외환거래 당사자 간 매매계약 후 통상 2영업일 이내에 외환의 결제가 이루어지는 환율을 말함.
- 선물환율(forward exchange rate)은 외환의 매매계약 체결일로부터 2영업일 경과 후 장래의 특정일에 결제가 이루어지는 환율을 말함.
  - 선물환율은 금리평가이론(covered interest rate parity)에 따르면 두 통화 간의 금리차와 일치하므로 다음 산식에 의해 산출됨.

    $F=S\cdot(1+i)/(1+i^{*})$ 혹은 $(F-S)/S=i-i^{*}$

    단, F : 선물환율, i : 국내금리, S : 현물환율, i^{*} : 해외금리

3. 외환시장에서 제시하는 은행간 매입환율과 매도환율

- 매입환율(bid rate 또는 buying rate)이란 은행이 외환을 매입할 의사가 있는 가격(환율)을 말함.
- 매도환율(offered rate 또는 asked rate)은 외환매도가격으로 제시한 가격(환율)을 의미
  - 예를 들어 한 은행이 원/달러 환율을 1,200.0°-1,200.50으로 제시하였다면 이는 1달러당 1,200.00원에 매입할 의사가 있으며 1달러당 1,200.50원에는 매도할 의사가 있음을 나타냄.

4. 외환거래 당사자에 따라 대고객환율과 은행거래에 적용되는 은행간환율로 구분

- 통상 외환시장에서 결정되는 환율은 은행간환율을 의미함.
  - 은행간환율은 대고객환율보다 매입율과 매도율 간의 차이가 작은데, 이는 은행 간에는 거래가 대규모로 이루어짐으로써 단위당 거래비용이 더 적게 들기 때문임.
- 대고객환율은 은행간환율을 감안하여 각 은행이 자율적으로 결정, 고시하고 있으나 당일의 은행간 환율변동이 심한 경우에는 실시간의 환율변동을 반영하여 당일 중에 몇 차례에 걸쳐 대고객환율을 수정 고시하기도 함.[186]

---

186) 외국환은행의 대고객환율에 대해 좀 더 자세히 알아보면 다음과 같음. 대고객환율은 당일자 매매기준율 또는 재정된 매매기준율 및 외국환은행 간 매매율을 감안하여 외국환은행이 자율적으로 결정하며 돈을 주고받는 방법에 따라 전신환매매율, 여행자수표매매율 및 현찰매매율 등으로 나누어짐. 모든 외환거래는 매매기준율을 중심으로 외국환은행이 거래의 종류에 따라 일정률의 마진을 감안하여 자율적으로 결정한 대고객매매율에 따라 이루어지는데, 일반적으로 은행이 고객에게 외국돈을 팔 때 적용되는 매도율이 외국 돈을 살 때 적용되는 매입률보다 높음. 매매기준율은 서울외국환중개회사가 고시하고 있는데, 서울외국환중개회사를 통해 거래된 미 달러화의 현물환(익영업일

5. 명목환율, 실질환율, 실효환율, 균형환율

- 명목환율(NER : Nominal Exchange Rate)은 외환시장에서 매일 고시되는 국제 통화 간 환율을 말함.
  - 명목환율은 비교국 간 물가변동을 반영하지 못하는 문제점이 있음.
- 이에 반해 실제 구매력까지 반영해 조정한 환율이 실질환율(RER : Real Exchange Rate)임.
  - 실질환율은 현재의 명목환율 변동을 한 나라와 외국 간 물가변동 차이로 조정한 환율이기 때문에 한 나라 상품의 국제 가격경쟁력을 측정하는 데 널리 이용됨.
  - 다만 상황에 따라 가변적인 요소가 너무 많기 때문에 절대적인 수치를 제시하기 어려운 문제가 있음.
- 실효환율(EER : Effective Exchange rate)은 두 나라 간 통화를 확대해 자국통화와 모든 교역상대국 통화 간의 종합적인 관계를 나타내는 환율임.
  - 주요 교역상대국의 명목환율을 교역량 등으로 가중 평균한 명목실효환율과 여기에 다시 교역상대국의 물가지수 변동까지 감안해 만든 실질실효환율로 구분
- 균형환율이란 국제수지가 1년 또는 2년 이상의 일정한 기간 동안 균형을 유지할 수 있게 하는 외국환 시세를 말함.
  - 단순히 국제수지의 균형을 이루는 수준의 환율의 개념보다는 보다 넓은 의미에서 사용하는 경우도 있는바, 즉 장기적으로 경제의 실업문제가 해소될 수 있는 소위 잠재성장률을 달성하는 데 적정한 수준의 환율을 뜻하기도 함.

참고자료

(1) 김상조(2001), 《손바닥 경제》, 사계절.
(2) 한상춘(2003), "외환시장 개입 효과 있나", 《한국경제》, 2003. 07. 13.
(3) 1997. 12. 26., 《매일경제》
(4) 2007. 01. 04., 《연합뉴스》

결제물) 거래량과 거래환율을 가중 평균하여 산출하는 시장평균환율(market average rate)을 말함. 전신환매매율이란 전신에 의하여 1일 이내에 자금이 결제될 때 적용되는 환율로서 은행의 자금부담 비용이 포함되지 않는 순수한 의미의 환율이며 다른 대고객매매율의 기준이 됨. 수출입거래 등에 따라 대금을 주고받을 때 적용되는 일람출급환어음매입률, 수입어음결제율, 기한부어음매매율 등은 전신환매매율에 은행의 자금부담비용, 즉 환어음의 결제 또는 자금화에 소요되는 기간에 해당하는 금리(환가료)만큼을 빼거나 더하여 결정됨. 한편 우리가 해외여행을 하고자 할 경우 해외에서 사용하기 위해 외국 돈이 필요하므로 해외여행자는 은행에 가서 우리나라 돈을 외국 돈으로 바꾸어야 하는데 현찰로 바꾸는 경우 현찰매매율이 적용되며, 여행자수표(traveller's check)로 바꾸는 경우 여행자수표매매율이 적용됨. 만일 현찰로 가지고 나간다면 환전 시 은행에서 가장 비싼 환율을 적용받게 되어 여행자수표나 크레디트카드 등을 이용하는 것보다 불리하게 됨.

(5) 한국은행(2006), 《알기 쉬운 경제지표 해설》, 2006. 08. 25.
(6) 문한근(2008), 《최근 외환시장 동향과 주요 이슈》, 한국은행 정책보고서, 2008. 09. 19.
(7) 최생림(2012), 《외환론》, 박영사.
(8) 2014. 08. 11., 《매일경제》
(9) 2013. 12. 11.~12. 17., 《매경이코노미》 제1736호.
(10) 정영식(2010), "최근 환율동향 및 전망", 《주간무역》, 한국무역협회, 2010. 01. 24.
(11) 2014. 05. 30., 《이데일리》
(12) 2013. 01. 21., 《뉴시스》
(13) 2014. 06. 24., 《연합인포맥스》

부록 [8-1] 환율의 이해

1. 환율이란

- 한 국가의 돈은 보통 그 나라 안에서 거래할 때만 쓰기 때문에 외국과의 거래를 위해서는 항상 돈의 교환이라는 문제가 생기게 되는데, 여기에서 서로 다른 두 나라의 돈이 교환될 때 적용되는 교환비율이 바로 환율임(이하 우리나라 원화와 미국 달러화를 중심으로 논의[187]).
- 더 쉬운 말로 하자면 환율은 외국 돈의 가격을 의미한다고 생각해도 됨.
  - 예를 들어 2008년 8월 28일자 환율이 달러당 1,082원을 기록했는데, 이는 미국 돈 1달러의 가격이 우리나라 돈으로 1,082원에 해당한다는 뜻임.

2. 환율표시방법[188]

- 환율은 두 나라 돈의 교환비율이라 할 수 있는데, 어느 나라 돈을 기준으로 하느냐에 따라 두 가지 방법으로 표시할 수 있음. ⇒ 미국 돈 1달러=우리나라 돈 950원이라 표시할 수도 있고, 1원=1/950달러라고도 할 수 있는 것과 같음.
  - 그런데 국제 외환시장에서는 앞의 첫 번째 방법과 같이 대부분 미국 달러화를 기준으로 환율을 표시함.
  - 그러나 예외적으로 유로화 및 영국의 파운드화는 1유로=1.2345달러, 1파운드=1.9876달러 식으로 표시
- 또한 우리나라 돈과 일본 엔화와의 환율은 1엔=8.012원이 아니라 100엔=801.2원과 같이 100엔을 기준으로 표시함.

3. 환율제도

3.1 고정환율제도

- 고정환율제도는 환율이 시세에 따라 변동하는 것이 아니라 일정수준에서 고정되어 있

187) 우리나라 외환시장에서는 미 달러화만 직접 거래되고 있는 실정임. 다른 나라 돈은 해외에서 결정되는 미 달러화와의 환율을 통해 간접적으로 우리나라 원화에 대한 환율을 계산함. 즉 서울외환시장에서 1달러가 900원이고 동경외환시장에서 미 달러화와 일본 엔화 간의 환율이 1달러에 100엔이라면 원화와 엔화의 환율은 100엔당 900원으로 계산되는 것임. 현재 서울외국환중개 주식회사는 일본 엔화, 중국 위안화 등 20개 나라 돈에 대한 원화환율을 매일 산출하여 발표하고 있음.

188) 대개는 나라별로 고유한 화폐 명을 사용하지만 그렇지 않는 경우도 있음. 달러라는 돈의 이름은 미국, 캐나다, 호주, 홍콩 등 여러 나라에서 사용되고 있으므로 각각 표시방법을 달리하여 구분하고 있음. 유럽에서는 독일, 프랑스, 이탈리아, 벨기에 등 12개의 나라가 유로라는 돈을 공동으로 만들어 사용하고 있음.

는 제도를 말하는데, 이때 환율은 각국의 경제여건상 합리적이라고 판단되는 수준으로 정책당국에 의해 결정됨.

- 역사적으로 보면 고정환율제도가 전 세계적으로 광범위하게 유지되었던 시기가 두 차례 있었음.
  - 첫 번째는 1870~1914년 사이에 유지되었던 금본위제로서 각국의 통화는 일정무게의 금에 연동되어 있었음.
  - 두 번째는 1945~1971년 사이에 유지되었던 브레튼우즈 체제로서 각국의 통화는 미국 달러화에 연동되고 달러화는 다시 금에 연동되어 있는 간접적인 금본위제였음.
  - 그러나 금본위제는 제1차 세계대전의 발발로, 브레튼우즈 체제는 미국의 국제수지 적자 확대로 인해 붕괴되고 말았음.
- 고정환율제도는 정책당국이 환율을 인위적으로 높게 유지함으로써 수출활성화를 통한 경제성장 전략 추구에 유리하기 때문에 지금도 여러 개발도상국에서 사용하고 있음.[189)]

3.2 자유변동환율제도

- 환율이 보통의 물건 값과 같이 외환의 수요와 공급에 의해 시장에서 자유롭게 결정되도록 하는 제도를 말함.
- 고정환율제도가 국가 간 자유로운 자본이동을 특징으로 하는 지금의 세계경제체제와는 다소 맞지 않는 점이 있어 우리나라를 비롯하여 대부분의 선진국들은 자유변동환율제도를 운용하고 있음.

3.3 우리나라의 환율제도

- 우리나라도 1964년 5월까지는 고정환율제도를 운용한 바 있고, 그 후 단일변동환율제도(1964.5~1980.2), 복수통화바스켓제도(1980.2~1990.2), 시장평균환율제도(1990.3~1997.12)로의 변천을 거쳐 외환위기 직후인 1997년 12월부터는 자유변동환율제도를 채택하여 운용하고 있음.[190)]

4. 환율변동의 의미

- 만약에 환율이 달러당 1,200원으로 올랐다고 하면 1달러를 얻기 위해 우리 돈을 1,200

---

189) 오늘날 주요 선진국은 모두 자유변동환율제도를 채택하고 있음. 홍콩이나 말레이시아 등이 고정환율제도를 시행해 왔으나 이들 나라 역시 2005년 5월과 7월에 각각 고정환율제를 폐지하고 관리변동환율제를 도입하였음. 한편 태국은 이보다 먼저 1997년 연초 459억 달러에 달했던 외환보유고가 25억 달러 수준으로 급감하자 결국 국제통화기금(IMF)의 권고를 받아들여 고정환율제를 포기하고 변동환율제로의 이행을 선언하였음.

190) IMF 외환위기 발생을 계기로 1997년 12월부터 환율변동폭에 제한이 없는 자유변동환율제도로 바뀌어 현재까지 이어지고 있음.

원이나 주어야 한다는 것인데, 이것은 미국 돈의 가격이 올랐다는 것을 의미하는 동시에 우리나라 돈의 가치가 그만큼 하락했다는 의미이고 이를 가리켜 원화가 절하되었다고 함.

• 여기서 환율의 상승은 원화가치의 하락(평가절하[191]) 혹은 원화약세)을 의미

- 반대로 환율의 하락은 원화가치의 상승(절상)을 의미
  • 예를 들어 1달러=950원에서 1달러=900원으로 되면 "미 달러화에 대한 원화의 환율이 하락했다" 또는 "원화환율이 하락했다"고 말함.
  • 원화가 1달러당 950원에서 900원으로 하락하면 환율은 하락했지만, 원화가치는 더 커진 것이므로 평가절상 또는 원화강세라는 표현을 씀.
- 결국 환율상승과 하락, 평가절상과 절하에서 똑같이 오른다는 표현일지라도 그 뜻이 다르므로 주의할 필요가 있음.

5. 환율의 결정

- 우리나라처럼 자유변동환율제도를 채택하고 있는 나라에서는 환율이 보통의 상품가격과 마찬가지로 외환시장에서의 수요와 공급에 의해 결정됨.
- 일반적으로 외환시장은 외국 돈의 거래가 이루어지는 은행간시장을 의미하지만 넓은 의미로는 일반고객과 은행이 거래하는 대고객시장을 포함하기도 함.
- 외환시장에서 원화를 달러화로 바꾸고자 하는 요구(외환수요)가 많으면 환율이 오르게 되고, 반대로 달러화를 원화로 바꾸고자 하는 요구(외환공급)가 많으면 환율이 내려가게 되는데, 이러한 수요와 공급을 일치시켜 주는 수준에서 달러의 가격, 즉 환율이 결정되게 됨.

6. 환율의 변동요인

- 환율은 기본적으로 외환(즉 미 달러화)의 수요와 공급이 변동함에 따라 움직이게 됨.
  • 달러에 대한 수요는 외국으로부터 상품을 수입하거나 외국에 투자하려고 하는 경우에 생기고, 공급은 우리 상품을 수출한 대금을 받아오거나 외국인이 우리나라에 투자하기 위해 달러를 들여오는 경우에 발생
  • 즉 국제수지가 흑자가 되면 달러가 많이 들어오면서 환율이 하락하게 되고, 국제수지가 적자가 되면 반대로 환율이 상승하게 됨.
- 단기적으로는 뉴스, 루머, 시장참가자들의 일방적인 기대 등 심리적인 요인에 의해 환율이 큰 폭으로 변동하기도 함.

---

191) 미국 달러화를 기준으로 보면 돈의 가치가 높아진 것이니 '평가절상'이 되는 것이고, 한국 원화를 기준으로 보니까 돈의 가치가 떨어진 것이니 '평가절하'가 되는 것임.

- 이는 장래의 경제여건이 서서히 변화하더라도 이러한 기대가 확실할 경우 이를 일시에 반영해 버리는 금융시장 자체의 특성이기도 함.
- 이밖에 경제지표, 주변국 환율에 등에 의해서도 환율은 영향을 받게 됨.

- 그러나 장기적으로 환율은 각국의 경제성장, 물가, 이자율 등 기초 경제여건을 반영하여 움직이게 됨.
  - 미국 맥도널드사의 햄버거 제품인 빅맥은 세계 어느 곳에서나 거의 일정한 품질로 판매되고 있으므로 빅맥 가격을 비교하면 각국의 통화가치가 상대적으로 어느 정도인지 알 수 있음.
  - 장기적으로 보면 환율은 이처럼 각국의 물가수준에 의해 결정된다고 할 수 있음.
  - 금리 역시 환율에 영향을 미치게 되는데, 외국의 금리는 그대로인데 우리나라의 금리가 올라가면 우리나라 금융상품에 투자하여 보다 많은 수익을 낼 수 있게 되므로 외국 돈이 국내로 더 많이 들어와(외환의 공급 증가) 환율이 하락함.

- 우리나라의 경우 단기적으로는 외국인 증권투자자금 유출입이, 중장기적으로는 경상수지가 가장 큰 변동요인으로 작용

7. 최근 원/달러 환율 추이

7.1 환율상승 국면

- 2007년 하반기부터 환율이 매우 가파르게 상승
  - 원/달러 환율은 2007년 말 936원에서 2008년 8월 28일 기준 1,082원으로 크게 상승

- 우선 하나는 원유 등 국제원자재가격의 급등으로 인한 달러화 수요의 증가임.
  - 국제유가가 급등하면서 원유를 수입하는 기업들이 외국에 지급해야 할 금액이 크게 늘어났음.
  - 예를 들어 전에는 원유수입대금으로 1억 달러만 주면 되었던 것을 이제는 같은 물량에 대해 1억5천만 달러를 주어야 하기 때문에 이 회사는 국내 외환시장에서 5천만 달러를 더 사려고 하는 수요증가 요인이 발생한 것임.

- 그리고 외국인들이 그동안 우리나라에 투자했던 주식투자자금을 대거 회수한 것도 환율상승의 원인이 되었음.
  - 이는 우리나라 주식시장의 매력이 떨어져서라기보다는 미국의 서브프라임 사태로 피해를 입은 글로벌 금융기관들이 현금유동성을 확보하기 위해 우리나라뿐만 아니라 자기들이 투자하였던 여러 나라에서 보유자산을 매각하는 과정에서 나타난 현상이라고 볼 수 있음.

7.2 환율하락 국면[192)]

- 금융위기 직후 급등한 원/달러 환율은 2009년 하반기 이후 지속적인 하락세를 기록하고 있음.
  - 2009년 3월 원/달러 환율은 1,453원으로 최고점을 기록한 이후 원/달러 환율의 하락세가 지속됨.
  - 특히 2014년 3월 말 이후 원/달러 환율하락폭이 더욱 커지면서 하락세가 가속화되고 있음.
- 이와 관련하여 중소기업연구원은 "원/달러 환율이 금융위기 이후 최저수준을 기록, 수출 중소기업을 중심으로 기업 경영난이 가중되고 있다"며 "정부의 적극적인 경기부양 의지 등으로 금리인하 가능성이 대두되면서 최근 환율이 소폭 반등했으나 하락 기조가 여전히 유효하다"고 지적했음.
- 2014년 초 불안정한 흐름을 보이던 원/달러 환율은 2분기 들어 금융위기 이후 저점으로 인식되던 1050원선을 하향 돌파했으며, 특히 5월에는 1030원선과 1020원선, 7월에는 1010원선 등 단기간에 주요 지지선이 붕괴되면서 1000원선을 위협하는 모습임.
  - 원화는 2분기에만 달러 대비 5.2%가 절상, 같은 기간 엔화(1.87%), 위안화(0.21%), 유로화(−0.56%) 등 주요 통화 중 가장 높은 절상률을 기록했음.
- 중소기업연구원은 원/달러 환율의 급격한 하락 원인으로 ▲글로벌 유동성 확대와 신흥시장 불안 완화로 인한 국제금융시장의 위험자산 선호 확대, ▲국내 무역 · 경상수지 흑자 확대로 대내달러화 공급우위 강화, ▲국내 경제의 외환건전성 개선으로 인한 원화의 준 안전통화 부상 등을 꼽았음. ⇒ 앞으로도 이 같은 하락 기조는 여전히 유효한 것으로 나타났는데, 연구원은 "정부의 적극적 경기부양 의지 등으로 금리인하 가능성이 대두되면서 환율이 소폭 반등했지만 하락 기조는 여전히 유효하다"며 "특히 대내달러화 공급우위, 외환건전성과 대외신인도 개선, 원화 자산 메리트 부각 등이 지속적으로 환율의 하락요인으로 작용할 것"이라고 밝혔음.

8. 환율변동이 경제에 미치는 영향

- 환율은 주위의 경제여건에 따라 변동하지만, 반대로 환율의 변동이 실물경제에 영향을 미치기도 함.

8.1 환율상승(혹은 원화절하) 시[193)]

- 우선 환율이 오르면 우리 제품의 가격경쟁력이 높아져서 수출이 늘어나게 됨.

---

192) 이하 내용은 김민정(2014.04.29)과 아시아경제(2014.07.31) 참조.

193) 통상 환율이 적정수준으로 상승하면 경제성장률은 단기적으로 높아지게 되는데, 이는 수출이 늘고 생산이 활발해지기 때문임. 그러나 장기적으로는 환율상승이 물가상승이라는 부정적 영향을 미치게 되므로 그 효과는 국가마다 차이가 있을 수 있음.

• 예를 들어 종전에는 100만 원어치를 수출할 때 1천 달러를 받았다고 하자.
• 환율이 1000원에서 1100원으로 오르면 909달러만 받아도 수출업자가 받을 수 있는 돈은 여전히 100만 원이 되기 때문에 수출가격을 낮출 수 있음.
• 물론 수출단가를 낮추지 않고 종전처럼 1천 달러를 받으면 수출업자가 버는 돈은 110만 원이 되어 수익성이 좋아지게 됨.
• 이렇게 수출이 늘어나면 수출기업들이 고용을 늘리게 되고 경제성장에도 도움이 됨.
• 또한 수출이 늘어나는 한편 수입은 줄어들게 되어[194] 경상수지가 개선되는 효과도 기대해 볼 수 있음.[195]

- 그러나 환율상승의 효과가 긍정적인 것만은 아님.
  • 우리나라에서 수입하는 상품과 원자재의 국제가격이 변하지 않는다 해도 환율이 상승하면 수입업자가 치러야 하는 원화가격이 올라 자연히 국내물가가 올라감.
  • 원재료의 수입의존도가 큰 기업들은 수입가격 상승으로 인해 채산성이 악화되니까 제품가격을 인상해야 하고, 이는 고스란히 소비자들의 부담 증가로 돌아오게 됨.[196]
  • 또한 외국 빚을 많이 지고 있는 기업들은 원화가치 하락에 따라 그만큼 원리금상환부담이 늘어나게 되어 기업경영이 어려워질 수도 있음.
  • 그리고 해외여행이나 해외유학을 하는 개인의 경우 달러당 원화 부담이 증가하게 됨.

8.2 환율하락 시

- 환율이 떨어지게 되면 위에서 말한 것과 반대의 현상이 생기게 됨.
- 개인의 경제활동과 관련하여 원화가 강세(환율하락)를 보이는 상황에서는 해외여행이나 유학의 경우 원화기준으로 비용이 덜 들게 되는 긍정적 효과가 있음.

8.3 시사점

- 이처럼 환율변동은 경제 여러 분야에 이해가 상반되는 영향을 미치므로 어떤 한 방향으로 움직이는 것이 좋다거나 나쁘다고 할 수 없음.
- 따라서 환율은 기초 경제여건을 반영하는 가운데 안정적으로 움직이는 것이 바람직함.

---

194) 수입업자는 환율이 상승하면 동일한 원화로 수입할 수 있는 물량이 줄어들어 수입이 감소하게 됨.

195) 환율상승 시 단기적으로 나타나는 국제수지 개선효과와 관련하여 부연설명하면 다음과 같음. 수출업자가 개당 1,000원짜리 제품을 수출하였는데 환율이 달러당 1,000원에서 1,100원으로 상승할 경우 해외시장에서 외화로 표시한 가격은 1달러에서 0.91달러로 낮아지기 때문에 수출이 더 늘어나게 됨. 반면 수입업자는 환율이 상승하면 동일한 원화로 수입할 수 있는 물량이 줄어들어 수입이 줄어들게 됨. 이와 같이 환율이 상승하면 단기적으로는 수출이 늘어나는 효과가 있으나 한편으로는 환율상승이 수입물가의 상승을 가져와 결국 수출가격이 상승하는 요인으로 작용하므로 환율상승의 수출증대 효과는 어느 정도 줄어들게 됨.

196) 환율상승은 수입물가를 오르게 하여 장기적으로는 수출가격이 상승하는 요인으로 작용하므로 수출증대 효과는 줄어들게 됨.

9. 환율안정의 중요성과 환율정책

- 환율의 변동은 수출입이나 물가 등을 통하여 국민경제에 여러 가지 영향을 미치기 때문에 그 효과는 국가마다 다를 수 있음.
- 우리나라는 연간 국내총생산액에서 수출입이 차지하는 비중이 70%에 이르고 주식시장에서 거래되는 주식의 약 40%를 외국인이 소유하고 있을 정도로 세계경제와 긴밀한 관계를 유지하고 있음.
- 경제가 장기적으로 안정적이고 지속적으로 성장할 수 있도록 하기 위해서는 환율의 안정이 매우 중요
- 환율이 단기간에 급격히 변동할 경우 국가나 기업은 물론 개인이 적절히 적응하는 데 어려움을 겪을 수 있기 때문에 정부와 중앙은행은 단기간에 환율이 크게 오르거나 크게 내려서 경제가 위축되거나 불안해지지 않도록 필요한 경우 외환시장에서 외환을 사거나 파는 등의 방법으로 환율이 안정적으로 유지되도록 노력하고 있음. ⇒ 적절한 외환보유액을 보유하고 있는 것도 환율안정을 위해 매우 중요하다고 할 수 있음.
- 최근 IMF에서 원화가 8% 정도 저평가되어 있다고 주장한 것과 다르게, 실질실효환율[197]과 행태균형환율[198]로 장기균형 수준을 추정한 결과, 5% 내외 고평가(원/달러 균형환율은 1,122~1,134원으로 추정)되어 원/달러 환율이 과도하게 하락한 것으로 나타났음. ⇒ 또한 2014년 4월 들어 환율하락세가 더욱 빠르게 진행됨에 따라 균형수준과의 괴리가 더욱 확대될 우려가 높음.[199]
- 이에 따라 정부는 외환수급변동과 단기자본유출입 상황 등에 대해 모니터링을 강화할 필요가 있음. ⇒ 아울러 환율이 균형환율 수준에서 크게 괴리되지 않도록 정부의 안정적이고 효율적인 환율운용정책이 필요함.
- 실제환율이 균형환율에서 장기간 크게 벗어날 경우, 향후 변동성의 확대 및 조정 가능성이 크며 이는 실물경제에 충격을 줄 수 있음.
- 또한 원/달러 환율하락이 지속될 경우 기업들의 수출채산성 악화 및 수출 부진이 우려됨에 따라 기업차원에서도 경쟁력 제고와 신시장 개척 등 대응책 마련이 시급함.
- 한편 중소기업연구원에 따르면, 환율 문제 해결을 위해서는 수출 중소기업과 정부당국

---

197) 구매력평가설(Cassel〈1916〉이 주장한 이론으로 일물일가의 법칙을 바탕으로 국가 간의 화폐의 교환비율은 각국 통화의 상대적 구매력을 반영한 수준으로 결정된다는 환율결정이론임. 그 이후 Balassa〈1964〉, Frenkel〈1976〉, Krugman〈1978〉은 구매력평가설 이론을 기초로 균형환율 추정 및 분석방법을 발전시킴)에 의거한 방법으로 주요 교역국들과의 물가를 감안한 실질환율을 교역 가중치를 이용하여 가중 평균한 수치임.

198) Clark and MacDonald(1999)에 의해 제시된 개념으로 환율의 실제적 행태를 설명하는 모델임.

199) 김민정(2014.04.29) 참조.

모두의 노력이 필요하다는 지적을 하였음.[200)]

- 우선 수출 중소기업은 환율변동성 확대에 대한 환리스크 관리를 강화하는 한편, 장기적으로 비가격경쟁력 확충과 해외시장 다변화를 위해 노력해야 하며 환헤지 상품 가입 등을 통해 향후 환율변동성 확대에 따른 불확실성을 완화해야 한다고 지적했음.
  ⇒ 특히 중소기업은 통화옵션상품보다 상대적으로 구조가 단순하고 고정환율을 사용하는 선물환이나 환변동보험 등을 적극 활용할 필요가 있다고 덧붙였음.
- 또한 정부당국은 일시적으로 자금 확보에 어려움을 겪거나 채산성이 악화되는 기업들을 대상으로 금융 지원을 강화하고, 중장기적으로는 수출 중소기업의 환리스크 관리역량을 배양할 수 있는 지원 방안을 마련해야 한다고 지적했음.

참고자료

(1) 안형순(2007), "환율은 왜 변하고 경제에는 어떤 영향을 미치나?", 한국은행 경제교육(풀어 쓴 생활경제), 2007. 05. 11.

(2) 안상준(2008), "환율 왜 이리 민감한가요?", 한국은행 경제교육(풀어 쓴 생활경제), 2008. 09. 25.

(3) 안형순(2007), "환율을 알면 경제가 보인다", 한국은행 경제교육(경제기초원리), 2007. 04. 26.

(4) 김민정(2014), "원/달러 균형환율의 추정과 시사점", 《이슈리포트》, 현대경제연구원, 2014. 04. 29.

(5) 2014. 07. 31., 《아시아경제》

200) 아시아경제(2014.07.31) 참조.

부록 [8-2] 글로벌 환율전쟁

1. 배경

- 어느 때보다 환율을 둘러싼 각 나라들의 정책이 긴박하게 돌아갈 조짐이 보이는 2014년, 수출경쟁력을 높이기 위해 경쟁적으로 자국통화 가치의 하락을 유도하는 이른바 '환율전쟁'이 시작
- 그동안 미국을 중심으로 양적완화조치[201]가 이어지면서 달러화 약세가 계속되었으며, 경기를 살리기 위해 시장에 엄청난 돈을 공급했음.
  - 미국의 중앙은행 역할을 하는 연방준비제도이사회는 매달 850억 달러(약 90조 원)의 채권을 사들였으며, 기준금리는 제로금리(0∼0.25%) 수준을 유지했음.
  - 결국 천문학적인 돈을 풀어서 경기 부양에 온 힘을 쏟은 것임.
- 린이푸 베이징대 국가발전연구원 명예원장[202]은 2014년 8월 11일 매일경제신문과의 인

201) 양적완화(quantitative easing) : 기준금리 수준이 이미 너무 낮아서 금리인하를 통한 효과를 기대할 수 없을 때 중앙은행이 다양한 자산을 사들여 시중에 통화공급을 늘리는 정책임. 중앙은행이 발권력을 동원, 부채를 늘리는 방식으로 경기를 부양하려는 것임. 중앙은행이 사들이는 자산은 국·공채나 주택저당증권(MBS), 회사채 등 다양함. 미국, 영국, 유럽, 일본 등 주요 선진국은 금융위기 이후 일제히 양적완화 정책을 시행하고 있음. 이렇게 양적완화로 돈이 풀리면 이들 선진국의 통화가치는 하락하는 반면 넘치는 유동성이 신흥국으로 유입돼 신흥국의 통화가치를 끌어올리게(신흥국 통화의 환율하락) 됨. 미국은 1998년 금융위기 이후 연 0∼0.25%로 낮춘 기준금리 탓에 추가 금리 정책을 쓸 수 없게 되자 경기부양책으로 국채 등의 증권을 매입해 시중에 달러를 대량 풀기도 했음. 1990년대 일본에서도 거품경제가 붕괴한 후 일본 중앙은행이 정책금리를 0% 수준까지로 낮췄음에도 불구하고 극심한 디플레이션 상태에서 벗어나지 못하자 2001년부터 5년간 은행들이 보유한 장기국채를 매입하는 방식으로 양적완화 정책을 동원하여 장기금리를 끌어내렸음. ▲1차 양적완화(QE1) : 이후 2008년 9월 미국 리먼브러더스 사태로 미국경제가 얼어붙자 FRB는 2009년 초부터 2010년 3월까지 1차 양적완화를 실시했음. ▲2차 양적완화(QE2) : 1차 양적완화 이후에도 미국경제가 되살아나지 못하자 곧바로 2차 양적완화(QE2)를 실시, 2차 양적완화는 2011년 6월 말 종료됐음. ▲3차 양적완화(QE3) : 2012년 9월 13일 FRB는 경제 여건의 불확실성이 지속되고 특히 고용시장의 회복이 늦어지자 3차 양적완화조치를 발표했음. ⇒ ㉠ 구체적으로는 모기지담보증권(MBS)을 매달 400억 달러, 우리 돈으로 약 45조 원 규모씩 시장에서 매입하는 것임. ㉡ 별도로 종료 시한을 정하지 않았기 때문에 전체적인 규모는 정해지지 않았음. 한편 미국은 실업률이 떨어지고 경제성장률이 올라가자 양적완화 축소를 단계별로 발표했음. 미국 중앙은행인 연방준비제도(Fed : 연준)는 2013년 12월 FOMC 회의에서 월 850억 달러였던 3차 양적완화(QE3) 규모를 100억 달러 줄이는 테이퍼링(tapering : 자산매입 축소)에 처음 착수한 데 이어 2014년에 들어서도 1월, 3월, 4월, 6월 회의에서 채권 매입액을 100억 달러씩 줄였음. 그리고 연준은 2014년 7월 30일(현지시간) 양적완화 규모를 현재의 월 350억 달러인 양적완화(QE)에서 250억 달러로 100억 달러 추가 축소하기로 했음. 기준금리를 제로(0∼0.25%)에 가깝게 운용하는 초저금리 기조도 '상당기간'(for a considerable time) 이어가기로 했음. 따라서 이번까지 여섯 차례 회의 연속으로 양적완화 축소를 결정한 것임. 이와 관련하여 THE AsiaN(2014.07.31) 참조.

202) 대만 출신인 린 원장은 2013년 리커창 중국 총리의 경제자문역으로 선임되는 등 중국 경제정책

터뷰에서 "국가 간 자본이동이 늘면서 언제든 금융위기가 재현될 수 있다"며 "미국의 양적완화 축소(테이퍼링) 종료 이후 아시아 각국에서는 (무역수지 흑자를 위해) 자국의 통화가치를 낮추려는 환율전쟁이 촉발될 수 있다"고 밝히기도 했음.[203)]

2. 글로벌 환율전쟁이 우리나라에 미치는 영향

- 일본도 적극적 양적완화 정책, 소위 '아베노믹스'로 이런 흐름에 가세했는데, 이처럼 미국 달러와 일본의 엔화가 대규모로 공급되면 유로화 등 다른 통화에 비해 가치가 떨어질 수밖에 없음. ⇒ 그만큼 자국 물건을 싸게 내다팔 수 있으니 수출에 도움이 되는 반면, 다른 나라들은 상대적으로 손해를 볼 수 있음.
- 지난 2013년 11월 유럽중앙은행(ECB)이 전격적으로 기준금리를 0.25%포인트 낮춰 버린 것도 이런 맥락임.
  - 역대 최저수준인 0.25%까지 기준금리를 떨어뜨려 유로화 가치 하락을 유도하겠다는 것임.
- 다른 나라들의 움직임도 심상치 않음. ⇒ 선진국들의 양적완화에 맞서 신흥국가들이 기준금리를 낮추는 수법으로 대응할 가능성이 높음.
- 2014년부터 환율전쟁의 양상이 더 복잡해질 전망은 바로 양적완화 축소 때문임.
  - 양적완화는 말 그대로 경기회복을 위해 돈을 마구 풀어 넣는 정책인데, 이것을 계속 유지할 수 없기 때문에 경기가 살아났다고 판단하면 시장에 충격을 주지 않는 시점을 잡아 돈줄을 조절해야 함.
- 2014년에 들어 양적완화 축소가 본격 시작되면 달러약세가 주춤해질 수 있음.
  - 원/달러 환율에서 달러약세는 원화강세(환율하락)를 뜻함. ⇒ 환율이 1,100원에서 1,000원으로 하락하면 1,100원이 아닌 1,000원만 주면 1달러를 살 수 있다는 의미이므로 달러 값은 떨어지고 우리 돈(원화)의 가치는 그만큼 오른 것임.
- 세계적인 달러약세에 따라 2013년 하반기 원화강세(절상)는 두드러졌음. ⇒ 6월 이후 절상폭도 유럽, 러시아, 중국 등 다른 주요 국가에 비해 최고 10배 이상 월등히 높았음.
- 원화가치가 급속히 상승, 즉 환율이 가파르게 떨어지면 우리 외환당국은 개입에 나섬. ⇒ 1,000원, 1,050원, 1,100원 등 심리적 마지노선(일종의 저항선)을 지키고 환율하락 속도 자체를 조절하기 위해서임.
- 문제는 양적완화 축소로 달러약세가 멈춘다 하더라도 원화강세는 계속될 가능성이 있음.

의 밑그림을 그리는 개혁파 경제학자임. 미국 시카고대에서 경제학 박사학위를 받은 후 2008~2011년 세계은행 부총재를 지냈음.

203) 매일경제(2014.08.12) 참조.

- 일단 2013년 경상수지 흑자가 사상 최대수준인데 이어 2014년에도 400억 달러가 넘는 엄청난 흑자가 예상됨.
- 게다가 미국 등의 평가절상 압력도 만만치 않는데, 흑자를 내고 있으니 원화가치를 올리라는 것임. ⇒ 미국 재무부는 환율보고서에서 원화가치가 저평가돼 있으며 한국 정부가 원화절상에 저항하고 있다고 지적했는바, 우리 정부가 적극 개입해 떨어지는 환율을 붙잡기가 쉽지 않다는 얘기임.[204]

- 2014년 환율전쟁이 복잡해지는 이유는 바로 출구전략에 따라 달러약세가 중단되면 자연스레 원화를 비롯한 주요 신흥국의 통화가치 강세도 중지돼야 하지만, 오히려 경상수지 흑자를 이유로 지속적인 강세를 요구받을 수 있는 상황이기 때문임.[205]
- 원화강세는 우리나라처럼 수출 위주의 산업구조에서는 치명적 ⇒ LG경제연구원은 원화가 10% 오르면, 수출이 5% 감소한다는 보고서를 내놓기도 했음.

3. 환율변동에 대한 개별주체들의 대처법

3.1 '외화예금통장' 하나 정도는 지참

- 외화가 쌀 때마다 사두는 기초적 '환테크'를 위해서 외화예금통장은 기본 ⇒ 특히 대부분 외화예금은 환전 수수료를 30～40% 감면해 주거나 해외송금수수료를 면제하는 등 부가혜택이 있음.
  - 해외여행을 자주하는 사람이나 유학생 자녀 등을 둔 부모에게는 필수 상품임. ⇒ 원화가치가 올라간다면 수출기업은 울상이겠지만, 해외유학 자녀를 둔 부모는 반가울 수밖에 없음.
  - 환율이 떨어졌을 때 달러를 현금으로 확보해 3개월분 정도를 외화예금에 넣어두는 방법이 일반적임. ⇒ 송금은 여러 번 나눠서 하는 게 안전

204) 미국 상원 금융위원회는 2014년 7월 29일 '한미 FTA, 2년의 교훈' 청문회를 열고 미국 관련 업계 대표들의 증언을 청취했는데, 이날 증인으로 참석한 스티브 비건 포드자동차 국제 대정부부문 부회장은 환율을 집중 거론했음. ⇒ ㉠ 그는 "한·미 자유무역협정(FTA)을 통해 시장 접근성을 높일 수 있을 것으로 기대했으나 상대국이 환율 개입을 통해 미국 회사에 불리한 상황을 만들고 있다"고 비판했음. ㉡ 비건 부회장은 "한미 FTA가 체결된 이후 한국 정부는 달러화에 대한 원화가치 상승 속도를 늦추기 위해 외환시장에 개입해 왔다"며 "이 같은 환율 조작은 한국시장에 대한 무역장벽을 만드는 한편 한국 수출기업들에 보조금을 주는 효과가 있다"고 주장했음. ㉢ 그는 이어 "2011년 이후 한국의 외환보유액은 700억 달러 늘어나 현재 3660억 달러에 달하고 있다"며 "한국은행은 미국 재무부와 국제통화기금의 비판에도 원화값 상승을 늦추기 위해 반복적으로 시장에 개입해 왔다"고 주장했음. 이와 관련하여 매일경제(2014.07.31) 참조.

205) IMF도 같은 날 발표한 대외부문평가보고서(ESR)를 통해 한국 외환당국의 시장개입을 최소화해야 한다고 지적했음. ⇒ ㉠ IMF는 보고서에서 "환율은 시장에서 결정되어야 하고 당국의 개입은 지나친 변동성을 완화하는 데 그쳐야 한다"며 "시장균형으로 환율이 움직이는 것을 방해해선 안 된다"고 밝혔음. ㉡ 한국의 경상수지 흑자규모에 대해서도 "지나치다"고 평가했음. ㉢ 보고서는 "경상수지 흑자규모가 국내총생산(GDP) 대비 2012년 4.3%에서 2013년 6.1%로 상승했다"며 "이는 적정치(2%)를 넘어서는 수준"이라고 밝혔음. 이와 관련하여 매일경제(2014.07.31) 참조.

3.2 외화보험에도 관심을 가져볼 만함.

- 외화보험은 원화나 달러로 선택해 불입을 하고 달러로 환급받을 수 있으며 외화예금에 비해 금리가 높은 것이 특징

3.3 은행의 환율연계 예금상품도 주목

- 특정 기간 동안 환율상승이나 하락을 선택하면 최고 6%대까지 고금리를 받을 수 있음.
  ⇒ 환율 방향을 예측하기 힘들다면 원금을 보장하는 상품을 중심으로 투자해야 함.

3.4 필요시 외화대출을 원화대출로 변경

- 이 전략도 환율 재테크의 대표적 방법임.
- 예컨대 엔화대출을 받은 기업이라면 엔화가 쌀 때 원화대출로 갈아타면 이익임.⇒ 원/엔 환율이 100엔당 1,200원에서 100만 엔을 빌렸다면 1,200만 원이지만, 1,100원으로 환율이 떨어졌을 때는 1,100만 원에 불과함.
  - 2013년 들어 엔화약세가 심해지면서 실제 1~9월 말까지 엔화대출은 38억9000만 달러(달러환산)나 줄었음. ⇒ 엔화대출을 갚아버리거나 원화대출로 전환했기 때문임.
- 이밖에 개인투자자들이 소액으로 투자할 수 있는 환율 관련 상품으로는 역외펀드와 달러선물 상장지수펀드 등이 있음.
  - 역외펀드는 외국 자산운용사가 해외에서 설정해 운용하는 펀드로서 원화를 해당국가의 통화로 환전하여 투자함. ⇒ 따라서 환율이 낮을 때 투자하면 이익을 볼 수 있지만, 투자시점보다 환율이 더 내려가면 손해를 보게 됨.

4. 환율전쟁 우려 속 국내 대응방안[206)]

- 박근혜 정부 최경환 2기 경제팀은 중소·중견기업에 맞추는 외환정책이 필요
- 경상수지가 무조건 많은 것이 좋은 게 아니기 때문에 적정수준으로 관리하는 것이 중요
- 환율 영향을 감소시키기 위해 '영구적 불태화 개입'(PSI : Permanent Sterilized Intervention)을 도입할 필요가 있음.[207)]

---

206) 한상춘(2014.07.18) 참조.

207) 일반적으로 유입되는 외국자본을 규제하기 위해서는 직접규제와 간접규제 방안이 있음. 직접규제는 특정 거래를 금지 또는 허가를 통한 양적규제를 의미함. 간접규제는 자본거래의 유인을 축소시키는 가격규제조치로 '외환거래세(일명 토빈세)'가 대표적임. 중국은 변형된 형태로 핫머니 규제와 함께 들어오는 외자에 상응하는 해외자산을 사들여 통화가치의 균형을 맞추는 PSI를 추진했음. 하지만 기대했던 만큼 효과가 나타나지 않았음. 효과가 나타났다고 하더라도 단기간에 그쳤음. 신흥국의 외국자본 유입규제보다 앞서가는 선진국의 복잡한 고도의 파생금융기법이 발달한 데다 각종 캐리자금이 주도하면서 직·간접 규제 이후에도 약간의 수익률 차이가 나면 종전보다 자금 유출입이 심해졌기 때문임. 이와 관련하여 한상춘(2012) 참조.

참고자료

(1) kyobolifeblog.co.kr/905(교보생명 블로그), "글로벌 환율전쟁이 시작된다! 환율 변동에 대한 우리의 대처법은?", 2014. 01. 17.
(2) 2014. 07. 31., 《매일경제》
(3) 2014. 07. 31., 《THE AsiaN》
(4) 한상춘(2014), 《굿모닝 투자의 아침 1부〈한상춘의 지금 세계는〉》, 한국경제TV, 2014. 07. 18.
(5) 한상춘(2012), "한국 증시 추가 상승의 최대 적…'글로벌 환율전쟁'", 《한국경제》, 2012. 09. 16.
(6) 2014. 08. 12., 《매일경제》

부록 [8-3] 미국발 금융위기

1. 금융위기의 발생원인 및 진행경과

1.1 금융위기의 발단

- 글로벌 금융위기의 발단은 미국의 서브프라임 모기지론에서 찾을 수 있음.
  - 신용이 낮은 개인들은 주택을 담보로 모기지 회사에서 서브프라임 모기지 대출[208]을 받고, 모기지 회사는 모기지(담보)를 골드만삭스와 같은 투자은행에 판매
  - 투자은행들은 이것을 재구성해서 모기지 기반의 증권(MBS)을 만들어내고 여기에 헤지펀드[209] 같은 공격적 투자자들이 투자[210]를 함.

1.2 진행경과

- 미국은 2000년 이후 유지된 저금리 추세와 이에 따른 통화량의 증가로 주택경기가 상승하였고, 이 과정에서 금융기관들이 고수익·고위험 지향적인 서브프라임 대출상품에 주력함에 따라 서브프라임 대출이 크게 증가

---

208) 미국의 주택담보대출은 개인들의 신용등급에 따라 프라임(prime)·알트에이(Alt-A : Alternative-A)·서브프라임(subprime) 모기지로 나뉘는데, 서브프라임 모기지 금리는 프라임 모기지보다 2~3%p가 높음. 서브프라임의 금리는 처음 2년은 낮은 고정금리를 적용하다 2년 뒤부터는 2.3%p 높은 변동금리로 전환되는 구조임. 2007년 말 모기지 연체 위기에 처한 사람들을 구제하기 위해 미국정부는 일부 서브프라임 모기지 금리를 5년 동안 동결하는 방안을 발표하였음.

209) 금융파생상품·주식·채권·외환 등의 국제시장에 공격적으로 투자해 높은 운용 이익을 노리는 민간 투자기금을 말함. 헤지펀드(hedge funds)는 100명 미만의 소수투자가들로부터 개별적으로 자금을 모집하여 헤징 등 각종 투자기법을 이용하여 자금을 운용한 뒤 투자실적에 따라 배당하는 사모(私募) 파트너십(partnership)을 말함. 1949년 Alfred Jones가 처음으로 미국에 헤지펀드를 설립하였는데 본래 헤지펀드는 시장위험 최소화를 통한 안정적 투자를 중시하였음. 그러나 최근에는 주식, 채권, 파생금융상품 등 금융자산뿐 아니라 원유, 귀금속 등 실물자산에도 투자하는 등 고위험·고수익을 추구하는 성향이 두드러지게 나타나고 있음. 2006년 기준 전 세계적으로 약 4,000여 개가 넘는 헤지펀드가 활동하고 있는 것으로 알려져 있는데 1990년대 들면서 개발도상국들의 금융시장이 개방되고, 일본의 거품붕괴 후 대량의 자금이 헤지펀드로 발길을 돌리게 되면서 국제금융시장은 이러한 헤지펀드가 주도하는 핫머니에 의한 투기장화 되는 추세를 보이고 있음. 이들 헤지펀드는 파생금융상품을 집중적으로 거래하기 때문에 이들이 일제히 움직일 경우에는 국제금융계에 미치는 파급효과가 하루 1조5000억 달러에 이를 것으로 예상되고 있음. 대표적인 헤지펀드에 의한 금융혼란으로는 1992년의 영국 파운드화의 폭락, 1994년의 멕시코 금융위기, 그리고 1997년 7월 태국의 바트화 폭락 사태 등을 들 수 있는데, 이들 경우 모두 헤지펀드가 주도하는 핫머니의 움직임이 있었음. 헤지펀드 가운데 가장 널리 알려진 대표적인 펀드는 전 세계 절반 이상을 차지하는 조지 소로스의 '퀀텀펀드'가 유명함. 이와 관련하여 〈관련 사항〉 참조.

210) 국내 금융회사들이 리먼브러더스에 투자한 액수는 총 7억2천만 달러, 메릴린치 주식의 경우 한국투자공사가 20억 달러, 하나은행이 5천만 달러를 투자한 상태

- 2004년 이후 미국정부는 주택경기 과열, 인플레이션 압력 증대 등에 대처하기 위하여 기준금리를 지속적으로[211] 올리면서 대출자들의 이자부담이 증가하게 되었음.
- 여기에 주택시장 침체가 본격화됨에 따라 주택가격이 하락하면서 대출자들의 연체가 증가하는데, 2007년 4월 미국 2위의 서브프라임 모기지 회사 뉴센추리 파이낸셜이 영업중단을 선언하면서 시장불안이 조성
- 모기지 기반 증권을 만들어 판매했던 투자은행들은 위기를 모면하기 위해 새로운 채권(유동화주식 등 파생상품)들을 무분별하게 발행해 내면서 채권의 가치는 급격히 떨어졌고, 결국 메릴린치는 BoA(뱅크오브아메리카)에 매각, 리먼브러더스는 파산보호 신청, 보증을 선 AIG는 긴급자금지원을 요청하기에 이르렀음.[212]
- 이에 미국정부는 7000억 달러에 이르는 구제금융 계획을 발표하게 되는데, 미국하원에서 구제금융 법안이 부결(2008. 9. 29)되면서 미국 증시가 폭락하는 등 상황이 악화되자 10월 3일 법안(2008 긴급경제안정화법안)이 최종통과되었음.
- 당시 전문가들은 구제금융이 국제금융시장의 신용경색 완화에는 어느 정도 도움이 되겠지만, 구제금융은 예상됐던 내용으로 이미 시장에 반영되었고, 효과가 나타나기에는 시간이 오래 걸리므로 '금융시장의 불안은 당분간 계속될 것'이라고 분석

〈표 부8-1〉 역대 구제금융 빅5

(단위 : 억 달러, 2008년 기준 환산)

	시기	규모	내용
미국	1989년 8월	2,000	저축대부조합 도산위기
한국	1997년 12월	780	외환부족으로 IMF 구제금융
인도네시아	1998년 1월~1999년 4월	580~647	통화가치 하락과 물가급등에 IMF 구제금융
브라질	1998년~2002년	1,097	아시아 외환위기 확산 방지 위해 IMF 구제금융
아르헨티나	2000년~2001년	522	정부재정 파탄과 150억 달러 대외채무로 IMF · 세계은행 구제금융

211) 2004년 6월 이후 0.25%씩 17차례 인상하여 1.0% → 5.25%까지 상승

212) 미국 내 상위 투자은행의 위상은 다음과 같이 변화하였음. 1위인 골드먼삭스와 2위인 모건스탠리는 2008년 9월 21일 금융지주회사로 전환, 3위인 메릴린치는 9월 14일 BoA가 인수, 4위인 리먼브러더스는 9월 14일 파산 신청 발표, 5위인 베어스턴스는 3월 16일 JP모건이 인수

2. 미국발 금융위기의 여파[213)]

- 서브프라임 모기지 부실충격이 실물부문의 침체로 전이되면서 미국의 경기침체 장기화가 불가피한 상황
- 또한 미 금융위기는 선진국의 경기를 위축시켜 아시아 국가의 수출둔화와 성장둔화를 초래할 전망
- 우리나라의 경우에도 외국인투자가들이 국내에 투자한 돈을 빼내어 가면서 국내증시는 하락하였고, 환율 폭등으로 국내기업들 시가총액 하락이 이어지면서 국내증시는 더욱 위협받았음.

3. 각국의 대응 및 향후 전망

- 미국과 유럽 정부는 유동성 공급 확대와 예금보호조치, 금리인하 등을 잇달아 내놓으며 위기 진화에 부심[214)]
  - FRB는 은행권에 유동성 공급규모를 2008년 말까지 9천억 달러로 늘리겠다고 발표했고, 유럽 각국 정부는 금융기관에 잇따라 구제금융을 제공하며, 독일 · 아일랜드 · 그리스 등은 고객 예금보호조치에 들어갔음.
  - 또한 지난 2008년 10월 8일 세계 주요국의 중앙은행들이 금리인하 공조에 나섰음.
- 위기는 언제까지 지속될 것인가?
  - 세계경제 경험에 비춰봤을 때 이 정도 규모의 경제위기를 극복하는 데는 통상 4년 정도가 걸렸지만 지금과 같은 적극적 정부개입이 있을 경우에는 그 기간을 크게 단축

---

213) 서브프라임 모기지 부실은 일종의 신용연결 금융사들의 붕괴 도미노로 이어졌기 때문에 문제의 심각성이 컸음. 이를 좀 더 부연 설명하면 다음과 같음. 모기지 업체들은 대출자들에게 돈을 빌려 준 뒤 확보한 채권을 할인해서 현금으로 바꾸는데 이를 유동화라고 함. 모기지 업체는 대출채권들을 자산유동화 회사(SPC)에 할인해 팔고 대신 현금을 받음. 자산유동화 회사들은 모기지 채권을 담보로 주택저당증권(MBS)이나 부채담보부증권(CDO) 등을 만들어 은행들에 판매함. 투자은행들은 이를 일반 투자자들이 가입하는 펀드형태로 만들어 전 세계의 투자자에게 판매함. 신용의 연결고리가 아슬아슬하게 이어진 셈인데 대출자들이 착실하게 빚을 갚는 구조라면 문제없지만 어느 한 고리에 문제가 발생하면 전체가 위험에 빠지게 됨. 고금리와 주택경기가 나빠지자 대출자들이 빚을 갚을 수 없게 되면서 담보대출로 시작된 파생금융상품 전체가 연쇄적으로 부실해지는 결과를 빚게 되었음. 결국 주택가격 하락→서브프라임 모기지 부실→헤지펀드 도산→국책 모기지 회사 위기→대형 금융기관 파산이라는 최악의 상황이 연출된 것임.

214) 유럽과 일본의 정부 및 중앙은행들이 미국발 금융위기에 공동 대응한 주된 이유는 다음과 같음. 전 세계 금융시장이 촘촘히 엮여 있기 때문에 한곳에서 부실이 터지면 다른 나라로 전파되게 마련임. 이른바 금융 세계화의 영향 때문임. 미국의 투자은행인 리먼 브라더스 파산으로 전 세계 금융시장이 공황 상태에 빠진 것은 세계 각국 금융기관들이 리먼 브라더스와 다양한 형태로 거래해 추가 피해가 예상됐기 때문임. 선진국들이 공조에 나선 또 다른 이유는 미국의 자금경색이 자국으로까지 확산돼 중소기업의 대규모 도산과 경기침체라는 최악의 상황을 맞을 수 있기 때문이었음. 세계 최대의 경제대국인 미국 정부가 달러화를 지나치게 많이 풀면 달러가치 하락이라는 새로운 위기요인이 발생할 가능성이 있어 각국 은행이 파국을 막기 위해 함께 공조할 수밖에 없었음.

시켜 1~2년 정도면 위기 극복이 가능하리라는 게 당시 전문가들의 대체적 의견이었음.

4. 미국발 금융위기 이후의 세계경제

- 지난 30여 년간 세계경제는 시장의 자유를 극대화하는 신자유주의 방식이 주류로 자리잡아왔는데, 특히 실물경제의 보조적 역할에 머물던 금융산업이 우위에서는 금융 자본주의가 경제질서를 변화시켰음.
  - 강도 높은 금융 자유화와 인수·합병 등을 통해 초대형 금융기관에 권력이 집중되고, 이들이 제조업 등 실물경제를 쥐고 흔드는 일이 많아졌음.
  - 금융이 권력화되면서 서민들의 삶은 더욱 피폐해지는 양극화의 부작용을 초래했음.
  - 자금을 끌어들여 손쉽게 돈을 버는 '머니게임'이 확산되면서 기업도 본래의 사회적 역할에서 벗어나 금융투자자에게 수익을 전달하는 통로로 전락했음.
- 이번 미국발 금융위기는 자본주의 역사의 중대한 전환점이 될 것이라는 전망이 많은데, 이는 미국식 금융자본주의가 작동불능의 사태를 맞았기 때문
  - 리처드 실러 뉴욕대 교수는 "과거 자유시장경제의 기본 정신은 '정부는 해결책이 아니라 오히려 정부가 문제'였다는 것이었지만 지금은 거꾸로 '시장이 문제고 정부가 해결책'"이라고 설명
- 각국 정부, 시장 및 자본 규제확산
  - 미국을 비롯한 각국 정부는 벌써부터 주식시장의 공매도를 금지하는 등 금융시장에 대한 규제에 착수했는데, 세계 금융을 쥐락펴락하던 월가의 투자은행들은 미국 정부의 구제금융 투입으로 국영기업으로 탈바꿈하였음.
- 중국의 인민일보가 사설에서 "세계는 미국에 의존하지 않는 금융질서를 조속히 구축해야 한다"고 강조하듯이 새로운 금융질서와 경제질서를 세우려는 움직임이 이번 사태를 계기로 본격화하고 있으며 세계경제의 근본적인 틀이 바뀔 조짐을 보이고 있음.

5. 린이푸 원장의 진단 및 대책[215)]

- 린이푸 베이징대 국가발전연구원 명예원장은 "금융위기가 발생한 것은 트리핀 딜레마(기축통화가 안고 있는 딜레마)로 미국이 돈을 풀 수밖에 없었기 때문"이라며 "한 국가의 통화가 아닌 초국가적인 통화를 설정해야 한다"고 주장했음. ⇒ ㉠ 미국의 경상적자와 신흥국의 경상흑자라는 글로벌 불균형이 오랫동안 유지된 것은 기축통화국인 미국이 끊임없이 달러를 발행해 왔기 때문이라는 설명임. ㉡ 실제로 경상수지 흑자를 통해 막대한 규모의 달러를 축적한 국가들은 이를 미국 국채에 투자했으며, 그 결과 (국채)

---

215) 매일경제(2014.08.12) 참조.

금리가 떨어지고 대출이 늘어나면서 부동산 거품이 발생했고, 높은 부채비율로 경기가 둔화된 미국은 돈을 더욱 풀 수밖에 없었음.

- 린 원장은 미국 달러화를 대체할 새로운 기축통화로 '페이퍼 골드'를 제시했음.
  - 금을 기반으로 하는 페이퍼 골드는 세계경제 성장에 따라 수요가 늘어나면 통화량을 늘릴 수 있음.
  - 또한 국가금리와 세계금리 간 충돌도 피할 수 있다는 것임.
- 린 원장은 최근 세계경제 상황에 대해 "선진국을 중심으로 글로벌 금융위기에서 완전히 회복되지 않았다"고 평가
  - 그는 "경제위기를 맞은 국가가 어떤 대응책을 쓴다 한들 구조적 개혁 없이는 일시적 진통제에 불과하다"며 "최근 세계경제는 남부유럽의 국가부채 위기를 주목하고 있지만 이들 국가가 구조개혁을 할 여력은 크지 않아 보인다"고 말했음.
- 이로 인해 '뉴 노멀(New Normal : 시대 변화에 따라 새롭게 떠오르는 기준)'로 일컬어지는 장기침체 상태에 접어들 가능성도 제기했음. ⇒ 저성장과 저물가 상황이 지속되거나 일본과 같은 잃어버린 10년이 올 수 있다는 것임.
- 린 원장은 세계경제를 살리는 방안으로 '글로벌 사회기반시설(인프라) 계획'을 제안했음. ⇒ 기축통화국을 비롯해 풍부한 외환보유국, 연기금 · 국부펀드 등이 공조해 후진국의 생산성을 높이는 인프라 투자를 한다면 수요와 일자리를 창출해 모두에게 유리하다는 것임.

관련 사항

▣ 서브프라임 모기지

- 미국 주택담보대출의 등급을 말하며 주로 신용이 낮은 저소득층에게 빌려주는 대출임.
  - 서브프라임의 한 단계 위에 알트에이(Alt-A) 등급이 있고, 프라임 등급이 신용도가 가장 높은 계층을 상대로 한 대출임.
  - 2006년 말 기준으로 서브프라임 모기지는 1조4000억 달러, 알트에이는 1조2000억 달러, 프라임 모기지는 7조8000억 달러 정도로 서브프라임 모기지 대출이 전체 대출의 13.5%를 차지하고 있음.
  - 서브프라임 대출은 담보가치에 비해 대출액이 크기 때문에 그만큼 금리가 높은 편임.

▣ 파생금융상품인 주택저당증권(MBS), 부채담보부증권(CDO)

- 주택담보대출을 해준 은행이나 회사들은 돈을 빌려줘 현재 융통할 수 있는 자금이 부

족해지기 때문에 돈을 빌려주고 받은 채권을 현금화하려는 성향이 있음.
- 이에 따라 채권을 제값보다 싸게 팔아 현금을 확보하는데, 이를 유동화라고 함.

- 이 과정에서 현금을 주고 채권을 받은 유동화 전문회사들은 이 채권을 담보로 주택저당증권(MBS)을 발행함.

- 부채담보부증권(CDO)은 이 주택저당증권을 담보로 발행하는 2차 증권임.

▣ 헤지펀드

1. 헤지펀드란

- 소수의 투자자로부터 자금을 모집하여 각종 투자기법을 이용하여 자금을 운용한 후 투자실적에 따라 배당하는 사모투자펀드임.
  - 여기에서 '사모(private offering)'란 일반인들을 대상으로 투자자를 모집하는 '공모(public offering)'와 대응되는 개념임.
  - 헤지펀드(hedge fund)는 일반인들을 대상으로 돈을 모으지 않고 기관투자가나 돈이 많은 소수의 개인들(미국의 경우 100명 미만)로부터 돈을 끌어 모아 운용하는 형태임.
  - 공모방식으로 자금을 조달하는 뮤추얼펀드(mutual fund)는 일반인들을 대상으로 하고 있어 과도한 위험자산운용 제한, 투명한 운용실적 공개 요구 등 투자자보호를 위한 법적인 제약을 많이 받는 반면에 헤지펀드는 자산운용상의 제약이 별로 없고 규제도 별로 받지 않음.
  - 또한 투자 내용이나 운용실적에 대한 정보의 미공개로 투명성도 매우 낮음.

- 헤지펀드는 주식, 채권, 파생금융상품, 외환 등 금융자산뿐만 아니라 원유, 철강 등 실물자산에도 투자하며 수익을 올리기 위해서는 투자대상을 가리지 않음.

2. 헤지펀드의 출현

- 당초 헤지펀드는 투자자 보호를 위하여 펀드의 차입투자(leveraged buying) 및 공매도(short selling)를 제한한 미국 투자회사법의 법적 제약을 회피할 목적으로 1949년 알프레드 존스(Alfred Jones)에 의해 최초로 도입되었음.

- 원래 헤지(hedge)는 향후 가격변화에 따른 손실 위험을 회피한다는 의미인데, 도입 당시의 헤지펀드는 헤지의 본래 의미에 부합되게 과대평가된 주식을 매도하고 과소평가된 주식을 매수하여 전체 시장의 상승 또는 하락에 상관없이 일정수익률을 실현하는 전략을 중시하였으나 1990년대 들어 금융시장의 글로벌화가 진행되고 투자처를 찾던 대량의 자금이 헤지펀드로 유입되면서 헤지펀드는 고위험을 무릅쓰고 고수익을 추구하는 투기성 자금이 주류를 이루게 되었음.

- 이로 인해 1990년대 멕시코 페소화와 태국 바트화에 대한 헤지펀드의 공격이 당시 외환위기의 주원인으로 지목되기도 하였음.

3. 헤지펀드의 부정적 측면과 긍정적 영향

- 부정적 측면
  - 헤지펀드는 레버리지 효과를 높이기 위해 대규모 차입을 통해 투자함으로써 작은 가격 변화에도 큰 손실을 입을 수 있고 이로 인해 투자자의 환매요구가 커질 경우 운용자산을 대규모로 처분하여 금융시장을 불안하게 할 수 있음.
  - 또한 고수익을 쫓아 투기성 단기자금을 국제금융시장에서 국가 간에 빠르게 이동시켜 한 나라의 환율정책 및 금융정책의 수행을 어렵게 하거나 경제위기를 촉발시킴.
- 긍정적 영향
  - 다양한 투자전략과 비교적 자유로운 운용을 통해 금융시장에 긍정적인 영향도 미침.
  - 예를 들면 미국 금융시장에서 헤시펀드는 부실채권시장 거래량의 80%, 정크본드 및 파생상품시장의 1/3을 차지하는 등 기존 금융기관이 기피하는 부문에 유동성을 공급하고 있으며, 선진국에 비해 국가위험도와 불확실성이 상대적으로 큰 신흥시장(emerging market)에 대한 자금 공급 등 순기능도 수행하고 있음.

4. 헤지펀드의 규모

- 헤지펀드의 자산규모는 2005년 말 기준 1.1조 달러 정도에 달하고, 펀드 수는 8,500개를 상회하는 것으로 추정 ⇒ 이후 헤지펀드의 산업규모가 1만1000펀드, 2조6000억 달러(약 2637조 원)라는 새로운 보고서가 발표됐다고 CNBC(미국의 경제 및 금융전문 방송채널)가 2014년 8월 31일(현지시간) 보도했음.[216)]
- 헤지펀드의 규모가 커지고 시장영향력이 확대됨에 따라 금융시스템의 안정성을 저해할 가능성이 높아지면서 세계 각국은 헤지펀드에 대한 규제를 강화하려는 움직임이 나타나고 있음.

5. 헤지펀드의 예

- 대표적인 헤지펀드로는 조지 소로스(George Soros)의 퀀텀펀드(Quantum Fund)가 있으며 1998년 러시아의 모라토리엄 선언으로 파산했던 롱텀캐피탈매니지먼트(LTCM), 우리나라에서 SK텔레콤에 그린메일을 시도했던 타이거펀드(Tiger Fund) 등도 헤지펀드임.

▣ 신용경색

- 금융시장에 자금이 부족하거나 자금이 제대로 유통되지 않는 상황을 가리킴.
- 경제에 돈이 제대로 돌지 않으면 기업들이 턱없이 높은 이자를 주고 은행에서 돈을 빌려야 하며 신용이 낮은 기업들은 자금을 구하지 못해 도산하는 등 실물경제에 악영향을 미침.

---

216) 파이낸셜뉴스(2014.09.01) 참조. 한편 한국의 헤지펀드 수탁액은 1조5000억 원가량에 이름. 지난 2011년 말 처음 도입할 당시 설정액은 1500억 원이었음. 불과 2년 새 그 규모가 10배로 불어났음.

- 국내에서는 1997년 외환위기 이후 극심한 신용경색으로 상당수의 기업들이 도산한 경험이 있음.

▣ 신자유주의

- 작은 정부와 큰 시장, 민영화와 규제완화 등을 핵심 개념으로 하는 경제 이념을 말함.
- 정부의 시장개입을 중시하는 케인즈 이론이 1970년대 스태그플레이션(경기침체 속 물가상승)을 계기로 후퇴하면서 경제학의 신주류로 등장
- 1980년대를 전후로 미국의 레이건 정부, 영국 대처 정부가 신자유주의를 적극 채택하였고 금융규제완화, 자유무역 확대 등의 모습으로 나타났음.

▣ 투자은행과 상업은행

- 상업은행(Commercial Bank)은 우리나라의 시중은행과 비슷한 개념으로 예금과 대출이 주요 업무
  - 돈을 저축하고 싶은 사람에게 예금을 받아 돈이 필요한 기업이나 개인에게 빌려주는 역할을 함.
  - 주요 수입원은 예금과 대출 금리차에서 발생하는 예대마진과 각종 수수료임.
- 반면 투자은행은 기업공개(IPO), 기업 인수 · 합병(M&A), 사모펀드투자, 주식이나 채권 인수 · 중개, 부동산투자 등의 업무를 함.
  - 최근 대형 투자은행들이 서브프라임모기지 관련 채권과 파생금융상품을 취급하다 위기를 맞게 되었음.

▣ 공매도

- 유가증권(주식 · 채권)을 보유하지 않은 상태에서 또는 빌려서 파는 것을 말함.
  - 없는 유가증권을 판 뒤 결제일이 돌아오는 3일 안에 주식이나 채권을 구입해 매입자에게 돌려주면 됨.
- 구체적 예
  - 현재 주당 2만 원인 ㄱ사의 주식을 공매도한 뒤 3일 후 결제일 주가가 1만5000원으로 떨어졌다면 투자자는 1만5000원에 사서 주식을 갚고 주당 5000원의 시세차익을 챙길 수 있음.
- 주가하락으로 인한 손해를 회피하기 위해 주로 헤지펀드들이 활용하는 방식임.
- 한때 '선진금융기법'으로 찬사를 받기도 했지만 최근 과도한 공매도가 전 세계적인 주가폭락을 부추겼다는 비판이 제기되면서 세계 각국이 공매도 금지에 나서고 있고 우리 금융감독원도 공매도 규제를 강화하는 조치를 발표하였음.

▣ 정리신탁공사(RTC)[217)]

- 1989년 미국 정부가 저축대부조합(S&L)이 잇따라 파산하는 사태가 발생하자 이들의 부실채권을 정리하기 위해 설립한 기구임.
  - 은행의 부실자산이 정리될 때까지만 운영되는 한시적 기구로, 금융사들로부터 사들인 부실자산을 쪼개거나 묶어서 자산유동화증권(ABS : Asset Backed Securities)을 발행하거나, 경우에 따라서 회사를 정상화시키거나 가치를 높인 뒤 투자자들에게 높은 가격에 되파는 방법으로 자금을 회수함.
  - 이때 설립된 정리신탁공사(RTC)는 배드뱅크 역할의 임무를 마치고 1995년 해산, 예금보험공사(FDIC)에 편입됐음. ⇒ 이러한 배드뱅크 형태의 효시는 1932년 세계대공황 당시 미국의 부흥금융공사(RFC)였고, 우리나라의 경우 1997년 외환위기 이후 만들어져 금융사들의 부실자산을 정리한 한국자산관리공사(KAMCO)가 이러한 유형과 유사함.
- 한편 미국 정부는 2008년 글로벌 금융위기로 전 세계 금융권이 타격을 받으면서 은행 등 금융기관들의 파산 우려가 확산되자, 1989년의 정리신탁공사를 모델로 하여 금융회사의 부실채권을 인수하기 위해 최대 8000억 달러 규모의 RTC 설립을 추진해 금융회사들의 잠재부실까지 털어내 금융시스템을 정상화할 계획을 세웠음.
  - 이는 은행 및 금융기관의 파산으로 자국 경제에 미칠 악영향을 우려해 금융기관의 부실부담을 덜어주기 위해 공적자금을 투입, 은행의 부실자산이나 부실채권을 매입해 정리한다는 계획이었음.
- 그러나 1989년 당시 상황에 비해 금융위기 때 발생한 부실의 규모가 금융회사 간 얽히고설킨 복잡한 구조로 전 세계 금융권에 퍼져 있어 천문학적인 공적자금을 필요로 한데다가, 모럴 해저드에 대한 비판도 적지 않아 결국 2009년 최종단계에서 배드뱅크 설립을 포기했음.

▣ 구제금융

- 기업파산을 막기 위해 정부가 정책적으로 제공하는 자금을 말함.
  - 신규대출을 해주거나 기존 대출상환을 연장시켜 주는 방법이 있음.
- 구체적 사례
  - 과거 우리나라 외환위기 당시 국제통화기금(IMF)의 구제금융을 받았던 것이나 이후 정부가 자산관리공사, 예금보험공사 등을 통해 도산위기의 대기업과 대형 금융기관 등에 공적자금을 투입한 것이 구제금융임.
  - 미국 정부는 2008년에 접어들어 베어스턴스의 JP모건체이스 피인수 중재과정에서 290

---

217) 이와 관련하여 〈네이버-지식백과-시사상식사전〉 참조.

억 달러, 양대 국책 모기지업체인 패니메이와 프레디맥의 국유화과정에서 2000억 달러의 구제금융을 제공했고, 2008년 9월 16일 AIG에도 850억 달러의 구제금융을 실시하였음.

참고자료

(1) 이지은(2008), "미국발 금융위기", 《"click" 경제교육》, 한국개발연구원, 2008. 11.

(2) 한국은행(2006), "헤지펀드", 한국은행 경제교육(경제심화자료), 2006. 07. 10.

(3) 한국은행(2005), "투기성 외국자본의 문제점과 정책과제", 《금융경제연구》, 제213호, 한국은행 금융경제연구원, 2005. 03.

(4) 2008. 09. 25., 《경향신문》

(5) 2014. 08. 12., 《매일경제》

(6) 2014. 09. 01., 《파이낸셜뉴스》

부록 [8-4] 기축통화 논쟁

1. 흔들리는 달러의 위상

- 글로벌 금융위기로 달러 가치에 대한 우려가 커지면서 달러의 위상은 더욱 흔들리게 되었고, 달러가 주축이 되고 있는 현재의 기축통화체제를 개편해야 한다는 논의가 더욱 활발해지고 있음.

2. 현행제도의 문제점

- 특정국의 통화를 기축통화로 삼는 것은 미국에 예에서 볼 수 있듯이, 그 나라의 국내통화정책과 국제통화로서의 기능 간 우선순위에 있어 충돌이 있을 수 있다는 근본적인 문제가 있음.[218)]
- 국제통화 관련 의사결정권자가 독립적으로 존재하지 않아 국제적인 유동성 문제가 해결되기 어렵다는 점임. ⇒ 무역수지 적자국은 국제금융시장에서 신규 차입이 어려워지거나 중단될 때 심각한 외환부족 문제에 직면하게 되고, 흑자국도 달러가치가 하락할 때 평가손실을 입게 되는 문제가 있음.
- 달러가 기축통화라는 이유로 미국이 부당한 이득을 본다는 점임. ⇒ ㉠ 특히 달러를 외국에서 외환보유자산으로 대량 보유하기 때문에 미국이 국채를 낮은 이자율로 발행할 수 있는 이득을 본다는 것임. ㉡ 이는 미국 국채를 보유하는 외국정부가 미국 납세자들에게 그만큼 보조금을 지불하는 것과 같은 효과가 있음.
- 필요할 때 자금을 국제금융시장에서 조달하는 데 불확실성이 있고, 또 단기자본이 급속하게 유출될 수 있다는 우려 때문에 국제화된 통화를 가지지 못한 신흥시장국들은 외환보유자산을 과도하게 가져갈 수밖에 없다는 것도 문제

3. 강력하지 못한 대안

- 현행체제의 문제점이 분명한 데 비해, 대안은 강력하지 못함.
- 달러에 대한 대안으로 떠오른 것은 IMF의 특별인출권(SDR)[219)]과 위안화임.

---

218) 이는 트리핀의 모순(Triffin dilemma)이라고도 하는데, 미국 달러처럼 한 나라의 통화가 외환보유통화로 사용되면, 단기적 국내경제 목표와 국제경제 목표 사이에 근본적으로 이해상충이 생긴다는 것임. 그래서 그 나라는 세계의 외환보유 수요를 충족시키기 위해서 통화를 충분히 공급해야 하므로 대규모의 무역수지 적자를 감수할 수 있어야 한다는 것임.

219) SDR은 현재 미국 달러, 유로, 영국 파운드, 일본 엔의 네 통화에 일정한 가중치를 두어 산정되고 있음. 이는 특정국의 통화가 아니고 다수의 통화로 구성된 바스켓통화이므로 달러보다 유리한데, 장기적으로 안정될 수 있도록 이를 더욱 확대해서 기축통화로 삼자는 주장임.

- SDR 채택에 따른 현실적 문제
  • SDR은 별개의 통화가 아니므로 쉽게 포트폴리오를 구성해서 SDR을 만들 수 있다는 것임. ⇒ 예컨대 어떤 정부가 외환보유고로 SDR을 가지고 싶다면, 이를 구성하고 있는 네 통화를 IMF에서 정한 가중치만큼 구성하면, 이것이 바로 SDR이 된다는 것임.
  • 중요한 구성통화인 유로사용지역의 자본시장이 잘 발달되어 있지 못하고, 회원국들의 국채시장도 규모가 작고 거래가 부진하여 유통에 문제가 있다는 점임. ⇒ 외환보유자산은 대개 정부채권으로 구성되기 때문에, 이는 특별히 문제가 됨.
  • 지배구조도 문제임. ⇒ SDR의 추가 발행을 누가 결정할 것인지는 분명하지 않은데, 형식적으로는 세계 각국의 회원국 재무장관들로 구성된 IMF 이사회가 매 5년 추가 유동성 필요 여부를 결정하지만, 이는 대단히 제한적인 기능을 수행할 뿐임.
  • SDR이 기축통화가 되려면 현금통화로서의 기능을 수행해야 하고, 따라서 IMF가 발권력을 인정받아야 함. ⇒ 그러나 IMF가 이러한 세계중앙은행의 역할을 해내기에는 많이 부족하고, 각국 정부도 통화주권을 쉽게 포기할 수 있는 입장이 아니기 때문에 이는 국제적인 합의를 이루기 어려운 문제임.

- 위안화 채택은 아직 시기상조
  • 위안화와 다른 주요국 통화가 서로 자유로이 교환될 수 있는 태환성을 중국 정부는 아직 충분히 보장하지 못하고 있음.
  • 중국 채권시장과 자본시장이 충분히 외국인에게 개방되어 있지 못하고, 선진화되어 있지 못함. ⇒ 이는 중국 정부가 외국의 단기성, 투기성 자본유입을 경계하고 또한 급격한 자본의 유출에 노출되는 것도 꺼리기 때문임.

- 한편 린이푸 베이징대 국가발전연구원 명예원장은 미국 달러화를 대체할 새로운 기축통화로 '페이퍼 골드'를 제시했음. ⇒ 금을 기반으로 하는 페이퍼 골드는 세계경제성장에 따라 수요가 늘어나면 통화량을 늘릴 수 있으며, 또 국가금리와 세계금리 간 충돌도 피할 수 있다는 게 린 원장의 설명임.[220)]

4. 달러의 미래를 비관적으로만 볼 수 없는 이유

- 브레튼우즈 이래 달러가 기축통화로서 누려온 기득권이 큼.
  • 세계준비자산으로서의 지위, 세계 자본시장과 금융시장에서 차지하는 비중, 세계 외환거래에서 차지하는 비중은 압도적임.

- 미국 금융, 재무, 조세 당국이 비교적 원칙을 존중하고 규율과 도덕성에서 앞서 있다는 점도 큰 매력

- 미국 연방준비제도의 위기대처능력도 비교적 높이 평가되고 있음.

---

220) 매일경제(2014.08.12) 참조.

- 인구통계학적으로도 미국은 상대적으로 높은 출산율을 보이고, 동시에 지속적으로 이민을 받아들여 노동인구의 구성이 역동적임.
- 무엇보다도 현시점에서 좋은 현실적 대안을 찾기 어렵다는 것임.

5. 마무리

- 기축통화로서의 달러는 적어도 향후 10년 이상은 현재와 같은 압도적 지위를 누릴 수 있을 것이라고 전망
  - 적어도 중국이 현재 추진하고 있는 금융시장의 선진화와 국제자본 이동에 대한 규제완화의 목표연도인 2020년까지는 달러의 위상은 절대적일 수밖에 없을 것임.
- 그 이후에도 유로와 위안화가 달러를 대체하기보다는 국제적 사용이 증대되어 달러를 더 잘 보완할 수 있을 것임.
- 기축통화를 개편하는 문제는 국가 간에 정치적으로나 경제적으로나 대단히 복잡한 이해관계가 얽혀 있어 쉽게 결정되기 어렵고, 앞으로 더욱 활발한 논의를 거치는 과정이 필요할 것으로 예상됨.

참고자료

(1) 최생림(2012), 《외환론》, 박영사.
(2) 2014. 08. 12., 《매일경제》

부록 [8-5] 핫머니

1. 의미

- 국제금융시장에서 유리한 금융시장을 찾아 투기적으로 이동하는 단기 자본
- 핫머니(hot money)는 급속한 세계화에 따라 자본 이동이 자유화되면서 국제금융시장의 주요 이슈가 되었음. ⇒ 이제는 한걸음 더 나아가 핫머니에 대한 방어책이 세계 경제 정책의 주요 이슈 중 하나가 되었음.
  - 핫머니는 단기간 투자하고 빠져나가는 투기성 자본으로 경제에 아무런 도움도 되지 못하고, 해당 국가의 부를 유출시킬 뿐임.[221)]

2. 등장 이유

- 첫 번째는 국가 간 금리가 서로 다른 경우 금리 차이를 이용하여 이득을 얻기 위한 목적으로 나타남.
  - 예를 들어 중국의 금리가 미국의 금리보다 높을 경우 미국에서 예금을 인출하여 중국으로 이체, 중국의 예금으로 전환하게 되면 금리 차이만큼 이득을 얻을 수 있음.
- 두 번째는 정치 불안이나 통화 불안 등으로 자본의 손실이 우려될 경우 이를 피할 목적(자본도피)으로 이루어짐.

3. 자본이동 자유화의 이점

- 자유로운 자본이동은 기업의 효율성을 높이고 경쟁을 촉진
  - 자본이동이 자유롭게 되는 경우 국내기업은 자본조달의 범위를 국내시장에서뿐만 아니라 해외시장에까지 확대할 수 있어 기업은 더 낮은 이자율로 차입함으로써 비용을 절감할 수 있음.
  - 또한 투자 측면에서 볼 때 자본이동의 자유화는 해외에서 보다 유리한 투자기회를 활용할 수 있게 함으로써 투자자의 이익을 증가시키는 효과를 가져다 줌.

4. 핫머니의 역사적 고찰

- 자본이동의 긍정적 효과에도 불구하고 역사적으로 핫머니의 이동은 금융 불안을 야기하는 주요 원인이 되었음.
  - 핫머니의 이동은 수익성에 따라 급속하게 이루어지므로 장기적인 투자로 이어지지

---

221) 블로그 네코의 상아탑(2013.07.14) 참조.

못하였고, 투자국의 경제상황에 따라 급속하게 이동하였기 때문에 해당국의 금융 불안을 가속화시키는 요인으로 작용

- 역사적으로 1970년대 초까지 자본의 국제적 흐름은 통제되었지만 세계은행과 IMF가 주도하는 구조조정 프로그램으로 1980년대와 1990년대에는 재화나 서비스의 교역에서 신속한 세계화가 진행되었고 WTO가 집행하는 다자간 협약으로 인하여 더욱 진척되었음.
  - 이러한 교역의 증가는 금융거래를 수반하게 되었으며 이에 따라 금융의 세계화도 진행되기 시작
  - 이와 더불어 정보통신기술의 발달과 함께 규제완화, 새로운 금융상품의 출현 등으로 금융의 세계화는 더욱 활발하게 이루어졌음.

5. 핫머니에 의한 금융 변동성 확대 사례

- 금융의 세계화가 진전되면서 핫머니에 의한 금융 불안이 발생

5.1 대표적 사례

- 1990년대 중반 멕시코 외환위기
  - 멕시코는 1980년대부터 시작된 경제개혁 덕분에 '모델 경제'로 부상
  - 이 때문에 외국 투자자들은 멕시코에 대규모 투자를 시작했으며 1990~1993년 사이 900억 달러 이상이 투자되었음.
  - 하지만 미국의 금리인상과 멕시코의 정치 불안으로 자본이 급격하게 유출되면서 페소화는 폭락하기 시작
  - 1992년 12월초 달러당 3.5페소에서 1993년 3월에는 달러당 7.5페소까지 떨어졌으며 이와 더불어 멕시코 증시는 페소화 절하가 시작된 지 한 달 만에 그 가치가 절반으로 하락
  - 이로 인해 멕시코는 외환위기 경험
- 1990년대 후반 동아시아 외환위기
  - 멕시코가 환란을 겪은 후 불과 2년 뒤인 1997년 중반, 이번에는 동남아 및 동아시아 국가들이 유사한 위기상황에 빠져들었음.
  - 환난은 태국에서 시작되어 지역의 다른 나라들로 급속히 번져갔음.
  - 태국은 1997년 말 단기 차입금인 20억 달러의 만기 상환일이 중복되면서 외채 유지가 어렵게 되어 외환위기를 겪게 되었음.
  - 태국의 외환위기로 인해 동남아시아와 동아시아 지역의 인도네시아, 말레이시아, 한국, 홍콩, 싱가포르까지 외환위기를 겪게 되었음.
- 우리나라의 경우
  - 우리나라의 경우는 외국은행으로부터 과도하게 들여온 단기 차입금이 문제가 되었음.

- 1990년대 중반 이후 자본시장의 개방과 함께 한국의 은행들과 금융기관들의 단기성 외자 도입이 눈에 띄게 증가되었는데, 1994년에서 1997년까지 불과 2년 반 사이에 차입규모가 두 배 가까이 되었음.
- 이 시기 대부분의 차입금들은 단기자금으로 1997년 말에서 1998년 중반까지 상환해야 할 자금이었음.
- 단기에 급증한 핫머니는 그 후 급속히 빠져나갔고 이로 인해 외환위기를 겪게 되었음.

5.2 환난으로 인한 손실액

- 모건 스탠리 사(社)에 의하면 동남아시아 국가들의 환난으로 2010억 달러의 부(富)가 파괴되었는데 1997년 6월 30일에서 12월 31일까지 홍콩, 한국, 인도네시아 및 태국 주식 시장의 폭락으로 인한 손실을 각각 750억 달러, 600억 달러, 450억 달러와 210억 달러가 될 것으로 추정

6. 핫머니의 위험성 및 통제 논의

- 핫머니의 실체와 규모는 정확하게 파악되지 않고 있음. ⇒ 핫머니가 주로 수익을 내는 방식은 금융 방어력이 취약한 한 국가를 타깃으로 삼고 주식, 금리, 환율 등에 거품을 일으켜 일시에 차익을 남기는 방법을 사용함.

- 핫머니가 위험한 것은 그 규모가 웬만한 중진국의 경제를 파탄 낼 수 있을 정도로 막강하고, 금융선진국 역시 핫미니의 영향에서 자유로울 수 없다는 점임.

- 또한 핫머니의 움직임으로 인해 금융시장과 경제가 왜곡되면, 정상적인 외국인 투자까지도 영향을 받기 때문에 국내에 유입된 건전한 자본까지도 철수하게 되는 상황을 만들 수 있음.

- 사실 건전한 투자자본은 경제에 큰 도움을 줌. ⇒ 정상적으로 투자하여 합당한 투자수익을 거두면, 우리경제에도 좋고 외국자본에도 좋은 것임.

- 하지만 핫머니는 국가 간 금리차나 환율차를 이용하여 금융공학적으로 치고 빠지기 때문에 우리나라의 기업들과 경제의 불안정성만 높이게 됨.

- 이렇듯 핫머니의 급격한 이동으로 일부 국가의 경제는 심각한 타격을 받기 때문에 핫머니를 규제하자는 논의가 지속되고 있는데, 그 대표적인 예가 토빈세(Tobin稅)임.
  - 국제적인 통화 이동에 대한 토빈세는 1972년 노벨 경제학상 수상자인 제임스 토빈 교수에 의해 처음으로 제안되어 토빈세라고 불림.
  - 토빈은 단기 외환거래를 통한 투기를 억제함으로써, 다량의 통화 이동에 의한 충격을 최소화하는 방법의 하나로 토빈세를 주창
  - 국제통화시장의 불안정성을 조절하고, 국가 통화정책의 자율을 일부라도 보장하기 위

해 통화 거래에 대하여 0.25퍼센트 세금을 부과하는 것을 제안한 것으로 이 제안에 의하면 자본이 국경을 건널 때마다 과세되기 때문에 투기성 단기자본의 흐름을 둔화시키는 한편, 장기적인 자본유입에 대한 영향은 미미할 것으로 판단한 것임.

- 토빈세 작동방식의 예[222)]
  - 외국자본이 우리나라 주식시장에 투자를 할 때, 그들은 달러를 원화로 바꾸어 투자를 하게 됨.
  - 우리나라 주식시장에서 자본차익에 대한 양도세는 일정규모 이하일 경우 세금이 없음.
  - 대신 환전할 때 일정한 세금을 부과함으로써 투기자본의 이동에 제약을 거는 것임(우리나라는 현재 토빈세를 도입하지 않고 있음).
  - 여기에 장기투자자본에 대한 불이익을 없애기 위해 '기간'을 설정하는 방법도 생각해 볼 수 있음.
  - 하지만 이러한 토빈세는 일반화되어 있지 않음. ⇒ 경제력과 자본력이 막강한 국제 투기자본들이 이를 막고 있는 것임.
  - 현재 토빈세를 도입한 대표적인 나라는 브라질임. ⇒ 브라질의 경우, 특히 채권투자에 강력한 메리트를 가지는 국가인데, 투자수익에 대한 세금은 낮은 대신, 토빈세를 부과하여 핫머니에 의한 경제 불안정성을 완화시키고 있음.

7. 핫머니 실태

7.1 엔 캐리 트레이드

- 최근 엔 캐리 트레이드(Yen Carry Trade)가 세계 금융시장에서 주요 이슈로 등장
  - 엔 캐리는 핫머니의 일종으로 금리가 낮은 엔화를 빌려 상대적으로 금리가 높은 미국, 유럽 또는 신흥 아시아 국가의 통화나 금융자산 또는 실물자산에 투자하여 이익을 얻는 금융기법
  - 엔 캐리의 이동에 따라 주변국 증시가 폭락하고 아시아는 물론 미국과 일본 등 선진국 주식시장도 폭락하거나 크게 동요하는 모습을 보이고 있음.
- 세계화의 진전, 정보통신기술의 발달, 최신 금융기법의 발달로 인해 핫머니의 이동은 더욱 가속화될 것으로 보임.

7.2 최근 중국의 사례[223)]

- 경기둔화와 정부의 강력한 외환 통제에도 중국으로 단기성 투기자금(핫머니)이 몰려들

222) 블로그 네코의 상아탑(2013.07.14) 참조.
223) 이하 내용은 아시아경제(2014.01.21), 아시아경제(2014.08.01), 그리고 파이낸셜뉴스(2014.08.01) 참조.

고 있음. ⇒ 영국 경제주간지 이코노미스트는 최근 몇 년 사이 중국으로 유입되는 핫머니가 급증하고 있다며 이로써 중국 경제의 불확실성이 확대되고 있다고 최근 보도했음.

- 중국으로 핫머니가 유입되는 주요 통로는 홍콩인데, 특히 중국 기업이 앞장서 핫머니를 끌어들이고 있음. ⇒ 높은 부채와 사업 확장으로 자금 수요가 많지만 대출 문턱이 높고 시중의 유동성이 좋지 않기 때문임.
  • 중국 기업이 핫머니를 들여오는 방법은 다양함. ⇒ ㉠ 가장 흔한 방법은 홍콩에 수출하면서 가격이나 상품규모를 실제보다 부풀리는 것임. ㉡ 세관에 수출품을 통과시키고 다시 밀수해 물건을 들여오거나 가짜 송장을 꾸며 수출한 것처럼 신고하는 경우도 있음.
  • 미국의 비영리 조사단체 '글로벌 파이낸셜 인테그리티(GFI)'에 따르면 이런 방법을 통해 중국으로 들어온 핫머니가 2006~2013년 4000억 달러(약 423조8800억 원)를 초과
- 2013년 중국 정부는 자금 유출입 규제를 강화하겠다고 밝혔는데, 이는 물론 투기자금 유입에 따른 위안화 절상을 막기 위해서임. ⇒ 그러나 2013년 상반기에만 핫머니 930억 달러가 홍콩을 통해 중국으로 유입됐는데, 이는 같은 기간 중국에 대한 외국인 직접투자 규모 670억 달러를 크게 웃도는 수치임.
- 급증하는 핫머니는 중국 경제에 많은 문제를 일으키고 있는데, 시중에 풍부해진 유동성이 부동산 시장으로 몰려 투기열풍을 몰고 왔음. ⇒ 2013년 중국의 주요 대도시 집값이 20% 넘게 폭등한 것도 핫머니 탓이 큼.
- 또한 중국 은행들도 핫머니를 끌어들이기 위해 고금리 자산운용상품 확대에 나서고 있음.
  • 뱅크오브아메리카(BoA)에 따르면 2012년 10월 전체 금융상품의 10%도 안 됐던 5% 이상 고금리 상품의 비중이 1년 뒤 40%까지 늘었음.
- 중국으로 자금 유입이 가속화하면서 위안화 절상 속도도 빨라지고 있는데, 핫머니 유입이 급증한 2011년 이후에만 달러 대비 위안화 가치가 9% 정도 상승했음.
- GFI의 브라이언 르블랑 이코노미스트는 "대규모 투기자금 유입으로 중국 경제의 불안정성이 커지고 있다"며 "핫머니 유입을 차단하지 못하면 중국 정부에 대한 신뢰가 추락할 것은 불 보듯 뻔하다"고 말했음.
- 이러한 중국의 상황이 2014년에 접어들면서 돌변 가능성 예고
- 2014년 하반기 글로벌 투기자금인 '핫머니'가 중국 시장에서 대량으로 빠져나갈 가능성이 커지면서 중국 당국이 금융통화 완화정책을 펼칠 것이란 전망이 나오고 있음.
- 2014년 7월 31일 중국 사회과학원에 따르면 최근 미국의 경기가 회복되고 있는 가운데 양적완화 종료와 금리인상에 대한 기대감 속에 중국의 성장률 둔화와 위안화 약세 기

조 등으로 핫머니 유출 가능성이 커지고 있다고 분석했음.[224] ⇒ 결국 중국의 경제성장 둔화와 절하 기조가 유지되는 상황에서 미국의 경기회복과 양적완화 종료에 이어 금리 인상이 단행될 경우 핫머니가 대규모로 빠져나갈 가능성이 높다는 것임.

• 핫머니에 가장 큰 영향을 미치는 3대 요소로 미 · 중 양국 간 금리 차이, 위안화 환율 변동, 경제성장 차이 등을 꼽았음.

- 만약 핫머니 유출이 현실화된다면 2014년 이례적으로 가치가 하락했던 위안화가 다시 절상될 수도 있다는 분위기임. ⇒ 일단은 중국 경제 개선 신호가 뚜렷해지고 있는데다 2014년 하반기 '핫머니' 이탈 가능성이 커지면서 중국 당국이 다시 위안화 절상을 용인하는 쪽으로 노선을 바꾸고 있다는 분석이 나오고 있다고 월스트리트저널(WSJ)이 2014년 8월 1일(현지시간) 보도했음.

• 전날 인민은행이 고시한 환율은 달러당 6.1675위안. ⇒ ㉠ 이를 바탕으로 외환시장에서 거래된 위안화 환율은 달러당 6.1747위안임. ㉡ 위안화 가치는 지난 2014년 4월 30일 기록한 저점 대비 1.5% 반등했음.

• 2014년 1~4월 집중적으로 위안화 가치 하락이 이뤄진 탓에 여전히 위안화는 2%가량 평가절하된 상태지만, 지금과 같은 분위기가 지속된다면 올해(2014년) 위안화는 예년과 같은 절상 기조를 이어갈 수 있을 전망임.

- 최근 위안화의 흐름이 약세에서 강세로 바뀐 데에는 중국의 개선된 경제지표들이 한몫했음.[225]

---

224) 우선 그동안 채권 매입을 통해 양적완화를 실시해 온 미국 연방준비제도이사회(FRB)가 오는 10월 양적완화를 종료하는 데다 최근 재닛 옐런 FRB 의장이 조기 금리인상을 시사하는 발언을 하면서 금리인상 시기가 예상보다 앞당겨질 것이라는 전망이 나오고 있음. 이 같은 상황에서 위안화 절하 기조가 지속되고 중국의 경제성장률도 둔화되면서 핫머니 유출 가능성이 높아지고 있음. 중국 인민은행이 그동안 위안화 절하를 위해 매입하던 달러 규모를 줄였지만 여전히 위안화 절하 기조가 유지되고 있음. 인민은행에 따르면 2014년 5월에 총 386억6000만 위안(약 62억5000만 달러)의 외화를 사들였는데, 이는 전달 1169억2000만 위안(약 189억 달러)에 비해 3분의 1가량 감소한 것임. 하지만 위안화는 6월에 절상으로 돌아서는 듯했지만 지금까지 절하 기조가 이어지고 있음. 미 · 중 전략경제대화에서 미국이 위안화 절상을 강력히 요구했지만 중국은 아직까지 경제가 완전히 회복되지 않았다며 당분간 절하 기조를 유지할 것임을 분명히 했음. 또 중국의 2 · 4분기 성장률은 전년(2013년) 동기 대비 7.5% 성장을 기록했지만 1 · 4분기 성장률이 7.4%에 그치면서 상반기 성장률은 7.4%로 올해(2014년) 성장률 목표(7.5%)를 달성하지 못한 상태임. 경제 전문기관들은 중국이 하반기에 7.5% 성장하면서 올해(2014년) 성장률 목표를 달성할 것으로 전망하고 있지만 부동산 경기침체와 막대한 지방정부 부채 등이 발목을 잡고 있음. 사회과학원은 현재 진행되고 있는 중국의 도시화, 공업화, 농업현대화 등의 장기 프로젝트로 2016~2020년 5년간 중국이 7%대 성장률을 유지할 것으로 내다봤음. 하지만 시간이 지나면서 이들 장기 프로젝트가 경제성장에 미치는 영향도 약화돼 2020년에는 성장률이 6.5%로 하락할 것으로 전망했음. 반면 미국의 올해(2014년) 2 · 4분기 성장률은 4.0%로 시장 전문가들의 예상치(3.0%)를 웃돌았음. 1 · 4분기 성장률도 당초 발표한 −2.9%에서 −2.5%로 상향 조정되면서 올해(2014년) 상반기 미국의 경제성장률은 0.9%를 기록한 것으로 잠정 집계됐음. 시장 전문가들은 연초에 미국을 강타한 한파와 폭설로 경제활동이 위축됐으나 2 · 4분기 경제가 눈에 띄게 개선된 것으로 나타났음. 이와 관련하여 파이낸셜뉴스(2014.08.01) 참조.

225) 그런데 2014년 7월의 중국의 생산과 소비, 투자 등 경제지표가 일제히 하락세로 돌아섰음. 2분기

- 2014년 초만 해도 중국 경제가 경착륙하는 게 아니냐는 불안감이 고조됐지만 기대를 웃돈 2분기 성장률(7.5%)이 발표되면서 경착륙 우려는 해소됐음. ⇒ ㉠ 여기에 제조업 경기의 확장세는 중국 경제가 하반기에도 견고한 성장세를 유지할 것이라는 기대감을 갖게 함. ㉡ 또한 2014년 하반기 핫머니 이탈 가능성도 위안화 절상 기조에 힘을 보태고 있는 것임.

- 사회과학원은 "2014년 하반기 핫머니 유출에 대한 압력이 커질 수 있기 때문에 금융당국이 이에 대비해 철저히 준비해야 할 것"이라고 밝혔음.

관련 사항

▣ 엔 캐리 트레이드

1. 의미

- 일반적으로 사람들은 금융시장에서 가급적 낮은 금리로 자금을 조달하기를 원하는 한편, 돈을 굴릴 때는 보다 높은 수익을 낼 수 있는 대상에 투자하고자 함. ⇒ 최근 금융의 세계화가 급속히 진전됨에 따라 자금을 조달하고 투자하는 행위가 국내 금융시장 내에서뿐만 아니라, 국가 간 행위로 발전했음.

- 특히 나라별로 금리수준이 다르기 때문에 국가별 금리차를 이용해 수익을 내고자 하는 투자가들이 늘고 있는데, 이와 같은 형태의 투자행위를 '캐리 트레이드'라고 부름. ⇒

회복세를 보이면서 한숨 돌렸던 중국 경제에 3분기 들어 다시 먹구름이 끼는 모습임. 다소나마 회복세를 이어갈 것으로 기대됐던 거시지표가 동반 하락한 것은 중국 정부가 경기회복을 위해 구사하고 있는 '미니' 경기부양책의 약효가 한계에 도달했기 때문임. 부동산시장 둔화 여파가 경제 전반으로 확산되기 시작했을 가능성도 높음. 중국 정부는 1분기 성장률이 2013년 4분기 7.7%에서 7.4%로 악화되자 다양한 경기부양 카드를 꺼내들었음. 투자와 무역, 금융, 통화, 세제 등 분야에 도입된 부양책이 20여 건을 넘어설 정도였음. 대표적인 것이 인프라스트럭처에 대한 투자확대조치였지만 이번에 투자 증가율이 다시 둔화된 것에서도 드러나듯 정부 부양책이 2분기에 '반짝'하고 말았다는 평가임. 더 큰 문제는 부동산인데, 중국지수연구원에 따르면 2014년 7월 중국 100대 도시 신축 주택 평균가격이 전월 대비 0.81% 떨어지면서 3개월째 하락했음. 부동산가격 하락세는 중소 도시를 넘어 베이징과 상하이 등 대도시로도 확산됐음. 이런 가격하락세가 부동산 투자에 대한 수요를 급격히 떨어뜨렸다는 분석임. 부동산은 다른 업종과 달리 경제 전반에 미치는 파급 효과가 큼. 토지와 부동산 개발로 재정을 충당하던 지방정부들은 당장 발등에 불이 떨어졌음. 건자재와 철강 등 연관 업종들도 매출 타격이 불가피함. 은행권의 부실 채권을 늘리는 요인으로도 작용할 가능성이 높음. 은행의 실적 악화가 기업에 대한 대출 부진으로 이어져 경기가 더욱 나빠지는 악순환으로 연결될 가능성도 배제할 수 없음. 이 때문에 전문가들은 중국 정부가 3분기에 추가적인 경기부양책을 구사할 가능성이 높다고 보고 있음. 저우하오 호주뉴질랜드뱅크(ANZ) 이코노미스트는 "투자 부진은 부동산시장 둔화 때문에 나타난 것으로 봐야 한다"며 "중국 정부가 2014년 성장률 목표 7.5%를 달성하려면 정책을 추가적으로 완화해야 할 것"이라고 말했음. 추가 부양책으로는 대표적으로 은행 지급준비율 인하가 꼽히고 있음. 이와 관련하여 매일경제(2014.08.14) 참조.

캐리 트레이드의 가장 대표적인 사례가 바로 엔화 차입을 통한 '엔 캐리 트레이드(Yen Carry Trade)'임.

- 금리가 낮은 일본에서 값싸게 자금을 빌려 상대적으로 수익률이 높은 다른 나라(호주, 뉴질랜드 등)의 자산에 투자하는 기법
  - 트레이더 입장에서 보면 제로금리의 자금을 빌려 고성장이 기대되는 이머징마켓에 투자를 한다면 이익이 발생하기 때문
  - 만약 일본의 금리가 오른다면 일본에서 엔화를 빌릴 때 드는 비용이 많아진다는 것이고 따라서 일본 엔화를 빌려 해외에 투자할 때 얻을 수 있는 이익이 줄어들거나 잘못하면 손해가 날 수 있는 위험부담이 크게 됨.
  - 이럴 경우 트레이더들은 해외에 투자한 자산을 처분해서 엔화를 가지고(carry해서) 일본으로 가게 되는데, 이를 엔 캐리 트레이드의 청산이라고 함.
  - 이는 곧 엔화를 기반으로 투자된 자산의 매도가 늘어나게 되어 해당 자산의 가격하락, 즉 각 국가에서 주식이나 채권가격의 하락으로 이어질 가능성을 의미

2. 과거의 상황

- 2007년 12월 일본에서 돈을 빌려 투자한 경우에 그 당시 미국과 일본의 금리차는 5%였으나 2008년 12월에는 2%로 금리차가 많이 나지 않았으며 엔/달러 환율 역시 124엔에서 102엔까지 급등하면서 환율 손해도 많이 보았던 상태
- 여기에 미국의 금리인하 가능성과 함께 경기 침체에 대한 우려감으로 더 이상 손실을 볼 수 없어 이 자금을 청산하려는 움직임이 발생
  - 다시 말해 저금리 엔화를 빌려 다른 나라의 통화나 채권·주식 등에 투자하는 엔 캐리 트레이드가 금리인하로 매력을 상실하면서 이를 되갚겠다며 엔화를 찾는 수요가 늘었던 것임.
- 엔 캐리 트레이드 청산이 당시 엔화강세의 주된 요인으로 작용한 가운데, 엔화가 국제금융시장에서 과도한 고공행진을 계속하자 주요 7개국(G7)도 이례적으로 엔화 폭등 위험성을 경고하고 나섰지만 뾰족한 수가 없었음.
- 이처럼 세계경제 전체가 불안한 움직임을 보이면서 엔 캐리 트레이드 자금 청산 우려감이 다시 고개를 들었음.
- 문제는 금리차 축소 가능성과 함께 엔화강세, 달러화 약세 현상(미국 경기가 장기침체화와 디플레이션 지속 가능성으로 달러 가치가 불안할 경우 상대적으로 안전자산을 선호하는 추세가 나타나게 될 것이며, 이로 인해 달러가치는 떨어지고 엔화가치는 인상될 가능성이 매우 높음. → 달러는 단기보유, 엔화는 장기보유)이 지속되면서 엔 캐리 트레이드 자금 청산이 본격화되었다는 점임.

3. 엔 캐리 트레이드 청산에 따른 영향 및 시사점

- 엔화가치 상승에 따른 국내 수출증가
  - 완만한 엔 캐리 트레이드 청산은 엔화가치 상승을 유발함으로써 일본기업과 경쟁하는 국내기업의 가격경쟁력을 향상시켜 단기적으로 국내 수출증가에 기여
  - 과거의 경험으로 볼 때 국내 수출은 엔화의 절상 폭이 원화보다 클 경우 기업들의 대일 수출경쟁력이 강화되면서 증가세가 확대되었음.

- 글로벌 유동성 축소로 인한 투자위축
  - 장기적으로 엔 캐리 트레이드 청산은 글로벌 유동성 축소를 유발하여 투자자에게 채권, 주식 등 자본시장에 대한 투자유인을 축소시켜 자본시장의 발전 저해와 함께 원활한 기업활동에 필요한 자금공급을 차단할 수 있음.
  - 또한 엔 캐리 트레이드 청산은 국내 주식, 채권 등 자본시장에서의 자금이탈을 확대시키고 자산가격의 하락을 유도하여 소비자의 가처분소득을 약화시킴으로써 소비에 부정적인 영향력을 제공
  - 다만 캐리자금과 함께 글로벌 유동성을 제공하는 오일머니는 엔 캐리 자금청산에 따른 글로벌 유동성 축소의 폭 및 속도를 완화시키는 역할을 할 전망

- 시사점
  - 향후 엔 캐리 트레이드 청산이 완만하게 진행될 것으로 보이나, 일본경제가 크게 훼손되지 않는다면 일본은행의 정책금리 인상에 따른 엔 캐리 트레이드 청산은 불가피할 전망
  - 기업은 중장기적인 계획 및 자금조달처 다변화를 통하여 유동성 확보에 대비해야 할 필요가 있고, 엔화자금을 대출받은 기업, 은행, 개인 역시 향후 엔 캐리 청산에 따른 엔화가치 절상에 대비하여 보유 엔화자산에 대한 위험관리에 관심을 기울일 시점
  - 아울러 갑작스런 해외자금 유출로 주식, 채권 등의 가격이 급락할 가능성에 대비하여 적정 포트폴리오 구성에도 유념할 필요가 있음.

4. 엔 캐리 트레이드의 재현 가능성[226)]

- 일본의 아베노믹스로 인해 엔 캐리 트레이드가 재현될 가능성이 높아지고 있다는 분석이 나왔음.

- 2013년 8월 4일 현대경제연구원이 발표한 '앤 캐리 향방과 시사점' 보고서에 따르면 정민 선임연구원과 이부형 수석연구위원은 엔 캐리가 재현될 가능성이 높으며 금융 리스크 상승과 실물경제 전이에 대비해야 한다고 주장했음.
  - 엔 캐리는 저금리인 엔화를 빌려 다른 외화자산에 투자, 자본 수익을 얻는 거래를 뜻

---

226) 이투데이(2013.08.04) 참조.

하는데, 일본 투자자의 외환마진거래나 외환자산구입, 외국인 투자자의 엔화 자금 차입 후 제3국 투자 등이 해당됨.

- 현대경제연구원에 따르면 2013년 상반기 외환마진거래 순매도 누적액은 12조3000억 엔으로 작년 동기보다 33.4% 증가했음. ⇒ 또한 일본 개인 투자자의 외화예금도 최근 28조 원대로 증가세를 보이고 있음.
- 일본의 양적완화로 인한 엔저와 저금리도 엔 캐리 확산 가능성을 높이고 있음.
  - 엔/달러 환율은 아베 내각 출범 당시인 2012년 12월 26일 달러당 84.93엔에서 2013년 8월 2일 99.49엔으로 17.1%나 올랐음.
- 이에 보고서는 엔 캐리로 인한 금융 리스크가 실물경제에 전이되지 않도록 철저히 대비해야 한다고 주문했음.

참고자료

(1) 한국은행(2007), "핫머니(Hot Money)", 한국은행 경제교육(경제심화자료), 2007. 06. 12.

(2) 2008. 11. 25., 《중앙일보》

(3) 블로그 네코의 상아탑(naeko.tistory.com/322), "투기성 자본 핫머니의 특성과 토빈세", 2013. 07. 14.

(4) 2013. 08. 04., 《이투데이》

(5) 2014. 01. 21., 《아시아경제》

(6) 2014. 08. 01., 《파이낸셜뉴스》

(7) 2014. 08. 01., 《아시아경제》

(8) 2014. 08. 14., 《매일경제》

부록 [8-6] 파생금융상품

1. 등장 배경

- 우리는 살아가면서 여러 가지 금융거래를 하게 되는데 이때 금리가 변동하게 되면 자금을 투자한 사람이나 차입한 사람에게 예상치 못한 이익을 안겨주기도 하고 손해를 입히기도 함.
- 또한 환율의 변동도 외환거래 참가자의 손익에 큰 영향을 미치고 있음.
- 특히 자금의 차입과 대출이 주된 업무인 금융기관이나 외국과의 교역에 종사하는 기업의 경우 일반인보다 금리나 환율변동으로부터 예상외의 손익이 발생할 가능성이 더 크다 하겠는데, 이러한 예상치 못한 금리나 환율의 변동에 따른 위험(risk)을 회피하기 위하여 고안된 것이 바로 파생금융상품(financial derivatives)임.

2. 파생금융상품이란

- 파생금융상품이란 환율, 금리, 주가 등의 변동으로 기초금융자산(underlying assets) 및 부채의 가치가 달라짐에 따른 리스크를 회피하기 위하여 고안된 금융상품
- 여기서 '파생'이라는 용어가 사용된 것은 파생금융상품의 가치가 외환, 채권, 주식 등 기초자산의 가치변동으로부터 파생되어 결정되기 때문
- 따라서 파생금융상품은 자금의 차입과 대출, 주식이나 외환의 매매 등 전통적인 금융상품의 거래로부터 변형 발전된 상품이라 할 수 있음.

3. 파생금융상품의 거래

3.1 거래목적

- 파생금융상품의 거래목적은 기본적으로 3가지로 구분함.[227)]
  - 첫째는 투기(speculation)임. ⇒ ㉠ 손실 가능성을 감수하고 고수익을 노리는 것으로 예컨대 향후 주가지수가 올라간다는 판단이 서면 주가지수 선물을 매수하는 식임. ㉡ 예상이 들어맞으면 이익을 보지만 예상 밖으로 주가지수가 하락하면 손해를 보게 됨.
  - 둘째는 위험회피(hedge : 헤지)임. ⇒ ㉠ 예를 들어 A라는 무역회사가 3개월 뒤에 수출대금으로 1백만 달러를 받을 게 있다고 하자. ㉡ 그런데 3개월 뒤의 환율은 올라갈 수도, 내려갈 수도 있음. ㉢ 이때 3개월 뒤 만기가 돌아오는 달러 선물을 매수하면

227) Daum 지식Q&A(2014.08.04) 참조.

환율변동의 위험을 피할 수 있음.

- 셋째는 차익거래(arbitridge)임. ⇒ ㉠ 예를 들어 1백만 달러의 현금을 달러당 1천원의 환율로 산 다음, 3개월 뒤에 만기가 돌아오는 선물을 달러당 1천50원에 매도하는 식임. ㉡ 그러면 환율이 오르거나 내리거나에 상관없이 3개월 뒤 달러당 50원을 벌 수 있음.

3.2 일상생활의 예

- 겨울철 김장 배추의 가격은 작황에 따라 크게 변동하므로 농가의 입장에서는 불확실한 수입보다는 적정한 수입만 보장된다면 안정적으로 할 수 있는 거래를 더 원할 수 있음.
- 반면에 야채 중매인 중에는 그 해 배추 작황의 예상을 통하여 적정가격을 예측하고 시세차익을 겨냥, 미리 배추를 사두고자 하는 사람도 있음.
- 농가와 중매인 사이에 적정가격이 성립하여 서로의 이해관계가 맞아 떨어질 경우 소위 밭떼기 계약이 체결되는데 전반적인 작황이 예상보다 나쁠 경우 중매인은 배추가격의 상승에 따라 큰 이익을 보게 되지만 그 반대일 경우에는 시세보다 비싸게 산 꼴이 되어 손해를 보게 됨.
- 한편 배추재배 농가의 입장에서는 사전에 적정수준의 판매가격이 보장됨에 따라 작황에 따른 가격변동의 위험을 피할 수 있는 이점이 있게 됨.

3.3 파생금융상품의 실제 거래행태

- 이와 같이 파생금융상품은 농산물과 구리, 원유 등 원자재의 가격변동에 따른 손해를 피하기 위한 계약에서 유래된 것임.
- 파생금융상품의 거래에는 위험을 피하려고 하는 투자자뿐만 아니라 이러한 위험을 감수하고도 이익을 얻으려는 투기자도 참여하게 됨.
- 따라서 파생금융상품은 위험회피나 고수익 창출이라는 목적을 달성하기 위해 거래되는 금융상품이라 할 수 있음.

4. 파생금융상품의 구분

- 파생금융상품은 기초자산, 거래장소, 거래형태 등을 기준으로 분류하는 것이 일반적
  - 기초자산에 따라서는 금리, 통화, 주식 및 실물상품 등으로, 그리고 거래형태에 따라서는 선물·선도거래, 옵션거래, 스왑거래 등으로 나누어짐.

4.1 선도계약(혹은 선도거래)

- 선도계약(先渡契約, forward contract)이란 현물거래에 대응되는 개념으로서 매매계약은 현재 체결하나 미래의 정해진 시점에서 기초자산의 거래가 미리 합의된 가격으로 이루어지는 거래를 말함.

- 이러한 선도거래(forward transaction)의 대상자산은 농산물, 금, 원유 등의 실물상품과 통화(외화), 금리(채권) 등 금융상품이 있는데 통화의 선도거래를 선물환(先物換, forward exchange), 금리의 선도거래를 선도금리계약(先渡金利契約, forward rate agreement)이라 함.
  - 다시 말해 미래의 어느 날에 매매하기로 하고 가격 · 수량 등을 미리 정해놓는 것을 말하는데, '밭떼기'가 바로 이런 종류임.[228]
  - A라는 야채 도매상이 봄에 B라는 농부를 찾아가 가을에 배추를 수확할 때 포기당 1천 원에 1만 포기를 사기로 계약을 맺었다고 가정해 보자.
  - 만일 가을에 배추 값이 포기당 5백 원으로 떨어지더라도 B는 포기당 1천 원을 받을 수 있음.
  - 물론 배추 값이 포기당 1천5백 원으로 오르더라도 B는 1천 원에 팔아야 함.
  - 즉 선도거래를 하면 파는 쪽은 가격하락의 위험을 없애는 대신 가격이 상승할 때의 이익도 포기하게 됨. ⇒ 반대로 사는 쪽인 A는 싸게 살 수 있는 가능성을 포기하는 대신 비싸게 사야 하는 위험을 피할 수 있음.
- 선물환은 환율변동에 따른 리스크를 회피하기 위한 헤징(hedging)이나 환차익을 목적으로 한 투기수단 등으로 많이 이용됨.
- 한편 금융선물(金融先物, financial futures)은 통화, 금리, 주가지수 등을 대상으로 표준화된 계약조건으로 거래소에서 이루어지는 거래를 말함.

4.2 선물거래

- 선물거래는 선도거래와 유사하지만, 사적인 계약이 아닌 정식 거래소에서 규격화된 상품으로 거래한다는 점에서 차이가 있음.
- 앞의 예에선 A와 B 중 어느 한쪽이 일방적으로 계약을 위반하더라도 상대방은 법원에 소송을 내는 것 외에 다른 대책이 없으나 선물거래의 경우는 거래소에서 결제가 반드시 이행되도록 책임을 짐.

4.3 옵션거래

- 옵션(option)거래는 장래 특정일 또는 일정기간 내에 미리 정해진 가격으로 통화 등 금융자산을 사거나 팔 수 있는 권리 자체를 매매하는 거래를 말함.
  - 다시 말해 옵션거래는 미래에 정해진 가격으로 사거나 팔 수 있는 권리를 매매하는 것임.
  - 야채 도매상 A가 농부 B로부터 가을에 포기당 1천 원에 배추를 살 수 있는 권리(옵션)를 사고, B는 옵션을 파는 대신 포기당 1백 원을 프리미엄으로 받았다고 가정하자.

---

228) Daum 지식Q&A(2014.08.04) 참조.

- 가을이 와서 배추 값이 포기당 1천5백 원으로 오르면 A는 옵션을 행사해서 포기당 1천 원에 배추를 살 수 있음.
- 만일 포기당 5백 원으로 떨어지면 A는 옵션을 포기하면 그만임.
- 이 경우 A는 B에게 준 프리미엄만큼 손해를 감수해야 함.
- 옵션을 행사할지 말지는 전적으로 A(매수자)에게 달려 있음.
- 옵션은 두 종류가 있는데, 살 수 있는 권리는 콜(call)옵션, 팔 수 있는 권리는 풋(put)옵션이라고 함.
- 위의 예는 콜옵션의 경우인데, 위의 예에서 서로 입장이 바뀌어서 농부 B가 도매상 A에게 프리미엄을 주고 가을에 배추를 포기당 1천 원에 팔 수 있는 권리를 샀다면 이는 풋옵션 매수라고 함.

- 옵션거래는 통화, 금리, 주식, 주가지수 옵션거래가 있음.

4.4 스왑거래

- 스왑(swap)거래는 통화나 금리 등의 거래조건을 서로 맞바꾸어 부담하는 거래를 말함.
  ⇒ 한마디로 '맞바꿈'이라고 생각하면 이해하기 쉬움.
  - 국제적으로는 1981년 세계은행과 IBM 간의 거래가 유명함.
  - 세계은행은 금리가 싼 스위스 은행에서 줄곧 돈을 꿔왔는데 대출금의 만기가 돌아와서 연장하려고 하자 스위스 은행에서 이자를 올려줄 것을 요구해 왔음.
  - 반면 IBM은 미국 은행들로부터는 신통치 않은 반응을 얻었으나 스위스 은행에게는 좋은 평가를 받고 있었음.
  - 세계은행은 미국 은행들로부터는 얼마든지 싼 이자로 돈을 빌릴 수 있었으므로 미국에서 달러를 빌린 다음 IBM이 스위스에서 빌린 스위스 프랑과 맞바꿨음(스왑거래).
  - 그리고 만기가 됐을 때 서로 상대방의 돈을 갚아줬음.
  - 스왑거래를 활용한 덕분에 세계은행은 낮은 이자에 스위스 돈을 쓰고, IBM은 싼 이자에 미국 달러를 조달한 것임.
- 두 채무자가 각자의 금리지급조건을 교환하는 금리스왑, 서로 다른 통화의 원리금 상환을 교환하는 통화스왑, 그리고 이들 거래를 여러 형태로 결합한 혼합스왑 등이 있음.

5. 파생금융상품의 위험성

5.1 사례

- 프랑스 2위의 은행인 소시에테 제네랄(SG)이 직원의 잘못된 선물거래로 인해 71억 달러에 달하는 손실을 입었음.
- 이 은행의 한 딜러가 다른 딜러들의 명의를 도용하여 자신에게 허용된 한도 이상으로 선물거래를 하였으나 주가급락으로 큰 손해를 본 것임.

- 미국 서브프라임 모기지 부실과 함께 발생한 이번 금융사고로 유럽 주식시장이 큰 충격을 받았으며 파생금융상품의 위험성을 지적하는 목소리가 커졌음.

5.2 내용 및 시사점

- 파생금융상품은 소액 자금으로 대규모의 거래가 가능하기 때문에(지렛대 효과) 보다 높은 수익률을 원하는 투자자에게는 고수익 투자수단이 될 수 있으며, 또한 안정적인 재무관리를 필요로 하는 기업이나 금융기관에게 효과적인 위험관리 수단을 제공하여 장기적인 투자 및 재무계획을 원활히 수립할 수 있도록 함.
- 파생금융상품 거래는 그 구조가 복잡하고 지렛대 효과가 크기 때문에 투기적 거래에 대한 효과적인 내부통제가 이루어지지 않을 경우 대형 금융기관이라 하더라도 쉽게 재정적인 어려움에 처할 수 있음.
- 특히 최근과 같이 금융시장 간 연계성이 심화된 상황에서 개별금융기관이 위험관리에 실패할 경우 전체 금융시장의 안정성을 저해할 수 있음.
- 그러므로 파생금융상품의 장점을 최대한 살리는 가운데 이러한 잠재적 위험을 최소화하기 위해서는 적절한 금융하부구조 및 감독체계의 정비가 필요

관련 사항

▣ 선물거래(trading[dealing in] futures; futures deals)

- 선물(futures)은 기초자산을 미래 일정시점에 미리 정한 가격으로 사거나 팔기로 한 계약임.

1. 구체적 예

- 2006년 1월 1일, A는 인터넷을 뒤지다가 평소 갖고 싶었던 디지털카메라가 중고제품으로 나와 있는 것을 발견하였음.
  - 가격은 30만 원, 문제는 현재 갖고 있는 돈이 20만 원밖에 없다는 것임.
  - 한 달만 아르바이트를 하면 추가비용을 벌 수 있으나, 중고제품이지만 워낙 인기제품이라 금방 팔릴 가능성이 크고 한 달 후에는 가격도 더 오를 것으로 생각되었음.
- A는 판매자인 B에게 전화를 걸어 다음과 같은 제안을 하였음.
  - "지금은 돈이 없지만 한 달 후인 1월 31일에 31만 원을 줄 테니 나에게 팔아라."
  - B는 한 달 후에 가격이 크게 오를 것 같지도 않고 또 만 원을 더 준다고 하는 제안에 그렇게 하겠다고 승낙하였음.

- 선물계약이 성립한 것인데, 그 내용은 다음과 같음.
  - '기초자산'은 '디지털카메라'이고 '미래 일정시점'은 '한 달 후인 1월 31일'이며, '미리 정한 가격'은 '31만 원'임.
  - 여기서 '1월 31일'을 '선물만기일'이라 하며, 현재시점의 가격인 30만 원은 '현물가격', 31만 원은 '선물가격'이라 함.
  - 즉 선물가격은 현재시점에 정해지는 '미래시점에 사거나 팔기로 약정한 가격'을 말함.
- A는 미래에 기초자산을 사겠다는 계약을 하였는데, 이를 'A는 선물을 매수하였다'라고 말하고 반대로 B는 미래에 기초자산을 팔겠다는 계약을 하였는데, 이를 'B는 선물을 매도하였다'라고 말함.
- 현재시점에서는 사고팔겠다는 계약만 이루어졌지 기초자산인 디지털카메라가 B로부터 A에게 양도되지 않았음에도 불구하고 마치 돈을 주고 물건을 사고 판 것처럼 '선물을 매수 또는 매도하였다'라고 표현함에 유의[229]
- 한 달 동안 아르바이트를 열심히 하여 A는 카메라가격 31만 원을 마련하였고 B와 만나 계약대로 31만 원을 주고 카메라를 넘겨받았음.
- 그런데 한 달이 지난 시점에서 인터넷에서 거래되고 있는 동일한 제품의 가격이 35만 원이었음.
- 결국 A는 카메라를 시장가격보다 4만 원이나 저렴하게 구입한 셈이고, B는 반대로 시장가격보다 4만 원이나 싸게 판 셈이 되었음.
- A의 예상대로 물건의 가격이 올라 A는 이익을 보았고, B는 손해를 보았음.
- 만약 한 달이 지난 시점에서 제품가격이 29만 원으로 떨어졌다면 A는 시장가격보다 2만 원을 더 주고 산 셈이 되고 B는 시장가격보다 2만 원 더 비싸게 판 셈이 되어, 예상이 빗나간 A는 손해를, B는 이익을 보게 됨.
- 이처럼 선물을 매수한 사람은 기초자산의 가격이 올라갈수록 이익을 보고 내려갈수록 손해를 보며, 반대로 선물을 매도한 사람은 기초자산의 가격이 내려갈수록 이익을 보고 올라갈수록 손해를 봄.

2. 헤지

- 한편 선물을 매수함으로써 A는 시장가격이 올라갔든지 내려갔든지 간에 1월 1일에 정한 가격으로 1월 31일에 카메라를 구입할 수 있었는데, 이를 헤지(hedge)라고 함.
- 헤지란 시장가격 변화로 인해 손실이나 이익이 발생하는 것을 피하고 현재시점에서 가격을 고정시키는 것임.

---

229) 참고로 선물계약에서 사느냐, 파느냐의 입장을 '포지션(position)'이라고 하는데, 사는 사람의 입장을 '매수포지션 또는 롱포지션(long position)'이라고 하며, 파는 사람의 입장을 '매도포지션 또는 숏포지션(short position)'이라고 함.

- 선물을 이용할 경우 쉽게 헤지를 할 수 있음.
  - 미래 일정시점에 기초자산을 사고자 하는 사람은 선물을 매수함으로써 시장가격이 어떻게 변하든지 간에 선물만기일에 미리 정한 가격으로 기초자산을 살 수 있음.
  - 미래 일정시점에 기초자산을 팔고자 하는 사람은 선물을 매도함으로써 시장가격이 어떻게 변하든지 간에 선물만기일에 미리 정한 가격으로 기초자산을 팔 수 있음.
- 여기서 유의할 점은 헤지가 가격변화에 따른 손실만을 회피하고자 하는 것이 아니라 이익의 기회도 포기한다는 점임.

3. 선물시장의 등장

- 그런데 위의 예에서 몇 가지 해결해야 할 문제가 있음.
- 먼저 A는 운 좋게 인터넷 서핑과정에서 원하는 물건을 찾을 수 있었지만, 대부분의 거래에서 자신이 원하는 상품을 갖고 있는 거래 상대방을 찾기란 쉽지가 않음.
- 또한 계약만기에 시장가격이 선물가격, 즉 당초 정한 가격보다 오를 경우 판매자인 B가 변심을 하여 팔지 않겠다고 할 수도 있고 시장가격이 선물가격, 즉 당초 정한 가격보다 내릴 경우에는 구입자인 A가 변심을 하여 안사겠다고 할 수도 있음.
- 이러한 문제점을 해결하기 위하여 선물시장이 개설되었음.
- 선물시장은 거래소라는 조직된 거래매장에서 완전경쟁 입찰방식으로 거래가 이루어지며 거래대상 상품도 만기일, 거래단위, 인도조건, 결제조건 등이 표준화되어 있음.
- 또한 변심에 의한 계약불이행을 막기 위한 제도적 장치인 일일정산 및 증거금 예치제도를 운용하고 있음.
- 선물시장에서는 내가 누구하고 거래를 하는지 알 수도 없고 알 필요도 없음.
  - 다시 말하면 나는 어떤 상품을 어떤 가격에 매수하겠다, 아니면 매도하겠다는 주문을 거래소에 내면 거래소가 정한 방식으로 거래가 체결되고 이후 거래 상대방의 계약이행은 거래소가 알아서 해줌.

4. 선물시장의 특징

- 한편 위의 디지털카메라 선물계약의 예와는 달리 선물시장에서는 만기일에 대상상품을 직접 인도하지 않고 최종적인 손익만을 계산하여 현금으로 결제하는 경우이 대부분
  - 만기일의 시장가격이 선물가격보다 높을 경우 선물매도자는 시장에서 비싼 가격에 물건을 사서 선물매수자에게 싸게 팔아야 하므로 [시장가격－선물가격]만큼의 손실이 발생하고, 반대로 선물매수자는 선물매도자로부터 시장가격보다 싼 가격에 물건을 사서 시장에서 더 높은 시장가격으로 팔 수 있으므로 [시장가격－선물가격]만큼의 이익이 발생

- 만기일의 시장가격이 선물가격보다 낮을 경우에는 선물매도자는 [선물가격－시장가격]만큼의 이익이, 매수자는 [선물가격－시장가격]만큼의 손실이 발생
- 선물시장에서는 거래소가 만기일의 시장가격과 선물가격의 차이에 해당하는 현금을 손실이 발생하는 사람으로부터 받아서 이익이 발생하는 사람에게 지급함으로써 거래가 종료

만기일	시장가격 > 선물가격	시장가격 < 선물가격
선물매수자	이익	손실
선물매도자	손실	이익

- 선물시장의 또 하나의 특징은 만기일까지 선물계약을 유지할 필요가 없다는 것임.
  - 만기일 이전이라도 선물을 매수한 사람은 다시 매도함으로써, 매도한 사람은 다시 매수함으로써 선물계약을 종료할 수 있는데, 이를 선물포지션의 청산(clearing)[230]이라고 함.

5. 선물시장의 거래상품

- 선물시장의 거래상품은 주요국 통화를 대상으로 하는 통화선물(currency futures), 채권 등 금리상품을 대상으로 하는 금리선물(interest rate futures), 주가지수를 대상으로 하는 주가지수선물(stock index futures) 등이 있음.
- 특히 주가지수선물은 거래대상이 채권이나 통화와 같이 유형의 상품이 아니라 가격수준인 주가지수가 거래된다는 특징이 있음.

6. 우리나라의 선물시장

- 우리나라의 선물시장은 1996년 5월 한국증권거래소에 KOSPI200주가지수선물이 최초로 개설되었으며 이후 1999년 4월 한국선물거래소 개설과 함께 미 달러선물, CD금리선물, 국채선물, 금선물시장이 추가되었음.
- 이후 코스닥50선물, KOSPI200선물스프레드, 통화안정증권금리선물, 5년 국채선물 등이 추가로 도입되었으며 2005년 1월 거래소 통합조치로 지금은 한국증권선물거래소 내의 선물시장에서 선물거래가 이루어지고 있음.

230) 예를 들어 디지털카메라 선물시장이 개설되어 있다고 하자. A는 2006년 3월 10일에 만기가 2006년 6월인 디지털카메라 선물을 25만 원이라는 가격에 매도하였음. 만약 2006년 3월 20일에 2006년 6월 만기 디지털카메라 선물이 20만 원에 거래되고 있다면 A는 20만 원에 동 선물을 매수함으로써 만기 전이라도 선물계약을 종료할 수 있음. A는 동일한 제품을 25만 원에 팔 수 있는 계약과 20만 원에 살 수 있는 계약을 동시에 갖고 있으므로 5만 원만큼 이익이 발생함. 따라서 A는 이상의 거래를 통하여 5만 원의 현금을 받고 선물포지션이 청산됨.

▣ 선도계약

1. 선물거래와의 유사점

- 선도계약(forward contract)은 미래 특정 시점에 정해진 기초자산을 미리 정한 가격으로 사거나 팔기로 하는 계약이라는 점에서 선물계약과 유사한 성격을 갖고 있으나 다음과 같은 점에서 차이가 있음.

2. 선물거래와의 차이점

- 첫째, 선도거래는 선물거래와 달리 거래소라는 조직된 시장이 있지 않고 통상 전화 등으로 매매 당사자 간에 직접 거래가 이루어지고 거래규모나 만기 등도 개별고객의 필요에 따라 결정됨.
- 둘째, 선물거래가 만기일 이전에 반대거래를 통해 계약을 청산하면서 손익만을 결제하는 반면 선도거래는 대부분 만기일에 현물을 직접 주고받게 됨.
- 셋째, 선물거래가 거래소라는 조직된 시장에서 증거금 제도 등 결제이행장치를 가지고 있는 반면 선도거래는 오직 거래자 간의 신용에만 의존하여야 하므로 계약불이행 위험이 상대적으로 높음.
- 넷째, 선물거래는 익명이 보장되고 표준화되어 있어서 일반인도 쉽게 참여할 수 있는 반면, 선도거래는 은행간거래 또는 기업과 은행간거래가 주종을 이루고 있음.

▣ 옵션거래

- 옵션(option)이란 기초자산을 만기일에 미리 정한 가격으로 사거나 팔 수 있는 권리를 말하는데, 기초자산을 살 수 있는 권리를 콜옵션(call option)[231]이라 하고, 기초자산을

---

231) 콜옵션의 예는 다음과 같음. 2006년 1월 1일, A는 디지털카메라를 사고 싶은데 가격이 만만치가 않음. 디지털카메라 가격이 30만 원인데 현재 갖고 있는 돈은 20만 원 밖에 없음. 한 달만 아르바이트를 하면 10만 원 정도는 모을 수가 있는데 문제는 디지털카메라 가격이 하루가 다르게 뛰고 있다는 것임. 한편 디지털카메라 판매업자인 B는 경쟁이 심한 디지털카메라 시장에서 A와 같은 고객을 주 타깃으로 하여 매출을 늘리는 방안을 강구하였음. B는 인터넷 홈페이지에 다음과 같은 제안을 게시하였음. '현금 만 원을 지금 지불하시면 2006년 1월 31일에 디지털카메라를 30만 원에 살 수 있습니다. 만약 1월 31일에 이 가격에 카메라를 사고 싶지 않으시면 사지 않으셔도 됩니다.' 이를 인터넷에서 본 A는 곰곰이 생각한 끝에 1월 말이면 가격이 31만 원 이상 올라 갈 것으로 예상되고, 혹시 가격이 오르지 않더라도 기꺼이 만 원 정도는 손해 볼 수 있다고 판단하였음. A는 B에게 전화를 걸어 제안에 응하겠다고 하고 만 원을 인터넷뱅킹으로 송금하였음. 이 거래의 내용을 보면 A는 B에게서 콜옵션을 매수한 것이며, B는 A에게 콜옵션을 매도한 것임. 옵션의 내용을 보면, '기초자산'은 '디지털카메라'이고, '만기일'은 '1월 31일', 미리 정한 가격은 '30만 원'임. 만기일에 디지털카메라를 사고 싶지 않으면 사지 않아도 되므로 이는 '디지털카메라를 살 수 있는 권리'인 '콜옵션'임. 미리 정한 가격인 '30만 원'을 옵션 용어로는 '행사가격'이라고 함. 그리고 미리 지불한 현금 만 원은 '옵션가격 또는 옵션프리미엄'이라고 함. 1월 31일이 되어 디지털카메라 가격이 35만 원으로 올랐음. A는 B에게 미리 정한 가격(옵션의 행사가격)인 30만 원을 주고 디지털카메라를 샀음. 이를 '옵션(권

팔 수 있는 권리를 풋옵션(put option)[232]이라 함.

리)을 행사한다'라고 함. A는 시장가격보다 5만 원 저렴하게 카메라를 구입하였으므로 1월 1일에 지불한 만 원(옵션프리미엄)을 제하고도 4만 원의 이익을 보았음. 반대로 B는 시장가격인 35만 원에 팔 수 있는 카메라를 5만 원 싸게 팔아야 했으므로 1월 1일에 미리 받은 만 원(옵션프리미엄)을 제하면 4만 원의 손해를 보았음. 만약 1월 31일의 카메라 가격이 28만 원이라면 A는 어떻게 해야 할까? 이 경우 A는 B에게 지불한 만 원을 깨끗이 포기하고 시장에 가서 28만 원에 카메라를 구입할 것임. 이를 '옵션(권리)을 포기한다'라고 함. A는 1월 1일에 미리 지불한 만 원(옵션프리미엄)을 돌려받을 수 없으므로 그만큼 손해를 보았음. B는 1월 1일에 미리 받은 만 원(옵션프리미엄)을 돌려주지 않아도 되므로 그만큼 이익을 보았음. 정리해 보면 콜옵션 매수자는 1월 31일(만기일)의 시장가격이 행사가격보다 높으면 옵션을 행사하고 이때 이익은 [시장가격−행사가격−옵션프리미엄]이 됨. 반대로 시장가격이 행사가격보다 낮으면 옵션을 포기하고 이때 손실은 [옵션 프리미엄]이 됨. 따라서 콜옵션 매수자는 기초자산의 가격이 오를수록 이익을 봄. 콜옵션 매도자는 시장가격이 행사가격보다 높을 경우 콜옵션 매수자의 권리행사로 [시장가격−행사가격−옵션프리미엄]만큼의 손실을 보고, 시장가격이 행사가격보다 낮을 경우 콜옵션 매수자의 권리 포기로 [옵션프리미엄]만큼의 이익을 보게 됨. 유의할 점은 콜옵션을 매입한 A는 자신에게 유리할 때만 옵션(권리)을 행사한다는 점임. 반면 콜옵션을 매도한 B는 콜옵션 매수자인 A가 옵션(권리)을 행사하면 반드시 응해 주어야 함. 즉 콜옵션 매수자는 기초자산을 살 권리는 있으나, 반드시 사야 할 의무가 있는 것은 아님. 반대로 콜옵션 매도자는 콜옵션이 행사되면 반드시 기초자산을 행사가격에 팔아야 할 의무가 있음. 이러한 옵션의 성격으로 인해 옵션을 매수하기 위해서는 옵션가격(옵션프리미엄)을 지불해야 함. 즉 옵션가격(옵션프리미엄)은 '권리에 대한 대가'인 것임.

만기일	시장가격 >행사가격	시장가격< 행사가격
콜옵션 매수자	[옵션행사] 이익	[옵션포기] 손실(옵션프리미엄으로 제한)
콜옵션 매도자	손실	이익

232) 풋옵션의 예는 다음과 같음. 풋옵션은 기초자산을 만기일에 미리 정한 가격으로 팔 수 있는 권리임. 만약 A가 디지털카메라 판매업자 B에게 다음과 같은 조건을 제시하였다고 하자. '1월 1일에 만 원을 지불하면 1월 31일에 디지털카메라를 30만 원에 팔 수 있는 권리를 드리겠습니다.' 카메라 가격이 하락할 것으로 예상한 B는 이에 응하면서 만 원을 A에게 송금하였음. 이 계약 내용은 디지털카메라를 팔 수 있는 권리이므로 풋옵션임. A는 B에게 풋옵션을 매도하였으며, B는 A로부터 풋옵션을 매수하였음. 1월 31일에 카메라가격이 35만 원이 되면 풋옵션을 매수한 B는 옵션(권리)을 포기할 것임. 왜냐하면 시장에서 35만 원을 받을 수 있는데 A에게 30만 원에 팔 이유가 없기 때문임. 따라서 풋옵션 매수자인 B는 미리 지불한 만 원(옵션프리미엄)을 손해 보게 됨. 풋옵션 매도자인 A는 B가 권리를 포기하여 미리 받은 만 원을 돌려주지 않아도 되므로 만 원(옵션프리미엄)의 이익이 발생함. 만약 카메라가격이 27만 원이 되면 풋옵션을 매수한 B는 옵션을 행사하여 A에게 30만 원을 받고 카메라를 팔 것임. 왜냐하면 시장가격보다 3만 원이나 비싸게 A에게 팔 수 있기 때문임. 따라서 풋옵션 매수자는 미리 지불한 만 원(옵션프리미엄)을 제하고도 2만 원의 이익이 발생함. 반면 풋옵션 매도자인 A는 시장가격보다 3만 원이나 비싸게 B에게서 사야 하므로 미리 받은 만 원(옵션프리미엄)을 제하면 2만 원의 손해를 보게 됨. 정리해 보면 풋옵션 매수자는 1월 31일(만기일)의 시장가격이 행사가격보다 낮으면 옵션을 행사하고 이때 이익은 [행사가격−시장가격−옵션프리미엄]이 됨. 반대로 시장가격이 행사가격보다 높으면 옵션을 포기하고 이때 손실은 [옵션프리미엄]이 됨. 따라서 풋옵션 매수자는 기초자산의 가격이 내릴수록 이익을 봄. 풋옵션 매도자는 시장가격이 행사가격보다 낮을 경우 풋옵션 매수자의 권리행사로 [행사가격−시장가격−옵션프리미엄]만큼의 손실을 보고, 시장가격이 행사가격보다 높을 경우 풋옵션 매수자의 권리 포기로 [옵션프리미엄]만큼의 이익을 보게 됨.

- 옵션거래란 기초자산을 사거나 팔 수 있는 권리인 콜옵션·풋옵션을 사고파는 거래를 말함.

1. 옵션거래의 핵심 특징

- 가장 큰 특징은 옵션매수자가 손해를 볼 위험이 한정된다는 것임.
  - 옵션매수자는 시장가격이 유리한 방향으로 움직일 때는 이에 비례하여 이익을 보지만, 불리한 방향으로 움직일 때는 권리행사를 포기하면 되므로 옵션프리미엄만큼만 손실을 보면 됨.
  - 이러한 손익구조의 비대칭성으로 인해 옵션과 기초자산, 선물 간의 결합을 통해 다양한 투자성과를 가져다주는 새로운 금융상품을 만들어 낼 수 있음.

2. 옵션의 권리행사 가능시점에 따른 구분

- 옵션은 권리의 행사 가능시점에 따라 유러피언 옵션(European option)[233]과 아메리칸 옵션(American option)[234]으로 나뉨.

3. 옵션의 기초자산 종류에 따른 구분

- 옵션은 기초자산의 종류에 따라 금리옵션, 통화옵션, 주식옵션, 주가지수옵션 등으로 나눌 수 있음.
- 최근에는 금융공학의 발달로 기초자산이 선물인 옵션(선물옵션)도 거래되고 있음.

4. 우리나라의 옵션시장

- 1997년 7월 한국증권거래소에 KOSPI200주가지수옵션이 최초로 개설되었으며 이후 1999년 4월 한국선물거래소 개설과 함께 미 달러옵션, 코스닥50옵션이 추가되었음.
- 이후 개별주식옵션, 3년 국채선물옵션 등이 추가로 도입되었으며 2005년 1월 거래소 통합조치로 지금은 한국증권선물거래소 내의 선물시장에서 옵션거래가 이루어지고 있음.

만기일	시장가격 〉 행사가격	시장가격 〈 행사가격
풋옵션 매수자	[옵션포기] 손실(옵션프리미엄으로 제한)	[옵션행사] 이익
풋옵션 매도자	이익	손실

233) 유러피언 옵션은 만기일 이전에는 권리행사가 불가능하고 만기일에만 권리행사가 가능함. 이는 만기일 이전에 권리행사는 할 수 없으나 포지션 청산은 가능함. 옵션 매수자는 매수한 옵션을 다시 매도함으로써, 옵션 매도자는 매도한 옵션을 다시 매입함으로써 옵션 계약을 종료(청산)할 수 있음.
234) 아메리칸 옵션은 만기일 이전이라도 언제든지 권리행사가 가능함.

▣ 통화스왑

- 통화스왑(currency swap)은 거래당사자 간에 거래시작 시 서로 다른 통화로 표시된 원금을 교환하고 일정기간 동안 그 원금에 대하여 계약시점에 미리 정한 이자지급조건으로 이자를 교환한 다음, 만기 시 계약시점에 미리 약정한 환율로 원금을 재교환하는 거래임.
- 통화스왑은 보유외화자산의 수익률을 높이거나 외화자금조달 시 차입자가 각기 유리한 국제금융시장에서 기채[235]한 후 필요한 통화로 교환함으로써 차입비용을 절감하거나 장기차입에 따른 환율 및 금리변동 리스크를 회피하는 등의 목적으로 이용됨.
- 한 · 중 · 일+아세안(동남아시아국가연합)이 2009년 상반기 설립키로 한 800억 달러 아시아공동펀드와 같은 다자간 통화스왑도 가능함.

▣ 금리스왑

- 금리스왑(interest rate swap)은 금융시장에서 두 채무자가 금융차입비용을 절감하기 위해 일정기간 동안 원금은 바꾸지 않은 채 동일 통화의 이자지급 의무만을 서로 바꾸는 거래
  - 가장 일반적인 금리스왑(interest rate swap)은 고정금리와 변동금리의 교환임.
  - 두 채무자가 각각 상대방보다 자금차입비용 상 비교우위에 있는 시장에서 자금을 빌려 이자지급의무를 교환함으로써 이익을 얻으려는 기법을 말함.

▣ 혼합스왑

- 혼합스왑(cocktail swap)은 금리스왑(interest rate swap)과 통화스왑(currency swap)이 혼합되어 하나의 스왑금융 거래형태를 나타내는 것을 말함.
  - 이러한 스왑을 행하는 중개기관으로서 은행이 중요한 역할을 수행하게 됨.
  - 이의 전형적인 형태로 고정금리 간 통화스왑(fixed to fixed cross currency swap)[236]과 고정금리 대 변동금리부 통화스왑(fixed to floating cross currency swap)[237] 등이 있는데, 국제 상업은행이 중개기관으로 형성되어 있음.

---

235) 일반적으로 널리 국채, 지방채 및 사채 기타 이에 준하는 채권을 발행하여 모집하는 데 사용되나, 법령상으로는 주로 국가 또는 지방자치단체가 자기의 채무로서 국채, 지방채를 모집하는 것을 말함.

236) 예를 들어 미 달러 시장에서는 신인도가 높아 유리한 고정금리조건으로 자금차입이 가능한 반면, 스위스 프랑 시장에서는 채무과다로 신규차입이 어려운 경우 차입자는 고정금리부 미 달러화 표시자금을 스왑거래를 통해 스위스 프랑화표시 고정금리채로 전환할 수 있는 바, 이런 형태가 고정금리 간 통화스왑임.

237) 한편 스위스 프랑화 표시 고정금리채를 고정금리 대 변동금리 간 통화스왑을 통해 미 달러화 표시 변동금리채로 전환시킬 수도 있는바, 이런 형태는 고정금리 대 변동금리부 통화스왑형태의 예임. 이러한 거래는 각기 독립적으로 체결되는 계약이며 국제상업은행의 중개로 인하여 수행되고 계약이 체결된 후 수수료 수령은 물론 각 거래에서 발생하는 차익거래(arbitrage transaction) 이익의 배분에도 참여함.

참고자료

(1) 한국은행(2006), "파생금융상품", 한국은행 경제교육(경제심화자료), 2006. 07. 10.

(2) 한국은행(2006), "선물거래의 이해", 한국은행 경제교육(경제심화자료), 2006. 07. 10.

(3) 한국은행(2006), "옵션거래의 이해", 한국은행 경제교육(경제심화자료), 2006. 07. 10.

(4) 한국은행(2004), 《우리나라의 금융시장》, 제4장 파생금융상품시장, 2004. 02.

(5) 한국은행(2005), 《우리나라의 금융제도》, Ⅳ.금융시장 중 제4장 파생금융상품시장, 2005. 12.

(6) 한국은행(2008), "파생금융상품의 위험성", 한국은행 경제교육(시사경제), 한국은행 광주전남본부, 2008. 02. 11.

(7) Daum 지식Q&A(2014), "파생금융상품이란 뭐죠?", 2014. 08. 04.

부록 [8-7] 금리 · 주가 · 환율의 상호관계

1. 세 지표 사이의 관계

- 세 지표 간에는 밀접한 연관성이 있어 한 지표가 움직일 때마다 나머지 두 지표도 일정한 법칙성을 보이며 변동함.
- 그러나 이러한 법칙성 역시 어디까지나 일반적인 원리일 뿐임. ⇒ 경제현상이란 무수히 많은 변수에 의해 영향을 받기 때문에 예외적인 경우가 많음.
- 다음은 다른 경제변수들이 고정됐다고 가정한 상태에서 금리 · 주가 · 환율의 상관관계임.

2. 금리와 주가 사이의 관계[238)]

- 금리가 인상된다는 것은 곧 시중금리에 영향을 받는 예금이나 채권의 수익률이 높아진다는 것을 의미
  - 따라서 주식시장에 있던 자금이 안정적이면서도 수익률이 높아진 예금이나 채권 쪽으로 방향을 돌리게 되며, 우리나라 투자자뿐만 아니라 외국인 투자자들의 투자행위도 동일한 패턴을 보이게 됨.
  - 일례로 한국은행 금융통화위에서 기준금리를 인상하게 되면 시중 자금을 예금 쪽으로 유도할 뿐만 아니라 통화의 유동성도 떨어뜨리게 되어 주식시장에 부정적인 영향을 줄 수 있음.
- 또한 금리가 오르면 기업의 금융비용도 올라감.
  - 기업이 투자를 위해 돈을 빌릴 때 지불해야 하는 이자가 높아지게 되어 기업들의 투자심리에 부정적 효과를 줄 수 있음.
  - 기업 투자가 위축되면서 자연스럽게 기업의 주가에도 부정적인 영향을 주게 되므로 금리인상 시에는 주식의 수익률도 떨어질 수 있어 주식에 투자할 유인이 줄어들게 됨.

3. 금리와 환율 사이의 관계

- 최근 세계 여러 국가들 사이에는 상품의 이동뿐만 아니라 자본의 이동도 자유로워지고 있음.

---

238) 금리가 떨어지면 기업은 전과 달리 적은 금융비용으로 자금을 빌려 쓸 수 있게 됨. 이자부담이 줄수록 기업은 수익을 낼 가능성이 높아지며 자연스레 기업 가치와 주가는 올라감. 금리가 오르면 반대로 주가는 떨어짐. 금리가 높거나 장차 높아질 것이라고 예상될 때 투자자들이 부동산이나 주식에 여윳돈을 굴리기보다는 이자를 많이 주는 금융회사의 예금상품에 눈을 돌리는 것과 마찬가지 이치임. 따라서 금리와 주가의 방향은 이처럼 정반대임. 주포분석원(2013.10.25) 참조.

- 자본은 이동에 제약이 없다면 조금이라도 수익을 많이 낼 수 있는 곳으로 흘러가기 마련임.
- 우리나라의 금리가 올랐다면 해외의 자금이 보다 높은 수익을 위해 우리나라로 들어오려고 할 것이며, 결국 달러를 팔아 원화로 우리나라의 금융 관련 상품을 사는 과정에서 원화환율이 떨어지게 됨.[239)]

4. 주가와 환율 사이의 관계[240)]

- 주식시장도 동일한 원리가 적용
  - 우리나라의 주가가 오르면, 외국인 투자자는 우리나라의 주식을 사고자 할 것이며, 이는 곧 원화수요를 증가시켜 원화환율을 떨어뜨리게 됨.
- 다시 말해 주가변동은 투자자들의 기대수익률 변동에 따른 외국자본의 유·출입을 통해 단기적으로 환율에 영향을 미침. ⇒ 주가가 상승하면 외국자본은 더 나은 투자수익을 위해 유입되고 그 결과 환율은 하락하며, 반대로 주가하락은 외국자본 유출로 인해 환율상승을 부추김.

5. 금리와 주가변동 시 환율[241)]

- 금리가 하락하면 환율은 올라가지만 다른 한편에서 금리하락은 주가상승을 유도, 간접적으로 환율하락의 효과를 낼 수 있음.
- 이때는 금리가 떨어져 환율이 직접적으로 상승하는 폭과 주가가 올라 간접적으로 환율이 낮아지는 폭을 비교해야 환율변동을 예측할 수 있음.
- 주식시장(주가)이 채권시장(금리)보다 상대적으로 더 발달된 한국은 주가변동에 의한 간접적 환율변동 효과가 금리변동에 의한 효과보다 더 큰 것으로 알려져 있음. ⇒ 채권시장보다 주식시장에서 외국자본의 이동이 더 '탄력적'이라는 이야기임.

---

239) 부연하면 만약 우리나라의 금리가 높으면 외국자본가들이 우리나라의 채권을 매입하든지 은행에 예금을 해서 높은 금리만큼의 이자를 가져가려고 할 것임. 그러면 우리나라에는 외환이 많이 들어오게 되어 환율은 낮아지는 것임. 이렇듯 금리는 환율의 움직임을 반대 방향으로 끌어감. 즉 국내자본시장에서 금리가 외국보다 높아지면 외국자본이 고수익을 찾아 한국으로 들어오게 마련임. 외국자본의 공급이 늘어나니 환율은 하락함. 금리가 낮아지면 외국자본은 수익률이 더 높은 외국으로 떠남. 외국자본 유출로 환율은 상승(원화가치 하락)함. 그러나 금리가 내린다고 환율이 반드시 오르는 것은 아님. 금리가 낮아지면 주식시장으로 자금이 유입되는 효과가 생기고, 외국인 투자자들의 돈이 주식시장에 몰리면 외환시장에서의 원화수요가 늘어 원화가치가 올라 결국 원화환율은 떨어짐. 주포분석원(2013.10.25) 참조.

240) 물가와 환율 사이의 관계는 다음과 같음. 물가가 올라간다고 하면 사람들이 물건을 사기 때문에 시중에 돈이 많이 풀리게 됨. 그러면 우리나라 돈의 가치가 떨어짐. 외화는 그대로인데 원화의 가치가 떨어졌다고 한다면, 자연히 환율은 오르게 되는 것임. 물가상승 → 평가절하(환율증가).

241) 주포분석원(2013.10.25) 참조.

- 외환위기 당시 국제통화기금(IMF)은 고금리 정책을 통해 천정부지로 오르는 환율을 잡으려 했지만, 기업의 금융비용만 높여 부정적 결과만 초래했다는 비난을 받았음. ⇒ 나중에 저금리 정책으로 바뀌면서 주가가 반등하고 외국자본이 유입돼 환율은 다시 안정을 되찾았음.

6. 환율변동 시 주가와 금리[242)]

- 환율과 주가의 관계는 장·단기로 나눠 파악할 수 있음.
- 환율이 오르면 국내 수출품의 가격경쟁력이 좋아져(수출가격 하락) 수출기업의 수출경쟁력이 올라가고 경기가 살아나 주가도 오르게 됨. ⇒ 그러나 환율상승의 수출증가 효과는 비교적 중장기적으로 기대할 수 있다는 데 문제가 있음.
- 주식시장에 외국인 투자자 비중이 크면 오히려 단기적으론 주가를 떨어뜨리기 쉬움. ⇒ ㉠ 달러를 원화로 바꿔 한국 증시에 투자한 외국인들에게는 원/달러 환율이 오르는 만큼 달러로 환산한 주가가 떨어져 손실을 보기 때문임. ㉡ 손실을 덜이기 위해 외국인들이 주식을 서둘러 팔면 주가는 더욱 하락하게 됨.
- 환율은 금리를 같은 방향으로 움직이도록 유도함.
  - 환율상승은 외국으로부터 들여오는 원자재 가격을 올리고 이에 따른 물가상승으로 금리 역시 올라가게 됨.
  - 환율하락은 물가를 떨어뜨려 금리를 낮추는 효과를 냄.

7. 종합적 견해

- 그러나 우리나라의 금리가 오르거나 주가가 오른다고 하여 늘 외국자본이 들어오는 것은 아님.
  - 다른 나라와의 상대적 금리 차이뿐만 아니라 위험도 등도 고려하여 결정할 것이기 때문
- 금융시장은 그 구조가 매우 복잡하고, 수많은 변수들이 영향을 주기 때문에 한두 가지 경제변수의 변화만으로 설명하는 것에는 무리가 있음.
- 다만 일반적으로 금리가 높아지거나 주가가 오르면 외국인 투자자들이 달러를 팔고 원화를 사서 우리나라에 투자하므로 원화수요가 늘고 달러화 수요가 줄어 환율이 떨어지는 경향을 보이게 됨.

---

242) 주포분석원(2013.10.25) 참조.

참고자료

(1) 승지홍(2007), "금리 · 주가 · 환율의 관계가 궁금", 《"click" 경제교육》, 한국개발연구원, 2007. 08.

(2) 주포분석원(http://jupo.kr/bbs/board.php?bo_table=basic&wr_id=885), "금리 · 주가 · 환율은 돈의 시세와 흐름을 알려주는 3대 경제(시장)지표다", 2013. 10. 25.

CHAPTER 09

개방경제 하에서의 경제정책

1. 환율과 환율제도
2. 개방경제체제 하에서의 거시경제정책의 효과

부록 [9-1] 브레턴우즈 체제 변화의 움직임

부록 [9-2] G-Zero 시대의 도래와 한국의 선택

최경환 경제부총리는 부임 후 10일도 안 된 2014년 7월 24일 신속하게 '새 경제팀의 경제정책 방향'을 발표했다. 경제정책 방향은 내수활성화, 민생안정 정책, 경제혁신의 세 축으로 이루어져 있다. 먼저 내수활성화를 위해서 41조 원 규모의 재정 및 금융지원 확대, 안전투자 확대, 가업승계제도 개선, LTV와 DTI 완화 등이 제시됐다. 41조 원의 재정 및 금융 확대는 12조 원 규모의 주택구입, 소상공인 지원과 29조 원 규모의 중소기업 대상 금융지원으로 구성되어 있다. 둘째로 민생안정을 위해 비정규직 문제 해결을 위한 제도 개선, 노사정 대화 복원, 청년과 여성 중심의 일자리 창출 정책 시행, 소상공인시장진흥기금 대폭 확대, 월세 세액공제, 3대 비급여 축소, 난임부부 지원 확대, 긴급복지 지원 확대 등을 시행할 계획이다. 마지막으로 경제혁신을 위해 경쟁체제 도입과 비핵심사업 처분을 포함한 강화된 공공기관 개혁, 서비스업 설비투자에 대한 가속상각제도 도입, 판교 일대의 한국형 실리콘 밸리로의 개발, 제조업 혁신 3.0 전략, 건설 관련 규제 합리화 등을 담고 있다. 이러한 정책들을 도출하게 된 문제인식에 공감한다. (중략) 이제 박근혜 정부 2기 경제팀의 경제정책이 성공하기 위한 조건들을 제시하여 보자. 첫째 한국경제가 당면하고 있는 저성장과 내수침체의 문제를 해결하기 위해서는 단기적 처방뿐 아니라 우리나라의 구조적인 문제점들을 해결할 수 있는 장기 처방도 필요하다. 이를 위해서는 서비스산업에 대한 과감한 규제완화를 포함한 보다 근본적인 경제정책의 개선에 덧붙여 교육정책의 개선, 근로 및 투자 친화적 복지정책의 정착 등이 필요하다. 둘째 정부정책이 장기적인 국민경제 시각에서 공급자(대학, 해운업자, 대기업 등)가 아닌 국민, 소비자, 납세자, 학생의 입장에서 수립되어야 한다. 이를 위해서 기획재정부의 기획 기능이 강화되고, 기획재정부가 예산과정을 통해 정부정책이 국민과 국가경쟁력에 부합하는가를 점검할 수 있어야 한다. 셋째 재정정책뿐 아니라 금리인하를 통해서 경기를 부양하는 것이 필요하고 가능한 것으로 판단한다. 1~2차례의 금리인하는 경기 진작에 효과적일 것이며, 이후 경기가 회복된 이후에는 금리를 다시 정상 수준으로 올리면 될 것이다. 환율에 있어서는 시장의 원화절상 압력을 수용하는 것이 필요해 보이며 정부의 개입은 환율의 변동성을 줄이는 정도에 그쳐야 할 것이다. 수출을 위해 원화의 저평가를 유도하던 시대는 이미 지났고, 원화절상은 내수확대와 서비스산업 진흥에도 긍정적인 효과를 가질 수 있다. 넷째 탈규제는 여전히 유효한 정책이다. 안전규제, 외부성 규제, 건전성 규제, 공정거래 규제 등은 정부의 적합한 역할로 보다 강화되어야 하고, 새로운 기업의 진입을 억제하고 불공정한 경쟁을 초래하는 규제들은 과감하게 폐지해야 한다. 교육 · 의료 · 관광 · 콘텐츠 산업의 경쟁을 보다 강화할 수 있도록 과감한 규제개혁이 필요하다. 다섯째 산업계도 이번 정책을 투자와 배당을 확대하는 계기로 삼는 것이 필요하다. 우리나라의 배당성향이 지나치게 낮은데, 부채 비율을 외환위기를 극복하는 과정에서 400%에서 200% 이하로 낮췄던 것처럼, 이번 기회에 배당성향을 국제평균 수준으로 높일 수 있게 되기를 기대한다. 여섯째 소비자들도 지나치게 위축된 소비심리에서 벗어나 소비활동을 강화하게 되기를 기대한다. 현재 정부의 내수활성화 정책은 주택부문을 중심으로 짜여 있는데, 주택부문의 활성화가 산업연관관계와 소비자 심리를 통해 소비심리 회복에 긍정적인 효과를 가지게 되기를 기대한다.

– 이영(한양대 교수) –

출처 : 이영(2014), "새 경제팀의 경제정책이 성공하려면", 《정책브리핑》, 2014. 07. 25.

1 환율과 환율제도

1.1 환율변동의 영향

- 환율은 국제수지나 국민소득에 중요한 영향을 미침.

1.2 환율제도의 변천

- 환율제도는 크게 고정환율제도와 변동환율제도로 나뉘는데, 물론 이 두 제도 사이에는 다양한 중간형태의 제도들이 있고, 또 지금도 여러 환율제도들이 공존하고 있지만, 환율제도의 변천을 전 세계적으로 보면 국제통화기금(IMF)의 발족 이후 브레턴우즈 체제에서는 고정환율제도가 일반적이었으나 1970년대 초반 국제통화질서의 동요가 있자 1976년의 킹스턴 회의에서 변동환율제도로 전환하게 되었음.
- 미국의 국제수지 적자가 누적되고 금 유출이 증가하자 1971년 8월 15일 미국의 닉슨 대통령은 금과 달러의 교환을 정지한다는 것을 골자로 한 경제긴급조치를 발표하였음.[243)]
  - 닉슨의 긴급조치는 그때까지 세계경제체제로서 유지되어 온 브레턴우즈 체제의 붕괴를 의미하는 동시에 전후 세계무역의 기본 원리였던 자유주의가 쇠퇴하고 신보호주의의 시대가 개막되었음을 의미함.
  - 닉슨의 긴급조치는 워낙 큰 충격파를 가져왔기 때문에 흔히 닉슨 쇼크라고 불리기도 함.
- 닉슨 쇼크로 인한 국제통화체제의 혼란을 수습하기 위해서 주요 선진국들은 스미소니언 합의를 이끌어내는 등의 노력을 기울였으나 큰 실효를 거두지는 못했으며, 1973년 초 미국은 다시 달러화의 평가절하를 단행하였음.
- 이어 주요 다른 나라들도 달러화에 대한 자국통화의 가치를 인상시키면서 변동환율제로 이행하였는데, 이로써 고정환율제는 완전히 붕괴되었으며 IMF는 1976년 4월 자메이카의 수도 킹스턴에서 가맹국들의 변동환율제를 정식으로 공인하였음.
  ⇒ 이때부터를 브레턴우즈 체제에 대신해 킹스턴 체제라고 부름.

---

243) 금과 달러의 태환을 중단한 이유는 한마디로 필요한 달러에 상응하는 만큼의 금이 없었기 때문임.

- 하지만 IMF와 IBRD는 여전히 국제금융시장을 관장하는 국제기구로서 활동하고 있어 브레턴우즈 체제란 용어는 여전히 유효(제2 브레턴우즈 체제라고 부르기도 함)하다는 시각이 많음.

2 개방경제체제 하에서의 거시경제정책의 효과

2.1 자본자유화와 거시경제정책의 효과

- 물가가 단기적으로 고정되어 있거나 매우 경직적인 경우를 가정해서 거시경제정책의 효과를 분석하고자 함.
  - 일반적으로 물가가 경직적이라고 가정하는 이유는 매우 단기적인 상황을 의미하거나 정부에 의해서 물가가 통제되고 있기 때문이라고 할 수 있음.
- 환율제도의 경우도 변동환율제도와 고정환율제도로 구분해서 두 경우에 있어서 거시경제정책의 효과를 비교, 설명하려고 함.
- 흔히 통화정책은 중앙은행의 통화량 조정정책을 의미하며 재정정책은 정부지출 규모나 세율을 조정하는 정책을 의미함.
- 한편 환율정책은 채택하고 있는 환율제도에 따라 다르게 나타날 수 있는데, 고정환율제도 하에서의 환율정책은 설정된 환율수준을 정부가 재조정하는 것을 의미하며, 변동환율제도 하에서의 환율정책은 환율안정을 위한 외환당국의 외환시장에의 개입을 의미함.

2.2 먼델-플레밍 모델이란

- 개방경제체제 하에서 경제정책의 효과가 어떻게 작용하는가를 설명해 주는 기본이론이 먼델-플레밍 모델(Mundell-Fleming model)임.
  - 이것은 시카고 대학의 먼델 교수와 IMF의 수석 연구원이던 플레밍이 각각 발표한 논문을 합친 이론임.
- 대부분의 거시경제학 이론은 국민소득이나 물가, 이자율과 같은 주요 경제변수가 결정되는 과정을 설명하면서 외국부문이 없는 폐쇄경제 모델을 가정하고 있기 때

문에 국제적 자본이동이 활발한 현실경제를 설명하기 어려우며, 따라서 그것에 기초한 정책으로는 경제문제를 올바로 해결하기 어려운 게 사실임.

- 그러나 먼델-플레밍 모델은 자본이 국제적으로 자유롭게 이동하는 경제에서 변동환율제와 고정환율제 아래서의 재정정책과 통화정책의 효과를 각각 분석하고 있음.

2.3 | 먼델-플레밍 모델의 결론

- 먼델-플레밍 모델의 결론은 고정환율제에서는 재정정책이, 변동환율제에서는 통화정책이 국민소득을 보다 많이 향상시킨다는 것임.

① 변동환율제도와 거시경제정책[244]

- 재정정책의 효과
  - 재정정책과 관련하여 정부가 소득증대를 목적으로 정부지출을 증가시키거나 조세를 감면하는 등의 확대재정정책을 실시하면 총수요가 확대됨으로써 국민소득이 높아지고 이자율은 상승함.
  - 그런데 자본의 이동성이 높을 경우 이자율의 상승은 외국으로부터 자금이동을 유인하는 요인이 되므로 자본수지를 흑자로 전환시킬 것임.
  - 이때 국제수지는 흑자가 되고 환율은 하락(자국통화의 가치상승)함.
  - 자국통화의 가치상승으로 자국의 수출은 증가하지 않는 반면, 수입 등은 증가하기 때문에 적어도 경상수지는 적자 경향을 보이고, 나아가 총수요의 감소를 가져옴.
  - 따라서 변동환율제도 하에서 자본이동이 완전한 경우 재정정책의 경기 자극효과는 상쇄되어 사실상 나타나지 않게 됨.[245]
- 통화정책의 효과
  - 통화정책과 관련하여 중앙은행이 통화량을 증가시키면 소득은 증가하고 이자율은 하락함.[246]
  - 소득이 증대됨에 따라 경상수지가 악화되고, 이자율의 하락은 자본이동이 완전하기 때문에 즉각적으로 대량의 자본이 유출되고, 자본수지는 대폭적인 적자를 발

244) 주로 오정훈(2007) 참조.
245) 물론 높아진 자국 이자율은 자본이동의 완전성 가정에 의해 원래 수준으로 되돌아옴으로써 자국이자율=외국이자율이 됨.
246) 물론 이자율의 하락이 일시적으로 투자 증대를 통해 국민소득을 증가시키게 됨.

생시켜 결과적으로 국제수지 적자가 시현됨.

- 그 결과 외환시장에서는 외환의 초과수요가 발생되고, 이것은 곧 자국통화의 가치하락 즉 환율의 상승을 가져오게 되는데, 마샬-러너 조건이 성립한다고 가정할 경우 이는 수출의 촉진과 수입의 억제를 초래함으로써 경상수지의 흑자로 이어져[247] 총수요는 증대하게 됨.
- 결과적으로 통화정책이 국민소득을 증가시키는 이차효과가 나타나는 것임.[248]

② 고정환율제도와 거시경제정책[249]

- 재정정책의 효과
  - 재정지출의 확대는 소득의 증가와 이자율의 상승을 초래
  - 이자율의 상승은 자본유입을 초래하고, 자본유입은 곧 외환시장에서의 외환공급을 의미하므로 자국통화가치의 상승압력을 초래함.
  - 따라서 환율인하압력을 상쇄하기 위해서는 외환당국이 외환시장에 개입해서 외화를 수요해야 함.
  - 이 과정에서 외환구매의 반대급부로 국내통화공급이 증가됨. ⇒ 소득의 증가 및 이자율 하락 초래
  - 결국 고정환율제도 하에서의 재정지출확대정책은 변동환율제도와는 반대로 경기진작에 매우 효과적인 정책임을 알 수 있음.

- 통화정책의 효과
  - 고정환율제도 하에서는 두 가지 채널을 통하여 통화량이 변화될 수 있음. ⇒ ㉠ 첫째는 변동환율제도에서와 마찬가지로 통화당국이 국내금융기관이나 정부에 대한 신용을 변화시키거나 채권시장에서 채권을 매입·매각함으로써 통화량이 변동될 수 있음. → 즉 국내신용의 변화를 통해서 통화량이 변동될 수 있음. ㉡ 두번째 채널은 통화당국이 외환시장이 불균형일 경우 고정된 환율을 유지하기 위해서 외환시장에 개입함으로써 통화량이 변동될 수 있음. → 즉 외환시장에서 외환을 매입·매각함으로써 그 반대급부로 통화량이 변화하게 됨.
  - 고정환율제도의 경우에도 통화정책이란 국내신용의 변화를 통한 통화공급의 변화를 의미함.

---

247) 환율의 상승은 곧 실질환율의 상승을 야기하는데, 실질환율의 상승이 국내재화표시 경상수지에 미치는 효과는 불분명하게 나타남. 이때 경상수지가 흑자가 되는 조건을 마샬-러너(Marshall-Lerner) 조건이라 함. 마샬-러너 조건은 국내의 수입수요탄력성과 자국수출품에 대한 외국의 수입수요탄력성의 합계가 1보다 큰 경우를 의미함.
248) 여기서도 낮아진 이자율은 자본이동의 완전성 가정에 의해 외국의 이자율 수준으로 돌아옴.
249) 주로 강인수 외(2010) 참조.

- 정부가 국내신용확대를 통하여 통화량 공급을 증대시키면 소득은 증가하고, 이자율은 하락함.
- 이자율이 낮아졌으므로 자본의 유출이 발생되고, 이는 곧 자국통화가치의 하락 즉 환율상승 압력으로 작용함.
- 따라서 외환당국이 환율을 안정시키기 위해서는 외환시장에서 외화를 공급해야 함.
- 그리고 이러한 외환공급은 그 반대 방향으로 통화환수가 수반되므로 통화량이 감소하게 됨.
- 결국 고정환율제도 하에서는 변동환율제도에서와는 반대로 통화확대정책이 그다지 효과가 없음.

2.4 | 먼델-플레밍 모델의 시사점

- 이러한 분석은 개방경제 아래서 경제정책의 효과를 이론적으로 설명해 줄 뿐만 아니라 전후 세계경제의 변화를 역사적으로 설명하는 데도 유용함.
- 즉 브레턴우즈 체제로 불리는 고정환율제의 시기에는 대부분의 나라들이 케인즈주의적인 재정정책을 선호하였고 그 효과도 매우 컸음.
- 그러나 변동환율제로 전환하자 케인즈주의 경제학이 쇠퇴하고 통화정책을 강조하는 통화주의자들이 대두하였음.
- 이것은 단순히 학문적 유행의 변화가 아니라 환율체제와 경제정책 사이에 존재하는 긴밀한 관계 때문이라고 볼 수도 있음.

참고자료

(1) 경제교육연구회(2008), 《생활인을 위한 경제학 이야기》, 시그마프레스.
(2) 오정훈(2007), 《국제금융》, 박영사.
(3) 강인수 외(2010), 《국제경제학원론》, 박영사.

부록 [9-1] 브레턴우즈 체제 변화의 움직임[250)]

1. 브레턴우즈 체제

- 브레턴우즈 체제는 1944년 국제통화기금(IMF) 창립 이후 미국의 달러화를 기축통화로 하는 금환본위제도를 말함.
- 1944년 7월 세계 44개국 대표들은 전후의 금융제도를 재건하기 위해 미국의 뉴햄프셔주의 브레턴우즈에 모여 연합국 통화금융회의를 개최하고, 고정환율제도의 채택을 주된 내용으로 하는 브레턴우즈 체제를 출범시켰음.
  - 브레턴우즈 체제는 그 이전의 변동환율제도에서 발생되는 불안정한 예상의 과도한 영향, 양차 대전 사이의 금본위제도에서 나타난 유동성 부족 및 조절능력 결핍에 따른 신뢰성 약화, 국제통화질서 혼란기에 나타나는 경쟁적 평가절하, 무역규제, 외환통제 등의 문제를 해결해 줄 것으로 기대되었음.
  - 이때부터 미 달러화는 기축통화로서 기능하게 되며, 브레턴우즈 체제를 감시하고 운영하기 위해 IMF(국제통화기금)와 IBRD(세계은행)가 설립되었음.
- 브레턴우즈 체제에서는 달러화를 금에 고정시키고 다른 통화들이 달러화에 대한 기준환율을 고정시킴으로써 간접적으로 금에 고정되었음. ⇒ 즉 이 제도에서는 미국의 달러화만이 금과 일정한 교환 비율을 유지하고 각국의 통화는 기축통화와의 기준 환율을 실정 · 유지함으로써 환율을 안정시키고 국제무역을 증진시켰음.
  - 다른 국가들은 중앙은행 보유금을 금 또는 달러로 보유할 수 있었고, 원하는 경우에는 언제라도 미국 중앙은행이 달러와 금을 교환해 주었음.
- 정도의 차이는 있지만 제2차 세계대전 이후 국제통화 질서는 달러화 중심의 브레턴우즈 체제가 지속돼 왔음.
- 별문제 없이 운영되던 브레턴우즈 체제는 1965년 미국의 베트남 참전 등으로 미국의 국제수지 적자가 심각해지고 마침내 1971년 미국이 달러화의 금태환 중지를 선언하면서 사실상 무너졌으며, 1973년 각국이 자국의 필요에 따라 다양한 환율제도를 채택하면서 브레턴우즈 체제는 마침내 붕괴되었음. ⇒ 하지만 IMF와 IBRD는 여전히 국제금융시장을 관장하는 국제기구로서 활동하고 있어 브레턴우즈 체제란 용어는 여전히 유효(제2 브레턴우즈 체제라고 부르기도 함)하다는 시각이 많음.
- 제2 브레턴우즈 체제는 1971년 리처드 닉슨 미국 대통령의 금태환 정지 선언 이후 '강한 달러 - 약한 아시아 통화'를 골간으로 미국과 아시아 국가 간의 묵시적인 합의 하에 유지해 온 환율체제를 의미함.

250) 이하 내용은 이성표(2008)와 한상춘(2014) 참조.

- 미국이 자국의 희생을 바탕으로 이 체제를 유지해 온 것은 아시아 국가들의 경제발전을 도모하고 공산주의 세력의 확산을 방지하기 위한 숨은 의도가 깔려 있었기 때문임.
- 기관에 따라 다소 차이가 있지만 국제금융 역사에서 제2 브레턴우즈 체제는 이런 미국의 의도를 충분히 달성한 것으로 평가됨. ⇒ 일부에서 제2 브레턴우즈 체제를 제2차 세계대전 이후 폐허가 된 유럽의 부흥과 공산주의의 세력 확장을 막기 위해 미국이 지원했던 '마셜 플랜(Marshall plan)'의 또 다른 형태라고 부르는 것도 이런 연유에서임.
- 그 후 제2 브레턴우즈 체제에 균열을 보이기 시작한 때는 1980년대 초임.
- 아시아 통화에 대한 의도적인 달러화 강세로 미국의 경상수지 적자는 더 이상 용인할 수 없는 위험수준에 달했음. ⇒ 당시 레이건 정부는 여러 방안을 동원했지만 결국 선진국 간의 미 달러화 약세를 유도하기 위한 플라자 합의로 이 문제를 어느 정도 극복할 수 있었음.

2. 브레턴우즈 기구 및 역할

2.1 IMF

- IMF(International Monetary Fund)는 1945년 세계 거시경제 및 국제무역 환경을 안정시키기 위한 목적으로 설립된 국제금융기구로 외환시세 안정, 외환규제 제거, 자금 공여 등을 주요 활동으로 하고 있음.
- IMF는 외화가 부족해진 회원국들에게 외화를 대출해 주도록 되어 있고, 그 자금을 조성하기 위해 각 회원국에 쿼터를 배정해 주었음.
  - 쿼터 배정량은 회원국의 경제규모와 부존자원에 따라 달라지는데, 이 쿼터량에 비례해 IMF의 결정에 대한 투표권이 부여됨.
  - 협정문에 명기된 중요사안에 관한 투표권은 전체 투표권의 70~85%가 요구되는데, 미국은 17% 이상의 가중치를 갖고 있어 85% 이상의 찬성을 요구하는 사안에 있어서는 사실상 거부권을 갖고 있는 셈임.
- 2014년 현재 회원국은 188개국이며, 우리나라는 1955년 8월에 가입하였음.

2.2 IBRD

- IBRD(International Bank for Reconstruction and Development)는 World Bank(세계은행)라고 더 많이 알려져 있는 국제기구로 회원국들의 경제발전과 사회발전을 목적으로 1945년 설립되었으며, 회원국들에 대한 자금융자 및 기술 원조를 주요 활동으로 하고 있음.
- IBRD의 재원은 회원국의 출자금과 대외차입으로 구성됨.
  - 회원국들은 가입 시 배정된 주식을 인수하고 그에 해당하는 금액을 출자하는데, 이것

이 회원국의 출자금이며 곧 IBRD의 자본금이 됨.

- 회원국의 투표권은 기본표와 비례표(출자주식 1주당 1표)로 구성되어 있는데, 미국이 16.4%로 비중이 가장 높음.
  - 미국은 유일하게 거부권을 행사할 수 있는 권한을 가지고 있으며, 세계은행 총재도 미국 대통령이 임명하고 있음.
- IBRD를 비롯해 IDA(국제개발협회), IFC(국제금융공사), MIGA(국제투자보장기구), ICSID (국제투자분쟁해결본부) 등을 합해 세계은행그룹이라고 함.
  - 세계은행의 가입자격은 IMF회원국으로 제한하고 있음.

3. 브레턴우즈 체제 개편 논의의 배경

3.1 미국발 금융위기가 계기

- 냉전 이후 미국은 막강한 달러화 자본과 월가의 첨단금융공학을 바탕으로 세계경제의 '지존'으로 군림해 왔으며, 이를 뒷받침한 것이 브레턴우즈 기구들이었음.
- 그러나 미국발 금융위기로 미국의 경제패권은 심각한 위협에 처해 있으며, IMF과 세계은행도 애초의 설립 목적에서 벗어나 미국을 중심으로 한 일부 강대국의 기관투자가 집단과 금융 자본가들의 이익을 대변해 왔다는 비난을 받아 왔기에 금융위기를 계기로 거센 개편 요구에 직면해 있음.
- 금융위기는 미국 중심의 국제경제 질서에 그동안 불만을 가졌던 유럽과 신흥개발국들에게는 글로벌 파워를 새롭게 짤 수 있는 기회임.
  - 미국 금융위기가 확산되자 유럽연합은 즉각 미국식 자본주의의 종언과 새로운 금융시스템 구축을 촉구하고 나섰음.
  - 유럽연합은 표면적으로는 21세기에 맞는 국제금융시스템 도입을 내세우고 있지만, 그 이면에는 세계 금융의 중심을 미국에서 유럽으로 옮기기 위한 의도가 숨어 있다고 전문가들은 해석
  - 중국 역시 세계 1위의 외환보유액을 바탕으로 금융위기로 고전하는 세계경제를 지원해 주는 대가로 새로운 국제경제 질서에 중국의 지분을 요구할 전망인 가운데, 특히 전문가들은 중국이 새로운 국제금융시스템과 관련해 IMF 최대 의결권을 가진 미국이 행사하는 사실상의 거부권을 폐지하고, 기축통화를 달러화에서 여러 통화로 다극화하는 것을 원하고 있다고 지적
  - 러시아도 막대한 오일머니를 바탕으로 경제력과 군사력을 회복한 뒤 패권 회복을 노리고 있으며, 인도 역시 8%대의 높은 성장률을 기록하며 세계경제의 한 축으로 성장했음.

- 전문가들은 중국, 러시아, 인도, 브라질 등 브릭스가 미국 월가의 추락 속에 경제적 영향력을 늘려갈 것이라고 진단[251)]
  - 앞서 언급한 바와 같이 지난 70년간 세계은행(WB)과 국제통화기금(IMF)으로 대표되는 브레턴우즈 체제는 세계경제를 지탱해 온 룰(rule)이었음. ⇒ 하지만 중국과 유로존의 거센 도전에 달러 중심의 '팍스 아메리카나'를 가능케 한 브레턴우즈 체제의 곳곳에 균열이 생기기 시작했음.
  - 미국 주도의 국제금융질서에 지각 변동이 예고됐기 때문임. ⇒ ㉠ 세계경제에서 차지하는 비중이 점차 커짐에도 IMF 등 국제기구에서 그에 걸맞은 대우를 받지 못했던 브릭스(BRICS : 브라질 · 러시아 · 인도 · 중국 · 남아프리카공화국)가 신개발은행(NDB : New Development Bank)과 위기대응기금 혹은 긴급준비협정(CRA : Contingent Reserve Arrangement)을 출범시키며 미국 중심의 기존 질서에 반기를 들었음. ㉡ 브릭스 5개국의 인구를 더하면 30억여 명으로 세계 인구의 약 43%를 차지하며, 국내총생산(GDP) 비중은 21%에 이름.
  - 2014년 7월 15일(현지시간) 브라질 포르탈레자에서 열린 제6차 브릭스 정상회의에서 시진핑(習近平) 중국 국가주석과 블라디미르 푸틴 러시아 대통령 등 5개국 정상은 '브릭스판 세계은행'인 NDB 설립 계획을 공식 발표하고 관련 협정에 서명했음.
  - NDB는 브릭스 5개 회원국이 각각 100억 달러(10조2900억 원)씩 출자해 500억 달러의 초기 자본금을 조성하고, 7년 안에 자본금을 1000억 달러로 확대하기로 했음.
  - NDB 본부는 중국 상하이에 설립되며, 초대 총재는 인도 출신 인사가 맡을 것으로 전해졌음. ⇒ ㉠ 총재 임기는 5년이며 회원국이 돌아가면서 맡음. ㉡ 2016년부터 본격적으로 활동하게 될 NDB는 후진국의 기반시설 구축 프로젝트에 자금을 지원하게 됨. ㉢ 신흥국 등에 자본참여의 문호는 열어 뒀지만 NDB의 설립을 주도한 브릭스 5개국이 55% 이상의 지분을 보유해 주도권을 확보하기로 했음. ㉣ 유엔 회원국이면 NDB에 참여할 수 있음.
  - 브릭스 5개국은 또 '미니 IMF'로 불리는 1000억 달러 규모의 CRA를 설치하는 내용의 협정에도 서명했음. ⇒ ㉠ 자금 유출이나 통화가치 급락 등에 시달리는 회원국에 자금을 지원하게 됨. ㉡ 자본금 1000억 달러는 중국 410억 달러, 브라질 · 러시아 · 인도가 각각 180억 달러, 남아공이 50억 달러를 분담함.
  - NDB와 CRA는 기존의 금융질서에 대한 도전장임. ⇒ ㉠ 신흥국들은 그동안 금융위기가 발생하면 IMF만 쳐다봐야 했음. ㉡ 위기 때 긴급자금을 수혈해 주는 곳은 IMF밖에 없어서임. ㉢ IMF는 구제 금융을 대가로 신흥국에 강력한 긴축을 요구했음. ㉣ 신흥국은 속으로는 반발하면서도 어쩔 수 없이 긴축 요구를 들어야 했음.
  - 하지만 앞으로는 위기가 와도 긴급자금을 수혈할 수 있는 곳이 추가로 생기면서 신흥국은 기존 미국 주도의 금융질서를 거부할 수 있는 틈을 확보하게 됐음. ⇒ 브라질

251) 이하 내용은 중앙일보(2014.07.17) 참조.

외교부의 주제 아우프레두 그라사 리마 정무차관은 "브릭스 개발은행과 위기대응기금 설립은 국제금융질서에 변화를 주기 위한 신흥국의 새로운 도전"이라고 말했음.

• NDB와 CRA는 이제 첫 발을 내딛었음. ⇒ ㉠ 규모와 역할 등을 놓고 WB · IMF와 비교하면 다윗과 골리앗 수준임. ㉡ 아직은 영향이 크지 않을 것이란 전망이 우세한 이유임. ㉢ IMF는 자본금 규모만 8374억 달러에 달하고, 국제금융시장에서 미국 등의 입김은 여전히 강함. ㉣ 중국의 영향력이 커지는 것에 대한 회원국 간의 경계심도 걸림돌로 작용할 수 있음.

- 요컨대 글로벌 금융위기 이후 달러화 중심의 제2 브레턴우즈 체제가 흔들리는 것은 크게 보면 두 가지 요인에 기인

• 첫째, 무엇보다 금융위기 극복 과정에서 누적된 재정적자, 국가채무 같은 구조적 문제점으로 달러화에 대한 신뢰가 예전만 못하기 때문임. ⇒ 일종의 금융위기 후유증에 따른 '낙인 효과(stigma effect)'임.

• 둘째, 미국 이외 다른 국가들의 탈(脫)달러화 조짐도 원인임. ⇒ ㉠ 세계경제 중심권이 이동됨에 따라 현 국제통화제도가 안고 있었던 문제점들이 갈수록 가시화되고 있음. ㉡ 다시 말해 ▲중심통화의 유동성과 신뢰성 간 '트리핀 딜레마'[252] ▲중심통화국의 과도한 특권 ▲글로벌 불균형 조정 메커니즘 부재 ▲과다 외화 보유에 따른 부담 등의 문제가 노출되면서 탈(脫)달러화 조짐이 빨라지는 추세임.

3.2 금융위기 이후 국가 간 이해 충돌

- 한편 오바마 정부의 최대 난제로 브레턴우즈 체제 회복이 꼽히고 있음. ⇒ 오바마 정부가 집권 2기를 맞아 남아 있는 현안 가운데 대외정책에서 금융위기 극복으로 흔들렸던 달러 중심의 브레턴우즈 체제를 회복하는 일이 최대 난제로 꼽히고 있음.

- 금융위기 직후 중국이 국제통화기금(IMF)의 준비 통화인 특별인출권(SDR)을 '슈퍼 통화'로 도입하자는 제안에 따라 세계 기축통화 논쟁이 거세진 적이 있었음.

- 그 후 잠잠하던 이 논쟁이 2011년 9월 이후 선진국이나 신흥국 가릴 것 없이 양적완화 정책에 속속 동참하면서 환율전쟁까지 가세돼 복잡한 양상으로 전개돼 왔음.

- 최근 들어 일본에 이어 '트리핀 딜레마(triffin dilemma)' 해결에 결정적인 역할을 담당해 왔던 중국의 무역수지 악화와 미국 국채 매입 축소로 브레턴우즈 체제가 근본적으로 흔들리고 있음.

- 이런 우려대로 제2 브레턴우즈 체제가 붕괴된다면 아직까지 달러화를 대체할 수 있는

---

252) 트리핀 딜레마 : 1947년 벨기에 경제학자 로버트 트리핀이 처음 제시한 것으로, 중심통화국은 경상수지 적자를 통해 통화를 계속 공급해야 하지만, 이런 상황이 지속되면 대외부채 증가로 신뢰성이 떨어져 공급된 통화가 중심통화국으로 다시 돌아오는 메커니즘이 무너지고 궁극적으로 중심통화국의 지위를 유지할 수 없게 된다는 유동성과 신뢰성 간의 상충 관계를 말함.

확실한 제2의 중심통화가 없는 점을 감안할 때 상당한 혼란이 예상됨.

- 부정적인 측면이 없는 것은 아니지만 브레턴우즈 체제 하의 미국 달러화처럼 확실한 중심통화가 구축돼야 세계경제와 국제금융시장을 안정시키는 효과가 큼.
- 향후 제2 브레턴우즈 체제가 붕괴된다면 기축통화 속성상 과도기 단계에서 '중심통화혼돈(chaos of key currency)' 시대가 상당기간 지속될 가능성이 높음. ⇒ 이 때문에 최근 재연될 조짐을 보이고 있는 글로벌 환율전쟁과 중심통화혼돈 시대에 예상되는 불안정을 안정시키기 위해서는 새로운 국제통화체제를 모색해야 한다는 목소리가 높아지고 있음.

4. 향후 전망

- 브레턴우즈 체제 개편 논의의 핵심은 신자유주의 물결 속에 탈규제를 누리는 현 국제금융시장을 관리 · 감독하겠다는 것임.
  - 구체적으로는 세계가 국제표준의 회계기준을 채택해 투명성을 높이고, 무책임하게 리스크를 지우는 행위를 막고, 아울러 자본의 흐름이 세계화한 상황에서 금융감독이 국가별로 이뤄지고 있는 체제를 개혁해야 한다는 것임.
- 새로운 글로벌 경제 관리체제가 필요하다는 데에는 세계가 어느 정도 공감하고 있지만, 실제 실행까지는 많은 문제가 산적해 있음.
  - 새 기구의 설립이냐 기존 기구의 재편이냐의 논의에서부터 규제의 강도, 범위, 규제의 주체 등을 놓고 협의를 이루기가 쉽지 않을 전망
  - 과거와 같은 일방적인 힘의 논리가 통하지 않는 현 상황에서 각국의 이해관계를 골고루 만족시킬 만한 합의를 이끌어내기란 쉽지 않기 때문
- 세계화된 경제환경에서 우리라고 각국의 이해를 관철하려는 총성 없는 전쟁에서 예외일 수 없음.
  - 새로운 국제금융질서의 구축과 아시아 신흥경제국의 참여를 강조한 이명박 대통령의 2008년 10월 24일 ASEM 정상회의에서의 발언에는 새롭게 재편되는 국제경제 질서에서 소외되지 않고 한국이 일정부분 영향력을 행사해야 한다는 목적이 깔려 있는 바, 아무쪼록 능동적이고 적극적인 자세로 국제경제 환경의 흐름에 뒤처지지 않도록, 더 나아가 한국이 중요한 역할을 담당할 수 있는 방안 마련에 지혜를 모아야 할 것임.
- 한편 미국이 처한 여건과 최근 미국이 보이는 입장을 감안하면 달러약세는 오바마 정부의 남은 기간에도 지속될 가능성이 높음.
- 달러약세가 진행될수록 미국 이외의 국가에서는 달러 캐리 자금의 유입으로 이들 국가의 통화가치는 절상되는 속도가 빨라짐. ⇒ 이것이 미국 경기가 회복되더라도 달러약세에서 쉽게 벗어나지 못하게 할 요인으로 작용할 것으로 예상됨.

- 하지만 미국 이외의 다른 국가들이 의지와 관계없이 절상되는 자국통화의 가치를 받아들일 수 있느냐 하는 점을 고려해야 함.
  - 외형상으로 달러약세를 수용하는 일본은 엔화 가치가 80엔 밑으로 떨어져 '엔고 불황'이 현실화되자 잇따른 자산매입정책으로 맞대응하는 쪽으로 통화와 외환정책이 바뀌고 있음.
  - 중국도 위안화 절상에 대해 미온적인 태도를 보여 오다가 2014년 2월 이후 수출이 부진하자 미국의 위안화 평가절상 요구에 위안화 절하로 맞대응하는 자세로 전환됐음.
  - 정도의 차이는 있지만 한국 등 다른 국가들도 자국의 통화가치가 절상되는 것을 수용할 수 있을 만큼 여유롭지 못한 상황임.
- 이 때문에 글로벌 불균형과 환율전쟁을 줄이기 위해 논의돼 왔던 안정책들이 다시 거론되고 있지만 뚜렷한 진전은 없는 상태임.
  - 2010년 이후 적자만 규제하던 종전과 달리 흑자에 대해서도 규제하고 있음.
  - 하지만 자본주의 체제의 본질상 흑자국들의 반발이 갈수록 거세지는 추세임.
- 특히 제2차 세계대전 이후 달러화 중심의 현 국제통화제도는 갈수록 근본적인 문제점이 노출되고 있어 새로운 중심통화 논의를 촉진할 것으로 예상됨.
- 현재 국제통화제도는 1976년 킹스턴 회담 이후 시장의 자연스러운 힘에 의해 형성된 것으로, 국가 간의 조약이나 국제협약이 뒷받침되지 않아 '없는 시스템(non-system)' 혹은 '젤리형 시스템(jelly system)'으로 지칭되기도 함. ⇒ 그 결과 킹스턴 회담 이후 달러화 중심의 브레턴우즈 체제는 이전보다 느슨하고 불안한 형태로 지금까지 유지돼 왔음.
- 현재 국제통화제도는 실질적으로 시스템이 아니므로(non-system) 중심통화의 신뢰성이 크게 저하되더라도 이를 조정할 제도적 장치가 없음.
- 미국은 경기 활성화 등을 위해서라도 대외불균형을 시정하려고 하지만 경상수지흑자국은 이를 조정할 유인이 별로 없어 글로벌 환율전쟁이 수시로 발생했음. ⇒ 이 때문에 국제통화제도 개혁의 필요성에 공감하는 대부분의 학자들은 최소한 불균형 조정을 강제할 수 있는 '국가 간 조약(1980년대 중반 플라자 협정)'이 있어야 한다는 시각임.

참고자료

(1) 유성임(2008), "브레턴우즈 체제 개편 논의의 배경과 전망", 《"click" 경제교육》, 한국개발연구원, 2008. 12.
(2) 한상춘(2014), "오바마, 브레턴우즈 체제 복원 가능할까", 《한경비즈니스》, 2014. 07. 30.
(3) 2014. 07. 17., 《중앙일보》

부록 [9-2] G-Zero 시대의 도래와 한국의 선택

1. 패권 국가가 없는 G0 시대

- 지금은 'G0(제로)' 시대
  - 미국이 이끌어오던 'G1' 시대는 저물었고, 글로벌 리더십을 이끄는 단일 주체는 존재하지 않음. ⇒ UN도 다를 바 없음.
  - 유라시아그룹[253] 이언 브레머(45) 회장은 "시리아 사태나 우크라이나 사태가 '리더십 없는 세계'라는 점을 잘 보여준나"고 언급하였음. ⇒ 그는 "G제로 시대의 세계경제는 더 취약하고, 더 변동성이 크고, 더 느리게 성장할 것"이라며 "2008년 금융위기와 같은 충격이 발생한다면 그 후폭풍은 훨씬 더 심각할 것"이라고 덧붙였음.
  - 따라서 각국은 스스로의 의사로 판단하고 결단해서 실행해야 하는 상황에 몰린 셈임. ⇒ 바야흐로 지도자의 자질이 국가의 운명을 좌우하는 시대가 되었음.
  - G0 시대가 들어섬에 따라 한국 역시 미국이라는 경찰관과 G8이라는 공공재 제공자가 사라질 것임.

2. G제로 시대의 도래 이유

2.1 신흥국의 성장

- 특히 중국의 성장이 가장 중요하다고 볼 수 있음.
- 문제는 신흥국들이 미국 주도의 질서를 거부하고 있긴 하지만, 스스로 글로벌 무대에서 결과물을 낼 능력은 아직 없음.
  - 러시아는 우크라이나 안에서, 사우디아라비아는 이집트나 바레인에서, 중국은 필리핀에서는 결과물을 낼 수 있겠지만, 이들이 국제적으로 새로운 질서를 만들거나 힘을 만들어 내는 것과는 다른 문제임.
- 중국은 자신을 여전히 가난한 나라라고 주장하고 있으며, 아직 국제질서를 유지하는 역할을 맡기에는 이르다고 말함.
  - 중국은 외교 역량이나 소프트 파워, 군사력에서 미국에 필적할 만한 수준이 못 됨.
  - 아프리카 해적을 막을 수도 없고, 필리핀 쓰나미에 구조단을 파견하면서 인도주의를 실천할 의지도 없음.
- 인도는 13억 명 인구를 보유하고 있지만, 외교관 숫자는 인구 400만 명의 뉴질랜드와 같음.

---

253) 유라시아그룹은 뉴욕 · 워싱턴DC · 런던 · 도쿄 등에 지사를 두고 650여 명 두뇌가 활동하는 정치 컨설팅업체임.

2.2 미국은 더 이상 G1이나 G7에 무관심

- 현재 미국 대통령은 외교에 관심이 없음.
  • 미국 내 빈곤층도 글로벌 리더십에 시큰둥함.

2.3 나라가 너무 많아 협력하기 어려워졌음.

- G20는 G7에 비해 훨씬 더 협력하기 곤란함.
- 유로존은 재정위기로 인해 완전히 진이 빠졌음.

3. G제로 시대의 지속 가능성

3.1 적어도 수년은 더 지속할 가능성이 있음.

- G제로 상태가 해소되려면 중국이 충분히 부유하고, 충분히 국제적으로 영향력을 갖출 만큼 성장할 필요가 있기 때문임.
- 그런데 중국의 성장은 이제 겨우 시작되었음.

3.2 중국 앞에 놓인 2개의 선택지

- 하나는 성공적으로 개혁해서 압도적인 성장을 이룩해 팍스아메리카나를 허용하지 않는 것임.
  • 이 경우 미국은 자기 몫을 중국과 나눠야 함.
- 다른 하나는 중국이 개혁에 실패하는 경우임.
  • 이때도 미국은 그 후폭풍을 감당해 낼 능력이 없음.
- 그러므로 G1 시대는 다시는 돌아오지 않을 것임.

3.3 G제로가 수십 년간 계속되는 것은 좋지 않음.

- 이는 시리아 사태나 우크라이나 사태보다 더 큰 글로벌 위기가 발생해도 아무도 대응하지 않는다는 걸 의미함.
- G제로가 계속되면 중동 갈등은 폭발할 것임.
- 또 인터넷이나 회계, 국제통화 등에서 중심이 없어지면 글로벌 경제에 '비효율성'이 늘어날 것이고, 비(非)인도주의적 사건도 잦아질 것임.
- 따라서 G제로는 그 자체로 지속 가능하지 않음.
  • 문제가 발생했을 때 아무도 대응하지 않아 문제가 더욱 커질 것이기 때문임.

4. G제로 이후 발생할 수 있는 5가지 시나리오

- 5가지 시나리오

• G2 : 중국 · 미국 협력 상호공존
• 냉전 2.0 : 중국과 미국의 대립
• G20 : 모두의 조화
• 분열 : 지역별로 분화
• G서브제로 : 무정부 상태

- 가장 발생할 가능성이 커 보이는 것은 '분열' 시나리오임.
  • 분열은 글로벌 리더가 없는 상황에서 대부분 국가가 오직 자국이나 인근 지역 문제를 해결하기 위해서만 존재감을 드러내는 세상임. ⇒ 지역별로 뭉친다는 얘기임.
- 그 다음은 G2임.
  • 중국은 중동에 관심이 있는데 미국 눈치를 보고 있음. ⇒ 여기서 미국과 중국이 대타협을 통해 중동 안보를 분할할 수 있음.
  • 이것이 G2의 근거가 될 수도 있음.
- '냉전 2.0'과 'G20 협력 시나리오'는 비슷한 가능성을 갖고 있고, G서브제로가 가장 개연성이 낮음.

5. 동북아 지역 내 '내셔널리즘(국수주의)'의 번창이 위험수준

- 일본은 가라앉고 있는 가운데, 중국은 아주 빠르게 성장하고 있음.
  • 전 세계 경제순위 2위와 3위인 두 나라는 역사적 배경을 봐서도 완벽하게 상호배타적인데, 중국이 드라마틱하게 성장하면서 일본의 안보 이슈도 커졌고, 이로 인해 일본이 헌법을 바꾸고자 하는 움직임을 보이고 있음.
  • 미국이 균형을 잡는 역할을 할 수 있을 텐데, 방관하고 있음.
- 또 다른 요인으로는 중국이 경제적으로 아주 큰 전환기에 놓여 있다는 점임.
  • 이럴 때는 '적'이 있는 게 유리한데, 바로 일본임
  • 이런 환경이 일본에 아베가 주도하는 아주 강한 총리 시대를 불러왔음.
  • 아베는 전임 하토야마나 아소, 그 누구보다 훨씬 국수주의적임.
- 한국은 중국과 강한 경제적 유대관계를 유지하고 있고, 외국기업들이 중국에 투자하는 관문이지만 한국은 관계의 균형을 유지하는 게 좋을 것임.
  • 중국은 빠르게 성장하지만, 아직 불안한 나라이기 때문에 지나치게 의존하는 건 좋지 않음.

6. '중심축 국가'가 승리

- 중심축 국가(pivot-state)란 특정 국가에 지나치게 의존하기보다 다양한 나라와 서로 이익이 될 수 있는 관계를 독자적으로 구축할 수 있는 나라를 의미함.

- 한국은 일본과 더 좋은 관계를 구축한다면 중심축 국가가 될 수 있으며, 또한 북한과 성공적으로 평화통일을 이룩한다면 역시 중심축 국가로 성장할 수 있음.
  • 다시 말해 이 두 문제 때문에 한국은 아직 중심축 국가가 되지 못하고 있는 셈임.
- 경제가 성장하는 아시아엔 중심축 국가가 많이 있음.
  • 인도네시아는 전형적인 중심축 국가로서 중국과 미국, 일본, 싱가포르 사이에서 무역 관계의 균형을 유지하고 있음.
  • 베트남은 일본으로부터는 경제개발을 위한 원조를, 러시아로부터는 방위를, 중국으로부터는 기계와 관광객을, 미국으로부터는 최고의 수출시장을 얻어내고 있음.
- 한·일 관계가 지금처럼 긴장 상태로 이어진다면, 한·미 관계 또한 지금처럼 효율적으로 유지하긴 매우 어려울 것임.
- 통일도 변수인데, 한국은 그동안 북한과 대치했기 때문에 미국과 유용하면서도 안정적인 관계를 유지해 왔음.
  • 유념해야 할 점은 미국이 세계에서 가장 큰 경제주체이면서 동시에 안정적인 체제라는 것임.
- 지금 한·중 관계는 꽤 좋은 편인데, 중국에서 개혁이 성공적으로 진행되지 않는다면 한국은 위험할 수 있음.
  • 한국은 주변 여건이 불안하기 때문에 자칫 한·미 관계가 흔들릴 수도 있음.

7. G제로 시대 기업의 대응전략

- 기업들은 지정학적 부분에 지금보다 더 많은 관심을 기울여야 함.
  • 정부의 움직임을 살펴야 한다는 뜻임.
- 글로벌 기업 중 정부 지원 없이 독자적으로 성공 가능한 곳도 있음.
  • 예컨대 코카콜라는 북한과 쿠바를 제외한 세계 곳곳에 퍼져 있음. ⇒ 제품도 제품이지만, 브랜드 이미지를 파는 기업이기 때문에 정부와 무관하게 앞으로도 잘할 것임.
  • 그러나 애플은 중국에서는 미국 회사라는 이미지가 아주 강하기 때문에 중국 정부가 놔두지 않고 있음. ⇒ ㉠ 중국 내에 애플 모조품이 범람하고 가짜 애플 스토어가 생기는데도 중국 정부는 방관하고 있음. ㉡ 중국은 기업들이 얼마나 많은 수익을 챙기고, 그 가운데 얼마를 중국에 재투자하는지를 중요하게 보고 있는데, 애플은 코카콜라에 비해 인색함.
- 기업도 '중심축 기업'이면 살아남을 수 있는데, 코카콜라나 GE가 대표적임.
  • GE는 아주 다양한 산업 분야에 진출해 위기를 회피(hedge)할 수 있음.

8. 한국의 선택

8.1 우선 안정적인 성장을 지탱해 줄 만한 '내수'가 필요

- 현재 한국 정부의 방향성은 그러한 의미에서 바람직하나 정부가 직접 '창조경제'를 창조할 수는 없는 노릇이며 정치인의 개입에 의한 규제완화에는 '정치적 자의성'이 들어가기 마련임.
- 게다가 조기성과를 채근할수록 위험성은 더 높아질 것임.
- 성장전략만으로는 무리가 있고, 가계부채 처리와 지속적인 연금·의료제도 개혁 등과 균형을 이뤄가면서 내수 진작을 도모해야 함.

8.2 소비 증대 방안 모색

- 경제민주화가 필요 이상으로 대기업을 위축시키는 측면도 있어 주가의 상승, 배당의 증대를 측정해 부유층의 소비부터 서민의 소비까지 아우르는 포괄적인 시책도 요구됨.

8.3 대기업과 중소기업의 균형적 조화 모색

- 대기업이 제품을 대량생산해 집중 수출하는 경제구조를 중소기업의 육성을 통해 대·중소기업 간 균형적 조화로 재편함으로써 리스크에 강한 경제구조로 만들 필요가 있음.

8.4 위험분산형 경제정책이나 경제외교 전개

- 시장체제가 각기 다른 신흥국에 대한 경제의존은 정치적인 위험을 동반할 가능성이 큼.
- 물론 시장을 기반으로 한 연대를 정부가 일부러 훼방 놓는 일이 있어선 안 될 것이나 정부가 시장의 걸림돌이어선 안 되는 만큼 종합적인 국익 관점에서 위험을 분산시키는 경제정책이나 경제외교를 전개해야 할 것임.

8.5 감정에 치우치거나 자신의 입장만 주장하는 자세에서 탈피

- G0 시대는 해도(海圖)가 없는 항해라고 비유하고 싶을 정도로 한 치 앞을 모르는 시대임.
- 언제 닥쳐올지 모르는 태풍에 당하지 않으려면 자신이 타고 있는 '배'의 규모를 키우는 동시에 태풍에 말려들지 않기 위한 정보와 냉정하고 객관적인 자세로 위험을 대비해야 함.

참고자료

(1) 이언 브레머(2014), "지배자 없는 G-Zero 시대 … '중심축 국가'가 승리한다", 《WeeklyBIZ》, 2014. 04. 26.
(2) 후카가와 유키코(2014), "세계질서 재편 속 한국의 선택", 《매일경제》, 2014. 03. 25.

제Ⅱ편

산업 · 통상 정책 부문

CHAPTER 10

산업정책의 기초개념

1. 산업정책의 발전
2. 산업정책의 개념
3. 산업정책의 특성
4. 산업정책의 수단
5. 산업정책의 유형
6. 산업정책과 경제사상
7. 산업정책과 무역정책
8. 산업정책에 대한 정치경제학적 접근의 중요성

"산업과 통상의 결합이 시너지 효과를 내서 기업의 경쟁력 강화로 이어질 수 있도록 노력해 주기 바라며, 대기업 중심의 우리 경제를 수출과 내수가 동시에 발전하고, 대기업과 중소기업이 동시에 상승하는 쌍끌이 경제구조로 과감하게 바꿔나가야 한다"고 언급하였으며, 중소기업 지원 정책과 관련해서는 "현장에 맞지 않는 규제들을 과감하게 철폐하는 등 '손톱 밑 가시'를 뽑고, 특히 골목상권과 전통시장을 살리는 데 최선을 다해 달라"고 당부하였음.

– 박근혜 대통령이 2013년 3월 25일 산업통상자원부 업무보고 받는 가운데 언급한 내용 –

1 산업정책의 발전

- 역사적으로 볼 때 산업정책이란 용어는 프랑스와 일본에서 1960년대 중반부터 산발적으로 사용되기 시작했음.

1.1 1960년대 말~1970년대 초

- 프랑스에서 경제정책의 한 유형으로 산업정책이 정식으로 자리를 잡게 된 것은 1960년대 후반 제5차 경제개발계획(1965~1970)에서임.
  - 그 당시 프랑스에서는 외국인 투자자유화와 국내시장개방으로 물밀듯이 밀려들어오는 외국자본과 수입품에 대항하여 제조업을 육성하는 것이 경제정책의 시급한 과제였음.
  - 이에 제5차 경제개발계획에서 제조업 육성의 당위성이 강조되었고, 이를 구현하기 위한 정책수단으로서 산업정책이 논의되었음.
- 일본에서는 1970년 초에 통산성이 이를 공식적으로 사용하기 시작하였고, 1973년 7월에는 이를 전담하는 산업정책국을 신설하였음.
- 이처럼 1960년대 말과 1970년대 초에 걸쳐 프랑스와 일본에서 싹트기 시작한 산업정책은 1970년대 세계경제를 동요시킨 두 차례의 석유파동 이후 명실상부한 새로운 경제정책의 수단과 학문적 영역으로서 자리를 잡게 됨.

1.2 1970년대 이후

- 1970년대 들어 각국이 산업정책에 특별한 관심을 갖게 되었음.
  - 왜냐하면 세계자원위기가 빚어낸 '새로운 경제현상'에 과거의 경제정책수단으로는 대처해 나갈 수 없었기 때문이었음.
  - 여기서 말하는 새로운 경제현상은 선진국의 철강, 조선 및 섬유 분야 등에서의 산업구조조정 문제를 말함.
- 브레턴우즈 체제 하에서 30년 가까이 번영을 누려오던 이들 산업의 구조조정은 이자율 조작, 통화공급 같은 전통적인 거시경제정책이나 무역정책만으로는 불가능하였음.

- 산업구조조정에 대한 자신들의 전통적 경제정책의 무능과 한계에 직면한 영국과 미국은 일본이 그들에 비해 훨씬 효율적으로 자국의 산업구조를 조정하여 나가는 것을 인정하지 않을 수 없었음.
  • 물론 이들은 처음에는 시장경제원리에 반하여 정부가 시장에 적극적으로 개입하여 산업을 육성하고 구조조정하는 일본의 산업정책에 강한 경계와 함께 비판적인 시각을 가졌음.
  • 그러나 현실적으로 일본경제의 기적을 연구하는 과정에서 일본산업의 비약적 발전이 통산성의 산업정책에 바탕을 두고 있다는 사실을 발견하고 서구사회 일각에서 차선의 정책대안(second-best policy)으로서 산업정책의 실시를 주장하는 목소리가 커졌음.

1.3 | 1980년대 이후(미국의 상황)

- 전통적으로 산업정책에 대해 가장 비판적인 입장을 취하던 미국에서조차 1980년대 초에 의회와 경제학자들 간에 산업정책의 실시 여부에 대한 열띤 논쟁이 있었음.
- 그런데 이 논쟁에서 산업정책에 반대하는 자유주의자가 승리하고 산업정책의 실시를 주장하던 개입주의자가 패배함으로써 그 이후 1980년대에는 산업정책에 대한 더 이상의 열띤 논쟁은 없었음.

1.4 | 1990년대 이후(미국의 상황)

- 1980년대 초 논쟁에서 산업정책의 실시를 주장했던 라이시(R. Reich)나 타이슨(L. Tyson), 샤피로(R. Sapiro) 같은 일련의 경제학자가 1990년대 들어 클린턴 행정부의 경제정책을 주도하게 됨에 따라 산업정책에 대한 관심이 다시 높아졌음.
  • 특히 하버드대의 라이시는 노동부장관으로서, 그리고 버클리대의 타이슨은 대통령 경제자문회의 의장으로서 클린턴 행정부 내에서 산업정책의 역할을 강조

1.5 | 2000년대 이후 선진국의 미래산업 육성정책[254)]

- 미국, 독일, 일본 등 선진국들은 세계 경기침체를 극복하고 지속 가능한 성장을 하기 위해 미래산업을 선정하여 정책적 지원을 하고 있음.
  • 영국과 같이 정부개입을 자제하고 시장원리를 통한 육성을 중시하는 국가도 있지

---

254) 이하 내용은 이연주 외(2013) 참조.

만, 대부분 국가들은 국가차원에서 중장기 계획을 세우고 세부적인 정책을 집행하고 있음.

- 국가차원의 중장기 육성전략을 수립하여 정책적 지원을 하고 있는 국가는 독일, 미국, 일본, EU임.
  - 각국은 '독일 하이테크 전략 2020', '미국 혁신전략', '일본 신성장전략', 'EU 2020'과 같은 중장기 경제계획을 세워 국가경제 전반의 방향을 제시하고 세부적인 계획을 수립 및 지원하고 있음.
  - 이외에 영국, 프랑스, 호주는 중장기 비전을 명시적으로 제시하고 있지는 않지만, 이들 국가도 개별정책 및 사업으로 미래산업을 선정·지원하고 있어 결국 대부분의 선진국들은 전략적으로 미래산업을 육성하고 있다고 분석됨.
- 국가마다 차이는 있지만, 정보통신(IT), 신재생에너지, 바이오, 친환경 등의 분야는 공통적인 육성대상 산업으로 중시되고 있음.
  - 영국은 특히 창조산업(문화), 정보통신산업(IT) 등 무형의 지식기반 산업을 중시하고 있고, EU는 그린 정보산업을 집중적으로 육성하고 있음.
  - 프랑스와 호주는 친환경, 교육 및 연구개발에 중점을 두고 있고, 독일·미국·일본은 에너지, 보건, 정보통신을 중점적으로 육성하고 있음.
- 대부분 선진국의 미래산업 육성정책은 국가가 주도하고 있음. ⇒ 정책을 수립 및 집행하는 과정에서 많은 기관들이 관련되어 있지만, 선진국은 상호경쟁보다 은유적인 협력과 투명하고 공정한 관리체계를 통해 미래산업 육성정책의 성과를 극대화하고 있음.

2 산업정책의 개념

2.1 | 산업정책의 정의

- 국제적으로 일치된 학문적 정의가 없이 경제학자에 따라 아주 다양하고 폭넓은 정의를 내리고 있음.
  - 용어 자체도 구조정책(structural policy), 적극적 조정정책(positive adjustment policy), 산업전략(industrial strategy) 같은 다양한 표현으로 사용되고 있음.
- 산업정책에 대한 다양한 정의를 종합해 보면 다음과 같은 몇 가지 공통된 개념요

소를 발견할 수 있음.
- 자국 산업의 경쟁력 향상
- 시장실패의 보정
- 자원배분과 산업구조조정에 대한 정부의 적극적 역할
- 경제나 산업의 국내공급능력 확대
- 산업발전과 생산성향상

- 상기의 다양한 개념요소를 종합하여 산업정책이란 "시장실패를 보정하거나 동태적 비교우위를 확보하기 위해 정부가 특정 산업활동이나 시장기구에 개입하여 자원배분을 효율화시킴으로써 자국의 산업특화를 목표하는 방향으로 유도하는 일련의 전략적 정책체계(policy mix)"라고 정의할 수 있음.

2.2 | 산업정책의 4대 개념요소

① 산업제일주의

- 산업정책론이라는 학문과제는 산업제일주의에서 출발하는데 이는 역사적으로 산업정책이 프랑스와 일본의 산업경제학 틀 속에서 생성되고 발달하였다는 데 기인함.
- 다시 말해 산업경제학적 입장에서 볼 때, 한 나라의 경제적 후생을 극대화시킨다거나 국민의 생활수준을 궁극적으로 향상시킬 수 있는 최선의 길은 '산업발전'이므로 금융산업의 발전이나 재정, 조세 등을 다루는 거시경제정책은 산업정책의 효율적 전개를 지원하기 위한 정책수단으로 이해됨.
  - 따라서 산업정책의 개념 자체를 부정하거나 낮게 평가하는 전통적인 영미식의 경제학적 접근과 큰 대조를 이룬다고 볼 수 있음.

② 개입주의

- 산업정책은 정부가 민간경제활동이나 시장기구에 대한 간섭을(직접적이든 혹은 간접적이든) 전제로 하는 개입주의(interventionism)적 성격이 강한데, 일반적으로 네 가지 유형으로 구분
- 첫 번째 유형은 자유방임주의
  - 역사적으로는 케인즈가 등장하는 1930년대 대공황 이전의 영국이나 미국의 경제정책이며, 오늘날 학문적 흐름으로는 프리드만류의 시카고학파에 의해 대표됨.
  - 산업활동에 대한 정부개입이 전면적으로 부정되므로 여기서는 산업정책이 등장할 여지가 없음.

- 기업의 자유로운 경제행위나 시장기구에 정부가 개입하지 않는 자유방임정책이 최선의 경제정책임.

- 두 번째 유형은 신고전학파 종합
  - 이는 케인즈학파의 입장으로서 재정정책이나 금융정책을 수단으로 한 총수요관리정책의 필요성은 인정하지만, 정부가 개별산업에 직접적으로 개입하는 것은 반대함.
  - 대부분의 영미계 경제학자가 이에 속하며, 오늘날 미국이나 영국 등의 경제정책이 이 같은 정책유형을 따름.

- 세 번째 유형은 개입주의
  - 이는 경제운용을 원칙적으로 시장기구에 일임하되, 전적으로 이에 의존하는 것이 아니라 국가적 목적달성을 위한 한정된 범위 내에서 정부의 의도적 역할을 인정함.
  - 이들은 현실적으로 시장기구가 완벽하지 못해 시장실패가 발생하므로 정부는 이러한 시장실패를 보정하기 위해 제한적으로 산업활동에 개입해야 한다고 봄.

- 마지막 유형은 사회주의적 계획경제
  - '중앙집권적 계획경제'가 행해지는 과거 소련이나 동구권의 경우로 시장기구를 완전히 부인하고 정부가 시장기능을 대행함.

- 이상의 관점에서 볼 때 세 번째의 개입주의 경향이 강한 국가에서 산업정책이 적극적으로 실시되고 있음.
  - 이의 가장 대표적인 국가가 프랑스 · 일본 · 한국이며 정도의 차이는 있으나 의욕적인 산업화를 추진하고 있는 일부 동남아국가나 중남미국가도 이 국가군의 범주에 포함됨.

③ 선별성

- 산업정책은 국민경제의 자원배분에 인위적으로 영향을 미치기 때문에 무차별성의 특징을 갖는 재정정책, 금융정책 등과 같은 거시경제정책과 구별됨.
  - 산업정책은 산업 간의 자원배분뿐만 아니라 동일한 산업 내의 자원배분에도 개입함.

- 산업제일주의 때문에 가능하면 제조업으로 국민경제 내의 자원을 집중시키려 하며, 제조업 내에서도 사양산업에서 새로운 유망산업으로 자원을 재배분하고자 함.

- 각국의 비교우위가 수시로 변하는 동태적 국제분업체제 속에서 볼 때 산업정책의

이 같은 선별성(selectivity)은 국민경제에 경제적 후생증대를 가져다줄 수 있지만, 잘못하면 상당한 정부개입의 실패를 초래함.

- 즉 정부가 앞으로 전개될 동태적 비교우위의 변화에 대해 정확한 정보와 비전을 가지고 승자산업(winner)을 잘 가려낸다면 자국의 산업특화(industrial specialization)를 유리한 방향으로 이끌어 나갈 수 있지만, 그렇지 못할 때에는 산업의 과잉투자, 독과점화 등을 통해 엄청난 자원배분의 왜곡을 초래함.
  - 예를 들면 1960년대 프랑스는 향후 승자산업을 핵에너지, 해양개발 등으로 보고 이 부문에 막대한 정부지원을 해주었으나 이 부문에서 확고한 경쟁력을 확보하지 못했음은 물론, 오늘날 핵이나 해양개발에 대한 세계수요가 그리 크지 않은 점을 생각해 볼 때 프랑스의 산업정책은 올바른 승자산업을 골라내지 못했음.
  - 이와 반대로 일본 통산성은 1960년대 전자와 자동차를 승자산업으로 선정하였는데, 이는 오늘날 일본의 번영에 커다란 기여를 한 것으로 평가되고 있음.

④ 동태적 비교우위

- 수출상품의 국제경쟁력 확보에 관심을 갖는 무역정책과 달리 산업정책은 동태적 국제분업체제 속에서 앞으로 비교우위를 확보할 수 있을 것으로 기대되는 유망산업(promising industries) 분야에 미리부터 전략적으로 특화해 나가는 데 관심을 가짐.

- 그러므로 동태적 비교우위(dynamic comparative advantage)에 깊은 관심을 갖는 산업정책에서는 정책의 우선목표를 산업육성을 위한 생산자잉여에 둠.
  - 이 점이 소비자잉여와 국민생활수준의 향상에 정책적 최우선 순위를 두는 신고전학파의 견해와 대조를 이루는 것으로 바로 이것이 한미 간, 미일 간 통상마찰에서 양국 간에 인식의 차이를 가져오는 주요한 이유 중의 하나임.

- 신고전학파적 미국의 입장에서 보면 한국이나 일본은 소비자잉여를 희생시켜 가며 정부의 지원 하에 특정 산업을 육성하여 자국 상품을 세계시장에 수출함으로써 세계무역의 구조적 불균형을 초래함.
  - 더욱이 한국이나 일본에서 소비자잉여의 희생을 강요하는 산업정책은 결과적으로 이들 국가의 수입수요를 인위적으로 억제함으로써 미국상품의 대일 · 대한 수출을 그만큼 어렵게 함.

- 그러나 산업정책을 옹호하는 산업경제학자의 해석은 이와는 달리 산업정책이 세계무역의 구조적 불균형을 초래한다고 볼 수 없다고 주장
  - 소비자잉여의 문제는 보다 장기적이고 동태적으로 보아야 한다는 것임.

• 동태적 비교우위를 확보하기 위해 산업발전 초기에 다소 소비자잉여를 희생시키더라도 자국 산업이 성공적으로 수출산업화하면 장기적으로 보다 큰 소비자잉여의 증대와 함께 국민생활수준의 향상을 가져올 수 있음.
• 그러므로 국내 소비자입장에서 보더라도 장기적인 안목에서 초기의 희생이 결국에는 보상받을 수 있으므로 결코 소비자잉여를 희생당한다고 할 수는 없음.
• 뿐만 아니라 세계무역구조 측면에서 보더라도 궁극적으로 한 나라의 국민소득이 높아지면 수입수요가 증대하여 상대국으로부터 보다 많은 재화를 수입하게 되므로 결코 산업정책이 세계무역의 구조적 불균형을 초래한다고 볼 수는 없다는 주장임.

3 산업정책의 특성

3.1 후발국의 정책철학

- 역사적으로 볼 때 산업정책은 항상 선진국을 따라잡고자(catch-up) 하는 후발국의 의욕에 의해 강조되었음.
- 후발국의 정책철학(policy of catch-up)과 관련하여 프랑스 소르본 학파가 내세운 네 가지 헤게모니가설은 다음과 같음.
  • 추론1 : 역사적으로 볼 때 국제경제 질서를 결정하는 경제원리나 이념은 세계경제의 주도권을 장악한 선도자(leader)에 의해 만들어졌음.
  • 추론2 : 이는 다시 세계적인 보편진리로서 다른 후발자(follower)에 직접 또는 간접적으로 확산되었음.
  • 추론3 : 이와 같은 보편적 진리에 맹목적으로 따른 후발자가 선도자를 따라잡고 세계경제의 헤게모니를 장악한 예는 거의 없음.
  • 추론4 : 역사적으로 선도자를 추월(catch-up)한 후발자는 전자가 만들어 세계적으로 보편진리화한 경제이념을 보다 독자적인 통찰력을 가지고 자국의 현실에 적합하게 소화·발전시켜 나간 국가군들이었음.
- 이 추론을 역사적으로 뒷받침하는 것이 근세 중상주의 시대의 영국과 19세기 자유무역주의 시대의 독일과 미국, 그리고 제2차 세계대전 이후의 일본임.
  • 역사적으로 후발자였던 영국은 15세기 지리상의 발견 이후 스페인, 포르투갈이 주도한 중상주의를, 19세기 독일과 미국은 영국이 주도한 자유무역주의를 맹목적

으로 따르는 것을 거부하고 자국의 현실에 적합하게 소화했기 때문에 선도자를 추월하여 세계경제의 헤게모니를 장악할 수 있었음.

- 영국의 사례
  - 중상주의 시대인 15세기 말 바스코 다 가마의 인도항로, 콜럼버스의 신대륙 등 지리상의 발견을 주도하고 해외로부터 막대한 금·은을 반입할 수 있었던 스페인과 포르투갈에 있어서 금·은은 곧 국부에 해당했음.
  - 이 중상주의 사상은 보편적 진리로서 그 당시 유럽의 다른 후발국가에 확산되어 국제경제 질서를 결정하는 기본 이념이 되었음.
  - 네덜란드 등 후발국이 다투어 중상주의를 따르고 있을 때 이를 거부하고 국내산업보호에 눈을 돌리고 제조업을 육성한 것은 영국이었음.
  - 철저한 중상주의를 추구하던 스페인이 눈앞의 외화수입(즉 금·은) 확대를 위한 양모수출에 혈안이 되어 메스따(Mesta)라 불리던 목축업자를 보호하고 있을 때, 영국은 원자재인 양모를 그냥 수출하기보다는 이를 가공하는 모직업자의 육성에 주력하였음.
  - 영국의 왕은 국내모직업자를 보호하기 위해 양모를 가공하지 않고 원자재 상태로 수출하는 자를 형사 처벌할 정도로 강력한 국내산업보호정책을 실시하였음.
  - 그 당시로는 국제경제 질서의 기본 이념에 해당하는 중상주의에 맹목적으로 따르지 않고 독자적인 통찰력을 가지고 모직공업을 육성시켜 나간 영국은 세계에서 제일 먼저 산업혁명에 성공하고 19세기 이후 경제대국의 지위를 누렸음.

- 미국, 독일, 그리고 일본의 사례
  - 산업혁명 이후 19세기 자유무역 시대에도 마찬가지로서 영국이 세계경제의 헤게모니를 장악하고 자유무역주의를 주창할 때 그 당시 후발국이었던 미국, 독일과 일본은 영국이 주도하는 자유무역주의에 맹목적으로 따르기보다는 그들 나름대로의 국내산업보호정책을 실시하였음.
  - 보호주의의 필요성을 최초로 체계화한 사람은 미국의 2대 재무장관이었던 해밀턴(A. Hamilton)이었음.
  - 소박한 해밀턴의 국내산업보호육성론[255]은 19세기 중반에 들어 독일의 리스트(F. List)에 의해 설득력을 갖춘 유치산업보호론으로 발전하였음.
  - 리스트의 주장에 따르면 자유무역이론은 '각국의 경제발전단계가 같을 때' 국제무역이 가져올 수 있는 이익만을 강조하였기 때문에 독일같이 선발 자본주의 국가

---

255) 그는 의회에 제출한 유명한 〈제조업에 관한 보고서〉에서 외국과의 경쟁을 극복하고 영국이 누리는 정도의 세계시장을 확보하기 위해서는 무엇보다도 장려금, 보조금, 고율의 관세와 같은 수입제한정책에 의해 제조업을 적극적으로 보호해 주어야 한다고 주장하였음.

인 영국과 자유무역을 한다면 영국을 맹주로 한 영국적 세계지배체제를 용납하고 독일은 완구나 목제, 기둥시계 정도를 수출하는 2급 국가로 전락할 수 있다고 우려하였음.

- 가장 뒤늦게 산업화에 착수한 일본도 마찬가지로서 1868년의 명치유신 이후 그들이 구미의 발전단계에 도달하였다고 하는 1970년대 중반에 이르기까지 일본의 경제정책은 기본적으로 민간기업의 자유로운 경제활동을 보장하면서도 자원배분방식은 정부가 의도하는 대로 유도하기 위한, 이른바 산업정책이 주축을 이루었음.

- 종합적 견해
  - 맥키원(McKeon)의 헤게모니설(hegemony thesis)에서 볼 수 있듯이 역사적으로 각 시대에 있어서 세계경제의 헤게모니를 장악한 국가는 항상 비교우위원리, 자유무역이론, 시장경제원리 등에 의한 자유무역과 자유방임주의를 추구하고 이를 보편적으로 국제경제 질서로 일반화시키려는 경향이 있음.
  - 이 같은 헤게모니설에서 볼 때 한 가지 흥미 있는 것은 정부개입에 대한 미국의 역사적 태도 변화임. ⇒ 19세기 영국을 따라잡고자 강력한 국내산업보호육성정책을 쓰던 미국은 20세기 들어 세계자유무역의 선도자가 되면서부터는 산업정책에 대해 아주 비판적인 입장을 취해 왔으나 1970년대 세계경제 위기 이후 자동차, 철강 등 주요 산업 분야에서 일본, EU 등에 도전을 받게 되자 1980년대 이후 산업정책의 실시에 대해 적극적인 관심을 가져왔고, 1990년대 들어 클린턴 행정부에서는 개입주의 경제학자인 노동부장관 라이시, 대통령경제자문회의 의장 타이슨 등을 중심으로 거의 공공연히 산업정책의 필요성이 주장되었음.

3.2 | 공급 지향적 정책

- 산업정책은 산업에 대한 생산요소의 투입이나 생산함수를 변화시키는 것과 같이 총공급관리에 초점을 두는 공급 지향적 정책임.
  - 이자율 변동, 통화량 공급조절 같은 재정·금융수단을 통하여 총수요를 관리함으로써 단기적인 경제안정이나 경기부양을 꾀하는 케인즈의 총수요관리정책과 구별됨.
- 산업정책은 정부가 시장기구에 개입하여 생산적인 투자 쪽으로 자원을 재배분하여 국민경제의 공급능력이나 공급 잠재력을 높이는 것을 목적으로 하는 수단체계임.

3.3 | 비영미계 정책철학

- 앵글로색슨계의 신고전학파 경제이론은 비교우위원리에 바탕을 둔 자유무역이나

시장경제원리를 존중하는 자유방임주의에 의해 세계 각국이 경제적 후생을 모두 증가시킬 수 있다고 보는 반면, 비앵글로색슨계인 산업정책론은 다소 신중상주의적 성격을 띠어 어느 나라가 적극적으로 자국 산업의 보호육성정책을 쓰면 일정기간 다른 나라의 경제적 후생을 감소시킬 수 있다는 전제를 받아들이고 있음.

- 현실적으로 가장 적극적인 산업정책으로 고도성장을 이룩한 일본경제 때문에 미국경제가 구조적 무역수지적자와 심각한 국내산업 구조조정으로 상당한 경제적 어려움을 겪었음.
  - 그러므로 미국을 중심으로 한 앵글로색슨계 국가는 일본 · 프랑스 · 한국 등 비앵글로색슨계 국가의 산업정책에 의한 불공정한 정책개입이 그들 국내산업에 피해를 주었다는 강한 피해의식을 가지고 있음.

3.4 | 정치논리가 크게 작용하는 정책

- 이 특성은 산업정책이 가지는 선별성에 기인하는 바, 정부가 선별적으로 민간경제활동에 개입하기 때문에 국민경제 내 여러 계층의 소득분배에 무시하지 못할 영향을 미치게 됨.
  - 즉 산업정책으로 인해 이익을 보는 계층과 손실을 보는 계층이 나타남.
- 산업정책으로 영향을 받은 다양한 경제적 이익집단은 가능한 모든 수단을 동원하여 산업정책 결정과정에 영향력을 행사하고사 하는데, 문제는 이러한 영향력 행사가 '시장 내 경제논리'에 의해 이루어지지 않고 '시장 밖 정치논리'에 의해 이루어진다는 데 있음.
- 이 같은 특성 때문에 선진국의 경험을 보면 산업정책 그 자체가 경제논리보다는 정치논리에 끌려 그 효율성이나 공정성을 저해하고 궁극적으로 정부개입의 실패를 초래한 예를 많이 찾아볼 수 있음.
  - 1970년대 유럽 일부 국가의 경우 도저히 경쟁력을 회복할 수 없는 조선산업이나 철강산업에서의 고용을 유지하기 위해 정부가 엄청난 보조금을 지불한다거나, 정치적 압력을 못 이겨 도산이 불가피한 구조적 부실기업에게 구제금융을 해주었음.
- 이러한 의미에서 볼 때 산업정책은 계량적 분석기능이 뒷받침할 수 있는 금융정책이나 재정정책과 달리 때로는 정치논리가 강하게 작용하고 다분히 사회적 가치판단을 수반하는 정책이라는 점에서 행정 관료의 엄격한 경제논리와 높은 행정기술능력이 요구된다 하겠음.

4 산업정책의 수단

- 산업정책의 수단은 크게 나누어 정책수단의 기능을 중시하는 주체적 분류(기능적 분류)와 정책목적이 무엇인가에 따라 분류되는 객체적 분류(목적별 분류)로 나눌 수 있는데, 전자에는 시장경제정책적 수단인 경쟁정책(competition policy)과 시장보완정책으로 볼 수 있는 시장간섭정책(market intervention policy)이 속하며, 후자에는 산업정책의 하부목표에 따라 구조조정적 수단(구조조정정책), 구조유지적 수단(구조유지정책), 구조형성적 수단(구조형성정책)으로 세분됨.[256]

4.1 경쟁정책

- 산업정책이란 결국 자원의 최적배분을 통한 경제적 목표(고도성장, 완전고용, 물가안정, 국제수지균형)를 최대한 달성하고자 하는 것이므로 경쟁정책은 중요한 산업정책의 수단이 되는 것임.
- 경쟁정책은 산업 간 또는 기업 간 독점 또는 과점을 해소하여 경쟁을 유발시킴으로써 시장의 가격기구를 활성화하고 궁극적으로 자원의 효율적인 배분을 기하는 정책임.
- 이런 의미에서 경쟁정책은 가장 일반적인 형태의 산업정책으로 볼 수 있음.
- 경쟁을 유발시키는 정책에는 독점을 방지하는 정책과 경쟁을 촉진하는 정책으로도 나눌 수 있음.[257]
- 기업결합이 경우에 따라서는 인정되기도 함. ⇒ ㉠ 즉 첫째 산업활동의 능률증대와 경영합리화를 위하여 산업구조 및 조직의 개편이 불가피한 경우, 둘째 시설투자 및 경영에 거액의 자금이 필요한데도 통상적인 방법으로는 그 자금의 조달이 곤란

---

256) 최선의 산업구조를 유지하기 위해서는 외부환경의 변화에 적응시키는 조정정책뿐만 아니라 경우에 따라서는 변화의 속도를 지연시키거나 더욱 빠르게 하는 유지정책 및 발전정책이 동원되어야 할 것임.

257) 어느 나라 할 것 없이 산업조직정책의 가장 중요한 제도적 장치는 독점규제법(또는 공정거래법)임. 이 법규 속에 경쟁의 목적과 경쟁을 유지하기 위한 모든 수단이 명시되어 있음. 그러나 더욱 중요한 것은 이 법의 존재 이유임. 이 법은 경쟁을 위해 존재하는 것이 아니라 유효경쟁이나 최적경쟁을 유지하여 경제적 효율을 극대화하는 데 있다는 것임. 따라서 경제환경의 변화에 따라 법의 정신은 바뀔 수 있다는 것임.

한 경우, 셋째 공공의 이익을 위하여 필요한 경우에는 기업 간의 결합을 인정하고 있음. ⓒ 이것을 산업합리화 이유에 의한 경쟁제한정책이라고 하고 있음.

- 이러한 이유에서 기업결합을 허용함에 있어서도 다음과 같은 원칙이 있음.
- 첫째 개별기업의 경영합리화가 아닌 산업 전체의 합리화를 목적으로 해야 하며(국민경제적 원리), 둘째 불가피한 경우에 한하여 결합을 인정할 것이며(보충성의 원리), 셋째 결합을 통한 산업합리화의 이익이 경쟁을 제한함으로써 발생하는 손실을 능가해야 한다는 것임(비교후생의 원리).

- 또한 국제경쟁에 직면하여 외국의 거대자본에 대항하는 국내기업의 경쟁력의 열세가 규모의 영세성에 기인한다면 전통적인 산업조직정책은 재고되어야 할 것이지만, 이러한 논리는 매우 포괄적인 기준이 되어 거의 모든 산업에 인정될 위험을 안고 있기 때문에 국제경쟁력을 강화하기 위한 기업결합의 인정에는 국제경쟁력의 상승효과와 경쟁제한으로 인한 손실효과를 비교하여 신중히 실시되어야 할 것임. ⇒ 국제경쟁력의 강화와 경쟁제한

4.2 시장보완적 정책수단

- 시장보완적 정책이란 시장경제 또는 경쟁정책의 예외적인 모든 수단을 말하는데, 일종의 시장간섭정책으로 넓은 의미에서 보면 이것도 경쟁제한정책으로서 산업조직에 영향을 주는 정책임.

- 전통적인 산업정책이라고 볼 수 있으며, 대표적인 예로서 다음을 들 수 있음.
  - 정부의 직접적인 시장참여 ⇒ 일반적으로 정부는 시장행동의 주체는 아니지만 때로는 시장의 안정을 위해(가격안정이든 물량확보이든) 정부 또는 공법인이 직접 공급자로서 또는 수요자로서 시장에 참여하는 경우가 있는데, 가령 공개시장조작, 공기업 및 정부 구매를 들 수 있음.
  - 국유화조치 ⇒ 국민경제의 특정 부문 혹은 특정 산업에는 성격상 민간주도의 산업생산이 불가능한 경우가 있는데, 이 경우 정부는 동 산업의 전부 또는 일부를 민간부문으로부터 이양 받을 수 있음.[258)]

---

258) 전시나 이에 준하는 국가비상사태 하에서뿐만 아니라 평시에도 이러한 경우가 존재하는데 그 전형적인 것이 외부경제가 나타나는 산업임. 예를 들어 국방, 교육, 치안 등을 상정해 보면 민간기업의 이윤동기에서 결정된 생산량 또는 공급량은 최적생산량보다 적으며 반대로 공해를 유발하는 재화의 경우에는 사적비용의 과소책정으로 시장균형생산량은 과대하게 됨. 이러한 이유에서 국유화라는 정부의 직접개입은 정당화되는 것임. 이외에도 첫째 자연독점이 존재하는 경우(전력생산, 철도운송), 즉 어느 산업의 생산에 있어 고정비용(투자)이 너무 높아 시장에서의 경쟁은 전 기업의 파멸을 뜻하며 최소한의 산업생산도 보장받지 못할 경우, 둘째 소득분배적 차원에서 국유화가 정당화되기도 하며, 셋째 경기의 조절을 위해 국유기업의 존재가 인정되는데, 즉 공기업의 투자규모와 투자시점을 조정함으로써 경기를 안정화할 수 있다는 것도 중요한 국유기업의 이점임.

- 공급확대를 위한 재정 · 금융정책 ⇒ 정부의 직접적인 시장개입은 가능한 한 억제하고 간접적인 방법을 통하여 자원을 배분하는 것이 더 좋은 정책이 되는바, 정부가 취할 수 있는 간접적인 산업정책의 수단으로 가장 오래되고 일반적인 것이 재정 및 금융정책임.
- 독과점의 조성 ⇒ 시장이라는 자동조절장치 속에도 스스로의 모순 내지 결함이 존재한다면 전 산업을 시장에만 맡길 수 없는 상황이 발생하게 되는데, 경쟁제한을 허용하는 주된 이유는 첫째 판로상의 애로(가령 수출부진, 수입급증)가 존재하는 산업의 경우 과잉생산시설을 축소하기 위해 생산자 카르텔을 결성하여 생산량을 조절하는 것이 산업의 유지를 위해서 긴요할 수 있으며, 둘째 시장의 여건으로 보아 수요탄력성은 저하되고 생산기술의 상승으로 공급탄력성은 높아지는 경우 카르텔을 형성할 가능성이 큼(생산자 카르텔을 통해 각 기업의 생산량을 할당하고 공동으로 기술을 개발하고 해외경쟁에 대해 공동으로 대처하는 수단이 강구).[259)]
- 시장참여의 제한 ⇒ 일종의 자유경쟁을 제한하는 조치로 생산자 또는 공급자의 자격을 엄격하게 하여 기존 시장참여자를 보호하는 수단인데, 앞서 말한 독과점의 조성과 다른 점은 독과점의 형성이 목적이 아니라 기존 생산자를 보호하려는 데 있다는 것임.[260)]
- 행정적 · 법적 의무부과 ⇒ 산업정책 수단의 범주에는 정부가 경제과정에 직접적인 영향을 주는 것 외에도 경제주체(기업)의 의사결정에 간접적으로 영향을 줄

---

259) 특히 기술혁신이 신제품개발보다 생산공정기술에 집중될 경우가 그러함. 이때에는 산업이 일단 불황을 맞으면 구조조정이 될 가능성이 큼. 때문에 카르텔의 형성이 용이하고 허용되기도 함. 1970년대와 1980년대 미국 및 EU의 철강산업은 한편으로 국내수요의 감소와 다른 한편으로 일본, 한국, 대만 등의 새로운 철강생산국의 도전에 직면하여 구조애로를 겪었음. 이때 철강산업의 생존을 위해서 합리화조치를 취했음. 우리나라에서도 IMF 경제위기 이후 각 산업별 투자조정이 정부에 의해 시도되었는데, 각 기업 간 과잉투자와 중복투자를 해소하고 기업 간 전문 업종을 제조정하는 문제에 초점이 있었음. 이러한 정책도 일종의 카르텔 결성을 통한 산업정책임.

260) 자유경쟁을 제한하는 방법으로 두 가지가 있는데, 하나는 기존 참여자 간의 카르텔의 결성이고 다른 하나는 새로운 진입을 어렵게 하거나 아예 불가능하게 하는 것인데, 시장참여의 제한은 후자에 관한 것임. 시장참여 제한조치는 기존 생산자나 공급자를 보호한다는 중상주의적 무역정책 외에 현대적인 의미의 정책수단은 보다 다양한 정책목표를 지향함. 첫째 양질의 재화나 서비스의 공급을 위해서는 시장참여 제한이 필요함(가령 의사나 약사의 자격이나 개업의 요건을 까다롭게 하는 것은 저질의 의료행위로부터 국민을 보호하는 정책목표에 접근하기 위한 것임), 둘째 파멸적 경쟁을 방지하기 위해서인데, 국민생활에 영향이 큰 산업, 즉 에너지, 교통부문에 무분별한 시장참여로 인해 시장질서가 교란되는 것보다 참여제한을 통한 기존질서를 보호하고 안정적 공급을 확보하는 것이 더욱 중요하기 때문), 셋째 은행, 증권, 보험업에 참여하기 위해서는 각종 법규에 의해 설립절차가 매우 까다로울 뿐만 아니라 금융감독원에 의해 규제를 받게 되어 있어 시장진입이 극도로 제한받고 있는데, 이는 금융산업의 특수성에 기인하기 때문(금융기관의 도산은 금융산업에 그치는 것이 아니고 그 여파는 전 산업에 확산되어 경제의 기본 질서를 뒤흔들 수도 있어 금융기관의 신용은 어떠한 이유에서든지 지켜져야 함).

수 있는 각종 행정법규, 행정상의 의무조치 등이 포함되는데, 이것은 기업활동에 일종의 기본 구도를 제시하는 것으로 그로 인해 해당기업의 경제행위상 선택의 폭을 줄이는 것이 됨.[261]

• 행정지도 ⇒ 행정관청이 경제주체에 대해 일정한 목표를 위해 유도하는 사실행위로 이해되고 있으나 그 내용이나 형식은 매우 복잡함.[262]

4.3 | 구조조정정책

- 경제성장은 반드시 생산구조(산업구조)의 변동을 통해서만 가능
  • 세계 모든 나라가 추구하고 있는 경제목표, 적절한 성장이란 생산요소가 높은 이익을 가져오는 부분으로 끊임없이 이동하는 결과로 가능하기 때문에 경제성장은 산업구조변동의 결과이자 원인이기도 함.

- 산업구조조정정책은 변화하는 내부적·외부적 환경에 일국의 산업이 적응할 수 있도록 취하는 정책으로 전통적인 산업정책의 주된 내용이 되고 있음.

- 구조조정정책이란 변화하는 시장여건에 상응하여 산업구조를 조정하기 위한 정책을 총칭하는 것임.
  • 말하자면 특정 산업의 수요와 공급이 일치하지 않는 경우, 또 이러한 불균형이 시장에서 자동적으로 해소되지 않는 경우 취해지는 모든 정책임.

- 보다 구체적으로 말하자면 특정 산업을 시장환경의 변화에 맞게 신장시키거나 경우에 따라서는 축소시키는 것이 이에 해당함.
  • 선진국의 경험으로 보아 과잉생산시설의 축소조정 형태가 일반적인 것으로 보이지만, 이때 생산규모의 축소는 해당산업의 사멸을 위한 것이 아니라 오히려 생존·발전시키기 위한 것임을 알아야 함.

---

261) 예컨대 정부의 투·융자는 특별한 규정에 의하도록 되어 있으며(각종 기금관리법), 사회정책상 실시되는 저소득층을 위한 생활보조금의 지급에도 수혜자는 반드시 지켜져야 할 의무사항이 있음. 주택건설업자는 택지의 위치, 주택의 수량, 질에 대해서 행정적 의무를 충실히 이행해야 하며(가령 주택사업촉진법), 시내외 버스사업자들도 시·도에서 제시하는 의무사항을 준수할 때만 경제행위를 할 수 있을 것임. 국제간 거래도 행정적 의무부과와 같은 사례를 볼 수 있으며, 산업정책적 관점에서 전형적이라 볼 수 있는 행정적 조치는 환경정책에서 볼 수 있음. 우리나라에도 환경보전법과 각종 시행규칙이 그러한 것으로 산업정책에도 중요한 영향을 주고 있음. 향후 산업정책은 환경정책에 더욱 큰 영향을 받을 것으로 보임. 그것은 환경이라는 것이 최종 경제목표를 달성하는 데 중요한 요인일 뿐만 아니라 국제간에도 중요한 현안이 되고 있기 때문임.

262) 법치주의 국가에서 행정은 법률에 의거함이 원칙인데 행정지도가 중요한 정책수단이 되고 있다는 것은 아이러니가 아닐 수 없지만, 정책수단의 신속성, 효과의 극대화 등을 고려할 때 이 또한 중요한 수단이 될 수 있음.

- 산업정책으로서의 구조조정의 최종목표가 진정한(효율적인) 시장경제의 창달에 있다면 특정 산업에 대한 재정적 지원이나 직접통제 같은 수단은 일시적이어야 함.
  - 즉 구조조정이라는 것은 위기에 처한 기업(산업)이 일시적 도움(조정정책)을 통해 경쟁력을 회복하여 장차 시장경제에 재편입되기 위한 것임.
- 이러한 관점에서 Peters는 구조조정정책이 필요한 경우로 다음의 5가지를 들고 있음.[263)]
  - 경제주체의 시장적응능력 제고
  - 급격한 구조변동의 완화 또는 회피
  - 성장 지향적 조정의 촉진
  - 공급애로의 해소
  - 구조적 과잉시설의 축소

4.4 | 구조유지정책

- 국제경쟁력을 상실하고 있거나 생산력이 타 산업에 비해 낮음에도 불구하고 국민경제 전체를 위해 혹은 비경제적 이유로 생산규모나 고용규모가 유지되어야 하는 산업을 우리는 구조유지산업이라고 부르고 있는데, 일국의 사정상(보통 정치적·사회적 이유에서) 반드시 생산규모나 고용규모가 유지되어야 하는 산업이 존재할 때 필요한 정책임.
- 대체로 산업구조유지를 위한 정책에는 다음과 같은 몇 가지 배경이 있음.
  - 생산자보호 : 소득의 안정 및 균형[264)]
  - 고용확보 : 고용안정 및 노동소득의 확보[265)]
  - 일정생산량, 시장점유율의 유지[266)]

---

263) Hans-Rudolf Peters, Grundzüge sektoraler Wirtschaftspolitik(Bern/Stuttgart : Paul Haupt, 1975), pp. 616~618.

264) 생산자보호 측면에서 취해지는 구조유지정책은 경제적 독립성의 보호라는 정치적 이유에서 선호되고 있음. 대체로 농업, 에너지, 철강 등 국민경제에 영향이 큰 산업은 자립을 근거로 가능한 국내생산을 선호하게 된다는 의미임. 선진국의 경험에서 보면 소득분배 차원과 경제적 독립 유지라는 국가 이익이 일치하는 경우에는 과감히 지속적으로 산업을 보호해 온 것을 볼 수 있음.

265) 어느 특정 산업 종사자의 해고방지와 임금소득의 보호라는 측면에서 고려. 특히 산업별 노동조합이 잘 발달한 사회에서는 조합원의 이익을 위해 산업구조조정을 원하지 않을 것이며 현 구조의 지속을 요구하게 될지도 모름. 어쨌든 산업구조유지는 후생적 측면에서 볼 때 바람직한 것은 아니며(자본주의적 시장경제질서라는 것은 생산요소의 자유로운 이동을 전제로 하는바, 생산성이 낮은 산업에 종사하는 근로자들은 보다 생산성이 높은 타 산업으로 이동함으로써 임금의 하락을 방지하고 국민경제 전체의 생산성을 높여 후생수준의 증가를 기대할 수 있음) 장기간 지속될 때에는 요소의 배분을 왜곡시키는 결과를 초래할 것임.

4.5 | 구조형성정책

- 현재 존재하지 않는 산업(미래산업)이나 아주 취약한 산업(유치산업)이라도 시장여건의 변화, 기술진보의 요인에 의해 장래성이 있다고 판단되는 경우에는 산업생산의 증가나 발전을 도모하는 정책을 취할 수 있는데, 이러한 목표를 가진 산업정책을 구조형성정책 또는 구조발전정책이라 함.
  • 최근 첨단기술산업의 등장으로 이 부분에 대한 중요성은 매우 높음.[267)]

- 구조형성정책의 수단으로 다음의 3가지가 거론되고 있음.
  • 하부구조의 구축
  • 성장잠재력의 개발
  • 기술혁신

- 어떤 나라이든지 이상 3가지 목표(구조조정정책, 구조유지정책, 구조형성정책)를 동시에 추구하는데, 그것은 경제 내부의 부문간 · 산업간 불균형이 존재하기 때문임. ⇒ 따라서 일국의 경제는 상기의 3가지 정책의 조화에 의해 경제적 효율을 발휘하게 될 것임.

---

266) 최소한의 국내생산이 국민경제를 위해 필수적인 것으로 인식되는 경우가 있는데, 가령 석탄의 경우가 해당됨. 석탄은 유일하게 국내생산이 가능한 자원으로 에너지의 독립적 확보라는 과제에 비춰볼 때 석탄채굴산업은 포기할 수 없는 기간산업임. 따라서 낮은 생산성에도 불구하고 정책당국은 일정량의 석탄생산을 목표로 하고 있으며 생산보조금은 물론 판로까지 확보해 주는 것이 일반적인 추세임. 일정시장점유율을 목표로 하고 있는 경우는 EU의 철강산업보호가 대표적임. EU 집행위원회는 철강의 역내 자급률을 90%까지 올리는 목표를 세우고 있음. 그러면 왜 철강산업과 같은 특정산업에 대한 일정한 시장점유를 고집하는 것인가? 철강은 예로부터 군수산업으로 보호를 받아왔다는 정치적 이유 외에 철강산업이 갖는 외부경제가 그 이유임. 조선 및 해운에 대한 자국산업보호주의는 중상주의 시대부터 싹터온 것으로 강한 군함과 상선단의 보유는 국력의 상징으로 보았기 때문임.

267) 성장 지향적 구조조정정책과 구조형성정책은 경제성장을 지향한다는 점에서는 성격이 비슷하지만, 근본적인 차이는 기존산업인가 미래산업인가의 차이임. 구조적 애로를 겪고 있는 기존산업(예를 들어 철강이나 조선)의 구조조정의 촉진(예를 들어 산업합리화)은 분명히 유치산업의 경우처럼 구조형성정책과는 거리가 있음. 후자는 첨단산업과 같은 미래산업의 경우에 해당되는 말임. 성장 지향적 조정의 촉진과 관련하여 산업정책에는 원치 않는 급속한 구조조정을 회피하는 것 외에도, 반대로 바람직한 경우 현재의 조정속도를 가속시키는 것도 포함되는데, 만약 산업조정과정에서 애로요인이 발생하여 성장유망산업으로의 구조전환이 방해를 받고 있다면 산업정책의 기조는 이 애로요인을 제거함으로써 조정과정을 가속시키는 방향으로 나아가야 할 것임. 공업화를 서둘고 있는 대부분의 개도국 산업정책은 적어도 초기단계에서는 이상의 성격을 가지고 있는 것이 보통임.

5 산업정책의 유형

5.1 | 국가와 시대에 따라 산업정책의 의미는 변화

- 대체로 경제사상의 변화와 더불어 그 맥을 함께 해왔다고 할 수 있음.
  - 중상주의 시대 ⇒ 특정 산업(예를 들어 수출산업)을 중심으로 선별적으로 지원
  - 19세기 초 ⇒ 자유주의가 풍미했던 터라 산업방임주의와 자유무역이 성행
- 산업정책의 논쟁 시작
  - 20세기에 들어 케인즈주의자와 신자유주의자 간의 이론적 논쟁의 핵심은 정부의 시장개입에 대한 정당성과 개입방법에 관한 것으로 볼 수 있음. ⇒ 산업정책의 논쟁
  - 케인즈학파는 정부의 재정정책을 중심으로 경제과정에 개입을 인정하고 있으나 신자유주의자는 케인지안의 무원칙적인 시장개입은 오히려 자원의 낭비를 낳는다고 하여 반대하였음.
  - 케인지안은 과정정책을 중시하고 신자유주의자는 질서정책을 강조하였는바, 이를 달리 표현하면 전자는 선별적 산업정책을, 후자는 일반적 시장(혹은 산업)정책[268]을 옹호하였다는 것임.

5.2 | 산업정책 유형의 스펙트럼

- 일반적 산업정책
  - 이것은 비선별적인 산업정책으로 경제정책은 모든 산업에 차별 없이 영향을 주어야 한다는 원칙에서 비롯된 것으로 비교적 산업구조의 인위적인 조정을 피하고 있음.
  - 오직 시장에서의 경쟁과 가격기구를 통하여 자원의 최적배분을 시도하고 있는 것으로 볼 수 있음.[269]

---

268) 대체로 우리는 시장과 산업을 유사한 것으로 이해해 왔는데, 이것도 엄밀히 구분하면 시장은 수요측면을 중심으로 재화의 대체성이 높은 재화의 집단을 말하고 산업이란 공급을 중심으로 제조방식이 유사한 재화의 집단을 말함. 그러나 산업과 시장의 엄밀한 구분은 별 의미가 없음. 그 이유는 산업의 구별은 공급과 수요측면 모두가 고려되어야 하므로 공급측면만을 고려한 분류는 현대 산업정책의 적용에 모순이 발생하기 때문임.

269) 대표적 정책수단은 경쟁정책으로 우리나라에서는 공정거래법을 예로 들 수 있으며 비선별적 금융정책도 이러한 정책에 속함.

- 부문적 산업정책
  - 산업분류상 대분류에 의한 정책으로 산업부문 간 자원배분의 원리로 응용되고 있음.
  - 1차, 2차, 3차 산업 간의 고용 및 생산에 관한 정부의 정책이 이에 속함.[270)]
- 산업별 산업정책
  - 전형적인 산업정책으로 산업 소분류에 의한 지원정책임.
  - 산업구조의 고도화를 위한 전략산업에 정부의 지원을 집중하는 것으로 첨단산업 내지 유치산업 육성을 위한 것과 성숙산업 내지 사양산업의 합리화를 위한 정책으로 나눌 수 있음.[271)]
- 사안별 산업정책
  - 정부가 중요한 프로젝트를 선정하여 지원하는 정책으로 과학기술정책 차원에서 많이 이루어짐.
  - 최근 기술경쟁의 결과로 이 정책을 매우 중시하고 있음.
- 기업별 산업정책
  - 개별기업에 대한 정부의 지원정책으로 개별기업이 생산 및 고용 측면에서 중요한 시장 비중을 차지하거나, 국영기업일 경우 이러한 경우가 발생함.
  - 예를 들면 한국전력(주)이 발전소 건설을 위해 차관을 들여올 경우 정부가 지급보증을 해주는 것이 바로 이에 해당[272)]
- 종합적 견해
  - 위에서 언급한 산업정책 유형의 스펙트럼 가운데 어떤 것을 선택하느냐 하는 것은 각 나라마다 산업정책에 대한 인식과 방법이 다를 수 있기 때문에 국민경제의 발전 정도, 시대적 상황에 따라 각자 선택을 하게 되는 것임.[273)]

---

270) 제조업우선주의, 농업에 대한 특별조치, 에너지산업에 대한 정부의 시장 간섭 등을 그 예로 들 수 있음.

271) 전자의 예로 항공우주산업촉진법, 생명과학산업육성법 등을 들 수 있고, 후자의 예로는 산업발전법에 의한 합리화산업지정을 들 수 있음.

272) 원칙적으로 개별기업에 대한 산업정책은 심사숙고가 필요. 1990년대 취해진 대우조선에 대한 정부(산업은행)의 재정지원(보조금)은 한미 간의 통상마찰을 유발한 바 있음.

273) 시장의 기본적 질서와 관련하여 질서정책 외에도 구조정책과 과정정책을 들 수 있음. 질서정책이란 유효시장을 구축·유지하기 위한 프레임워크정책으로서 신자유주의 경제학자들이 매우 중시했음. 구조정책이란 국민경제 제부문 간 발생하는 불균형을 시정하는 것으로 부문 간 선별적인 간여를 의미하는 것임. 마지막으로 과정정책이란 경제에서 매일 매일의 흐름을 처리하는 임기응변정책임. 가령 걸프만 전쟁으로 중동지역 수출이 중단되어 관련업체의 도산이 우려된다면 정부는 긴급지원책을 마련할 수 있음. 이와 같은 질서, 구조, 과정정책의 세 가지 시장질서정책을 산업정책의 유형과 대응시킬 수 있음. 즉 일반적 산업정책은 시장 및 산업의 기본 질서에 관한 정책으로 질서정책이라면, 산업별 산업정책은 산업 간 불균형을 제거하려는 것으로 구조정책으로 볼 수 있고, 기업별 산업정책은 과정정책의 성격이 강하다고 하겠음.

6 산업정책과 경제사상

- 자본주의의 역사를 16~17세기 중상주의부터 본다면 경제사상의 변천은 고전주의, 보호주의, 신자유주의, 신보호주의 등 여러 차례 전환의 과정을 경험했다고 볼 수 있는데, 국가의 역할과 대외경제정책에 관한 사회적 인식은 그 시대 경제사상에서 나오는 핵심적인 문제였음.

6.1 중상주의

- 중상주의는 부국강병을 위해 재정, 행정, 무역에 걸친 실무적 정책이지 이론적으로 정리된 것은 아님.
  - 따라서 경제사상으로 보지 않는 견해도 있음.
- 중상주의의 또 다른 문제는 무역차액[274)]=국부, 즉 교환가치를 곧 국부로 인식하고 있다는 것임.
- 후에 아담 스미스(A. Smith)나 리스트(F. List)에 의해 국부의 원천은 생산력이라는 수정이 가해지지만 중상주의의 정책 내용은 현대의 소위 신산업정책과 큰 차이가 없다는 점에서 산업정책의 시작으로 볼 수 있다는 것임.

6.2 고전적 자유주의

- 국가 간섭에 대한 비판적 시각은 18세기에 이르면서 경제적 자유주의에 대한 사상을 싹트게 하였음.
- 이후 아담 스미스의 국부론의 출간으로 고전주의 경제학이 시작되고 국가의 시장개입은 바람직하지 못한 것으로 인식됨.
  - 즉 시장은 자유방임 상태에서 가장 효율적이기 때문에 정부의 정책은 불필요하다는 것임.

274) 영국의 토마스 만(Thomas Mun)은 수입을 억제하고 수출을 촉진하여 무역차액을 남기는 것이 국부를 얻는 지름길이라 하여 무역차액설을 주장하였음. 그런데 토마스 만의 무역차액설은 흄(D. Hume)에 의해 비판되었는데, 그는 항구적인 무역차액설은 불가능하다고 주장했음. 말하자면 무역수지 흑자로 금은이 국내로 유입되면 통화팽창으로 인한 물가상승이 발생하는데 이렇게 되면 거꾸로 수출이 감소하고 수입이 증가되어 무역차액은 일어나지 않는다는 것임.

- 자유방임주의 경제사상은 무역과 산업에 대한 완전한 국가불간섭정책을 낳았는데 국내산업에 대해서는 철저한 자유경쟁정책을, 국제무역에 대해서는 자유무역독트린을 표방하게 했음.
- 자유경쟁(달리 말하면 방임주의)과 자유무역에 대한 고전주의의 입장은 당시 선진 영국의 사회적 배경에서 나온 것으로 독일이나 미국과 같은 후진국에는 불리한 것이었음.
- 따라서 고전주의 경제사상은 나폴레옹 전쟁이 종결된 1820년대부터 약 50년 동안 유럽에서 정책적으로 채택되기는 했지만, 미국의 해밀턴(A. Hamilton), 독일의 리스트(F. List)의 이론적 반격으로 19세기 후반부터는 퇴조하기 시작했음.

6.3 | 역사학파와 산업보호

- 19세기 독일을 중심으로 나타난 역사학파, 이들은 경제발전에도 단계가 있음을 주장하면서 상이한 경제발전단계에 있는 국가 사이에는 자유무역이 성립될 수 없음을 주장하였음.
- 후진단계에 있는 국민경제는 국경개방보다 국내산업을 육성하는 과제가 더욱 중요하다고 하면서 밖으로는 관세장벽을 통한 보호무역을, 안으로는 산업육성정책을 제시하였음. ⇒ 이를 '유치산업보호론'이라 하는데 근대적인 산업정책의 효시가 되었음.
- 리스트의 유치산업을 위한 보호무역론은 국제분업의 이익을 무시하는 것이 아니라 국제분업을 통한 자국이익을 확대하기 위해서는 현재 유치한 산업수준을 끌어올려야 한다는 것임.
  - 따라서 당분간 유치한 국내산업의 보호가 불가피하다는 내용임. ⇒ 이는 자원의 배분을 동태적으로 이해한 것으로 현대 산업정책이 이론적 근거가 됨.
- 19세기 후반 영국을 제외한 각국은 자국의 불리한 산업생산력을 제고하기 위해서 보호 및 육성관세를 도입하기 시작했고 보조금을 통해서 국내산업을 국제적 수준으로 성장시키는 정책을 채택하게 되었음.
- 그러나 국가 간의 지나친 경쟁을 유발하여 국가에 의한 경제활동의 제약, 식민지 쟁탈전, 자유무역의 위축 등을 가져오고 급기야는 1차 세계전쟁이 발발하고 말았음.

6.4 | 신자유주의

- 1920년대 독일 서남부 프라이부르크(Freiburg) 대학을 중심으로 새로운 경제사조가 일어나고 있었음.
- 정부에 의한 지나친 시장개입은 민간의 자유로운 기업활동을 제약하고 시장의 기능을 위축시켜 국민경제의 발전을 저해하는 요인이라고 주장하면서 빼앗긴 시장의 기능을 다시 회복하자는 운동이 그것이었음.
- 대표적 학자인 오이켄(W. Euken)의 기본적인 생각은 '정부정책으로 시장기능이 저해되어서도 안 되지만 자유방임적 자연적 질서도 아니다'라는 것임. ⇒ 따라서 정부의 정책은 시장기능을 보장하기 위해서는 매우 강력할 필요가 있음을 주장하였음.[275]
  - 프라이부르크학파의 신자유주의 경제학은 질서정책 중심의 경제정책을 제안하였으며 질서를 유지하기 위해서는 강력한 경제정부를 지지하였다는 점에서 자유방임을 주장한 고전적 자유주의와는 구별됨.
- 결론적으로 신자유주의가 산업정책론에 주는 교훈이라 함은 산업정책에 통일성, 일관성을 부여하는 일이 매우 중요하다는 것임.
  - 보통 산업정책을 정부의 임기응변 정책으로만 이해하는 경향이 있는데, 이것은 잘못된 인식임.
- 산업정책 최고의 목표는 자원의 최적배분이므로 스스로 시장기구의 회복이 불가능할 경우에만 구조 또는 과정정책의 정당성이 존재하고, 그렇지 않는 경우에는 시장질서 회복에 산업정책이 동원되어야 한다는 암시임.
  - 말하자면 산업정책을 질서화, 법제화함으로써 경제행위의 리스크를 줄이고 시장기능의 효율을 높일 수 있다는 것임.
- 신자유주의 경제사상은 철저한 반독점경쟁정책, 안정된 통화정책, 원칙 있는 정부개입으로 안정 위에 성장이라는 산업정책의 이상을 실현하는 원동력이 되었음.[276]

---

275) 신자유주의자에 의하면 시장경제는 케네(F. Quesnay)나 스미스(A. Smith)가 말하는 것처럼 자연적 질서가 아니라, 최선의 정책에 의해 구축된 설정적 질서라고 믿고 있는 것임. 프라이부르크학파의 태두라고 할 수 있는 오이켄(W. Euken)은 유효한 시장경제를 구축하기 위한 기본적 질서를 다음과 같이 열거하였음. ▲시장의 개방 ▲사유재산의 확립 ▲재산권자의 책임 ▲계약의 자유 ▲통화가치의 안정 ▲경제정책의 일관성

276) 신자유주의자들은 시장의 기본적 질서와 관련하여 질서, 구조, 그리고 과정정책 가운데 과정정책을 인정하지 않았음. 빈번한 과정정책은 시장의 자율을 해치고 그 파급작용으로 결국 중앙관리체제가 된다는 입장을 갖고 있기 때문에 케인즈적 처방(가령 재정정책)에는 일반적으로 부정적인 시

• 한편으로 신자유주의는 미국에서도 프리드만(M. Friedman) 등 시카고학파를 등장시켜 뉴딜정책 이후 케인즈적 간섭주의를 청산하고 미국경제를 활성화하는 데 일조를 했음.

6.5 신보호주의

- 월남 전 이후 미국경제의 성장률이 둔화되고 국제수지가 악화되는 등 침체국면에 들자 자유무역의 정신이 퇴조하고 보호주의적 성향이 팽배하게 되었음.
  • 공정무역(fair trade)이란 이름으로 무역역조 시정을 요구하였으며 이를 위해 쿼터, 수출자율규제 등 보호주의적 조치를 취하기 시작했음.
  • 미국의 수입규제정책은 전 선진공업국으로 확산되어 국제무역은 새로이 보호주의 경향을 띠게 되었음.

- 이러한 조류를 19세기의 보호주의와 구별한다는 의미에서 신보호주의라 하고 있음.

- 신보호주의는 여러 가지 의미에서 고전적인 보호주의와는 다름.
  • 첫째, 1970년대 이후 나타난 무역보호주의 경향은 후진국이 아니라 선진국에서 주로 나타나고 있음. ⇒ 그것은 종전의 보호정책의 대상이 유치산업이었지만 근래에는 주로 사양산업보호에 이용되기 때문임.
  • 둘째, 리스트는 육성관세를 통한 산업보호를 주장했지만, 최근 사양산업을 보호하기 위한 수단으로서는 주로 비관세장벽이 이용되고 있음.

6.6 신중상주의

- 2000년 이후 국제경제는 글로벌화되고 국제간의 무한경쟁 시대로 접어들고 있음.

- 무한경쟁의 핵심은 과학기술산업인데, 이러한 신산업의 국제경쟁력을 확보하기 위해서 보조금, 세제상 특혜 등 중상주의적 산업정책이 추구되고 있음.

- 따라서 국내 사양산업을 위한 보호주의 정책과 동시에 첨단산업육성을 위한 적극적인 육성정책이 산업정책의 주요 내용이 되고 있다는 점에서 최근의 조류를 신중상주의라고 부르기도 함.

각을 가지고 있음. 신자유주의자들도 경기정책이나 고용정책의 중요성을 무시한다는 것은 아님. 그러나 그것들은 어디까지나 긴급사태를 벗어나기 위한 응급책으로 끝나야 한다는 것임. 또한 그러한 응급책들이 시장의 기본 질서를 교란하는 것은 아니 된다는 것임. 케인즈주의자들의 정책처방은 현존 질서정책에는 관심이 없고 대증요법적인 과정정책(매우 단기적이고 국부적 성격이 강함)에만 매달렸다는 데서 비판의 대상이 된다는 것임.

〈표 10-1〉 경제사상과 산업정책

사상	경제정책의 목표	산업정책의 특징
중상주의 (16~17세기)	부국강병	국가의 직접통제 무역차액, 산업육성
고전주의 (18~19세기)	후생증대 소비자이익극대화	자유방임 자유경쟁
보호주의 (19~20세기 초)	국가이상 실현 catching-up	유치산업보호, 육성관세 사회간접자본의 확충
신자유주의 (20세기 전반)	최적배분 경제적 자유 확대	시장기능창달, 반독점 질서 정책우선주의
신보호주의 (20세기 후반)	고용유지 국제경쟁력강화 new catching-up	사양산업보호, 비관세장벽 첨단산업육성, 보조금정책
신중상주의 (21세기 초반)	세계화, 글로벌경제 국익우선	무한경쟁, R&D 미래산업(IT, BT 등)

7 산업정책과 무역정책

- 현실적으로 이 두 가지 정책은 혼돈되어 쓰이거나 그 개념정의가 정확히 정립되지 않은 상태에서 여러 가지 의미로 사용되고 있음.

- 한마디로 정의한다면 무역정책이 '수출입'에 대한 정책적 개입이라면, 산업정책은 '산업'에 대한 정책적 개입임.
  - 때로는 양자가 비슷한 의미로 쓰일 때가 있는데, 같은 국제경쟁력을 논할 때 무역정책에서는 '수출경쟁력'이란 표현을 쓰고, 산업정책에서는 '산업경쟁력'이란 표현을 쓰는 것이 그 좋은 예임.

- 산업정책과 무역정책은 다음과 같은 몇 가지 점에서 차이가 남.
  - 첫째, 무역정책이 상품의 수출과 수입을 주된 정책적 관심사항으로 하고 있는 반면, 산업정책은 산업과 관계된 모든 분야를 다루기 때문에 그 관심이 보다 폭넓고 다양함.⇒ 하이테크 산업특화를 위한 산업구조의 고도화, 사양산업을 축소하기 위한 산업구조의 조정, 노동인력의 재배치와 직업훈련, 기술개발, 공업입지, 해외투자, 외국인투자유치와 다국적기업의 관리 등이 산업정책의 주된 관심사항임.

- 둘째, 무역정책이 '방어적'이라면 산업정책은 '공격적'임. ⇒ 전통적으로 영미국가에서 무역정책은 수출보다는 수입, 즉 외국으로부터의 수입에서 국내산업을 보호하기 위한 관세를 비롯한 각종 제한정책에 가장 큰 비중을 두는 반면에, 산업정책의 가장 큰 목적은 산업발전으로서 이는 곧바로 자국의 산업을 육성하여 세계시장으로 진출시키는 것을 의미하기 때문에 보다 적극적이고 공격적인 정책임.
- 셋째, 전통적으로 무역정책의 가장 주된 수단은 관세이며 그 이외 수출보조금, 수입할당, 수출자율규제, 반덤핑관세 및 상계관세 등 비관세장벽의 비중이 최근 중요하게 부각되고 있음. ⇒ 그러나 산업정책은 이들보다는 보조금, 정책금융, 행정지도, 비전제시 같은 다양한 정책수단을 사용함.
- 넷째, 무역정책이 수출입에 관계된 것만을 다루는 데 비해, 산업정책은 수출입에 관계 되지 않는 정책수단들도 많이 다룸. ⇒ 예를 들면 산업환경, 산업입지, 지역산업육성 및 산업구조조정 등은 무역과는 관계되지 않는 국내산업 그 자체의 문제임.
- 다섯째, 무역정책이 국제거래에서 상품의 이동, 즉 국제무역을 다룬다면 산업정책은 무역 이외의 국제간 자금이동과 해외투자, 국제생산도 함께 관심을 갖고 있음.

- 경제의 범세계화(globalization) 추세에 따라 국제거래에서 순수한 무역보다는 국제생산(해외투자에 의한 생산활동)이 더 큰 비중을 차지한다는 점을 생각할 때 경제정책으로서 산업정책의 비중이 더욱 커질 것임.

〈표 10-2〉 OECD가 분석한 산업정책과 무역정책의 차이

구 분	산업정책	무역정책
목 적	산업경쟁력 향상	무역의 흐름에 대한 영향
방 법	산업육성을 용이하게 함	수출촉진, 수입제한
수 단	보조금, 기술개발, 조세, 정부구매	관세, 쿼터 및 수출지원 등 비관세정책
정책수단의 다양성	수단이 광범위함	전통적으로 수입규제로 제한되어 있음
정책효과	느리고 덜 유연함	대부분 즉각적이고 유연함
예산부담	높음	낮음
소비자부담	높은 조세부담	낮은 조세부담
효 과	장기효과 기대	비교적 단기효과

자료 : OECD, Globalization of Industrial Activities(1992), p.21.

8 산업정책에 대한 정치경제학적 접근의 중요성

8.1 산업정책의 역사적 변화 추이

- 산업정책은 국가가 의도적으로 시장에 개입하여 자원배분을 왜곡시킴으로써 특정 산업의 경쟁력을 제고시키려는 행위임.
  - 1960년대 초반에서 적어도 1980년대 중반까지 우리나라는 소위 '발전국가'의 전형으로서 국가가 경제성장과 산업발전을 주도해 왔음.
  - 그러나 1980년대 후반부터 국내외 정치경제체제의 환경변화로 인하여 산업발전에서의 국가의 역할이나 발전과정에서의 국가와 산업의 관계가 크게 변화되기 시작했음.
- 비록 정도의 차이는 있지만 일본을 비롯한 동아시아 국가들이 공통적으로 국가주도에 의한 급속한 경제발전에 성공한 이후 서구학계는 경제성장과 산업발전에 있어서의 국가역할에 대해 깊은 관심을 나타내기 시작했음.
  - 1960년대까지만 해도 미국을 비롯한 서구학계에서는 시장경제의 효율성에 대한 깊은 신뢰를 가지고 있었고, 그에 따라 시장경제에 대한 국가의 개입은 시장의 실패가 존재할 때를 포함한 예외적인 경우를 제외하고는 비효율적이라는 생각이 지배적이었음.
  - 그러나 국가의 의도적 시장개입을 통해 초고속 경제성장을 이룩할 수 있었던 일본을 비롯한 동아시아 국가들의 성장경험은 이러한 신고전주의 경제학과 다원주의 사회에 대한 신념을 흔들기에 충분했음.
  - 그 결과 1970년대 중반부터 미국의 학계에서는 동아시아 국가들의 경제발전경험에 대한 다양한 연구들이 쏟아져 나오기 시작했음.
- 동아시아의 경제발전과정에서의 국가역할에 대한 논의가 활발히 진행되는 가운데 1970년대의 경제난을 극복하는 과정에서 미국과 영국을 비롯한 선진국을 중심으로 시장경제로의 회귀현상이 나타나기 시작했음.
  - 1980년대 중반부터 전 세계적으로 풍미하기 시작한 신자유주의의 출현으로 시장경제에 대한 국가의 개입이 비효율적이라는 입장이 다시 등장하게 됨.
  - 대처리즘과 레이거노믹스로 대표되는 신자유주의는 국가에 의한 시장개입을 가급적 축소하는 것이 시장경제의 효율성을 극대화하는 것이라는 신고전주의 경제학의 화려한 부활이라고 해도 과언이 아님.

• 이에 따라 범세계적으로 공공부문의 축소 현상이 공통적으로 나타나기 시작했고, 공기업의 민영화, 정부조직의 축소 개편, 각종 규제의 혁파, 기업활동의 자유보장 등이 주류를 이루게 되었음.

- 우리나라도 이러한 신자유주의의 영향을 받아 김영삼 정부와 김대중 정부에서 세계화 · 정보화 · 지방화를 적극적으로 추진하면서 지속적인 행정개혁과 공공부문의 혁신이 강조되었고, "작지만 강한 정부"를 지향한 조직개편이 반복적으로 이루어지기도 하였음.

- 동시에 1989년 소련과 동구권의 몰락으로 2차 세계대전 이후 지속되어 오던 냉전체제가 무너지면서 선진국들을 중심으로 자유무역주의에 입각한 세계시장의 단일화 노력이 가속화되었고, 그 결과 세계무역기구가 출범하면서 자유무역을 근간으로 하면서도 평등하고 공정한 무역질서를 추구하는 시장경제원리의 보편화가 이루어지기 시작했음.

- 국제정치경제체제의 이러한 변화는 특정 산업의 경쟁력을 제고시키기 위한 특정 산업 지향적 산업정책을 불가능하게 만들면서 경제성장과 산업발전을 위한 새로운 정부역할에 대한 논의를 촉발시켰음.

- 이제 국가에 의한 시장개입은, 특히 특정 산업의 경쟁력 강화를 위한 산업정책은 현실적으로 매우 어렵게 되었음.

8.2 산업정책 연구의 접근방법

- 산업정책을 연구하는 접근방법은 크게 경제학적 접근과 정치학 · 사회학적 접근(또는 정치경제학적 접근)으로 나눌 수 있음.

- 경제학적 접근
  • 이는 기본적으로 시장경제의 효율성에 바탕을 두어 산업구조정책과 산업조직정책 등을 통해 생산함수의 효율성을 증대시키는 대안을 연구하는 경향이 있음.
  • 국내 국책연구기관들의 인적자원의 대부분이 경제학박사들을 위주로 구성되어 있기 때문에 이들 국책연구기관의 연구결과물들은 대체로 경제학적 입장에서 벗어나지 못하고 있음.
  • 경제학적 연구들이 가지고 있는 가장 중요한 장점은 한 경제사회의 효용이 극대화되는 파레토 최적의 상태를 상정하고 이의 실현을 위한 정책대안을 제시하는데 기여한다는 점임.
  • 이에 따라 각 분야별 또는 기능별 정책목표를 설정하고 그것들을 실현할 수 있는

최적의 대안을 찾고자 노력함.

- 그러나 정책대안은 시장을 대체하여 국가가 자원배분과 생산활동에 직접 참여하는 것이 아니라 시장의 효율적 기능을 원활히 하기 위한 보조적 역할에 한정됨.

- 경제학적 접근의 한계
  - 산업정책은 국내외의 정치와 경제 또는 시장과 국가의 끊임없는 상호작용의 결과로 나타나며, 그 효과는 동일한 정책이라도 대상 산업 분야와 세계시장의 구조적·제도적 특성에 따라 다르게 나타나고 있는 것이 경험적 현실임.
  - 따라서 경제학 일변도의 산업정책 연구는 특정 국가가 처해 있는 시대적 환경이나 제도적 특수성을 제대로 반영하지 못해 비현실적 연구결과를 양산할 수 있는 위험을 내포하고 있음.

- 정치경제학적 접근
  - 이는 경제학적 접근과는 달리 구조적·제도적 변수들의 역동적 상호작용을 시간의 흐름에 따라 분석함으로써 산업정책 과정과 결과 간의 인과관계의 분석에 있어 역사적 맥락을 중요시함.
  - 그러므로 특정 산업이나 경제 전반의 발전과정에서 나타난 국가역할이나 정책의 효과성을 현실적으로 분석할 수 있으며, 맹목적이고 추상적인 이론의 수립보다는 현실에 바탕을 둔 경험적 이론이나 사례연구에 관심을 갖고 있음.
  - 이들은 산업정책이나 산업발전의 결과를 역사적 산물로 이해함. ⇒ 다시 말하면 구체적 정책대안의 선택은 정책결정자의 합리적 선택의 결과이기보다는 사회경제의 구조적 영향과 제도적 규칙 하에서 이해관계자들의 지속적인 상호작용의 결과로 이해됨.
  - 그래서 이들은 주로 비교역사적 분석방법을 사용하여 우리나라와 주요 외국의 산업정책 경험을 비교하거나 국내산업 간의 비교, 혹은 동일 산업에 대한 시기별 비교 등을 시도하고 있으며, 연구결과는 산업발전의 정치경제학 또는 정치와 경제의 상호작용에 대한 인과적 분석으로 나타나고 있음.

- 종합적 견해
  - 경제학적 접근은 통상적으로 산업발전을 위한 목표설정과 그것을 달성하기 위해 효율적인 대안을 제시할 수 있다는 장점이 있는 것이 사실
  - 그러나 대다수 정책대안들은 현실적으로 역사적 경험의 영향을 받으며, 산업의 발전과정에서 이해관계자들의 끊임없는 상호작용의 결과로 나타남.
  - 이렇게 개발되고 제안된 정책대안들은 중장기적 비전과 전략적 목표와 연계되어야 실천을 통해 정책목표를 실현시킬 수 있음.

- 경제학적 연구는 근본적으로 이론적 합리성을 제고시키는 데는 유리하지만 경험적·실천적 목표의 달성에는 한계가 있음.
- 그러므로 정치학이나 사회학적 입장에서 역사적 분석을 통해 경제학적 연구를 보완할 필요가 있음.

8.3 | 바람직한 국가의 역할

- 각 산업 분야의 발전과정에서 나타난 국가역할은 산업 도약기의 국내외 정치경제적 상황, 국가와 산업의 관계, 국내외 시장상황, 국내 경제구조, 기술수준과 획득방법 등 다양한 변수들에 따라 각각 다르게 나타나고 있기 때문에 한마디로 바람직한 국가역할이 무엇인가를 단정적으로 표현하기는 어려움이 있음.
- 그러나 1990년대 이후 지식기반사회에서 창의성이 중요시되는 다수의 정보통신산업 분야에서 공통적으로 나타나는 국가의 역할은 산업발전의 주체가 아니라 이해조정자, 기반 조성자, 그리고 외부로부터의 충격을 완화하는 완충자로서의 역할이라고 할 수 있음.
  - 즉 과거와는 달리 국가는 서로 다른 이해관계를 갖는 민간 행위자들의 갈등을 줄이고 이해관계를 조정하는 조정자의 역할과, 산업발전에 유리한 환경을 조성하는 기반 조성자의 역할, 그리고 글로벌화의 진전에 따른 국내경제에의 충격을 완화시키는 완충자의 역할을 주로 맡고 있음.
- 이에 따라 산업정책의 수단도 보다 간접적이고 기능적인 방향으로 변화되어 왔음.
  - 대표적인 수단으로는 산업발전에 필요한 물리적·제도적 기반을 조성하는 각종 사회간접자본의 투자와 관련된 정책과 IT 제품에 대한 정부와 공공부문의 수요를 바탕으로 한 수요견인정책, 국제화·세계화 달성을 지원하는 정책 등을 들 수 있음.
- 이러한 국가역할은 구체적 정책의 수립과 집행과정에서 특정 산업(가령 정보통신산업)의 보편성과 분야별 산업의 특수성에 따라 상황적응적으로 나타날 수밖에 없을 것임.

8.4 | 마무리

- 중요한 것은 산업발전의 주체는 여전히 기업이라는 사실임.
- 그러므로 앞으로의 산업정책은 기업들이 스스로 기술혁신과 창의적 기업활동에 나설 수 있도록 유인할 수 있는 환경을 조성하는 방향에서 이루어져야 할 것임.

참고자료

(1) 김세원 · 안세영(2003), 《산업정책론》, 박영사.
(2) 홍성걸 편저(2004), 《국가와 산업경쟁력》, 국민대학교 출판부.
(3) 이갑수(2007), 《글로벌시대의 산업정책론》, 도서출판 대명.
(4) 이연주 외(2013), "선진국의 미래 산업 육성정책", 《Global Market Report 13-008》, KOTRA, 2013. 02. 06.

CHAPTER 11

산업정책의 이론적 기초

1. 산업조직론과 산업정책
2. 산업구조변동이론
3. 산업정책론과 지역혁신
4. 국제무역과 산업정책
5. 서비스교역과 산업정책
6. 국제경제관계와 산업정책

전북도는 민선6기 공약사업인 탄소산업 육성과 발전을 위한 탄소산업 4대 전략기지 허브구축에 본격 시동을 걸었다. 전북도는 한국탄소융합기술원, KIST전북분원, 생기원 등 연구기관의 분야별 전문가와 탄소산업 육성 및 발전방안 마련을 위해 전북의 100년 먹거리 창출을 위한 정책간담회를 최근 개최했다고 2014년 8월 4일 밝혔다. 이번 간담회에서 제시된 구체적인 목표는 탄소산업 4대 전략기지 구축을 통해 2020년까지 기업유치 및 창업지원 400개사, 일자리 창출 3만 명, 매출 5조 원이다. 또 4대 전략기지 관련 기업유치 200개사(자동차 100, 조선 40, 농 · 건설기계 40, 풍력 20), 탄소소재 및 복합재 관련 기업유치 100개사, 탄소소재 활용 창업지원 100개사 등이다. 세부 추진전략을 살펴보면 우선 복합재 응용 분야 창출 활성화를 위한 기업지원 기반완성을 통한 자동차 복합재 솔루션 센터구축, 새정부의 해양 신산업 육성계획과 맞도록 신소재 기반 ICT 융 · 복합 해양레저산업 성장 인프라 구축을 통한 대규모 수요창출을 한다는 전략이다. 또 탄소섬유의 항공 · 우주 분야 적용의 필수요건인 품질인증 프로그램과 DB 구축으로 모든 산업 분야 요구도 충족과 활용성 극대화하고, 해상용 풍력발전기(5MW 이상)의 출력향상과 무게절감, 강성 증대를 위해 탄소를 이용한 블레이드 개발전략에 집중하는 한편, 효성이 생산한 탄소섬유를 CNG압력용기에 사용 대규모 수요를 창출할 계획이다. 아울러 연구기관 공동연구 및 아이템별 전문가 네트워크 구축으로 국제 기술교류와 국내외 핵심기업유치 추진, 산 · 학 · 관 커플링사업 등을 통한 맞춤형 인재육성과 공급망 구축으로 수요 맞춤형 인력양성시스템을 구축한다. 여기에 탄소산업 육성 및 지원에 관한 법률과 조례 제정으로 탄소산업 지원 강화 제도적인 장치를 마련하기로 했다. 이에 맞춰 한국탄소융합기술원의 정부출연 연구기관 지정을 통한 R&D 지원체계 구축과 새만금 산업단지 내 탄소복합재 생산 복합 산업단지 구축을 통한 자동차, 조선, 농 · 건설기계, 신재생에너지 기업유치를 목표로 하고 있다. 특히 활성탄소와 3D프린터를 접목한 특수금형, 모형제작 산업창출 등 탄소소재를 활용한 벤처창업 활성화 추진에도 초점을 맞추고 있다. 송하진 지사는 간담회에서 분야별로 성공사례를 만들어 가는 것이 무엇보다도 중요하다고 강조하면서, 산 · 학 · 연 · 관이 고민하여 탄소소재 수요창출 방안이 나올 수 있도록 전문가들에게 협력을 당부했다. 전북도는 탄소산업 4대 전략기지 조성 완성도를 제고를 위해 탄소전문가 실무협의회를 구성 · 운영해 자동차, 조선 · 항공, 농 · 건설기계, 풍력 분야의 기업, 연구기관 등과 네트워크를 구축 정보교류를 통한 수요창출로 전북을 탄소산업의 메카로 자리매김 할 수 있도록 모든 역량을 집중해 나갈 계획이다.

– 신홍관 기자 –

출처 : 신홍관(2014), "전북도, 탄소산업 육성 4대 전략 마련", 《국제뉴스》, 2014. 08. 04.

1 산업조직론과 산업정책

1.1 산업조직론의 성격 및 발전

- 산업이라는 것은 시장에서 경쟁관계에 있는 판매자 또는 공급자의 집단적 기업군을 일컫고 있음.
  - 여기서 기업군의 내부조직, 그 조직에 따른 자원배분 상태, 기업행동체계를 포괄하여 산업조직이라고 부르고 있음.
  - 예를 들어 독과점이라는 시장구조는 어떤 산업에 있어서 자원의 배분이 소수 또는 한 개 기업에 집중되고 시장도 그들 소수에 의해 지배되는 상태를 말함.

- 따라서 산업조직론은 각 산업의 조직, 자원배분 상태, 기업행위 등의 경제적 효과를 후생경제학적인 관점에서 분석·평가하는 이론으로 볼 수 있음.

- 산업조직론은 시장기능의 발휘 여부, 평가결과에 대한 정책적인 개선책까지 고려해야 한다는 점에서 다분히 실천적인 측면이 있음.
  - 이러한 관점에서 산업조직론은 산업정책의 중요한 이론적 기초가 되고 있음.

- 산업조직론의 특징
  - 첫째, 가격론의 응용학문으로 방법론상 가격이론의 분석방법과 도구가 그대로 이용됨. ⇒ 말하자면 가격론의 부분균형방법이 그대로 유효하며 따라서 산업조직론은 가격이론의 연장이라고 할 수 있음.
  - 둘째, 산업조직론은 그 성격상 실천적인 학문인 동시에 정책 지향적이라고 할 수 있음. ⇒ 즉 산업조직론의 연구대상이 시장기구의 동태를 파악하고 그에 따른 개선책이나 정책대안까지 제시한다는 점에서 실천적인 성격을 갖고 있기 때문에 전통가격이론이 갖지 못한 규범적인 문제를 다루고 있음.
  - 셋째, 산업조직론은 산업을 중심으로 시장구조[277) – 시장행동[278) – 시장성과[279)의

277) 시장구조란 시장 내에서 가격이나 수량 결정에 전략적으로 영향을 미치는 특정 시장의 조직상의 특징임. 다시 말하면 공급자군 상호간의 관계, 수요자군 상호간의 관계, 공급자와 수요자간의 관계, 기존기업과 잠재적 경쟁기업과의 관계 등을 규정하는 구조상의 제 특징을 말함. 그러므로 시장구조란 기업 간 경쟁의 성질과 정도, 가격 및 산출량의 결정, 기술진보 등 시장에서 기업의 행동과 시장의 성과에 직접적인 영향을 미침.

278) 시장행동이란 특정 시장에서 기업이 주어진 시장구조에 따라 판매 또는 구매를 행함에 있어 적응, 대적하는 행동의 유형임.

279) 산업정책의 관심에서 결국 문제가 되는 것은 시장기구가 원활하게 작용되어 만족할 만한 성과를

세 가지 측면에서 논의되므로 시장구조만을 주요 대상으로 삼는 전통이론과는 다름. ⇒ 따라서 입체적인 가격이론이라 할 수 있음.

- 마지막으로 경험적인 인식을 중요한 대상으로 삼고 있는바, 전통적 가격이론이 경제주체의 시장행위를 선험적으로 파악하여 완전경쟁을 최선으로 보고 있는 데 반하여 산업조직론은 어떤 구체적인 경쟁 상태를 동경하고 있는 것이 아니라 유효경쟁이라 하여 그 구체적인 조직은 경험분석에 맡기고 있음. ⇒ 산업조직론의 방법적 구성(경험 - 이론 - 실증 - 정책)에서 보듯이 시장의 경험에서 이론이 구성되고 있다는 것임.

1.2 | 유효경쟁의 개념

- 자원의 효율적인 배분이라는 측면에서 경쟁은 분명히 중요한 것이지만 그것은 목표가 아니고 어디까지나 수단임.
  - 만약 경쟁에 최적배분을 저해하는 요인이 있다면 비경쟁정책이 유효한 수단일 수 있다는 것임.
  - 완전경쟁의 독트린에 사로잡혀 목적과 수단을 혼동한다면 올바른 산업조직이 탄생할 수 없음.
- 우리의 산업정책 목표는 시장성과의 극대화임.
  - 이를 보장하는 어떠한 경쟁관계(시장조직)도 우리는 유효한 것으로 보아야 하는 것임.
- 클라크(J. M. Clark)는 "경쟁은 완전할 수도 없고 완전하게 되는 것을 바랄 수도 없다. 우리가 바랄 수 있는 것은 경쟁이 유효(effective)하다든지 건전(healthy)하다는 것이다"라고 하여 경쟁의 새로운 개념을 열었음.
  - 그에 의하면 우리가 피할 수 없는 여러 가지 제한조건의 범위 안에서 실현 가능한 조건들을 골라내어 가장 바람직한 경쟁형태의 개념을 정립하는 것이 중요하다고 하였음. ⇒ 이것이 그의 유효경쟁(workable competition)의 개념임.[280)]
- 말하자면 자연적 독점, 경제성장, 공공재, 소득분배 등을 고려하면서 경쟁을 저해하는 요인을 제거하는 것이 바람직하지만 경쟁이 산업발전과 경제후생을 저해하는 경우에는 의도적으로 경쟁요인을 제거하는 것이 유효경쟁임.

가져오고 있는가 하는 것임. 베인(J. S. Bain : Industrial Organisation, Harvard Univ. Press, Mass., 1958, p.12)은 시장결과를 정의하기를 일정한 시장구조 하에서 특정의 시장행동을 통해 도달한 최종적인 결과라고 하였음. 그리고 기업의 행동이 사회적 후생에 미치는 영향은 주로 가격과 시장결과를 통해서 나타난다고 하였음.

280) J. M. Clark : Toward a Concept of Workable Competition, in : A.E.R. vol.30, no.2, June 1940.

1.3 최적경쟁집약도의 개념

- 최적경쟁집약도(Optimal Competition Intensity)란 개념은 그 어의가 설명하듯이 경쟁의 범위와 구조에도 최적이 존재한다는 것임.

- 경쟁집약도란 선두 혁신기업의 독점이윤이 모방기업에 의해 잠식되는 속도를 말함.
  - 다시 말하면 소극적 기업으로 하여금 시장에서 밀려나게 하는 강제력에 상응함.
    ⇒ 따라서 경쟁집약도가 높으면 이윤잠식속도가 크고, 소극적 한계기업은 시장에서 강제적으로 추방되는 정도가 큼.

- 어느 산업의 경쟁집약도를 최적의 상태로 둔다는 것은 이윤잠식속도를 최적화하여 창조적 혁신기업으로 하여금 이노베이션의 동기를 부여하고 모방기업으로 하여금 모방의 동기를 부여하여 산업의 산출고와 가격을 최선으로 유지한다는 것임. ⇒ 경쟁이 가지고 있는 두 가지 시장효과(혁신과 모방)가 최대로 발휘될 수 있는 시장조직을 가져오는 경쟁이 최적경쟁이라는 것임.

- 최적경쟁집약도의 개념은 구체적인 정책적 대안을 제시할 수 있었다는 데서 중요한 의의를 갖고 있음.
  - 특히 현대기업의 생산물은 예외 없이 제품차별화가 존재하는데, 이것은 물론 국제무역의 중요한 요인이 되기도 함.
  - 오늘날 산업정책의 주요 동기가 국제경쟁의 격화에 있다는 것은 말할 것도 없음.
  - 최적경쟁집약도에 의한 산업조직의 정책은 특히 개방경제에 노출되어 있는 우리나라에는 매우 흥미 있는 내용임.

1.4 경쟁가능시장의 개념

- 전통적 가격이론에 따르면 독점구조 하에서는 경쟁 상태보다 적은 산출량과 높은 초과이윤이 발생하게 되는데, 때로는 독점구조 하에서도 독점이윤은 그리 크지 않거나 경쟁적인 정상이윤 수준에도 미치지 못하는 경우가 있음.
  - 예를 들자면 해운산업의 경우가 그것인데, 해운산업(특히 연안해운의 경우)은 전통적으로 해운동맹에 의해 독점적 시장구조가 형성되어 있음에도 불구하고, 적자와 경영난에 직면하고 있는 것이 보통임.
  - 역사적으로 정기선 해운의 수익률이 상당히 낮다는 사실은 알려져 있음.[281)]

---

281) 로치데일 보고서에서도 영국의 해운동맹이 예상과는 달리 초과이윤을 얻지 못하고 있음을 보여주고 있음.

• 그것은 비록 외견상으로는 독점적으로 보이지만 내부적으로는 경쟁의 압력을 받고 있음을 의미함.

- 이와 같이 독점적 시장구조 하에서도 경쟁은 유효할 수 있다는 것이 경쟁가능시장이론(Theory of Contestable Market)임.

- 경쟁가능시장이론의 특징
  • 전통이론에서 최대의 경제적 후생을 보장하는 완전경쟁시장은 소수의 기업이 존재하는 산업에는 존재하지 않지만, 완전경쟁이 가능한(contestable) 시장은 독점과 과점을 포함하는 전체 산업의 시장구조에 적용될 수 있음. ⇒ 이러한 경쟁가능시장은 바람직한 산업조직기준으로 역할을 할 수 있음.
  • 일반적으로 전통적인 분석에서는 과점모델은 대상기업의 반응패턴이나 가정된 예상에 주로 의존해 왔음. ⇒ 과거 기존기업의 추측된 변화에 의존하던 것을 완전히 자유롭게 하고, 그 대신 그러한 구조와 행동은 잠재적 경쟁 압력에 의해 좌우됨.
  • 경쟁가능시장에서 기업의 수는 적절한 경쟁지표가 되지 못함. ⇒ 즉 경쟁가능시장은 효율적인 시장성과를 얻기 위하여 다수의 실재기업(actual firms)보다는 다수의 잠재적 기업(potential firms)의 존재를 필요로 하고 있음.[282)]
  • 가장 중요한 차이점으로 전통이론에서는 산업의 시장구조는 외생적으로 주어지는 것으로 보았으나, 경쟁가능시장이론은 시장구조가 산업 내부에서 결정되는 것으로 보았음.

1.5 | 산업조직과 산업정책

- 고전주의 경제학 이후 전통적인 경제학은 산업정책을 인정하지 않으려는 태도를 취해 왔는데, 그 이유는 의도적으로 경제구조에 간여한다는 것은 자원의 최적배분에 반한다는 믿음이 깔려 있기 때문이었음.
  • 단지 경쟁을 유지·강화함으로써 최적배분이 가능하다고 믿었음.

- 그런데 바람직한 경쟁형태에 대한 강한 의문이 제기되면서 정책수단을 통하여 일국의 산업조직을 최적으로 유지할 수 있다는 견해를 가지게 되었음. ⇒ 말하자면 산업조직정책이 인정된 셈임.

- 더구나 최근 국제경쟁이 치열해지고 구조조정에 관한 필요성이 부각되면서 산업정책을 산업조직정책의 수준을 넘어 구조정책으로까지 확대·발전시키는 계기가 되었음.

282) 잠재적 진입기업의 수는 진입이 완전히 자유롭고 퇴출비용이 전혀 없을 때 가장 많을 것임.

- 각국의 산업조직에 관한 정책은 자국 경제가 처한 상황에 따라 다소 다르게 나타남.
  - 시장질서 내지 시장메커니즘이 비교적 왜곡 없이 작동하고 있는 경제에서는 경쟁을 신고전학파의 완전경쟁을 유지하려는 정책을 기조로 할 것이나, 경제가 빠른 속도로 성장하고 있다거나 자본시장에 왜곡이 존재하는 경제에서는 순수한 경쟁을 유지할 수 없음.
  - 후자의 경우에는 주로 구조정책에 의한 왜곡의 시정이 더욱 효과적일 수 있다는 것임.
- 따라서 산업조직정책이 발달된 나라는 대개 시장경제의 역사가 길고 경제수준이 나은 선진공업국들임.
- 우리나라도 최근 시장경제의 자율을 중시하여 과거의 구조조정정책에서 질서정책 중심의 대전환을 시도하고 있으나 자본시장의 불완전, 경제주체의 비합리적 사고 등으로 소기의 성과를 거두지 못하고 있음.
- 어느 나라 할 것 없이 산업조직정책의 가장 중요한 제도적 장치는 독점규제법임.
  - 이 법규 속에 경쟁의 목적과 경쟁을 유지하기 위한 모든 수단이 명시되어 있음.
- 그러나 더욱 중요한 것은 이 법의 존재이유인데, 이 법은 경쟁을 위해 존재하는 것이 아니라 유효경쟁이나 최적경쟁을 유지하여 경제적 효율을 극대화하는 데 있다는 것임. ⇒ 따라서 경제환경의 변화에 따라 법의 정신은 바뀔 수 있다는 것임.

2 산업구조변동이론

2.1 산업구조변동이론의 의의

- 일국의 산업구조(industry structure)는 끊임없이 변화해 가고 있음.
  - 그 결과 자본주의적 시장경제는 전통적 농경사회에서 산업사회, 고도산업사회로 급기야는 후기산업사회 또는 탈공업화사회[283]로 진입하고 있음.
- 일국의 경제구조가 변화한다는 사상은 19세기 독일의 역사학파나 마르크스주의자

283) 1970년대를 기점으로 미국과 일본 등 선진공업국들은 거의 예외 없이 2차 산업의 비중이 생산이나 고용 측면에서 줄고 있었는데, 이러한 현상을 탈공업화(de-industrialization)라고 부르고 있음.

들이 가졌던 것으로 발전론의 기본 철학임.
- 국민경제의 동적 발전이란 진화론(evolution theory)의 개념과 유사한 것으로 경제구조의 변화를 발전적인 것으로 보는 견해임.
- 반면에 신고전학파의 균형개념은 경제 내부의 부분적 불균형을 부인하는 것으로 항상 내부적 완전균형을 유지하는 내용으로 일관하고 있음.

- 이런 관점에서 구조변동이론은 진화론적이며 불균형과 불연속적인 것을 본질로 하고 있다고 하겠음.

- 다이내믹한 시장경제에서 산업구조의 변화는 경제성장의 결과이기도 하지만 동시에 그 전제가 되고 있음. ⇒ 말하자면 생산력, 생산성의 진보와 함께 국민경제에 나타나는 것은 산업구조의 변화이지만 산업구조의 변화 없이는 경제발전 또는 성장이 불가능하다는 것임.
  - 그것은 국민경제의 구조변화와 생산력의 발전은 거의 동시적이며 상호의존적이기 때문임.

- 일반적으로 산업구조의 변화란 외부적 또는 내부적 요인에 의해 산업 간 불균형이 발생하는 현상을 말하는 것으로[284] 만약 이러한 불균형이 바람직하지 못하다면 다시 과거의 구조로 돌아가기 위한 조정이 있어야 할 것이고, 반대로 그것이 바람직한 불균형이라면 의도적으로 지속하거나 도달하기 위한 조정이 필요할 것임.
  - 전자를 안정정책이라 하고 후자는 성장정책이라 함.

- 일국 경제의 구조변화가 순조롭지 못하고 애로가 발생한다면 그것은 바로 구조위기이고, 경제안정은 저해되고 경제성장은 침체될 것임. ⇒ 따라서 산업정책론의 주요 과제는 이러한 구조변동을 이해하는 것은 물론이고, 그 변동의 원인을 규명하는 것임.

- 우리가 말하는 산업구조라는 것은 일국의 경제가 지닌 전체 경제와 산업, 산업과

---

284) ▲내부적 요인 ⇒ ㉠ 수요 : 산업 간 소비불균형이 산업구조 불균형의 원인이 됨. ㉡ 공급 : 기업이 경영전략에 의해 공급량이나 공급재화의 조합을 변화시킨다면 이는 곧 산업구조를 변화시키는 요인임. ㉢ 기술 : 새로운 소재 및 제품의 발명, 공정상의 혁신이 발생한다면 산업구조에 상당한 변화를 가져올 것임. ▲외부적 요인 ⇒ ㉠ 이데올로기 : 세계경제사를 보면 사상이나 이념이 경제를 상당부분 지배하여 왔음을 알 수 있는데, 자연법철학사상, 자유주의, 마르크스주의, 역사주의, 신자유주의 등 제 이념들은 정치적 조직체를 지배하여 왔고 따라서 경제정책이나 산업구조에 영향을 주었다는 것임. ㉡ 경제질서정책 : 산업조직이나 경제조직에 대한 정책은 산업구조에 중대한 영향을 주었는데, 가령 반독점정책이라든지 자유무역정책은 국내산업의 구조를 경쟁적으로 유지하여 산업혁신이나 산업합리화를 통한 산업구조조정을 용이하게 함. ㉢ 규제 : 자유로운 경제활동을 제약하는 각종 특정 산업에 대한 규제도 중요한 외부적 요인으로 산업구조변동에 작용함. ㉣ 자연적 요인 : 자연재해나 자연적인 우연한 사건으로 산업의 심각한 불균형을 초래할 수도 있고, 새로운 산업에 유리하게 작용될 수도 있음. 가령 석유의 발견은 자동차 · 항공 산업을 가능하게 했음.

산업, 산업 내 관계를 특징적으로 추상화하여 부르는 것으로 볼 수 있음.

- 원래 경제구조라 함은 생산구조와 분배구조를 모두 포함하는 말임.
- 산업구조라는 것은 주로 생산구조를 의미하는 것으로 이에는 부문별 · 산업별 산출량, 고용구조, 기업규모, 무역구조, 임금구조 등이 포함됨.
- 이 중에서 산업구조의 가장 기초적인 평가기준은 산업별 산출량이며 최근에는 산업조직론의 영향으로 고용이나 기업규모, 생산성도 중요한 테마로 대두되고 있음.

- 구조변동을 기본적으로 발전적인 시각에서 본다면 이 변동의 원인과 결과를 주의 깊게 분석해야 할 것이며, 이에 따른 정책적인 대응이 강구되어야 할 것임.[285)]

2.2 | 서비스 경제와 산업정책

- 선진공업국의 정보화나 소프트화의 진행은 우리나라와 같은 중진국의 입장에서는 이중의 부담을 지게 되었음.

- 4차 산업[286)]의 발전은 선후진국 간의 생산성 격차를 더욱 크게 할 가능성이 있는데, 이것은 서비스산업 전체의 문제뿐만 아니라 타 부문, 즉 농업이나 제조업의 생산성에도 영향을 주게 되었다는 의미임.

---

285) 구조변동이론에 관한 학설은 다음과 같이 정리될 수 있음. ▲사이클 이론(J. Schumpeter) ▲공업화단계론(W. Hoffmann) ▲3부문 모델(Clark-Fisher-Fourastié) ▲탈공업화사회론(E. Toffler), 사이클 이론이 산업정책과 관련하여 시사해 주는 것은 신산업을 유치산업의 개념으로 육성시키는 것과 성숙 내지 사양화되고 있는 구산업을 합리화하는 것으로 볼 수 있음. 3부문 모델의 경우 전통적으로 산업정책은 2차 산업 중심으로 인식해 왔으나 생산이나 고용 면에서 압도적으로 중요한 위치를 차지하게 된 3차 산업의 중요성은 더 이상 외면할 수 없고, 따라서 적극적인 대처가 필요하다는 점을 강조. 한편 호프만은 공업화 단계의 진화 이유를 수요 측면과 공급 측면에서 설명하였음. 즉 소득이 증가함에 따라 수요의 중심도 생필품에서 내구소비재로 옮겨가게 되는데, 이에 따라 생산의 중심도 음식료, 섬유산업에서 보다 자본집약적인 산업으로 이전된다고 주장하였음. 또한 공급 면에서도 기업은 학습효과를 축적하고 기술진보를 가속시켜 생산방식이 더욱 자본집약적으로 된다고 주장. 마지막으로 탈공업화사회론과 관련하여서는 탈공업화를 설명하는 여러 주장들(◇경제발전단계론에 입각하여 3부문 모델에 의한 제조업 비중 저하를 설명, ◇제조업의 국제경쟁력 상실로 인한 산업공동화를 설명, ◇다국적기업의 과도한 해외투자활동으로 제조업 투자재원의 해외누출, ◇공공부문의 증가로 인한 민간부문의 위축과 정부부문 비대화, ◇사회적 기강의 해이로 인한 사치성 서비스 소비의 증가 등)이 있는데, 탈공업화는 어느 유일 이론에 의해서가 아니라 제 이론들을 복합적으로 조명할 때 이해가 가능함.

286) ▲1차 산업 : 농림, 수산업 ▲2차 산업 : 광업, 제조업 ▲3차 산업 : 소비재(혹은 소비자)서비스 ▲4차 산업 : 투입재(혹은 자본재)서비스 혹은 생산자서비스, 여기서 소비재산업에 속하는 것으로는 음 · 식료품, 섬유 · 의류, 가죽 · 신발, 목재가공 등이며, 자본재산업에 속하는 것으로는 철강 · 금속, 기계, 자동차 · 수송기계, 화학 등임. 한편 금융 · 보험 · 운송 · 기술 등 투입서비스는 기타 개인서비스보다 자본 및 기술집약적임. 따라서 생산성도 상당한 차이를 보임. 서비스를 크게 생산자서비스와 소비자서비스로 나눌 수 있는데, 정보화 사회라는 것도 제4차 부문, 즉 생산자서비스의 확대로 인한 경제 전반의 효율성이 제고되는 현상을 말한다고 할 수 있을 것임.

- 따라서 우리나라도 종래의 하드웨어 중심의 산업정책의 기본 틀에서 소프트웨어산업도 고려하는 인식의 전환이 필요함.

- 우리나라 산업정책의 기본은 공정거래법, 산업발전법(구 공업발전법) 등 몇몇 관련 법규에 의해 나타나고 있는데, 대부분 제조업 중심의 지원정책임.

- 소위 4차 산업에 대한 정책은 미흡한 실정으로 볼 수 있음.
  - 가령 지식이나 문화를 하나의 산업으로 보는 인식이 부족
  - 최근 서비스시장의 개방 움직임과 함께 국제경쟁력의 제고라는 정책의 목표가 수립되긴 했지만 근본적으로 문제가 있음.
  - 서비스산업을 일괄적으로 차별하는 현재 우리나라의 산업정책은 문제가 있음.
  - 중간투입재로서의 서비스에 대해서도 첨단산업이나 기타제조업과 차별을 두지 말고 지원책이 필요

- 서비스부문을 3차 산업과 4차 산업으로 나누어 국민경제의 생산성을 높일 수 있는 부문을 집중 육성해야 할 것임.

- 최근 다자간 협상에서 미국 등 선진국이 집중 거론한 부문이 4차 산업이라는 것에 유의해야 할 것임.
  - 제4차 부문인 생산자서비스(금융 · 보험 · 운송 · 기술 등)는 산업의 설립이 타 산업에 주는 외부경제가 매우 크며, 금융 및 보험의 경우처럼 규모의 경제가 작용되는 산업임.

- 4차 산업의 육성은 제조업에서 첨단기술산업의 발전과 사회의 정보화가 전제되지 않으면 안 되기 때문에 산업과 정보를 하나의 정책목표로 이해해야 할 것이며 이에 대한 법적 · 제도적 보완이 절실함.

3 산업정책론과 지역혁신

3.1 지역혁신정책의 배경

- 세계경제는 경제국경이 붕괴되는 현상이 가속되면서 빠른 속도로 통합되고 있으며, 더구나 WTO체제의 정착으로 세계화 현상은 더욱 강화되고 글로벌 차원의 무한경쟁 시대가 도래하였음.

- 한편 국내적으로는 규제철폐 등 시장경제의 강화로 지역 간, 부문 간 경쟁이 격화되고 있는데, 그중에서도 특히 중앙 대 지방, 또는 지방 대 지방이라는 지역경쟁이 새로운 양상으로 나타나게 되었음.
  - 그런데 이러한 지역 간 무한경쟁이 오히려 지역 간 경제력 차이를 심화시키고 있음.
- 특히 우리나라의 경우 수도권과 지방의 경제력 불균형이 지난 수십여 년간 심화되어 왔다는 의문이 설득력을 얻고 있는바, 기존의 발전전략을 재검토해야 한다는 주장이 제기되고 있음.
- 1990년대 후반부터 선진제국에서는 지역경제의 성장전략으로 지역혁신시스템, 혁신네트워크 등 신개념을 이용한 성장전략이 수립되고 있음.
  - 말하자면 중앙정부의 거시정책 방향에 맞추어 각 지방에서는 지역경제 활성화를 위해 대학, 기업체 등과 연계한 혁신시스템 구축을 통하여 지역산업구조를 변화시키고 지역 특성에 적합한 산업클러스터 형성을 위하여 정책적 노력을 증가시키고 있음.
  - 혁신클러스터는 혁신적인 기업, 대학, 연구소, 정부기관 등이 일정지역에 모여 정보 교류와 지식창출의 네트워크를 형성하면서 시너지효과를 내는 혁신 집적체제를 말함.
- 이와 같은 대내외적 환경변화에 따라 지역이 중요한 경제주체 단위로 부상되고, 지방정부는 지역경제를 위한 핵심 정책입안자로 떠오르고 있음.

3.2 | 혁신시스템과 클러스터

- 계획가의 시각에서 "클러스터"와 "혁신시스템"의 개념과 상호관계를 단순명료하게 정의하고, 각 계획에서 일관성 있게 사용하도록 하는 데 참고가 될 수 있도록 관련 용어들을 간략하게 정리해 보고자 함.
- 산업집적(industrial agglomeration)
  - "특정 산업 내의 가치사슬(value chain : 원재료 및 중간재 공급업체 - 당해 업체 - 제품 수요업체 간의 수급관계)[287]이나 산업 간의 유기적 연관관계가 형성되어 있

---

287) 가치사슬 : 기업활동에서 부가가치가 생성되는 과정을 말함. 마이클 포터(M. Porter)가 내부역량을 평가하기 위한 방법으로 제안한 것으로 크게 지원부분과 운영부분으로 나누어짐. 운영부분은 조달로부터 시작되어, 생산, 판매에 이르는 직접적으로 고객들에게 전달되는 부가가치를 생산하는 부분이며, 지원부분은 연구개발, 재무, 인사와 같이 직접적으로 부가가치를 창출하지는 않더라도 이를 창출할 수 있도록 하고, 더욱 높은 가치를 창출하는 방법을 제시하는 부분임. 인터넷의 등장으로 기

지 않은 채로 다수의 기업들이 일정지역에 단순 입지해 있는 상태"를 말함.

- 과거 우리나라 각 지역에 조성된 산업단지들은 대부분 이러한 산업집적이 특정한 소규모 지역에 집중적으로 이루어진 사례들로 볼 수 있음.

– 산업클러스터(industrial cluster)

- "특정 산업 내의 가치사슬과 관련 산업 간의 연관관계 속에서 상호유기적인 분업 및 협력 관계를 맺고 있는 다수의 기업들이 일정지역에 입지해 있는 상태"를 뜻함.
- 산업집적과 구분하기 위해 보통 산업군집으로 번역됨.
- "일정지역"은 국가일 수도 있고, 지역일 수도 있고, 단지일 수도 있음. ⇒ OECD는 산업클러스터의 공간적 범위에 따라 Mega-cluster(대개 국가규모 내지 초광역규모), Meso-cluster(지역규모), Micro-cluster(단지규모)로 구분하고 있음.
- 외부경제효과(범위의 경제)의 창출이 가능함.

– 혁신클러스터(innovation cluster)

- "혁신 관련 행위주체(이하 "혁신주체"로 표현)들, 즉 기업뿐만 아니라 연구소, 대학, 기업지원기관, 금융기관 등이 일정공간 또는 지역 내에 입지하여 상호협력 시스템을 구축한 상태"를 말함.
- 산업클러스터가 지식의 활용 주체인 산업 또는 기업 간의 연관관계에 초점을 맞춘다면 혁신클러스터는 산업 또는 기업은 물론 지식의 창출, 확산부문까지 포괄한 종합적 시스템을 강조하는 것임.
- 혁신과정에서의 시너지효과를 통해 혁신성과를 높일 수 있음.

– 국가혁신시스템

- 룬드발(Lundvall)은 혁신시스템을 "새롭고 경제적으로 유용한 지식의 창출, 확산, 활용과정에 참여하는 요소들과 그 요소들 간의 상호작용 관계"로 규정하고, 국가혁신시스템을 "국민국가 내에서의 그러한 요소들 및 그 상호작용 관계"로 규정하였음.[288)]
- 현대 경제에서 가장 근본적인 자원은 지식이며, 가장 중요한 과정은 상호작용적 학습임.
- 근대 국민국가의 형성은 산업화과정의 원동력인 학습과정 가속화의 필요불가결한 조건임.

업 내부에서 이루어지던 가치사슬의 해체가 가속되면서 네트워크를 통한 아웃소싱이 활발해지고 있음. 그리고 외부에 존재하던 가치창출 부분도 종합적으로 보려는 경향이 강해지고 있기도 함.

288) Lundvall, B.(ed.)(1992), National Systems of Innovation, Pinter, London.

- 지역혁신시스템
  - "지식기반경제 시대의 상호작용적 학습의 적정 단위로서의 지역 내 혁신주체들 간의 신뢰와 호혜성을 토대로 지식의 창출, 확산, 활용도를 높이기 위한 상호협력체제"라고 정의할 수 있음.
  - 성공의 관건은 혁신주체들 간의 상호신뢰와 호혜성의 함양, 즉 사회자본의 확충임.
  - 정책론적 측면에서 지역혁신시스템을 단순히 국가혁신시스템의 하위 시스템으로 보는 것은 오류임. ⇒ 즉 정책의 적정단위가 국가가 아닌 지역이라는 점을 강조함으로써 국가혁신시스템론의 대안적 성격을 띠고 있음.
- 클러스터와 혁신시스템 간의 관계
  - 클러스터는 기업(산업클러스터) 또는 혁신주체들(혁신클러스터)의 공간적 입지양상을 뜻하며, 혁신시스템은 기업 또는 혁신주체들, 나아가 지역 내 클러스터들 간의 상호작용 관계를 중시하는 개념임.
  - 상호작용 관계가 긴밀해지려면 기업 또는 혁신주체들 간의 지리적 근접성이 요구됨.
  - 공간적 근접성만으로 상호작용적 학습이 최적으로 일어날 수는 없으므로 클러스터 구성주체들 간의 인터페이스[289]를 촉진하기 위한 전략 또는 정책(networking)이 필요함. ⇒ 엄밀한 의미에서의 지역혁신시스템 구축정책은 이것을 의미함.
- 산업클러스터와 지역혁신시스템 및 국가혁신시스템
  - 하나의 산업이 두 개 이상의 지역에 각각 클러스터 형태로 분포할 경우 정책단위를 지역으로 할 것인가, 산업으로 할 것인가가 문제가 됨.
  - 지역으로 할 경우엔 지역혁신시스템론, 산업으로 할 경우엔 국가혁신시스템론 또는 광역혁신시스템론이 적용되어야 함.
  - 덴마크 등 OECD 국가들의 정책 사례를 보면 최근 지역혁신시스템적 관점이 보다 유용한 것으로 평가되고 있음.
  - 그러나 차세대 성장동력산업 중 집중적 연구개발이 필요한 일부 산업은 국가혁신시스템의 관점에서 접근하는 것이 바람직할 수 있음.

3.3 | 지역산업정책으로서의 혁신네트워크

- 1990년대 이후 선진제국의 지역개발전략이 대규모 투자유치와 같은 물적 투입에서 내재적 혁신역량을 제고하는 방향으로 선회하고 있음.

---

289) 인터페이스(공학 : interface, 문화어 : 대면부, 결합부) 또는 접속기는 사물 간 또는 사물과 인간 간의 의사소통이 가능하도록 일시적 혹은 영속적인 접근을 목적으로 만들어진 물리적 · 가상적 매개체를 의미함.

• 그 중심에 서는 것이 혁신네트워크, 혁신클러스터 같은 개념임.

- 혁신네트워크의 존재가 지역경제에 긍정적 효과를 주고 있음을 확인할 수 있음.
  • 지역사례의 경우에서 네트워크 참여기업의 경영성과가 현저히 우수한 것으로 조사되고 있음.

- 결론적으로 지역혁신 네트워크와 지역경제 활성화 사이의 상관관계가 매우 크므로 지역산업정책에 큰 의미를 주고 있음.

3.4 | 지역산업정책의 추진전략290)

- 전후방연관 구조에 기초한 전략산업의 특화
  • 지역산업의 생산체계를 효율적으로 구성하기 위해서는 전략산업의 유망산업부문을 도출하고 이들의 전후방연관구조를 파악한 후 경제권역 차원에서 여타의 클러스터와의 연계를 고려하여 세부 특화 분야를 선정해야 함.

- 혁신인자를 고려한 클러스터 기능의 특성화
  • 클러스터의 산업지원 기능을 효율적으로 정비·확충하기 위해 산업 육성에 필요한 주요 구성요소들의 상대적 중요도(혁신인자) 분석에 기초하여 클러스터의 기능적 특성화 및 연계방안이 수립되어야 함.

- 글로벌-지역거점(hub-spoke형) 클러스터의 연계구조 형성
  • 국가경제 발전과 지역경제 발전을 연계시키고 조화시키기 위해 향후 클러스터 육성 전략은 글로벌-지역거점 클러스터의 연계구조 형성에 주력해야 함.
  • 글로벌 거점은 지역경제의 발전을 선도하고 국가경제 발전의 골격에 해당하는 글로벌 경쟁력을 갖춘 거점 클러스터(hub cluster)를 의미함.
  • 지역거점은 지역 내 여타 산업 및 시·군 지역의 지연(地緣)산업 발전에 기여하는 동시에 지역 내 글로벌 거점과 연계하는 지역경제 차원의 중소 거점 클러스터(spoke cluster)를 의미함.

- 경제권역 차원의 지역혁신체제 구축
  • 글로벌-지역거점형 클러스터 연계체제를 구축하기 위해서는 개별기업은 물론 각각의 산업클러스터가 공통적으로 필요로 하는 다양한 혁신 자원을 확충·운영하기 위한 임계규모를 확보하기 위해 인접한 광역시·도를 포괄하는 경제권역으로 지역혁신체제의 공간적 범위를 확대할 필요가 있음.

---

290) 이와 관련하여 김영수 외(2007) 참조.

3.5 | 한국의 지역산업 발전정책[291)]

① 지역산업 발전정책의 현황

- 정부는 외환위기 이후 급속히 침체된 지역경제의 회복 차원에서 1999년부터 지역산업 발전정책을 추진하였음.
  - 초기에는 대구 · 부산 · 광주 · 경남 등 4개 지역에서 출발하여 각 지역별로 섬유 · 신발 · 광(光) · 기계 산업 관련 R&D센터를 설립하고, 기업의 연구개발을 지원하였음.
  - 2002년부터는 나머지 9개 시 · 도에 대해서도 전략산업을 4개씩 선정토록 하여 시원을 추진하였음.
  - 2008년부터는 13개 시 · 도를 묶어 기반조성, R&D, 마케팅 등을 종합 지원 ⇒ 시 · 도별로 전략산업을 선정하여 육성한다는 의미로 '지역 전략산업 육성사업'이라고 명명
- 2008년부터는 지역 간 경쟁과 협력에서 지역의 글로벌 역량 강화로 정책 기조를 전환하였음.
  - 핵심은 추진 단위를 시 · 도에서 광역경제권으로 확대한 것임.
  - '광역경제권 선도산업 육성사업'으로 명명한 동 사업은 기존의 행정구역 단위의 폐쇄적인 지원체계를 허물었다는 점에서 큰 의미가 있음.
  - 시 · 도 간 연계를 강화하고 규모의 경제를 확보하여 사업의 효율성을 극대화할 수 있는 것임.
- 한편 2004년부터는 지방 기업의 투자를 유도하기 위해 '지방투자촉진보조금' 제도도 운영 중임.
  - 초기에는 수도권 기업이 지방으로 이전할 때 지원하는 '이전 보조금'이었지만, 기업들이 수도권에서 가까운 지역으로 이전하는 경우가 많아 일부 지역에만 혜택이 돌아간다는 문제점이 있었음.
  - 이에 2010년부터는 지역 내 기업이 공장 등 설비를 신설하거나 증설할 경우에도 지원하는 '신증설 보조금'도 추가하였음.
  - 이러한 개편을 통해 지역적으로 한쪽에만 쏠리는 현상이 상당부분 완화되었음.
- 1960년대부터 전국적으로 조성되기 시작한 산업단지도 현재는 지역산업 발전정책의 일환으로 추진

---

291) 이하 내용은 이용환(2012) 참조.

• 과거에는 전국적으로 대규모 계획입지 형태로 산업단지 조성에 중점을 두었으나, 현재는 '행복 산업단지 조성사업'으로 기 구축된 비수도권의 산업단지를 개선하는 작업을 추진하고 있음.
• 근로자의 삶의 질을 향상시키기 위해 산업단지를 청년들이 일하고, 배우고, 즐길 수 있는 곳으로 탈바꿈하자는 것임.
• 기업들이 집적된 산업단지 내에 대학, 연구소를 설립하고 기숙사, 체육관, 보육시설 등의 복지·편의 시설도 대폭 확충하여 산-학-연 연계도 활성화하고 근로자들이 편하게 일할 수 있도록 하고 있음.

- 2011년부터 지역 우수기업을 발굴하여 대학생들과 연계시켜 주는 사업도 추진 중이며, 광역경제권 선도산업 육성사업, 지역 전략산업 육성사업 등을 통해 재직자와 예비인력 대상의 현장교육도 지원 중임.

② 지역경제 현황 및 문제점

- 최근의 지역경제 동향을 보면, 실제 지표상으로도 비수도권이 수도권보다 양호한 성장을 보이고 있지만, 지역민들이 실제 느끼는 경제상황은 그다지 좋아 보이지 않음.
  • 매년 기업의 매출과 이익은 늘어나고 있지만, 일자리는 늘어나지 않고 있음.
  • 실제로 2009년에서 2011년 사이에 비수도권 기업의 수출은 50%가량 확대된 반면, 고용은 2%도 확대되지 않았음.

- 경제지표적 관점에서 수도권과 비수도권의 비교
  • 비수도권 인력의 수도권 유출현상 발생
  • 인력뿐 아니라 R&D 자금도 수도권으로 쏠리고 있음. ⇒ 상당수의 지역 중소기업이 정부 지원의 사각지대에 놓여 있음.
  • 비수도권은 단순 생산기지로 전락 중임. ⇒ ㉠ 2010년 기준으로 수도권은 3차 산업 비중이 70%가 넘는 반면, 비수도권은 2차 산업의 비중(49%)이 3차 산업(46%)보다 더 높음. ㉡ 이에 따라 수출액도 비수도권이 70%를 차지, ㉢ 수도권은 R&D에 집중하고 있고, 비수도권은 생산기지 역할을 수행

- 따라서 앞으로 정부의 정책은 지역에 사람과 자금이 모이고, 지역의 R&D 역량을 강화하는 방향으로 추진할 필요가 있음. ⇒ 이를 위해 정부도 지역산업 발전정책을 사람 중심으로 전환하여 사람이 일할 수 있는 시스템과 환경을 조성하는 방향으로 추진
  • 인재가 수도권으로 빠져나가지 않고 지역에서 일할 수 있도록 환경을 개선하는 한편, 지방에 대한 R&D 투자 확대와 역량 강화를 추진하는 것임.

③ 추진 방향

- 산업육성 정책을 고용창출과 인재양성 중심으로 전면 전환
  - 전문대생 이상의 인력 채용 시 제공했던 채용장려금 제도도 개편 ⇒ ㉠ 지방 중소기업에서 실제로 필요로 하는 인력인 전문학사와 마이스터고·특성화고 출신 인력 채용 시 채용장려금을 지원할 예정, ㉡ 산업통상자원부(구 지경부)와 교육부는 산학협력을 위해 상호 협력체계를 구축하여 지방대학에서 나오는 인재가 지역기업으로 갈 수 있도록 유도
  - 시군구별로 연고자원을 육성하는 '지역특화산업 육성사업'도 고용창출 중심으로 개편 ⇒ 기존의 지역특화산업은 소규모 연고자원 위주이지만, 산업규모가 미미하다는 판단에 따라 시·도 단위의 고용친화형 산업 중심으로 개편
  - 성과관리지표도 고용, 매출 중심으로 개편하여 실질적인 성과창출효과를 중심으로 사업을 관리할 계획
- 지역투자 활성화 촉진
  - 2012년 1월 '지방투자촉진보조금 제도'를 개편 ⇒ ㉠ 기존에는 수도권 기업이 지방으로 이전하거나, 지방기업이 투자를 확대할 경우 무조건적으로 지원하여 그 효과가 미흡, ㉡ 이에 보조금 지원기업 선정 시 '투자액'뿐 아니라 '고용규모'를 함께 평가토록 하였음. ㉢ 제도의 실효성을 확보하기 위해 보조금을 분할 지급하고, 기제출한 고용계획을 달성하지 못할 경우에는 보조금도 그만큼 감액하여 지급
- 행복 산업단지(QWL 밸리)[292] 조성 추진
  - 지방 곳곳에 조성되어 있는 산업단지 개선도 추진 ⇒ ㉠ 산업단지 내에 대학 캠퍼스와 기업연구소를 집적하는 '산학융합지구'를 확대, ㉡ 산업기술대학 등 3개의 QWL 캠퍼스에 졸업 시 기업에 취직하는 것을 전제로 하는 계약학과 운영, ㉢ 산업단지에 부족한 복지·편의 시설도 확충하고, 이미지 개선작업도 지속 추진, ㉣ 산업단지의 명칭 변경과 홍보 강화도 지속적으로 실시하여 부정적인 이미지의 산업단지가 희망단지로 변모하기를 기대

④ 향후 과제

- 전 세계적으로 저성장 시대로 진입하고 있으며, 신흥국 중심으로 세계경제가 재편되면서 국가 간 경쟁도 더욱 치열해지고 있음.

292) QWL(Quality of Working Life) 밸리 : 근로자들의 삶의 질을 제고하기 위해 산업단지 내에 대학, 연구소, 복지·편의 시설 등을 대폭 확충한 복합공간을 말함.

• 정보통신과 교통수단의 혁명으로 국가 간 거리가 빠른 속도로 좁혀지고 있음.
• 국가 간 교류뿐 아니라 지역 간 협력도 활발해지고 있음.
• 이에 따라 교류가 활성화된 지역과 그렇지 못한 지역이 생기고 있음. ⇒ 지역의 경쟁력이 곧 국가의 경쟁력이 된 것임.

- 이러한 상황에서 지역 스스로 성장동력을 확보하는 노력이 필요
  • 그동안 지역산업 발전정책은 중앙 주도로 추진되어, 지역 스스로 산업발전을 고민하기보다는 중앙정부에서 추진하는 사업에 참여하는 형태였음.
  • 앞으로는 지역이 스스로 고민하면서 그간의 기반과 정책을 바탕으로 중앙정부 주도가 아닌 지방정부에서 나서야 함.
  • 지방은 책임을 갖고 지역사업을 기획 · 추진하고, 중앙은 지방에 대한 견실한 조력자 역할을 수행하는 형태의 역할분담이 필요

4 국제무역과 산업정책

- 리카도(Ricardo)나 헥셔-올린(Heckscher-Ohlin) 모델이 안고 있는 제 가정들이 현실적이지 못하기 때문에 이후 많은 경제학자들은 새로이 국제무역의 발생과 원인을 규명하고자 했음.[293] ⇒ 새로운 이론들은 모두 리카도의 비현실적인 가정을 완화하면서 이루어졌다고 볼 수 있음.

4.1 국제무역과 산업조직

- 국제무역과 산업조직은 밀접한 연관을 맺고 있다는 것이 최근 일반적인 견해임.
  • 국내산업조직의 효율성에 따라 국제경쟁력이 좌우된다는 것은 여러 가지 경험적 연구를 통해 드러나고 있으며, 반대로 국제무역 역시 국내산업조직에 영향을 주고 있음.

- 수입정책
  • 수입이 국내시장에 미치는 영향에 대해서는 비교적 잘 알려져 있음.
  • 외국기업이 국내시장에서 공급자(생산자)로 참여하는 것은 산업조직을 매우 경쟁

293) 대표적 이론들을 제목만 소개해 보면 신요소부존설, 기술격차무역이론, 제품차별화이론, 산업 내 무역이론, 산업입지이론 등을 들 수 있음.

적인 상태로 이끌게 됨.

- 그것은 국내기업과는 달리 외국기업은 담합의 가능성이 적고 보통 기술적 우위를 보이게 되므로 국내 경쟁기업에 주는 압력은 큼.
- 물론 수입이 모든 경우에 국내경쟁을 제고시키는 것은 아님. ⇒ ㉠ 수입되는 상품의 종류, 시장상황에 따라 비경쟁수입도 있음. ㉡ 만약 국내생산자가 자사 제품과 같은 상품을 수입하여 판매한다면 경쟁자의 수가 증가하지 않으며, 또한 국내에서 전혀 생산되지 않는 상품을 수입한다면 이 경우에도 국내경쟁 상태를 변화시키는 것은 아님. ㉢ 그러나 엄밀히 말해 재화의 대체성이나 교차탄력성이 높다면 국내 다른 상품시장에 영향을 줄 수도 있음.

- 수출정책
  - 수출은 국내에서 생산된 제품이 해외시장으로 유출되는 현상이므로 경쟁수입처럼 직접 국내산업조직에 영향을 주는 것은 아님.
  - 수출기회의 존재가 경우에 따라서는 간접적으로 국내시장가격을 하락시키는 방향으로 작용하기도 함. ⇒ ㉠ 이 경우는 국내시장이 개방되어 있다는 가정 하에서만 성립하는데, 다시 말해 수입에 대한 제한이 없어 외국의 잠재적 경쟁압력이 존재하는 것이 전제가 되어야 함. ㉡ 그래야만 가격이 국제가격으로 하락할 가능성이 있음.
  - 만약 수출기회는 존재하지만 국내시장이 완전히 폐쇄되어 있는 경우에는 오히려 독점 기업의 국내 판매량이 감소할 뿐만 아니라 가격도 상승할 것임.
  - 따라서 수출의 영향을 평가하기 위해서는 국내시장의 개방 정도가 문제가 됨. ⇒ 우리나라의 수출증대는 국내가격을 하락시키는 후생효과를 발생시키는 데는 매우 미흡했다고 보는데, 그 이유 중 하나는 국내시장의 폐쇄성을 들 수 있음.

- 종합적 견해
  - 일국의 특정 산업에서 경쟁수입이 발생하는 경우에는 경쟁압력을 증대시켜 국내기업의 시장지배력의 행사를 제한시키게 됨.
  - 또한 수출도 독점기업의 시장지배력을 완화시키는 역할을 하지만 국내시장이 개방되어 있다는 전제 하에서만 가능함. ⇒ 국내시장이 폐쇄적일 경우에는 수출기회의 존재는 국내시장을 더욱 독점적 구조로 만들 수도 있다는 것임.

4.2 | 신국제무역론과 산업정책

- 최근 전개되고 있는 선진제국의 대외경제정책의 특징은 국민주의적 가치에 입각한 국익우선에 초점을 맞추고 있음.

• 따라서 국제무역이론의 관심도 세계적 차원의 국제분업이나 자유무역을 실현하는 모델 또는 도구를 개발하는 것에서 개별국가의 경제적 이익을 중시하는 것으로 옮겨지게 되었음. ⇒ 국제무역이론이 다자간모델에서 2국간모델로 전환된 것이 그것임.

- 신국제무역론이 우리나라에 주는 정책적 의미
  • 첫째, 무역을 통한 국제경쟁은 더욱 치열해질 것이라는 전제에서 정부의 역할은 더욱 증대할 것임.
  • 둘째, 게임이론에서 보듯이 국가 간의 전략선택이 매우 중요함. ⇒ 이 전략이 통상외교 또는 협상에서 나타난다고 보면, 교역상대국의 입장을 잘 이해해야 하고 통상외교능력을 키워야 할 것으로 봄.
  • 마지막으로 기업정책에 관한 것으로 현대의 국제무역은 불완전경쟁의 상황에서 이루어지므로 국가 간 경쟁은 국적을 가진 기업 간 경쟁의 의미가 더욱 큼. ⇒ 따라서 정부와 기업과의 협조가 어느 때보다도 중요한데, 해외정보를 공유함은 물론이고 해외진출, 해외투자 등에 대해서도 밀접한 협력이 요구됨.

5 서비스교역과 산업정책

5.1 미래성장의 열쇠인 서비스산업

- 서비스업은 성장 및 고용의 원동력이며 다른 산업의 경쟁력 제고를 위해서도 반드시 필요한 산업임.
  • 서비스산업의 고용창출 효과는 제조업의 1.7배에 달함. ⇒ 2000년 기준 산업별 취업유발계수는 서비스산업이 10억 원당 24.3명으로 제조업의 14.4명을 크게 상회
  • 서비스업의 고용창출은 수요확대 → 투자확대 → 고용창출의 선순환 고리로 연결될 수 있음.
  • 중간투입요소로서의 서비스업 비중이 높아지고 있어 서비스업이 발달할 경우 제조업생산성 증가로 이어져 경쟁력에 도움이 될 수 있음.

- 서비스업 성장을 위해 가장 먼저 해야 할 일은 '개방과 경쟁'임.
  • 서비스업을 발전시킬 가장 빠른 방법은 개방을 통해 선진국의 노하우와 기술, 자본을 받아들이는 것임.

- 자본과 설비만 받아들이면 되는 제조업과 달리 서비스업의 경우 노하우가 있어야 하기 때문에 개방이 필요
- 특히 서비스업은 선진기술이나 경영기법을 갖춘 외국 업체가 국내에 자회사를 설립하는 형태로 진출하기 때문에 국내 서비스산업의 경쟁력이 높아지는 데 기여하게 될 것임.

5.2 | 산업·무역 정책상의 함의

- 서비스교역의 자유화 주장
  - 미국은 기술발전과 더불어 서비스의 성격이 변화되어 이제는 재화와 유사하게 되었으니 재화의 자유로운 교역으로부터 교역당사국이 모두 이익을 얻게 되는 것과 마찬가지로, 서비스도 자유롭게 교역하여 이익을 볼 수 있도록 하자고 주장
  - 상품교역에 대한 GATT의 규정과 대응하게끔 서비스에 대해서도 자유로운 교역을 보장하는 규칙 내지 약속을 마련하여 제도화하자는 것임.
  - 이런 목적을 위하여 미국은 GATT의 적용범위를 재화에서 서비스로 확대하는 것, 즉 GATT의 모든 약관에 쓰이는 재화의 의미에 평상적인 재화뿐만 아니라 서비스도 포함하는 새로운 규정을 삽입하자고 주장하였음.
  - 그리고 드디어 1994년 GATS(서비스무역일반협정)가 WTO체제 내에 설립되었음.

- 서비스교역에 대한 상반된 입장
  - 서비스를 재화와 같이 자유로운 국제교역의 대상이 되게 하여 개별경제의 서비스 시장을 외국인 공급자에게 개방해야 할 것인가 또는 서비스는 재화와 다른 것이기 때문에 서비스의 자유로운 교역을 배제해야 할 것인가에 대한 입장은 서비스의 상반되는 성격 중 어느 쪽을 중시하는가에 따라 결정될 수 있을 것임.
  - 서비스의 자유로운 교역을 주장하는 입장은 오늘날 많은 서비스가 다른 재화나 서비스의 생산을 위한 중간투입물이 된다는 점을 중시하고 있음. ⇒ 다시 말해 서비스의 국제적 교역을 자유화하고 비교우위에 입각하여 외국에서 값싸게 생산된 서비스를 구입해 사용함으로써 서비스를 투입하는 산업의 생산과정에서는 생산원가를 줄이고 소비행위에서는 효용을 증대시킬 수 있게 된다는 것임.
  - 그러나 서비스를 비교역재로 규정하였던 공공성, 공급의 독과점성과 그에 따른 규제의 필요성, 국가안보와의 관련성 등을 중시하는 입장은 서비스의 자유로운 교역에 찬성할 수가 없고, 따라서 서비스의 개방에 대해 소극적인 입장을 취하게 됨. ⇒ 서비스의 개방에 따라 서비스에 대한 규제가 이완되게 됨으로써 국가안보, 공공성, 외부경제성 등과 관련하여 당면하게 되는 손실이 서비스를 개방함에 따라 서비

스의 공급가격이 떨어지게 됨으로써 얻게 되는 이익보다 더 크다고 보기 때문임.

- 다시 말해 현재 일부 서비스의 생산과 관련된 기술이 국별로 상당한 격차를 보이고 있고 낙후된 기술과 생산능력을 가지고 있는 나라에서 이러한 격차를 단시일 내에 극복할 수도 없는 상황에서, 서비스시장을 개방함으로써 단기적 내지 정태적으로 서비스의 공급가격이 떨어질 수 있고 그에 따라 그것을 사용하는 소비자나 생산자가 이득을 보게 될 것임은 일단 인정할 수 있는 사실임에 틀림없지만, 장기적이고 동태적으로도 서비스를 개방하고 자체 내에서 서비스 생산능력을 양성하지 않는 것이 도움이 될 것인지는 서비스가 한 나라의 경제발전과정에서 중심적인 역할을 차지하는 중요성을 고려할 때 반드시 분명하지 않음.

- 서비스를 원칙적으로 개방해야 옳은지 또는 그렇지 않은지는, 서비스산업의 일부가 궁극적으로 육성해야 할 산업이나 현재 유치산업일지도 모른다는 인식에 이르게 되면 쉽게 판단하기 어려운 문제가 됨.

- 따라서 개도국은 서비스시장의 성급한 개방 때문에 경제개발에 필수적인 자국 내 서비스산업의 생산활동이 선진국에 넘어가는 것을 피하기 위해 노력하고 있음. ⇒ 즉 서비스교역의 자유화에 의해 첨단서비스 분야를 선진국이 독점할 가능성을 배제하기 위해 노력하고 있음.

6 국제경제관계와 산업정책

6.1 WTO 다자주의와 산업정책

- 새로운 무역기구 하에서 무역질서의 가장 큰 변화는 아무래도 서비스 분야와 지적재산권 분야라고 해야 할 것임.

- WTO 제9차 다자간 협상인 도하라운드에서는 상대국의 산업에 피해를 줄 수 있는 개별국가의 정책에 대한 비판적 논의가 있었음.
  - 보조금을 비롯한 각종 불공정한 산업정책을 규제하고 산업정책에 대한 국제적 코드를 합의하고자 했지만 회원국 간의 이견이 노출

- 2006년 7월 도하라운드는 더 이상 합의를 이뤄내지 못하고 잠정적 종결을 선언한 바 있지만, 그럼에도 불구하고 글로벌 규범은 우리나라의 산업정책에 큰 영향을 줄 것임.

- 농업
  - 가장 타결이 어려운 분야로 각국이 안고 있는 정치적 부담이 매우 큼.
  - 대체로 수출국과 수입국의 입장이 맞서고 있으나 수출국 중에서도 농업보조금을 두고 상호견해가 좁혀지지 않는 등 의견이 분분함.
  - 우리나라의 경우 가장 큰 문제는 예외 없는 농산물개방과 관세화임.294) ⇒ ㉠ 특히 쌀 수입만은 불허한다는 예외 있는 농산물 수입개방은 우리나라, 일본, 스위스 등 소수 입장인데, 관철 가능성이 희박하며 또한 농산물 수입에 대한 관세로의 전환도 우리에게 매우 문제가 되고 있음. ㉡ 쌀시장 개방 여부를 두고서 20년간 고심해 온 정부가 쌀 개방을 또 한 번 미루는 대가로 의무수입물량을 늘리는 것보다 차라리 고율의 관세를 부과하고 문을 여는 것이 낫다는 판단에 따라 마침내 2015년부터 전면 개방하기로 하였음.295)

- 보조금
  - 보조금 문제는 우리나라와 같은 중진국이나 개발도상국의 산업정책을 제한하는 중대한 문제임.
  - 선진국과 같이 자본시장이 비교적 완전하고, 기업의 위험부담 능력이나 시장적응 능력이 있는 경우에는 정부의 개입 없이도 자원을 효율적으로 배분할 수 있다고 보지만 개발국의 경우는 그렇지 않음.
  - 현행 GATT규정에는 구조조정보조금, 연구개발보조금, 지역개발보조금 모두 사실상 허용되고 있으나, 다자간 협의에서는 이러한 보조금을 두고 의견이 대립되고 있음.
  - 미국과 호주는 가장 진보적인 입장을 취하여 의료(보건) 및 교육에 대한 보조금을 제외하고는 정부의 모든 이전(transfer)은 보조금의 성격을 가진 것이라 하여 상계(countervailing)를 주장하고 있음.
  - 현재 이러한 보조금의 확대해석은 일본 및 EU에 의해서도 거부되고 있지만, 어느 정도 국제무역에 영향을 줄 것으로 보임.

- 서비스교역
  - 서비스교역의 비중은 상품교역의 약 1/3수준임.
  - 이미 무시할 수 없는 교역량이며 성장 추세로 보아 2020년경이면 상품교역 수준과 비슷할 것으로 보고 있음.

---

294) 농산물 개방은 1994년 체결된 우루과이라운드(UR)에서 처음 논의되었음. 1994년 체결된 우루과이라운드(UR) 농업협정에서 모든 농산물은 "예외 없는 관세화"의 원칙에 따라 비관세장벽을 철폐하고 시장을 개방해야 함. 대신 관세를 매겨 개방충격을 줄이되 관세는 단계적으로 낮추기로 하였음.

295) 자세한 내용은 부록 [14-1] 참조.

• 따라서 서방 선진국들은 서비스교역에 상당한 관심을 보이고 있음.
• 서비스교역의 자유화는 GATT 제8차 협상(우루과이라운드)에서도 중요한 과제가 되었는데, 그 결과 탄생한 것이 GATS(서비스무역일반협정)임.
• 특히 서비스 순수출국의 입장에 있는 미국은 완전자유화를 주장하고 있으며, 우리나라는 현재 비교우위를 갖고 있는 건설부문 중 토목사업 분야를 제외한 전 분야에서 비교 열위를 보이고 있음.
• 따라서 서비스 자유화가 실현될 경우, 수입국의 입장에 있는 우리나라의 서비스 산업은 더욱 위축될 것으로 보임.

- 지적재산권
  • 지금까지는 세계지적재산권기구(WIPO)에서 관장해 왔으나 이 기구의 통제능력이 미약하여 상대적으로 미국 등 선진제국의 지적 소유권이 부당하게 침해되었다는 주장임.
  • 따라서 WTO체제 내에 새로운 강화된 규정을 두자는 것이 미국을 비롯한 선진공업국의 주장임. ⇒ 그 결과 탄생한 것이 TRIPs(무역 관련 지적재산권)임.
  • 지적재산권에 대해서는 선진국과 후진국의 입장으로 양분되어 있으나, 이미 미국은 이 문제에 대해서는 'WTO plus 방식'을 철저히 시행하고 있음.[296]

- 환경문제와 산업정책
  • 환경문제에 관한 국제적 인식이 증가하고 있어 국제환경협약 체결을 위한 협상이 본격화되고 있음.
  • 국제환경협상 역시 국제경제에 큰 영향을 줄 것으로 보임.
  • 예를 들어 CFC(일명 프레온가스)나 할론가스의 생산을 규제하자는 몬트리올의정서 등이 그것임. ⇒ ㉠ 동 의정서에 우리나라를 비롯한 75개국이 가입하고 있는데, CFC가스의 생산을 절반으로 줄이고 언젠가는 완전히 생산 중단하는 것으로 되어 있음. ㉡ 최근 오존층의 파괴가 심각해지자 미국, EU가 중심이 되어 목표를 앞당겨 2010년까지 CFC가스 생산을 완전 중지하려고 한 바 있음. ㉢ 그렇게 되면 대체물질 개방이 부진한 우리나라의 관련 산업에 중대한 영향을 주게 됨. ㉣ 특히 가전, 자동차, 화학산업 등 수출 주종상품이 이에 해당되어 산업생산, 수출에 타격이 될 것으로 보임.
  • 그리고 이산화탄소 배출량을 동결하자는 교토의정서는 미국의 거부에도 불구하고 2005년 2월 16일 발효되었음.

---

296) 미국 대외통상정책의 기조를 'WTO plus 방식'이라고 하는데, 다자주의방식이 미국의 이익을 보장하지 못한다고 하면 쌍무적·일방적 통상정책을 시행한다는 것으로 유명함. 지적재산권에 대해서 미국은 다자간협정보다 1974년 미통상법, 1933년 미관세법, 1988년 종합무역법 등 국내법으로 대처함.

• 이와 비슷한 것으로 바젤 협약으로 불리는 산업폐기물의 국제간 이동에 관한 협정이라는 것이 있는데, 만약 동 조약이 발효되어 산업폐기물의 국제간 이동에 제동이 걸린다면 여러 가지 산업, 예를 들면 환경산업, 재생산업 등에 영향을 미치게 될 것임. ⇒ 우리나라는 매년 170여만 톤의 폐지, 철 부스러기, 고철 등 산업폐기물을 수입하고 있으며, 우리나라의 주요 교역상대국인 미국, 일본이 가입을 추진하고 있어 우리의 적극적인 대응이 요망됨.
• 이외에도 기후변화협약, 생물학적다양성협약, 해양생물자원보호협약, 산림의정서 등이 추진되고 있음.
• 이상과 같이 환경보전을 위한 인식이 확산되면서 세계 각국은 다자간, 쌍무간, 또는 일방적 환경조약이나 환경에 관한 법률을 제정하고 있음.
• 제2의 UR협상으로 불리는 국제환경협상은 산업화가 본격화되고 있는 중진공업국의 산업에 가장 큰 타격을 줄 것으로 보임.
• 국제경제 질서가 환경문제를 중심으로 재편되고 있다고 보아도 무방함.

- WTO체제가 우리나라 산업에 미치는 영향은 매우 광범위한데, 지금까지 국내산업 보호라는 명목으로 당연하게 수용되었던 보조금지급, 관세장벽, 비관세장벽 등 산업정책의 수단에 제동이 생긴 것임. ⇒ 이것이 의미하는 바는 향후 산업정책을 결정하는 중요한 외부변수로 국제관계의 변화를 주시해야 한다는 것임.

- 앞으로 보다 우회적이고, 외부경제를 창출하는 간접적 정책을 개발하는 문제가 제기될 것임.

6.2 | FTA 시대의 산업정책[297)]

- FTA 확대를 산업경쟁력 강화의 계기로 적극 활용하기 위해 새로운 산업정책과제를 마련해 나가야 함.

- FTA 시대의 산업정책은 과거 "빠른 추종자(fast follower) 전략"에서 "혁신주도자(leading innovator) 전략"으로 정책패러다임을 전환할 필요가 있음.
  • 중국 등 신흥개도국의 부상, 경쟁력 원천의 이동 등 대내외 여건의 악화 속에서 우리 산업의 글로벌 경쟁력을 지속적으로 확보해 나가기 위한 것임.

- 정부는 현재의 제조·생산 기술기반 중심 '선진국 따라잡기(catch-up) 전략'은 규모의 경제를 바탕으로 과거 우리의 성장전략을 답습 중인 중국 등과의 경쟁에 한계가 있다고 보고, 산업의 질적 경쟁력을 제고할 수 있는 핵심원천기술, 창조적 인재

297) 지식경제부(구 산업자원부)의 보도자료(2007. 9. 4) 내용임.

에 기반한 '창조 · 혁신형'으로 산업정책의 방향을 전환해 나가겠다고 밝혔음.

- 정부가 발표한 정책 방향의 주요 시책
  - 창조 · 개방형 R&D ⇒ 15대 전략 분야[298]의 핵심원천기술을 창조적으로 개발 · 선점하는 '창조 · 개방형 기술혁신전략'의 추진을 통해 미래 성장동력을 지속적으로 창출
  - 창조적 인재육성 ⇒ '창조적 인재=국가경쟁력'이라는 인식 하에 산업수요에 맞는 '창의적인 인력양성'을 기술정책의 새로운 중심으로 설정[299]
  - 제조업 생산성 혁신 및 지식서비스산업 육성 ⇒ 제조업, 특히 중소제조업의 가격경쟁력을 단기적으로 보강시키기 위해 중소기업 공정혁신 중심의 '제조업생산성혁신종합계획'을 수립 · 추진하는 동시에, 제조업의 성장 · 고용의 한계를 보완하고 산업구조의 고도화를 견인할 수 있는 '지식기반서비스산업'을 집중 육성해 나갈 계획
  - 개방형 통상정책 및 경제시스템의 선진화 ⇒ 외국인투자환경 개선 2차 중장기계획 수립, FTA 대응 맞춤형 종합서비스 제공 등 '개방형 통상정책'을 지속적으로 강화해 나가는 한편,[300] 글로벌 기준에 부합하는 기업제도의 정비, 협력적 노사관계 정립, 환경친화적 경영혁신 유도, 기업의 사회적 책임(CSR) 확산 등 '경제제도의 선진화'를 위해서도 적극 노력

참고자료

(1) 이갑수(2007), 《글로벌시대의 산업정책론》, 도서출판 대명.
(2) 장재홍(2004), "혁신시스템과 클러스터 - 그 개념과 상호관계", 《e-kiet 산업경제정보》, 산업연구원, 2004. 02. 19.
(3) 산업자원부(2007), "산업정책의 대전환 : 빠른 추종자 전략에서 혁신 주도자 전략으로", 산업자원부 보도자료, 2007. 09. 04.
(4) 김영수 · 김선배 · 오형나(2007), "지역산업정책 10년의 성과와 과제", 《연구보고서》, 제527호, 산업연구원, 2007. 12.
(5) 이용환(2012), "지역산업 발전정책의 추진방안", 《KIET 산업경제》, 산업연구원, 2012. 05.

298) 디스플레이 등 주력산업(7개), 로봇 등 미래유망(4개), 나노기반 등 기반기술(4개)
299) 과거 고용 중심에서 활용 중심으로 인력양성의 패러다임을 전환
300) 현지시장진출, 생산네트워크 구축, 원자재 확보, 선진기술 적용 등을 위한 우리기업들의 해외진출을 적극 지원하는 '전략적인 해외진출 지원체제'를 정비하고, 선진국을 중심으로 진행 중인 구체적인 온실가스 감축의무 부담논의에 대응하여 범국가 차원에서 새로운 '기후변화협약체제(Post-Kyoto체제)'에의 적극적 대응체제를 구축해 나갈 계획임.

CHAPTER 12

산업정책의 발전 방향

1. 산업정책에 대한 재평가
2. 산업정책의 전환
3. 산업정책의 성공요건(Ⅰ)
4. 산업정책의 성공요건(Ⅱ)
5. 한국 산업정책의 점검
6. 새로운 산업정책에 대한 전망

위기 때 기회가 생기고 완전히 엎어졌을 때 딛고 일어설 힘이 솟는 것처럼, 더위 먹은 우리 경제도 서서히 일어날 채비를 해야 할 때다. 최경환 경제팀의 과감한 경기부양책에 이어 다음 주 한은이 기준금리를 인하하면 '한국형 양적완화'는 이제 새로운 '노멀'(normal)이 된다. 시장은 이미 한은이 금리를 25bp(0.25%) 내릴 것이라고 단정하는 분위기다. 그러나 돈이 금융권 울타리 안에서만 맴돌면 양적완화는 실패한다. 실물에 침투해야 한다. 우리 물가수준을 감안하면 그동안 2.50% 기준금리는 충분하지는 않아도 매우 낮은 수준이었다. 그럼에도 투자와 소비는 살아나지 않았다. 유동성 함정에 걸린 것이다. 한은이 금리를 내리지 못한 것도 이 때문이다. 재정적자를 감수하겠다고 밝힌 정부를 보면서 소비를 줄여온 가계는 오히려 경계심을 높이고 있다. 기업 역시 마찬가지다. 지난 정부에서 혜택을 본 법인세 인하분 3%p를 기업 현금성 유보에 대한 과세로 뱉어내게 된 기업들은 정부를 믿지 못하는 분위기다. 증세 없는 재정확대와 금리인하 등 한국형 양적완화가 요란하게 시동을 걸었지만, 시장상황과 경제주체들의 경기전망은 낙관적이지 않다. 유동성 덫에다 '리카르도 함정'(Ricardian Equivalence, 정부가 재정을 확대하면서 세금을 올리지 않겠다고 해도 언젠가는 세금 부담으로 돌아올 것을 우려하는 경제주체들이 소비지출을 늘리지 않아 확장적 재정정책이 경기부양 효과를 얻지 못한다는 이론)까지 우려되는 상황이다. 이 두 덫에 걸리게 되면 디플레이션이라는 더 큰 문제에 봉착하게 된다. 기업이 투자를 꺼리는 데는 정부정책에 대한 불신, 미래 시장에 대한 비관이 자리 잡고 있다. 규제가 문제지만 투자 의지가 강하면 규제는 풀려왔다. 삼성전자 평택 공장이 그렇고 LG전자 파주 LCD공장이 그랬다. 정부정책부터 중심을 잡고 한 방향으로 나아가야 한다. 문제는 규제가 아니라 미래에 대한 비관이다. 총수요를 늘릴 수 있는 성장산업을 찾는 것이 관건이다. 대기업만 바라보는 정책은 안 된다. 일자리를 창출하는 것은 중소 · 중견기업들이다. 해외투자와 구조조정, 자동화를 추진하는 대기업에게 고용증대를 기대하긴 어렵다. 중소 · 중견기업 일자리 창출의 좋은 모델이 지난주 정부가 육성책을 발표한 정보보호산업이다. 정부는 정보보호산업을 2017년까지 2배로 확대한다는 계획을 밝혔다. 정보보호산업은 '노동집약적' 산업이어서 고용 효과도 크다. 가트너에 따르면, 세계 정보보호시장은 2017년까지 연 8.5% 성장해 932억 달러에 이를 전망이다. 2017년 UHD TV 시장규모 전망치 127억 달러보다 7배나 크다. 국내 정보보호 기술수준은 세계 4위로 지원과 투자가 제대로 되면 성장 가능성이 매우 높다. 정보보호산업이 경제 살리기 첨병이 될 수 있다는 얘기다. 우리 정보보호산업이 그나마 선진국과 겨뤄볼 수 있는 것은 ICT 인프라가 고도로 발달해 정보보호 수요가 받쳐주었기 때문이다. 2013년 기준 국내 정보보호 R&D 투자규모는 미국의 24분의 1에 불과하다. 그럼에도 세계 4위 수준을 유지한다는 것이 놀랍다. 41조 원의 1%만이라도 정보보호산업에 투자하면 큰 힘을 받을 것이다. 정보보호 기술은 시시각각 변모하고 발전하기 때문에 기술표준이나 규칙 등을 제때 순발력 있게 제시하는 것도 중요하다. 정보보호산업을 최경환표 경제 살리기의 샘플로 삼아 밀어붙여 볼 만하다. 앞으로 2~3년이 경제 활성화의 마지막 기회가 될 것이라는 인식이 널리 공유돼 있다. 계절이 바뀌면 사람도 각오를 새롭게 한다. 경제주체들이 낙관적 시각을 갖는 것이 절실하다.

– 이규화(경제담당 선임기자) –

출처 : 이규화(2014), "한국형 양적완화 위협하는 2가지 함정", 《디지털타임스》, 2014. 08. 04.

1 산업정책에 대한 재평가

1.1 산업정책의 기여

- 대내외적 여건의 변화, 특히 '자유화'의 진전에 따라 전통적 의미의 산업정책의 성격이 점차 변해 가고 있음.
  - 다시 말하여 정보통신산업의 예에서도 보듯이 '특정 산업보호'라는 산업정책의 본질에는 변함이 없으나 정부개입의 형태 및 강도 또는 동원되는 수단에 있어서는 달라지고 있음.
  - 또 각국의 경제철학 또는 제도는 물론, 문화나 관행에 따라 같은 정부개입이라 하더라도 크게 차이를 나타내고 있음.
- 산업정책의 공과 논란
  - 19세기 유럽대륙, 1950년대 이후 일본, 그리고 1960년대 이후 한국을 비롯한 소위 신흥 공업경제와 같이 성공한 사례가 있는가 하면 많은 개도국의 경우에서 보듯이 실패한 예도 적지 않음.
  - 나아가 성공한 예가 반드시 또는 어느 정도 산업정책에 힘입고 있는가 하는 설득력 있는 실증연구도 별로 없음.
- 일부 아시아제국 내 급속한 성장과정에서 산업정책의 기여와 관련하여 일국경제의 체계적인 자본축적 및 생산성 향상을 가져왔다고 보는 견해가 있는가 하면, 이보다는 단순히 물적 · 인적 자본의 증가에 바탕을 둔 소위 외연적 성장(extensive growth)에 크게 의존하였다고 반론을 제기하기도 함.
  - 설사 후자의 견해를 받아들인다 하더라도 특히 개도국의 경우 성장촉진을 위한 자원동원에서 배분에 이르기까지 정부개입이 크게 작용한다는 점을 고려한다면 외연적 성장 자체가 산업정책에 힘입고 있음을 부인할 수 없음.
  - 물론 산업정책의 실시 여부가 어느 정도 성장에 영향을 미쳤는가를 사후적으로 정확히 비교 · 분석하는 데 현대 경제학적 접근으로는 한계가 있지만, 단지 급속히 성장을 이룩한 국가에서 산업정책이 어느 정도 산업구조의 고도화, 해당 산업의 생산성에 따라서 성장에 기여했는지는 추론할 수 있음.
- 또 다른 시각에서 본다면 급속한 성장을 이룩한 국가에서 산업정책이 성장에 기여한 측면이 있다고 추론이 가능하긴 하지만, 문제는 이 자체가 산업정책 이외 다른

정책 기조를 택했을 경우보다 반드시 우월하다는 사실을 객관적으로 증명한다고 볼 수는 없으며, 단지 다른 국가들과 비교한다는 상대적인 의미를 가질 뿐임을 인식할 필요도 있음.

1.2 | 신제도경제학적 접근301)

- 정부개입의 타당성과 관련하여 최근 논의되고 있는 신제도경제학적(Neo-institutional economics) 접근은 앞으로 발전하기에 따라서는 산업정책의 효율성을 이론적으로 정립해 줄 수 있는 시각을 갖추고 있음.
  - 즉 자원배분에 따르는 거래비용(혹은 조정비용)이라는 측면에서 정부개입이나 시장기능은 다 같이 비용을 수반하고 있는데, 문제는 어느 선택이 더 효율적이냐는 데 있음.
  - 왜냐하면 자유경쟁에 따른 시장실패나 정부개입에 의한 조정실패가 모두 가능하

---

301) 신제도주의 경제학(Neo-institutional Economics)은 제도를 개인의 합리적 선택의 결과로 설명하려는 경제학적 조류를 말함. 이러한 조류가 경제학계에서 관심을 끌게 된 것은 대체로 1970년대 초반 이후라고 생각되지만, 무엇이 신제도주의 경제학인가에 대해 아직 확고한 정의는 없음. 다만 1930년대까지 융성했던 미국의 구제도학파에서는 경제제도를 역사적 진화의 산물로만 생각한 데 비해, 신제도주의학파는 개인의 선택이라는 관점을 통해서 제도의 생성과 정착과정을 설명한다는 특징을 갖고 있음. 신제도주의에서 제도를 설명할 때 필수 불가결한 거래비용(transaction cost) 개념을 선구적으로 탐구한 학자는 노벨 경제학상 수상자인 코즈(R. Coase)임. 시카고대학의 코즈는 1937년에 발간된 '기업의 본질(The Nature of the Firm)'에서 생산과정의 모든 행위를 시장을 통해서 할 경우 거래비용이 발생하므로, 생산단계의 일부를 위계적 조직을 통해 시행하는 것이 기업이라고 분석하였음. 코즈가 밝힌 거래비용의 개념은 그 이후 많은 연구를 통해 다음과 같은 여섯 가지 비용으로 나누어 정식화되고 있음. 첫째 거래대상자 거래물품 및 가격정보에 관한 탐색비용, 둘째 거래를 위한 협상비용, 셋째 거래 계약 작성비용, 넷째 거래조건을 준수하는지 감독하는 비용, 다섯째 거래조건 위반 시 준수하도록 실행하는 비용, 여섯째 제삼자가 재산권을 침해하지 못하게 하는 비용 등임. 위와 같은 다면적인 거래비용이 현실적으로 어떻게 작용하고 있는지를 탐구하므로 신제도주의 경제학을 거래비용 경제학이라고도 부르고 있음. 이 중 특히 기업조직을 연구한 윌리엄슨(O. Williamson)의 연구가 두드러지고 있음. 윌리엄슨은 1975년에 발간된 '시장과 위계(Markets and Hierarchies)'라는 책에서 시장경제 속에서도 기업이란 위계적 조직이 효과적인 생산조직으로 쓰이고 있는 이유를 구체적으로 탐구했음. 윌리엄슨은 정보가 완전하지 않은 상태에서 거래할 때 각 개인은 완벽하게 합리적인 행동을 하지 못하고 제한된 합리성이란 형태로 선택을 할 수밖에 없으며, 이 때문에 거래 상대방에게 불리하게 작용하는 기회주의적 행동도 나타난다고 생각했음. 이런 경우 상호간에 협상을 하기 위한 비용과 기회주의적 행동에 따른 부담을 고려할 때 기업이라는 내부조직이 나타난다고 보았음. 나아가 윌리엄슨은 거래비용의 변화에 따라 기업조직이 집중적 위계조직에서 다양한 사업본부가 있는 형태로 나아가는 점도 지적했음. 코즈나 윌리엄슨이 기업조직을 주로 탐구한 데 비해, 노벨상 수상자인 노스(D. North)는 국가적 차원에서 거래비용과 경제발전의 관계를 탐구했음. 노스는 경제사 연구를 통해 국가가 사유재산권제도를 보장할 경우 거래비용의 감소로 시장경제가 발달하고 경제성장이 촉진될 수 있음을 보였음. 이 밖에도 재산권 구조 변화에 따른 거래방식이나 자원이용의 변화를 연구하는 많은 연구들이 있음. 좀 더 자세한 논의에 대해서는 스레인 에거트슨의 '경제행위와 제도'(한국경제연구원)나 고 송현호 교수의 '신제도이론'(민음사)을 참고할 만함.

기 때문임.

- 이 접근은 이론적 측면에서 정부개입의 정당성을 뒷받침해 줌.
  - 국민경제적 차원에서 특정 산업 간 투자조정(과잉 또는 과소투자의 문제), 불황카르텔의 정리, 사양기업의 퇴출 및 생산능력 축소조정 등에 있어서 시장에 맡기기보다는 정부개입이 거래비용의 절감을 가져올 수 있음.
  - 중요한 것은 정부가 과연 신뢰성(해당 기업들로부터의), 공평성 및 유연성 등 유리한 여건을 얼마나 최대한 활용하느냐는 점임.
- 한편 동태적인 측면에서도 정부의 적절한 개입 · 조정은 슘페터의 표현대로 '산업의 돌연변이'(industrial mutation)를 이룩하는 계기가 될 수 있음.
  - 이러한 산업변환은 경제적 변화(기업들의 스스로 변화하려는 의지와 함께 주변 여건을 바꾸려는 의식적 노력)의 소산이며 자생적 기술발전에 기여한다는 점에서 자본주의의 발전을 가져오는 원동력이기도 함.
  - 이러한 기술혁신은 단순히 개별기업들 간 시장경쟁에 맡긴다면 그 실현을 기대하기 곤란함. ⇒ 한 예로 막대한 비용을 요구하는 연구 · 개발에 투자하려 하지 않을 것이며, 결국 사회적으로 적정한 수준의 자원배분이 이루어지기 어렵기 때문에 정부의 역할은 대학 및 공공연구소에 기존 연구 · 개발에 대한 기초투자자원이나 관련 기업집단에 의한 연구보조 등 다양한 경로를 통하여 유인책을 실시할 수 있음.
- 국민경제적 차원에서 산업구조조정(예를 들어 첨단산업의 육성이나 '경제의 서비스화' 또는 '경제의 소프트화' 등)은 시장에 일임하기보다는 정부에 의하여 추구될 때 거래비용을 줄일 수 있음.
  - 이에 따라 분업구조나 특화산업의 재편이 이루어지며 퇴출장벽을 완화해 주는 일도 정부의 역할에 속함.
- 결론적으로 경제의 세계화, 자유화 및 시장개방, 그리고 경쟁촉진과 같은 대내외적 여건변화가 진행된다 하더라도 산업정책의 필요성은 여전히 존재함.
  - 민간기업을 비롯한 일부에서는 정부개입의 비효율성을 비판하고 있으나, 국민경제적 이익의 차원에서 동태적 효율성이나 형평을 추구하고, 또 실효성 있는 정책수단을 동원할 수 있는 주체는 정부임.
  - 개입 자체가 문제가 있는 것이 아니라 여건의 변화에 따라 정부의 역할이, 그리고 그 개입형태가 어떻게 유연하게 바뀌고, 또 비용-편익의 전망에 따라 과연 유능하게 정책을 수행하느냐가 중요하다고 봄.

1.3 | 21세기에도 산업정책은 필요

① 산업정책의 필요성과 산업정책 범위의 다양성[302)]

- 산업정책의 목표는 지속 가능한 경쟁력 확보이며, 정부는 시장실패의 교정과 특정 산업부문 육성(기후변화 대응) 등을 위해 산업정책을 실시
  - 산업정책이란 용어가 금기시된 적도 있었으나 대다수의 국가들이 혁신을 통한 경쟁력 강화 등 외부효과를 감안하여 산업정책을 재개
  - EU 역시 산업의 경쟁력 강화를 위해 기업 경영환경 개선, 단일시장 강화, 산업부문 혁신전략, 환경적 지속 가능성 제고, 산업구조 변화 원활화 등 통합적인 접근 방식의 산업정책을 수립하여 집행하고 있음.

- 산업정책의 범위는 매우 다양한데, 클러스터 육성, 외국인 투자유치 촉진을 통해 특정 부문을 타깃으로 지원할 수도 있으며, 공공조달을 이용하여 경쟁력 확보의 원천인 혁신을 유발할 수도 있음.[303)]
  - 기존 클러스터의 여건과 활동을 개선함으로써 기업들은 클러스터의 외부효과를 누릴 수 있으며, 외국인 투자유치는 개도국의 정보 비대칭성이 존재할 경우 홍보의 효과가 높아지는 경향이 있으며, 역사적으로 혁신을 위한 공공조달이 행해짐에 따라 기업들의 생산성이 급격하게 향상됨.

- 우리나라의 산업성책은 대중소기업 상생협력, 근로자를 배려하는 산업환경 개선, 녹색성장을 뒷받침할 신성장 동력 창출, 이공계 인력 우대 등의 보다 종합적인 산업정책을 추진하고 있음.
  - 산업정책과 다른 정책이 상호 충돌할 경우[304)] 우선순위에 대한 객관적이고 명확한 기준 등 사전 설정 필요

② 새로운 산업정책관이 필요[305)]

- 주류 경제학은 시장왜곡을 초래하는 특정 산업 지원방식 대신에 기능별 접근이라

302) 이와 관련하여 김기준(2011.03.30) 참조.

303) 혁신을 위한 공공조달(PPI, Public Procurement for Innovation)은 수요측면의 혁신정책이라 할 수 있음. 공공조직은 때때로 현재 존재하지 않는 제품(시스템)을 구매 ⇒ 따라서 혁신은 이러한 제품을 조달하기 위한 전제조건임. PPI는 기존제품의 구매(대부분의 공공조달에 해당)와는 차별화됨. 스웨덴의 PPI 사례를 보면, 조달기관이 새로운 제품과 시스템의 최종 수요자 ⇒ 사용자의 개별수요가 혁신을 유도하는 수단으로 작용(직접적 PPI)

304) 일례로 일자리 창출 vs 지역경제 활성화 차원에서 대기업의 수도권 공장 신증설 관련 이해 상충을 들 수 있음.

305) 이와 관련하여 좌승희(2011.06.15) 참조.

해서 특정 기능에 대한 R&D 지원이 가장 시장왜곡을 최소화하는 방법이라 함. ⇒ 한국도 1980년대 그렇게 바꿨고 MB정부의 녹색성장도 그렇게 접근[306]하고 있으나 이 접근은 문제가 있음.

- 신고전파 경제학의 환원주의 세계관은 기업을 보지 않고 그 구성인자만 봄. ⇒ 즉 자본, 노동, 기술이 그것임.[307]
- 그러나 세상은 기능이 아닌 이 모두의 전체 합인 기업이 이끎. ⇒ 그리고 복잡과학관에 따르면 기업은 이 모든 기능의 합보다 더 큰 질서를 창출하는 복잡조직임.
- 기업을 전체로 보지 않고 기능별로 보는 관점은 경제의 변화를 제대로 설명할 수 없음. ⇒ 심징강화제 투여를 통한 마라톤 선수 육성전략도 바로 환원주의 사고의 결과임.[308]

- 산업을 육성한다는 것은 기업을 육성하는 기업정책이어야 함. ⇒ 복잡과학의 관점에서 보면 산업정책이란 산업도 기능도 아닌 기업을 육성하는 정책이어야 함.
  - 완전경쟁모형에서 동일한 기업은 합쳐져 산업이 되고 산업공급함수가 됨. ⇒ 그래서 '대표기업' 개념이 등장했음.
  - 따라서 산업과 기업을 구별할 필요가 없음. ⇒ 그러나 산업은 경제학의 필요에 의해 인위적으로 만들어 낸 개념에 불과함.
  - 그러나 현실의 모든 기업은 서로 다르고, 현실경제에서는 기업만이 인센티브에 반응하는 경제주체임. ⇒ 기업만이 정책대상인 셈임.

- 정부의 지원이 어떤 방식이어야 하는가?
  - 능력 있는 기업에 상을 주고 그렇지 않은 기업에 벌을 주는 것이 문제가 있는가? ⇒ 왜곡이라 생각하는가?[309]

---

306) 기업이나 산업을 선별적으로 지원하는 정책을 지양하고 노동, 교육, 훈련, 연구개발 등을 지원하는 산업정책으로 나가야 함. ⇒ 녹색신기술과 신상품을 개발하는 R&D를 지원하거나 녹색인재를 양성하는 일을 지원하는 것이 그 예가 됨.

307) 신고전파 성장론은 이미 산업정책을 파기한지 오래임. 그렇기 때문에 교육을 확충하고 R&D와 기술혁신 시스템을 강구하면 기업들이 알아서 산업을 일으킨다는 관점임. 정부의 역할은 교육, R&D, 기술혁신 기능을 강화하는 것에 머물러야 함. 시장이 나머지 문제를 해결한다는 관점임. 그래서 국제경제규칙도 산업정책적 지원정책을 "특정 산업에 대한 지원정책은 시장의 왜곡을 초래한다."고 불공정 관행으로 보는 것임.

308) 심장강화제를 열심히 공급하면 시장이 알아서 일류 마라톤 선수를 키워낸다는 것이 신고전파 성장론이 주장하는 것인데, 심장강화제만 먹이면 심장만 이상 비대화된 심장덩어리 괴물인간들이 됨. 그러나 보다 효과적인 방법은 강한 심장을 가진 훌륭한 마라톤 선수를 찾아 종합적인 훈련을 시키는 것이 더 효과적임. 여기서 정부의 산업정책 역할이 필요한 것임.

309) 시장은 스스로 돕는 경제주체만을 우대하는 경제적 차별화 장치임. 좋은 제품과 서비스를 공급하는 잘하는 기업의 물건을 사는 것을, 그런 기업의 주식을 사는 것을, 은행이 그런 기업에 더 싸게 더 많은 금융을 공급하는 것을, 일류대학 출신들이 그런 기업으로 몰리는 것, 즉 시장이 경제적으로

• 정부가 능력 있는 녹색기업에 상을 주는 것을 왜곡이라 해야 하나? ⇒ 스스로 돕는 자가 더 대접받는 세상의 이치를 왜곡이라 하면 시장을 부정하는 것이 되고, 경제학은 그 근본부터 다시 생각해야 하지 않겠는가?

- 기업육성정책의 성공조건
  • "시장성과에 따라 다르게 우대하는 경제적 차별화 기능"은 시장의 고유기능인데, 이 기능을 더 강화하는 것이 정부의 경제발전역할임. ⇒ 이 기능에 역행하여 개입하는 것을 정부의 경제발전정책기능이라 할 수는 없음.
  • 정부의 경제발전기능이란 바로 시장의 차별화기능을 보완 · 강화하는 정책기능을 의미함.
  • 정부는 시장성과가 좋은 기업을 차별화하여 우대함으로써 동기부여를 통해 모든 기업을 일으켜 세울 때라야 발전에 기여할 수 있음.

- 능력 있는 기업을 어떻게 확인하나?
  • 정부도 학자도 아닌 시장이 확인함.
  • 정부는 시장의 결과가 전해주는 시그널에 충실히 따라 상을 주는 것으로 충분함.

2 산업정책의 전환

- WTO체제 하에서 기대되는 국제무역환경은 '다자간무역자유화'(multilateral liberalization)와 이에 대항하는 '쌍무적 보호주의'(bilateral protectionism) 사이의 trade-off로서 나타날 것인바, 안으로는 시장 확대와 무역자유화를 추진하고, 밖으로는 방어적 성격을 띠는 소위 '미니주의적 무역자유화'(minilateral liberalization)[310]의 가능성이 커지고 있음.

- 산업정책은 한마디로 정부의 역할, 좀 더 정확하게는 시장개입과 밀접한 관련을 갖고 있기 때문에 정부의 역할에 대하여 영향을 주는 대내외적 추세 자체는 산업정책의 전개에 파급을 가져온다고도 할 수 있음.

- 산업정책의 변화 필요성 대두

잘하는 기업을 차별적으로 우대하는 것을 왜곡이라 하는가? 그래서 경제력의 집중을 왜곡이라 하는 것인가? 완전경쟁모형의 입장에선 왜곡이지만 현실에서 이것은 너무나 당연한 세상의 이치가 아닌가?

310) 국익 우선에 입각하여 소수 국가와의 무역자유화를 통한 특혜무역협정을 말함.

- 국제경제관계의 변화에 따라 산업정책의 기조, 즉 정부의 산업육성방식에 대한 일대전환이 필요
- 그렇다고 해서 정부의 역할 축소론에 무조건 찬성하는 것은 아니며, 오히려 국제경쟁의 와중에서 정부의 역할이 증대될 수도 있다고 봄.
- 일본, 독일 등 후발공업국 발전모형을 잘 보면 산업구조가 복잡해질수록 정부개입을 축소해야 한다는 논리는 반드시 옳은 것만은 아님.
- 국제경쟁의 치열화, 핵심기술의 공공재화 추세에 따라 정부의 역할은 증대되고 있다는 사실에 주목해야 할 것임.
- 다만 산업정책 수단에 대한 전통적 이해는 수정되어야 할 것으로 봄.

- WTO 무역질서 하에서는 산업정책의 기조를 과정정책(process policy)에서 질서정책(order policy)으로 전환해야 할 것으로 봄.
  - 행정부 중급관리의 임기응변식(원칙 없는) 시장개입이 아니라 우회적 · 장기적이고 원칙 있는 산업개입정책이 추구되어야 할 것임.
  - 이를 위하여 정부정책의 중심은 산업기반을 조성하고 전반적인 경쟁력을 확보하는 데 주어져야 할 것임. ⇒ 이는 결코 정부역할의 축소를 의미하는 것이 아님.

- 향후 한국 산업정책의 중심 내용(직접통제형에서 간접통제형으로 전환)
  - 기술 · 인력개발 및 확충(기술교육의 강화)
  - 연구 · 개발기능의 강화(R&D 예산증액)
  - 산업하부구조의 확충(사회간접자본의 확충)
  - 미래산업에 대한 비전제시(경제정보의 확보 및 유통의 강화)

- 또 하나 향후 산업정책에서 고려되어야 하는 것은 산업방어적인 측면임.
  - 위에서 언급한 것들은 주로 선진공업국을 따라잡기 위한 'catching-up' 전략과 관계된 것임.
  - 그러나 산업정책에는 구조발전정책도 있지만 구조유지를 위한 것도 포함됨.
  - 중국, 인도, 아세안 제국으로부터의 저가제품의 수입급증으로 한국의 관련 산업이 도산위기 등 어려움을 겪고 있음. ⇒ 이에 대한 신속한 산업피해의 확인, 구제조치 등이 요청됨.
  - 이미 세계 30여 개국에서 반덤핑관세제도를 시행하고 있음.
  - 이제 우리나라의 산업정책도 공격적인 면과 방어적인 양면을 갖추어야 할 것임.

- 끝으로 산업정책 패러다임의 전환과 관련하여 과거 참여정부가 발표하고 추진하려고 한 내용을 소개하면 다음과 같음.[311]

---

311) 산업자원부(2007) 참조.

〈표 12-1〉 산업정책 패러다임의 전환

	과 거	미 래
산업발전전략	- Catch-Up 중심 - 요소투입 주도	- 창조·선도 중심 - 가치창출·혁신 주도
대외개방	- 수동적 개방 - 소극적 대외진출	- 능동적 개방 - 적극적 대외진출
산업구조	- 제조업 중심 발전	- 제조업+서비스업 동반발전
중소기업	- 정부의 직·간접 지원제도 중심	- 시장의 혁신형 산업 생태계 조성 중심
협력범위	- 수직적 협력 - 자체 연구개발 - 국내·지역N/W 활용	- 수직+수평적 협력 - 인+아웃소싱 활용 - 국내+해외N/W 활용
기술개발	- 생산·공정기술 위주	- 핵심·원천기술 위주
경제시스템	- 국내차원의 제도 간 정합성 제고 중심	- 글로벌스탠더드와 부합되는 제도 개선

3 산업정책의 성공요건(Ⅰ)

- 이하 열거되는 내용들은 과학적인 검증을 가졌다기보다는 경험적 또는 논리적 근거에 기초하고 있음은 물론이며 프랑스, 일본, 한국 등 비교적 성과를 거두었다고 평가되는 국가들을 중심으로 드러난 산업정책의 특성을 종합·정리한 것임.[312)]

3.1 | 수출주도적 산업화

- 개도국의 경우 산업정책이 수출주도적 성장전략이라는 테두리 내에서 추진되는 것이 보다 바람직함.
  - 이제민은 한국의 유치산업 육성이 외부 지향적 산업화의 일환으로 추진되었기 때문에 외환위기도 겪지 않았고 또 성공을 거둘 수 있었음을 지적하고 있음.[313)] ⇒ 이 점은 수입대체산업 육성으로 일관했던 인도나 중남미 제국과 대조를 이룸.

---

312) 김세원·안세영(2003), pp. 465~472.

313) 선진국의 역사적인 성장경험과 후발산업화의 완수를 위한 정책 방향(한국국제경제학회 하계정책 세미나, 1996.06), 10면.

3.2 | 정부지원 방향의 명료성

- 사전적 · 예상적 · 예방적 성격을 가져야 함.
- 이 측면은 영미계 국가와 대륙계 국가(프랑스, 독일 및 일본 등) 간 산업정책 수행에 있어서 가장 큰 차이점 중의 하나인데, 문화 및 철학적 격차에서 비롯된다고도 할 수 있음.
  - 즉 전자의 경우 실리 · 실용주의에 입각하여 사후적 처방에 비중을 두는 데 비하여 후자에 있어서는 데카르트식 접근에 따라 미리 단계별로 정부의 정책 방향을 분명히 해주고 있으며 필요하다면 법적 근거를 마련하여 비전을 제시함으로써 투명하게 정책을 운영하고 있음.
- 정부의 지원 · 보조는 대부분 한시적으로 제공되는데 해당 기업의 입장에서는 이러한 혜택을 고려하여 투자, 생산, 판매 등 경영전략을 계획할 수 있음.
  - 또 정부가 일정한 자격기준을 요구하므로 기업들로 하여금 자기혁신적 노력을 하도록 하는 효과도 가져옴.

3.3 | 국민경제적 차원의 지원

- 사회적 합의에 기초할 필요가 있음.
  - 단순히 모양새를 갖추거나 정부정책의 정당화라는 차원을 넘어서서 정부가 각계각층의 의견을 수렴함으로써 사회적 자원을 적절한 부문에 배분한다는(따라서 효율성을 추구한다는) 의의를 내포하고 있음.

3.4 | 산업정책의 우월성 확보

- 신뢰성, 공정성 및 신축성을 갖추어야 함.
- 신뢰성
  - 정부정책이 실질적인 효과를 거두기 위해서는 해당 기업들에 대하여 전략적 불확실성을 제거해 줌으로써 신뢰를 얻을 수 있어야 함. ⇒ 이 자체는 정부의 정보수집 및 평가능력, 전망능력, 그리고 정책의 일관성 등을 전제로 함.
- 공평성
  - 일본의 산업정책은 무엇보다도 유도적, 그리고 시장순응적 특성을 갖고 있음. ⇒ 예로 지원정책의 수행에 있어서 객관적인 일정기준 아래 시장기능에 따라 승자

(winner)를 택하는 방법을 추구하고 있음.
- 정부의 정책은 어디까지나 기업들로 하여금 자기혁신적 노력을 유도할 수 있도록 공평하게 집행되어야 함.

- 신축성
  - 대내외 여건의 변화에 따라 산업정책의 취지나 성격도 바뀌고 있음.
  - WTO의 보조금 · 상계조치협정과 같은 국제규범에 의한 제약은 물론, 각국 내 국민경제적 요청에 맞추어 그 시기에 맞도록 산업정책의 취지, 형태 또는 동원되는 정책수단들이 신축적으로 선택되어야 함.

3.5 | 효율과 형평 간 조화

- 효율과 형평 간 조화가 요구됨.
  - 효율이 시장의 핵심이라고 한다면 형평은 정부가 추구해야 할 과제임.
  - 선진국들이 경제정책 수행과정에서 형평에도 중점을 두고 있는 이유는 중장기적으로 산업 전반, 나아가 경제 · 사회의 효율을 높여줄 수 있기 때문임.
  - 산업정책은 다른 경제정책들과 직 · 간접적으로 밀접한 관련을 가지며 넓은 의미에서는 이들 모두를 포함함.
  - 따라서 형평을 고려한다면 산업정책은 단순히 유치산업이나 사양산업뿐만 아니라 불리한 위치에 있는 산업이나 기업에 대한 지원을 그 대상으로 할 수 있음. ⇒ 중소기업 지원, 지방기업 활성화정책, 대기업-중소기업 관계를 정립하는 기업정책 또는 대기업-중소기업 간 거래질서를 확립하는 공정거래제도 등이 그 좋은 예임.

4 산업정책의 성공요건(Ⅱ)

- 좁은 의미의 산업정책, 즉 산업구조조정정책의 관점에서 본다면 우리의 관심은 산업구조의 변화와 산업의 경쟁력 강화에 영향을 가져오는 정부의 직 · 간접적인 개입에 있지만, 다른 한편으로 산업구조조정에 파급을 미치는 정부정책이라는 관점에서 본다면, 거의 모든 경제정책이 이 협의의 산업정책과 관련을 갖는다고 볼 수 있음.

- 그렇다고 모든 관련정책을 해당 부문만 떼 내어 단편적으로 다룬다는 자체도 큰 의미가 없다고 봄. ⇒ 왜냐하면 어떤 주제를 중점적으로 살피기 위해서는 분명한 시각과 심도 있는 접근이 필요하기 때문임.
- 여기서는 한국경제를 중심으로 우리가 본 산업정책에 영향을 주는 중요한 경제정책들을 나열하고 이들 상호간 정합성 및 일관성이 지켜져야만 산업구조조정이 실효를 거둘 수 있다는 점을 강조하고자 함.[314)]

4.1 거시경제정책

- 산업정책은 본질상 비시정책이지만, 성과를 거두려면 적질한 거시경제적 조건이 뒷받침되어야 함.
  - 예를 들어 지속적 성장은 육성대상 산업에게 수요기반을 제공해 주며, 또 물가안정의 지속은 이 산업으로 하여금 대외적으로 경쟁력을 갖추는 기회를 제공함.
  - 그 이외 특정 산업지원을 목적으로 동원되는 정책수단들 역시 거시경제운영의 경우와 동일함. ⇒ 금리, 환율 및 조세지원 등이 그 대표적인 예임.
- 한편 우리 경제가 인구 고령화와 소득 양극화로 인한 사회적 복지 수요의 증대에 효과적으로 대응하기 위해서는 공공복지의 향상을 효율적으로 달성할 수 있는 산업정책적 수단의 활용이 필요 ⇒ 경제의 성숙화나 양극화에 따른 정책수요를 고려할 때 앞으로 산업정책과 복지정책(노동정책)의 연계는 한층 강화되어야 할 것임.[315)]

4.2 경쟁정책

- 산업구조에 영향을 주는 경쟁정책은 산업정책의 또 다른 측면이기도 함.

---

314) 김세원 · 안세영(2003), pp. 472~481.

315) 세계 주요국은 복지재정의 효율화와 양질의 복지 서비스 제공을 위해 생계지원형 복지보다 자활지원형 복지의 비중을 확대해 나가는 추세임. 자활지원형 복지정책의 효과를 높이기 위해서는 산업조정이나 기업지원정책에서 활용되고 있는 지식과 노하우가 접목된 정책수단을 개발 · 적용할 필요가 있음. ⇒ 자활지원정책의 경우 전통적인 복지정책 수단보다는 시장기능을 최대한 활용하면서 안정적인 고용을 창출하는 산업정책 수단의 연계 · 활용이 필요한데, 최근 주목받고 있는 사회서비스 산업 육성이나 사회적 기업 활성화는 그러한 정책 개발이 요구되는 대표적 분야임. 여기서 사회적 기업이란 공공적 기여를 목적으로 기업활동을 하는 조직을 의미하는데, 기업활동의 목적이 이윤이 아닌 공공적 기여에 있다는 점에서 통상적인 영리 사기업과 다르고, 기업 소유권이 대체로 개인이나 민간 사회 조직에 귀속된다는 점에서 공기업과도 다르며, 스스로 경제활동을 통해 소득을 창출하여 재원을 조달한다는 점에서 자선단체와도 구별됨. 사업영역 자체가 공공적 기여의 성격을 갖는 경우(취약계층, 지역에 대한 사회서비스 제공 등), 사업영역은 영리기업과 차이가 없으나 고용창출을 기업목적으로 하는 경우, 다른 측면은 영리기업과 동일하나 기업 수익의 대부분을 공공적 목적에 사용하는 경우 등 다양한 형태로 존재함. 이와 관련하여 강두용(2007) 참조.

- 넓은 의미에서의 산업정책은 산업구조정책과 함께 산업조직정책을 포함함.
  • 산업조직정책의 취지는 근본적으로 시장실패는 물론 정부실패의 원인도 동시에 제거함으로써 경쟁원리를 확립하자는 데 있음.

- 따라서 단기적인 관점에서는 우리가 보아온 산업정책(즉 산업구조조정정책)이 산업조직정책과 상충될 수도 있음.
  • 미국 및 일본 등 선진국들도 효율화·합리화를 취지로 하는 기업 간 합병의 경우, 경쟁정책이 요구하는 제약조건을 다소 완화해 주고 있음.
  • 그러나 장기적으로는 기업의 진입·퇴출장벽을 제거해 주고 경쟁력 제고를 유도해야 한다는 점에서 산업구조 및 산업조직 정책 간 상충의 가능성은 점차 없어진다고 보아야 함.
  • 산업지원정책의 수단도 바뀌어 가고 있다는 사실은 경쟁정책에 대한 '예외를 통한 보호'에 그만큼 덜 의존할 수도 있음을 말해 줌.

- 여하간 OECD나 WTO 내에서 경쟁정책에 관한 국제규범의 제정이 논의되고 있는 데서도 알 수 있듯이 경쟁질서의 확립은 점차 국제적 추세로 등장하고 있으며, 시장경제의 활성화를 통한 산업경쟁력 강화의 필요성은 국내 경제적 요청이기도 함.
- 결론적으로 산업구조조정정책을 수행하기 위해서는 기술혁신, 인력·노동정책 및 교육정책 등 다른 간접 지원정책수단들을 활용해야 할 것임.

4.3 | 규제개혁

- 규제개혁은 산업정책을 효율적으로 추진할 수 있는 가장 기본적인 전제의 하나임.

- 한마디로 정부규제·간섭은 정부의 역할이기 때문에 기업의욕과 활동을 고취시킬 수 있도록 정부의 역할에 대한 개념이 새로이 정립되지 않고서는 규제완화·철폐가 실제로 이루어지기 곤란함.

- 산업정책적 차원에서 본다면 기업활동을 저해하는 각종 규제의 철폐가 요구될 뿐만 아니라 산업구조조정을 원활히 하고 경쟁력의 제고를 유도하는 정부의 지원서비스가 강화되어야 함.

- 이규억이 적절히 지적했듯이[316] 한국에 있어서 산업정책이 규제의 도입에 크게 의존해 왔으나 그의 견해대로 앞으로 산업정책은 규제정비가 중요 수단이 되어야 한다고만은 볼 수 없음. ⇒ 이러한 의미에서 '규제완화'보다는 '규제개혁'이라는 개념이 더 적절하다고 봄.

---

316) 이규억, 〈산업정책과 정부의 역할〉(한국국제경제학회 하계정책세미나, 1996.06), 5면.

• 왜냐하면 경제발전 방향에 맞추어 규제철폐가 이루어져야 하지만 이와 함께 산업정책의 연장으로 정부의 적극적인 역할 및 새로운 기업의 행동규칙이 요청되기 때문임.

4.4 통상 · 무역 정책

- 통상 · 무역 정책은 산업정책과 표리의 관계에 있음.
- 좁은 의미의 산업정책은 특정 산업보호를 대내적 정책수단에 의존하는 반면, 통상 · 무역 정책은 같은 취지를 달성하기 위하여 대외거래에 영향을 주는 정책수단을 활용하므로 산업정책의 연장과 같은 의미를 갖고 있음.
- 자유화의 발전을 과장해서도 안 되지만 그렇다고 국내산업보호의 타성을 그대로 지속해서도 곤란함.
- 근본적으로 중요한 것은 체계적인 산업정책을 수립하고 이를 적절히 수행할 수 있도록 대외 통상 · 무역 정책을 운영해야 한다는 점임.
  • 이러한 연계성은 단순히 수입제한의 측면뿐만 아니라 수출시장의 확보에 있어서도 동일하다고 봄.
- 과거와는 달리 산업보호는 다양한 관련 정책수단들을 체계적으로 일관성 있게 활용함으로써 시장기구를 통하여 빠른 시일 내에 경쟁력을 갖출 수 있도록 여건을 형성하는 데 그 취지가 두어져야 함.

4.5 중소기업지원제도

- 중소기업지원정책은 원활한 산업구조조정, 산업구조 기반의 확충, 전문화의 촉진 및 산업 전반의 생산성 증대에 기여할 수 있음.
- 모든 국가가 거의 예외 없이 중소기업에 대한 각종 지원정책을 실시하고 있으며, WTO체제에서도 중소기업만을 대상으로 하는 대부분의 지원제도를 허용보조금에 포함하고 있음.
  • 단지 외국과의 무역에 따라 차별대우를 내용으로 하는 지원제도는 금지됨.
- 산업구조조정은 산업 간, 산업 내 그리고 기업 내 조정을 포함함.
  • 정부의 입장에서 산업 간 그리고 산업 내 조정을 위하여 기술혁신과 전문인력 양성에 지원의 비중을 둔다면, 개별중소기업은 생산성 향상 및 고부가가치화와 같은 기업 내 조정을 추구할 수 있음.

- 또 프랑스를 비롯한 일부 유럽국가의 사례가 말해 주듯이 중소기업정책을 지역개발과 연계하여 추진할 필요가 있음.
  - 형평의 차원에서 지역 간 불균형을 해소해야 하는 과제는 정부가 담당해야 할 역할 중의 하나이며 지역개발지원은 WTO체제에서도 허용되는 보조금이기도 함.
  - 그러나 단순히 지역소득 증대를 위한 시혜적 정책의 성격을 가져서는 안 됨.
  - 그보다는 산업입지, 인적자원 및 사회간접시설 등 해당 지역의 비교우위는 물론 국내산업구조조정 및 전문화의 촉진이라는 전반적인 고려 아래 특화산업을 선정해야 함.

4.6 | 기술혁신 및 전문인력개발 지원

- 기술혁신 및 인력개발은 산업구조조정의 핵심요소이며, 또 정부지원정책의 가장 중요한 수단이기도 함.

- 산업구조조정의 측면에서 정부의 기술 · 인력개발정책은 다음과 같은 몇 가지 원칙을 전제로 할 필요가 있음.
  - 첫째, 정부 - 과학 - 기업 간 원활한 협조체제가 이루어져야 함. ⇒ 독일을 비롯한 일부 국가의 예에서도 볼 수 있듯이 이 3자간 유기적인 협조가 진행될 때 기술잠재력의 개발이 효율적으로 이루어지며 기술기반이 확립될 수 있음.
  - 둘째, 시장기능에 입각한 간접적 · 유인적 · 한시적 성격을 띠어야 하며 해당 기업 간 경쟁을 유도할 수 있어야 함.
  - 셋째, 한국경제에 있어서 최대 과제의 하나인 자본재, 부품 및 소재의 국산화에 초점을 맞출 필요가 있음. ⇒ 따라서 기초기술개발은 물론 응용기술개발 및 기술의 상업화에 대한 지원을 통하여 시장을 확보해 줄 수 있어야 함.
  - 넷째, 한국적 현실에 맞는 지적소유권정책이 정착되어야 함. ⇒ 기술보호와 인센티브 제공에 의한 기술활동의 촉진이라는 이 정책의 취지를 살리되 산업구조고도화의 요청을 충족시킬 수 있도록 적절한 형태의 도입이 요청됨.
  - 다섯째, 원활한 산업구조조정을 위해서는 적극적인 인력개발, 훈련정책의 추구가 요구됨. ⇒ 첨단기술이나 신기술 개발지원뿐만 아니라 사양산업화 부문에 있어서 산업 내 및 기업 내 조정을 위해서도 직업재훈련에 대한 지원이 바람직함.

4.7 | 생산요소가격의 안정

- 생산요소가격의 안정은 산업경쟁력의 유지를 위하여 기본적인 필수요건임.

- 산업정책의 취지가 산업의 경쟁력 강화에 있다고 한다면 기업의 경쟁력은 그 전제라고 할 수 있음
  - 토지, 금융, 임금 등 생산요소의 높은 가격은 한국 특유의 현상이라고 할 수 있음.
  - 외국에 비하여 이와 같이 높은 요소비용 추세가 지속된다면 산업정책의 실질적인 의미가 약화될 수밖에 없음.

4.8 | 정부의 주도적 역할

- 정부의 분명한 입장이야말로 산업정책의 실효성을 판가름하는 관건임.
- 정부의 태도 및 역할에 대한 논란은 여전히 존재하고 있지만, 세계화의 추세에 맞추어 무조건 정부의 역할을 축소해야 한다는 입장은 타당하지 않다고 봄.
- 경제적 국경이 완화되고 있는 것은 사실이나 결코 사라지는 것은 아니며 이에 따라 정부의 역할은 단지 바뀔 뿐임. ⇒ 정부의 개입 혹은 불개입이 선택이 될 수는 없음.
  - 어느 선진국에 있어서도 '자유화'는 대외적 명분이며 실제로는 정부가 각종 보호정책을 실시하고 있음.
- 중요한 것은 폭넓고 신속한 정보를 바탕으로 정확한 판단과 전망을 내릴 수 있는 유능한 정부가 기업에게 분명한 메시지를 전달하는 일임. ⇒ 또 정부와 민간 간 확실한 역할분담을 정립하는 일도 정부의 몫임.
- 시장경제의 활성화라는 전제 아래 정부의 역할을 분명히 해줄 때 산업정책은 비로소 그 의미를 갖게 됨. ⇒ 아무리 대내외 여건이 변한다 하더라도 산업정책의 포기는 결코 그 대안이 될 수 없음.

5 한국 산업정책의 점검[317)]

5.1 | 1960년대 이후 한국경제의 성과

- 한국은 본격적인 경제개발을 시작한 1962년 이래 연평균 7.3%의 괄목할 만한 성장을 기록함.

317) 이하 내용은 김원규 · 김인철(2008) 참조.

• 1997년 말 대내외적인 요인들로 인하여 외환위기를 겪었으며, 그 이후 경제의 구조조정을 통하여 외환위기를 조기 극복하는 데에 성공하였으나 경제성장률은 2000년 이후 연평균 4.5%로 둔화됨.
• 한편 2008년 9월 이후 미국발 금융위기로 인하여 한국경제가 또 다시 침체국면으로 들어갔는데, 정부의 선제적 대응에 힘입어 2009년 하반기부터 경기회복의 조짐이 나타날 것으로 조심스럽게 전망하였음.

- 1970년 한국의 1인당 GDP는 276달러에 불과하였으나 2006년 1만8천 달러를 기록했고, 2007년에 처음으로 환율 효과(달러당 평균 929원)에 힘입어 2만 달러를 돌파(2만1655달러)했으나, 2008~2009년 글로벌 금융위기의 파고를 맞으며 2만 달러 아래로 떨어졌으며 이후 2010년에 다시 2만 달러를 회복했음. ⇒ 그 후 2012년의 2만2천590달러에 이어 2013년 한국의 1인당 국내총생산(GDP)은 2만4천329달러로 세계 33위를 기록했는데, 이는 5년 전보다 8계단 상승한 것임.[318]
  • 그러나 1인당 GDP는 주요 선진국에 비해 아직 크게 낮아 2005년 기준 경상기준으로 미국의 39%, 일본의 46%, EU 15개국의 50% 수준에 그치고 있음.
  • 최근 기록을 살펴보면, 2013년 기준 1인당 GDP가 가장 높은 나라는 룩셈부르크로 11만423달러였으며, 노르웨이(10만318달러), 카타르(10만260달러), 스위스(8만1천323달러)가 뒤를 이었음. ⇒ ㉠ 한국과 1인당 GDP가 비슷한 나라는 키프로스(32위 : 2만4천761달러), 사우디아라비아(31위 : 2만4천847달러), 오만(30위 : 2만5천288달러) 등임. ㉡ 미국(9위 : 5만3천101달러)과 독일(18위 : 4만4천999달러), 일본(24위 : 3만8천491달러) 등은 한국보다 1인당 GDP가 많았으며, 러시아(51위 : 1만4천818달러)와 브라질(62위 : 1만1천310달러), 중국(85위 : 6천747달러) 등은 한국보다 순위가 아래였음.

- 과거 한국의 경제성장을 성장요인별로 살펴보면, 주로 자본스톡의 증대가 큰 역할을 했던 반면, 경제 전체의 혁신을 의미하는 총요소생산성[319]의 역할은 미흡했던 것으로 나타났음.

5.2 | 한국 산업정책의 변화와 평가

- 한국은 1962년 이후 1950년대의 수입대체전략에서 탈피하여 수출주도형 성장전략으로 전환하였으며 이후 산업정책의 성격도 시대적 상황에 따라 변화를 거듭하였음.

---

318) 연합뉴스(2014.05.12) 참조.
319) 통상 성장요인 분석에선 인적자본은 노동에 포함되나, 여기서는 총요소생산성의 개념에 포함시켰음. 따라서 여기서의 총요소생산성은 기술진보 외에 인적자본 등 경제의 전반적인 혁신 정도를 포괄하는 개념임.

- 한국의 산업정책은 산업구조의 고도화를 통해 경제성장에 크게 기여했음.
  - 수출주력업종이 1960년대 섬유제품, 합판, 가발, 신발 등의 경공업제품에서 2006년 반도체, 승용차, 선박, 무선통신기기, 평판디스플레이 등으로 고도화되었음.

- 한국의 산업정책이 산업구조 고도화와 현재의 주력산업 형성에 크게 기여한 것은 사실이나 동시에 그 과정에서 많은 시행착오가 발생한 것 또한 사실임.
  - 예를 들어 1970년대의 중화학공업 육성정책은 1980년대 산업합리화라는 거대한 조정비용을 초래하였으며, 1980년대 후반 민간주도 경제운용으로의 전환은 대내적인 구조적 문제를 확대시키면서 외환위기의 단초를 제공하였음.
  - 외환위기 이후 정부 주도의 급격한 산업구조조정은 외환위기의 조기 극복에 기여하였으나 그 과정에서 막대한 공적자금이 투입되었고 경제의 성장잠재력 확충에는 크게 기여하지 못한 것으로 나타났음.

- 참여정부에 들어서는 혁신주도형 경제로의 이행과 부문 간 동반발전을 적극 추진하였으나 투자 부진, 고용창출 미흡, 성장률 둔화 등이 지속되면서 정책의 가시적 성과가 미흡한 상황이었음.

〈표 12-2〉 한국 산업정책의 변화와 평가

기 간	산업정책 방향	평 가
1962～1971	경공업 위주의 수출주도형 전략	- 본격적인 경제개발 추진 - 경공업 위주 정책의 한계
1972～1980	정부 주도의 중화학공업 육성	- 최근 우리 경제의 주력산업의 기틀 마련 - 중화학공업의 부실화와 저생산성 문제
1981～1985	중화학 분야의 산업합리화	- 중화학 분야의 구조조정 추진 - 산업합리화에 따른 막대한 조정비용
1986～1991	자율 · 경쟁 · 개방 체제로의 이행	- 정부의 특정 산업 개입근거 폐지 - 기술개발 등 시장보완적 산업정책 추진
1992～1997	개방화와 민간주도 경제운용	- 개방화를 확대하였으나 대내적인 구조적문제점 상존 - 외환위기의 발생
1998～2002	IMF관리체제와 산업구조조정	- 기업의 재무구조 개선에 기여하였으나 중장기 경쟁력 제고에 미흡 - 막대한 공적자금 투입 - IT산업이 주력산업으로 부상
2003～2007	혁신주도형 경제로의 전환과 부문 간 동반발전	- 혁신역량 강화에 노력 - 양극화 관련 정책의 타당성과 성과에 대한 논란 지속

5.3 | 한국경제의 재도약을 위한 신산업정책의 비전과 기본 방향

- 한국은 외환위기 이후 경제성장 둔화와 경제활력 저하를 경험하고 있음.

- 외환위기 이후 한국경제는 과거 요소투입 주도형 경제의 한계를 인식하고 혁신주도형 경제로의 전환을 추진하였으나 그 성과는 아직 미진한 상태임.

- 한편 한국경제가 직면하고 있는 세계화의 급속한 진전, 중국의 급부상, 전 세계적인 기술경쟁 심화 등은 대응방법과 노력에 따라 선진경제 진입에 위협요인이 될 수도 있고 기회요인이 될 수도 있음.

- 이러한 상황에 직면하여 한국경제가 진정한 선진경제로 진입하기 위해서는 한국경제의 재도약을 위한 신산업정책(new industrial policy)을 적극 추진할 필요가 있음.

- 신산업정책의 비전은 한국경제가 지식 · 혁신주도형 선진산업국가로 이행하는 것임.
  - 지식과 혁신을 통한 질적 향상을 경제발전의 주된 동력으로 활용함으로써 경제 전체의 업그레이드와 안정적 · 지속적 경제발전의 경제목표를 추구
  - 국내기업의 글로벌 지식 · 혁신 선도와 경제 전체의 지식 · 혁신 활동 참여 및 성과 공유를 정책목표로 지향

- 신산업정책의 기본 방향은 지식과 혁신에 기반하여 경제 전체의 생산성 향상, 고용확대, 국민소득 증대를 이루는 것임.

- 한편 신산업정책의 특징은 개인 · 기업 · 정부의 혁신역량을 결집하여 산업발전과정의 기회요인을 최대한 활용함으로써 창조적인 지식기반의 산업발전을 도모하는 것임.
  - 첫째, 생산성 향상에 의한 성장을 통하여 고용기회를 확대하고 이는 다시 인적자본의 축적을 통해 지식과 혁신을 촉진함으로써 생산성 향상을 가져오는 선순환구조를 강조함.
  - 둘째, 경제 전체의 생산성 향상이 기본적으로 개별부문의 생산성 향상과 부문 간 연계 강화에 기초하고 있기 때문에 부문별 생산성 향상을 우선시함.
  - 셋째, 신산업정책은 지식과 혁신 및 부문 간 생산성의 긍정적 외부효과 확산이 중요한 경제발전수단이 되도록 활용함.
  - 넷째, 신산업정책은 세계화의 급진전을 지속적인 시장 확대와 수익 창출의 기회로 적극 활용하며, 특히 FTA와 중국의 부상을 동아시아와 세계경제에서 기술 및 시장 우위 확보의 기회로 삼음.
  - 다섯째, 기업가정신이 충분히 발현될 수 있도록 창조적 파괴의 원천이 되는 기업

생태계 형성에 대한 정책적 지원 체계를 갖춤으로써 신산업정책이 지향하는 지식·혁신주도형 산업국가로의 구조전환에 적합한 역동적 시장 구성을 추구함.

- 여섯째, 로드릭(Rodrik, 2004)[320]에서 제시된 것처럼 이 모든 과정에서 정부실패와 시장실패를 최대한 방지하고 최선의 성과를 거두기 위해 상호 대등한 관계 하에서 민간부문과 정부부문 간의 긴밀한 공동 협력이 중시됨.[321]

5.4 | 신산업정책의 발전전략

- 지식·혁신주도형 선진산업국가의 비전하에 경제 전체의 생산성 향상, 고용창출, 국민소득 증대를 위해서는 발전전략으로서 산업구조 고도화와 제도적 역량 강화를 추진할 필요가 있음.

- 생산성 향상과 관련하여 우선 생산성이 높거나 생산성 증가율이 높은 부문으로 자원의 배분이 원활하게 이루어져야 하고, 둘째 경제의 비중이 높은 부문의 생산성 향상 노력이 필요하며, 셋째 기업 및 제품의 진입·퇴출이 원활하게 이루어져야 함.
  - 예를 들어 향후 한국경제의 성장동력 확충 차원에서 필수적인 신기술산업이나 동북아 및 세계분업구조상에서 역할 확대가 요구되는 부품소재산업 등으로의 자원배분이 원활히 이루어져야 할 것임.
  - 또한 경제의 비중이 높은 서비스업이나 중소기업 부문에서 생산성 제고를 위한 혁신역량을 강화하면서 생산성이 높은 신규기업의 진입을 촉진하고 생산성이 낮은 기업의 원활한 퇴출을 유도하는 등 지속적인 구조조정 노력이 필요

- 언스트(Ernst)[322]는 다섯 가지 서로 다른 형태의 산업구조 고도화(industrial upgrading) —산업 간 구조고도화, 생산요소 간 구조고도화, 소비구조의 고도화, 가치사슬구조의 고도화, 전후방 연관관계의 구조고도화—를 제시하며 경제발전을 유지시키기 위한 지속적인 산업구조 고도화의 필요성을 강조하였음.

---

320) Rodrik, D., "Industrial Policies for the Twenty-First Centry", John F. Kennedy School of Government, Harvard University, September 2004.

321) 산업정책을 보다 실용적인 관점에서 파악하려는 새로운 시각의 산업정책론은 하버드대 공공정책대학원(Kennedy School of Government)의 대니 로드릭(Dani Rodrik) 교수를 중심으로 대두되었는데, 그는 대안적 산업정책론은 시장과 정부를 대립관계가 아닌 보완관계로 보고 양자 간의 전략적 협력(strategic collaboration)에 의한 산업발전의 필요성을 주장하였음. 이와 관련하여 윤우진·김인철(2008) 참조.

322) Ernst, D., "Global Production Networks and Industrial Upgrading : A Knowledge-Centered Approach", East-West Center Working Papers, No. 25, May 2001.

- 한편 에이스모그루, 존슨 그리고 로빈슨(Acemoglu, Johnson and Robinson)[323]은 경제성장 및 효율적인 자원배분에 있어 근본적인 요인(fundamental cause)으로서 경제적 제도(economic institutions)의 중요성을 주장하였음.

- OECD(2007)[324]는 OECD 국가들이 세계경제에서 경쟁력을 유지 · 강화하기 위해서는 가치사슬(value chain)상의 상위단계로 진입하는 노력이 필요하고 이를 위해서는 다양한 제도적 역량강화 전략이 필요함을 주장하였음.
  - OECD는 최근 다른 보고서[325][326]에서도 OECD 국가들의 성장과 생산성을 제고하기 위해서는 제도개혁을 위한 미시정책(micro-policies)이 중요함을 강조하였음.

5.5 | 신산업정책의 핵심 정책과제

- 지식 · 혁신주도형 선진산업국가를 이루기 위해 지속적인 산업구조 고도화의 추진이 필요하며 이를 위해서는 핵심부품소재산업의 글로벌화, 신기술산업의 주력산업화, 서비스산업의 성장동력화, 중소기업의 혁신역량 강화 등이 필요함.

- 한편 세계화와 기술혁신의 시대로 대변되는 21세기 산업정책의 요체가 혁신, 인적자본, 기업가정신의 강화에 있으므로 제도적 역량을 강화하기 위해서는 산업의 혁신역량 강화, 인적자원개발의 확충, 기업가정신의 함양에 정책초점이 맞추어져야 함.

〈표 12-3〉 신산업정책의 비전과 발전전략

비 전	기본 방향	발전전략	정책과제
지식 · 혁신주도형 선진산업국가	• 생산성 향상 ⇒ 혁신적이고 역동적인 산업 • 고용 증대 ⇒ 양질의 일자리를 창출하는 산업 • 국민소득증대 ⇒ 삶의 질 향상에 기여하는 산업	▲산업구조의 고도화 : 신산업 창출 및 기존산업의 고부가가치화	• 부품소재산업의 글로벌화 • 신기술산업의 주력산업화 • 서비스산업의 성장동력화 • 중소기업의 혁신역량 강화
		▲제도적 역량의 강화 : 생산성 향상을 위한 혁신환경 조성	• 산업혁신 역량 강화 • 인적자원개발 확충 • 기업가정신의 함양

323) Acemoglu, D., S. Johnson and J. Robinson, “Institutions as the Fundamental Cause of Long-run Growth”, NBER Working Paper 10481, May 2004.

324) OECD, Staying Competitive in the Global Economy : Moving up the Value Chain, Paris, OECD, 2007.

325) OECD, Micro-policies for Growth and Productivity : Final Report, Paris, OECD, 2005.

326) OECD, Economic Policy Reforms : Going for Growth, Paris, OECD, 2006/2007.

5.6 지식 · 혁신주도형 녹색성장 산업발전전략[327)]

- MB정부는 실물경제로 전이되고 있는 경제위기 극복의 계기를 마련하는 동시에 경제의 성장잠재력을 확충하기 위한 중장기 전략체계를 발표하였음.
  - 지식경제부는 2008년 12월 2일 《지식 · 혁신주도형 녹색성장 산업발전전략》 발표회를 개최하였음.
  - 지난 2008년 8월 《국가에너지 기본 계획》, 9월 《그린에너지산업 발전전략》 발표에 이어 이번 《녹색성장 산업발전전략》의 발표를 통해 녹색성장을 위한 산업 · 에너지부문의 밑그림이 완성되었음.
- 금융부문에서 비롯된 경제위기의 해법을 실물부문 활성화에서 찾고, 기후변화에 취약한 에너지 다소비형 산업구조를 동시에 해결하여 우리경제가 지속 가능한 성장을 달성하기 위해서는 그간의 산업발전전략에 대한 수정이 불가피하였음.
- '환경 시대의 산업발전 패러다임'은 핵심 주력산업과 에너지 · 환경 기술 간 융합을 통해 친환경 사업영역을 발굴함으로써 "새로운 성장동력을 창출"하고, 산업의 환경 친화적 전환을 통해 환경과 경제가 선순환하는 "지속 가능한 성장"을 달성하는 것임.

〈표 12-4〉 지식 · 혁신주도형 녹색성장 산업발전전략 비전 및 체계

비전	목표	핵심 주력산업의 녹색혁신 -Green Innovation-	저탄소형 산업구조 재설계 -Green Restructuring-	가치사슬의 녹색변환 달성 -Green Value Chain-
지식 · 혁신주도형 저탄소 녹색산업 강국	"3G 9-6-6 전략"을 통한 산업부문 녹색변환 (Green Transformation) 완성	▲철강 : 공정혁신을 통한 에너지효율 세계 1위 달성 ▲석유화학 : Eco-산업단지를 위한 Combinat Tech Pro. 추진 ▲섬유패션 : 초경량 그린 섬유소재 산업화 실현 ▲자동차 : 2013년 에너지 절약형 저탄소 플러그인 차 상용화 ▲조선해양 : 미래형 신개념 선박 · 해양 시스템 개발 ▲일반기계 : 고효율 청정 생산기반 구축 ▲반도체 : 초저전력 고효율 그린 반도체 개발 ▲Display : Aqua-Green Window Display 시장선점 ▲가전 : E&E(Energy Saving & Ecology) Project 추진	㉠ 지식서비스 산업 육성 및 녹색화 ㉡ Green Ocean 발굴 · 육성 ㉢ 지식경제 R&D 시스템의 혁신 ㉣ 지식재산의 창출 · 활용 ㉤ 기후변화 대응 지원 ㉥ 녹색경영 활성화	㉠ Green Standard 정립 ㉡ Green IT 추진 ㉢ Green Hub Korea 구축 ㉣ 녹색 · 유통 · 물류 혁신 ㉤ 국제환경규범과 시장 확대 ㉥ 산업계 자원 생산성 혁신

327) 이하 내용은 지식경제부(2008) 참조.

- 《지식 · 혁신주도형 녹색성장 산업발전전략》은 "3G 9-6-6 전략" 체계로 구성
  - 핵심 주력산업의 녹색혁신(green innovation) : 주력산업과 녹색기술의 융합을 통해 전체 산업의 녹색산업화를 촉진하여 단시간 내에 녹색산업의 선두주자로 발돋움하는 것을 목표로 9개 산업별 전략으로 구성
  - 저탄소형 산업구조 재설계(green restructuring) : 산업구조 고도화, 지식기반경제로 이행, 에너지효율 향상 및 온실가스 감축 등을 통해 저탄소형으로 산업구조를 재설계할 수 있도록 6개 기능별 전략으로 구성
  - 가치사슬의 녹색변환 달성(green value chain) : '생산 - 물류 - 마케팅 - 서비스 - 재자원화'에 이르는 가치사슬 전 과정의 친환경화를 통한 전체 산업의 녹색화 기반 조성을 위한 6개 기능별 전략으로 구성

5.7 | 박근혜 정부의 창조산업 육성[328)]

- 2012년 8월 창조경제론,[329)] 2013년 2월 국정과제[330)] 등을 통해 미래 우리나라 경제를 이끌어갈 새로운 경제발전 패러다임으로 '창조경제' 개념을 구체화
  - 핵심가치를 과학기술과 인적자원으로 제시하고 우리나라 미래 경제를 이끌고 세계시장을 선도하기 위한 추격형 경제에서 선도형 경제로의 패러다임 전환
  - 과학기술 등 모든 분야에 상상력과 창의성을 접목하여 산업 융합 촉진을 통해 새로운 성장동력과 시장, 특히 일자리를 창출하기 위한 정책
- 과학기술정책 패러다임을 생태계 창조형 R&D로 전환하고, 과학기술과 아이디어 · 상상력을 융합한 신산업 창출 등 과학기술을 통한 아래의 창조산업 육성을 첫 번째 국정과제로 강조
  - (신성장동력) 과학기술에 기반한 미래예측으로 유망 성장동력을 발굴하고, 문화콘텐츠 · SW · 인문 · 예술과 융합
  - (사회이슈해결) 고령화 · 에너지 등의 국가당면 이슈를 해결하고, 사회복지 · 안전 등 공공시스템과 연계한 신(新)시장 창출 지원
  - (실용기술 활용) 사업화 · 창업 아이디어와 기술 보유자, 투자자를 매칭하고, 제품화를 위한 후속 R&D와 공공구매 연계 등 지원

---

328) 이와 관련하여 차두원 외(2013) 참조.

329) ▲미래 우리나라 경제를 이끌어갈 새로운 경제발전 패러다임으로 인적자본과 과학기술 중심의 질적 성장전략, ▲상상력과 창의성, 과학기술에 기반한 경제운영을 통해 새로운 성장동력을 창출하고, 새로운 시장, 새로운 일자리를 만들어가는 정책

330) ▲자본투입 중심의 추격형 전략에서 벗어나 과학기술과 인적자본을 바탕으로 생산성을 획기적으로 높이고자 하는 세계시장 선도형 성장전략, ▲모든 분야에 상상력과 창의성을 접목시키고 산업간 융합을 촉진함으로써 새로운 부가가치와 일자리를 창출해 나가는 데 정책적 역량을 집중

- (과학기술 서비스) 빅 데이터·초고성능컴퓨팅 등을 활용한 공공·민간 서비스 확대와 이를 통한 서비스산업 육성 등
- (거대·전략기술 기반산업) 우주발사체·인공위성, 대형 가속기, 원자력 등 대형 국가 프로젝트 민간 개방으로 산업생태계 구축

5.8 | 향후 한국 산업정책의 6대 과제331)

- 향후 한국의 산업정책은 산업발전의 미래 지향적인 균형회복을 지향한 세부적인 정책추진이 필요

- 첫째, 민저 수출과 내수의 균형을 위해 내수의 상대적 비중확대를 장기 산업발전의 중요한 목표로 삼아야 함.

- 둘째, 산업부문에 있어서 제조업과 서비스업의 불균형 해소를 위해 제조업으로부터 다양한 부가서비스의 창출에 주력할 필요가 있음.
  - 우리나라의 경우 서비스업은 고용의 보고임에도 불구하고 교육이나 의료서비스 등에서 각종 규제로 인해 서비스업이 전혀 제 기능을 못하고 있고, 서비스업과 제조업의 임금격차도 문제인 실정임.
  - 또한 우리나라 제조업의 경우 독일, 일본에 근접하는 수준에 있지만 제조업에서 파생되거나 진화되는 서비스업의 경우 아직 초보적인 수준에 머물러 있음.
  - 첨단금융상품을 이용해 제조업으로부터 생산된 제품을 파는 대신 리스 등을 통해 소모용품과 유지보수를 통해 수익성을 높이는 등 제조업으로부터 다양한 부가서비스의 창출에 주력할 필요가 있음.

- 셋째, B2B산업과 B2C산업 간의 불균형 해소를 위해 첨단핵심부품소재의 해외 의존도를 낮추는 전략이 필요(미국, 독일, 일본 등 선진국의 공통점은 B2C보다 B2B가 강하다는 것임)332)

- 넷째, 신성장산업과 전통산업 사이의 균형유지를 위해 국가 전체적으로 미래 신성장산업과 성숙산업, 그리고 핵심 캐시카우산업333)으로 구성된 다양한 산업포트폴리

---

331) 산업연구원(2011.12.13) 참조.

332) B2B(Business to Business) : 기업과 기업 간의 전자상거래를 의미함. 개방된 통신망을 이용해서 불특정 다수 기업 사이의 거래나 기업 간의 전자적인 거래를 의미함. B2C(Business to Consumer) : 기업과 소비자 간의 전자상거래를 의미함. 인터넷을 통한 기업과 소비자 간의 직거래를 말함. B2C의 장점 : 기업 입장에서는 고객의 요구를 신속히 파악하여 적은 자본으로 판매거점을 확보, 그리고 인터넷을 통한 원거리 교육 가능

333) 캐시카우(Cash Cow)는 현금을 뜻하는 '캐시'와 젖소를 일컫는 '카우'의 합성어로 표면적으로는 현금 창출원을 말함. 이 용어는 기업에 적용됐을 때 뜻이 구체화되는데 제품 성장성이 낮아지면서 수익성(점유율)이 높은 산업을 지칭함. 한 기업이 이러한 캐시카우를 보유하면 해당 산업에서 점유율이

오 구성과 조화가 필요

- 다섯째, 대기업과 중견 · 중소기업 사이의 동반성장 문제가 우리나라 경제에서 가장 중요한 아킬레스건이라고 할 수 있음.
  - MB정부는 동반성장의 문제를 '공생발전'이라는 생태계적인 관점으로 격상시켜 다루려고 시도했으며 현 박근혜 정부 역시 종래의 법적 · 강제적인 해법에서 벗어나 합의와 사회적 압력이라는 수단을 통해 문제해결에 주력하고 있음.
  - 정부는 기업의 99%를 점하고 있는 중소기업들의 대기업으로의 성장을 적극 지원하면서 산업의 허리를 강화하려는 노력을 경주하고 있음.
  - 앞으로 중견기업들이 글로벌 중견전문기업으로 많이 성장하면 할수록 우리나라 산업에서 소위 히든챔피언(hidden champion)들이 많이 생겨 산업생태계를 더욱 강화할 것으로 기대
- 마지막으로 수출에 있어서 수출대상국들의 포트폴리오를 미래 지향적으로 지속적인 재편을 해나가는 것이 필요함.
  - 물론 첨단제품을 통한 선진국 시장에서의 경쟁력을 유지시키는 것이 기본적으로 필요하지만 미래 잠재시장의 상대적 비중을 높여갈 필요가 있음.
  - 현재도 이미 미국과 유럽, 그리고 일본 등 선진국을 제외한 신흥국의 수출비중이 70%를 넘고 있으나 앞으로 인도, 아프리카, 남미, 중앙아시아 등으로 계속 시장의 지배력을 높여가는 노력이 필요

6 새로운 산업정책에 대한 전망[334)]

6.1 한국의 경제성장과 산업정책

- 한국은 제조업 노동생산성의 성장을 기반으로 산업경쟁력을 강화하는 산업정책의

높아 고정적인 수익을 많이 올릴 수 있고, 해당 제품의 성장성이 낮으므로 다른 기업의 참여도 나오지 않게 됨. 결국 캐시카우가 있으면 해당 기업에게 안정적인 수익을 가져다줌. 이미 투자비용을 모두 회수하고도 남는 상태에 놓임. 대표적으로 마이크로소프트(MS)사의 컴퓨터(PC) 운영체제인 윈도즈(Windows)와 사무전문 프로그램인 오피스(Office) 제품 등을 예로 들 수 있음. 기업이 캐시카우를 보유하게 되면 고정적인 수익이 발생해 신규 사업 진출에도 수월한 이점이 생김. 이러한 기업의 주가는 고정적인 배당과 낮은 위험성이 부각돼 높은 주가를 기록하기도 함. 개별기업은 캐시카우가 있느냐에 따라 평가가 확연하게 달라짐. 캐시카우는 전 세계 경영전략 컨설팅 업계의 '빅3'로 꼽히는 보스턴컨설팅그룹(BCG)에서 만든 개념임. 최근에는 스마트폰이 급속도로 보급되면서 모바일 게임을 히트 친 IT기업들이 이를 캐시카우로 이용해 성장하고 있음. 연합인포맥스(2013.11.14) 참조.

334) 산업연구원(2011.12.13) 참조.

수행 등을 통해 경제성장 고도화 달성이 가능하였음.

- 경제성장 견인에 있어 핵심적인 산업정책의 형태
  - 시장성을 높이기 위해 저평가된 통화정책
  - 개발금융, 신용보조 및 저평가를 활성화하기 위한 금융정책
  - 기타 목표 지향적인 산업정책
- 2007년 글로벌 위기 이후 새로운 여건 하에서 한국정부는 지속성장의 관점에서 크게 다음의 세 가지 산업발전 방향을 설정하고, 우리 경제의 구조조정 관점에서 정책적 대응을 하고 있음.
  - 기존 산업(제조업과 서비스 모두 포함)의 고부가가치화(일종의 전문화)
  - 기존 산업의 IT 등 여타 기술과의 융합을 통한 융합화, 녹색화 등(일종의 다각화)
  - 새로운 성장동력 확충차원의 미래 유망 분야(3개 분야 17대 분야)의 기술, 인력, 인프라구축
  - 이 세 가지 방향의 산업발전에 있어 정부개입은 현재보다 부가가치가 높거나 생산성이 높은 분야로의 자원과 인력(주로 R&D투자를 통해)의 이동이 원활히 이루어지도록 추진하고 있어 기본적으로 구조조정을 촉진하는 차원의 개입임.
- 급속한 산업화과정을 거친 한국은 향후에도 이전과는 다른 새로운 대내외적 도전에 직면해 있으며, 이를 슬기롭게 극복할 수 있는 산업정책의 수행이 긴요
  - 시장친화적인 정책과 거시경제적 안정성을 담보하는 정책을 기반으로 하되, 새로운 경제적 활동을 지원하는 산업정책의 수행이 필요

6.2 | 산업정책을 수립하기 전 반드시 인식해야 할 사항

- 산업정책의 수립 이전에 외부효과, 시장실패, 그리고 구조적인 변화의 제약요인 등의 존재 여부와 위치 등에 관한 지식과 정보가 사회 내 전반적으로 널리 확산되어 있어야 함.
  - 구조적인 변화의 과정은 자동적으로 되는 것이 아니며, 시장실패와 정부실패 등의 요인에 의해 지연됨.
- 기업들은 정부와 게임을 할 강한 인센티브가 존재하며, 동시에 항상 부패와 지대추구 행위[335]가 발생할 가능성이 큼.

---

335) 지대추구 행위는 미국의 경제학자 앤 크루거가 처음으로 소개했음. 그는 정책적으로 도입된 '수입물량 제한' 등이 이해관계집단에 의해 이용돼 심각한 사회적 낭비를 불러올 수 있음을 보여줬음. 일반적으로 '지대(rent)'란 토지에 대한 임대료를 말함. 이에 비해 경제학에서 말하는 '경제적 지대(economic rent)'는 토지처럼 공급이 제한되거나 비탄력적이어서 공급이 원활하게 이뤄졌을 때의 가

- 산업정책의 궁극적인 수혜자는 정부나 기업이 아닌 전반적인 사회 전체가 되어야 함.

6.3 | 산업정책을 위한 바람직한 제도장치의 구상 원칙

- 주요한 시장실패의 요인들이 어디에 존재하는지 파악하기 위해 민간부문과 정부 사이의 전략적인 협력관계 형성과 조정능력을 강화할 필요가 있음.
  - 이는 구체적으로 심의위원회, 생산자 포럼, 검색네트워크, 투자자문협의회, 업계 간담회, 민간-공공 벤처펀드 등의 형태로 나타날 수 있음.

- 산업정책의 성공은 '승자의 선택'이 아닌 '패자를 찾아내는 것'에 의해 결정되는 것으로서 최적의 정책결과도 반드시 실수를 유발할 수 있다는 전제 하에 어느 정도의 실험적인 시도는 피할 수 없지만, 중요한 것은 실수를 반복하지 않도록 잘못된 정책에 대해서는 지원축소 혹은 중단 등의 사후 대책 수행이 필요
  - 성공적인 산업정책의 문제는 정부가 '승자 선택'을 할 수 있느냐 없느냐의 문제가 아니라, '패자를 찾아 단계적으로 지원을 축소시켜 나갈 수 있는 능력'이 있느냐의 문제임.
  - 실제로 '승자를 뽑는' 방식의 정책이 행해진다 하더라도, 때때로 '당근과 채찍'도 동반한 정책의 정착이 필요함.

- "관료가 기업을 감시하면, 관료는 누가 감시하는가?"의 답으로서, 산업정책의 수행에 따른 책임과 포상이 이루어지도록 하며, 산업정책과 관련하여 기업의 요청사항과 정책수행 내역, 지출회계 등을 공개하는 등 책임성과 투명성을 제고하는 메커니즘이 필요

치(기회비용) 이상으로 보유자가 얻는 몫을 의미함. 예를 들어 천부적인 자질을 갖고 태어난 유명 축구선수를 떠올려 보자. 그의 연봉은 수십억 원이나 됨. 이 선수가 축구를 하지 않고 다른 직업을 선택했더라면, 축구선수가 되기 위한 노력의 가치를 포함하더라도 그의 소득(축구선수의 기회비용)은 수억 원에도 이르기 어려울 것임. 따라서 연봉의 상당 부분은 공급이 극히 제한된(천부적 자질로) 데 따른 '경제적 지대'로 볼 수 있음. '지대추구 행위'란 경제적 지대를 누리기 위해 개인이나 집단이 인위적으로 공급을 제한하거나 비탄력적으로 만드는 것임. 흔히 정부의 보조금, 세제상의 우대조치, 진입 규제 등의 정부정책이 동원됨. 국가에서 정한 면허나 허가가 필요한 특정 직종이나 사업도 인위적으로 '경제적 지대'를 만들어낸 사례로 볼 수 있음. 정부에서 정한 공급량(1년에 몇 명 또는 몇 건 하는 식)은 가격에 따라 신축적으로 변화하지 못하는 비탄력적인 공급곡선의 모양을 갖게 됨. 만약 이들이 자신들의 직종이나 사업에 대해 진입장벽을 높이려 한다면, 이는 공급을 더 비탄력적으로 만들어 더 많은 경제적 지대를 추구하려는 의도로 볼 수 있음. 즉 면허제나 허가제라는 '규제'를 통해 지대를 추구하는 것이며, 결국 지대추구 행위는 규제추구 행위가 됨. 규제완화를 요구하는 이유 중 하나는 이러한 사회적 낭비를 초래하는 지대추구 행위를 없애려는 것이기도 함. 동아일보(2007.05.23) 참조.

• 산업정책 수립전략의 수행에 있어서의 책임이 절대적으로 필요함.

6.4 산업정책은 단순한 정책도구의 실행보다는 '발견의 과정'을 거치는 것이 중요

- 산업정책은 다양한 정책수단의 실행보다는 새로운 분야로 진출하는 데 따른 정보와 비용의 '발견의 과정'으로 볼 필요가 있음.
- 세제혜택, R&D 보조금, 신용 인센티브 등을 사용해야 하는지의 여부보다 어느 분야에서 시장실패로 이끄는 장애요인들이 존재하는지(보다 구체적으로 어느 분야에서 기업들의 새로운 분야 진출을 저해하는 장애요인들이 존재하는지) 파악하는 것이 더 중요함.
- 이러한 장애요인을 제거하거나 또는 인센티브를 제공함으로써 민간부문이 어느 정도 투자하고자 하는지 등의 경제적 활동에 대한 적극적인 의향을 확인하고 이를 유인하는 작업이 중요
- 또한 유망 분야의 발굴과 선정, 발전전략 발표는 빈번히 이루어지고 있지만, 후속조치의 하나로 국내기업의 해당 분야에 대한 투자의향과 후속 양산투자를 저해하고 있는 장애요인을 구체적으로 파악하고 필요한 조치와 제도 개선이 뒤따라야 할 것임.
- 부존자원도 산업정책의 성공과 실패를 설명하는 중요한 역할을 함.
- 제반 의사결정과정에 있어 개별경제주체 간의 상호작용에 더욱 초점을 맞추어야 함.

6.5 모든 성공적 산업정책은 산업정책 그 이상임

- 성공적인 산업정책의 역사적 사례는 단순히 민간과 정부부문 간의 관계뿐만 아니라 미시적·거시적 수준 모두에 기반을 둔 경제제도들의 복잡한 조합으로부터 도출되었다는 것을 보여줌.
- 이러한 제도들은 동시에 정치적인 결정의 토대를 마련해 주며, 산업정책이 거시경제적 수준까지 속속들이 전파되는 것을 가능케 해줄 뿐만 아니라(예를 들어 방어적인 환율정책의 운용 등) 미시경제적 수준에서 관련 기관들의 생산적 방향으로의 구조적 개혁을 유발하기도 함. ⇒ 이에 따라 이러한 기관들의 창설, 지원, 발전 등을 통해 정책적 방향성을 설정하고 정책효과의 시너지 제고를 유도할 수 있으며,

중요한 성공요인 중의 하나는 자기충족예언(self-fulfilling prophecy)[336)]을 충실히 실행하는 것이며, 어떤 경우에는 비효율적 상황(예를 들면 가격보조)이 연출되기도 함.

참고자료

(1) 김세원 · 안세영(2003), 《산업정책론》, 박영사.
(2) 이갑수(2007), 《글로벌시대의 산업정책론》, 도서출판 대명.
(3) 산업자원부(2007), "산업정책의 대전환 : 빠른 추종자 전략에서 혁신 주도자 전략으로", 산업자원부 보도자료, 2007. 09. 04.
(4) 강두용(2007), "산업정책과 복지정책의 연계 강화 필요", 《e-kiet 산업경제정보》, 산업연구원, 2007. 04. 26.
(5) 김원규 · 김인철(2008), "한국 산업정책의 과거와 현재 그리고 미래", 《e-kiet 산업경제정보》, 산업연구원, 2008. 01. 30.
(6) 윤우진 · 김인철(2008), "산업정책의 새로운 패러다임과 시사점", 《e-kiet 산업경제정보》, 산업연구원, 2008. 01. 04.
(7) 지식경제부(2008), "'녹색드라이브' 정책의 본격 추진", 지식경제부 보도자료, 2008. 12. 03.
(8) 산업연구원(2011), "새로운 산업정책의 모색", 국제세미나, 2011. 12. 13.
(9) 김기준(2011), "21세기에도 산업정책은 필요한가?", OECD 산업혁신위원회가 개최한 워크숍의 내용을 요약 · 정리, 駐OECD 대표부, 2011. 03. 30.
(10) 좌승희(2011), "산업정책에 대한 관점을 다시 세워야 한다", 〈새로운 경제전략 녹색성장 : 성공을 위한 핵심과제〉에서 발표자 이지순 교수의 논문(녹색성장으로의 패러다임 전환 : 성과와 과제)에 대한 토론 내용을 정리, 2011년도 한국경제학회와 녹색성장위원회 공동 주최의 공동학술행사, 2011. 06. 15.
(11) 차두원 외(2013), "창조경제 개념과 주요국 정책분석", 《ISSUE PAPER 2013-01》, 한국과학기술기획평가원(KISTEP), 2013. 03.
(12) 2014. 05. 12., 《연합뉴스》
(13) 2013. 11. 14., 《연합인포맥스》

---

336) 자기충족예언(self-fulfilling prophecy)이란 어떤 예언을 믿게 되면 그 예언 자체가 인간의 행동에 구속을 가해 결국 예언이 실현되도록 하는 강력한 수단이 된다는 말임. 보다 구체적으로 표현하면 타인에 대한 기대가 그 사람의 성취에 크게 영향을 미친다는 개념을 뜻함. 이 개념은 교사가 학생들을 유능하다고 보면 그들에 대한 기대감이 높아지고, 또한 그 기대에 맞는 지도를 하게 되며, 따라서 학업성취가 증대된다는 것임. 반대로 학생들을 무능하다고 판단하면 그 수준으로 지도를 하게 되고 결국 낮은 수준의 성취밖에 이루지 못한다는 것임. 원래 이 용어는 사회학자 머튼(Merton)이 처음 사용한 말로서 학습실험, 의학치료, 국제관계 등에서도 많이 입증되고 있음.

CHAPTER 13

한국 통상정책의 개관

바야흐로 정상외교에도 무한경쟁 시대가 도래했다. 끊임없이 변화하는 국제정세 속에서 전 세계 정상들은 국익을 극대화하고, 새로운 성장 패러다임을 찾기 위해 치열한 경쟁을 하고 있다. 새해 벽두부터 '세계의 재편'이라는 화두로 50여 명의 정상급 인사들을 포함해 2500여 명의 글로벌 리더들이 다보스에 모인 것이 이를 방증한다. 시대흐름을 반영하듯 2014년 첫 번째 정상외교 핵심 키워드는 변화와 혁신이다. 방문국인 인도와 스위스 자체가 이를 상징한다. 노벨 경제학상 수상자인 스웨덴의 군나르 뮈르달은 1968년 당대의 거작 '아시안 드라마'에서 인도의 성장 가능성을 비관적으로 평가했다. 그러나 당시 역사의 시계가 멈춘 듯한 나라 인도는 불과 30여 년 만에 보란 듯이 G20 회원국, 브릭스(BRICs)의 일원, 안보리 상임이사국을 꿈꾸는 신흥 강국으로 부상했다. 미국이 전략적 협력을 강화하고 있고, 중국 신지도부가 2013년에 서둘러 인도를 방문했으며, 일본 아베 신조 총리가 최근 인도를 찾은 것은 우연이 아니다. 스위스 또한 놀라운 변화의 아이콘이다. 국토의 70%가 산악지형인 열악한 환경과 강국에 둘러싸인 스위스는 작지만 큰 나라, 세계 혁신지수 1위의 선도국으로 탈바꿈했다. 인도가 새로운 도약의 파트너로 한국을 선택한 이유는 이번 정상방문 결과에 잘 나타나 있다. 정치안보 협력 강화와 경제 협력의 업그레이드라는 큰 목표 하에서 풍성한 성과가 도출됐다. 양국 국가안보실 간 협의체 구성, 수출조건 개선을 위한 포괄적 경제동반자협정(CEPA) 개선 합의, 이중과세방지협정 개정, 창조경제의 밑거름이 될 장관급 ICT정책협의회도 신설했다. 포스코의 인도 제철소 착공에 9년간이나 걸림돌이 돼온 해묵은 손톱 밑 가시 제거, 마힌드라 그룹의 1조 원 추가투자 확보 등도 빼놓을 수 없는 성과다. 두 번째 방문국인 스위스는 수교 후 51년 만의 첫 번째 국빈 방문국이다. 스위스와는 우리의 산업기술력과 스위스 기초과학을 결합시키는 창조경제 협력체제를 만들어 냈다. 또 의약품, 교육, 창업지원, 에너지 효율, 관광 등 10여 개에 달하는 구체 분야 사업 추진에 합의했다. 박근혜 대통령의 세일즈 외교는 세계경제에 던지는 담론으로 이어졌다. 다보스포럼은 흔히 경제 유엔총회에 비견되는데, 2014년 포럼에서 박 대통령은 전체 세션의 기조를 설정하는 첫 번째 연사로 나서 창조경제와 기업가정신을 통한 새로운 세계경제 성장 패러다임을 제시하고 우리의 창조경제 정책을 소개했다. 이와 함께 세계 굴지의 글로벌 기업인을 대상으로 한 '한국의 밤' 행사 연설뿐 아니라 시스코, 퀄컴, 아람코, 지멘스 등 세계 유수기업 총수들과 연이어 가진 면담을 통해서도 투자하기 좋은 나라 한국의 이미지를 세계 속에 각인시키고 투자 유치에 크게 기여했다. 박 대통령이 2014년 해외 첫 순방을 인도, 스위스, 다보스에서 시작한 것은 우리 정부가 창조경제와 세일즈 외교를 통해 경제혁신 3개년 계획을 달성하겠다는 의지를 보여준 것이다. 7박9일의 숨 가쁜 정상 외교일정이 성공적으로 마무리되는 와중에 리비아 무역관장 피랍이라는 위기상황이 벌어졌으나 대통령의 국민보호 최우선 지시에 따라 밤잠을 설친 총력외교 결과 귀국 비행기를 타기 직전 75시간 만에 안전하게 구출하는 쾌거를 이뤘다. 미래는 예측하고 준비하는 자의 몫이고 준비된 민족이 세계사의 주역이 되었음은 역사가 주는 교훈이다. 세계경제 흐름을 내다보고 추진하는 우리의 경제전략과 "통일은 주변국에도 대박"이라는 새로운 한반도 비전이 전방위적 신뢰외교를 통해 구체적인 결실을 맺을 것으로 확신한다.

– 윤병세 외교부 장관 –

출처 : 윤병세(2014), "무한경쟁 시대의 정상외교", 《매일경제》, 2014. 01. 27.

1 세계 통상체제의 평가

1.1 다자체제

① 다자주의의 의의

- 세계무역 확대와 경제성장
  - GATT/WTO로 대표되는 다자체제는 세계 전체의 개방과 무역 자유화를 촉진하여 경제성장에 기여
  - 국제통상 관계에서 다자주의란 GATT/WTO가 추구하는 보편적 통상 질서의 구축을 의미
  - GATT는 1947년 이후 8차의 다자간무역협상을 통해 세계무역 자유화 추진
  - 다자체제 속에서 무역 자유화로 세계화를 추진한 국가는 더 빨리 성장
- 지역블록보다 더 큰 후생 효과를 창출하는 다자체제
  - 다자주의에 기초한 세계무역 자유화가 지역무역협정보다 개별국가 및 세계 전체에 더 큰 후생 효과를 창출
  - 개별국가의 입장에서도 다자주의의 효과가 지역주의의 효과보다 큼. ⇒ 한국도 세계무역 자유화의 효과(WTO체제)가 기타 지역블록(APEC 등의 FTA)보다 크게 나타남.
  - 세계 무역 자유화는 선진국보다 개도국에 상대적으로 더 큰 혜택을 창출 ⇒ 무역 자유화에 따른 생산성 향상을 고려할 때 그 효과가 더욱 커지며, 특히 개도국과 저소득국의 경우 실질소득이 크게 증가

② 다자주의의 진화

- 제2차 세계대전 이후 발족한 GATT는 수차례의 다자협상(라운드)을 통해 무역 자유화를 추진
  - 1947년 이후 GATT는 총 8차례의 다자간 관세협상 라운드를 통해 범세계적 무역 자유화를 추진
  - 가장 최근 완료된 다자협상은 세계 통상 질서에 대변혁을 초래한 UR협상
- UR협상은 GATT체제를 WTO체제로 전환

- UR협상이 1993년 타결되어 1995년 WTO체제가 발족 ⇒ UR협상으로 선진국의 평균 관세율은 6.3%에서 3.8%로, 개도국은 15.3%에서 12.3%로 하락
- UR협상으로 협의기구 성격의 GATT체제는 강제성을 강화한 WTO체제로 전환

- GATT체제는 초기의 관세 인하에서 다양한 범위로 협상의제를 확대
  - 협상의제가 5차 딜론라운드(1960~1961)까지는 관세 인하에 국한되었으나 7차 도쿄라운드부터 정부조달, 기술장벽 등 비관세 분야도 등장
  - 8차 UR협상에서는 서비스, 지적재산권, 분쟁 해결 등 상품 분야 이외의 분야가 협상의제로 등장

③ WTO의 발족과 DDA협상 추진

- UR 협상타결 이후 GATT체제는 WTO체제로 전환
  - UR협상의 결과로 출범한 WTO는 영구적 조직으로서 GATT체제에 비해 광범위하고 질적으로 강화된 다자체제를 지향
  - 비공산품의 시장접근, 보조금 정의의 명료화, 반덤핑조치의 남용 방지 등 규범을 강화
  - 분쟁 해결 절차와 개별국가에 대한 제재조치도 강화

- 2002년부터 WTO는 새로운 다자간무역협상인 도하개발어젠다(DDA)를 진행
  - 제4차 WTO 각료회의(2001년 11월 카타르 도하)에서 2002년부터 뉴라운드를 진행하여 2005년 1월 1일까지 종료하기로 합의
  - 제3차 각료회의(1999년 시애틀)에서 뉴라운드를 출범시킬 예정이었으나 반세계화주의자들의 반발(빈부격차 및 사회갈등 심화 등의 이유)로 무산[337)]
  - 개도국 이익을 증진한다는 점을 강조하기 위해 라운드를 'Doha Development Agenda'으로 칭함. ⇒ 글로벌화에 따른 세계의 소득 양극화 문제를 해결하고 최빈개도국 발전에 관심을 확대

- DDA의 협상 분야는 기설정의제(Built-in-Agenda) 외에 UR 이후 새로 등장한 이슈도 대상
  - DDA는 UR협상에서 추가협상을 하기로 했던 농산물과 서비스 분야를 기설정의제로 먼저 논의
  - 상품 및 서비스의 시장접근, 반덤핑 및 보조금협정 등 기존 협정의 개정, 환경의 일부사항에 대한 규범 수립 등이 주요 의제로 등장

---

337) 1993년에 뉴라운드를 출범시키지 못한 가장 중요한 이유는 개도국들이 UR협상의 결과 발족한 WTO가 자신들의 경제발전에 기여하지 못했다고 판단했기 때문임.

- DDA는 2005년 종료되지 않은 채 예정보다 지연
  - 5차 각료회의(2003년, 멕시코 칸쿤)에서 협상방식을 정할 예정이었으나 농산물 문제를 둘러싼 미국-EU, 선진국-개도국 간의 갈등, 싱가포르 이슈[338]에 대한 선진국-개도국 간의 갈등으로 실패
  - 2005년 12월 6차 각료회의(홍콩)도 협상방식의 완전한 합의에 실패
  - 2006년 7월 16일 러시아 상트페테르부르크에서 G8 정상회담 개최 ⇒ 협상타결 의지 재천명
  - 2006년 7월 24일 G6 각료회담(스위스 제네바에서 개최)에서 도하협상결렬
  - 2007년 1월 부시 대통령과 EU 집행위원장 간 DDA협상재개를 위한 회담 실시
  - 2007년 7월 농업과 비농산물 분야 세부원칙 초안 배포
  - 2008년 7월 스위스 제네바에서 잠정 타협안 도출했으나 최종합의에 실패 ⇒ 협상 결렬[339]

1.2 | APEC의 개방적 지역주의

① APEC체제의 의의

- 아태지역의 유일한 경제협력체
  - 1989년 경제각료회의로 창설되었으나 1993년부터 정상회의로 운영되어 역내의 경제협력과 공동 관심사를 논의
  - 한국, 일본, 호주, 뉴질랜드, 미국, 캐나다 외 동남아 6개국 등 12개국으로 시작했으나 현재는 회원국이 21개국으로 증가
  - APEC은 북미지역의 NAFTA, 동아시아의 아세안+3이 결합한 형태 ⇒ EU와 아세안+3이 결합한 협력 포럼이 아시아 · 유럽정상회의(ASEM)지만 2년에 1회 개최되고 APEC에 비해 협력제도가 아직 덜 확립된 상태
  - APEC이 지역무역협정은 아니지만 역내 교역 비율은 여타 경제권에 비해 높은 편임.

- WTO의 사전적 대화체 역할 가능
  - APEC은 경제협력에서 개방적 지역주의를 지향하면서 폐쇄적 경제블록 창설에는 반대
  - 개방적 지역주의는 APEC이 GATT/WTO의 기본 원칙을 수용한다는 것을 의미

---

338) 투자, 경쟁정책, 무역 원활화, 정부 투명성 등 4가지 이슈를 지칭
339) DDA협상은 일괄수락 원칙을 채택 ⇒ 여러 의제를 동시에 협의해 참가국 전원이 협상결과를 모두 수용하는 것으로 UR협상 때부터 도입되었음.

- APEC은 WTO의 다자주의와 아시아 · 태평양지역에서 형성되는 지역 간 혹은 양자 간 FTA의 가운데 위치
- 미국은 경제블록인 EU에 대항하는 협력체로서 APEC을 활용하여 WTO의 무역 자유화를 실현하려고 노력
- APEC은 각료회의에서 출발했으나 정상회의로 강화 ⇒ ㉠ 미국, 일본, 중국, 러시아 등 세계 주요 교역국이 APEC에 참여하므로 국제통상 문제에 대한 주요 국가들의 견해 교환 가능, ㉡ 개방적 지역주의, 민간 차원의 협력 중시 등으로 다양한 분야와 요구사항에 대한 열린 논의 가능, ㉢ APEC은 개도국이 선진국에 자신들의 문제를 제기할 수 있는 장소
- APEC은 동아시아, 중남미, 대양주를 연결하는 유일한 공식 대화 창구 ⇒ 21개국 정상이 동시에 모인다는 것은 외교 측면에서도 중요한 의미
- 회원국 간 사전적 대화만 잘 이루어진다면 WTO체제 강화에 기여 가능

② APEC의 진화

- 역내 무역 · 투자 자유화 추진
  - APEC은 1993년 이후 역내 무역 · 투자 자유화를 추진 ⇒ ㉠ 1993년 제5차 각료회의와 미국 빌 클린턴 대통령의 제안으로 시작된 제1차 정상회의(시애틀)에서 본격적으로 무역 · 투자 자유화 논의, ㉡ 미국은 1993년 UR협상을 촉진하고, 동아시아만의 경제블록화를 막기 위해 각료회의였던 APEC을 정상회의체로 격상
  - 제2차 정상회의(1994년 인도네시아 보고르)에서는 APEC의 주요 이정표가 된 보고르선언을 발표 ⇒ APEC 내 선진국은 2010년, 개도국은 2020년까지 무역 · 투자 자유화를 실현하기로 결정
- APEC 자유화의 노력과 실패
  - 이후 APEC은 보고르 목표를 달성하기 위해 구체적인 프로그램을 추진
  - APEC은 무역 자유화를 가속화하기 위해 '조기 자발적 자유화(EVSL)' 프로그램 도입을 추진 ⇒ 1998년 회의에서 9개 분야를 가속화 분야로 지정할 계획이었으나 일본이 임산물 및 수산물 분야에 대해 강하게 반대하여 실패[340)]

---

340) 분야별 조기자유화(EVSL : Early Voluntary Sectoral Liberalization)란 무역 및 투자자유화와 원활화(TILF : Trade and Investment Liberalization and Facilitation)를 위한 실행계획에 대해 구체적이고 가시적인 성과를 도출하기 위하여 분야별로 자발적이며 신축적으로 선진국은 2010년, 개도국은 2020년 이전에 무역자유화를 이룩하자는 것임. 즉 아시아 · 태평양지역에서의 개방적 무역 · 투자체제 확립을 앞당기기 위해서는 조기자유화가 반드시 필요하다는 주장이 미국을 비롯한 선진국을 중심으로 강력하게 제시되어 1996년 11월 제4차 수빅(필리핀) 정상회의에서 조기자유화 대상 분야를 발굴 추진토록 선언문을 채택하였음. 그 후 1997년 5월 몬트리올에서 열린 APEC 통상장관회의에서 자발

- EVSL 프로그램 도입에 실패한 이후 무역·투자 자유화 및 원활화에 대한 이정표적 프로그램은 더 이상 제기되지 않음.[341]

③ 2013년 APEC 정상회의의 주요 내용 및 향후 전망과 과제[342]

- 보고르목표 달성을 위한 지난 19년의 노력을 평가하고[343] 지속적인 아태지역의 번영, 삶의 질 개선을 위한 협력의 시급성을 확인하였음.
- 정상들은 '다자무역체제 지지 및 보고르목표 달성', '연계성 제고', '형평성 있는 지속 가능 성장' 등 2013년 의제 관련 사업의 진전과 향후 과제를 점검하였음.
- 다자부역체제 지지 빛 보고르목표 달성
  - APEC 정상들은 다자무역체제를 강화하고 제9차 WTO 각료회의의 성공적 개최를 위한 별도의 선언문을 발표함으로써 다자무역체제에 대한 APEC의 실질적인 기여와 노력을 강조하였음.
  - 1994년 보고르선언 이후 19년 만에 인도네시아에서 다시 회동하게 된 APEC 정상들은 2020년까지 무역투자자유화를 달성하고자 하는 보고르목표 달성을 위해 역내 경제와 시장의 연계를 강화시키기 위한 조치를 지시하였음.
- 연계성 제고
  - APEC 정상들은 공급망 연결 개선을 위해 물적·제도적·인적 연계성을 높이기로 하고, 물적 연계성에서는 인프라 개발·투자를 강조하는 한편, 2012년 APEC 교육장관회의에서 논의된 교육협력 사업을 확대 추진함으로써 인적·제도적 연계성을 강화하기로 하였음.

적 조기자유화 분야를 설정하기로 결의하고 고위관리들로 하여금 1997년 11월 제5차 정상회의 전까지 분야 선정 작업을 완료하도록 하였음. 이에 따라 1997년 8월 제3차 고위관리회의(캐나다)에서는 1차로 각국이 희망하는 대상 분야를 선정하여 제출하였는데, 여기에는 30개 산업의 61개 분야가 포함되어 있었음. 이를 기초로 1997년 11월 제9차 캐나다 각료회의에서는 각국의 지지 정도, 경제적 중요성, 회원국 간 이익균형 등을 감안하여 15개 분야를 조기자유화 대상 분야로 선정하였음. 그리고 동년 제5차 캐나다 밴쿠버 정상회의에서는 15개 분야 중 9개 분야에 대하여 1998년 6월까지 구체적인 시행계획을 수립하여 1999년부터 이행하되 나머지 6개 분야는 추가적인 조치를 검토할 것을 결정하였고, 자발적 참여(Voluntarism) 및 신축성(Flexibility)의 원칙에도 합의하였음. 1998년 6월 말레이시아 통상장관회의에서는 조기자유화 대상품목, 목표세율, 이행시기 등에 대하여 합의하였음. 신축성의 원칙에 의한 이행기간의 연장에는 합의를 하였으나 구체적인 연장기간은 명시되지 않았음. 그러나 1998년 11월 쿠알라룸푸르에서 있었던 제6차 정상회의에서는 수산물과 임산물의 조기자유화를 반대하고 나온 일본 등의 반대로 합의에 실패하였고, WTO에서 계속 협의키로 하였음.

341) 이와 관련하여 이 장의 2. 한국과 세계 통상체제 → 2.2 APEC과 한국 → ③ 우리나라의 대(對)APEC 외교성과의 내용을 참조.

342) 이와 관련하여 정철 외(2013) 참조.

343) 1994년 보고르선언(1994년 제2차 APEC 정상회의의 개최 장소가 인도네시아의 보고르) : 아태지역의 자유롭고 개방적인 무역투자 실현(2010년까지 선진국, 2020년까지 개도국)

- 형평성 있는 지속 가능 성장
  - 형평성 있는 지속 가능 성장을 위해 APEC 정상들은 금융 포용성에 중점을 두고 여성, 중소기업, 취약계층 등이 경제성장에 동참할 기회를 확대하기 위해 금융 포용성 관련 혁신방안 마련, 구조개혁 단행, 민관협력 구축 등을 지시하였음.
  - 지속 가능한 성장 측면에서는 자원의 희소성에 따른 경제성장의 한계를 극복하는 문제와 자연재해 및 사람에 의해 발생하는 재난이 경제 전반, 특히 취약계층에 미치는 중대한 영향을 감안하여 이들 도전과제에 대한 대응방안을 마련하기로 하였으며, 식량안보와 물, 에너지와의 연계성을 강조하고 인도네시아가 주요 의제로 제안한 해양 관련 이슈를 중점적으로 논의하였음.

- 향후 전망과 과제
  - 2013년 APEC 정상회의에서는 글로벌 금융위기와 유럽 재정위기로 인한 경기침체의 회복세가 여전히 불투명한 경제상황을 감안하여, 세계 경기회복과 경제성장을 위해 APEC의 역할과 지속적인 무역자유화의 중요성을 강조함으로써 이를 위한 실천계획과 후속조치가 취해질 것임.
  - 차기 의장국인 중국은 2014년도 주요 의제로 지역경제통합, 연계성 증진, 성장 등을 고려하고 있으며, 특히 역내에서 자유무역협정이 활발히 진행 중임을 감안할 때 지역경제통합 논의에 중점을 둘 것으로 예상됨.
  - 다자무역체제 및 WTO 각료회의를 지지하는 별도의 선언문에 명시된 바와 같이 APEC 환경상품 자유화를 계기로 WTO 환경상품 논의를 활성화시키기 위해 개도국의 역량강화 방안이 마련될 것으로 전망됨.
  - 공급망 연결 관련 사업은 인프라 개발·투자 등 향후 개도국의 역량강화를 중심으로 가시적인 성과를 도출할 수 있도록 체계적이고 통합적인 체제로 확대, 발전될 것으로 예상됨.
  - 향후 수년간 APEC 의장국이 개도국이라는 점에서 당분간 APEC 의제에는 개발과 역량격차 해소 등 개도국의 관심사가 상대적으로 많이 반영될 것으로 전망됨.[344)]

1.3 | FTA 중심의 지역주의

① 지역주의의 의의

- 지역무역협정의 형태

344) 2014년(중국), 2015년(필리핀), 2016년(페루), 2017년(베트남), 2018년(파푸아뉴기니), 2019년(칠레), 2020년(말레이시아), 2021년(뉴질랜드), 2022년(태국)

• 지역주의는 특정 지역 혹은 국가군이 지역무역협정(RTA : Regional Trade Agreement)을 체결해 역외 차별적 경제통합을 추진하는 것을 의미
• 현재 세계경제 질서에 영향을 미치는 대표적인 지역경제통합체는 유럽연합(EU)과 북미자유무역협정(NAFTA)임. ⇒ EU는 현재 형성된 지역경제통합체 중 역사적으로 가장 유서가 깊으며 통합 정도에서도 진전된 형태,[345] 그리고 NAFTA는 1993년 기존의 미국 · 캐나다 FTA(1989년 체결)에 멕시코가 참여함으로써 발족[346]

- 선도적 자유화 촉진과 경제효율 증진
  • 지역무역협정은 다자체제 이상의 자유화를 추진하기 위한 제도적 틀 구축을 의미
  • 특정 국가 간의 지역무역협정을 통한 경제블록의 형성은 정태적으로 무역 흐름을 변화시킴. ⇒ ㉠ 특정 국가 간 관세가 인하되면 새로 무역이 발생하지만(무역창출 효과),[347] 동시에 효율적인 역외국으로부터의 수입이 비효율적인 역내국으로 전환(무역전환 효과)[348]되는 경우도 생김. ㉡ 무역창출은 국민경제의 후생을 증진시키지만, 무역전환 효과는 국민경제의 후생에 부정적인 결과를 야기, ㉢ 역외국에 대한 차별적 성격 때문에 후생 증가의 기준에서는 세계경제 전체의 자유화보다 열등
  • 자유화의 확대는 동태적으로는 경제효율 증진 및 구조 고도화에 기여 ⇒ ㉠ 시장 확대에 따른 규모의 경제,[349] 외국인직접투자 증가로 인한 효율 제고, 비교우위 분야에 대한 특화로 산업구조 고도화,[350] ㉡ 특히 개도국들은 외국인직접투자 유치를 위해 경제규모가 큰 국가와 FTA를 추진

② 지역주의의 진화

- 1990년 이후 FTA 급증
  • 1960년대 이후 소강 상태에 들어갔던 지역통합은 1990년대 들어 다시 증가 ⇒ 1990년대 EU 및 NAFTA라는 거대 지역블록이 형성되었고, 여기서 배제된 국가들의 대응으로 지역무역협정이 급증

345) 1958년 EEC 발족 이후 1994년 EU로 발전했고, 현재는 단일통화를 사용함, 회원국도 2014년 4월 현재 28개국으로 증가했는데, 28개 회원국 명단은 다음과 같음. ⇒ 독일, 프랑스, 영국, 아일랜드, 벨기에, 네덜란드, 룩셈부르크, 덴마크, 스웨덴, 핀란드, 오스트리아, 이탈리아, 스페인, 포르투갈, 그리스, 체코, 헝가리, 폴란드, 슬로바키아, 리투아니아, 라트비아, 에스토니아, 슬로베니아, 키프로스, 몰타, 불가리아, 루마니아, 크로아티아 이상 28개국임.
346) 유럽 통합 등 지역주의 흐름과 WTO의 DDA협상에서 유럽을 견제하기 위한 목적으로 추진
347) 역내 무역장벽 철폐 이후 가입국 간 새로 무역이 발생
348) 역내 무역장벽 철폐 이후 기존 역외국(저비용 생산국)으로부터의 수입이 역내국가(고비용 생산국)로 전환되는 효과
349) 역내 무역장벽 철폐로 시장이 확대되어 규모의 경제가 발생
350) 역내 시장개방에 의한 경쟁 압력의 강화로 생산성 향상, 규제완화, 구조개혁, 경쟁증대로 산업구조 고도화

- 1990년대 이전에는 현재의 EU 외에는 개도국이 중심이 되어 지역무역협정을 체결했으나 1990년대 이후에는 주요 통상국들이 FTA를 주도 ⇒ ㉠ 1994년 미국 주도의 NAFTA가 발효되면서 전 세계적으로 상당한 충격을 주게 됨. ㉡ 미국이 본격적으로 FTA를 추진하자 미국시장에 의존하던 개발도상국들의 FTA에 대한 관심이 증가, ㉢ 미국은 다자주의 체제 강화를 위한 수단으로서 FTA를 활용할 계획
- 2000년 이후 동아시아 국가들도 지역통합의 중요성을 인식하고 FTA를 추진하기 시작

- FTA 목적의 변화
  - WTO 발족 이후에도 FTA는 계속 체결되었고, 2000년 이후 더욱 현저히 나타나는 추세 ⇒ ㉠ DDA협상이 계속 실패하자 세계 각국은 외형적으로는 협상을 지지하는 듯하지만 이해관계 조정이 쉬운 FTA를 선호, ㉡ FTA가 더욱 확산되면 비체결국은 막대한 기회손실을 감수해야 하므로 경쟁적으로 FTA 추진 현상 발생
  - FTA의 주요 목적이 시장접근에 의한 교역 확대에서 WTO 발족 이후에는 경제체질 개선으로 다양화 ⇒ ㉠ 1990년대 이전에는 FTA의 중심 내용이 원산지, 반덤핑 등 교역품의 관세 인하와 관련된 것에 국한, ㉡ 1990년대 후반 이후 투자 유치, 기술 이전, 인력 이동, 경쟁법 조화 등과 같이 통합 및 구조조정을 강화하는 방향으로 추진

2 한국과 세계 통상체제

2.1 다자체제와 한국의 대응

① 다자체제의 문제

- 세계 통상질서의 안전과 자유화 진전과정에서 WTO의 역할과 기능이 미흡
  - 현재의 WTO가 과거의 비농산물 중심의 관세 인하에서 지적재산권, 환경, 경쟁정책 등 너무 많은 분야를 규율함으로써 효율성을 상실

- 통상무대에서 개도국의 목소리가 커지면서 다자체제의 비효율성도 등장
  - 다자체제가 개도국 발전에 기여할 것으로 기대되었으나 현실적으로 세계 빈부격차의 문제를 해결하지 못하면서 개도국의 불만 증가
  - DDA협상에서 개도국의 경쟁력이 약한 투자, 경쟁정책, 환경 등 새로운 이슈들이

논의되면서 개도국의 반발은 더욱 증가

- 통상질서에서 WTO의 독점적 권위와 기능이 약화되어 다자체제에 대한 신뢰도 저하
  - DDA협상지연에 따라 주요 통상국들이 지역경제통합체를 강화하면서 다자주의 체제를 약화시키는 데 가세
- DDA협상타결이 지체될수록 협상타결 이후 국제통상에 미치는 영향은 미미할 전망
  - 현재 세계에서 FTA가 급속히 확산되고 있어 DDA협상이 발표될 때는 그 효과가 크지 않을 전망

② 한국의 대응

- 한국은 대외 지향적 성장전략을 추진하면서 다자체제에 가장 큰 혜택을 받은 국가 중 하나
- DDA협상타결은 한국의 GDP와 수출을 증대시킬 것으로 전망
- 한국은 다자체제 강화가 통상환경의 안정과 무역확대에 유리하다는 판단에서 이를 지지
- 개방에 한계가 있는 농산물 분야에서는 탄력적으로 협상에 대응하되, 피해를 최소화하는 방향으로 협상을 추진한다는 입장[351)]

2.2 | APEC과 한국

① 개방적 지역주의의 문제

- APEC의 기본 원칙인 개방적 지역주의는 자유화를 추진하되 내부 지향적 경제블록 창설은 반대[352)]
  - 아태지역의 무역·투자 자유화를 추진하되, 역외국에 대해서도 최혜국대우(MFN)[353)]를 적용

351) 농산물 개방 반대를 주장하는 농산물 생산자들은 마치 3세에게 100미터를 10초대에 들어오라는 주문이나 마찬가지라고 주장

352) 개방적 지역주의 회의론자들의 시각은 개방적 지역주의에 찬동하지만, 역외지역의 무임승차를 유도하는 문제가 있다고 주장

353) 통상·항해 조약 등에서 한 나라가 특정국과 조약을 새로 체결 또는 갱신하면서 지금까지 다른 나라에 부여한 대우 중 최고의 대우를 그 나라에 부여하는 것을 의미

- APEC이 지속적으로 개방적 지역주의를 기본 원칙으로 하는 한 역내 무역 · 투자 자유화는 불가능
- APEC이 개방적 지역주의를 고수하면서 역내에서 FTA가 확산
- 무역 자유화가 실질적인 효과를 내지 못하면서 APEC 무용론 증대
  - 보고르 목표의 달성 가능성이 사라지면서 APEC의 무용론이 증가하고 의례적인 외교행사로 전락하는 조짐
  - 9 · 11 테러 이후 미국은 반테러운동에 대응하기 위해 APEC을 활용 ⇒ 2001년 상하이정상회담에서는 반테러를 강조했고, 2002년 멕시코 회의는 대이라크 군사동맹을 강화하는 자리로 활용
  - 최근에는 북한 핵, 사스(SARS), 조류독감 등의 문제까지 APEC에서 논의

② 한국의 대응

- APEC의 무역 · 투자 자유화를 달성한다면 한국에 큰 이익이 될 전망
- 한국은 APEC을 통한 회원국들의 시장개방이 유리하다고 판단하고 시장개방 유도에 노력
- 2005년 제13차 부산 APEC 정상회의를 개최해 역내 무역 자유화 노력을 강조
- 그러나 현실적으로 APEC에 대해 큰 기대를 하지 않고 있음.
  - WTO체제가 불안정하고 FTA가 통상무대의 중심이 되면서 APEC의 역할에 한계를 드러냄.
  - APEC 활동이 비경제적 분야로 확대되면서 남북문제, 지역 안전 등에 활용하기 위한 노력을 하고 있음.

③ 우리나라의 대(對)APEC 외교성과[354)]

- APEC의 제도적 기틀 마련에 기여
  - 1989년 제1차 APEC 각료회의 개최 당시 우리나라는 제3차 APEC 각료회의 주최를 제안하였으며, 동 각료회의에서 APEC 기본 헌장에 해당하는 "서울 APEC 선언"을 채택함으로써 APEC의 제도적 기틀 마련에 기여 ⇒ 우리나라가 개최한 제3차 각료회의에서 APEC 로고 채택
  - APEC 각료회의가 APEC 정상회의로 격상되어 "비공식 경제지도자 회의(Informal

354) 이하 내용은 외교부 사이트의 APEC개요(2013.10.02) 참조.

Economic Leaders Meeting)"가 출범한 1993년에도 우리 정상이 동 정상회의 구상과 출범을 적극 지지, 1994~1995년간 무역투자위원회(CTI) 초대 의장 역임 ⇒ CTI가 1995년 시애틀 각료회의에서 채택된 '무역·투자 기본 틀에 대한 선언' 이행을 주도하는 등 APEC의 핵심기구로 발전하는 데에 크게 기여

• 우리의 제안으로 신설된 장관급 회의체 ⇒ ㉠ 정보통신장관회의(1995년) ㉡ 관광장관회의(2000년) ㉢ 해양장관회의(2002년)

- 중국, 대만, 홍콩의 APEC 가입에 주도적 기여
  • 1991년 APEC 각료회의 의장국으로서 당시 APEC의 최대 과제였던 중국, 대만, 홍콩의 가입협상 주도 ⇒ 중국, 대만, 홍콩의 가입으로 APEC은 아·태지역 내 주요 경제를 모두 포용
  • 한·중 관계 정상화 계기 마련 ⇒ ㉠ 중국은 APEC 가입을 실현시키는 데 도움을 준 우리 정부의 노력을 높이 평가 ㉡ 미수교국이던 중국의 전기침 외교부장이 우리 대통령 예방, 한·중 외교장관회담 성사
- 무역 자유화 목표설정 및 이행에 있어서 실용적 접근
  • 보고르 목표 이행을 위한 1995년 오사카 행동지침상의 무역·투자 자유화 일반원칙으로서 선진국이 집착해온 '포괄성 원칙(comprehensiveness)'과 더불어 '각국의 상이한 여건에 대한 신축성 부여원칙(flexibility)'을 관철시키는 데 주도적 기여 ⇒ 신축성 부여원칙 : APEC 회원국 간의 상이한 경제발전수준과 다양한 상황을 고려하여, 자유화 및 원활화 추진과정에서 발생할 수 있는 문제들에 대해 신축성 부여 가능
  • 분야별 조기 자유화(Early Voluntary Sectoral Liberalization : EVSL) 참여 및 우리나라의 신인도 제고 ⇒ ㉠ 1998년 쿠알라룸푸르 APEC 정상회의에서 우리 정부는 적극적인 개혁과 개방을 통해 대외신인도를 제고함으로써, 아시아 금융위기를 극복한다는 기조 하에 EVSL 9개 우선 추진 분야(수산물, 임산물, 환경, 에너지, 장난감, 보석, 의료 장비, 화학, 정보통신)에 참여하기로 결정 ㉡ 다만 EVSL 참여는 WTO 내 협상을 통해 1999년 말까지 동 EVSL에 대한 '의미 있는 다수(critical mass)'의 참여가 전제되어야 한다는 입장 견지 ㉢ 이러한 우리의 결정은 국내정치적 민감성을 이유로 수산물, 임산물에 대한 불참입장을 고수하여 국제적 비난의 대상이 된 일본의 접근과는 대조적
- 주요 역내 시장의 안정적 관리
  • 우리나라의 10대 교역국 가운데 8개국(중국, 일본, 미국, 호주, 홍콩, 대만, 인도네시아, 싱가포르)이 APEC 회원국인 상황에서 APEC 프로세스의 다층적 채널(정상-각료〈외교+통상, 재무 등〉-고위관리-실무관리)은 주요 교역상대국의 수출시장

을 안정적으로 관리하는 데에 기여 ⇒ 특히 주요 교역상대국의 개별실행계획 검토회의(IAP Peer Review)를 우리 기업의 애로사항 해소를 위한 포럼으로 활용

- APEC의 지역경제통합 노력 주도
  - 우리나라는 APEC의 장기목표인 아 · 태 자유무역지대(FTAAP : Free Trade Area of Asia Pacific) 구현을 위한 지역경제통합 노력을 정상 이니셔티브를 통해 단계적으로 주도 ⇒ ㉠ 2008년 정상회의에서 역내 FTAAP[355] 연구결과 취합 후 분석결과 제시, 2009년 정상회의에서 FTAAP의 경제적 영향에 관한 연구결과 제시, 2010년 정상회의에서 FTAAP 추진을 위한 역량강화 수요조사 결과 제시 ㉡ 이를 바탕으로 2012년부터 FTAAP 다개년 역량강화 프로그램 개발 및 실시 중

④ 2013년 APEC 정상회의 후 한국의 역할 및 시사점[356]

- 우리나라는 FTAAP 실현을 위한 역량강화사업(CBNI : Capacity Building Needs Initiative)의 주도국으로서 그동안 추진해 온 CBNI 사업을 종합적으로 평가하고 검토하여 역내에서 산발적으로 진행 중인 무역협정(RTAs/FTAs)에 대한 모니터링을 강화하고, 상호 조화시키는 방안을 구체적으로 마련함으로써 Post CBNI 사업 제안에 활용하고 이를 통해 역내 지역공동체 구상 및 건설에 기여할 필요가 있음.
- 일자리 창출과 경쟁력 강화를 위해 창조경제와 혁신 메커니즘을 활용한 APEC 차원의 논의 및 이와 관련한 구체적인 사업을 발굴할 필요가 있음.
- 환경상품 자율화를 위한 역량강화사업 추진 시 우리나라는 품목별 분석을 통해 차별화된 전략을 마련함으로써 수출경쟁력과 역내 협력에 대한 기여도를 제고할 수 있는 계기로 삼아야 함.

---

355) 아 · 태 자유무역지대(FTAAP : Free Trade Area of Asia-Pacific) 추진 동향 : 2004년 APEC 기업인자문위원회(ABAC)가 아 · 태지역 경제통합 실현 방안의 하나로 제안하여 2006년 APEC 정상회의 이후 APEC의 중장기 목표로서 추진 방안 논의 중. 부연 설명하면 우리나라는 APEC이 중장기 목표로 추진해 온 아 · 태 자유무역지대(FTAAP) 실현에 있어 선진 · 개도 회원국 간 FTA 역량격차가 주요 장애요인으로서 지적됨에 따라, 2012년부터 APEC 개도회원국을 대상으로 주요 FTA 분야별 역량강화사업을 주도적으로 추진하여 왔음. 동 역량강화사업을 통해 FTA 이행, 원산지 규범, 세이프가드, 정부조달, 분쟁해결 등 FTA 11개 분야에 대한 역량강화 워크숍이 개최되었으며, 대다수 회원국들은 동 사업이 FTAAP 추진과 관련한 자국 역량 배양에 실질적인 도움이 되었다고 평가하고, 2015년 이후에도 지속 추진해 나가도록 하자는 데 공감을 표명한 바 있음. 우리 정부는 동 사업의 지속적 추진을 통해 2014년 11월 북경에서 개최될 제22차 APEC 정상회의의 성공적 개최에 기여하고, 2015년 이후 제2차 역량강화사업을 적극 추진하여 아 · 태지역 경제통합 달성에 있어서 선진 · 개도 회원국 간 역량격차를 완화하는 데 지속 기여해 나갈 예정임. 한편 2014년 APEC 의장국 중국은 '지역경제통합 진전'을 2014년 3대 핵심의제의 하나로 선정하고 회원국 간 FTA 정보 공유, FTAAP 로드맵 작성 등과 함께 역량강화사업을 정상회의 성과사업으로 추진 중임. 이와 관련하여 뉴스와이어(2014.07.21) 참조.

356) 정철 외(2013) 참조.

- 인프라 개발·투자 다개년 계획이 발표됨에 따라 우리나라도 역내 인프라 시장진출 및 개발협력 기반을 확대할 수 있는 방안을 모색할 필요가 있음.

2.3 | FTA와 한국

① FTA체제의 문제

- FTA가 다자체제의 보완이 아닌 경제블록화를 고착시킬 개연성 증가
  - 지역주의가 다자주의 체제를 보완하여 세계무역 자유화를 촉진시키는 디딤돌의 역할을 하기를 기대했으나 현실적으로 불확실한 상태[357)]
  - 미국은 NAFTA의 성공 이후 남미를 포함한 미주 전 지역을 하나의 시장(미주자유무역지대 : FTAA)으로 전환시킬 계획

- FTA의 범람으로 무역비용도 증가
  - 전 세계적 차원의 FTA에 대한 표준모델 도입이 검토되고 있으나 개별국가가 이를 수용하는 데는 시간이 소요될 전망

- 한국은 무역 증대 및 경제개혁을 위해 다수의 FTA를 체결해야 한다는 문제점에 봉착
  - 다자체제의 효과를 거두는 동시에 주요 국가와 경제협력을 강화하기 위해서는 다수의 FTA를 체결해야 함.
  - 다수의 FTA를 체결하는 과정에서 국내 이해관계자의 충돌이 증가하면서 막대한 사회적 비용 소요

② 한국의 FTA정책

- 1990년대 말 세계적으로 지역경제 통합을 강화함에 따라 FTA 필요성 인식

- 칠레와 FTA를 타결한 이후 참여정부는 FTA 로드맵을 작성하고 본격적으로 FTA 추진
  - 2003년 FTA 로드맵을 작성해 '동시다발적', '포괄적'으로 FTA를 추진하기로 결정
  - 로드맵에서는 협상 대상국을 단기와 중장기로 구분해 추진하며, 단기에는 싱가포르, 일본, 아세안, EFTA, 멕시코를 지정 ⇒ 미국, EU, 중국, 한·중·일, 동아시아 FTA, 캐나다, 인도 등을 중장기적 대상국으로 선정

---

357) FTA를 세계화의 걸림돌로 보는 입장에서는 FTA가 역외국에 배타적이며, 다자주의로 발전하기보다는 지역주의를 공고히 하고 범세계적 자유무역을 저해한다고 주장(컬럼비아 대학의 바그와티 등), 한편 FTA를 세계화의 디딤돌로 보는 입장은 FTA가 다자주의를 보완하는 수단이며, 지역협정에 가입하는 회원국이 확대되며 전 세계적 차원의 세계화로 가는 과정으로 인식(미국 국제경제연구소의 버그스텐 등)

- 전면적으로 FTA를 추진하게 된 요인은 동북아 중심국가 지향에 필요한 개혁 및 개방을 확대하고, 불안정한 WTO체제에 대응하기 위한 것임.
  - 2003년 9월 멕시코 칸쿤에서 열린 WTO 각료회의가 실패로 끝나자 정부는 FTA정책을 강화하기로 결정
- 2006년 들어 강대국들과의 FTA협상을 본격적으로 시작[358]

3 한국의 통상정책 방향[359]

3.1 개관

- 2013년 3월 17일 정부조직법 개정안 타결로 통상정책은 산업통상자원부가 맡게 되었음.
  - 통상정책 체계는 국가별로 차이를 보이고 있어 어느 부처가 통상을 담당해야 한다는 논거를 명확하게 제시할 수는 없으나, 이는 산업과 통상 간 시너지 확대라는 정책목표에 부합되도록 한 조치로 이해될 수 있음.
  - 과거 외교통상부-통상교섭본부 시절에는 통상정책에서 통상외교적 측면이 강조되었다면, 이세는 새로운 무역형태 출현을 감안하여 산업직 고려를 중시한 통상정책 수립과 이행에 방점을 둔 것으로 볼 수 있음.
- 그렇다고 대외협상을 전제로 하는 통상정책에서 외교적 기능의 중요성을 결코 가볍게 볼 수는 없음.

3.2 통상교섭본부 15년 평가

- 동아시아 금융위기가 한창이던 1998년 초 출범했던 김대중 정부는 '개방과 개혁'을 국정의 핵심 화두로 제시했고, 개방적 통상정책을 효과적으로 수행할 수 있도록 기존 외무부에 통상정책 전담기구로 통상교섭본부를 설치하여 외교통상부로 확대했음.
- 통상교섭본부의 최대 실적으로 세계 최고수준의 FTA망을 구축한 점을 들 수 있음.
  - 출범 초부터 통상교섭본부는 무역개방 등 당시의 통상현안에 대처하면서 새로운 통상이슈로 FTA 추진을 검토하게 되었고, 미국과 EU 등 세계 최대 경제권을 포

358) 이와 관련하여 이 장의 부록 [13-2] 참조.
359) 이하 내용은 정인교(2013) 참조.

함한 다수의 국가(지역)와 FTA를 이행(타결)시켜 지난 10여년 사이 우리나라는 'FTA 불모지'에서 세계적인 'FTA 주도국'으로 발전할 수 있었음.

- WTO-DDA 다자무역협상에서도 통상교섭본부의 역할은 적지 않았음.
  - 교착 상태에 빠진 DDA협상의 돌파구를 마련하기 위해 무역원활화와 같은 우선 합의가 가능한 이슈에 대한 논의, 서비스 및 정부기술상품 자유화 등 복수국간협정 추진을 제안하기도 했음.
  - 그동안 다자체제 하의 시장전략을 FTA협상에 연계시켜 왔기에 DDA협상이 재개되면 우리나라는 공세적 입장에서 협상타결을 주도해 나갈 수 있을 것으로 보임.
- 또한 OECD, APEC 등에서도 우리나라 국익을 반영한 국제통상 어젠다[360] 수립에 적극 참여해 왔고, 일본·중국 등과의 협력 기조 속에 동아시아 경제협력 논의를 주도해 온 것으로 평가됨.
- 한편 그동안 통상교섭본부 주도로 통상협상을 추진해 옴에 따라 국내에서는 국민의 알권리 차원에서 통상정보 공개 요구가 강하게 제기되었음.
  - 이에 따라 2012년 국회가 통상절차법을 제정하여 통상정책에 대한 의견을 다양한 경로를 통해 수렴하도록 하였음.

3.3 새로운 무역추세에 따른 통상조직 개편 필요성

- 먼저 생산의 글로벌화·분절화 확산에 따른 무역의 성격 변화를 들 수 있음.
  - 애플의 아이폰 생산에서 보듯이 세계적으로 기업들의 직접투자와 해외 아웃소싱이 증가함에 따라 생산의 글로벌화와 분절화 현상이 크게 확대되었음.
  - 1990~2011년 기간에 GDP는 2배, 수출은 4배 증가한 반면, FDI는 수출보다 2배 이상 빠른 8.8배 증가하였음.
  - 생산에서 글로벌 아웃소싱이 확대되고, 분절화된 생산공정이 세계 각국으로 확산됨에 따라 우리나라의 FTA정책도 산업적 고려의 중요성이 커졌음.[361]
- FTA 허브국가로서의 경제이익을 최대화하기 위한 산업통상정책의 강구시점 도래
  - 산업통상으로의 개편은 '보호주의로의 회귀'가 아니라 FTA 허브국가의 실익을 산

360) 어젠다(Agenda) : 본래의 의미는 회의 등에서 거론되는 의제나 안건을 나타내지만, 언론에서 쓰일 때는 현재 여론의 관심사가 되고 있는 중요관심사를 뜻함.

361) 한미 FTA와 한-EU FTA 이행으로 우리나라가 FTA 허브국가로 발전함에 따라 FTA 허브이익 실현과 생산네트워크에의 참여와 투자유치를 FTA정책과 연계시킬 필요성이 증가했음. 생산의 글로벌화·분절화 진전에 따라 세계 교역구조는 복잡다기화되고 있으며, 2008년 글로벌 금융위기 이후 미국·일본 등 선진국들이 제조업 중시 정책으로 돌아서면서 통상정책 수립에서 산업에 대한 고려가 더 커지게 되었고, 통상정책 역시 산업 내 및 산업 간 영향에 대한 심층적인 분석을 바탕으로 한 협상전략의 중요성이 증대되었음.

업 차원에서 챙기기 위한 조치로 볼 수 있음. ⇒ 문제는 산업과 통상의 시너지를 제고할 수 있는 세부적 정책대응 모색 역량이 될 것임.

• 상호간 투자촉진, 기술협력 등 다양한 분야에서 세계 각국과의 협력을 강화함으로써 경제이익을 최대화하고, 통상협상에서 사후대책에 이르는 전 과정에서 업계를 비롯해 우리 경제 전반에 미치는 영향을 세심하게 관리할 필요성이 증대하고 있음.

• 기존 FTA 글로벌망을 바탕으로 우리 기업의 대외진출 이익을 극대화하기 위한 다양한 차원의 산업통상정책 수립도 필요함.

• 신흥국 및 자원부국과의 각종 산업, 인프라, 자원개발 협력을 강화하고 중소 · 중견기업을 중심으로 업계 지원을 위한 통상정책을 강화시켜야 하는 시점을 맞게 되었음.

- 또한 세계경제에서 차지하는 비중이 커진 개도권 국가들과의 산업 · 자원 협력과 통상협상 간 연계성을 강화시켜 나가야 하는 상황임. ⇒ 최근 들어 우리나라 통상정책의 중심이 개도권 국가들로 이동하고 있는데, FTA체결은 물론이고 다양한 산업 · 자원 협력의 중요성이 커지고 있음.

  • 이들 개도권 국가의 경우 경제발전을 위한 산업화에 관심이 많고 이들 국가 중 상당수는 자원부국이란 점에서 기존 FTA협상과는 다른 접근방식이 요구되고 있음.

  • 우리나라는 이미 산업화를 성공적으로 수행한 경험을 갖고 있어 양자 간 산업협력 이슈 개발의 노하우가 있을 뿐 아니라 이들 국가의 자원 개발에도 큰 이해관계를 갖고 있어, 개도권 국가대상 경제협력 및 통상협상에서 산업부처의 양자 간 산업 · 자원 협력정책 경험을 널리 활용할 수 있음.

  • 최빈개도국에 대해서는 상대국의 일부 상품에 대해 일방적 관세 철폐를 부여하는 특혜무역협정 형태의 FTA를 추진할 필요가 있는데, 이 경우 산업부처가 품목 선정 등 주도적 역할 수행에 유리한 측면이 있음.

- 복합재 · 시스템 및 패키지형 인프라 수출 등 신개념 수출전략 추진에도 산업통상 연계가 도움이 될 것임.

  • 세계적으로 첨단 플랜트, 전기 · 가스 · 수도 시스템, 환경 시스템, 첨단방산제품, 지능형 빌딩 등 복합재 · 시스템과 패키지형 인프라의 해외진출이 증가하고 있는 추세이고 고수익 비즈니스로 부상하고 있음.

  • 이런 새로운 형태의 해외 진출을 촉진할 수 있는 효과적이고도 종합적인 지원 체계를 수립할 필요가 있으며, 이 분야 정책수단과 노하우를 갖고 있는 산업부처가 통상협상을 이들 신개념 수출에 활용하여 우리 기업의 시장선점을 지원할 필요가 있음.

- 서비스무역 분야의 경우 분야별 경쟁력 차이 및 상대국들의 국내 규제로 인해 해외진출 가능 분야가 제한적인 것이 현실이지만, 회계 · 기술 · 디자인 · 법률 등 비즈

니스서비스, 게임 · 애니메이션 · 캐릭터 · 음반 등 문화 콘텐츠, 시스템통합(SI) · 소프트웨어 등 정보통신서비스 등 우리 업계가 경쟁력을 갖고 있는 분야를 대상으로 해외시장 진출을 적극 추진할 필요가 있음.

- 산업부처는 KOTRA 등 무역투자 진흥기관과의 유기적 협조체제를 이용해 주요 진출대상국의 시장 정보를 확보하기 쉽고, 대외무역법 등을 통해 이들 서비스의 수출 지원정책을 갖고 있어 향후 서비스 분야 통상협상에서도 능동적 역할을 기대할 수 있음.
- FTA 등 통상협상 역시 산업부처 및 그 외청과 소속기관의 업무네트워크를 효과적으로 활용함으로써 주요 협상의제 대응력을 제고시킬 수 있음.

3.4 산업통상자원부의 통상정책 방향

- 유럽 경제위기와 미국의 재정절벽 사태, 그리고 전 세계적인 경기침체 우려가 큰 상황에서 세계 주요국의 보호무역주의 도입이 늘고 있음.
  - 미국과 유럽(EU)은 '글로벌 룰 제정자(global rule setter)' 역할을 할 수 있는 범대서양자유무역협정(TAFTA) 협상개시를 공식 선언했고,[362] 일본의 아베정부는 엔화 절하로 자국 제조업의 국제경쟁력을 개선시켜 나가고 있어 대응책 마련이 필요함.
  - 집권 2기를 시작한 미 오바마 행정부는 FTA 이행과 관련된 공정무역 점검을 강조하고 있어 한미 FTA 이행을 지켜보고 있을 수만은 없는 상황임.

---

362) 범대서양자유무역지대(TAFTA : Transatlantic Free Trade Area)는 대서양을 사이에 둔 미국과 유럽이 관세를 없애고 서로 자유롭게 무역을 하는 지역으로 독일의 주도 하에 설립을 모색하고 있음. TAFTA가 출범한다면 1992년 1월 1일 출범한 유럽연합(EU), 1994년 1월 1일 출범한 북미자유무역협정(NAFTA)에 이어 세계 최대 시장인 미국과 유럽이 손을 잡는 역사적 사건이 발생하게 됨. 미국의 경우 1994년 캐나다, 멕시코와 북미자유무역협정(NAFTA)을 체결했지만 중국 · 일본 · 유럽연합(EU) · 아세안(동남아국가연합 10개국) 등 거대 경제권과의 FTA에는 소극적이었음. 하지만 버락 오바마 대통령이 수출을 늘려 경제위기를 타개하겠다는 의지를 밝히면서 12개 나라가 참여하는 환태평양경제동반자협정(TPP)과 EU와의 범대서양자유무역협정(TAFTA) 추진에 강한 의지를 보이고 있음. 태평양 국가가 중심인 TPP는 전 세계 국내총생산(GDP)의 38.6%를, 대서양 국가들로 이뤄진 TAFTA는 세계 GDP의 45.2%를 차지함. 두 협정이 모두 타결되면 세계무역 판도는 미국을 중심으로 새롭게 그려짐. 한편 미국과 함께 G2(세계 2대 강국)를 이루는 중국 역시 미국 · 일본 · EU 등과는 FTA를 맺지 않았음. 하지만 미국이 TPP에서 의도적으로 중국을 배제하자, 아세안 등 16개국이 참여하는 역내포괄적경제동반자협정(RCEP)과 한 · 중 · 일 FTA 추진으로 '맞불'을 놓고 있음. 특히 미국이 주도하는 TPP(경제규모 27조 달러)와 중국이 이끄는 RCEP(20조 달러)는 참여국가나 성격 등에서 서로 겹쳐 미 · 중 간 충돌이 우려됨. 일본은 상품 · 서비스 중심의 FTA보다는 투자 · 인적교류 확대를 강조한 경제동반자협정(EPA) 추진을 중시하고 있음. 관세율이 낮다 보니 상대국에 추가적인 관세 인하 혜택을 제공하기 어려워서임. 최근 TPP협상에 참여하기 위해 농업 개방 조건을 수용하기로 하는 등 2011년 동일본 대지진 이후 어려워진 경제를 자유무역 확대로 이겨내려 하고 있음. EU는 전통적으로 북아프리카 및 중동 등 지중해권 국가와의 FTA를 중시했음. 하지만 2011년 한국과의 FTA 발효를 계기로 싱가포르 · 인도 등 아시아 지역과의 FTA 추진에도 나서고 있음. 최근에는 일본과의 FTA협상개시를 선언하는 등 고삐를 죄고 있음. 이와 관련하여 서울신문(2013.10.15) 참조.

- 박근혜 정부가 해결해야 할 통상과제
  - 미국과의 투자자정부제소권(ISD)[363] 개정협상, 한 · 중 FTA협상타결,[364] FTA 원산지 검증 대비, 동아시아 지역경제통합 대응, 쌀 관세화협상,[365] 서비스 분야 복수국간협정(ISA)[366] 등 민감한 사안들이 적지 않음.
  - 미국이 쇠고기 수입확대협상을 언급하고 있어 대응책 마련이 필요
  - 또한 현재 중국과는 한중 FTA, 한중일 FTA 및 역내포괄적지역동반자협정(RCEP)[367] 등 3개의 FTA협상을 하고 있는데, 한 국가와 3개 협상을 동시에 추진하는

---

363) 투자자-국가소송제(ISD : Investor-State Dispute)란 분쟁 발생 시 국제기구의 중재를 받는 제도를 말함. 부연 설명하면 외국 투자기업이 현지의 불합리한 정책 및 법으로 인해 재산적 피해를 입거나 투자 유치국 정부가 투자계약 · 협정 의무 등을 어겨 손실이 발생하는 것을 보호하기 위한 것으로 분쟁이 발생했을 경우 법원이 아닌 국제기구의 중재를 받는 제도임. 기업이 투자 유치국 정부의 정책으로 부당한 이익 침해를 당하면 해당국을 세계은행(WB) 산하 국제상사분쟁재판소(ICSID)에 제소하게 됨. ICSID의 중재부는 해당국에서 1명씩 추천해 2명, 협의를 통해 1명을 선정해 총 3명으로 이뤄지며 협의가 불발되면 사무총장이 선정함. 이와 관련하여 〈네이버-시사상식사전〉 참조.

364) 중국이 2014년 11월 베이징에서 열리는 아시아태평양경제협력체(APEC) 정상회의에서 한중 자유무역협정(FTA) 타결을 선언할 수 있도록 노력하자는 뜻을 우리 정부 측에 전달한 것으로 알려졌음. 이와 관련하여 매일경제(2014.07.31) 참조.

365) 정부는 우루과이라운드(UR) 협상 및 2004년 쌀협상 결과에 따라 예정됐던 대로 오는 2015년 1월 1일부터 쌀을 관세화 하기로 결정했다고 2014년 7월 30일 밝혔음.

366) 국제서비스협정(ISA)이란 미국을 주축으로 추진되고 있는 협정으로 금융 · 보험 · 특급 운송 · 통신 · 전자 지급 · 정부 조달 · 환경 · 에너지 등 서비스 분야의 무역장벽을 허물고 투자를 활성화하기 위하여 이루어지는 협상임. ISA는 도하개발어젠다(DDA)의 대안으로 협상이 지지부진해지자 협상 분야를 서비스신업으로 좁힌 ISA 쪽으로 수정하여 협싱이 이루어지기 시작하였음. 한편 미국 정부는 한국 · 일본 · 중국 · 러시아 · 유럽연합(EU) 등과 서비스 분야 무역장벽을 제거하기 위한 국제서비스협정(ISA) 협상개시를 공식 발표했음. 론 커크 미 무역대표부(USTR) 대표는 2013년 1월 15일 성명을 발표하고 "세계무역기구(WTO) 본부가 있는 스위스 제네바에서 이들 국가와 ISA협상에 들어갈 것"이라며 "서비스 분야의 수출이 제조업 분야만큼 성장한다면 미국의 수출은 연간 최대 8000억 달러 늘어날 수 있다"고 밝혔음. ISA는 지난 2001년 시작된 다자간무역체제인 도하개발어젠다(DDA) 협상이 지지부진한 가운데 미국에서 대안으로 논의되는 서비스 분야 활성화 방안임. 이와 관련하여 문화일보(2013.01.16) 참조. 한편 복수국간서비스협정(TISA : Trade In Service Agreement)은 문화 · 교육 · 의료 등 서비스시장의 무역장벽을 허물기 위한 협정으로, '서비스 분야의 자유무역협정(FTA)'이라고 불림. TISA가 발효되면 영화 · 음악 같은 한류 콘텐츠 등 각종 서비스 분야를 효과적으로 수출할 길이 열릴 것으로 보임. 하지만 소상공인 · 자영업자 등과 중소기업의 피해가 심화될 수 있다는 우려도 제기됨. 한편 산업통상자원부는 2013년 6월 28일 스위스 제네바에서 열린 복수국간서비스협정(TISA) 회의에서 한국 등 48개국이 본격적으로 협상을 시작했다고 밝혔음. 참여국은 한국 · 일본 · 호주 · 뉴질랜드 · 미국 · 캐나다 · EU(27개국) · 스위스 · 노르웨이 · 아이슬란드 · 대만 · 홍콩 · 파키스탄 · 멕시코 · 코스타리카 · 파나마 · 콜롬비아 · 페루 · 칠레 · 파라과이 · 터키 · 이스라엘 등임. 참여국들은 '복수국간서비스협정에 관한 진행 중인 협상'이라는 보도자료를 통해 "협상에 필요한 협의 절차를 마치고 완전한 협상 모드에 접어들었다"고 전했음. 또한 "서비스 분야의 무역 자유화라는 목표에 동의하는 세계무역기구(WTO)의 다른 회원국에도 참여할 것을 계속 독려할 것"이라고 덧붙였음. TISA협상은 시한이 정해지지 않았으나 조기 타결을 목표로 추진될 전망임. 산업부는 2013년에 2차례 협상을 하고 협정문안 협의와 시장개방협상이 병행될 것으로 보고 있음. 한국은 2013년 1월 공청회, 4월 대외경제장관회의 의결, 6월 14일 국회 보고를 거쳐 TISA 참여를 위한 절차를 밟았음. 이와 관련하여 에듀윌 공식블로그〈blog.eduwill.net/2175〉(2013.08.20) 참조.

것이 과연 합리적인가도 검토가 필요

- 산업통상자원부는 통상 관련 다른 부처의 입장을 합리적으로 조정하면서 산업부처로서의 전문성과 네트워크를 활용해 통상교섭 시 최대 비중을 갖고 있는 제조업 분야 협상에 개방성과 전문성을 바탕으로 적극 대응해 나가야 할 것임.
  - FTA, DDA협상에서 상품무역, 서비스무역, 투자 등 여러 분야에서 시장개방을 추진해야 하겠지만, 제조업 분야에서 경쟁 우위를 갖고 있는 우리나라로서는 제조업 분야 협상결과가 특히 중요할 것임.
  - 기 체결된 FTA는 물론 향후 추진 예정인 FTA를 적극적으로 활용하기 위해서는 특혜원산지 협상에의 대응이 매우 중요한데, 원산지 협상은 개별 산업 및 품목별 대응이 요구되는 과제로서 산업을 관장하는 부서의 역할이 절대적임. ⇒ 따라서 개별 사업 및 업종별 단체와의 유기적 네트워크를 갖고 있는 산업부처가 원산지 기준 협상을 합리적으로 타결할 수 있도록 내부 실국 간, 관련 업계와의 긴밀한 협조체계를 구축해야 할 것임.
  - 투자 이슈와 관련하여 투자정책 실무부서의 장점을 활용해야 할 것임. ⇒ 글로벌 생산네트워크 수립에 따라 국제투자의 중요성이 갈수록 증대되고 있고, FTA 등 각종 통상협상에서 투자 이슈가 부각되고 있음.
  - FTA협상에서도 '상업적 주제'에 의한 서비스시장 개방이 핵심인데, 이는 서비스 분야의 투자 이슈에 해당됨.
  - 외국인투자 유치 및 해외투자 지원 정책은 모두 산업부처의 담당업무로서 FTA 등 통상협상 및 국내 정책에서 외국인투자 환경을 획기적으로 개선시켜 단기간에 외국인투자 유치 실적을 기록해야 할 것임.
- 산업협력, 자원확보 등 정책목표와 수단을 활용하여 개도국 및 자원부국과의 통상자원협상도 적극적으로 추진해 나가야 함.
  - 산업단지 및 인프라 개발, 중소기업 육성 등 우리의 개발 경험을 전수함과 동시에 상대국의 관련 개발 사업에 적극 참여할 수 있다는 점을 널리 활용하고, 복합적 설비 및 관련 서비스의 해외 공급 및 관련 해외투자 등과 같은 신개념 수출전략을 산업통상 차원에서 적극 추진해야 할 것임.

---

367) RCEP(Regional Comprehensive Economic Partnership) : 동남아시아국가연합(ASEAN) 10개국과 한·중·일, 호주, 인도, 뉴질랜드 등 16개국의 역내 무역자유화를 위한 협정으로 다자간 자유무역협정(FTA)임. '아르셉'이라고도 함. 역내 국가들의 제반 경제상황을 고려해 RCEP는 단계적이고 점진적인 개방을 기본 개념으로 설정하고 있음. 2012년 11월 20일 16개국 정상이 협상개시를 선언했으며, 2015년 말 타결을 목표로 하고 있음. RCEP협상이 체결되면 인구 34억 명, 명목 국내총생산(GDP) 19조7640억 달러의 거대 경제권이 탄생하는데, 이는 유럽연합(17조5100억 달러)을 앞서는 규모임. 이와 관련하여 〈네이버-트렌드 지식사전〉 참조.

• 비즈니스서비스[368] 무역, 게임, 문화 콘텐츠, 정보통신 서비스 등에 대한 해외진출 확대를 지원하고, 비무역 의제협상, 합리적인 원산지규정 설정, 중소기업의 이해를 반영한 통상정책 수립 등을 위해 산업부처의 외청인 중소기업청, 산하 기관, 협회 등과의 유기적 협조를 구축해 나가야 할 것임.

- 마지막으로 개방형 통상조직을 통해 국가적 통상정책 역량을 유지해야 할 것임.
  • 부처 간 협력 및 민관 협력 강화는 기본이고, 산업부처의 통상조직을 여러 부처에 개방하고, 관계 부처 파견관제도도 적극 활용해야 할 것이며, 각 부처 통상 담당관 간의 유기적 네트워크를 구축해야 할 것임.
  • 통상조직에 민간 전문가를 참여시키고, 위원회 조직을 신설 활용하여 민관 협력을 강화해야 함.
  • 통상정보 확보 및 통상정책 지원 차원에서 재외공관과의 긴밀한 협력체계를 구축해야 하며, 세계경제 동향 추적, 새로운 통상이슈 발굴 등에 대한 KOTRA, 중소기업진흥공단 등 산하 기관의 기능 강화를 통해 산업통상자원부의 정보수집 능력을 보강해야 할 것임.

참고자료

(1) 박번순 외(2006), "한국 통상정책의 재점검",《Issue Paper》, 삼성경제연구소, 2006. 08.
(2) 경제공동체과(2013), "우리나라의 對APEC 외교성과", 외교부 사이트의 APEC개요, 2013. 10. 02.
(3) 2014. 07. 21., "아 · 태지역 경제통합을 위한 APEC 회원국 대상 역량강화 세미나 개최",《뉴스와이어》
(4) 정철 외(2013), "2013년 APEC 정상회의 결과와 시사점",《오늘의 세계경제》, 대외경제정책연구원, 2013. 10. 28.
(5) 정인교(2013), "산업통상자원부의 통상정책 방향",《KIET 산업경제》, 산업연구원, 2013. 05.
(6) 2014. 07. 31.,《매일경제》
(7) 2013. 10. 15.,《서울신문》
(8) 2013. 08. 20., 에듀윌 공식블로그〈blog.eduwill.net/2175〉
(9) 2013. 01. 16.,《문화일보》

---

368) 비즈니스서비스(BS : Business Service)산업은 제조업을 포함한 다른 기업의 경영활동을 지원하며 전 산업의 경쟁력 강화의 핵심요소가 되는 서비스산업을 의미함. 따라서 생산자서비스(B2B)의 성격을 가지며, 컨설팅, 인력개발, 마케팅 리서치 등 다양한 산업을 포함함. 결국 기업경영 프로세스의 일부를 외부에서 생산 · 공급하는 산업으로서 기존기업의 입장에서는 아웃소싱의 대상이 되는 산업임.

부록 [13-1] 자유무역협정(FTA)의 이해

1. 무역을 통한 경제적 이득

- 국가 간에 무역을 하는 것은 두 나라 모두에게 이익이 되기 때문
  - 소비자들은 자기 나라에서 생산되지 않는 제품을 수입하여 소비할 수 있으며, 다른 나라에서 더 싸게 물건을 만들 수 있다면 무역을 통해 자기 나라에서 만든 것보다 더 저렴하게 물건을 구입할 수 있음.
  - 기업들도 무역을 통해 국내시장에서 해외시장으로 시장규모가 커짐에 따라 규모의 경제를 달성할 수 있음.

2. 보호무역의 발생

2.1 이유

- 무역으로부터의 이익에도 불구하고 자국 산업의 보호, 국가안보, 문화적인 이유 등으로 보호무역이 발생함.

2.2 보호무역 수단

- 대표적인 것이 관세 부과로서 수입제품에 대해 관세를 부과하면 국내 판매가격이 높아져 수입을 억제하는 효과가 있음.
- 다른 방법으로 수입물량을 제한하거나 수입제품에 대한 품질기준 강화, 까다로운 통관절차를 거치게 하여 수입을 어렵게 하기도 함.

3. FTA란

- FTA(Free Trade Agreement : 자유무역협정)란 국가 간에 이러한 관세 및 비관세무역장벽을 모두 철폐하여 마치 한 국가처럼 자유롭게 상품과 서비스의 거래가 이루어지도록 하는 협정임.
  - 즉 협정이 체결된 국가 사이에는 보호무역을 하지 않고 자유무역을 하자는 것임.
- FTA의 대상은 상품뿐만 아니라 서비스, 투자, 지적재산권, 환경, 노동기준 등으로까지 확대되고 있음.
- FTA는 참가국 간에는 관세 및 비관세 무역장벽이 철폐되나 여타국에 대해서는 보호무역장치를 그대로 유지하므로 특정 지역 내에서 자유무역을 추구하는 지역무역협정(Regional Trade Agreement)의 한 형태임.

4. 다자간무역체제

- GATT(관세 및 무역에 관한 일반협정 : General Agreement on Tariffs and Trade)의 뒤를 이어 1995년 출범한 WTO(세계무역기구 : World Trade Organization)는 전 세계적인 자유무역체제를 구축하는 것을 목표로 하고 있음.
- 무역자유화를 위한 협상에 관련 국가들 모두가 참여하고 여기에서 합의된 규범은 모든 WTO 회원국에게 적용되는데, 이를 다자간무역체제라 함.

5. FTA의 확산 이유

- FTA는 1950년대부터 등장하기 시작했으며 1995년 WTO출범 이후에는 전 세계로 급속히 확산 ⇒ WTO라는 다자간무역체제가 존재함에도 불구하고 FTA가 확산되는 이유
- 첫째, WTO라는 다자간무역체제는 관련된 모든 국가들의 합의를 이끌어내기가 쉽지 않기 때문에 국가들은 협상이 용이하고 상대적으로 단기간에 타결이 가능한 지역무역협정을 선호하게 되었음.
- 둘째, 그동안 다자체제를 주장하고 지역무역협정에 소극적인 입장을 고수해 왔던 미국이 1990년대 이후 적극적 입장으로 선회하여 지역무역협정 체결을 추진하기 시작하였으며 이는 많은 국가들이 지역무역협정에 관심을 갖게 하는 파급효과를 불러일으켰음.
- 셋째, 지역무역협정 체결이 무역 및 외국인 직접투자의 유입에 큰 도움이 되고 이는 경제성장의 원동력이라는 인식이 확산되면서 많은 국가들이 지역무역협정을 적극적으로 추진하게 되었음.

6. FTA의 무역자유화 효과

- FTA의 무역자유화 효과는 크게 무역창출효과와 무역전환효과로 구분

6.1 무역창출효과

- 무역창출효과는 관세가 낮아져 회원국 간 상품과 서비스의 교역 및 투자가 이전보다 확대되는 효과를 말함. ⇒ 즉 관세 인하로 회원국 간 무역이 새로 발생하여 국가 전체의 후생수준이 높아지게 됨.
- 실례
  - A국과 B국은 컴퓨터를 만드는데 자국 판매가격은 각각 100, 95라고 하자.
  - 그런데 A국은 B국의 컴퓨터를 수입할 때 관세 10을 부과, 관세 부과로 인해 A국에서 수입하는 B국의 컴퓨터 가격은 105(가격 95+관세 10)가 됨.
  - 따라서 A국은 B국의 컴퓨터를 수입하지 않게 됨.
  - 그러나 FTA로 관세가 철폐되면 A국은 자국 생산 제품보다 더 가격이 싼 B국의 컴퓨

터를 수입하게 되고, A국 소비자들은 더 저렴한 가격에 컴퓨터를 구입할 수 있게 되어 경제적 후생이 증가

6.2 무역전환효과

- 무역전환효과는 FTA 회원국과 비회원국 간에 교역과 투자가 감소하고, 회원국 간에만 확대되는 경우를 말함.
- FTA로 인해 더 비싸게 생산하는 국가의 생산물을 더 많이 생산하게 한다는 점에서, 무역전환은 세계 전체적으로 볼 때 생산에서의 비효율을 증가시킴.
- 실례
  - A, B, C 세 나라는 자동차를 생산하는데 자국 판매가격이 각각 110, 95, 85라고 하사.
  - A국은 자동차를 수입하는데 관세 15를 부과, 따라서 A국에서 국내생산 자동차가격은 110, B국으로부터 수입한 자동차가격은 110(가격 95+관세 15), C국으로부터 수입한 자동차가격은 100(가격 85+관세 15)이 됨.
  - 결국 동일한 관세부과 조건에서 A국은 C국으로부터 자동차를 수입
  - 그런데 A국과 B국이 FTA를 체결하고 자동차에 대한 관세를 철폐하면 A국은 B국의 자동차를 95에, C국의 자동차를 100(가격 85+관세 15)에 수입할 수 있으므로 이제 C국이 아닌 B국으로부터 자동차를 수입
  - 이처럼 FTA 이전에는 가장 싸게 생산하는 제3국(비회원국)에서 수입하던 것을 FTA 이후에는 더 비싸게 생산하는 회원국으로부터 수입하는 것을 무역전환이라고 함.
- 무역전환효과는 경제적 후생을 증가시킬 수도, 감소시킬 수도 있음.
  - FTA체결로 자동차 판매가격이 하락하므로 소비자잉여는 증가하고 생산자잉여는 감소
  - 한편 A국이 그동안 C국으로부터 자동차를 수입하면서 얻어 왔던 관세수입이 없어지게 됨.
  - 따라서 소비자잉여 증가분보다 생산자잉여 감소분과 관세수입 감소분을 더한 것이 더 크면 A국의 경제적 후생은 감소하게 되고 반대의 경우에는 경제적 후생이 증가

6.3 종합적 견해

- 지역통합으로 인한 무역자유화는 무역창출효과와 무역전환효과가 어느 정도냐에 따라서 경제적 후생을 증가시킬 수도, 감소시킬 수도 있음.

7. FTA의 기타 경제적 효과

- FTA체결은 무역효과 이외에도 시장규모 확대, 경쟁 증가로 인한 시장효과 등이 있음.
  - 기업은 무역장벽의 제거로 수출시장이 확대되어 규모의 경제가 발생하며, 수입개방으

로 경쟁압력이 증가하면 국내기업의 효율성 및 생산성이 향상되고 규제완화, 구조개혁으로 국내산업구조가 고도화됨.

- 지역통합은 투자입지에도 영향을 미쳐 제3국 기업들이 시장이 확대된 FTA 지역에 대한 투자를 증가시킴.

- 또한 FTA체결로 인해 각국은 개별국가로 협상할 때보다 협상력이 증가하게 됨.

8. FTA의 부정적 효과

- FTA체결은 긍정적인 효과뿐만 아니라 부정적인 효과도 파생시키게 됨.

- FTA체결로 경제 전체적으로는 이익을 보더라도 산업별로는 손해를 보는 집단이 나타날 수 있음.
  - 예를 들어 우리나라의 경우 농업 등 일부 경쟁력이 약한 산업은 협정 체결 상대국으로부터의 저렴한 농산물 수입 등으로 설자리를 잃을 수 있음.

- 결국 어떤 산업에 있어서는 구조조정이 불가피하고 구조조정 기간에는 실업과 더불어 소득분배에 대한 부정적인 영향이 발생할 수 있음.

- 그러므로 FTA협상 시 경쟁력이 약한 산업에 대한 예외 사항을 최대한 확보하되 동 산업이 경쟁력을 갖출 수 있는 지원책을 마련하여야 함. ⇒ 구조조정이 불가피할 경우에는 구조조정 대상 산업 종사자들이 다른 산업으로 전환할 수 있도록 적절한 대책을 마련하여야 함.

9. FTA 추진에 따른 논란

- FTA 추진에 따른 모든 효과들을 경제적으로 정확히 계측하는 것은 사실상 불가능

- FTA 추진에 대한 찬반양론이 팽팽히 맞서고 있는 것도 이러한 효과를 신뢰성 있게 측정하는 것이 어렵다는 점도 한 이유

10. 지역무역협정(RTA) 추진 전망

- FTA협상은 다자간무역자유화협상과 상호보완적인 관계에 있는바, 다자간무역자유화협상인 DDA의 진전 여부[369]에 따라 세계 각국의 FTA정책도 추진 양상을 달리하는 경향이 있음.

---

369) DDA협상은 소규모 각료회의에서 농업과 비농산물시장접근(NAMA)의 세부원칙 합의 도출에 실패함에 따라 당분간 큰 진전을 기대하기는 어려울 것으로 보임. 다만 주요국이 소규모 각료회의 결과를 향후 협상의 출발점으로 하자는 데 반대하지 않고 있어 분야별 협상이 재개될 수 있을 것으로 보이지만, 주요국의 정치 일정을 고려할 때 2008년 말까지 실질적 진전을 기대하기는 어려울 것으로 보임. 아쉽게도 2014년 8월 현재까지도 별다른 진전은 없는 상태임.

- 또한 현재 다수의 FTA가 협상 중이거나 공동연구가 진행되고 있다는 점을 감안하면 FTA 체결 및 발효 건수는 당분간 지속적으로 증가할 것으로 예상

참고자료

(1) 한국은행(2007), "자유무역협정(FTA)", 한국은행 경제교육(경제심화자료), 2007. 02. 06.

(2) 서진교(2008), "2008 하반기 국제 통상환경 전망", KIEP 오늘의 세계경제, Vol. 8, No. 31, 대외경제정책연구원, 2008. 08. 11.

부록 [13-2] 한국의 자유무역협정(FTA)

1. 추진 동향

1.1 FTA 추진 전개

- 2004년 4월 사상 첫 FTA인 한 · 칠레 FTA 발효 이래 지난 10년간 우리나라는 FTA 네트워크를 꾸준히 확대하고 있으며 이처럼 FTA를 확대하는 과정은 3단계로 나누어 생각해 볼 수 있음.
  - FTA 1.0 : FTA 추진 결정과 한 · 칠레 FTA 발효(1998~2004년) ⇒ ㉠ 다자주의 속에서 수출 확대에 주력한 우리나라는 FTA 확대라는 세계 조류 속에서 상대적 불리함에 처했고 이를 극복할 필요성 발생 ㉡ 1997년 외환위기를 극복하는 과정에서 FTA를 통해 수출시장 확보, 투자 유치, 제도 선진화, 구조조정 가속화 등을 도모 ㉢ 1998년 외교부 내 통상교섭본부 설치 및 한 · 칠레 FTA 추진을 결정, 1999년 협상 개시 이후 3년 만인 2002년 12월에 협상타결, 2004년 4월 발효
  - FTA 2.0 : FTA 로드맵 작성과 한 · EU 및 한 · 미 FTA 발효(2004~2012년) ⇒ ㉠ FTA 추진 본격화를 위해 2003년 8월 협상대상과 추진 전략을 담은 'FTA 로드맵'을 작성, 2004년 5월 수정 · 보완 ㉡ 로드맵은 중장기적으로 미국 · EU · 중국 등 거대 · 선진 경제권을 목표로 경제 효과를 높이고자 높은 수준의 포괄적 FTA를 지향하고, FTA 후발주자로서 캐치업을 위한 동시다발적인 협상추진 전략을 담음. ㉢ 2011년 7월 한 · EUFTA, 2012년 3월 한 · 미 FTA 등 거대 · 선진 경제권과 FTA를 성공리에 발효하며, FTA 변방에서 중심 국가로 올라서게 됨.
  - FTA 3.0 : 신통상 로드맵 작성 및 동아시아 경제통합 대응(2012~) ⇒ ㉠ 박근혜 정부 출범 후 메가 FTA, 신흥국 부상, 보호무역 확대 등 급변하는 통상환경 변화에 대응키 위해 '신통상 로드맵' 발표(2013년 6월) ㉡ 신통상 로드맵은 한 · 미 FTA, 한 · 중 FTA를 기반으로 미국 주도의 TPP와 중국 주도의 RCEP의 연결고리 등 동아시아 경제통합 논의의 핵심축 역할을 강조 ㉢ 신흥국과 상생형 FTA 추진 : 신흥국의 발전 동력을 해외진출의 계기로 삼고자 신흥국의 개발 · 협력 수요에 부응키 위해 산업 · 자원 협력 등과 연계하는 상생형(win-win) FTA 추진 전략도 담고 있음.

1.2 FTA 추진 성과

- 우리나라의 FTA 추진은 2014년 상반기 현재 9건 46개국[370]으로 지난 10년간 양적으로 큰 폭으로 확대되었고, 주요 경제권을 모두 포괄하고 있어 질적으로도 상당한 성과를 이룬 바 있음.

370) 2013년 7월 EU의 회원국 확대로 크로아티아를 포함할 경우 47개국까지 확대

- 우리나라는 칠레, 싱가포르, EFTA, ASEAN, 인도, EU, 페루, 미국, 터키 등과 FTA를 발효하며 2004년 이후 10년 만에 FTA 네트워크를 큰 폭으로 확대
- 특히 ASEAN, EU, 미국 등 주요 신흥 경제권 및 거대·선진 경제권과 모두 FTA를 발효한 것은 우리나라가 유일하여 세계의 주목을 받고 있음.
- 또한 콜롬비아와의 FTA는 발효를 앞두고 있고 최근 캐나다, 호주와 FTA협상이 타결되었으며, 세계경제의 중심으로 부상 중인 중국과의 FTA협상도 진행되고 있어[371] FTA 네트워크의 양적·질적 성장은 지속될 전망

〈표 부13-1〉 우리나라의 FTA 추진 현황

발효	서명·타결	협상 중
•한-칠레(2004.4. 발효) •한-싱가포르(2006.3. 발효) •한-EFTA[372](2006.9. 발효) •한-ASEAN[373] (상품 : 2007.6. 발효 서비스 : 2009.5. 발효 투자 : 2009.9. 발효) •한-인도 CEPA(2010.1. 발효) •한-EU(2011.7. 잠정발효) •한-페루(2011.8. 발효) •한-미(2012. 3. 발효) •한-터키(2013.5. 발효, 2013.11.→ 서비스·투자 5차 협상)	•한-콜롬비아(2012.6. 협상타결) •한-호주(2013.12. 실질적 타결 선언) •한-캐나다(2014.3. 양국정상 간 협상타결 선언)	•한-중(2014.3. 제10차 협상, 양국 정상간 연내 타결합의) •한-중-일(2014.3. 제4차 협상) •RCEP[374](2014.1. 제3차 협상) •한-인도네시아 CEPA(2014.2. 제7차 협상) •한-베트남(2013.10. 제3차 협상) •한-뉴질랜드(2014.2. 제5차 협상)

371) 2014년 7월 3일에 열린 한·중 정상회담을 통해 양국은 한·중 FTA를 연내(2014년)에 타결하기로 합의하였음.

372) 유럽자유무역연합(EFTA : European Free Trade Association)은 서유럽국가 가운데 유럽연합(EU)에 참여하지 않은 스위스, 노르웨이, 아이슬란드, 리히텐슈타인 등 4개국으로 구성된 역내(域內)자유무역연합임. 프랑스, 독일 중심의 유럽경제공동체 구상에 반대했던 영국의 주도로 1960년 창설되었음. 창설 당시에는 영국, 덴마크, 노르웨이, 스웨덴, 스위스, 오스트리아, 포르투갈 등 7개국이 참여했으나, 1970년대 영국 등 주요 국가가 탈퇴하면서 축소되었음.

373) 동남아시아국가연합(ASEAN : Association of Southeast Asian Nations)은 1967년 8월 태국, 인도네시아, 필리핀, 말레이시아, 싱가포르 5개국이 결성한 지역협력기구임. 1984년 브루나이가 가입했고 최근에 베트남, 라오스, 미얀마, 캄보디아가 가입해 모두 10개국으로 구성되어 있음. 그 목적은 ㉠ 동남아시아의 지역협력의 촉진 ㉡ 외국으로부터의 간섭을 배제하고 역내국가의 평화와 안정을 수호 ㉢ 경제·사회·기술·문화 각 분야에서의 상호원조 등임. 1976년 2월에 발리 섬에서 개최된 수뇌회의는 정치적 단결과 중립화를 꾀하는 '일체화선언'과 '우호협력조약'에 조인했음. 1977년 8월 제2차 회의에서는 경제협력 문제를 중심으로 한 코뮤니케(각국 정상들이 논의한 결과를 담은 '공동선언문'으로 일종의 약속임)를 채택했으며, 1978년부터는 미국, 일본을 포함한 확대외상회의를 열고 연 1회 열고 있음. 상설기관으로는 자카르타에 중앙사무국이 있음.

374) 역내포괄적경제동반자협정(RCEP, Regional Comprehensive Economic Partnership Agreement) : ASEAN 10개국+한중일 3개국+호주, 뉴질랜드, 인도 등 16개국

협상재개 여건조성	검토 및 공동연구
•한-일본(2004.11. 제6차 협상 후 중단, 2012.6. 과장급 실무협의) •한-멕시코(2006.2. 협상교착, 2007.12. 협상재개, 2008.6. 기존의 SECA를 FTA로 격상하여 협상 → 전자상거래 협정문 최종타결) •한-GCC[375](2009.7. 제3차 협상 개최 이후 중단)	•TPP[376](2014.1. ~ 예비 양자협의 추진) •한-말레이시아(2012.12. 타당성 연구 완료) •한-중미5개국[377](2012.10. 추진 가능성 검토 회의 개최) •한-태국(2013.11. 제1차 공동연구 개최) •한-MERCOSUR[378](2009.7. 한-MERCOSUR TA〈Trade Agreement〉 추진 협의 MOU 체결) •한-이스라엘(2010.8. 공동연구 종료)

자료 : 산업통상자원부

- FTA 확대에 따라 FTA 교역 비중과 경제영토가 비약적으로 확대되어 경쟁국을 압도하고 있음.
  - 적극적인 FTA 추진에도 불구하고 2009년 우리나라의 FTA 교역 비중은 13.8%에 머물며 중국, 일본 등 경쟁국에 뒤처졌으나, 한 · EU 및 한 · 미 FTA 발표에 힘입어 2013년 말 현재 35.3%까지 확대되며 경쟁국보다 유리한 교역환경을 조성
  - 우리나라의 FTA 확대가 지속됨에 따라 단기간에는 경쟁국과의 격차가 지속될 것으로 보임.
  - 우리나라가 세계 GDP에서 차지하는 비중은 1.6%에 그치고 있지만 FTA로 확보한 경제영토는 세계 GDP의 56.2%로 세계 상위권을 차지하고 있으며, 우리 기업들은 세계 시장의 절반 이상을 보다 자유롭게 공략할 수 있게 되었음.

2. 추진 전략

- 우리 정부는 한 · 칠레 FTA 타결 이후 작성한 'FTA 로드맵'과 최근 박근혜 정부 출범 이후 발표한 '신통상 로드맵'을 통해 FTA 추진 전략을 마련한 바 있음.
- FTA 추진 로드맵은 중장기적으로 거대 · 선진 경제권과의 FTA체결을 목표로 높은 수준의 포괄적 FTA를 지향하고 이러한 협상을 동시다발적으로 추진하는 전략을 담고 있음.

---

375) GCC(걸프협력회의, Gulf Cooperation Council)는 사우디아라비아, 쿠웨이트, UAE, 바레인, 오만, 카타르 등 6개국 간에 체결된 관세동맹 형태의 경제협력체를 의미함.

376) 환태평양경제동반자협정(TPP, Comprehensive Trans-Pacific Strategic Economic Partnership Agreement) : 칠레, 브루나이, 뉴질랜드, 호주, 미국, 페루, 베트남, 말레이시아, 캐나다, 멕시코, 일본 등 12개국

377) 파나마, 코스타리카, 과테말라, 온두라스, 엘살바도르

378) 브라질, 아르헨티나, 파라과이, 우루과이, 그리고 최근에 가입한 베네수엘라를 포함하여 5개국으로 구성된 남미공동시장[MERCOSUR : 《스페인》 Mercado Comun del Cono Sur(=Southern Cone Common Market)]은 1991년 자유무역지대로 출범, 1995년 관세동맹 단계로 발전하는 등 개도국 간 경제통합체 중 제도적으로 가장 앞선 통합체임. MERCOSUR는 역내 교역 확대, 외국인직접투자 유입 급증 등 괄목할 경제적 성과에 힘입어 개도국 간 경제통합의 대표적인 성공모델로 주목받아 왔음.

- 우리나라의 중장기 FTA 목표 상대는 미국, EU, 중국 등 경제적 효과가 큰 거대·선진 경제권으로, 우선적으로 그 주변국과 FTA를 추진하여 거대·선진 경제권과의 FTA 추진의 교두보로 삼음.
- 우리나라는 FTA의 경제 효과를 극대화하기 위해 높은 수준의 상품 개방을 추진하고 서비스, 투자, 지재권, 정부조달 등 폭넓은 분야를 아우르는 포괄적 FTA를 추진
- FTA 후발주자인 우리나라는 선발국을 추격하고 경쟁국에 앞서기 위해 여러 개의 FTA 협상을 동시다발적으로 추진

- 신통상 로드맵에서 나타난 FTA 전략은 메가 FTA 추진 확대, 신흥국의 부상 등 세계 통상환경 변화에 적극 대응하기 위해 동아시아 경제통합 논의 대응, 신흥국과의 FTA 추진 방안 등을 담고 있고 민관 협업과 소통을 강조
  - 박근혜 정부 출범을 전후로 TPP(2010년 3월 협상개시), RCEP(2013년 5월 협상개시), 일·EU FTA(2013년 4월 협상개시), 미·EU 간 TTIP(2013년 7월 협상개시) 등 지역 경제통합 논의 및 선진국 간 FTA 등 거대규모의 메가 FTA 추진이 활발
  - 신통상 로드맵은 이 같은 통상환경 변화에 대응하기 위해 이미 발효된 한·미 FTA와 현재 협상 중인 한·중 FTA를 기반으로 미국 주도의 TPP와 중국 주도 RCEP의 연결고리 역할을 수행하는 전략을 담고 있음.
  - 또한 신흥국의 시장개방이 어려운 만큼 신흥국의 개발, 협력 수요에 부응하면서 시장개방을 유도하고 우리 기업의 해외진출 여건을 개선하는 상생형(win-win) FTA를 추진할 방침

3. 추진 절차

- FTA 추진과정에서 사회적 갈등이 야기되며 추진 절차의 필요성이 제기되어 'FTA체결 절차규정'이 마련되었고, 통상조약 전반을 아우르는 '통상절차법'으로 확대되어 의견수렴 및 국회의 권한이 강화됐음.
  - 한·칠레 FTA 발효 직후인 2004년 6월 대통령훈령으로 FTA체결 절차규정이 제정되어 FTA 추진과정이 체계화되었고 민간의 의견수렴 절차가 제도적으로 보장되기 시작
  - 한·미 FTA 비준 절차를 거친 이후인 2011년 12월 국회를 통과하여 2012년 7월부터 시행된 통상절차법(통상조약의 체결 절차 및 이행에 관한 법률)은 적용대상을 FTA에서 통상조약 전반으로 확대하고 의견수렴 절차 및 국회의 감독 권한을 강화함.

4. 업계·정부 간 의사소통

- FTA 추진과정에서의 업계와 정부 간 의사소통은 ㉠ 정부 주도 의견수렴 → ㉡ 민간 자문의 제도화 및 산업계의 자발적 행동 → ㉢ 민관합동 기구의 출범을 통한 '상시 소통'의 관계로 진화

- 특히 산업계가 구성한 민간대책위원회는 한·미 FTA를 기점으로 제조업은 물론, 농수산업, 서비스업, 소비자단체 등으로 확대 개편되었고, FTA 비준과정에서 적극적인 비준 촉구활동을 전개
- 박근혜 정부 출범과 함께 2013년 5월 발족한 통상산업포럼은 산업과 통상의 실질적 연계를 강화하며 업계와 정부의 상시 소통채널 역할 수행

5. FTA 활용

- 발효 초기 낮은 FTA 활용률이 문제로 지적되었지만, 업계의 노력과 정부 및 유관기관의 지원책을 통해 FTA 활용률은 지속해서 증가
- 정부 및 유관기관의 활용 지원은 컨설팅, 교육, 정보제공, 시스템, 공급망, 검증 등 FTA 활용 전반에서 이루어지고 있고, 지원 조직도 민관합동, 지역, 해외로 영역이 넓어지고 있음.
  - 활용 지원책은 교육을 통한 전문인력양성(실무자, CEO, 원산지 관리사, 대학·대학원, 무역 관련 은퇴인력 등), 현장 컨설팅, 원산지관리시스템 보급 및 기업시스템과의 연계 지원 등 인프라 구축 등을 들 수 있음.
  - 또한 관련 정보 제공을 강화하고, 수출기업-협력사 간 긴밀한 협력이 가능하도록 공급망 차원의 FTA 활용지원이 이루어지고 있으며, FTA 수출 확대에 따라 검증 요구가 늘어나는 만큼 활용뿐만 아니라 검증 대응도 지원하고 있음.
  - 지원 조직과 관련해서 FTA 활용촉진협의회가 관계부처·유관기관의 개별사업의 유기적 협력을 돕고, 민관합동으로 개소한 FTA무역종합지원센터와 16개의 지역 FTA 활용지원센터가 기업의 FTA 활용을 지원하며, 재외 공관도 우리 기업의 해외 통관 애로 해소를 추진 중

6. 국내보완대책

- FTA 추진과정에서 발생하는 산업의 피해를 보상하고 경쟁력을 강화하기 위한 국내보완대책이 마련되어 있음.
- FTA 국내보완대책은 한·칠레 FTA를 계기로 마련되어 한·EU FTA와 한·미 FTA를 거치며 규모가 확대됨.
- 국내보완대책은 직접적 피해 지원의 발동 요건을 완화하고 지원대상, 보상규모를 확대하는 방향으로 정책의 실효성을 제고하고 있음.

7. 향후대책

- 지난 10여 년간의 공세적인 FTA 추진으로 주요 경쟁국에 비해 유리한 교역환경을 구축했지만, 세계수준에는 여전히 뒤쳐지고 있음.

- 자유로운 교역환경의 수준을 가늠하는 FTA 교역비중[379)]은 2013년 말 현재 35.3%로 중국(21.2%), 일본(18.9%) 등을 큰 폭으로 앞지르고 있어, 우리의 경쟁국보다는 상대적으로 유리한 교역환경을 조성
- 하지만 FTA 교역비중의 세계 순위는 88위에 머물고 있는 만큼 무역의존도가 높은 우리나라는 앞으로도 FTA를 적극 추진해 나가야 할 것임.

- FTA 확대와 함께 개척 가능한 시장의 크기 및 교역환경의 자유도는 우상향하며 지속해서 개선되어 왔음.
  - FTA 발효국의 세계 GDP 비중은 보다 자유롭게 개척할 수 있는 시장의 크기를 의미하며, 2013년 말 우리나라 FTA 발효국의 세계 GDP 비중은 56.2%로 세계시장 절반 이상의 관문이 낮아짐.
  - FTA 발효국과의 교역비중의 상승은 우호적인 교역환경을 의미하는 것으로 FTA 교역비중이 2013년 말 35.3%까지 확대됨에 따라 우리 전체 교역에서 1/3은 보다 자유롭게 교역할 수 있게 됨.
  - 2013년 말 한국의 FTA 교역비중은 35.3%, 세계 GDP 비중은 56.2%이며 캐나다 · 호주 · 콜롬비아와의 FTA 발효 시 각각 39.5%, 61.4%까지 확대되고, 중국과의 FTA 발효 시에는 각각 55.5%, 66.1%, 중장기적으로 현재 협상 중인 FTA가 모두 발효되면 각각 69.6%, 81.3%까지 확대

- 내수시장이 작고 교역 의존도가 높은 우리나라는 세계시장을 선점하고 유리한 교역환경을 제공하고자 하는 치열한 경쟁에서 살아남기 위해 개방적 통상정책을 지속할 필요가 있음.
  - 상대적으로 작은 내수시장에도 불구하고 세계시장의 개척 가능성(FTA 발효국의 세계 GDP 비중)과 교역의 자유로움(FTA 교역비중) 측면에서 경쟁국 대비 괄목할 만한 성과를 이루었음.
  - 세계적으로 FTA 추진 경쟁이 치열하지만 우리가 개방적 통상정책을 지속하여 현재 협상 중인 FTA를 모두 마무리할 경우 자유로운 시장 개척 가능성과 우호적인 교역환경 측면에서 세계 최고수준에 올라설 수 있음.

8. 종합적 견해

8.1 FTA 추진 성과

- 한 · EU FTA와 같이 상대국 경제 악화로 인해 교역이 위축된 사례도 있으나 대부분의 FTA는 당초 기대에 부응하는 수준으로 수출입 확대 효과를 실현하고 있음.
  - 한 · 미 FTA협정 이행기간(3년째)이 짧아 신중하게 판단할 필요가 있지만 FTA로 인한 농업 피해가 심각하게 나타나지 않고 있음.

379) 전체 교역에서 FTA 발효국과의 교역이 차지하는 비중을 말함.

- 또한 다수 국가와 FTA협상을 추진하는 과정에서 산업 · 통상 분야별 전문가, 협상 노하우, 협정 관련 정보체계 등을 대폭 확충하게 되었음.
- 제도적으로는 FTA 추진 절차규정, 무역조정지원제도 등 피해산업 대책, 통상협상 자문회의 법제화 등 효과적인 FTA 추진을 위한 인프라스트럭처도 구비하게 되었음.

8.2 FTA정책 과정상의 아쉬운 점

- 먼저 정치적 · 사회적 비용이 너무 컸다는 점을 들 수 있음.
  - 특히 한 · 미 FTA협상 과정에서 정치 논리가 개입해 논란의 본질이 비경제 문제로 변질되어 국론 분열적 양상이 전개된 바 있음.
- 둘째, 주요 FTA가 체결될 때마다 피해산업 대책과 함께 막대한 재원이 투입되었음.
  - 한 · 미 FTA에서 사실상 우리나라 농업은 전면적인 개방체제로 들어선 것이나 다름없고, 이후 다른 FTA 추진이 결정되어 있었다는 점에서 보면 장기적 비전을 바탕으로 농업 분야 FTA 대책을 마련했어야 했음.
  - 기존 FTA협정별 지원 내용을 통합하여 농업지원 예산에 대해 효율성을 높일 필요가 있음.
- 셋째, FTA에 따른 소비자 이익 실현이 더디다는 점임.
  - 제조업 기반이 양호한 우리나라는 국내 소비 상당 부분이 국산품이라는 점에서 소비자 이익이 실현될 수 있는 여지가 작은 것이 인정되지만, 그나마 FTA 특혜관세가 적용되는 수입소비재는 독점적인 수입자만이 FTA 혜택을 누리고 있음.

8.3 향후 정책 방향

- 향후 FTA정책은 체결 건수보다는 질적인 측면에 주안점을 두어야 할 것임.
  - FTA 이익이 특정 업종에 집중되는 경향이 나타나는 반면, 다수 중소기업과 소비자는 FTA 혜택에서 소외되어 있음.
- 수출입, 투자, 소비자 이익 등을 종합 판단하여 FTA정책을 조정하고 추진 전략을 모색할 필요가 있음.
- FTA 경제이익 중 많은 부분은 규제완화 등 국내 제도 개선과 맞물려 실현되는데, 대표적으로 소비자 이익 실현을 위해 유통체계 개선과 함께 병행수입[380) 원활화를 통해 수

---

380) 병행수입(parallel importation)은 독점수입권자에 의해 외국상품이 수입되는 경우 제3자가 다른 유통경로를 통하여 진정상품을 국내독점수입권자의 허락 없이 수입하는 것을 말함. 무역 관련 지적재산권에 관한 협정(TRIPs) 제6조는 권리 소진의 문제를 분쟁해결대상으로 하지 않을 것을 명시함으로써 간접적으로 각국의 병행수입제도 채택 자유를 인정하고 있음. 미국 · 유럽 · 일본 · 대한민국은 병행수입의 유효성을 인정하고 있음. 다시 말해 공식적인 루트를 통해서만 수입해 왔던 방식과는 달리 여러 가지의 경로를 통해 독과점을 방지하고자 1995년부터 국가로부터 인정된 수입경로로서 한마디로 공식 수입업자 외 제3업자가 정품을 수입하는 것을 말함.

입품에 대한 경쟁 여건을 조성해야 함. ⇒ 또한 기업에 대해 FTA 활용 편의를 늘리고, FTA 관리비용을 줄이기 위해서는 기존 FTA 간 내용을 조화시키고 업그레이드해야 할 것임.

- 이러한 과정을 통해 우리나라가 구축해 온 FTA 네트워크 효과가 제대로 실현될 수 있을 것임.

참고자료

(1) 명진호 외(2014), "한국 FTA 추진 10년의 발자취", 《Trade Focus》, Vol. 13, No. 18, 한국무역협회 국제무역연구원, 2014. 04.

(2) 정인교(2014), "FTA 10년, 기업·소비자 돌아봐야", 《매일경제》, 2014. 04. 23.

CHAPTER 14

통상정책의 방향과 과제

오바마, 그분이 오셨다. 2013년 하반기 미 연방정부 '셧다운' 때문에 미뤄졌던 일정이다. 원래는 방한계획이 없었지만 우리 쪽에서 사정을 한 것으로 보인다. 이 말은 무언가 내줄 일이 많음을 시사한다. 큰 그림은 자못 복잡하다. 한국 외교는 동아시아의 정치군사적 긴장과 경제적 상호의존 간의 비대칭이라는 조건에서 매우 난해한 고차방정식을 풀어야 할 숙제를 안고 있다. 기본적으로 한국 외교는 미국의 아시아 전략의 종속변수다. 미국의 '아시아 리밸런싱' 전략 개념은 아시아에서 미국이 중국에 밀린다는 인식을 전제로 하고 있다. 즉 미국 외교가 중동, 이란 · 이라크 문제에 몰입하느라 아시아를 중국에 내줬다는 인식 말이다. 따라서 힘의 균형을 복원해야 하는바, 이는 곧 중국 견제와 같은 말이다. 한국은 아시아라는 '거대한 체스판'의 '졸'이다. 한 · 미 · 일 삼각 군사동맹은 바로 이 지점에 위치한다. 하지만 다른 한편으로 북한 · 북핵 문제를 놓고 보면, 특히 우리는 중국이라는 레버리지가 미국보다 더 절실하다. 미국이 원하는 한 · 중 · 일 삼각동맹을 통한 아시아 힘의 균형의 복원을 위해서는 또한 한 · 일관계의 정상화가 반드시 필요하다. 하지만 이 또한 독도와 과거사 문제로 발목이 잡혀 있다. 경제 쪽으로 눈을 돌려 보자. 복잡하기는 매일반이다. TPP(환태평양경제동반자협정)는 TTIP(범대서양무역투자 동반자협정), 곧 미 · EU FTA와 더불어 미국 세계시장전략의 큰 축을 이룬다. 이들은 실로 오바마표 통상전략의 핵심이다. TPP와 관련, 애당초 우리는 협상 '참여'를 원했다. TPP 12개국과 테이블에 마주 앉아 서로 협상하는 그런 그림말이다. 하지만 종친 지 오래다. 12개국 협상이 다 끝난 뒤 '가입'하라고 한다. 그러므로 우리에게 TPP협상은 12개국 그중 특히 미국 등이 제시한 '가입' 조건을 받을 건지 말 건지를 소위 '협상'하는 것을 의미한다. TPP는 사실 오바마의 아시아 리밸런싱 전략과 불가분리적인 관계다. 특히 중국이 주도하는 RCEP(ASEAN+6개국 FTA)를 놓고 볼 때 특히 그러하다. 이 지점에서 우리는 또 '가랑이를 찢어야' 한다. 특히 한 · 중 FTA협상이 한창인 데다, 중국은 우리의 최대 투자국이자 최대 교역국이다. 무역흑자의 대부분을 챙기는 나라다. 박근혜 정부는 자신의 통상전략을 '린치핀'으로 표현한 바 있다. 미국 주도 TPP와 중국 주도 RCEP 사이를 잇는 '연결핀'이 되겠다는 말이다. 하지만 이것이 일장춘몽이었음이 드러나기에 많은 시간이 걸리지 않았다.

뭐 '당랑거철(螳螂拒轍)'[381]을 연상하면 되겠다. 우리에게 동아시아 정치경제 지형도는 결국 이러하다. 경제 실익은 중국에서 챙기고, 안보 이익은 미국에서 구한다. 하지만 이런 형세는 잘하면 대박이요, 못하면 쪽박이다. 왜냐하면 이 조건이 지속 가능하기 위해서는 우선 미국에는 경제적 대가를 지불해야 한다. 그리고 중국 입장에서 한국의 이런 '얄미운' 처신을 한없이 묵인할 수 있을지 의문이다. 오바마의 방한은 이런 구조적 조건에서 보자면 결국 밀린 세금 받으러 오는 것과 크게 다르지 않다. 당장 TPP '가입' 문제다. 전대미문의 초대형 '밀실협상' 인지라 지금까지 TPP에서 뭐가 협상되고 있는지 전혀 알 수가 없다. 관측건대 TPP협정문이 한 · 미 FTA를 기본 모델로 하고 있기 때문에 '한 · 미 FTA 플러스', '마이너스' 가 조합될 것으로 보인다. (중략) 오바마가 들이밀 '세금고지서' 는 꽤 두툼할 것 같다. 그중 국영기업과 관련된 먹잇감으로는 산업은행, 우정사업본부 등이 유력하다. 이 외에도 TPP '입장료' 로 저탄소차 협력금제도 폐지, 금융정보 해외위탁, 유전자변형(GMO) 농산물 확대 허용, 쌀 · 쇠고기 전면 개방 등 한 · 미 FTA 이행과 관련된 것들도 포함될 것으로 보인다.

– 이해영 한신대 교수 –

출처 : 이해영(2014), "오바마 방한의 정치경제학", 《경향신문》, 2014. 04. 26.

381) 당랑거철(螳螂拒轍) : 사마귀가 앞발을 들고 수레를 멈추려 했다는 고사에서 유래한 말로 자기 분수도 모르고 무모하게 덤빔을 비유적으로 이르는 말임. 《장자(莊子)》의 〈인간세편(人間世篇)〉에 나오는 말임.

1 대내외 통상환경

1.1 | 급변하는 대외환경[382)]

① 선진 경제권의 저성장으로 인한 세계경제의 불균형과 통상환경의 불안정

- 미국의 경상수지 및 재정수지 적자로 세계 통상환경이 불안정
- 동아시아 국가에 대한 미국의 압력이 증가하면서 한국에도 영향
  - 미국은 대중국 무역에서 대폭적인 적자를 기록하고 있으나, 중국의 대미 수출에는 동아시아의 직접투자 기업의 수출이 포함됨. ⇒ ㉠ 동아시아 기업들은 중국에 투자하여 모국에서 부품을 조달하고 미국시장에 수출, ㉡ 미국은 동아시아 국가에 대해 수입 규제와 개방 및 외환시장 압력을 강화
- 미국 이외에 EU 등 선진국 경제의 회복이 지연됨에 따라 우리나라의 수출 회복도 지연
  - 유로존은 회원국들의 재정위기로 인한 경기침체가 장기화되고 있으며, 미국도 앞서 언급한 바와 같이 재정적자를 줄이기 위한 예산 삭감이 경제에 본격적인 영향을 미치기 시작
  - 일본은 아베노믹스의 영향으로 단기적인 경기부양 효과를 보고 있으나, 장기적인 경제회복으로 이어질 수 있을지는 미지수
- 국제적으로 고유가와 원자재 수급 압박문제 지속
  - 기초 원료를 대부분 수입하는 한국은 지속적인 교역수지 악화에 직면할 수 있으며 이를 상쇄하기 위한 수출의 고부가가치화 필요
- 한국이 중규모 국가로 성장하면서 국제적인 책임 분담 요구 증가
  - 개도국 지위로 국제적 공공재인 자유무역 질서에 무임승차 곤란
  - UR 이후 한국의 국제사회에 대한 의무 요구도 증대 ⇒ ㉠ 농산물 수출 개도국으로부터 쌀을 포함한 농산물 개방 압력에 직면, ㉡ 2002년 본격화된 WTO의 서비스부문 양허협상에서도 법률, 의료, 교육, 통신, 시청각 등을 중심으로 개방 압력 증가

---

382) 14장의 내용은 주로 박번순 외(2006.03)와 최병일 외(2013.07) 참조.

② 성장 중심축의 신흥국 이동, 특히 중국의 부상과 경쟁 압력 증가

- 중국이 1990년대 후반 급속히 성장하면서 한국의 전통시장을 잠식
- 경쟁 압력의 증대에 따른 수출상품의 고도화가 진전되면서 일부 경쟁력 있는 상품에 대한 의존도가 크게 높아진 상태
  - 반도체, 자동차, 무선통신기기 등 3대 품목의 비중이 1/3 안팎을 차지
  - 세계 수출시장에서 한국이 1위를 차지하고 있는 품목도 감소 추세
- 중국의 부상은 동아시아 국가 간의 경쟁을 야기하여 한국의 교역조건을 악화시키며 실질소득 증가를 저해
  - 대량생산 제조업인 반도체, 자동차, 통신기기 등의 주요 수출품에 대한 한국의 가격결정력 취약
  - 경제성장이 국민들의 실질생활수준을 개선시키지 못하는 상황이 발생 ⇒ GDP 증가율에 국민의 실질소득을 가늠하는 국민총소득(GNI) 증가율이 미치지 못함.
- 중국 이외에 인도, 중동 및 북아프리카, 동남아 및 중앙아시아, 중남미 등 신흥국이 세계경제의 새로운 성장축이 될 것으로 예상
  - 그러나 글로벌 거버넌스는 이와 같은 변화에 효과적으로 대응하지 못하고 있는 상태

③ DDA협상 교착

- 2001년 11월 출범한 WTO DDA협상이 13년째 표류
  - 농산물 분야에서 선진국과 개도국 간 첨예한 의견대립, 비농산물 시장접근에서 분야별 자유화에 대한 회원국 간 이견, 서비스 분야에 대한 개도국의 관심 저하 등으로 협상교착
  - 유럽의 재정위기, 미국의 정치적 리더십 부재, WTO 다자협상의 대안으로 활용되고 있는 FTA 확산 등에 따라 협상진전을 위한 모멘텀 상실

④ 광역 FTA 추진 움직임 가시화

- 아시아·태평양 지역의 12개국이 참여하는 TPP(환태평양경제동반자협정), ASEAN+6국이 참여하는 RCEP(역내포괄적경제동반자협정) 등 광역 FTA 추진이 가시화
  - 미국과 EU는 양자 간 포괄적 무역·투자 협정인 TTIP(범대서양 무역투자동반자협정)을 2013년 상반기 개시하여 2년 내 타결하기로 합의
  - 경쟁국인 일본의 TPP 신규 참여는 글로벌 시장에서 한국의 경제적·전략적 입지에 상당한 영향을 미칠 것으로 예상

⑤ 외환시장의 불확실성 증대

- 한국경제와 금융시장은 외부충격에 매우 취약해 주변국의 경제위기 시마다 경제위기 경험
  - 외부충격이 발생할 때마다 급격한 외화 유출입이 발생하여 환율변동성이 커지면서 수출 등 국내 경제에도 부정적 영향 초래

⑥ 보호무역주의 확산

- 유럽의 재정위기, 미국의 경제회복 지연 등 세계경제의 저성장 국면이 장기화됨에 따라 각국의 보호주의조치 확산
  - 글로벌 금융위기 이후 한국은 중국에 이어 각종 보호무역조치의 두 번째 대상국이 되고 있는데, 이는 수출 의존도가 높은 한국경제에 직접적 영향
  - 한국을 상대로 한 반덤핑조치 및 상계관세조치가 최근 급증 추세

1.2 | 취약한 대내환경

① 한국경제의 구조적 문제 노정

- 낮은 고용률, 내수와 수출의 양극화, 고령화와 성장잠재력 저하, 경제민주화 열망 등에 대한 도전에 직면
  - 주력 수출상품이 자동차, 선박, 석유화학 및 반도체 등 자본집약재 중심으로 바뀌면서 수출의 고용유발효과 감소 ⇒ ㉠ 핵심 부품 및 소재의 대외의존도가 높아 수출증가가 국내 고용을 유발하는 데 한계, ㉡ 부품의 낮은 국산화율로 인해 수출을 통한 국내 고용 증가와 내수활성화를 연계하는 데 한계
  - 최근 성장률이 지속적으로 하락하는 가운데, 저출산·고령화로 인해 투입요소인 생산인력이 감소하면서 경제 활력과 성장잠재력 저하
  - 그동안 한국경제 성장이 대기업에 의한 자본 및 기술집약적인 제조업 수출에 주로 의존, 소득분배가 악화됨에 따라 경제민주화에 대한 요구 증가

② 통상구조의 고도화 필요성

- 상품수출 중심의 통상대상을 서비스 교역까지 확대할 필요성 증대
  - 선진국에 비해 매우 저조한 서비스 수출 확대를 위해 서비스산업의 생산성 및 경쟁력 제고 필요

- 외국인직접투자(FDI) 유치를 확대하고 기술역량을 확충할 필요성 증대
  - 외국인투자 환경을 개선하여 중국의 조립산업과 분업구조를 형성할 수 있는 부품 및 중간재 산업을 육성하고, R&D 센터로서의 역할을 증대

③ 글로벌 의식 제고 필요

- 중규모 경제국으로 성장했으나 국민의 의식은 아직 개도국·소국 수준에 그쳐 개방의지 취약
  - 세계경제 자유화를 이용해 공산품을 수출했지만 세계경제에 대한 이해도가 낮고 국내시장 개방에는 인색
  - 농산물 등 1차상품의 관세율은 세계적으로 높은 수준
- 한국의 글로벌화 수준은 경제발전수준에 비해 아주 낮음.
  - 특히 취약한 부문은 외국인직접투자, 국제전화, 여행, 정부 조약 체결, 정부 간 이전수지
- 통상정책 추진과정에서 일관성 있는 '아이덴티티'를 주장하기 어려워 국제사회의 신뢰 제고가 힘듦.
  - DDA협상에서 이익 극대화를 위해 공산품의 시장접근 강화를 주장하지만 불리한 농산물의 경우 '개발도상국 지위'를 요구
  - 이러한 태도는 단기적으로 국익을 증진시킬 수 있을지 모르지만 장기적으로는 국제사회의 신뢰를 떨어뜨림.
- 개방과정에서 진행되는 이해관계자의 갈등과 충돌조정이 쉽지 않음.
  - 개방에 따른 취약산업(농업부문, 저부가가치 제조업, 서비스업)의 순조로운 구조조정 필요
  - 개방 확대 과정에서의 강한 정치적 리더십과 더불어 시민사회의 갈등 흡수능력 확충도 시급

④ 통상조직 개편에 따른 무역자유화 후퇴 우려

- 박근혜 정부 출범 후 외교부에서 담당하던 통상업무가 산업통상자원부로 이관되어 통상, 산업, 국내대책, 자원을 모두 아우르는 통상조직 탄생
  - 통상정책 수립과정에서 산업체의 의견수렴이 용이한 측면이 있는 반면, 통상과 산업계 간 연계 강화로 보호주의 성향을 띨 우려 존재 ⇒ 여기서 보호주의 성향이라 함은 피해 축소에 중점을 둔 '소극적 통상'으로의 선회 우려를 의미

2 통상정책의 개선 방향

2.1 | 통상정책 목표의 재인식

① 전통적인 통상정책 목표는 한계에 도달

- 국제경제 환경의 변화에 따라 전통적인 통상정책 목표 전환이 필요
  - 전통적인 목표는 국내산업보호, 국제수지 개선, 수출 확대, 물가안정
  - 경제규모의 확대, 자유무역체제의 확산, 생산의 글로벌화, 소비자의 욕구 다양화 등으로 이러한 정책 목표에 집착하기 곤란
- 산업보호, 수출 확대와 수입 억제를 통한 국제수지 개선, 물가안정 등은 WTO체제 하에서 통상정책의 목표로서 한계
  - 국내산업보호가 통상정책의 목표가 되기 위해서는 보호되는 산업이 긍정적 외부효과[383)]를 창출해야 함. ⇒ ㉠ 국내산업보호는 장기적으로 수출을 저해, ㉡ WTO 체제 하에서 국내산업보호는 통상압력의 빌미를 제공
  - 국제수지를 개선하기 위한 인위적 수출 보조나 수입 억제 등은 국제적 통상압력을 유발
  - 개방의 확대로 통상 목표에서 물가안정의 중요성은 축소 ⇒ 수입 자유화는 다양한 상품의 수입으로 물가하락을 유발

② 복합통상국가 모델로의 전환이 필요

- 한국의 통상정책은 지금까지 큰 성공을 거두었으나 여건 변화에 맞는 조정이 필요
  - WTO 및 APEC의 무역 자유화 지체, FTA 급증 등 변화한 통상환경도 새로운 통상정책을 주문
  - 과거 일본을 모방한 추격(catch-up) 성장에서 이제 중국의 추격에 직면한 선두주자로서 독자적인 노선 개척 필요
  - 성장잠재력의 위축, 고용 없는 성장과 고령화, 양극화 등 선진국형 경제문제에 직면

---

383) 보호되는 산업이 기타산업에 긍정적인 영향을 미치고, 이에 대해 기타산업은 대가를 지불하지 않아도 되는 상황을 말함.

- 기존의 '무역입국형'에서 새로운 통상질서 환경에 대응할 수 있는 '복합통상국가형' 통상체제로 전환[384]
  - '복합통상국가형' 통상체제는 교역대상을 확대하고, 경쟁원천을 다양화하며, 동아시아통합 및 쌍무적 FTA를 다자체제와 같이 중시 ⇒ ㉠ 교역대상을 공산품에서 서비스, 문화상품으로 확대하고 경쟁력 제고를 위해 생산요소의 질을 중시, ㉡ 다자주의 체제와 지역주의의 혼재를 인정하고 동아시아 경제통합을 지향하며 쌍무적 FTA도 적극 수용
  - 공업 및 서비스산업의 균형 발전, 국내 성장동력 확충을 중요한 통상정책의 목표로 설정 ⇒ ㉠ 부품 및 소재산업, 서비스산업을 육성하여 중국과 격차를 유지, ㉡ 원활한 산업 구조조정, 고용창출, 양극화 해소를 통한 삶의 질 개선

2.2 | 전략적 정책조합(policy mix) 필요

① WTO협상에 전향적으로 대응

- WTO의 다자체제가 가장 강력한 통상체제이고 국민을 설득하는 데도 유용하므로 일차적으로 DDA협상에 전향적으로 대응
  - 비농산물의 시장접근, 반덤핑 등 규범 개정 등에는 능동적으로 참여하여 개방 확대를 추진
  - 농업 및 서비스 분야에서도 세계의 동향을 면밀히 파악하여 '지킬 수 있는 것'과 '지킬 수 없는 것'을 분리하여 대응

- APEC을 경제보다는 정치, 안보, 사회, 문화 협력을 위한 장으로 활용
  - 무역 · 투자 자유화가 APEC 내에서 논의되는 경우 미국의 주장이 강하게 반영될 수 있으므로 WTO에서 추진하는 것이 더 적절
  - 한국의 주변 4강이 APEC 회원국이므로 중장기적으로 북한을 가입시켜 한반도의 안전보장 구축의 장으로 활용

---

384) 이와 관련하여 대외경제정책연구원(KIEP)은 글로벌스탠더드 정착, 능동적 세계시장 참여, 세계일류산업 육성, 글로벌 생산요소 활용, 개방친화적 사회인프라 구축 등을 선진통상국가의 5대 구성요소로 제시한 바 있음(KIEP, "선진형 통상국가의 개념 정립", 2005. 03). 한편 산업연구원(KIET)은 21세기 대외개방정책 방향을 '개방형 신통상국가'로 규정하고 단기적으로 동북아 물류 거점화, 장기적으로 동북아의 비즈니스센터로 발전할 수 있다고 보았음. 이를 이해 경제주체 간의 네트워크 구축, 국제신인도 제고 노력, 전략적 거점의 선점 노력, 고이동성 생산요소 유치 등을 핵심 과제로 제시하였음(KIET, 《개방형 신통상국가론》, 2000).

② 동아시아 지역과의 FTA 필요

- WTO체제를 보완하고 경제개혁과 시장 확보를 위해 FTA 추진
  - 한국이 체결한 칠레, 싱가포르, EFTA와의 FTA는 경제적 효과보다는 실험적 성격이 강함.
  - 일본, 미국, 중국 등 경제적 효과가 큰 국가와의 FTA를 체결해야 본격적인 FTA 국가로서 입지가 섬.
- 장기적으로 중국과 일본을 포함하는 동북아 FTA 및 동아시아 FTA 추진
  - 동아시아 FTA는 역내 쌍무적 FTA를 모두 포괄하여 형성 가능 ⇒ APEC 식의 개방적 지역주의가 아니라 WTO 원리에 따르되 전통적 의미의 FTA
  - 동아시아 FTA는 단순한 무역 · 투자 자유화 이외에 이를 통해 다양한 협력사업 추진 ⇒ 역내 경제협력 강화를 위한 과학기술 협력, 인적자원의 교류, IT 협력 등
  - 동아시아와의 FTA는 대미 수출보다는 역내무역을 창출해 미국의 경상수지 적자 증대압력을 완화

2.3 통상정책 수립 · 집행의 투명성 제고

① 통상정책 수립과정의 이해관계자 참여 확대

- 협상 전 통상정책 수립 단계, 협상 단계, 협상 후 사후관리 단계별로 체계적인 절차와 방침을 마련
  - 협상 전 단계에서는 정부, 이해관계자, 일반국민의 균형된 의견을 수렴
  - 협상 후 단계에서는 행정부와 국회가 협력하여 신속한 국내 절차 마무리와 대국민 설득에 주력
- 통상정책의 사회적 비용을 정확히 추계하기 위한 기초 통계정비 개선
  - 각 기초단체 및 정부가 이해당사자에 대한 정확한 통계를 확보하고, 통계의 질을 제고
  - 정책 변화에 대한 후생의 변화를 제대로 측정하고 손실에 대한 적정한 보상을 위해서도 정확한 통계 필요
- 국회가 통상정책의 수립 및 집행 과정에 적극적으로 참여할 수 있는 적절한 통로를 마련
  - 정부가 통상정책의 수립과 협상을 주도하고 국회가 비준만 함으로써 국회와 정부의 갈등 발생 가능성이 존재

• 국회 내에 한시적으로 통상정책위원회를 설치하여 DDA와 강대국과의 FTA정책 수립을 감독하고 협상과정에 참여할 수 있도록 함.

② 통상협상의 투명성 제고

- 통상협상과정을 최대한 국민에게 공개해 의견 반영

- FTA 추진 및 협상 과정을 가능한 한 공개
  • 공동연구 결과, 산·관·학 연구 결과를 신속히 공개하고, 공식협상에 들어가기 전 이해관계자들의 견해를 반영 ⇒ 현재의 공청회가 요식행위가 아닌 실질적 의견수집과정이 되도록 개선
  • 협상과정이 공개되면 불만층이 선호를 노정시키게 되고 협상 당사자들은 이를 협상전략으로 적극적으로 활용

③ 효율성과 형평성 확보

- 통상정책 추진과정에서 효율성과 형평성 확보에 노력
  • 보호주의체제에서는 자원의 인위적 배분을 통한 경제성장이 통상정책의 주요 목표였으나, 자유무역체제에서는 경쟁으로 효율적 배분을 달성 ⇒ 무역 자유화는 생산성이 낮은 산업에서 높은 산업으로 자원을 재분배함으로써 전체 생산성을 향상
  • 개방으로 발생한 이익은 국민경제 전체가 공유할 수 있도록 국내의 시장왜곡을 방지

- 통상정책의 성공적인 추진과 함께 기대효과를 극대화하기 위해서는 효율적인 보상 메커니즘 구축 필요
  • 새로운 통상정책의 도입이 성공하기 위해서는 이해집단의 갈등을 조정할 수 있는 정부의 적절한 보상체계 마련이 중요
  • 보상 메커니즘은 피해산업부문의 경쟁력 제고 및 산업 전체의 구조조정을 촉진하는 방향으로 추진 ⇒ 무역 자유화에 적응할 수 있는 원만한 산업구조조정이 보상 메커니즘의 가장 중요한 요소
  • 손실에 대한 보상은 사회 전체의 후생이 감소되지 않도록 이루어져야 함. ⇒ 혜택을 받은 부분에서 피해부문으로 보상을 전이할 때, 혜택 부분의 소비 및 투자의욕의 저하 없이 피해부문의 경쟁력 강화가 유발되어야 함.

2.4 | 국가경쟁력 제고

① 기술역량의 제고

- 통상정책은 산업정책이 목표로 하는 신상품 개발역량 배양, 전략산업 육성 등을 지원할 수 있어야 함.

- 정부 차원에서 R&D 역량 강화를 위한 노력 추진
  - 정부는 R&D 투자를 확대하고, R&D 투자 효율성을 높이기 위한 제도 개선에 노력
  - IT 분야를 중심으로 해외 R&D 기업의 투자 유치에 더욱 적극적인 노력

② 투자환경 개선

- 외국인직접투자 유치 확대를 위해 투자환경을 개선
  - 한국은 열악한 기업환경 등 입지경쟁력이 취약해 외국인투자 매력도가 낮은 수준 ⇒ ㉠ 빈번한 노동쟁의, 고임금, 고지가, 외국인 편의시설 부족 등이 외국인투자자에 걸림돌로 작용, ㉡ 서울은 세계적으로 생활비가 비싼 지역으로 평가
  - 중국과 인도에 비해 한국은 FDI 신뢰지수 순위가 매우 낮음.
  - 외국인직접투자 유치를 위해 사회적 인프라 확충, 국내 제도 개선, 국민의 글로벌화 수준을 높이기 위한 노력이 요구

3 통상 4.0시대 통상정책의 방향과 과제

3.1 | 한국의 통상정책 변천과정

- 1950년대 세계 최빈 농업국가에서 현재 세계 8위 통상대국으로 발전

- 1960년대 수출주도형 성장전략으로 통상 1.0시대의 막을 올렸고, 1980년대는 국내시장개방으로 소비자후생과 경제 효율을 높이면서 통상 2.0시대를 맞이함.

- 1990년대 후반부터는 세계 각국들과의 FTA체결로 경제영토를 넓히면서 통상 3.0시대를 보냄.
  - 한국은 미국, EU 등 주요국들과 FTA를 체결함으로써 경제영토를 61%까지 확장

- 통상 1.0시대부터 3.0시대를 거치면서 한국은 선진국에 비해 빠른 공업화와 압축성장 달성

〈표 14-1〉 한국의 통상정책 변천사

구 분	시 기	통상정책 내용
통상 1.0	1960～1970년대	수출주도형 성장전략
통상 2.0	1980～1990년대	국내시장 개방정책
통상 3.0	1990년대 후반～2000년대	FTA정책
통상 4.0	2013년 이후	통상과 산업의 연계

3.2 | 국내외 통상환경의 변화

- 급속한 경제성장 이면에 통상정책의 한계점 내재로 인해 각종 국내 경제문제가 표출되기 시작하였고, 대외통상환경도 급변
  - 서비스산업에 대한 개방이 지연되면서 서비스산업의 경쟁력이 확충되지 못했고, 중소기업의 글로벌화 미흡으로 중소기업의 경쟁력도 취약
  - 대기업 중심의 자본집약재 수출 의존도가 높아지면서 수출과 내수의 양극화, 대기업과 중소기업의 양극화 등 각종 양극화 문제와 고용창출 부진 현상 노정
  - 무역이 고용창출과 효과적으로 연계되지 못하면서, 실업률은 상승하였고 일반 국민은 개방정책에 대해 피로감과 불신 표출
  - 저출산 · 고령화, 요소투입형 경제성장이 한계로 경제 활력과 성장잠재력 저하
  - 대외적으로는 선진권의 경제 회복이 지연되고 보호무역주의가 확산되면서 수출환경이 악화
  - 세계경제의 중심축이 EU, 미국 등 기존 선진국에서 신흥국으로 이동
  - WTO DDA협상이 진전되지 못하는 반면, TPP 및 RCEP 등 지역단위 광역 FTA 추진 움직임이 가시화

3.3 | 통상 4.0시대 바람직한 통상정책의 방향

① 'G2G' 구조에서 'G4B' 구조로 전환

- 통상 4.0시대는 산업과 통상의 결합으로 통상정책이 기존 '국가 대 국가 G2G (Government to Government)' 구조에서 '국가와 기업 G4B(Government for Business)' 구조로 전환

• 기존 통상정책이 관세, 통관 등 국가 간 무역장벽 해소에 중점을 두었다면 통상 4.0시대는 국경 간 무역장벽과 국내정책 간의 효율적 연계에 초점

② 향후 통상정책의 구체적인 방향

- 수출은 여전히 우리 경제의 성장을 견인하는 주요 원천이며, 최근 내수의 활력 약화가 성장률 둔화를 초래하는 것으로 평가 ⇒ 따라서 수출과 내수의 동반 활성화에 통상정책의 방향을 설정

- 구체적으로 수출 모멘텀의 확충, 수출과 내수 · 고용 간 연계 강화, 그리고 경제 전반의 생산성을 높이는 방향으로 설정할 필요가 있음.
  • 첫째, 급변하는 대외통상 환경에 효과적으로 대응하여 수출 모멘텀을 확충
  • 둘째, 수출과 내수의 연계 고리를 강화하여 내수 진작과 고용창출 유발
  • 셋째, 경제전반의 생산성 혁신 촉진

3.4 | 3대 핵심 통상정책 과제

① 혁신촉진형 통상정책

- 혁신주도형 경제환경과 통상정책 방향
  • 혁신주도형 경제는 높은 생산성과 차별화된 상품으로 글로벌 시상을 선도해 나가는 경제로, 이를 위해 '지속적 혁신'이 가능한 환경 필요
  • 혁신주도형 경제로 전환하기 위해 '선진 요소 및 고부가가치 상품 · 서비스의 원활한 국경 간 이동'과 '글로벌스탠더드 확립'을 위한 통상정책 수립 필요 ⇒ ㉠ 외국 경쟁요소 도입과 투자환경 개선 : 상품 · 서비스 시장 개방으로 경쟁요소 도입, 지적재산권, 경쟁 등 글로벌스탠더드 확립, FDI 유치 확대로 경쟁 촉진, ㉡ 해외 고급 생산요소 도입 : 글로벌 인재 유치, FDI 유치로 자본과 고급기술 도입, ㉢ 글로벌 시장 진출 확대 : FTA, WTO 등을 통해 글로벌 시장 접근 확대, 해외직접투자 진출 확대로 다양한 특화 수요 접근성 제고 ㉣ 글로벌 공급망 활용 : 시장개방으로 외국의 첨단부품 · 중간재, 서비스 등에 대한 접근성 확대, 글로벌 생산네트워크 활용 지원

- 혁신주도형 경제를 위한 세부 실천과제
  • 혁신촉진형 FTA 추진 ⇒ ㉠ 혁신주도형 경제를 위해서는 상품 자유화뿐만 아니라, 서비스 · 투자 자유화, 경쟁정책(일례로 국영기업과 민간기업의 동일 조건 경쟁), 특허 및 지적재산권 등 글로벌 규범이 포함된 '수준 높은 FTA' 추진 필요, ㉡

FTA가 포괄적이고 수준 높은 FTA가 될 수 있도록 FTA정책의 전략적 추진 필요 : 현재 한국은 TPP(환태평양경제동반자협정)에는 참여하고 있지 않으나, 높은 수준을 지향하는 TPP 참여를 통해 선진 요소, 부품, 서비스, 고급 소비시장에 대한 접근성을 제고하고 글로벌스탠더드를 확립하는 계기 마련, 한중/한중일 FTA를 우선 타결, RCEP으로 확대함으로써 RCEP의 전반적 수준 제고 필요, 자원부국과 신흥국이 포함된 TPP/RCEP의 동시 참여로 자원 및 신흥시장 접근성을 제고하고, 역내 통일 원산지규정 활용으로 글로벌 가치사슬(global value chain)에 대한 참여를 확대함으로써 혁신성 제고[385)]

- FTA 활용률 제고로 경쟁촉진 ⇒ ㉠ 혁신환경 도모를 위해서는 FTA협정을 새로 체결하는 것도 중요하지만, 기 체결 FTA의 활용률 제고로 경쟁촉진 및 다양한 해외시장 접근성 제고 필요, ㉡ FTA 활용률 제고 정책은 FTA 활용비용 축소, FTA 특혜이익 확대, FTA 활용지원 효율화 및 전문성 제고에 방향을 맞추되, 특히 중소기업의 활용역량 강화에 중점 : 한미 FTA, 한EU FTA 등 선진국과의 FTA 활용률은 60~70%이나 대부분 대기업 실적이고 중소기업 활용률은 저조, ASEAN 등 개도국과 체결한 FTA의 활용률 저조는 특혜이익이 크지 않은 데 기인하므로 FTA 특혜이익 확대 정책필요, 전반적으로 정부의 FTA 활용지원 효율화 및 고도화 통해 FTA체결 실익 확대필요
- 첨단·서비스산업의 외국인투자 유치제도 정비 ⇒ ㉠ 첨단산업이나 고부가가치 서비스산업 등 혁신주도형 경제에 도움이 되는 산업의 외국인투자 유치 확대 필요, ㉡ 이를 위해서는 전략산업에 대한 인센티브 확대,[386)] 제도 선진화,[387)] 글로벌 전문인력의 공급확대,[388)] 클러스터 조성[389)] 등이 필요
- 서비스산업 경쟁력 강화를 위한 TISA 참여 ⇒ ㉠ 한국의 서비스산업은 대부분

385) TPP(환태평양경제동반자협정)는 일본을 포함한 12개국이 참여하며 수준 높은 FTA 지향(미국 주도), RCEP(역내포괄적동반자협정)은 한중일 등 16개국이 참여하며 상품무역 자유화 중심의 FTA타결 예상(ASEAN 중심)

386) 외국인투자제도나 비즈니스 환경 개선에는 장기간이 소요되므로 단기적으로 인센티브의 대폭 확대를 통해 외국인투자 유인

387) 업체 간 제휴에 의한 공동 기술·제품 개발뿐만 아니라 생산, 마케팅 제휴에 대한 금융, 세제상의 우대지원 확대, 지재권 보호제도의 철저한 이행으로 제휴기술의 유출 우려를 불식시키고, 유망업종의 국내 영업에 대한 각종 규제완화, 기술거래나 M&A를 통해 새로운 기술개발이나 경영기법이 시장에서 신속하고 적정하게 평가받을 수 있도록 제도 정비, 외국인투자자의 잠재적 국내 합작투자 파트너 기업 및 M&A 가능 기업들에 대한 연계 서비스 제공(예로서 한국 기업 기술+해외 기업 자본)

388) 첨단산업·서비스산업의 외국인투자 유치를 위해서는 전문성과 국제적 소통능력을 갖춘 전문인력 공급 확대 필요

389) 유망 전략산업 클러스터 조성을 통해 외국인투자 입지 매력도 제고 ⇒ 의료산업, 관광산업, 바이오산업 등 유망 전략산업의 클러스터를 조성하여 외국인투자 기업의 비즈니스 편의성을 제고하고 유관 업종 간의 시너지 효과 창출

음식, 숙박업 등 저부가가치 산업에 집중되어 경제성장을 견인하지 못하고 있음. ㉡ 고부가가치 서비스산업 가운데 응용서비스의 개방화는 어느 정도 진전된 반면, 법률·의료·교육 등 기초서비스는 개방 미흡으로 경쟁력 취약, ㉢ 선진국과 개도국 22개국이 참여하는 TISA(Trade in Services Agreement : 복수국 간 서비스 협정)의 참여를 통해 서비스산업의 경쟁력 강화 계기 마련

• 부품소재 중소기업의 글로벌화 지원 ⇒ ㉠ 혁신 가능한 생태계 조성을 위해서는 부품·소재 등 업스트림(upstream) 산업의 발전이 필수적인 바, 부품소재 중소기업의 글로벌화 지원으로 부품소재산업의 생산성 및 경쟁력 제고[390], ㉡ 정부의 중소기업 글로벌화지원정책은 중소기업의 규모·업종·국제화 경험 등에 따라 맞춤형으로 지원하되, 특히 부품소재산업의 글로벌화 지원정책 강화 필요

② 일자리 창출형 통상정책

- 일자리 창출형 경제환경과 통상정책 방향
  • 일자리 창출형 경제는 부문 간 깊고 넓은 연계 고리에 의해 대기업·제조업·수출 등의 경쟁우위부문의 활력이 중소기업·서비스업·내수의 경쟁열위부문의 활력으로 이어짐으로써 성장과 일자리 창출에 기여하는 경제
  • 일자리 창출형 경제로 전환하기 위해서는 경쟁열위부문의 경쟁력 강화를 위한 산업정책과 융합된 통상정책이 추진되어야 함.[391] ⇒ 향후 통상정책은 내수·서비스업·중소기업·부품소재산업 등의 경쟁력 강화를 위한 산업정책과의 긴밀한 연계 아래 추진되어야 함.

- 일자리 창출형 경제를 위한 세부실천과제
  • 내수부문의 경쟁력 강화를 통한 '일자리 창출형 수출' 구조의 정착 ⇒ ㉠ 수출 활기가 내수부문으로 지속적으로 확산되기 위해서는 투자 등 내수부문의 경쟁력 수준이 경쟁우위부문인 수출경쟁력의 수준에 상응하도록 제고되어야 함. ㉡ 수출 호조가 내수부문으로 확산되기 위해서는 비교역재부문, 특히 서비스산업의 생산성 제고가 무엇보다 중요

390) 중소기업의 안정적·지속적 성장을 위해서는 내수시장의 한계를 뛰어넘어 글로벌 시장 진출이 필수임. 2012년 중소기업의 수출액은 1026억 달러로 우리나라 전체 수출의 18.7%를 차지하며, 한국 제조 중소기업의 19.1%가 매출액 중 30% 이상을 대기업 납품에 의존(30% 미만 업체들 중에서도 약 72%가 내수시장에 의존)

391) 국제경쟁력이 총체적으로 강화되는 가운데 일자리 창출이 지속될 수 있기 위해서는 첫째 대기업·제조업·수출 등 경쟁우위부문은 글로벌 경영과 고부가가치 창출 능력을 더욱 강화할 수 있도록 지속적인 규제개혁을 추진, 둘째 중소기업·서비스업·내수 등 경쟁열위부문은 국제경쟁력을 국내 경쟁우위부문이 요구하는 수준을 넘어서서 글로벌 경쟁이 가능한 수준까지 제고, 셋째 두 부문 간의 부가가치와 일자리 창출의 연결고리를 인위적 강요가 아니라 경제적 유인을 통해 자연스럽게 강화

- 대기업과 중소기업의 동반성장 ⇒ ㉠ 중소·중견 기업의 새로운 수출동력화, ㉡ '한국형' 품질경영 인증제 도입을 통한 중소기업부문의 경쟁력 제고 지원[392)]
- 일자리 창출형 외국인투자 유치 ⇒ ㉠ 국내기업 경영환경개선, FTA 허브효과 활용 가능성 제고, 한국 대기업과의 구매협력관계 및 비즈니스 기회 확대를 통해 보다 근본적으로 외국기업의 국내투자에 대한 기대수익을 높여야 함. ㉡ 경제자유구역(FEZ)을 활용한 외국인투자 유치 : 무규제·무노조 경제실험자유구역을 설립하여 획기적인 기업경영여건 및 고임금 전문인력의 생활환경 확보, FEZ 설립·운용·해제 시 선거용 지역안배 및 각종 이익집단의 지대추구 등 정치적 요인을 전면배제, ㉢ FEZ 내 고소득 전문인력 및 창의적 인적자본 확충 : 2020년까지 10만 명의 글로벌 경쟁력을 갖춘 창조적 전문인력을 양성하여 FEZ 내 외국기업에 전문인력 공급 및 기술협력 제공

③ 서비스산업 빅뱅 촉발형 통상정책

- 서비스산업 선진화 및 경제자유구역 정책에 대한 평가
  - 서비스산업 선진화를 통해 상장동력확충 및 일자리 창출에 매진하였으나 정부, 국회 및 이해당사자들의 의지부족과 각종 규제로 인해 가시적 성과는 미미
  - 현재 경제자유구역은 각종 규제와 복잡한 인·허가 절차, 저열한 외국인 정주환경, 국내기업 역차별, 중복투자로 인해 외국인투자유치 및 일자리 창출 효과 부진[393)]

- 서비스산업 빅뱅을 위한 통상정책 활용방안
  - 서비스산업의 시장 확대 및 생산성 향상을 위해 서비스시장 개방효과 극대화 ⇒ ㉠ 양질의 일자리 창출을 선도하기 위해서는 시장 확대 및 생산성 증대를 통해

392) ⓐ 글로벌 경쟁력과 지속경영능력에 초점을 맞춘 KSO(Korea Organization for Standardization) 인증제 도입 ⇒ 기존의 ISO(International Organization for Standardization) 인증은 규격·환경·안전 등 품질경영이 평가의 핵심이었음. 따라서 ISO를 확대·심화시킨 한국형 경영평가기준 KSO의 개발이 중요, 'KSO 인증 중소기업은 곧 글로벌 경쟁력을 갖춘 믿을 만한 기업'이라는 인식을 통해 국내 대기업뿐만 아니라 해외 유수기업들이 경제적 유인에 의해 자발적으로 중소기업과 거래 및 협력관계를 확대·심화토록 유도, ⓑ 창업에서 글로벌 경영에 이르는 경영의 전 과정을 선택과 집중 방식으로 지원함으로써 KSO 획득이 가능할 때까지 중소기업의 경쟁력 강화를 지원

393) ㉠ 동북아 비즈니스 국가 목표로 2003년 인천 FEZ 첫 설립 이후 2013년 강원·충북 추가 지정까지 총 8개 FEZ 조성, 2020년까지 123조 원 투입하여 FEZ 조성완료 계획, ㉡ 그러나 심각한 서비스산업 규제 및 외자유치 경쟁국에 비해 높은 노동비용 존재, ㉢ 고소득 외국인 정주여건이 낙후되었으며 한국시장 자체가 협소하여 외국인 투자유인 저조, ㉣ FEZ는 첨단산업, 관광레저 특화 등 전체 FEZ 지구 중 53%가 타 지역과 사업중복, ㉤ 산업통상자원부 평가결과에 따르면 6개 구역 85개 지구 중 진척도 80% 이상의 양호한 경제자유구역 지구는 47개뿐이며 38개는 보통, 사업부진, 판정보류 상태임.

서비스업의 부가가치 창출을 유인해야 함. ㉡ 서비스시장 개방효과를 극대화함으로써 서비스산업 성장 및 경제성장을 통해 서비스업 고용창출 기여도 확충

- 서비스빅뱅을 통해 양질의 일자리를 창출할 수 있는 창조적 경제실험자유구역(Free Economic Experimental Zone) 설립 ⇒ ㉠ 경제자유구역(FEZ)을 경제실험자유구역(FEEZ)으로 창조적으로 전환, ㉡ 도소매 · 음식 · 숙박업 등 저부가가치 창출 기초서비스개혁을 기초동력으로 삼아서 교육 · 의료 · 법률 · 콘텐츠 등 고부가가치 창출 응용서비스부문의 획기적인 개선 유도, ㉢ 서비스산업 빅뱅을 실험하고 성과를 목격할 수 있도록 함. ㉣ 서비스산업에서 제조업 등으로 파급효과(spillover effects)를 증폭시킴. ㉤ 성과에 근거하여 정책실효성을 평가하고 과감한 구조조정을 실행해야 함.
- 공동체의식과 소속감을 갖게 하는 획기적인 외국인 정주여건 조성

- 서비스빅뱅 촉진형 경제환경 조성을 위한 구체적 실천과제
  - 법규가 명시적으로 제한하는 것 이외에는 모든 것을 허용하는 네거티브 방식의 무규제시스템 실행
  - 무규제를 통해 의료 · 교육 · 법률 · 콘텐츠 서비스산업 빅뱅 추진 ⇒ 경제자유구역 내 무규제 의료 · 교육 · 법률 · 문화 서비스산업 융복합 투자자유지구 설립
  - 비효율적인 경제자유구역에 대한 과감한 구조조정 추진 ⇒ ㉠ 서비스산업 빅뱅 및 외국인투자 확대가 민간주도로 이뤄질 수 있도록 경제자유구역 개발단계별로 성과에 의한 차등적 지원제도가 실행되도록 함. ㉡ 성과에 대한 개발자원의 차등 지원제도 및 경제자유구역 지정해제 실행, ㉢ 개발지역별로 차별화된 전략실행 및 중복사업에 대한 과감한 조정
  - 영어 공용화를 기반으로 외국인 수요자 입장에서 환경 · 주거 · 문화 · 오락 · 스포츠 · 교육 · 의료 · 인권 부문에서 양질의 글로벌 도시환경 구축
  - 다국적 기업과의 협력 · 경쟁을 통해 국내 중소 · 중견기업의 글로벌 경쟁력 강화 및 창조경제 주역화 유도 ⇒ ㉠ 외국기업과 국내기업 간 동일한 금융 · 세제 혜택 제공, ㉡ 국내외 기업 간 합작투자를 통해 경제자유구역에서 글로벌 해외 기업과 경쟁할 수 있도록 국내기업의 역량 강화 도모
  - 창의적이며 과감하고 도전적인 기업가 정신을 발현할 수 있도록 글로벌 인재의 국가 간 이동을 자유롭게 함. ⇒ ㉠ 해외 고급인력과 근로자 가족에 대한 이민국 수속 절차 간편화, ㉡ 외국기술 및 자본이동 자유화를 통해 글로벌 공급업체 간 혁신네트워크 구축 및 경영정보 · 산업시설 접근성 확보, ㉢ 상품 · 서비스 · 투자 · 규범 · 분쟁해결 등 포괄적인 분야에서 높은 자유화 수준을 보장, ㉣ 특히 경제실험자유구역 내 국가 간 인력이동 전면자유화 추진

참고자료

(1) 박번순 외(2006), "한국 통상정책의 재점검", 《Issue Paper》, 삼성경제연구소, 2006. 08.
(2) 최병일 외(2013), "통상 4.0시대를 선도하는 신정부의 통상정책 : 3대 핵심과제와 7대 주문", 《정책연구 2013-07》, 한국경제연구원, 2013. 07. 22.
(3) 대외경제정책연구원(2005), "선진형 통상국가의 개념 정립", 2005. 03.
(4) 심영섭 · 하병기(2000), 《개방형 신통상국가론》, 산업연구원, 2000.

부록 [14-1] 주요 통상현안

1. 쌀 관세화[394)]

1.1 현황

- 2014년까지 10년간 관세화 유예조치[395)]를 연장하는 대신 최소시장접근(MMA) 물량[396)]을 8%[397)](409천 톤)까지 증량하기로 합의
  - UR협상에서 쌀 관세화 2004년까지 유예, 유예기간 동안 MMA 물량을 기준년도 소비량의 1%(51천 톤)에서 4%(205천 톤)를 의무 수입
  - 2004년 쌀협상에서 관세화 유예조치 10년간 연장, MMA 물량 8%까지 증량 합의[398)]

1.2 배경

- 2014년 말 쌀 관세화 유예 종료
  - 2004년 말 유예된 쌀 관세화가 2014년 말 재차 유예되는 것은 WTO 농업협정상 불가능 ⇒ 쌀 관세화 추가유예를 위해서는 회원국 3분의 2 이상의 찬성으로 WTO협정을 개정해야 하나, 한 국가의 쌀이라는 단일 품목의 시장개방을 20년간 늦추기 위해 WTO협정까지 개정하는 데에 3분의 2 이상의 회원국이 동의해 줄 가능성은 없음.
- 2015년 관세화가 실행될 경우[399)]

---

394) 수입하는 품목에 국내외 가격 차이만큼 관세를 붙여 물량 제한 없이 누구나 자유롭게 수입할 수 있게 한다는 것으로서 시장개방을 말함. 쌀을 관세화한다는 것은 쌀에 관세를 붙여 전면 수입을 개방한다는 의미임. 정부는 시장개방에 대한 거부감을 줄이려고 '쌀 관세화'라는 용어를 쓰고 있음. 이와 관련하여 조선일보(2014.6.21) 참조. 다시 말해 쌀 관세화는 국내외 가격 차이만큼 관세를 설정해 수입량을 조절할 수 있도록 하는 조치를 의미하며, 수입물량 제한 등 국내 쌀산업 보호를 위한 비관세 보호수단을 관세로 전환하는 것임. 한편 쌀 관세는 '(국내가격－국제수입가격)/국제수입가격×100%'를 적용해 결정함. 이와 관련하여 연합뉴스(2014.07.18) 참조.

395) 관세화 유예 : 우루과이라운드(UR) 협상에서 특정 국가의 식량안보 · 환경보호 등을 위해 주요 품목은 관세화를 일정기간 미룰 수 있도록 예외를 인정 ⇒ 그 대가로 일정물량을 의무적으로 수입하는 의무가 발생함.

396) 최소시장접근(MMA : Minimum Market Access) 물량 : 특정 품목의 관세화를 유예하는 동안 해당 국가는 국내 소비량의 일정비율 이상을 의무 수입해야 함. ⇒ 우리나라의 경우 올해 그 물량이 40만9천 톤에 달했으며 관세율은 5%임.

397) 기준년도 소비량(1988～1990년 평균)의 8%, WTO 협정문에는 1986～1988년 3개년 평균을 따르도록 되어 있으나 우리나라는 1988～1990년 평균소비량을 적용함.

398) 2004년 쌀 관세화 유예 선택의 이유는 DDA협상타결 시 관세감축 폭이 커질 경우 쌀 수입이 급격히 증가할 가능성이 있었기 때문이었으나 DDA협상지연으로 MMA 물량만 늘어나 재고량 증가로 재정부담 가중됨.

399) DDA협상타결 시점에 따라 조기 관세화의 효과가 달라지나 최근까지의 진행상황을 고려해 쌀 관세화 유예가 만료되는 2014년까지 DDA협상타결이 이루어지지 않는다고 가정

- 쌀의 국제가격이 높은 상황에서 관세화로 인한 추가수입은 거의 나타나지 않을 것으로 예측됨.
- 관세화는 국내 쌀 생산자에 피해를 주지 않으면서 재고부담을 줄일 수 있는 방안

1.3 기본 방향

- 관세화를 위한 대내외 협상안 마련 필요
  - 국회 및 이해단체와의 협의를 통해 대내적 공감대 형성 필요
  - 적절한 관세율 확보를 위해 관세 상당치 계산 시 관련 회원국과 기준 가격, 품질에 관한 충분한 협의 필요
  - 종가세와 종량세 또는 선택세[400] 중 유리한 방식 검토 필요
  - 국별 쿼터의 글로벌 쿼터로의 전환 문제 포함하여 관련 당사국과 협의 통한 공감대 형성 필요

1.4 진행상황

- 쌀시장 개방을 주장하는 정부 · 전문가 입장
  - 정부가 쌀 관세화 입장을 사실상 공식화 ⇒ 쌀 관세화를 미루고 의무수입물량을 늘리는 것보다 수입쌀에 높은 관세율을 매기는 게 수입물량을 줄일 수 있다는 판단에 기인 ⇒ ㉠ 정부 측 대표인 김경규 농림축산식품부 식량정책관은 "쌀 소비가 감소하는 추세에서 의무수입물량을 늘리는 것은 국가 재정에도 큰 부담"이라며 "개방이 불가피한 측면이 있다"고 말했음. ㉡ 이태호 서울대 농경제사회학부 교수는 "(쌀시장을 개방한) 일본, 대만 등의 사례를 보면 관세화한 것이 유예하고 의무 수입량을 늘리는 경우보다 추가적인 수입량이 적었다"고 말했음.[401]
  - 관세화가 불가피한 이유[402] ⇒ ㉠ 관세화는 국내 수요에 따라 쌀 수입량이 결정되는 구조이기 때문에 관세 부과로 수입쌀 가격이 높아져 국내 수요가 없다면 의무수입물

---

400) 선택세는 종가세와 종량세 중 어느 한 가지를 선택하여 부과하는 관세로 두 가지 중 높은 세액을 적용하는 것을 말함.

401) UR협상타결 이후 수년간 관세화 유예조치로 인해 쌀 과잉 재고를 안게 된 일본이 1999년 관세화로 이행한 이후 쌀 수입이 감소하고, 오히려 고급 쌀을 중심으로 수출이 증가하고 있음. 대만도 2003년 관세화 이행 이후 쌀 수입은 줄고 있음. 한편 일본과 대만은 일찌감치 MMA의 위험성을 간파했음. 두 나라는 의무수입 물량이 국내 소비량의 8%에 도달하자 쌀시장을 개방했음. 일본이 당초 예정보다 앞당긴 1999년, 대만도 2003년 쌀시장 문을 열었고 그 후 두 나라는 외국 쌀에 관세를 부과하는 방식으로 쌀시장을 보호하고 있음. 한편 일본은 좋은 쌀로 청주를 빚어 쌀 15%를 소비한다고 함. 그중 일부는 수출까지 하고 있음. 이에 비해 우리는 값싼 의무수입 쌀을 소비하느라 막걸리 술맛마저 혼탁하게 흐려놓고 있음. 이와 관련하여 최경선(2014.06.17) 참조.

402) 한국은 애당초 UR협상에서 관세화 유예조치 기간 중이라도 국내 쌀시장 여건 등을 고려해 언제든지 관세화로 전환할 수 있는 단서를 달아놓았음. 정부는 몇 년 전부터 관세화를 시도해 왔음. 전국을 순회하며 토론회와 공청회를 개최하는 등 노력을 기울였지만, 일부 농민단체의 반발에 부딪혀 결단을 내리지 못하고 오늘에 이르렀음.

량 외에 쌀은 수입되지 않을 것임. ⓛ 국내 수요 여하와 관계없이 무조건 쌀 수입을 늘려가야 하는 현재 구조와는 다름.[403)]

- 쌀을 관세화할 경우 현재 논의되는 300~500% 수준의 관세율이 설정되면 미국 · 중국산 쌀값이 국산보다 비싸지기 때문에 수입쌀이 당분간 들어올 가능성이 낮아지기 때문에 쌀 의무수입물량을 늘리는 것보다 쌀 관세화가 보다 효과적인 쌀산업 보호정책이라는 것이 전문가들의 설명임.[404)]
- 글로벌 쌀 관세 인하 합의가 이뤄지더라도 한국의 쌀 관세율이 260% 이상이라면 국산쌀이 가격경쟁력을 확보할 수 있는 것으로 분석되었음.[405)] ⇒ ㉠ 이동필 농림축산식품부 장관은 오는 2014년 9월 세계무역기구(WTO)에 제출할 우리나라의 쌀 관세율이 300~500% 사이가 될 것이라고 밝힌 바 있으며, 그동안 학계에서도 400% 이상 관세율이 적용될 수 있다는 연구결과가 많았음. ⓛ 현재 논의되는 관세율 수준이라면 향후 도하라운드(DDA) 등 쌀에 대한 전 세계적 관세율 인하 합의가 이뤄지더라도 국내 쌀산업 보호가 가능한 셈임. ⓒ 우리나라는 한 · 미, 한 · 중 FTA 등 양자 간 무역협정에서 쌀을 관세철폐대상에서 제외하고 있을 뿐만 아니라 DDA 방안을 적용하더라도 현재 논의되는 수준의 관세율이라면 수입산 쌀 가격이 국산보다 높을 가능성이 큼.
- 문제는 DDA가 통과될 때인데 이 경우 우리나라는 쌀을 특별품목(개도국에 적용)이나 민감품목(선진국에 적용)으로 지정할 계획임. ⇒ ㉠ 우리나라가 개도국 지위를 인정받아 특별품목으로 지정이 되면 260%의 쌀 관세율을 깎을 의무가 없기 때문에 쌀산업 보호가 가능함. ⓛ 그러나 최악의 경우 우리나라가 개도국 지위를 인정받지 못해 쌀을 민감품목으로 지정한다면 쌀에 대한 관세 감축 비율을 기존 관세율의 3분의 1, 2분의 1, 3분의 2 중 하나를 선택할 수 있음. ⓒ 정부는 쌀시장 보호를 위해 기존 관세율의 3분의 1만큼만 감축할 가능성이 높음. ⓔ 이 경우 미국산 쌀 수입가격은 국산 쌀값에 비해 여전히 높음. ⓜ DDA를 가정하지 않는다면 관세율이 최저 180% 이상이라도 국내 쌀산업은 보호가 가능함.
- 우리나라가 쌀 관세화를 택하지 않을 경우 국내 쌀산업은 더욱 어려워질 수 있음. ⇒ ㉠ 쌀 관세화를 하지 않고 특별유예를 신청할 경우 우리나라는 향후 5년간 기존 의

---

403) 온기운(2014.06.25) 참조.

404) 이와 관련하여 매일경제(2014.06.16) 참조. 온기운(2014.06.25) 역시 관세화를 유예할 수 있는 길이 설사 열린다 할지라도 의무수입물량을 앞으로 계속 늘려야 하며, 어느 시점에 관세화로 이행한다고 해도 그 시점의 의무수입물량을 항구적으로 수입해야 하기 때문에, 이는 쌀 소비 감소에 직면해 있는 농촌을 살리는 것이 아니라 오히려 죽이는 길이라고 주장하였음. 한편 그는 관세화를 했을 때 1986~1988년 국내외 가격차를 감안한 관세 상당치를 고려하면 관세율이 대략 400~500%일 것으로 예상되기 때문에 외국 쌀에 이 정도 관세를 부과하면 신토불이를 주장하는 국내 소비자들이 굳이 외국 쌀을 찾으려 하지 않을 것이라고 언급하였음.

405) 한국이 2014년 9월에 260% 관세율을 적용한다고 가정해 보자. 2013년 말 기준 미국산 쌀 가격은 kg당 791원으로, 260% 관세율을 적용하면 수입가격은 2641원(10% 관세 감축 적용 · 수입비용 제외)이 됨. 우리나라의 현재 쌀 가격 2189원에 비해 높은 수준이라 쌀 수입 가능성은 희박함. 이와 관련하여 매일경제(2014.05.19) 참조.

무수입물량(40.8만 톤)[406]의 2배 이상을 수입해야 함.[407] ㉡ 현재 의무수입되는 쌀 중 12% 정도가 밥쌀용으로 공급되고 있는데, 의무수입물량이 2배 이상 늘면 식탁에 오르는 수입쌀 공급도 늘어날 수밖에 없음. ㉢ 의무수입 쌀은 관세가 5%밖에 붙지 않아 국산에 비해 가격경쟁력이 높음. ㉣ 이처럼 늘어난 의무수입물량은 관세화로 전환하더라도 영원히 떠안아야 하기 때문에 쌀 관세화보다 더욱 좋지 않은 선택임. ㉤ 박건수 산업부 통상정책심의관은 "쌀 관세화 유예를 연장하려면 현실적으로 의무면제조항(웨이버)을 확보해야 하지만 여기에는 상당한 대가가 수반된다"며 "웨이버 협의 시 쌀 외에 다른 시장개방을 요구할 가능성도 크다"고 지적했음.[408]

- 우리가 필리핀 방식으로 관세화를 포기하고 쌀 의무수입물량을 2.3배 늘리면 5년 뒤에는 지금 수입물량인 연간 40만9000 톤(511만 가마니)보다 53만 톤(600만 가마니) 늘어난 94만 톤(1175만 가마니)을 수입해야 함.[409] ⇒ ㉠ 이렇게 되면 5년 뒤에는 우리나라 쌀 소비량(약 5000만 가마니)의 20% 이상이 수입쌀로 채워지게 됨. ㉡ 필리핀은 MMA(최소 수입) 물량을 80만 톤으로 늘리더라도 연간 필리핀의 쌀 소비량이 우리나라보다 훨씬 많은 1290만 톤(2012년 기준)이기 때문에 수입물량이 전체 소비량의 6% 수준에 그침. ㉢ 따라서 우리나라는 쌀 의무수입물량이 늘어나면 쌀값 폭락이 염려됨. ㉣ 쌀값이 떨어지면 농가에 정부가 보전해야 하는 변동직불금 규모도 커지기 때문에 재정건전성도 악화될 것으로 염려됨.
- 전국농민회총연맹(전농)은 쌀 관세화도 유예 받고 의무수입물량도 늘리지 말자고 주장하지만, 실제로 이런 방식을 취하면 우리나라가 세계무역기구(WTO)에 제소를 당할 가능성이 높다는 것임. ⇒ 법적 대결에서 패배하면 우리나라는 굴욕적인 조건으로 쌀

406) 한국은 1993년 우루과이라운드협상 이후 20년 동안 쌀시장 개방을 미뤄왔음. 그 대가는 혹독하였는바, 쌀을 매년 일정량씩 의무적으로 수입해야 했음. 최소시장접근물량(MMA)이라는 이름으로 2014년 우리나라가 반드시 수입해야 하는 쌀은 약 41만 톤임. 국내 쌀 소비량의 9%에 해당함. 의무수입물량은 한번 결정되면 도중에 쌀시장을 개방해도 계속 수입해야 함. 쌀 소비량이 줄어들건 말건 10년 뒤에도, 50년 뒤에도 41만 톤을 수입해야 한다는 뜻임. 이와 관련하여 최경선(2014.06.17) 참조.

407) 2005년 그랬던 것처럼 우리나라가 관세화를 또다시 유예 받으려면 필리핀처럼 대규모 의무수입물량을 늘리면서 관세화 의무 면제를 신청하는 길밖에 없음. 필리핀이 '쌀 관세화'를 유예 받는 대신 의무적으로 수입해야 하는 쌀 물량을 5년간 2000만가마니 이상 늘리기로 사실상 세계무역기구(WTO) 회원국과 합의하였음. ⇒ 쌀 관세화를 포기하는 대가로 엄청난 쌀 수입물량을 감당해야 하는 셈인데, 필리핀 사례를 적용하면 우리나라가 쌀 관세화를 포기할 경우 수입산 쌀이 국내시장의 20% 이상을 잠식해 쌀값 폭락 가능성이 제기됨. 이와 관련하여 매일경제(2014.06.16) 참조.

408) 송주호 농촌경제연구원 선임연구위원은 "필리핀과 같이 의무면제조항(웨이버)을 신청하는 대안이 있지만 이는 한시적인 조치로 언젠가는 관세화를 해야 한다"며 "게다가 웨이버를 신청하더라도 10년간 수입물량을 1.5~2.0배 늘려야 할 것으로 보인다"고 지적했음. 이와 관련하여 매일경제(2014.06.21) 참조.

409) 농식품부의 한 관계자는 "필리핀은 식량 부족 국가이기 때문에 의무수입물량을 받아들일 여유가 있지만 쌀 소비가 계속 줄고 있는 우리나라는 사정이 다른 데다, 필리핀보다 훨씬 잘사는 우리나라에 대해 WTO 회원국들이 순순히 유예화를 다시 받아줄 가능성은 거의 없다"고 말했음. 이와 관련하여 조선일보(2014.06.21) 참조.

관세화를 해야 하고, 징벌적인 쌀 의무수입물량이 더욱 늘어날 수 있음.

- 농민단체 중에서도 쌀시장 개방이 불가피하다는 것을 인정하는 곳들도 있음. ⇒ 손재범 한국농업경영인중앙연합회(한농연) 사무총장은 "의무수입물량을 2배 이상으로 늘리면서까지 유예하는 것은 국내 농업에 큰 부담이 될 수 있다"며 "빗장이 풀리는 만큼 농업인의 불안감을 안정시키기 위한 실질적인 노력이 필요하다"고 말했음.
- 농민단체들도 이젠 쌀시장 개방의 불가피성을 받아들여야 함. ⇒ 무조건 반대만 외칠 것이 아니라 어떻게 쌀을 고급화하고 쌀 소비를 늘릴지 고민해야 할 시기임.[410)]

- 쌀시장 보호를 주장하는 농민단체의 입장
  - 전농은 "식량 주권이 달린 문제"라며 수입 개방을 강하게 반대
  - 박형대 전농 정책위원장은 "올해(2014년) 말 관세화 유예가 종료되더라도 반드시 개방해야 하는 것은 아니다"며 "현상유지, 관세화 유예 등 모든 가능성을 열어놓고 협상해야 한다"고 주장했음. ⇒ ㉠ 전농은 국회 · 정부 · 농민이 함께 참가하는 범국민 협상단을 구성한 뒤, 국회가 비준동의안 처리에 준해 쌀 개방 여부를 다뤄야 한다는 입장인데, 다시 말해 정치 쟁점화를 시도하려는 것임. ㉡ 그는 "DDA협상은 기존 WTO 규정 전반에 대한 재논의를 의제로 삼고 있는 것으로 DDA협상에서 합의한 내용에 따라 개방방법이 결정된다"며 "DDA협상 때까지 쌀 관세화도 시행하지 말고 의무수입물량도 늘리지 말아야 한다"고 주장했음.[411)]
  - DDA협상타결 시 우리나라는 쌀 관세율을 최대 절반 이상 깎아야 하는 상황에 직면함. ⇒ 농민단체 등이 쌀 관세화에 대해 반대하는 논리도 양자 자유무역협정(FTA)은 물론 DDA 같은 협정에 의해 수입쌀 관세가 낮아질 것이란 염려 때문임.
  - 다른 농민단체인 한국농업경영인중앙연합회 손재범 사무총장은 "향후 환태평양경제동반자협정(TPP) 등 다자간 협상에서 쌀 양허를 제외한다는 대국민 약속이 (쌀 관세화에 앞서) 있어야 한다"고 주장했음. ⇒ 그는 "정부는 고율 관세를 부과하면 외국 쌀 수입에 맞서 국내 쌀 농업을 보호할 수 있다고 하지만 TPP협상에 쌀이 포함된다면 기존 고율 관세 설정은 의미가 없어지므로 국내 쌀 농업 기반은 붕괴될 가능성이 있다"고 말했음.[412)]

- 한때 쌀 관세화 결정 연기 부각
  - 당초 2014년 6월 30일 결론이 날 것으로 예상했던 정부의 쌀 관세화 결정이 '정부는 결정 권한이 없다'는 논란 때문에 진통을 겪었음.[413)] ⇒ 논란이 커지자 정부는 추가

---

410) 최경선(2014.06.17) 참조.

411) 이와 관련하여 매일경제(2014.06.21) 참조.

412) 농업농민정책연구소 '녀름'의 장경호 부소장은 "현상유지가 최선인데도 정부가 노력을 하지 않고 있다"며 "관세율이 협상과정에서 200%대로 낮게 정해질 가능성이 있다"고 주장했음. 농민단체들은 향후 TPP(환태평양경제동반자협정)와 FTA(자유무역협정) 등 다른 협상에서 관세가 낮아질 가능성이 있다는 주장도 펴고 있음. 이와 관련하여 조선일보(2014.06.21) 참조.

413) 민주사회를 위한 변호사 모임(민변)은 2014년 7월 1일 자료를 통해 "쌀 수입허가제를 폐지하는

적인 공청회를 통해 의견수렴을 거친 뒤 이르면 7월 안으로 관세화 여부를 결정할 계획

- 국회 농림축산식품해양수산위원회가 정부 발표를 늦출 것을 정부 측에 요구했고 이와 함께 쌀 관세화 공청회를 한 차례 더 개최키로 한 데 따른 것임. ⇒ 국회 주최로 열리는 쌀 관세화 2차 공청회는 7월 11일께 열릴 예정
- 농식품부가 국회 제동으로 쌀 관세화 숨고르기에 들어갔지만 쌀 관세화에 대한 결정 입장이 뒤집어질 가능성은 적음. ⇒ 농식품부 고위 관계자는 "의무적으로 수입해야 할 쌀 물량인 최소시장접근(MMA) 물량을 현재 41만여 톤보다 더 높이는 건 농업계에 큰 타격이 있다는 점은 이론의 여지가 없다"며 "국회 상임위가 새로 구성된 만큼 공청회를 한 차례 더 연 뒤에 입장을 내놓겠다는 의미"라고 말했음.
- 하지만 국회의 쌀 관세화 결정 여부를 둘러싸고 일부 농민단체가 쌀 관세화율을 고율관세(400% 이상)로 확정하지 못한다는 주장을 펴고 있어 사실상 쌀 관세화 여부에 대한 논의는 다시 재점화할 태세[414)]

- 결국 시장개방을 선언하면서 그에 따른 부작용을 줄일 수 있는 보완책을 함께 제시할 가능성이 높은 것으로 관측되었음.

것은 국회가 양곡관리법을 개정해야만 가능하다"며 "정부가 9월 30일까지 쌀 관세율을 세계무역기구(WTO) 회원국에 통보하겠다는 것은 국회 심의 권한을 백지화하려는 시도"라고 주장했음. 국회에서도 박주선 새정치민주연합 의원 등이 이 문제를 거론하는 등 일부에서 쌀 관세화는 정부가 결정하는 것이 아니라 국회에서 결정해야 한다고 주장하고 있음. 이들 주장에 따르면 우리나라는 쌀 관세화 일정을 9월 말 WTO에 통보할 이유가 없기 때문에 6월 말까지 반드시 관세화 여부를 결정할 필요도 없음. 그러나 정부는 쌀 관세화를 이행하기 위해 양곡관리법을 개정할 필요가 없다고 맞서고 있음. 현재 양곡관리법은 의무수입물량(시장접근물량) 내에 있는 쌀을 수입하려는 업자를 농식품부 장관이 허가하도록 규정하고 있지만, 그 외 관세화가 이뤄질 때 적용되는 고율관세 수입에 대해서는 제한규정이 없음. 정부는 쌀 관세화가 '시장접근물량 이외 물량'의 수입을 자유화하는 것이므로, 양곡관리법에 손을 댈 부분이 없다는 입장임. 국회에서의 결정이 필요한 사항은 아니라는 것임. 농식품부 측은 특히 이렇게 국회 차원의 결정이 이뤄질 경우 회원국들이 3개월 동안 한국이 결정한 관세율이 적정한지 여부를 검증하지 못한다는 점을 강조했음. 일본·대만도 관세화 시행 약 3개월 전에 WTO에 통보했고 그에 따라 협상을 했기 때문에 유리한 관세율이 통과될 수 있었다는 것임. 이와 관련하여 매일경제(2014.07.01) 참조.

414) 2014년 7월 11일 국회 농림축산식품해양수산위원회 주최로 열린 '쌀 관세화 유예 종료 대응에 관한 공청회'에서는 쌀시장 개방 시 관세율을 어느 정도 수준으로 정할 것이냐가 쟁점이 됐음. 한국 정부는 쌀시장 개방이 불가피하다고 보고 오는 2014년 9월 말까지 WTO(세계무역기구)에 통보할 관세율 잠정치를 내부적으로 정해 놓은 상태지만, 공개하지는 않고 있음. 전문가들은 정부가 400% 안팎의 관세율을 제시할 가능성이 높다고 보고 있음. 농림축산식품부에 따르면 400%의 관세율 적용 시 한국 쌀은 한 가마니(80kg)에 17만5086원인 반면 미국산 쌀 가격은 31만6516원(2013년 기준, 원가 6만3303원 기준)으로 높아져 한국 쌀이 경쟁력을 유지할 수 있음. 이처럼 유리한 관세율이 적용되는 건 WTO 협정이 1986~1988년에 거래된 국내 가격과 국제가격의 차이만큼 관세율을 정하도록 하고 있기 때문임. 당시 국내와 외국의 쌀 가격 차이가 5~6배 정도 차이 났는데, 현재 가격 차이가 2.1~2.8배 수준으로 축소된 상태에서 국제 쌀 가격이 오름세여서 '400% 관세율'은 한동안 우리에게 유리하게 작용할 수 있음. 하지만 농민단체들은 "국제시장 상황에 따라 앞으로 수입쌀이 더 싸질 가능성을 배제할 수 없다"며 정부가 향후 FTA(자유무역협정)협상 등에서 쌀 관세율을 낮추지 않겠다는 대국민 약속을 해야 한다고 요구하고 있음. 이와 관련하여 조선일보(2014.07.12) 참조.

1.5 쌀 관세화 결정 시 향후 절차[415)]

- 2014년 4월 16일 산업통상자원부과 농림축산식품부에 따르면 세계무역기구(WTO)가 우리나라의 쌀 무역 계획안(수정양허안)에 동의할 경우 이 방안이 국제법적으로 효력을 갖추기 위해서는 국회의 비준을 받아야 하는 것으로 나타났음.
  - 만일 비준을 받지 않을 경우 WTO 등에서 한국이 매긴 관세율이나 의무수입물량에 대해 이의를 제기할 수 있기 때문임.
  - 그러나 쌀 관세화에 대한 사회적 토론이 6월까지 조기 매듭 되지 않을 경우 국회비준 시점인 내년(2015년)에 문제가 불거지면서 갈등과 사회적 비용 낭비가 이어질 수 있음.
- 정부는 사실상 쌀 관세화가 불가피하다고 보는 입장
  - 정부 고위관계자는 "쌀시장만 놓고 보면 20년간 한국이 국제사회에 원금은 갚지 않고 이자만 갚았던 꼴"이라며 "국제사회 누구도 이자만 갚는 나라가 없는데 우리만 그렇게 하겠다고 주장할 수는 없는 일"이라고 말했음.
- 정부는 이에 따라 6월까지 농민단체 및 국회 의견수렴에 나선 뒤 내년(2015년) 이후의 쌀 관세화율(또는 의무수입물량)을 담은 수정양허안을 마련하고 이를 국회에 보고키로 했음.
- 이후 3개월 동안 수정양허안에 대한 검토가 진행된 뒤 2014년 9월 WTO에 최종안이 제출됨.
  - 9월까지 제출해야 하는 이유는 3개월 동안 WTO 회원국들이 한국의 쌀 개방 방안에 대한 검토가 필요하기 때문임.
- 3개월 내에 이의가 없으면 각국이 동의했다고 보고 12월께 WTO 사무총장이 한국에 해당 사실을 통보함.
- WTO가 동의한 방안이 도착하면 국회가 비준을 결정하는 수순임.
  - 그러나 통상 WTO 회원국 동의는 2년 이상 걸리는 경우들도 있었음.
  - 이 경우 우리의 수정양허안이 WTO 동의 및 국회 비준 없이 일단 시행됨.

1.6 정부 입장 공식발표

- 정부가 2014년 7월 18일 관세화를 통한 쌀시장 개방을 선언
- 이에 따라 조만간 후속절차에 들어갈 예정
  - 우선 세계무역기구(WTO)와의 후속협의와 검증, 국내에서의 관련 법안 정비 등 국회 논의 등이 필요
  - 정부는 오는 9월 수입쌀에 적용할 관세율과 구체적인 쌀산업 발전대책을 발표하고

---

415) 매일경제(2014.04.17) 참조.

WTO에 수정양허표를 제출[416]해 회원국의 검증과정을 거쳐야 함.[417]

- 검증기간은 규정상 3개월이지만 일본과 대만의 경우 각각 23개월, 57개월이 걸린 만큼 일정이 지연될 가능성이 큼.
- 그러나 일본과 대만은 규정에 따라 3개월 뒤 일단 자국이 정해 WTO에 통보한 관세율에 따라 쌀 수입을 했음.[418]

- 정부는 국회의 사전 비준동의는 불필요하다는 입장인데,[419] 다만 WTO와 협상이 완료된 이후 국회의 비준동의는 받을 가능성이 큼.
  - 이동필 농림축산식품부 장관은 국회 농림축산식품해양수산위 전체 회의에서 법제처 유권해석을 근거로 "통상절차법상 국회 비준동의는 조약서명 후 받게 돼 있는 만큼, 사전 비준동의는 필요하지 않다고 판단된다"고 밝힌 바 있음.

- 정부는 대신 통상절차법에 따라 산업통상자원부가 국회 산업통상자원위원회에 보고하고 농림축산식품해양수산위 등과 공식·비공식 논의를 이어가겠다는 방침임.

- 특히 9월 WTO에 쌀 관세화에 관한 수정양허표를 제출하기 전까지 관세율을 정해야 하나 내부적으로 관세율이 확정되더라도 상대국에 협상카드를 노출할 수 없는 만큼 보안 유지가 필수적임.

---

416) 세계무역기구의 양허표 수정 절차규정이라고 하는, 그러니까 쌀 관세율을 정한 표를 양허표라고 하는데, 현재의 대한민국 쌀 관세표에는 지금 우리가 이야기하는 그런 높은 관세율을 매겨서 수입한다는 것이 당연히 없음. 그렇기 때문에 정부가 말하는 관세화라는 것은 이 양허표를 수정하는 것을 말함.

417) 쌀 관세화 작업은 오는 9월 말 정부가 관세율을 담은 수정양허표를 세계무역기구(WTO)에 제출하면서 본격화됨. 이 수정양허표를 바탕으로 중국과 미국 등 쌀 수출을 원하는 회원국과 관세에 합의해 확정본을 만들게 됨. 정부는 확정본을 토대로 국회 비준을 추진하고 최종적인 쌀 관세율을 결정한다는 계획임. 전문가들은 적정한 쌀 관세율을 400%로 예상하고 있음. 관세 400% 적용 시 2013년 기준 6만3303원인 미국산 쌀(80kg) 가격은 31만6516원으로 오름. 반면 한국 쌀은 17만5086원으로 두 배 이상 차이가 벌어짐. 정부는 WTO 회원국과 협상과정에서 최대한 높은 관세를 요구한다는 방침이지만, 상대국 역시 관세를 최대한 낮추려는 입장이라 상당한 난항이 예상됨. 이와 관련하여 아시아경제(2014.07.18) 참조.

418) 앞서 관세화를 도입한 일본은 협상개시 후 확정본 작성까지 2년이 걸렸으며, 대만은 5년이 소요됐음. 우리 역시 높은 관세율을 제시할 경우 관세율 계산에 불만을 가진 상대국과 협상이 장기화될 가능성이 높음. 하지만 확정본과 상관없이 수정양허표에 담긴 관세율에 따라 2015년부터 관세를 적용해야 한다는 점은 변함없음. 아울러 정부는 향후 FTA나 TPP 등에서 쌀을 양허대상에서 제외해 관세를 낮추거나 철폐하지 않겠다는 방침임. 이와 관련하여 아시아경제(2014.07.18) 참조.

419) 정부가 쌀 수입을 허용하고 관세를 적용하기로 결정하면서 정치권과 농민단체에서 즉각 반대하고 나섰음. 그들은 쌀 수입을 제한하는 내용의 양곡관리법을 개정해야 한다며 국회의 사전비준이 필요하다고 주장하고 있으나 법 개정이나 국회 비준과는 상관없이 쌀시장 개방은 2015년부터 곧바로 시작된다는 것이 정부 측의 설명임. 현행 양곡관리법은 시장접근물량에 적용되는 양허세율(5%)로 미곡을 수입하려는 자는 농식품부 장관의 허가를 받도록 규정하고 있는데, 그 외 고율관세를 적용한 수입에 대한 규정은 없을뿐더러 관세화 이후 수입물량은 시장접근물량과도 상관없어 법 개정이 필요하지 않다는 설명임. 정부 관계자는 "양곡관리법 개정은 관세화 시행을 위한 필요조건은 아니다"라며 "법률회사와 법률전문가 자문 결과 동일한 결론을 내렸다"고 덧붙였음. 이와 관련하여 아시아경제(2014.07.18) 참조.

- 정부는 또 연내(2014년)에 쌀 관세율 반영을 위해 '세계무역기구협정 등에 의한 양허관세규정'을 쌀 특별긴급관세 반영을 위해 '관세법 시행령'으로 고치는 등 국내법 정비도 완료해야 함.

2. TPP

2.1 정의

- 환태평양경제동반자협정(TPP : Trands-Pacific Partnership)은 아시아 · 태평양 지역의 관세철폐와 경제통합을 목적으로 만들어진 다자간 자유무역협정을 말함.
  - 최근 시장 확대 및 생산네트워크 참여효과를 통한 수출 확대 기대감으로 TPP가 주목받고 있음.
  - 무역자유화 원칙을 추구하며 전 품목 관세철폐가 목표인 협정임.
- TPP는 높은 수준의 FTA로 미국은 TPP를 '21세기형 FTA'로 부르며 아시아 · 태평양 지역 경제통합의 표준으로 삼으려 하고 있음.

2.2 현황

- TPP 참여국[420)]
  - 2005년 뉴질랜드, 칠레, 싱가포르, 브루나이의 4개국 체제로 출범
  - 이후 미국, 호주, 페루, 말레이시아, 베트남, 캐나다, 멕시코 등이 참여하게 되면서 규모가 커졌으며, 2013년 3월에는 일본까지 참여하였음.
  - 최근 한국정부는 13번째로 참여의사를 밝혔음.
- 일본의 TPP 참여로 미국과 일본이 주도하는 TPP협상이 조만간 타결될 것이 확실시됨.
  - TPP는 아베노믹스의 3개 기둥(경기부양의 재정정책, 양적완화의 통화정책, 구조개혁의 성장전략) 중 성장전략의 핵심
  - 2013년 4월 20일 TPP 참여국 각료회의가 일본의 참여를 사실상 승인, 일본 참여의 조이기 승인에는 농업 등 일본의 민감부문에 대한 미국의 양해가 결정적으로 작용
  - 미국 행정부가 국회에 일본의 참여를 통보
- TPP 참여국가는 총 12개국으로 명목 국내총생산(GDP)은 총 26조6000만 달러로 전 세계 GDP의 38%를 차지함.
  - 다른 역내포괄적경제동반자협정(RCEP) 19조9000만 달러, 유럽연합(EU)의 17조6000만 달러보다 큰 규모임.
- 한국의 TPP 참여 가능성

---

420) TPP는 미국이 주도하는 복수국 간 자유무역협정(FTA)으로, 2013년 12월 현재 미국(2008년) · 캐나다 · 멕시코 · 일본(2013년) · 호주 · 뉴질랜드 · 싱가포르 · 브루나이 · 베트남 · 말레이시아 · 칠레 · 페루 등 12개국이 참여하고 있음.

- 한국 정부가 TPP합류에 관심을 표명했지만, 참여하고 싶다고 다 할 수 있는 것은 아님. ⇒ TPP에 새로 합류하려면 현 TPP협상국과의 양자 협의를 마무리해야 하고, 기존 TPP 교섭국 전체의 참가 동의를 얻어야 함.
- 그러므로 아직 참여 여부는 불투명하나 미국의 지원으로 전체 국가의 동의를 받는 것은 어렵지 않을 것이라는 견해도 있음.
- 하지만 일본도 2011년 11월 참가 선언을 하고 나서 올 2013년 4월 참여국들의 승인을 받기까지 1년 5개월이 소요됐음.
- 그러므로 TPP 참여까지는 아직 꽤 많은 시간이 남아 보임.

2.3 파급효과

- TPP가 한국에 미치는 영향
  - TPP는 완전개방을 추구하는 강도 높은 무역협정으로 우리나라에 미치는 파급효과가 적지 않음. ⇒ 경제적인 실익도 있지만 국제 · 정치적인 면이 상당히 개입되어 있기 때문임.
- TPP와 관련된 정치 · 외교적 측면
  - 중국은 16개국이 참여하고 있는 '역내포괄적경제동반자협정(RCEP : Regional Comprehensive Economic Partnership)'에 적극적으로 참여하고 있고, 이어서 RCEP와 한중일 FTA 등을 통해 중국을 중심으로 한 자유무역지대를 구상 중이었음.
  - TPP는 이러한 중국 중심의 경제통합을 견제하기 위한 미국의 전략이라고 할 수도 있기 때문에 한국은 현재 가장 많은 무역을 하고, 최대의 흑자를 내고 있는 중국과의 관계를 생각해 TPP 참여를 신중하게 결정해야 하는 상황임.
- TPP와 관련된 경제적 측면
  - TPP의 경제적 규모는 세계경제 규모에 약 40%에 달함. ⇒ 세계에서 가장 큰 시장으로 떠오를 전망인 TPP와 관련된 경제적 파급력이 상당할 것임.
  - 2013년 7월에 발표한 대외경제정책연구원(KIEP)의 TPP 보고서에 따르면, TPP에 참여할 경우 발효 후 10년이 됐을 때 2.5～2.6%의 실질 GDP가 증가하는 것으로 나타났음. ⇒ 그러나 불참하면 발효 후 10년이 됐을 때 0.11～0.19%의 실질 GDP 감소가 예상된다고 함.
  - 산업통상자원부가 2014년 7월 2일 국회에 'TPP 참여 · 불참 시 산업별 · 분야별 영향 분석' 보고서에 따르면, 한국이 환태평양경제동반자협정(TPP)에 참여하면 무역수지가 연간 최대 3억 달러 늘어날 것으로 분석되었으며, 반면에 TPP 불참 시에는 제조업 무역적자가 연 1억 달러로 악화되는 것으로 분석되었음. ⇒ TPP를 둘러싼 균형의 추가 참여 쪽으로 기울었다는 분석 결과임.[421]

---

421) 자동차 · 섬유 · 철강 등 제조업이 직접 수혜 업종인 데다(제조업 무역수지는 연간 2억～4억 달러 호전) 긍정적인 생산유발 효과도 발생함. 하지만 육류 · 어류 등 농수산업은 무역수지(농업과 수산

• 한편 또 다른 산업통상자원부의 내부보고서에 따르면,[422] TPP 가입으로 한국 무역의 국가별 · 업종별 양극화가 한층 심화될 것으로 분석되었음.[423] ⇒ 이에 따라 협상전략과 더불어 농업과 제조업의 TPP에 따른 무역 피해를 해결하는 대책[424]이 필요한 것으로 지적되었음.[425]

- TPP가 한국경제에 미치는 긍정적인 영향과 부정적인 영향

• 긍정적인 영향 ⇒ ㉠ 새로운 성장동력 확보 : 저성장 기조에 빠져 있는 우리나라의 새로운 성장을 향한 돌파구가 될 수 있음. ㉡ 철강, 석유, 섬유 등의 일부 제조업에서 이득을 얻을 수 있음. ㉢ FTA협상이 중단된 일본, 캐나다, 멕시코, 호주, 뉴질랜드와 FTA를 체결하는 효과를 기대할 수 있음. ㉣ TPP에 참여하지 않은 국가와 무역경쟁력

업 무역수지는 각각 4000만 달러, 3000만 달러 감소할 것으로 전망)뿐만 아니라 생산 감소도 우려됨. 쌀 관세화 유예 종료를 두고 통상 현안이 혼전을 거듭하는 가운데 TPP와 한 · 중 자유무역협정(FTA)까지 겹쳐 농업 피해가 가속화해 2014년 하반기에 이를 둘러싼 격론이 불가피해 보임. 한편 연간 생산증대 효과는 참여 시 1조 원, 불참 시 4000억 원으로 전망되었음. 참여 시 제조업은 1조 원 이상의 생산증가 효과를 보지만, 농업은 1000억 원, 수산업은 500억 원 전후의 생산 감소가 예상되었음. 품목으로 보면 자동차와 철강, 섬유 등이 수혜를 입을 것으로 조사된 반면, 화학과 비철금속, 생활용품 등은 악영향을 받을 것으로 예상됐음. 한편 농업에서는 육류와 과실, 낙농품을 중심으로 생산이 줄어들 것으로 전망되었으며, 수산업은 패류와 해조류의 경우 국내 생산 증대효과를 가져오겠지만 어류와 갑각류, 연체류는 생산이 감소할 것으로 예측되었음. 이와 관련하여 세계일보(2014.07.02) 참조.

422) 산업통상자원부는 정부 내부보고서인 'TPP 심층연구 보고서'를 부좌현 새정치민주연합 의원실에 제출했는데, 이를 매일경제가 단독 입수해 기사화했음. 이와 관련하여 매일경제(2014.07.14) 참조.

423) 정부는 환태평양경제동반자협정(TPP)에 한국이 참여하면 '농업은 적자, 제조업은 흑자가 예상된다'는 단순논리를 펴왔음. TPP 참여에 대한 정부 대책도 농업 지원책에 맞춰졌음. 하지만 매일경제가 단독 입수한 정부 내부보고서는 한국 제조업의 절반 이상이 TPP 참여로 무역적자가 커져 피해를 볼 것으로 추정했음. 국가별 양극화도 심해질 것으로 예상됐음. 정부 관계자는 "현재의 관세율과 산업별 경쟁력 등을 감안할 때 제조업 전 분야에서 일본과의 적자는 커지는 것으로 분석됐다"고 밝혔음. 제조업의 대일본 무역적자 규모는 5억~6억 달러가 늘 것으로 추산됐음. 대일본 적자는 TPP에 참여할 다른 나라에서의 흑자를 통해 메워짐. 이에 따라 전체적으로는 2억~4억 달러 흑자를 볼 것으로 전망됐음. 하지만 일본에 대한 무역역조 심화는 우리나라의 무역구조를 왜곡시키고 일본 의존도를 높인다는 단점이 있어 대책 마련이 필요한 것으로 지적됐음. 이와 관련하여 매일경제(2014.07.14) 참조.

424) 구체적 대책으로 ㉠ 대일본 관세철폐 최대한 늦출 것, ㉡ 원산지 증명의 강화, ㉢ 산업구조조정의 촉진, ㉣ 공장신설 규제완화, ㉤ 취약산업 업종 전환 등을 들 수 있음. 이와 관련하여 매일경제(2014.07.14) 참조.

425) 산업통상자원부 고위 관계자는 "FTA뿐만 아니라 TPP 참여에 따른 피해산업이 가시화할 수밖에 없는 상황인 만큼 피해기업에 대한 대책을 늘릴 것"이라고 설명했음. 국회에서는 지난 2012년 18대 국회에서 '자유무역협정 체결에 따른 농어업인 등의 지원에 관한 특별법'을 일부 개정해 산업별로 통상에 따른 순이익의 일정부분을 환수해 농어업인을 지원하려고 한 바 있음. 무역이득공유제로 불리는 이 법안은 업종 내에서의 순이익 차등, 수출기업에 대한 이중과세 등의 이유로 무산됐음. 하지만 TPP 가입에 따라 농업뿐만 아니라 제조업 중에서도 이익과 손실이 양극화하는 만큼 피해업종에 대한 지원책이 필요하다는 지적도 나옴. 정인교 인하대 교수는 "호주와 캐나다는 이미 한국과 FTA가 체결돼 있고 뉴질랜드도 올해(2014년)까지 끝날 것으로 보여 TPP에 따른 농업 피해는 제조업보다 적을 것으로 보인다"며 "따라서 제조업에 대한 피해 문제부터 해결해야 한다"고 말했음. 이와 관련하여 매일경제(2014.07.14) 참조.

에서 경쟁우위를 확보할 수 있음. ⓜ TPP는 시대적 흐름으로 참여하지 않으면 아시아시장에서 도태될 수 있음.

- 부정적인 영향 ⇒ ㉠ 중국과의 외교적 관계가 악화될 가능성이 있는데, 한·중 FTA 협상이 급진전되고 있는 상황에서 외교적 관계 악화는 FTA협상을 어렵게 할 것임. ㉡ 현재 TPP 참여국 중 FTA를 체결하지 않은 국가는 일본과 멕시코 2개 국가인데, 사실상 경제적 실익이 많지는 않고 손실이 더 클 것이라는 전망도 있음. ㉢ 일본과의 직접적인 경쟁을 피할 수 없게 되는데, 우리나라는 일본과의 경쟁에 비용 열위에 있는 자동차, 산업소재 부분에서 상당한 피해를 입을 수 있음. ㉣ 농산물의 피해를 예상할 수 있는데, TPP 참여국인 베트남, 칠레, 호주 등 농산물이 저렴한 국가로부터 수입이 증가하면 우리 농수축산물 분야는 큰 타격을 입을 수 있음. ㉤ 미국이 쇠고기나 쌀 문제 등에서 시장의 추가시장 개방을 요구할 가능성이 있음. ㉥ 대외개방의 정도가 지나치게 커서 다른 무역협정에 비해 부담스러울 수도 있음. ㉦ 우리나라의 유치산업이 큰 타격을 입을 수 있음.

2.4 기본 방향

- TPP가 우리나라에 미치는 영향은 그 파급력이 상당할 것으로 판단됨과 동시에 TPP에 대한 참여가 경제적 실익뿐만 아니라 중국과 미국과의 외교적인 관계까지 고려해야 할 만큼 복잡한 문제로 떠올랐음.
- 따라서 경제 각 부서는 이에 대해 정확한 분석을 하고 참여결정을 확실시해야 할 때임.
- 결과적으로 TPP협상의 진척, 참여국의 구성 등을 고려할 때 TPP 참여를 서둘러야 함.
  - 역내 자유무역협정 중 추진동력이 떨어지는 RCEP보다는 TPP에 협상력을 집중해야 할 것임.
  - 2013년 말 타결을 목표로 하고 있는 등 협상이 마지막 단계에 이르고 있어, 한국의 참여에 허용된 시간이 길지 않음.
  - 지금이라도 참여의 효과를 극대화하기 위해서는 조기참여를 위해 TPP 참여에 대한 국내여론 조성을 서둘러야 할 것임.
  - 한국의 TPP 참여가 TPP에서 배제된 중국과의 관계를 악화시킬 수 있다는 우려가 있으나, 이는 중국과의 쌍무적 FTA 또는 한중일 FTA를 더욱 적극적으로 추진함으로써 해소해야 함.
- 참여를 결정한다면 신속하게 추진하고 유치산업에 대한 지원을 통해서 건전한 경제성장을 도모해야 함.
- 정부(산업부)는 TPP협상에 참여 중인 각국의 동향과 앞서 제출된 보고서 등을 면밀히 검토한 후 참여 여부와 관련된 최종입장을 결정한다는 방침임.

2.5 난관

- 우선 TPP 불참에 따른 제조업 무역적자 악화 정도(1억 달러)가 참여에 따른 기대효과(최대 4억 달러)보다 총량이 적은 것이 현실임. ⇒ 여기서 1억 달러는 TPP 참여 시 농수산업 무역수지 감소와 맞먹는 수준임.

- 결국 제조업 피해 정도와 농수산업 피해 정도가 참여 · 불참에 따라 극명하게 나뉘게 됨.

- 여기에 쌀시장 개방, 한 · 중 FTA에 따른 농산물 피해를 감안하면 TPP 참여를 위한 정국 부담은 더 커질 수 있음.

- 아울러 정부는 고율관세를 매겨 쌀시장을 열더라도 TPP에서는 쌀을 협상에서 제외해 보호하겠다는 입장이지만 현실은 녹록치 않음. ⇒ TPP를 둘러싸고 5대 농산물 보호를 철칙으로 삼은 일본이 미국과의 협상에서 쌀을 일부라도 개방하기로 결정할 가능성도 남아 있음.

- 이럴 경우 한국도 쌀 개방 부담을 고스란히 지게 됨. ⇒ 한국이 TPP 참여를 섣불리 서두르지 못하는 이유이기도 함.
  - 앞서 산업통상자원부의 TPP 보고서는 쌀을 양허에서 제외한다고 전제했기 때문에 TPP 참여를 통해 쌀시장이 일부 개방되면 농민 피해 부담이 더 늘어날 수 있음.

2.6 한중 FTA 연내(2014년까지) 타결[426]에 따른 실질적 고민

- 중국이 2014년 11월 아 · 태경제협력체(APEC) 정상회의를 앞두고 있어 이 시기에는 타결될 가능성이 점쳐지고 있음.

- 한 · 중 FTA가 TPP보다 더 효과적[427]
  - 한 · 중 자유무역협정(FTA)이 미국 · 일본 등 12개국이 참여하는 환태평양경제동반자협정(TPP)보다 더 큰 무역효과를 가져올 것으로 전망 ⇒ 한국 '부동의 1위' 교역국인 중국은 FTA 발효에 따른 무역증대 효과가 더 클 수밖에 없음.
  - 앞서 언급된 대외경제정책연구원(KIEP)이 발표한 'TPP의 산업별 · 분야별 영향 분석'에 따르면 전체적으로 한국의 실질 국내총생산(GDP)은 TPP 참여 시 발효 후 10년간 연 1.7~1.8% 증가하는 것으로 분석됐으며, 불참 때는 같은 기준으로 실질 GDP가 0.12% 낮아지는 것으로 나타났음.
  - 반면 한 · 중 FTA는 실질 GDP에 미치는 효과가 TPP보다 높음. ⇒ ㉠ 2012년 KIEP가 한 공청회에서 발표한 '한 · 중 FTA의 거시경제적 효과'에 따르면 실질 GDP 증가율은

---

426) 박근혜 대통령과 중국의 시진핑 국가 주석은 2014년 7월 3일 열린 한중 정상회담에서 한중 FTA의 연내 타결에 대해 사실상 합의를 이루었음.
427) 이와 관련하여 매일경제(2014.07.07) 참조.

3%대를 상회함. ㉡ 당시 김영귀 KIEP 박사는 한·중 FTA가 낮은 수준으로 체결되면 발효 후 10년간 실질 GDP가 연 2.28% 증가하고, 높은 수준으로 체결되면 연3.04% 증가한다는 보고서를 냈음. ㉢ 양국 정상이 '높은 수준'의 FTA[428]를 천명한 만큼 TPP보다 한·중 FTA가 더 큰 무역효과를 이끌어낼 수밖에 없다는 의미로 해석됨.

- 한국의 최대 통상 현안이 TPP에서 한·중 FTA로 무게 중심을 이동시킬 수밖에 없는 이유이기도 함.

2.7 TPP 연내 타결 불투명[429]

- 환태평양경제동반자협정(TPP) 협상 연내 타결이 사실상 물 건너갔다는 관측이 제기되고 있음. ⇒ 협상타결 분수령인 2014년 7월 수석대표회의기 성과 없이 끝난 데다 주도국인 미국이 중간선거 등을 이유로 협정 타결을 밀어붙이기 어려운 상황이기 때문인데, TPP 참여를 서둘러온 한국 정부로서는 곤혹스러운 지경임.
- '딜 브레이커'(협상결렬 요인)는 두 가지
  - 참여국 간 이견 ⇒ ㉠ 미·일 간 상품시장 개방 문제가 가장 큰데, 일본은 쌀, 낙농품, 설탕, 밀·보리, 쇠고기·돼지고기 등 5대 민감품목의 관세를 유지하려고 하는 반면, 미국은 '예외 없는 관세철폐'를 요구하고 있음. ㉡ 4월 미·일 정상회담에서 이견이 좁혀졌다는 관측도 있었지만, 윤곽은 나오지 않고 있음. ㉢ 또 지적재산권, 국영기업 등 규범 분야에선 미국과 베트남·말레이시아 간 입장 차가 있음.
  - 11월 미국 중간선거도 한 요소 ⇒ TPP에 대한 미국 내 여론이 좋지 않아, 중간선거 이전인 10월까지는 중요한 내용에서 결과물이 도출돼야 하는데, 산업부 고위 관계자는 "미국에는 11월 중간선거 직전에 차기 각료회의를 해서 민감한 사항을 결정할 수 있겠느냐는 회의적 시각이 있다"고 말했음.
- 연내 타결이 된다 해도 미 행정부가 의회로부터 무역촉진권한(TPA)을 받을 수 있을지 미지수임.
  - TPA는 미 의회가 대외무역협상 전권을 행정부에 일임하고, 의회는 투표를 통해 내용 수정 없이 승인 혹은 거부만 할 수 있게 한 제도임.
  - 미 행정부가 TPA를 부여받지 못하면 의회가 타결안에 일일이 관여하기 때문에 재협상으로 이어질 공산이 큼.
- 2013년 11월 TPP 참여에 관심을 표명한 한국은 12개 참여국과 예비 양자협의를 진행하고 있는데, 김양희 대구대 교수는 "현재로서는 협상타결 직전에 들어가는 것과 끝나고

428) '높은 수준'의 의미에 대해 정부 관계자는 "대상품목이나 무역액 기준 개방도를 높이겠다는 의미가 아니라 민감품목 숫자를 줄이거나, 관세 철폐 기간을 예를 들어 5년에서 1년 등으로 단축한다는 뜻"이라고 말했음. 이와 관련하여 매일경제(2014.07.04) 참조.

429) 이하 내용은 경향신문(2014.07.28) 참조.

나서 가입하는 것이 큰 차이가 없다"며 "막판에 '입장료'(협정참여를 대가로 한 양보)를 내고 혼자 들어가려 하기보다 TPP 발효 뒤 가입하려는 대만 등과 함께 움직이는 게 협상력을 키울 수 있다"고 말했음.

참고자료

(1) 최병일 외(2013), "통상 4.0시대를 선도하는 신정부의 통상정책 : 3대 핵심과제와 7대 주문", 《정책연구 2013-07》, 한국경제연구원, 2013. 07. 22.

(2) 최경선(2014), "쌀시장 千人血, 千人幸", 《매경포럼》, 매일경제, 2014. 06. 17.

(3) 온기운(2014), "쌀 관세화가 불가피한 이유", 《인사이드칼럼》, 매일경제, 2014. 06. 25.

(4) 2014. 04. 17., 《매일경제》

(5) 2014. 06. 21., 《조선일보》

(6) 2014. 07. 01., 《매일경제》

(7) 2014. 05. 19., 《매일경제》

(8) 2014. 06. 21., 《매일경제》

(9) 2014. 06. 16., 《매일경제》

(10) 2014. 07. 03., 《매일경제》

(11) IBK(2013), "[쉽게 풀어쓴 경제이야기] TPP의 정의와 영향 바로알기!", 기업은행 블로그, 2013. 12. 31.

(12) 2014. 07. 02., 《세계일보》

(13) 2014. 07. 04., 《매일경제》

(14) 2014. 07. 07., 《매일경제》

(15) 2014. 07. 12., 《조선일보》

(16) 2014. 07. 14., 《매일경제》

(17) 2014. 07. 18., 《파이낸셜투데이》

(18) 2014. 07. 18., 《연합뉴스》

(19) 2014. 07. 18., 《아시아경제》

(20) 2014. 07. 28., 《경향신문》

부록 [14-2] 주요 국제협약

1. 나고야의정서[430)]

1.1 개요

- 다른 나라 생물자원을 이용해 약이나 화장품 등을 만들어 이익을 얻으면 원산지국가와 이익을 공유해야 한다는 내용을 담은 의정서임.
- 2010년 일본 나고야에서 열린 제10차 생물다양성협약 당사국 총회에서 채택되었음.

1.2 현황

- 환경부는 "2014년 7월 8일 현재 48개국이 나고야의정서 비준을 완료하고, 곧 이 의정서 발효 요건인 '50개국 비준'을 달성할 전망"이라며 "50개국 이상 비준한 뒤 90일이 지나면 의정서가 발효되기 때문에 한국 평창에서 열리는 제12차 생물다양성협약(CBD) 당사국 총회 기간(오는 10월 6~17일)에 가까스로 제1차 의정서 당사국 회의도 개최할 수 있을 것 같다"고 7월 9일 밝혔음.
  - 이 의정서는 다른 나라 생물자원을 더는 공짜로 쓰지 못하고, 이를 이용해 약이나 화장품, 건강 기능식품 등을 만들어 돈을 벌면 그 이익을 생물자원 보유국과도 나눠야 한다는 내용을 담고 있음.
- 선진국들은 그간 주로 개도국인 자원 부국의 생물자원을 마구 가져다 약품이나 화장품 등으로 개발한 뒤 얻은 이득을 독식해 왔음.
  - 예컨대 신종플루 치료제인 '타미플루'는 중국 남부 지방의 '팔각회향'을 원료로 했지만 중국은 타미플루 판매에서 나온 이득은 한 푼도 받지 못했음. ⇒ 하지만 앞으로는 로열티를 받아가며 생물자원을 관리할 수 있음.
  - 이 때문에 개도국 자원을 많이 가져다 사용해 온 선진국들은 나고야의정서 비준을 꺼리는 경우가 많음.
  - 2014년 7월 현재 이 의정서를 비준한 48개국 가운데 선진국은 노르웨이 · 덴마크 · 스페인 3개국뿐임.

1.3 의미와 전망

- 나고야의정서(Nagoya Protocol)의 발효는 생물자원 확보를 위한 각국 경쟁이 더욱 치열해질 것을 예고하는 것임.

---

430) 이와 관련하여 조선일보(2014.07.10) 참조.

- 우리나라도 아직 비준하지 않았지만, 우리나라가 나고야의정서를 비준하든 안 하든 나고야의정서는 비준국이 50개국을 넘을 경우 자동 발효됨.
- 의정서가 발효되면 한국 기업들은 다른 나라 생물자원을 이용할 때 비용을 지불해야 하는데, 한국환경정책평가연구원(KEI)은 2015년 우리나라 바이오산업계에 136억~639억원의 추가 부담이 생길 것으로 전망했음.

2. 교토의정서(Kyoto Protocol)[431]

2.1 개요

- 기후변화협약에 따른 온실가스 감축을 위한 국제협약을 말함.
- 유엔기후변화협약(UNFCCC)[432]을 이행하기 위해 만들어진 국가 간 이행 협약으로 교토기후협약이라고도 함.
  - 1997년 12월 일본 교토에서 개최된 UNFCCC 제3차 당사국 총회에서 채택되었으며, 미국과 오스트레일리아가 비준하지 않은 상태로 2005년 2월 16일 공식 발효되었음.
- 세계적으로 지구 온난화에 대한 과학적 근거가 필요하다는 인식이 확산되면서 1988년 유엔환경계획(UNEP)과 세계기상기구(WMO)는 기후변화에 관한 정부 간 협의체(IPCC)를 설립하고, 1992년 6월 브라질 리우데자네이루 UN환경개발회의에서 이산화탄소 등 온실가스 증가에 따른 지구온난화에 대처하기 위해 기후변화협약을 채택했음.
- 이렇게 마련된 기후변화협약은 절차에 관한 규정 등 많은 쟁점들이 미결 상태로 남게 되어 또 다른 협상이 요구되었으며, 이것이 교토의정서 형태로 추진되었음.
  - 기후변화협약 자체는 어떤 강제성이나 법적인 구속력은 지니고 있지 않음.
  - 대신 협약의 최고 의결기구인 당사국 총회(COP : Conference of Parties)에서 채택된 의정서(protocol)를 통해 구체적인 온실가스 감축 의무를 규정하고 있음.
  - 1997년 교토에서 열린 제3차 당사국 총회에서 채택된 의정서가 바로 교토의정서인 것임. ⇒ 다시 말해 교토의정서는 제3차 당사국 총회에서 채택된 기후변화협약의 구체적 이행방안임.
- 주요 내용
  - 유럽연합(EU), 일본 등 지구온난화에 역사적으로 책임이 큰 선진국은 제1차 의무감축 기간인 2008~2012년에 1990년 배출수준과 대비하여 평균 5.2%의 온실가스를 줄여야 함. ⇒ 이러한 의무감축 국가를 부속서I국가(Annex I)라 하며, 38개국(온실가스 배출량의 55%를 차지)이 포함되어 있음.[433]

---

431) 이와 관련하여 주로 〈브리태니커 백과사전〉과 각종 〈블로그〉 내용을 참조하였음.
432) 1992년 6월 리우 유엔환경회의에서 채택되었으며, 본래 명칭은 기후변화에 관한 국제연합 기본협약(The United Nations Framework Convention on Climate Change)임.

• 비부속서 국가(non-Annex)라 불리는 대부분의 개발도상국(한국 · 중국 포함)은 온실가스 의무감축국은 아니지만, 한국의 경우 제2차 공약기간이 시작되는 2013년부터는 부속서I국가로 분류되어 온실가스 배출량을 의무적으로 감축해야 할 가능성이 매우 높아졌음.

- 교토의정서에서 온실가스 감축목표가 구체적으로 정해짐에 따라 온실가스를 효율적으로 감축하기 위해 배출권 거래제도(Emission Trading)와 공동이행제도(Joint Implementation), 청정개발제도(Clean Development Mechanism)를 도입했는데, 이를 교토메커니즘이라 함. ⇒ 이러한 제도들은 낮은 비용의 온실가스 감축사업을 통해 온실가스 감축에 소요되는 사회적 비용을 최소화시킴으로써 감축목표를 달성하려는 취지 아래 강구된 것임.
  • 배출권 거래제도는 어느 국가가 자국에 부여된 할당량 미만으로 온실가스를 배출하게 되면 그 여유분을 다른 국가에 팔 수 있고, 반대로 할당량을 초과하여 배출하는 국가는 초과분에 해당하는 배출권을 다른 국가로부터 사들이도록 한 것임.
  • 공동이행제도는 부속서I국가가 다른 선진국의 온실가스 감축사업에 투자하여 얻은 온실가스 감축분을 자국의 온실가스 감축에 사용하는 방법임.
  • 청정개발제도는 선진국에는 감축비용 감소를, 개발도상국에는 재정 및 기술지원을 제공하는 제도로서 선진국이 개발도상국 내에서 온실가스 감축사업에 투자하여 발생한 온실가스 감축분을 자국의 감축목표 달성에 사용하는 방법임.
  • 제재되는 6가지의 온실가스는 이산화탄소(CO_2), 메탄(CH_4), 아산화질소(N_2O), 과불화탄소(PFCs), 수소불화탄소(HFC), 육불화황(SF_6)인데, 이 가운데 배출량이 가장 많은 것이 이산화탄소이므로 일반적으로 배출권이라 하면 탄소배출권을 말함.

- 교토메커니즘과 의무준수체계, 흡수원(산림)에 관한 세부절차는 2001년 11월 모로코의 마라케시에서 열린 제7차 당사국 총회에서 일부 타결되었고, 2004년 12월 아르헨티나 부에노스아이레스에서 열린 제10차 당사국 총회에서 최종타결되었음.
  • 1997년 제3차 당사국총회에서 채택되었지만, 2005년 2월 16일이 되어서야 공식 발효가 되었음.
  • 지구온난화의 주범인 탄산가스 배출량의 규제에 초점이 맞춰져 국가별 목표치를 제시하고 있음.

2.2 목적

- 인류의 활동으로 인한 대기 중의 온실가스 농도를 제한하여 지구온난화를 막는 데 그 목적이 있음.[434)]

---

433) 기후변화협약 회원국 186개국 중 유럽연합 15개국 회원국들은 8%, 미국은 7%, 일본은 6%를 줄여야 함.

434) 기후변화협약에서는 모든 당사국이 부담하는 공통의무사항과 일부 회원국만이 부담하는 특정

• 기후변화를 예측하고 방지하기 위한 예방적 조치를 시행
• 온실가스 감축에 있어서 선진국의 선도적인 역할을 강조
• 개발도상국의 특수사정 배려원칙 등을 기본 원칙으로 삼고 있음.

2.3 의의와 한계

① 의의

- 교토의정서의 의의는 법적 구속력이 있는 온실가스 배출량 삭감 수치 목표를 선진국 사이에서 최초로 약속했으며, 교토메커니즘을 통해 시장원리를 적용한 온실가스 감축 국제제도를 도입했다는 점임.

② 한계

- 교토의정서는 당시 개발도상국으로 분류된 중국과 인도에 대해서는 의무감축량을 부과하지 않았는데, 문제는 중국과 인도가 산업화를 겪으면서 온실가스 배출량 1위와 3위를 차지한다는 점임.
- 더군다나 온실가스 배출 2위인 미국 또한 경제적 이유를 들어 교토의정서에 비준하지 않았고, 2011년 말에 캐나다는 교토의정서 탈퇴를 선언했으며 러시아, 일본도 2012년 이후 온실가스 배출 억제 의무에 동참하지 않겠다고 선언하였음.
  • 2001년 3월 전 세계 이산화탄소 배출량의 28%를 차지하고 있는 미국이 자국의 산업 보호를 위해 탈퇴하면서 사실상 교토의정서는 실효성 없는 상징적 체제로 전락한 상태임.
  • 2013년 열린 제19차 유엔기후변화협약 당사국 총회에서 구속력 있는 감축 목표를 도출하는 데 실패했음.
  • 2013년 말 현재 온실가스 배출량 상위 10대 국가 중 감축 의무를 이행하고 있는 나라는 독일과 영국뿐임.
- 2012년 12월 카타르 도하에서 열린 제18차 당사국 총회에서는 2012년 12월에 끝나는 교토의정서의 공약기간을 2020년까지로 8년 더 연장하는 데 합의했음.
- 앞서 언급했듯이 중국, 인도, 미국, 일본, 러시아, 캐나다 등 주요 온실가스 배출국들이 교토의정서 2라운드에는 의무 감축에 불참하기로 결정하면서 그 의미가 크게 위축되었음.
- 도하 총회에서는 195개 국가가 2020년까지 1990년 대비 25～40%의 온실가스를 감축하

의무사항이 있음. 공통의무사항은 첫째 모든 협약 당사국들은 온실가스 배출량 감축을 위한 국가전략을 자체적으로 수립, 시행하고 공개할 것, 둘째 온실가스 배출량 및 흡수에 대한 통계와 정책이행 내용에 관한 국가보고서를 당사국 총회에 제출해야 함. 한편 특정의무 사항으로는 당사국들을 부속서Ⅰ, 부속서Ⅱ, 비부속서Ⅰ국가로 구분해서 각기 다른 의무를 부담토록 규정하고 있음.

기로 결정했는데, 주요 온실가스 배출 국가들이 빠지는 바람에 의무감축국으로 참여하는 국가들을 다 합해도 전체 온실가스 배출량의 15%만 규제하는 것이라고 함.

- 결국 현재의 교토의정서는 휴지조각이나 다름없다는 것이 전문가들의 설명임.[435)]
  - 앞서 언급했듯이 미국은 2001년 교토의정서가 발효되기 전에 탈퇴했고, 온실가스 배출량이 과다한 중국과 인도는 개발도상국으로 분류돼 의무 감축 책임이 없음.
  - 이에 반발한 일본, 러시아, 캐나다, 뉴질랜드가 모두 참여를 거부한 상태
  - 2013년 연말(11월 11일) 폴란드 바르샤바에서 개최된 제19차 COP에서도 구속력 있는 감축목표를 도출하는 데 실패했음.
  - 당사국들은 2020년 이후 새로운 기후체제를 마련하자는 합의만을 도출했을 뿐임. ⇒ 모든 국가에게 2020년 이후의 감축목표를 준비하여 2015년까지 제출할 것을 요청
- 지구온난화가 인류 전체를 위협하는 일임에도 불구하고 전지구적인 협력을 이끌어내는 건 정말 쉽지 않은 일이 아닐 수 없음.

3. 탄소배출권 거래제[436)]

3.1 개요

- 1972년 로마클럽보고서에서 지구온난화[437)]가 처음 공식적으로 지적되면서 지구온난화의 주범인 각종 온실가스를 줄이자는 국제사회의 공감대가 형성됐음.
- 1997년 12월에는 교토의정서를 채택하면서 '탄소배출권(CERs)' 개념을 도입했음.
  - 탄소배출권(ETS : Emission Trading Scheme)은 온실가스 중에서도 가장 비중이 높은 이산화탄소를 배출할 수 있는 권리로, 유엔 기후변화협약(UNFCCC)에서 탄소 배출량을 줄인 국가나 기업에 발급함.
  - 기업이 할당량보다 많은 탄소를 배출하려면 시장에서 자유롭게 거래되는 탄소배출권을 구매해야 함.
- 탄소배출권을 상품화해 온실가스 절감 노력과 기술개발을 촉진시키고자 한 것임.

3.2 현황

① 외국

- 현재 유럽연합(EU)과 뉴질랜드·호주가 탄소배출권 거래제를 시행하고 있음.

435) 디지털데일리(2014.07.09) 참조.

436) 이하 내용은 주로 연합뉴스(2014.07.16), 매일경제(2014.07.17), 연강흠(2014.07.17), 디지털데일리(2014.07.09), 그리고 경제풍월(2014.08) 참조.

437) 지구온난화는 해수면 상승으로 인한 국토 침수, 이상기후로 인한 자연재해, 오존층 파괴로 인한 피부질환 등 막대한 피해를 줌.

- 미국은 자국산업보호를 이유로 탈퇴했고, 중국과 인도 등 개발도상국은 감축 의무가 없으며, 일본 · 러시아 · 캐나다는 이에 반발해 참여를 거부하고 있음.

② 한국

- 우리나라에서는 2020년 온실가스 배출전망치보다 배출량을 30% 줄이겠다는 목표로 이 제도를 도입
- 우리나라는 2013년 1월 예정이던 탄소배출권 거래제 도입을 2015년 1월로 연기했음.
  - 탄소배출권 거래 법안이 2012년 5월 2일 국회에서 통과됐고, 2015년부터 시행할 예정임.
- 최근 주무 부처인 환경부는 예정대로 탄소배출권 거래제 실시를 고수하기로 방침을 정하고, 온실가스 1차 배출권 할당 계획안을 공개했음.
  - 환경부는 2015년부터 2017년까지 적용대상 기업 전체가 배출할 수 있는 온실가스 허용량을 총 16억 톤으로 한정하고, 업종별로 배출 할당을 지정한 '국가배출권 할당계획'을 2014년 5월 27일 발표했음.
  - 탄소배출권 거래제가 시행되면 한국거래소에서 업체별로 남거나 모자라는 온실가스 배출권을 사고팔 수 있게 됨.
  - 기업이 할당량을 초과해 온실가스를 배출하면 배출권을 사거나 과징금을 내야 함. ⇒ 다시 말해 배출 할당량을 넘으면 배출권을 구입해야 하고, 그래도 허용량을 넘으면 과징금을 물어야 하므로 재계에 큰 부담이 아닐 수 없음.[438)]

3.3 문제 제기

- 온실가스를 줄여 지구온난화를 막자는 데는 이의가 없지만, 온실가스 배출권 거래제의 시행으로 기업이 향후 3년간 최대 27조5000억 원의 비용을 추가 부담해야 한다는 전경련의 분석 보고서를 무시할 수 없음.[439)]
- 한국경제연구원은 또한 2014년 7월 16일 '배출권 거래제와 저탄소차협력금제도 : 개선

---

438) 온실가스 배출권 거래제는 연도별 목표 배출량을 기준으로 업종 · 기업별 감축량을 배분하고 할당된 배출량을 거래하게 해 온실가스를 줄이기 위한 제도로서 배출권이 없는 기업은 다른 기업에서 이를 사들여야 하고, 구입하지 못하면 부족분만큼 톤당 최대 10만 원의 과징금을 물어야 함. 이와 관련하여 매일경제(2014.08.11) 참조.

439) 전경련 등 23개 경제단체들이 정부에 전면 재검토를 촉구했음. 경제계는 산업경쟁력 저하를 들어 2020년 이후로 온실가스 배출권 거래제 시행을 연기하자는 주장임. 이들 경제단체들은 배출권 거래제를 2015년 1월부터 시행할 경우 산업경쟁력 저하를 견딜 수 없다고 강조했음. 경제계의 건의는 배출권 거래제는 전 세계가 협력해야만 기후변화에 효율적인 대처가 가능하므로 국제동향에 맞춰 시행해야 한다고 주장했음. 경제계는 이산화탄소 배출 상위국들인 중국(28.6%), 미국(15.1%), 일본(3.8%) 등이 국가단위의 배출권 거래제를 시행하지 않고 있는데 배출비중 1.8%에 불과한 우리나라가 먼저 시행하는 것은 마치 오염물질을 뿜어대는 공장 옆에 공기청정기를 트는 격으로 실효성이 없다고 지적했음. 경제계는 이 같은 국제적 추세에 맞춰 오는 2020년 이후 선진국과 개도국 등 모든 당사국이 참여하는 '신(新)기후체제'가 마련될 때까지 이의 시행을 연기토록 촉구한 것임.

방향의 모색'이라는 주제로 세미나를 열어 배출권 거래제로 인한 제조업 연매출감소액이 최대 29조 원에 달하는 등 이 제도 시행으로 인한 손실이 크다고 주장했음.

- 소수의 사업장이 제조업 전체 온실가스 배출량의 절반을 차지하고 있는 우리나라의 배출 구조를 고려할 때 배출권 거래 시장이 활성화될 가능성이 매우 낮음.
- 톤당 저감비용에 따라 차이가 있겠지만, 국내 제조업 주력업종 전체의 연간 매출감소폭이 최소 8조4천억 원에서 최대 29조6천억 원에 이를 것이라고 전망
- 특히 시멘트 · 철강 · 비철금속 · 화학 업종의 매출감소 현상이 두드러질 것이라며 국민경제 기여도가 높은 철강산업의 경우 매출 감소액이 최소 5억 원에 달할 것이라고 예측
- 이밖에 배출권 거래 시행 시 상대적으로 석유 연료 의존도가 높은 저소득가구의 에너지 구입 부담이 늘어나고, 탄소집약적 산업이 발달한 강원권, 전라권, 경남권의 고용과 지역내총생산(GRDP) 감소가 불가피할 것이라고 지적

① 준조세 부담 명확한 산출근거 제시돼야

- 경제계는 배출권 거래비용이란 일종의 준조세 성격의 부담금이므로 명확한 산출근거가 제시돼야 한다고 강조했음.
  - 2009년의 배출전망치(BAU)를 적용하다 보니 배출허용총량이 너무 낮게 책정됐다는 것임.
  - 배출허용총량이 지나치게 낮으면 탄소배출권을 발급 받는 기업(즉 탄소배출권을 팔 수 있는 기업)이 적어 공급 부족으로 탄소배출권 구매가 어려워짐.
  - 탄소배출권을 확보하지 못하면 과징금을 내야 하기에 탄소배출권 거래제가 준조세의 성격을 갖게 됨.
  - 과징금 부담이 커지면 탄소를 배출하는 생산과 고용을 줄일 위험도 있어 규제를 받지 않는 국가로 생산시설을 이전할 가능성도 있음.
- 배출권 거래제가 시행될 경우 경제계는 2015~2017년 3년간 최대 27조5천억 원을 추가 부담해야 하므로 생산과 고용에 막대한 차질이 불가피한데도 할당량의 근거가 되는 배출전망치(BAU) 산출과정에 대한 명확한 설명도 듣지 못했다고 불만을 표시하고 있음.
- 이에 따라 배출권 거래제에 대한 투명성을 높이고 제도의 수용성을 담보하기 위해서는 배출전망치에 대한 근거가 반드시 공개돼야만 한다는 주장임.

② 배출전망치 전면 재검토 필요

- 경제계는 배출권 거래시장이 제대로 작동하려면 국가 온실가스 배출전망치를 전면 재산정해야 한다고 강조했음.
- 배출전망치는 할당량을 결정하는 중요 기초자료로서 경제지표, 에너지설비 비중, 산업구조 등을 충분히 고려하여 산정해야 한다는 주장임.

- 정부는 지난 2009년과 2013년 두 차례에 걸쳐 배출전망치를 산정했으나 2013년 전망자료는 발표하지 않았음.
- 경제계는 에너지 기본 계획이 바뀌었지만 2009년도 배출전망치를 그대로 유지한 정부 결정에 많은 전문가들도 의문을 갖고 있다고 주장함. ⇒ 유환익 전국경제인연합회 본부장은 2014년 5월 환경부 주최로 열린 '국가 배출권 할당계획안 공청회'에서 "정부의 배출권 할당 계획안은 2009년에 과소 전망된 BAU를 적용해 산업계에 과도한 부담을 초래할 것으로 우려된다"고 주장했음.
  - 글로벌 탄소시장 전문 분석기관에서는 2013년 말 기준 배출전망치가 2009년에 비해 최소 10% 이상 상향됐을 것으로 전망한 바 있음.
  - 에너지경제연구원에 따르면 정부는 2009년 당시 2010년에 6억4400만 톤의 온실가스(이산화탄소)가 배출될 것이라고 예상했지만, 실제 배출량은 이보다 5.8% 많은 6억6900만 톤이었음. ⇒ ㉠ 2012년의 실제 배출량도 7억190만 톤으로 정부 예측치(6억7400만 톤) 대비 4.1% 초과했음. ㉡ 2020년 배출량 예측치(8억1300만 톤) 또한 빗나갈 것이라는 분석이 나오는 이유임.
  - 경제계는 2014년 1월 최종확정된 제2차 에너지 기본 계획이 원전비중을 41%에서 29%로 조정함으로써 국가 온실가스 배출량 증가를 예상할 수 있다고 지적
  - 또한 전력, 스팀 등 간접배출을 할당대상에 포함시키는 것은 경제적 파급효과를 고려하지 않는 2중 규제라고 주장 ⇒ 유럽연합의 배출권 거래제(ETS)에서는 간접배출을 규제하지 않고 있음.
- 경제계는 이 같은 논란을 불식시키기 위해시라도 면밀한 분석을 통해 배출전망치의 재산정이 중요하다고 언급

3.4 종합적 평가

① 유연한 대처 요망

- 미국·일본·러시아 등은 자국의 산업경쟁력을 위해 온실가스 의무감축에 합의한 교토의정서를 휴지조각으로 만들어 버렸음.
- 녹색성장 기치를 높게 들었던 MB정부가 국제사회와 한 약속을 이행하는 차원이라면 이제 재고해야 함. ⇒ 당시는 저탄소 녹색국가를 비전으로 송도에 녹색기후기금(GCF) 사무국을 유치하기 위해 관련법 제정과 시행에 속도를 냈지만 상황이 바뀌었음.
- 기후변화 대처와 온난화 방지에는 국제적 공조가 필수적임. ⇒ 우리나라만 온실가스를 줄여서는 아무런 소용이 없음.
- 환경 모범국의 이미지를 국제사회에 전할 수는 있으나 지구온난화는 막지 못하고 국내 산업 경쟁력을 떨어뜨리는 오류를 범할 수 있음.

- 이산화탄소를 많이 배출하는 국가들이 탄소배출 규제완화 추세를 보이고 있으므로 앞으로 새로운 기후체제가 마련될 가능성이 큼. ⇒ 지금은 서두르지 말고 선진국과 개도국들의 동향을 살펴보며 유연한 정책을 펴야 할 때임.

② 실시에 앞서 제도 보완 필요

- 그래도 탄소배출권 거래제 실시를 고집한다면 제도를 탄탄히 운영해야 함.
  - 정부 할당량과 업계 산출치의 괴리를 줄이기 위해 탄소의 직접배출과 간접배출 기준 등 배출전망치의 산출 근거를 투명하고 명확하게 제시해야 함.
  - 도입 초기에는 할당량을 보수적으로 잡아 산업계의 충격을 최소화하고, 충분한 탄소배출권이 공급돼 과징금이 일상화하지 않도록 해야 함.
  - 탄소배출량이 소수의 기업에 집중돼 탄소배출권 가격이 왜곡될 가능성이 크므로 유동성 공급과 거래활성화가 뒷받침되도록 해야 함.

③ 시행 연기가 바람직

- 지금 국내 경기는 고비용·저성장 구조로 답보 상태여서 투자와 고용을 촉진할 돌파구를 찾는 일이 시급함.
- 정부와 산업계가 합심해 경기 진작과 투자·고용 촉진방법을 고민해야 할 마당에 기업에 과중한 부담을 줘 생산·고용·성장에 악영향을 주는 탄소배출권 거래제 시행은 시기상조라고 볼 수 있음.
- 그보다는 친환경 기술개발 투자를 적극 지원해 기업성장과 고용창출에 기여하는 방향으로 가닥을 잡아야 함.
  - 친환경 기술개발에 지원을 강화하여 신재생에너지, 친환경차, 이산화탄소 포집 및 저장 기술 등 기후변화 대응 기술개발 투자를 촉진시켜야 함.

3.5 흔들리는 정부 방침 및 국제사회 입지 위축 우려[440)]

- 정부는 일단 재계의 반발에도 배출권 거래제를 예정대로 시행할 방침
  - 기획재정부와 산업통상자원부, 환경부는 2014년 7월 15일 관계부처 공동자료를 내고 "배출권 거래제 시행은 사회적 합의를 거쳐 법령에서 이미 규정된 사안"이라며 "현행대로 추진할 예정"이라고 못 박았음.
- 그러나 박근혜 정부 2기 내각 출범과 함께 최경환 부총리의 취임으로 경기부양의 필요성이 대두됨에 따라 정부 입장 변경 가능성이 전망됨.
- 다시 말해 정부 일각에서 2015년 1월 예정인 온실가스 배출권 거래제 시행을 연기하자는 주장이 나오면서 한국이 '기후변화 외교'에서 국제사회의 신뢰를 잃을 수 있다는 우려가 나오고 있음.

440) 이와 관련하여 조선일보(2014.07.23) 참조.

• 서울의 외교 소식통은 2014년 7월 22일 "최근 유럽연합(EU) 등에서 온실가스 감축과 관련한 한국 내 논의 동향에 많은 관심을 보이고 있다"며 "한국이 국제사회에 약속한 제도 시행을 연기할 경우, 국제적 신뢰를 잃을 뿐만 아니라 한국이 유치한 녹색기후기금(GCF) 사무국 운영 기금 마련 등에도 차질이 생길 것"이라고 말했음.

- 정부는 2014년 초 온실가스 감축 기준이 되는 배출전망치(BAU)를 재검토했는데, 당시에도 EU와 관련 국제기구에서 한국이 감축 목표를 수정하는 것이 아니냐는 우려가 전달됐다고 함.
  • 한국은 이명박 정부 때인 2009년 "2020년까지 온실가스 배출전망치 대비 30%를 감축하겠다"고 선언했음.
  • 하지만 최근 경제상황이 나빠지면서 경제계는 온실가스 배출권 거래제 시행을 연기하고 배출전망치를 높일 것을 요구하고 있음.

- 환경부는 배출권 거래제를 예정대로 2015년 1월 시행한다는 방침이지만, 경제 부처에서는 반대 의견이 나오고 있음.
  • 최경환 경제부총리는 지식경제부 장관 시절 온실가스 배출권 거래제에 반대 입장을 밝혔었음.

- 정부 관계자는 "우리가 입장을 바꿀 경우 당장 9월 유엔 기후변화 정상회의와 12월 페루에서 열리는 유엔기후변화협약 당사국 총회에서 한국의 입지가 위축될 수 있다"고 했음.

3.6 정부의 배출권 거래제 시행 시 국내산업에 미치는 영향[441)]

- 한국이 배출권과 관련해 선도국이 된 것은 2009년 코펜하겐에서 열린 기후변화협약 총회에서 2020년 국가 온실가스 총배출량을 전망치 대비 30% 줄이겠다고 공언한 데 따른 것임. ⇒ 정부는 국제사회와 한 약속을 지켜야 한다는 입장이고, 기업은 명분보다는 실리를 찾자고 하다 보니 평행선을 달리고 있음.

- 한편 2015년부터 시행될 예정인 온실가스 배출권 거래제를 둘러싸고 국회 환경노동위원회와 환경부가 공감대를 형성했음. ⇒ 하지만 최경환 부총리 겸 기획재정부 장관이 배출권 거래제의 시행 변화 가능성을 최근 언급하는 등 정부부처 간의 이견이 있어 2015년 시행 여부와 배출할당량 조정 등은 아직 불투명함.

- 국회 환노위와 환경부는 2014년 8월 4일 당정협의를 갖고 온실가스 배출권 거래제 시행 등에 대해 논의했음. ⇒ ㉠ 당정협의 직후 환노위 여당 간사를 맡고 있는 권성동 새누리당 의원은 기자들과 만나 "배출권 거래제와 저탄소차 협력금 문제는 법이 통과된 만큼 주무부처 간의 이견을 잘 조정해 이른 시일 내에 시행하는 게 좋겠다"며 "법

441) 이하 내용은 매일경제(2014.08.05)와 매일경제(2014.08.11) 참조.

조항이 폐지되지 않는 한 시행하는 것이 옳다"고 말했음. ㉡ 권의원은 "도저히 시행을 못하겠다면 정부에서 (공식적으로) 발표해야 할 것"이라고 덧붙였음.

- 이는 환노위와 환경부가 배출권 거래제의 2015년 1월 1일 시행에 대해 공감대를 형성한 것으로 풀이됨. ⇒ 문제는 기재부와 산업통상자원부가 여전히 시행에 난색을 표하고 있다는 점임.
  - 최경환 부총리는 2014년 7월 말 열린 방송기자클럽 토론회에서 "단정적으로 (배출권 거래제를) 연기하겠다고 말할 수는 없지만 여러 사안을 종합적으로 고려해 대안을 찾아보겠다"고 밝혔음.
- 배출권 거래제는 이미 시행일자가 정해진 만큼 법령 개정 없이는 시행이 불가피함.
  - 정부 관계자는 "실무적으로 모든 가능성을 열어두고 정부부처와 산업계가 현실적으로 수용 가능한 범위를 검토하고 있다"며 "아무 이유 없이 연기시키는 것은 입법권에 대한 도전이므로 현 상태로는 시행이 예정돼 있다"고 말했음.
- 시행일자가 2015년 1월로 확정되면 산업계 요구를 수용해 배출할당량을 조정할 가능성이 높아질 것으로 전망됨.
- 한편 배출권 거래제가 시행되면 기업 존폐를 걱정해야 할 정도로 심각한 타격이 예상됨.
  - "(정책 입안자들이) 산업 현장을 몰라도 너무 모르고 있다." ⇒ 철강업계 CEO가 최근 매일경제와 만나 온실가스(CO_2) 배출권 거래제에 대해 던진 염려임.
- 2015년 1월 시행 예정인 온실가스 배출권 거래제로 기업들이 심각한 타격을 받을 것이란 재계의 우려가 강력히 제기되고 있음.
  - 세계 경쟁회사들은 전혀 걱정하지 않는 제도에 대해 우리만이 준비가 안 돼 있는 상황에서 무리하게 배출권 거래제를 시행하면 국내 생산시설을 해외로 내모는가 하면 제조업 기반을 급속하게 약화시키는 등 다양한 부작용이 염려된다는 것임.[442)]
  - 환경규제가 친환경 신기술 개발을 가로막는 '아이러니'도 연출될 것으로 염려됨.
- 전국경제인연합회는 업종별 주요 단체와 공동으로 온실가스 배출권 거래제가 기업에 미치는 영향을 조사해 2014년 8월 10일 발표했음.[443)]
  - 유환익 전경련 산업본부장은 "시행시기를 연기하거나 과소 산정된 할당량을 재검토해야 한다"고 주장했으며, 한형빈 전경련 조사역은 "업종별 온실가스 배출 할당량이 과소 산정돼 1차 계획기간(2015~2017년)에만 2억7500만 톤이 부족하다"며 "기업들 대

---

442) 지구 온난화 문제 해결에는 필요하지만 기업에 부담이 되는 것은 분명함. 재계의 주장은 이산화탄소 배출이 가장 많은 중국(98억6400만 톤)이나 미국(51억9400만 톤)도 아직 배출권 거래제를 시행하지 않는데, 배출량이 6억3500만 톤에 불과한 우리가 왜 앞장서느냐는 것임.

443) 2014년 7월에 23개 경제단체가 시행시기를 2020년 이후로 늦춰 달라고 요구한 데 이어 이번에는 업종별 비용부담액을 조목조목 제시하며 '시행 불가론'을 펼친 것임. 매일경제(2014.08.12) 참조.

부분이 배출권을 사들일 수 없어 과징금을 내야 할 것"이라고 분석했음.

- 전경련은 국내산업이 받을 타격 유형을 △국내 생산물량 해외 이전 △위기기업경영 악화 △국내 사업장 생산 제약 △신기술 개발 · 신시장 선점 지연 등으로 분류하고 기업들의 실제 사례를 제시했음. ⇒ 부담액은 과징금 상한선인 톤당 10만 원을 기준으로 했음.
  - 철강기업 2곳은 1차 계획기간 배출권 비용부담이 최대 2조8000억 원에 달할 것으로 추정했음.
  - 2014년 철강업 조강생산 예상물량은 7200만 톤이지만 정부 할당계획안에 맞춰 생산하면 2015년 이후엔 최대 생산량이 연간 6500만 톤으로 줄어들 것으로 예상했음.
  - 디스플레이업체 A사도 약 6000억 원 배출권 비용부담이 발생함. ⇒ 이 회사는 차제에 중국으로 생산기반 이전도 검토할 수 있다는 입장임.
  - B사는 배출권 비용이 약 2700억 원으로 예상되자 조업라인 4개 가운데 1개를 폐쇄해 생산물량을 감축해야 할 상황임.
  - 한 자동차기업은 친환경차 개발에 필요한 전력사용량이 증가하면 250억 원 간접배출 비용을 부담해야 할 것으로 내다보고 있음.

3.7 마무리 : 정부와 재계의 최종입장

- 2015~2017년 배출권 거래제로 인한 비용부담을 전경련은 27조5000억 원, 환경부는 1조 원 수준이라고 추정하는 등 입장 차이가 큼. ⇒ 국제적 신뢰도 중요하지만 기업들의 한국 탈출을 부추길 정도라면 재고가 필요하다는 의견도 무시할 수 없음.

- 정부는 2015~2017년 업종별 온실가스 배출 할당량이 과소 산정됐다는 산업계 목소리에 귀를 기울여 윈-윈 하는 방안을 찾아야 함.[444]
  - 2013년 도입하려던 배출권 거래제가 2년 연기됐는데도 제대로 준비하지 못하고 볼멘소리를 하는 기업도 옳다고 볼 수는 없음.
  - 온실가스 감축은 거스를 수 없는 시대적 흐름임을 고려할 때 기업들도 미래를 준비해야 함.

- 그런데 2015년 1월 시행을 앞두고 재계가 연기를 요구해 논란을 빚은 온실가스 배출권 거래제[445]를 정부가 당초 예정대로 시행하기로 확정했음.[446]
  - 정부는 다만 기업들의 부담을 줄여주기 위해 첫 3년간(2015~2017년) 기업들이 탄소를 배출할 수 있는 할당량을 기존 14억9500만 톤에서 1100만 톤 증가한 15억600만

---

444) 이와 관련하여 매일경제(2014.08.12) 참조.

445) 각 산업, 기업별로 배출할 수 있는 할당량을 정부가 정하고, 이를 초과해 온실가스를 내보내는 기업은 돈을 주고 배출권을 구입하도록 하는 제도임. 할당량보다 적게 배출하는 기업은 배출권을 팔 수 있음. 2015년 1월 1일부터 시행함.

446) 이와 관련하여 조선일보(2014.08.14) 참조.

톤으로 늘려 주기로 관계부처끼리 합의한 것으로 전해졌음.
- 또 재계에서 요구한 대로 향후 온실가스 배출전망치(BAU)를 다시 측정해 그 결과에 따라 추가로 할당량을 늘려줄 수 있다는 입장도 표시할 것으로 알려졌음.

- 2014년 8월 14일 정부가 2015년 1월 1일부터 온실가스 배출권 거래제를 예정대로 실시하기로 한 데 대해 재계는 "선진국들도 도입을 유보하는 제도를 강행하려는 이유를 납득할 수 없다"며 반발했음.[447)]

- 한 10대 기업 임원은 "정부가 추가한 온실가스 배출 할당량(1100만 톤)은 너무 부족하다"며 "국내기업들의 원가상승 부담이 가중돼 온실가스 배출권 거래제 미(未)도입 국가와의 경쟁에서 밀리게 됐다"고 말했음.
  - 구체적으로 정부는 2015년부터 2017년까지 3년간 온실가스 배출량을 14억9500만 톤 할당했는데, 이는 재계가 계산한 전망치(17억7000만 톤)와 2억7500만 톤 정도 차이가 남.
  - 그런데 추가 할당량(1100만 톤)은 2억7500만 톤의 4%에 불과하기 때문에 그 결과 국내기업들은 2억7500만 톤에서 1100만 톤을 뺀 2억6400만 톤에 대해 돈을 내야 함.
  - 톤당 과징금(10만 원)을 감안하면, 2015년부터 3년간 최대 26조4000억 원을 부담해야 하는 셈임.
  - 김태윤 전경련 미래산업팀장은 "이 정도 추가 할당량(1100만 톤)은 턱없이 미흡하다"며 "배출권 거래제가 우리 기업들을 짓누르는 세금 폭탄이 될 것"이라고 말했음.

- 재계는 2009년 당시 산정한 2020년 배출전망치가 우리 경제규모를 감안하지 않고 너무 낮게 산정한 것을 정부가 인정하고 배출전망치(BAU) 재검증을 하기로 한 것을 높이 평가했으나 상당수 기업 관계자들은 "2014년 5월 업종별 할당량을 제시할 때처럼 정부가 일방적으로 재검증해서는 안 된다"며 "재검증 과정에 기업·단체들의 참여가 반드시 이루어져야 한다"고 밝혔음. ⇒ 탄소배출 허용량을 늘리는 등 업계 부담을 줄이기로 2014년 8월 19일 다시 한 번 당·정·청이 의견을 모았음.
  - 기획재정부와 환경부 등은 조만간 업종별 할당량을 결정하는 할당위원회를 개최할 예정이며, 곧이어 2014년 9월 초까지 할당대상 업체를 정하고 2014년 11월까지 기업별 할당량을 통보할 계획이라고 말했음.

- 한편 2015년 1월부터 시행하려던 저(低)탄소차 협력금 제도[448)]가 2021년 1월 이후로 6년 이상 미뤄질 전망임. ⇒ 이 제도의 시행이 박근혜 정부 임기(2018년 2월) 이후로 늦춰지면서 사실상 제도 자체가 무산될 위기에 놓였음.[449)]
  - 정부 관계자는 "2014년 8월 19일 청와대와 정부·새누리당이 당·정·청 정책협의회

447) 이하 내용은 조선일보(2014.08.15) 참조.
448) 저탄소차 협력금 제도는 온실가스인 이산화탄소를 많이 배출하는 대형차 등을 사는 소비자에겐 부담금을 매기고, 적게 배출하는 소형차·친환경차 등을 사는 소비자에겐 보조금을 주는 제도임.
449) 이하 내용은 조선일보(2014.08.20) 참조.

를 열고 저탄소차 협력금 제도의 시행시점을 2021년 이후로 미루기로 의견을 모았다" 고 밝혔음.

• 그간 국내 완성차 업체들은 연비가 좋은 독일·일본 수입차에만 보조금이 돌아갈 가능성이 커 국산차만 역(逆)차별 당할 수 있다는 등의 이유로 이 제도에 반대해 왔음.

• 환경부는 대형차에 매기는 부담금의 상한선(400만 원)을 더 낮추는 등 기업 부담을 줄이더라도 애초 예정대로 2015년 1월부터 시행하자는 입장[450]이었지만 기획재정부 등은 재계 부담이 크고 예상보다 온실가스 배출량을 줄이는 데 이 제도가 크게 실효성이 없을 수 있다는 이유로 시행을 늦추자는 입장이었음.

• 정부는 그간 2년·3년 유예나 5년 안팎 유예 등 여러 안(案)을 놓고 내부 검토해 오다 이번에 2021년 이후로 6년 이상 대폭 늦추기로 당·정·청이 의견을 모은 것임.

- 자동차 업계에서는 "최소한 온실가스 배출량을 줄이는 자동차 기술 개발에 시간을 벌게 됐다"며 환영하는 입장임.

• 다시 말해 친환경차 개발을 본격화해 중·장기적으로 글로벌 경쟁력 강화를 앞당기는 계기가 될 수 있다는 것임. ⇒ 이미 국내 자동차 기업들은 고(高)연비·저탄소차 개발에 뛰어들었는데, 현대·기아차가 2013년부터 '아반떼'나 'K3', '그랜저'의 디젤 모델을 개발해 시장에 내놓았고, 한국GM과 르노삼성은 2014년 중형 세단 '말리부'와 'SM5' 디젤모델 등 고연비이면서 이산화탄소를 적게 배출하는 차를 선보였음.

• 하지만 국내 완성차 업체들은 "정부가 규제로 시장이나 소비자를 바꾸겠다는 발상을 버려야 한다"며 "이산화탄소 배출량을 줄이면서도 산업 경쟁력을 높일 수 있는 방안을 정부가 자동차업계, 학계와 폭넓게 논의해야 한다"고 말했음.

- 하지만 후폭풍도 만만찮을 전망임.

• 국회는 2013년 저탄소차 협력금 제도 도입과 그 시행시기를 2015년 1월로 못 박은 '대기환경보전법 개정안'을 의결했음.

• 대기환경보전법 76조는 '환경부 장관은 저탄소차를 구매하는 자에 대한 재정적 지원에 필요한 재원을 확보하기 위하여 온실가스 배출량이 많은 자동차를 구매하는 자에게는 부담금을 부과·징수할 수 있다'고 규정하고 있음.

• 아울러 이 제도의 시행일을 2015년 1월 1일로 명시했음.

• 환경부 관계자는 "이 법안을 강제규정으로 보느냐는 해석 여부에 따라 '입법부작위(법에 정해두고도 행위를 하지 않는 것)' 논란이 벌어질 수 있다"고 말했음.

- 이처럼 저탄소차 협력금 제도는 시행시기가 밀렸지만 하이브리드 차량 구매보조제도는 6년 만에 부활돼 2015년 1월부터 시행될 전망임.

• 정부 소식통은 "2009년부터 세금 감면 혜택만 주고 있는 하이브리드 차량에 대해 국

---

450) 환경부 등 행정부에서는 저탄소 협력금 제도가 정착되면 중·대형차 중심의 국내 자동차 문화가 소형차·친환경차 위주로 바뀌고 온실가스 감축에 유용할 것으로 기대하는 분위기도 있음.

고 보조금을 지급하기로 했다"면서 "주행거리 1km당 온실가스 배출이 100g 이하인 하이브리드 차량을 사면 소비자에게 100만 원의 보조금을 줄 방침"이라고 말했음.

- 이 제도는 소형 하이브리드뿐 아니라 쏘나타 · K5급 하이브리드처럼 중형차 모델을 살 경우에도 적용됨.

참고자료

(1) 2014. 07. 10., 《조선일보》
(2) 2014. 07. 09., 《디지털데일리》
(3) 연강흠(2014), "온실가스 배출권 거래제는 시기상조", 《오피니언포럼》, 문화일보, 2014. 07. 17.
(4) 경제풍월(2014), "23개 경제단체 공동, 배출권 거래제 연기 건의", 《월간 경제풍월》, 제180호, 2014. 8월호.
(5) 2014. 07. 16., 《연합뉴스》
(6) 2014. 07. 17., 《매일경제》
(7) 2014. 07. 23., 《조선일보》
(8) 2014. 08. 05., 《매일경제》
(9) 2014. 08. 11., 《매일경제》
(10) 2014. 08. 12., 《매일경제》
(11) 2014. 08. 14., 《조선일보》
(12) 2014. 08. 15., 《조선일보》
(13) 2014. 08. 20., 《조선일보》

찾아보기

|||| 저자약력 ||||

■ **이 종 호**(李鍾昊)

- 고려대학교 문과대 영문학과(학사)
- 고려대학교 대학원 경제학과(석사)
- 고려대학교 대학원 경제학과(박사)
- 고려대학교 경제연구소 전문연구원
- 고려대, 동국대, 숭실대, 홍익대, 인천대, 동덕여대 등 출강
- 15대 국회의원 보좌관
- ㈜경기북부신문사 논설위원
- 의정부포커스신문 집필위원
- 서울신문 명예논설위원
- 경기도 지속가능발전위원
- 경기도 민방위 소양강사(경제담당)
- 의정부시·양주시 지방재정계획 심의위원 및 재정운영위원
- 의정부시 사회단체보조금 심의위원
- 경기북부병무지청 병무행정발전 시민참여위원
- 경기도립 의정부병원 공공보건의료 심의위원
- 도봉구 의정비 심의위원 및 공무국외여행 심사위원
- 현재 경민대학교 공공행정학과 교수

- 주요 저서 및 논문
  - 《관광사업론》(공저, 1998), 《관광경제학》(역서, 2000)
  - 《영문법의 이해》(2002), 《e-세대를 위한 경제교실》(2002)
  - 《시사영어산책》(2006), 《미시경제 이야기》(2009)
  - 《거시경제 이야기》(2009), 《국제경제 및 산업정책 이야기》(2009)
  - 《공무원영어》(공저, 2010), 《한국경제 이야기》(2013)

  - 〈환율과 수출가격〉(1993), 〈VAR체계를 이용한 경상계정 분석〉(1994), 〈호텔종사원 직무특성별 직무만족에 대한 수량화분석〉(1998), 〈호텔종사원 교육훈련에 관한 연구〉(2000), 〈한국산업의 국제경쟁력패턴 분석〉(2001), 〈신자유주의와 노동시장 유연화 논쟁〉(2003), 〈다국적기업의 M&A에 대한 중국의 제도 분석〉(2004), 〈문화자원의 개발을 통한 지역활성화 전략〉(2004), 〈토지거래허가제의 정책효과에 관한 실증연구〉(2007), 〈노인복지서비스의 문제점과 개선방안〉(2009), 〈실리콘 밸리의 청년 지식기술창업 모형과 프로그램 분석〉(2012), 〈한·중·일 국제분업과 그 동인에 관한 연구〉(2013) 등 다수

알기쉬운 **경제학③** - 국제경제 및 산업·통상정책 -

2015년 6월 15일 1판 1쇄 발행

저 자 이 종 호
발행인 남 승 우

발행처 도서출판 **상尙 학學 당堂**

서울시 동작구 사당로9가길 6(사당동)
TEL : 02) 595-1692 ~ 4
FAX : 02) 595-1394
E-mail : namdoo6@unitel.co.kr

신고 : 2-155호 (1968. 11. 29)

정가 30,000원

ISBN 978-89-6587-123-1 04320
ISBN 978-89-6587-120-0 (전3권)

〈디자인〉 편집 이선경 / 표지 나아기획